譯註 禮記集說大全
雜記 上

編　陳澔(元)

附　正義・訓纂・集解

譯註 禮記集說大全

雜記 上

編　陳澔（元）

附　正義·訓纂·集解

鄭秉燮 譯

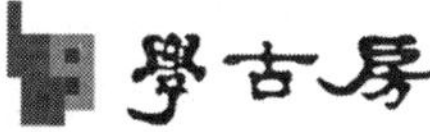

역자서문

『예기』「잡기상(雜記上)」편은 주로 상례(喪禮)를 다루고 있는 문헌이다. 「잡기하(雜記下)」편과는 분량으로 인해 상하로 분절된 것이니, 「곡례(曲禮)」 및 「단궁(檀弓)」편이 상하로 분절된 것과 같다. 다만 내용의 일관성으로 본다면, 「잡기상」편은 대부분 상례에 대한 내용으로 구성되어 있는 반면, 「잡기하」편에는 상례뿐만 아니라 잡다한 내용이 뒤섞여 있다. 여기에는 특별한 의도가 담겨 있다고 보기는 힘들지만, 다른 편에 수록되지 못한 잡다한 상례 관련 기록을 편집하는 과정에서, 상례와 큰 관련이 없는 기록들이 뒷부분에 수록되면서 나타난 현상으로 추정된다.

「잡기」편을 구성하고 있는 문장들을 일괄해보면, 기술 방식에 있어서 다양한 형식이 나타난다. 단순히 규정만을 기술하는 경우도 있고, 어떤 일화를 통해 비례(非禮)를 지적하는 경우도 있으며, 특정 상황이 발생했을 때의 변례(變禮)를 설명하는 경우도 있고, 『의례』의 기술처럼 세부 행동과 전달하는 말들에 대해서 구체적으로 기술한 경우도 있다. 이처럼 다양한 형식을 보이는 것은 「잡기」편을 구성하고 있는 문장들이 『예기』 편집 이전의 다양한 기록들 속에서 수집한 것임을 나타낸다. 또 「잡기」편의 내용은 단편적이긴 하지만, 『의례』에 나타나지 않은 각종 계층의 상례 절차에 대해서, 보완할 수 있는 자료들이다. 따라서 「잡기」편은 고대 유가의 상례제도를 추정할 수 있는 귀중한 문헌이다.

「잡기상」편의 번역으로 또 한 권의 책이 세상에 나오게 되었다. 내년까지 『예기』 완역을 마무리하고, 그 다음에는 『의례』와 『주례』 완역, 삼례(三禮)의 번역이 끝나면 『대대례기』 완역, 그 다음에는 한국의 예학 관련 문집 완역 등을 계획하고 있다. 너무 원대한 계획을 정해서 그런 것인지, 진중하고 착실하게 실력을 배양하겠다는 생각보다는 조바심에 성급한 마음만 든다. 보잘것없는 재주에 너무 큰 꿈을 꾸는 것이 아닌가 싶기도 하지만, 매일같이 나태해지는 마음을 다잡으며 앞으로 나아가야만 실현 가능한 꿈을 꾸는 것인지, 아니면 허황된 생각만 품고 있었던 것인지 판가름이 날 것 같다.

매번 완벽한 번역을 내놓지 못해서 죄송한 마음이 든다. 본 역서에 나오는 오역은 전적으로 역자의 실력이 부족하기 때문이니, 혹여 역자의 부족함에 일갈을 해주실 분들이 있다면, bbaja@nate.com으로 연락을 주시거나 출판사에 제 연락처를 문의하셔서 가르침을 주신다면, 부족한 실력이지만 가르침을 받도록 최선을 다할 것이다.

역자는 성균관 대학교에서 유교철학(儒敎哲學)을 전공했으며, 예악학(禮樂學) 전공으로 박사논문을 작성했다. 이 자리를 통해, 대학원에 진학하여 경학사상(經學思想)을 전공할 수 있도록 지도해주신 서경요 선생님과 논문을 지도해주신 오석원 선생님, 이기동 선생님, 이상은 선생님, 조남욱 선생님께 감사를 드린다. 또 경서연구회(經書硏究會)를 만들어 후배들에게 경전에 대한 이해를 넓혀주신 임옥균 선생님, 경서연구회 역대 회장님인 김동민, 원용준, 김종석, 길훈섭 선배님께도 감사를 드리고, 함께 경서연구회를 하고 있는 김회숙, 손정민, 김동숙, 김아랑, 임용균 회원님께도 감사를 드린다. 끝으로 「잡기상」편을 출판할 수 있도록 허락해주신 학고방의 하운근 사장님께도 감사를 전한다.

일러두기 ⋙

1. 본 책은 역주서(譯註書)로써, 『예기집설대전(禮記集說大全)』의 「잡기상(雜記上)」편을 완역하고, 자세한 주석을 첨부했다. 송대(宋代) 이전의 주석을 포함하고자 하여, 『예기정의(禮記正義)』를 함께 수록하였다. 그리고 송대 이후의 주석인 청대(淸代)의 주석을 포함하고자 하여 『예기훈찬(禮記訓纂)』과 『예기집해(禮記集解)』를 함께 수록하였다.

2. 『예기』 경문(經文)의 경우, 의역으로만 번역하면 문장을 번역한 방식을 확인하기 어렵고, 보충 설명 없이 직역으로만 번역하면 내용을 이해하기 힘들다. 따라서 경문에 한하여 직역과 의역을 함께 수록하였다. 나머지 주석들에 대해서는 의역을 위주로 번역하였다.

3. 『예기』 경문에 대한 해석은 진호의 『예기집설』 주석에 근거하였다. 경문 해석에 있어서, 『예기정의』, 『예기훈찬』, 『예기집해』마다 이견(異見)이 많다. 『예기집섭대전』의 소주(小註) 또한 진호의 주장과 이견을 보이는 곳이 있고, 소주 사이에도 이견이 많다. 따라서 『예기』 경문 해석의 표준은 진호의 『예기집설』 주석에 근거했으며, 진호가 설명하지 않은 부분들은 『대전』의 소주를 참고하였다. 또한 경문 해석에 있어서 『예기정의』, 『예기훈찬』, 『예기집해』에 나타나는 이견들은 특별한 경우를 제외하고는 각각의 문장을 읽어보면, 경문에 대한 이견을 알 수 있기 때문에, 이러한 경우에는 주석처리를 하지 않았다.

4. 본 역서가 저본으로 삼은 책은 다음과 같다.
   - 『禮記』, 서울 : 保景文化社, 초판 1984 (5판 1995)
   - 『禮記正義』 1~4(전4권, 『十三經注疏 整理本』 12~15), 北京 : 北京大學出版社, 초판 2000
   - 朱彬 撰, 『禮記訓纂』 上·下(전2권), 北京 : 中華書局, 초판 1996 (2쇄 1998)
   - 孫希旦 撰, 『禮記集解』 上·中·下(전3권), 北京 : 中華書局, 초판 1989 (4쇄 2007)

5. 본 책은 『예기』의 경문, 진호의 『집설』, 호광 등이 찬정한 『대전』의 세주, 정현의 주, 육덕명의 『경전석문』, 공영달의 소, 주빈(朱彬)의 『훈찬』, 손희단(孫希旦)의 『집해』 순으로 번역하였다.

6. 본래 『예기』「잡기상」편은 목차가 없으며, 내용 구분에 있어서도 학자들마다 의견차이가 있다. 또한 내용의 연관성으로 인하여, 장과 절을 나누기가 애매한 부분이 많다. 본 책의 목차는 역자가 임의대로 나눈 것이며, 세세하게 분절하여, 독자들이 관련내용들을 찾아보기 쉽게 하였다.

7. 본 책의 뒷부분에는 《雜記上 人名 및 用語 辭典》을 수록하였다. 본문에 처음으로 등장하는 용어 및 인명에 대해서는 주석처리를 하였다. 이후에 같은 용어가 등장할 때마다 동일한 주석처리를 할 수 없어서, 뒷부분에 사전으로 수록한 것이다. 가나다순으로 기록하여, 번역문을 읽는 도중 앞부분에서 설명했던 고유명사나 인명 등에 대해서 쉽게 찾아볼 수 있도록 하였다.

【491a】

諸侯行而死於館, 則其復如於其國.

【491a】 등과 같이 【 】 안에 숫자가 기입되어 있는 것은 『예기』의 '경문'을 뜻한다. '491'는 보경문화사(保景文化社)판본의 페이지를 말한다. 'a'는 a단에 기록되어 있다는 표시이다. 밑의 그림은 보경문화사판본의 한 페이지 단락을 구분한 표시이다.

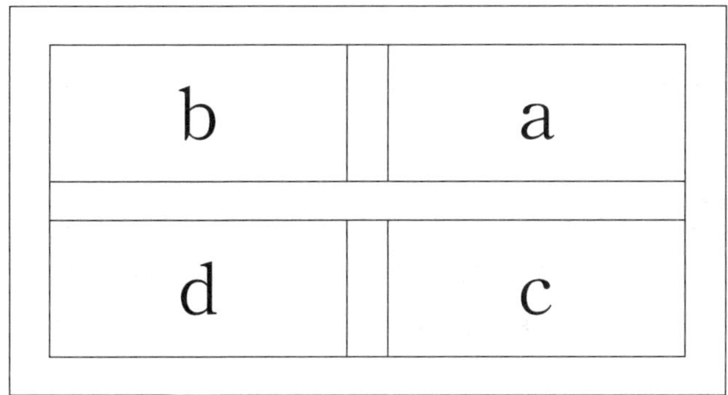

◆ 集說 館, 謂主國有司所授館舍也.

"集說"로 표시된 것은 진호(陳澔)의 『예기집설(禮記集說)』 주석을 뜻한다.

◆ 大全 山陰陸氏曰: 綏, 旌也, 以其旌北方之物也.

"大全"으로 표시된 것은 호광(胡廣) 등이 찬정(撰定)한 『예기집설대전』의 세주(細註)를 뜻한다.

◆ **鄭注** 館, 主國所致舍. 復, 招魂復魄也.

"**鄭注**"로 표시된 것은 『예기정의(禮記正義)』에 수록된 정현(鄭玄)의 주(注)를 뜻한다.

◆ **釋文** 乘, 繩證反, 下及注同. 轂, 工木反.

"**釋文**"으로 표시된 것은 『예기정의』에 수록된 육덕명(陸德明)의 『경전석문(經典釋文)』을 뜻한다. 『경전석문』의 내용은 글자들의 음을 설명하고, 간략한 풀이를 한 것인데, 육덕명 당시의 음가로 기록이 되었기 때문에, 현재의 음과는 맞지 않는 부분이 많다. 단순히 참고만 하기 바란다.

◆ **孔疏** ●"諸侯行而死於館"者, 謂五等諸侯朝覲天子, 及自相朝會之屬而死者.

"**孔疏**"로 표시된 것은 『예기정의』에 수록된 공영달(孔穎達)의 소(疏)를 뜻한다. 공영달의 주석은 경문과 정현의 주에 대해서 세분화하여 기록되어 있다. 따라서 '●'으로 표시된 부분은 공영달이 경문에 대해 주석을 한 부분이고, '◎'으로 표시된 부분은 정현의 주에 대해 주석을 한 부분이다. 한편 '○'으로 표시된 부분은 공영달의 주석 부분이다.

◆ **訓纂** 三禮圖曰: 在上曰帟, 四旁及上曰帷, 上下四旁悉周曰幄.

"**訓纂**"으로 표시된 것은 『예기훈찬(禮記訓纂)』에 수록된 주석이다. 『예기훈찬』 또한 기존 주석들을 종합한 책이므로, 『예기집설대전』 및 『예기정의』와 중복되는 부분은 생략하였다.

◆ **集解** 此謂新死在塗, 載尸之車飾也.

"**集解**"로 표시된 것은 『예기집해(禮記集解)』에 수록된 주석이다. 『예기집해』 또한 기존 주석들을 종합한 책이므로, 『예기집설대전』 및 『예기정의』와 중복되는 부분은 생략하였다.

◆ 원문 및 번역문 중 '▼'로 표시된 부분은 한글로 표기할 수 없는 한자를 기록한 부분이다. 예를 들어 '▼(冏/皿)'의 경우 맹(盟)자의 이체자인데, '明'자 대신 '冏'자가 들어간 한자를 프로그램상 삽입할 수가 없어서, '▼(冏/皿)'으로 표시한 것이다. 즉 '▼(A/B)'의 형식으로 기록된 경우, A에 해당하는 글자가 한 글자의 상단 부분에 해당하고, B에 해당하는 글자가 한 글자의 하단 부분에 해당한다는 표시이다. 또한 '▼(A+B)'의 형식으로 기록된 경우, A에 해당하는 글자가 한 글자의 좌측 부분에 해당하고, B에 해당하는 글자가 한 글자의 우측 부분에 해당한다는 표시이다. 또한 '▼((A-B)/C)'의 형식으로 기록된 경우, A에 해당하는 글자에서 B 부분을 뺀 글자가 한 글자의 상단 부분에 해당하고, C에 해당하는 글자가 한 글자의 하단 부분에 해당한다는 표시이다.

목차

그림목차

경문목차

【491a】

禮記集說大全卷之十九 /『예기집설대전』 제19권
雜記上 第二十 /「잡기상」 제20편

大全 嚴陵方氏曰: 此篇雖以記喪爲主, 下篇又兼言三患五恥觀蜡取盜之類, 則其事不一, 故以雜名篇, 猶之易有說卦序卦而有雜卦, 莊子有內篇而有雜篇也.

번역 엄릉방씨[1]가 말하길,「잡기」편은 비록 상(喪)에 대한 기록이 위주가 되지만,「잡기하」편에는 또한 삼환(三患)·오치(五恥)[2]·관사(觀蜡)[3]·취도(取盜)[4]의 부류도 함께 언급하여, 그 사안이 동일하지 않기 때문에, '잡(雜)'자를 편명에 붙였으니,『역』에「설괘전」·「서괘전」이 있고「잡괘전」이 있으며,『장자』에「내편」이 있고「잡편」이 있는 것과 같다.

孔疏 陸曰: 鄭云: "雜記者, 以其雜記諸侯及士之喪事."

번역 육덕명[5]이 말하길, 정현[6]은 "'잡기(雜記)'는 제후 및 사 계급 등의

---

1) 엄릉방씨(嚴陵方氏, ?~?) : =방각(方慤)·방씨(方氏)·방성부(方性夫). 송대(宋代)의 유학자이다. 이름은 각(慤)이다. 자(字)는 성부(性夫)이다.『예기집해(禮記集解)』를 지었고,『예기집설대전(禮記集說大全)』에는 그의 주장이 많이 인용되고 있다.

2)『예기』「잡기하(雜記下)」【519c】: 君子有三患: 未之聞, 患弗得聞也. 旣聞之, 患弗得學也. 旣學之, 患弗能行也. 君子有五恥: 居其位無其言, 君子恥之. 有其言無其行, 君子恥之. 旣得之而又失之, 君子恥之. 地有餘而民不足, 君子恥之. 衆寡均而倍焉, 君子恥之.

3)『예기』「잡기하(雜記下)」【520c】: 子貢觀於蜡, 孔子曰, "賜也樂乎?" 對曰, "一國之人皆若狂, 賜未知其樂也." 子曰, "百日之蜡, 一日之澤, 非爾所知也."

4)『예기』「잡기하(雜記下)」【522a】: 孔子曰, "管仲遇盜取二人焉, 上以爲公臣, 曰, '其所與遊辟也. 可人也.' 管仲死, 桓公使爲之服." 宦於大夫者之爲之服也, 自管仲始也, 有君命焉爾也.

5) 육덕명(陸德明, A.D.550~A.D.630) : =육원랑(陸元朗). 당대(唐代)의 경학자이다. 이름은 원랑(元朗)이고, 자(字)는 덕명(德明)이다. 훈고학에 뛰어났으

상사에 대한 일들을 뒤섞어 기록했기 때문이다."라고 했다.

孔疏 正義曰: 按鄭目錄云: "名曰雜記者, 以其雜記諸侯以下至士之喪事. 此於別錄屬喪服, 分爲上下, 義與曲禮·檀弓分別不殊也."

번역 『정의』[7]에서 말하길, 정현의 『목록』[8]을 살펴보면, "편명을 '잡기(雜記)'라고 지은 이유는 제후 및 사 계급 등의 상사에 대한 일들을 뒤섞어 기록했기 때문이다. 「잡기」편을 『별록』[9]에서는 '상복(喪服)' 항목에 포함시켰고, 상하로 분절한 뜻은 『예기』의 「곡례(曲禮)」 및 「단궁(檀弓)」편을 분량이 많아서 상하로 분절한 것과 다르지 않다."라고 했다.

集解 喪服小記者, 以其所記之瑣碎而名之也. 喪大記者, 以其所記之繁重而名之也. 此篇所記, 有與小記相似者, 有與大記相似者, 又有非喪事而亦記之者, 以其所記者雜, 故曰雜記.

번역 『예기』「상복소기(喪服小記)」편은 내용이 자질구레한 것들이기 때

며, 『경전석문(經典釋文)』 등을 남겼다.

6) 정현(鄭玄, A.D.127~A.D.200) : =정강성(鄭康成)·정씨(鄭氏). 한대(漢代)의 유학자이다. 자(字)는 강성(康成)이다. 『주역(周易)』, 『상서(尙書)』, 『모시(毛詩)』, 『주례(周禮)』, 『의례(儀禮)』, 『예기(禮記)』, 『논어(論語)』, 『효경(孝經)』 등에 주석을 하였다.

7) 『정의(正義)』는 『예기정의(禮記正義)』 또는 『예기주소(禮記注疏)』를 뜻한다. 당(唐)나라 때에는 태종(太宗)이 공영달(孔穎達) 등을 시켜서 『오경정의(五經正義)』를 편찬하였는데, 이때 『예기정의』에는 정현(鄭玄)의 주(注)와 공영달의 소(疏)가 수록되었다. 송대(宋代)에는 『오경정의』와 다른 경전(經典)에 대한 주석서를 포함한 『십삼경주소(十三經注疏)』가 편찬되어, 『예기주소』라는 명칭이 되었다.

8) 『목록(目錄)』은 정현이 찬술했다고 전해지는 『삼례목록(三禮目錄)』을 가리킨다. 『십삼경주소(十三經注疏)』에서 인용되고 있지만, 이 책은 『수서(隋書)』가 편찬될 당시에 이미 일실되어 존재하지 않았다. 『수서』「경적지(經籍志)」편에는 "三禮目錄一卷, 鄭玄撰, 梁有陶弘景注一卷, 亡."이라는 기록이 있다.

9) 『별록(別錄)』은 후한(後漢) 때 유향(劉向)이 찬(撰)했다고 전해지는 책이다. 현재는 일실되어 존재하지 않으며, 『한서(漢書)』「예문지(藝文志)」편을 통해서 대략적인 내용만을 추측해볼 수 있다.

문에 이처럼 편명을 정했다. 「상대기(喪大記)」편은 기록한 것이 많고도 중요하기 때문에 이처럼 편명을 정했다. 「잡기」편에서 기록한 내용은 「상복소기」편과 유사한 점도 있고 「상대기」편과 유사한 점도 있으며, 또 상사에 해당하는 일이 아닌데도 기록을 하여, 기록한 내용이 잡되기 때문에 '잡기(雜記)'라고 했다.

• 제1절 •

제후가 타지에서 죽었을 때

【491a】

諸侯行而死於館, 則其復如於其國; 如於道, 則升其乘車之左轂以其綏復.

직역 諸侯가 行하여 館에서 死하면, 그 復은 그 國에서와 如하고; 如히 道라면, 그 乘車의 左轂에 升하여 그 綏로써 復한다.

의역 제후가 다른 나라로 여정을 떠났다가 그 나라의 숙소에 머물고 있는 상태에서 죽었다면, 초혼을 할 때 본국에 있었을 때처럼 한다. 만약 도로에서 죽게 된다면, 제후가 타고 있던 수레의 좌측 바퀴 위에 올라가서, 깃술을 제거한 깃대 장식을 흔들며 초혼을 한다.

集說 館, 謂主國有司所授館舍也. 復, 招魂復魄也. 如於其國, 其禮如在本國也. 道, 路也. 乘車, 其所自乘之車也. 在家則升屋之東榮, 車向南, 則左在東也. 綏, 讀爲緌, 旌旗之旄也, 去其旒而用之耳. 凡五等諸侯之復, 人數視命數. 今轂上狹, 止容一人.

번역 '관(館)'은 방문을 받은 나라의 유사(有司)[1]가 방문을 온 자에게 제공한 숙소이다. '복(復)'은 혼을 부르고 백을 되돌린다는 뜻이다. '여어기

---

1) 유사(有司)는 관리를 뜻하는 용어이다. '사(司)'자는 담당한다는 뜻이다. 관리들은 각자 담당하고 있는 업무가 있었으므로, 관리를 '유사'라고 불렀던 것이다. 일반적으로 하위관료들을 지칭하여, 실무자를 뜻하는 용어로 많이 사용된다. 그러나 때로는 고위관료까지지도 지칭하는 용어로 사용되기도 한다.

국(如於其國)'은 그 예법이 본국에 남아있을 경우와 같다는 뜻이다. '도(道)'는 도로이다. '승거(乘車)'는 그가 직접 탔던 수레를 뜻한다. 집에 있었을 경우라면 지붕의 동쪽 처마에 올라가서 초혼을 하는데, 수레는 남쪽을 향하니 좌측은 동쪽이 된다. '수(綏)'자는 '유(緌)'자로 풀이하니, 깃발에 다는 깃대 장식으로, 깃술을 제거하여 사용할 따름이다. 무릇 다섯 등급에 해당하는 제후들에 대해 초혼의식을 시행하면, 참여하는 인원의 수는 그가 받은 명(命)의 등급에 견준다. 현재는 수레 바퀴통 위의 좁은 곳에서 하므로 단지 한 사람만 하게 된다.

大全 山陰陸氏曰: 綏, 旐也, 以其旐北方之物也. 死無乎不之, 號而復之, 則其旐宜以死者所首之方而已.

번역 산음육씨[2]가 말하길, '수(綏)'는 조(旐)[3]이니, 깃발에 새긴 거북과 뱀은 북쪽에 해당하는 사물이기 때문이다. 사람이 죽으면 그의 혼백은 가지 못할 곳이 없게 되니, 그를 부르며 초혼을 하게 되면 사용하는 깃발은 마땅히 죽은 자의 시신이 머리를 향하는 방향의 것으로 할 따름이다.

鄭注 館, 主國所致舍. 復, 招魂復魄也. 如於其國, 主國館賓, 予使有之, 得升屋招用褒衣也. 如於道, 道上廬宿也. 升車左轂, 象升屋東榮. "綏"當爲"緌", 讀如蕤賓之蕤, 字之誤也. 緌, 謂旌旗之旄也, 去其旒而用之, 異於生也.

번역 '관(館)'은 방문을 받은 제후국에서 찾아온 자가 머물도록 마련해 준 숙소이다. '복(復)'은 혼을 부르고 백을 되돌리는 것이다. "자신의 나라에

---

2) 산음육씨(山陰陸氏, A.D.1042~A.D.1102) : =육농사(陸農師)·육전(陸佃). 북송(北宋) 때의 유학자이다. 자(字)는 농사(農師)이며, 호(號)는 도산(陶山)이다. 어려서 집안이 매우 가난했다고 전해지며, 왕안석(王安石)에게 수학하였으나 왕안석의 신법에 대해서는 반대하였다. 저서로는 『비아(埤雅)』, 『춘추후전(春秋後傳)』, 『도산집(陶山集)』 등이 있다.

3) 조(旐)는 거북이와 뱀의 무늬를 그린 깃발이다. 『주례』「춘관(春官)·사상(司常)」편에는 "鳥隼爲旟, 龜蛇爲旐."라는 기록이 있다.

있을 때처럼 한다."는 말은 방문을 받은 나라에서 빈객에게 숙소를 마련해 주어, 본인에게 주어 그것을 소유토록 했으니, 숙소의 지붕에 올라가서 초혼을 하며 포의(褒衣)[4]를 사용할 수 있기 때문이다. '여어도(如於道)'는 도로에 있는 여관을 뜻한다. 수레의 좌측 바퀴로 올라가는 것은 지붕의 동쪽 처마로 올라가는 것을 상징한다. '수(綏)'자는 마땅히 '유(緌)'자가 되어야 하니, 십이율[5] 중 '유빈(蕤賓)'이라고 할 때의 '유(蕤)'자처럼 해석하는 것으로, 글자가 비슷해서 생긴 오류이다. '유(緌)'는 깃발의 깃대 장식을 뜻하는데, 깃술을 제거하고 사용하니, 살아있을 때와는 다르게 하기 때문이다.

釋文 乘, 繩證反, 下及注同. 轂, 工木反. 綏, 依注作緌, 耳佳反, 下及注同. 復音伏, 下同. 予, 羊汝反. 褎, 本又作褒, 保毛反, 後皆同. 去, 起呂反, 下"去輤"同.

번역 '乘'자는 '繩(승)'자와 '證(증)'자의 반절음이며, 아래문장 및 정현의 주에 나오는 글자도 그 음이 이와 같다. '轂'자는 '工(공)'자와 '木(목)'자의 반절음이다. '綏'자는 정현의 주에 따르면 '緌'자가 되니, '耳(이)'자와 '隹(추)'자의 반절음이며, 아래문장 및 정현의 주에 나오는 글자도 그 음이 이와 같다. '復'자의 음은 '伏(복)'이며, 아래문장에 나오는 글자도 그 음이 이

4) 포의(褒衣)는 또한 처음 명령을 받아 제후가 되었을 때 하사받은 옷과 조근(朝覲) 등을 할 때 하사받은 옷 등을 뜻한다.

5) 십이율(十二律)은 여섯 개의 양률(陽律)과 여섯 개의 음률(陰律)을 합하여 부르는 말이다. 양성(陽聲: =陽律)은 황종(黃鐘), 대주(大簇), 고선(姑洗), 유빈(蕤賓), 이칙(夷則), 무역(無射)이며, 이것을 육률(六律)이라고도 부른다. 음성(陰聲: =陰律)은 대려(大呂), 응종(應鍾), 남려(南呂), 함종(函鍾), 소려(小呂), 협종(夾鍾)이며, 이것을 육동(六同)이라고도 부른다. '십이율'은 12개의 높낮이가 다른 표준음으로, 서양음악의 악조(樂調)에 해당한다. 고대에는 12개의 길이가 다른 죽관(竹管)으로 음의 높낮이를 보정했다. 관(管)의 높이에는 각각 일정한 길이가 있었다. 긴 관은 저음의 소리를 냈고, 짧은 관은 고음의 소리를 냈다. 관 중에는 대나무가 아닌 동으로 제작한 것도 있다. 그리고 '육동'은 또한 육려(六呂), 율려(律呂), 육간(六間), 육종(六鍾)이라고도 부른다.

와 같다. '予'자는 '羊(양)'자와 '汝(여)'자의 반절음이다. '褒'자는 판본에 따라서 또한 '褎'자로도 기록하는데, 그 음은 '保(보)'자와 '毛(모)'자의 반절음이며, 뒤에 나오는 글자도 모두 이와 같다. '去'자는 '起(기)'자와 '呂(려)'자의 반절음이며, 아래문장의 '去輤'에서의 '去'자도 그 음이 이와 같다.

孔疏 ○正義曰: 自此以下至"蒲席以爲裳帷", 總明諸侯及大夫士在路而死, 招魂復魄, 幷明飾館貴賤之等. 此一經下至"廟門外", 論諸侯之制, 今各依文解之.

번역 ○이곳 문장으로부터 그 이하로 "포석(蒲席)을 휘장으로 삼는다."[6]는 구문까지는 제후 및 대부·사 계급이 여정 중에 죽어서, 혼백을 부르는 일들을 총괄적으로 나타내고 있고, 아울러 관을 꾸밀 때 나타나는 귀천의 등급도 밝히고 있다. 이곳 경문부터 아래로 "빈궁의 문 밖이다."[7]라고 한 구문까지는 제후에 대한 제도를 논의하고 있으니, 현재는 각각의 문장에 따라서 풀이하겠다.

孔疏 ●"諸侯行而死於館"者, 謂五等諸侯朝覲天子, 及自相朝會之屬而死者, 謂諸侯於時, 或在主國, 死於館者, 謂主國有司所授館舍也.

번역 ●經文: "諸侯行而死於館". ○다섯 등급에 해당하는 제후들이 천자에게 조근(朝覲)[8]을 하거나 그들끼리 서로 조회를 할 때 죽은 경우를

---

6) 『예기』「잡기상」【492a】: 士輤葦席以爲屋, 蒲席以爲裳帷.

7) 『예기』「잡기상」【491c】: 至於廟門, 不毁墻, 遂入, 適所殯, 唯輤爲說於廟門外.

8) 조근(朝覲)은 군주가 신하를 만나보는 예법(禮法)을 뜻한다. 군주가 신하를 만나보는 예법에는 조(朝), 근(覲), 종(宗), 우(遇), 회(會), 동(同) 등이 있었는데, 이것을 총칭하여 '조근'으로 부르기도 한다. 한편 '조근'은 신하가 군주를 찾아뵙는 예법을 뜻하기도 한다. 고대에는 제후가 천자를 찾아뵐 때, 각 계절별로 그 명칭을 다르게 불렀다. 봄에 찾아뵙는 것을 조(朝)라고 부르며, 여름에 찾아뵙는 것을 종(宗)이라고 부르고, 가을에 찾아뵙는 것을 근(覲)이라고 부르며, 겨울에 찾아뵙는 것을 우(遇)라고 부른다. '조근'은 이러한 예법들을 총칭하는 말이다.

뜻하니, 제후는 이러한 시기에 간혹 찾아간 나라에 머물러 있어서 숙소에서 죽기도 한다는 의미로, 여기에서 말하는 '관(館)'은 방문한 나라의 유사(有司)가 마련해준 숙소를 뜻한다.

孔疏 ●"則其復如於其國"者, 其復, 謂招魂復魄也. 雖在他國所授之舍, 若復魄之禮, 則與在己本國同, 故云"如於其國"也.

번역 ●經文: "則其復如於其國". ○'기복(其復)'은 혼을 부르고 백이 되돌아오도록 하는 의식이다. 비록 다른 나라에서 마련해준 숙소에 있지만, 만약 혼백을 부르는 의식을 하게 된다면, 자기 나라에 머물러 있을 경우와 동일하게 한다. 그렇기 때문에 "자기 나라에 있을 때처럼 한다."라고 말한 것이다.

孔疏 ●"如於道, 則升其乘車之左轂"者, 如, 若也. 道, 路也. 謂若諸侯在道路死, 則復魄與本國異也. "乘車", 其所自乘之車也. 其復魄, 則俱升其所乘車左邊轂上而復魄也. 此車以南面爲正, 則左在東也. 升車左轂, 象在家升屋東榮也. 其五等之復, 人數各如其命數. 今轂上狹, 則不知以幾人. 崔氏云: "一人而已."

번역 ●經文: "如於道, 則升其乘車之左轂". ○'여(如)'자는 만약[若]이라는 뜻이다. '도(道)'자는 도로를 뜻한다. 만약 제후가 도로에서 죽게 된다면, 혼백을 부르는 의식이 본국에 머물러 있을 경우와 달라진다는 뜻이다. '승거(乘車)'는 그가 직접 타고 있었던 수레이다. 죽은 자에 대해 초혼을 하게 되면 모두 그가 타고 있던 수레의 좌측 바퀴 위로 올라가서 혼백을 부르게 된다. 여기에서 말한 수레는 남쪽을 향하는 것을 바른 방향으로 삼으니 좌측은 동쪽이 된다. 수레의 좌측 바퀴에 올라가는 것은 집에 머물고 있을 때 지붕의 동쪽 처마로 올라가서 초혼하는 것을 상징한다. 다섯 등급의 제후에 대해서 초혼을 하게 되면, 참여하는 사람의 수는 각각 그들이 받은 명(命)의 등급 수에 따르게 된다. 현재는 수레의 바퀴 위로 올라가는데, 그

폭이 협소하므로 몇 사람이 올라갔는지는 알 수 없다. 이 문제에 대해서 최영은[9]은 "한 사람일 뿐이다."라고 했다.

孔疏 ●"以其綏復"者, 綏, 旌旗綏也. 若在國中招魂, 則衣各用其上服. 今在路死, 則招用旌旗之綏, 是在路則異於在國, 故云"於道用之", 亦冀魂魄望見識之而還也. 若王喪於國, 而復於四郊, 亦建綏而復. 周禮·夏采云"以乘車建綏, 復于四郊", 是也.

번역 ●經文: "以其綏復". ○'수(綏)'는 깃발의 장식이다. 만약 나라 안에 머물러 있다가 죽어서 초혼을 하게 된다면, 사용하는 의복은 각각 죽은 자가 입을 수 있는 가장 상등의 복장을 사용한다. 현재는 도로에서 죽었으니, 초혼을 할 때 깃발의 장식을 사용하는 것으로, 도로에서 죽었다면 본국에 남아있을 때와는 다르게 한다는 사실을 나타낸다. 그렇기 때문에 "도로에서 사용한다."라고 말했으니, 이 또한 혼백이 그것을 보고 인지하여 되돌아오기를 바라는 것이다. 만약 천자가 자신의 나라에서 죽어서, 사방 교외에서 초혼을 하게 된다면, 또한 깃대 장식을 달고 초혼을 한다. 『주례』「하채(夏采)」편에서 "승거에 수(綏)를 달고서 사방 교외에서 초혼을 한다."[10]라고 한 말이 이러한 사실을 나타낸다.

孔疏 ◎注"館主"至"生也". ○正義曰: "館, 主國所致舍"者, 按曾子問云"公館與公[11]所爲曰公館", 是主國館賓之舍也. 云"與使有之"者, 謂主國與賓

---

9) 최영은(崔靈恩, ?~?) : =최씨(崔氏). 남북조(南北朝) 때의 학자이다. 오경(五經)에 능통하였고, 다른 경전에도 두루 해박하였다고 전해진다. 『모시(毛詩)』, 『주례(周禮)』 등에 주석을 달았고, 『삼례의종(三禮義宗)』, 『좌씨경전의(左氏經傳義)』 등을 지었다.

10) 『주례』「천관(天官)·하채(夏采)」: 夏采掌大喪以冕服復于大祖, 以乘車建綏復于四郊.

11) '공(公)'자에 대하여. '공'자 뒤에는 본래 '지(之)'자가 기록되어 있었는데, 완원(阮元)의 『교감기(校勘記)』에서는 "『예기』「증자문(曾子問)」편에는 '지'자가 없으니, 이곳에는 잘못하여 연문으로 기록된 것이다."라고 했다.

此舍, 使賓專自有之, 故得升屋招魂, 復用褒衣也. 褒衣者, 天子褒賜之衣, 卽下文"復用褒衣", 是也. 云"如於道, 道上廬宿也"者, 按遺人云"凡國野之道, 十里有廬, 三十里有宿, 五十里有市", 故云"道上廬宿也". 云"升車左轂, 象升屋東榮"者, 車轅嚮南, 左轂在東, 故象東榮. 不於廬宿之舍復者, 廬宿供待衆賓, 非死者所專有, 故復於乘車左轂. 云"緌當爲緌, 讀如蕤賓之蕤"者, 但經中緌字絲旁著[12]妥, 其音雖, 訓爲安[13]. 此復之所用者, 是緌也. 緌, 絲旁著委, 故云"緌當爲緌". 讀此緌字爲蕤賓之蕤者, 音與蕤賓字聲同也. 以經作緌, 故云"字之誤也". "緌, 謂旌旗之旄也"者, 按夏采云: "乘車建緌, 復于四郊." 乘車, 玉[14]路, 當建大常. 今乃建緌, 無大常也. 明堂位云: "有虞氏之緌, 夏后氏之旂." 後王文飾, 故知有虞氏之緌但有旄也. 云"去其旒而用之, 異於生也"者, 諸侯建交龍之旂, 今以其緌復, 是去其旒, 異於生也.

번역 ◎鄭注: "館主"~"生也". ○정현이 "'관(館)'은 방문을 받은 제후국에서 머물도록 마련해준 숙소이다."라고 했는데, 『예기』「증자문(曾子問)」편을 살펴보면, "본래부터 지정된 공관과 임시방편으로 군주가 명령을 내려서 빈객 등을 머물게 한 곳을 모두 '공관(公館)'이라고 부른다."[15]라고 했으니, 이것은 방문을 받은 나라에서 빈객이 머물도록 마련한 숙소를 뜻

---

12) '착(著)'자에 대하여. '착'자 앞에는 본래 '자(者)'자가 기록되어 있었는데, 완원(阮元)의 『교감기(校勘記)』에서는 "혜동(惠棟)의 『교송본(校宋本)』에는 '착'자 앞에 '자'자가 없으니, 이곳 판본에는 잘못하여 연문으로 들어간 것이며, 『민본(閩本)』·『감본(監本)』·『모본(毛本)』에도 동일하게 잘못 기록되어 있다."라고 했다.

13) '안(安)'자에 대하여. '안'자는 본래 '위(委)'자로 기록되어 있었는데, 완원(阮元)의 『교감기(校勘記)』에서는 "『민본(閩本)』에는 '위'자가 '안'자로 기록되어 있고, 혜동(惠棟)의 『교송본(校宋本)』에도 동일하게 기록되어 있으니, 이곳 판본에는 '위'자로 잘못 기록한 것이며, 『감본(監本)』·『모본(毛本)』에도 동일하게 잘못 기록되어 있다."라고 했다.

14) 옥(玉)자에 대하여. '옥'자는 본래 '왕(王)'자로 기록되어 있었는데, 문맥을 살펴보니, '옥'자의 오자인 것 같다.

15) 『예기』「증자문(曾子問)」【244a~b】: 曾子問曰: 爲君使而卒於舍, 禮曰, 公館復, 私館不復, 凡所使之國, 有司所授舍, 則公館已, 何謂私館, 不復也. 孔子曰: 善乎, 問之也. 自卿大夫士之家曰私館, 公館與公所爲曰公館, 公館復, 此之謂也.

한다. 정현이 "본인에게 주어서 그곳을 사유토록 하였다."라고 했는데, 방문을 받은 나라에서 빈객에게 이러한 숙소를 주어서, 빈객으로 하여금 마음대로 그곳을 사용하도록 했기 때문에, 지붕에 올라가서 초혼을 하고 초혼을 하며 포의(褒衣)를 사용할 수 있다. '포의(褒衣)'는 천자가 하사해준 옷으로, 아래문장에서 "초혼을 하며 포의를 사용한다."[16]라고 한 말이 바로 이것을 가리킨다. 정현이 "'여어도(如於道)'는 도로에 있는 여관을 뜻한다." 라고 했는데, 『주례』「유인(遺人)」편을 살펴보면, "무릇 국성 교외의 도로에 있어서, 10리(里)마다 여(廬)가 있고, 30리마다 숙(宿)이 있으며, 50리마다 시(市)가 있다."[17]라고 했다. 그렇기 때문에 "도로에 있는 여관을 뜻한다." 라고 말한 것이다. 정현이 "수레의 좌측 바퀴로 올라가는 것은 지붕의 동쪽 처마로 올라가는 것을 상징한다."라고 했는데, 수레의 끌채가 남쪽을 향하도록 되어 있어, 좌측 수레의 바퀴가 동쪽에 있기 때문에 동쪽 처마를 상징한다. 도로에 있는 여관에서는 초혼을 할 수 없으니, 그 숙소들은 많은 빈객들을 위해 제공된 것이므로, 죽은 자가 마음대로 사용할 수 없다. 그렇기 때문에 타고 있던 수레의 좌측 바퀴에서 초혼을 한다. 정현이 "'수(綏)'자는 마땅히 '유(緌)'자가 되어야 하니, '유빈(蕤賓)'이라고 할 때의 '유(蕤)'자처럼 해석한다."라고 했는데, 경문에는 '수(綏)'라고만 기록하여, '사(糸)'자 변에 '타(妥)'자가 붙어 있어서, 그 음은 '雖(수)'가 되고, 뜻은 "편안하다[安]." 가 된다. 이곳에서 말하는 것은 초혼을 하며 사용하는 것이므로, '유(緌)'에 해당한다. '유(緌)'자는 '사(糸)'자 변에 '위(委)'자가 붙어 있기 때문에, "'수(綏)'자는 마땅히 '유(緌)'자가 되어야 한다."라고 말한 것이다. 이러한 '유(緌)'자는 '유빈(蕤賓)'이라고 할 때의 '유(蕤)'자처럼 해석하니, 그 음은 유빈(蕤賓)이라고 할 때의 '유(蕤)'자와 소리가 같기 때문이다. 경문에서는 '수(綏)'자로 기록했기 때문에, "글자가 비슷해서 생긴 오류이다."라고 말했다. 정현이 "'유(緌)'는 깃발의 깃대 장식을 뜻한다."라고 했는데, 『주례』「하채

16) 『예기』「잡기상」【494c】: 復, 諸侯以褒衣冕服爵弁服.

17) 『주례』「지관(地官)·유인(遺人)」: 凡國野之道, 十里有廬, 廬有飮食; 三十里有宿, 宿有路室, 路室有委; 五十里有市, 市有候館, 候館有積.

(夏采)」편을 살펴보면, "승거에 수(綏)를 달고서 사방 교외에서 초혼을 한다."라고 했다. 여기에서 말하는 '승거(乘車)'는 옥로(玉路)[18]이니, 마땅히 대상(大常)[19]의 깃발을 세워야 한다. 현재의 상황에서는 수(綏)를 세우니, 대상이 없기 때문이다. 『예기』「명당위(明堂位)」편에서는 "유(緌)는 유우씨(有虞氏) 때의 깃발이고, 기(旂)는 하후씨(夏后氏) 때의 깃발이다."[20]라고 하였는데, 후대의 천자는 문식을 꾸몄기 때문에, 유우씨 때의 유(緌)는 단지 깃대 장식만 있던 것임을 알 수 있다. 정현이 "깃술을 제거하고 사용하니, 살아있을 때와는 다르게 하기 때문이다."라고 했는데, 제후는 교룡이 새겨진 기(旂)[21]를 세우는데, 현재는 수(綏)를 통해서 초혼을 하므로, 깃술

---

18) 옥로(玉路)는 '옥로(玉輅)'라고도 부른다. 천자가 사용하는 다섯 가지 수레 중 하나이다. 옥(玉)으로 수레를 치장했기 때문에, '옥로'라고 부르게 되었다. 대상(大常)이라는 깃발을 세웠고, 깃발에는 12개의 치술을 달았으며, 주로 제사 때 사용하였다. 『주례』「춘관(春官)·건거(巾車)」편에는 "王之五路, 一曰玉路, 錫, 樊纓, 十有再就, 建大常, 十有二斿, 以祀."라는 기록이 있고, 이에 대한 정현의 주에서는 "玉路, 以玉飾諸末."이라고 풀이했다.

19) 태상(太常)은 대상(大常)이라고도 부른다. 천자가 세우는 깃발 중 해와 달이 수 놓아진 것을 뜻한다. 『주례』「춘관(春官)·사상(司常)」편에 기록된 '태상'에 대해서, 정현의 주에서는 "王畫日月, 象天明也."라고 풀이했다. 즉 천자의 깃발에는 해[日], 달[月]을 수 놓아서, 하늘의 밝음을 형상화하는 것이다. 또 정현의 주에 대해서, 가공언(賈公彦)의 소(疏)에서는 "聖人與日月齊其明, 故旌旗畫日月象之. 按桓二年, 臧哀伯云 三辰旂旗, 昭其明也. 三辰, 日月星, 則此太常之畫日月者也. 此直言日月, 不言星者, 此擧日月, 其實兼有星也."라고 풀이했다. 즉 성인(聖人)과 일월(日月)은 그 밝기가 같기 때문에, 천자의 깃발에는 '일월'을 수 놓아서, 하늘의 밝음을 형상화하는 것이다. 그리고 『춘추좌씨전』「환공(桓公) 2년」편에는 "臧哀伯諫曰, …… 三辰旂旗, 昭其明也."라는 기록이 있다. 즉 군주의 깃발에 삼신(三辰)을 수 놓는 이유는 군주의 밝은 덕을 나타내는 것이라는 뜻이다. 여기에서 말하는 '삼신'은 곧 해[日], 달[月], 별[星]을 뜻하는데, 이것은 곧 『주례』에서 말하는 '태상'과 같은 것이다. 다만 『주례』에서는 해와 달에 대해서만 언급하고, 별에 대해서는 언급하지 않았는데, 그 이유는 해와 달 속에 실제로는 별까지도 포함되어 있기 때문이다.

20) 『예기』「명당위(明堂位)」【402c】: 有虞氏之旂, 夏后氏之綏, 殷之大白, 周之大赤.

21) 기(旂)는 본래 제후가 세우는 깃발을 뜻한다. 제후는 그 깃발에 두 마리의 용(龍)이 한 쌍을 이루고 있는 교룡(交龍)을 수놓는다. 이때 '머리를 하늘로 하고 있는 1마리 용[升龍]'은 승천하여 천자에게 조회를 하는 모습을 형상화한 것이고, '머리를 땅으로 하고 있는 다른 1마리 용[降龍]'은 천자의 명령을 받

을 제거하는 것은 생전과 다르게 하기 때문이다.

集解 愚謂: 聘禮及郊"斂旜", 蓋旗之旒縿, 至郊皆斂之, 而但載其綏, 故周禮夏采"以乘車建綏, 復于四郊". 此死於道, 則升車而以綏復, 以生時在道惟建綏故也. 鄭氏謂"去其旒而用之, 異於生", 失其義矣. 在道升乘車而復, 乘車象宮室南鄕, 復者北鄕而復, 則車之左轂在東也.

번역 내가 생각하기에, 『의례』「빙례(聘禮)」편에서는 교외에 이르면 "전(旜)[22]을 거둔다."[23]라고 했으니, 아마도 교외에 이르면 깃발의 폭은 모두 말아 두었을 것이며, 단지 깃대 장식만 걸어두었을 것이다. 그렇기 때문에 『주례』「하채(夏采)」편에서는 "승거에 깃대 장식을 걸고 사방 교외에서 초혼을 한다."라고 한 것이다. 이곳에서 말하는 상황은 도로에서 죽은 것이므로, 수레에 올라가서 깃대 장식을 가지고 초혼을 하니, 생전에 도로에 있을 때에는 오직 깃대 장식만 세워 두었기 때문이다. 정현은 "깃술을 제거하고 사용하니, 생전과는 다르게 하기 때문이다."라고 했는데, 이것은 본래의 의미를 놓친 해석이다. 도로에서 승거에 올라가 초혼을 하는데, 승거는 궁궐이 남쪽을 향해 있는 것을 상징하므로, 궁궐에 있을 때 초혼을 하는 자가 북쪽을 바라보며 초혼을 한다면, 수레의 좌측 바퀴는 곧 동쪽에 해당한다.

아서 복종하는 것을 형상화한 것이다. 천자의 깃발에는 해[日]·달[月]·별[星辰] 등을 수놓았는데, 제후는 천자와 동일하게 할 수 없기 때문에, 대신 승용(升龍)과 강용(降龍)을 수놓았던 것이다. 『주례』「춘관(春官)·사상(司常)」편에 기록된 '기'에 대해서, 정현의 주에서는 "諸侯畫交龍, 一象其升朝, 一象其下復也."라고 풀이했고, 가공언(賈公彦)의 소(疏)에서는 "至於天子旌旗有日月星辰, 故諸侯旌旗無日月星, 故龍有升降也. 象升朝天子, 象下復還國也."라고 풀이했다. 한편 깃발 자체를 뜻하는 용어로 사용되기도 했다.

22) 전(旃)은 전(旜)이라고도 기록하는데, 본래 고(孤)나 경(卿) 등이 사용하는 깃발을 뜻한다. 순색의 비단을 이용하여 만든 깃발이며, 별다른 장식을 사용하지 않고, 굽어 있는 깃대를 사용하게 된다. 『주례』「춘관(春官)·사상(司常)」편에는 "掌九旗之物名, 各有屬以待國事. 日月爲常, 交龍爲旂, 通帛爲旜, 雜帛爲物, 熊虎爲旗, 鳥隼爲旟, 龜蛇爲旐, 全羽爲旞, 析羽爲旌."이라는 기록이 있다.

23) 『의례』「빙례(聘禮)」: 受享束帛加璧, 受夫人之聘璋, 享玄纁束帛加琮, 皆如初. 遂行, 舍于郊, 斂旜.

그림 1-1 ▣ 신하들의 명(命) 등급

	천자(天子) 신하	대국(大國) 신하	차국(次國) 신하	소국(小國) 신하
9명(九命)	상공(上公=二伯) 하(夏)의 후손 은(殷)의 후손			
8명(八命)	삼공(三公) 주목(州牧)			
7명(七命)	후작[侯] 백작[伯]			
6명(六命)	경(卿)			
5명(五命)	자작[子] 남작[男]			
4명(四命)	부용군(附庸君) 대부(大夫)	고(孤)		
3명(三命)	원사(元士=上士)	경(卿)	경(卿)	
2명(再命)	중사(中士)	대부(大夫)	대부(大夫)	경(卿)
1명(一命)	하사(下士)	사(士)	사(士)	대부(大夫)
0명(不命)				사(士)

◎ 『예기』와 『주례』의 기록에는 다소 차이가 있다.

※ **참조**: 『주례』「춘관(春官) · 전명(典命)」 및 『예기』「왕제(王制)」

그림 1-2 ▣ 수레의 각부 명칭

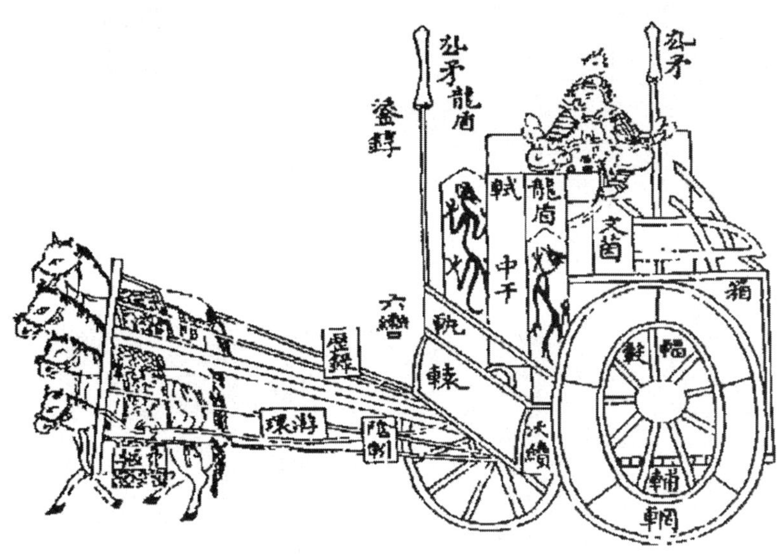

※ **출처:** 『육경도(六經圖)』 3권

그림 1-3 ▣ 조(旐)

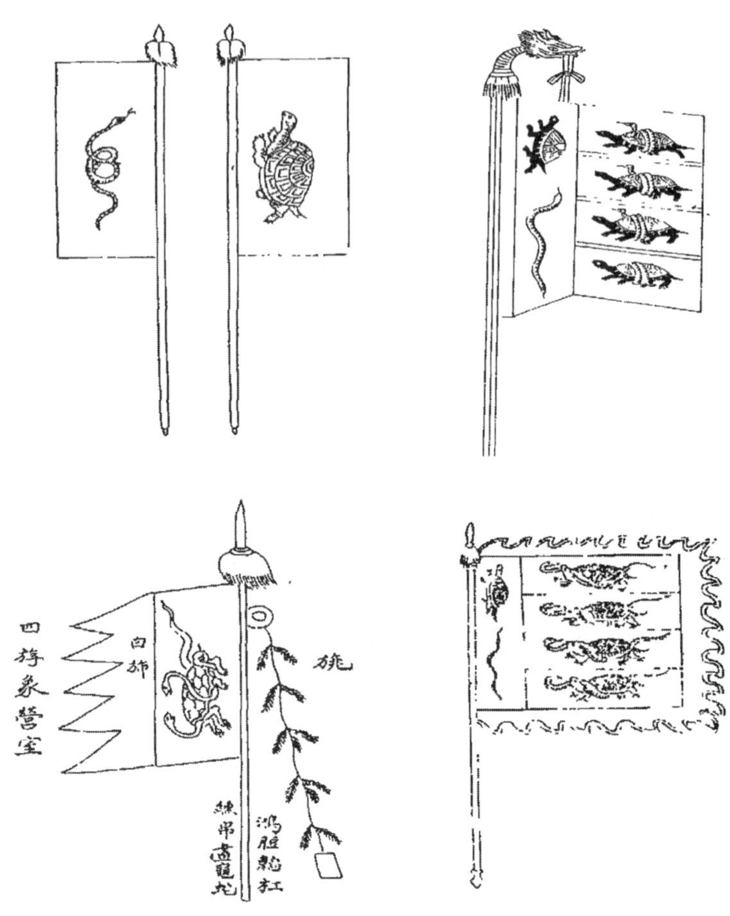

※ 출처: 상좌-『주례도설(周禮圖說)』 하권 ; 상우-『삼례도집주(三禮圖集注)』 9권
하좌-『삼례도(三禮圖)』 2권 ; 하우-『육경도(六經圖)』 7권

그림 1-4 ▣ 후대의 관(館)

館

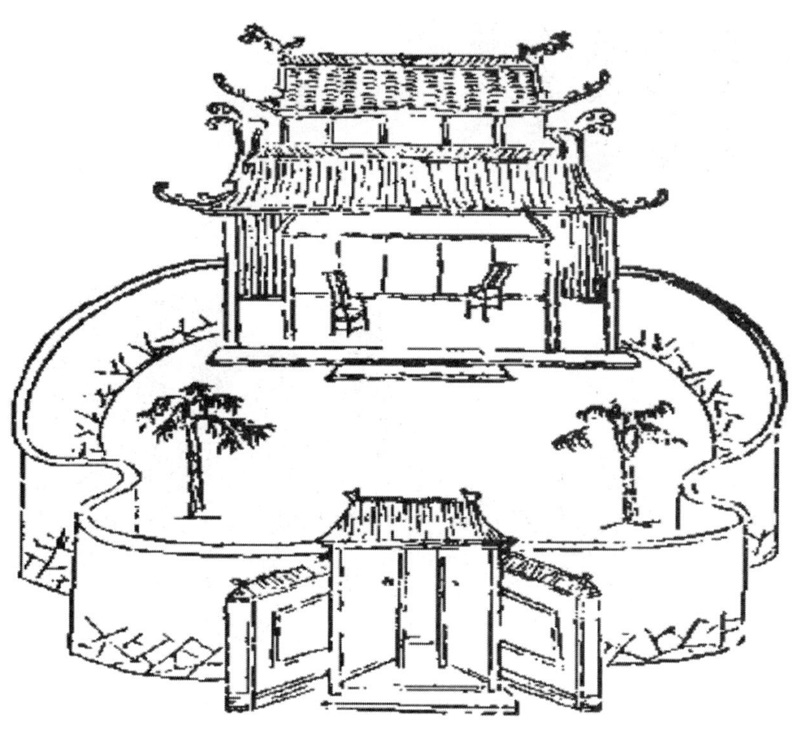

※ **출처:** 『삼재도회(三才圖會)』「궁실(宮室)」 1권

그림 1-5 ▣ 옥로(玉路)

玉輅

節服氏六人與王同服袞冕掌祭祀朝覲維王之太常

※ **출처:**『삼례도집주(三禮圖集注)』9권

그림 1-6 ■ 후대 천자의 옥로(玉路)

※ **출처:** 『삼재도회(三才圖會)』「기용(器用)」 5권

그림 1-7 ▣ 대상(大常)

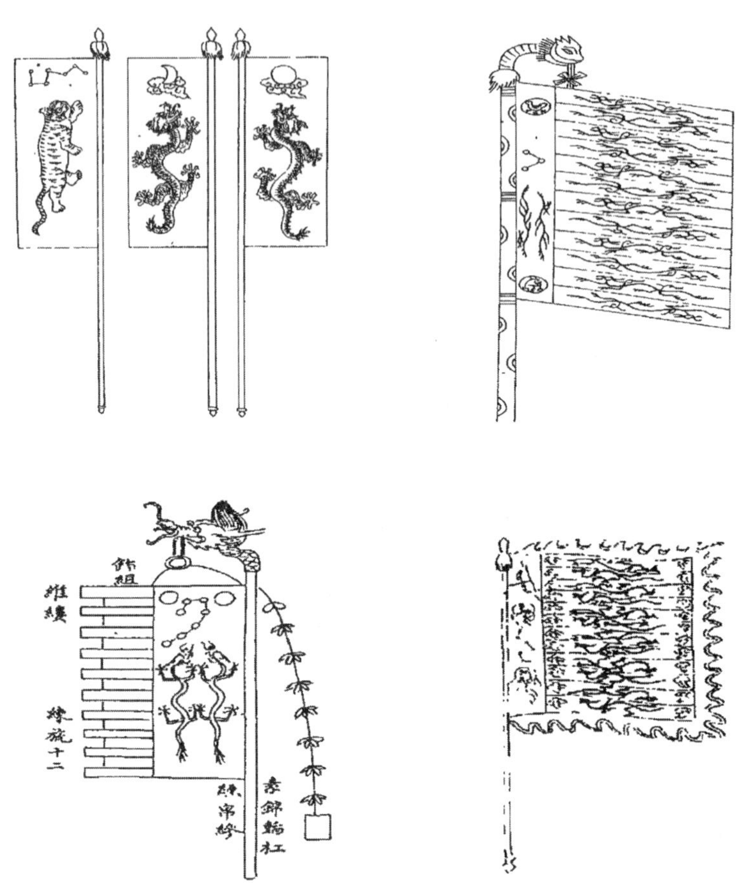

※ 출처: 상좌-『주례도설(周禮圖說)』 하권 ; 상우-『삼례도집주(三禮圖集注)』 9권
하좌-『삼례도(三禮圖)』 2권 ; 하우-『육경도(六經圖)』 7권

그림 1-8 ▣ 유우씨(有虞氏)와 하후씨(夏后氏) 때의 깃발

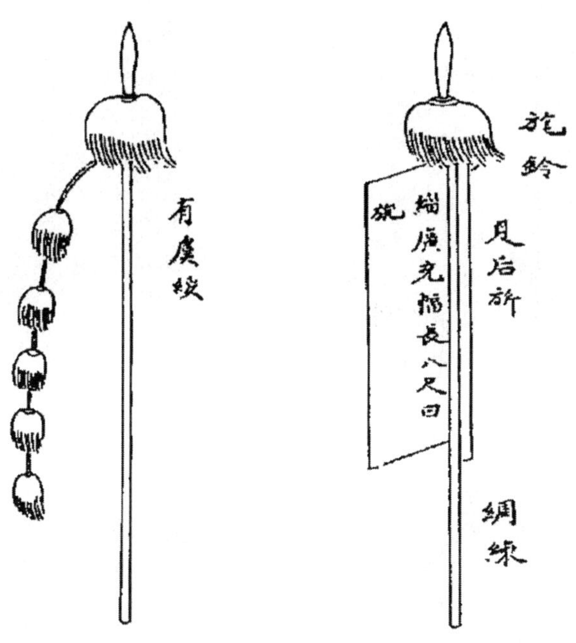

※ **출처:** 『삼례도(三禮圖)』 2권

그림 1-9 ■ 기(旂)

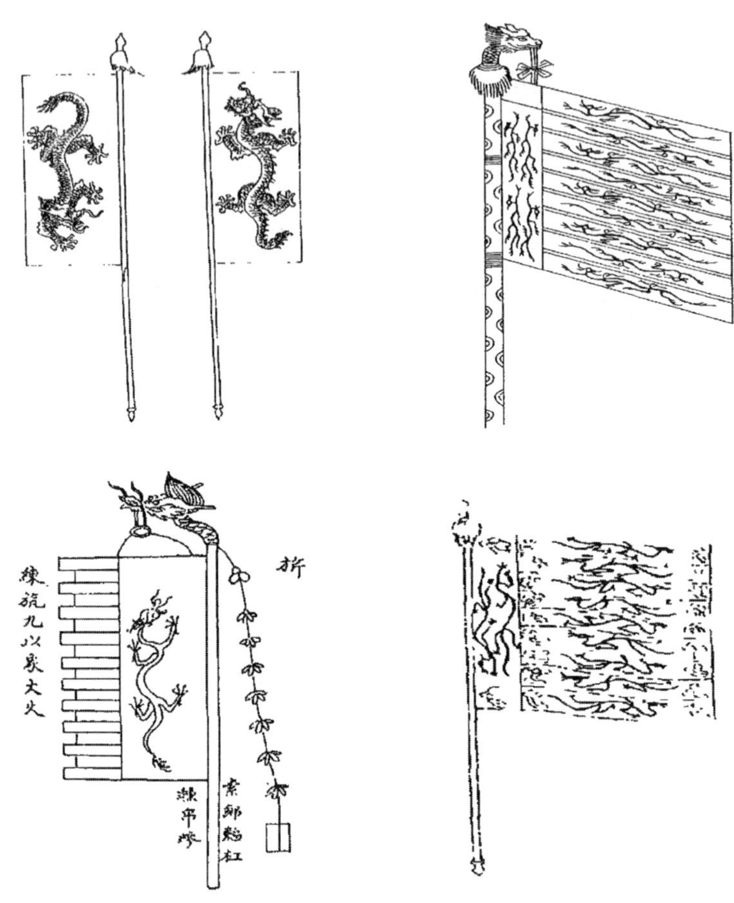

※ **출처:** 상좌-『주례도설(周禮圖說)』 하권 ; 상우-『삼례도집주(三禮圖集注)』 9권
하좌-『삼례도(三禮圖)』 2권 ; 하우-『육경도(六經圖)』 7권

그림 1-10 ▣ 전(旜)

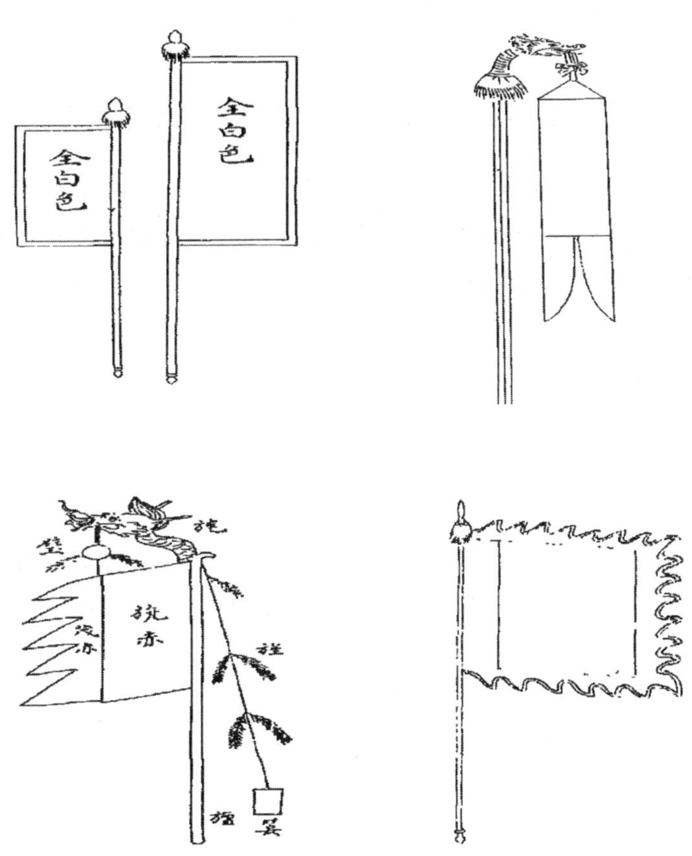

※ **출처:** 상좌-『주례도설(周禮圖說)』 하권 ; 상우-『삼례도집주(三禮圖集注)』 9권
하좌-『삼례도(三禮圖)』 2권 ; 하우-『육경도(六經圖)』 7권

【491b】

其輤有裧緇布裳帷, 素綿以爲屋而行.

직역 그 輤에는 裧이 有하고 緇布에 裳帷하며, 素綿으로 屋을 爲하여 行한다.

의역 영구의 수레를 덮는 천(輤)에는 장식을 하니, 천(輤)의 네 방면에 천을 달아 늘어트리고, 검은색의 천으로 휘장처럼 관을 두르며, 흰색의 비단을 지붕처럼 만들어서 관을 덮고서야 행차를 한다.

集說 輤, 載柩之車上覆飾也. 輤象宮室. 舊說, 輤用染赤色, 以蒨而名. 裧者, 輤之四旁所垂下者. 緇布裳帷者, 輤下棺外, 用緇色之布爲裳帷, 以圍繞棺也. 素綿以爲屋者, 用素錦爲小帳如屋, 以覆棺之上, 設此飾乃行也.

번역 '천(輤)'은 영구를 실은 수레의 덮개를 장식한 것이다. 천(輤)은 궁궐을 상징한다. 옛 학설에서는 천(輤)은 적색으로 염색한 천을 사용하는데, 염료로 천(蒨)이라는 식물을 사용해서 이처럼 명칭을 정했다고 한다. '첨(裧)'이라는 것은 천(輤)의 네 면에 달려서 밑으로 늘어지는 것을 뜻한다. '치포상유(緇布裳帷)'는 천(輤) 밑의 관 겉에는 검은색의 포를 이용해서 장막을 만들어 관을 두르는 것을 뜻한다. '소면이위옥(素綿以爲屋)'이라는 말은 흰색의 비단을 이용해서 작은 장막을 만들어 지붕처럼 해서, 관의 위를 덮는 것이니, 이러한 장식을 설치한 뒤에 영구가 행차하게 된다.

大全 廬陵胡氏曰: 裳用緇, 則輤與裧, 皆赤也, 以玄纁對耳. 鄭謂輤如綪旆之綪, 取蒨赤也. 竊案, 大夫以白布爲輤, 豈亦因染赤得名乎? 柩車飾, 經惟此一文, 則知未大斂前車飾亦然.

번역 여릉호씨[24]가 말하길, 장막에 검은색의 천을 사용했다면 천(輤)과

24) 호전(胡銓, A.D.1102~A.D.1180) : =여릉호씨(廬陵胡氏)·호방형(胡邦衡). 남

첨(裧)에는 모두 적색을 사용했으니, 검은색과 분홍색을 상대적으로 사용한 것일 뿐이다. 정현은 '천(輤)'이 붉은 비단의 깃발이라고 할 때의 '천(綪)'이라고 했고, 이것은 천(蒨)이라는 식물로 적색을 낸 것에서 의미를 취한 것이라고 했다. 내가 생각하기에, 대부는 백색의 포로 천(輤)을 만드는데,[25] 어떻게 염료가 적색인 것에 따라서 이러한 명칭을 정했겠는가? 영구를 실은 수레에 대해 장식을 한다는 내용은 경문 중 오직 이곳 문장에만 나오니, 아직 대렴(大斂)[26]을 하기 이전에 수레에 하는 장식 또한 이와 같았음을 알 수 있다.

鄭注 輤, 載柩將殯之車飾也. 輤取名於櫬與蒨, 讀如蒨旆之蒨. 櫬, 棺也. 蒨, 染赤色者也. 將葬, 載柩之車飾曰柳. 裧, 謂鱉甲邊緣. 緇布裳帷, 圍棺者也. 裳帷用緇, 則輤用赤矣. 輤象宮室屋, 其中小帳櫬[27]覆棺者. 若未大斂, 其載尸而歸, 車飾皆如之.

번역 '천(輤)'은 영구를 싣고서 빈소로 가게 되는 수레에 하는 장식이다. '천(輤)'은 그 명칭을 '츤(櫬)'과 '천(蒨)'에서 가져온 것으로, '붉은 비단의 깃발[蒨旆]'이라고 할 때의 '천(蒨)'자로 풀이한다. '츤(櫬)'은 관을 뜻한다. '천(蒨)'은 적색으로 염색할 때 사용하는 식물이다. 장례를 치르게 되면, 영구를 싣고 있는 수레에 대해서 장식을 하니, 그것을 '유(柳)'라고 부른다. '첨(裧)'은 별갑(鱉甲)[28]의 가장자리를 뜻한다. '치포상유(緇布裳帷)'는 관

송(南宋) 때의 정치가이자 문학가이다. 자(字)는 방형(邦衡)이고, 호(號)는 담암(澹庵)이다. 충신으로 명성이 높았다.

25) 『예기』「잡기상」【491c~d】: 大夫士死於道, 則升其乘車之左轂以其綏復. 如於館死, 則其復如於家. 大夫以布爲輤而行, 至於家而說輤, 載以輲車, 入自門, 至於阼階下而說車, 擧自阼階, 升適所殯.

26) 대렴(大斂)은 상례(喪禮) 절차 중 하나이다. 소렴(小斂)을 끝낸 뒤에, 시신을 관에 안치하는 절차이다.

27) '친(櫬)'자에 대하여. '친'자는 본래 '친(襯)'자로 기록되어 있었는데, 완원(阮元)의 『교감기(校勘記)』에서는 "이곳 판본의 '친(襯)'자는 '친(櫬)'자를 잘못 기록한 것이다."라고 했다.

28) 별갑(鱉甲)은 영구를 싣고 있는 수레의 덮개를 뜻한다.

을 두르는 것이다. 장막을 만들 때 검은색의 천을 사용한다면, 천(輤)은 적색을 사용한다. 천(輤)은 궁궐의 지붕을 상징하니, 그 안에 있는 작은 장막은 관을 덮게 된다. 만약 아직 대렴을 하기 이전이라면, 시신을 싣고서 되돌아가니, 수레의 장식은 모두 이처럼 하게 된다.

釋文 輤, 千見反, 注與蒨同. 裧, 昌占反. 緇裳帷, 本或作緇布裳帷. 殯, 必刃反, 本或作賓, 音同. 櫬, 初靳反, 又楚陣反. "與蒨"絶句, 一本作輤, 讀以"與"字絶句, 與, 則音餘. 蒨旆, 上千見反, 下步貝反. 緣, 說絹反.

번역 '輤'자는 '千(천)'자와 '見(견)'자의 반절음이며, 정현의 주에 나오는 '與蒨'에서의 '蒨'자도 그 음이 이와 같다. '裧'자는 '昌(창)'자와 '占(점)'자의 반절음이다. '緇裳帷'는 판본에 따라서 또한 '緇布裳帷'라고도 기록한다. '殯'자는 '必(필)'자와 '刃(인)'자의 반절음이며, 판본에 따라서 또한 '賓'자로도 기록하는데, 그 음은 동일하다. '櫬'자는 '初(초)'자와 '靳(근)'자의 반절음이며, 또한 '楚(초)'자와 '陣(진)'자의 반절음도 된다. '與蒨'에서 구문을 끊는데, 다른 판본에서는 '輤'자로도 기록했고, '與'자에서 구문을 끊게 되면, '與'자의 음은 '餘(여)'가 된다. '蒨旆'에서의 '蒨'자는 '千(천)'자와 '見(견)'자의 반절음이고, '旆자는 '步(보)'자와 '貝(패)'자의 반절음이다. '緣'자는 '說(설)'자와 '絹(견)'자의 반절음이다.

孔疏 ○正義曰: 此一經明諸侯車飾. 輤, 謂載柩之車.

번역 ○이곳 경문은 제후의 수레에 하는 장식을 나타내고 있다. '천(輤)'은 영구를 싣는 수레를 뜻한다.

孔疏 ●"有裧"者, 謂輤之四旁有物裧垂, 象鱉甲邊緣.

번역 ●經文: "有裧". ○천(輤)의 네 방면에는 천을 덧대어 밑으로 내려트리니, 별갑(鱉甲)에 있는 가장자리를 상징한다.

孔疏 ●“緇布裳帷”者, 輤下棺外用緇色之布, 以爲裳帷, 以圍繞棺也.

번역 ●經文: “緇布裳帷”. ○천(輤) 밑과 관 겉에는 검은색의 포를 이용해서 휘장을 만들고, 이것을 이용해서 관을 두른다.

孔疏 ●“素錦以爲屋”者, 於此裳帷之中, 又用素錦以爲屋小帳, 以覆棺而行者, 於死處旣設此飾而後行.

번역 ●經文: “素錦以爲屋”. ○이러한 장막 안에는 또한 흰색의 비단을 이용해서 지붕과 작은 장막을 만들고, 이것으로 관을 덮은 뒤에 행차를 하니, 죽은 자의 시신이 있는 곳에 이러한 장식을 꾸민 뒤에야 행차하는 것이다.

孔疏 ◎注“輤載”至“如之”. ○正義曰: “輤, 載柩將殯之車飾也”者, 以下經云“遂入, 適所殯”, 是將殯車飾也. 云“輤取名於櫬與蒨”者, 言此車所以名輤, 凡有二義: 一者取名於櫬, 櫬, 近尸也; 二取名於蒨, 蒨, 草也. 故云“取名於櫬與蒨”. 云“讀如蒨旆之蒨”者, 言經中輤字讀如蒨旆之蒨. 按左傳定四年祝鮀云: 封康叔以綪茷. 謂以蒨草染旆爲赤色, 故讀此蒨與彼同, 是亦蒨草以染布也. 云“櫬, 棺也”者, 覆說取名於櫬義也. 云“蒨, 染赤色者也”者, 說取名於蒨草之義也. 云“將葬, 載柩之車飾曰柳”者, 證此經中輤非將葬車也. 云“褑, 謂鱉甲邊緣”者, 覆說輤象鱉甲, 覆於棺上, 中央隆高, 四面漸下, 褑象邊緣, 垂於輤之四邊, 與輤連體, 則亦赤也. 若葬車之飾, 則上用荒, 不用輤也. 云“裳帷用緇, 則輤用赤矣”者, 前雖讀輤爲蒨草, 其色未明. 今因裳帷用緇, 故知定輤爲赤色, 以玄纁相對之物, 故以赤色對緇也. 但玄纁天地之色, 取象不同, 或上或下, 非一例也, 要玄纁是相對之色. 云“若未大斂, 其載尸而歸, 車飾皆如之”者, 此經所論, 謂大斂後也, 故下云“適所殯”. 若未大斂, 則曾子問云“尸入門, 升自阼階”, 不得云“適所殯”也. 知未大斂之前, 車飾亦然者, 以載尸柩車飾, 經唯有此一文, 故知其飾同也.

번역 ◎鄭注: “輤載”~“如之”. ○정현이 “‘천(輤)’은 영구를 싣고서 빈소로 가게 되는 수레에 하는 장식이다.”라고 했는데, 아래 경문에서 “마침내 들어가게 되면 빈소가 차려진 곳으로 간다."[29]라고 했으니, 이것은 빈소로 가게 되는 수레의 장식을 뜻한다. 정현이 "'천(輤)'은 그 명칭을 '츤(櫬)'과 '천(蒨)'에서 가져온 것이다."라고 했는데, 이 수레에 대해서 '천(輤)'이라고 부르는 것에는 두 가지 의미가 있다. 첫 번째는 츤(櫬)에서 명칭을 가져온 것이니, '츤(櫬)'이라는 관은 시신과 가장 밀접해 있기 때문이다. 두 번째는 천(蒨)에서 명칭을 가져온 것이니, '천(蒨)'은 염료로 사용되는 식물이다. 그렇기 때문에 "그 명칭을 '츤(櫬)'과 '천(蒨)'에서 가져온 것이다."라고 했다. 정현이 "'붉은 비단의 깃발[蒨旆]'이라고 할 때의 '천(蒨)'자로 풀이한다."라고 했는데, 경문에 나오는 '천(輤)'자는 천패(蒨旆)라고 할 때의 '천(蒨)'자로 풀이한다는 뜻이다. 『좌전』 정공(定公) 4년 기록을 살펴보면, 축타는 강숙을 분봉해줄 때 천패(綪茷)를 하사했다고 했다.[30] 이것은 천(蒨)이라는 식물로 깃발을 염색해서 적색으로 만든 것이다. 그렇기 때문에 이곳의 '천(蒨)'자를 『좌전』에 나오는 '천(綪)'자와 동일하게 해석하는 것이니, 이 또한 천(蒨)이라는 식물로 포를 염색한 것을 뜻한다. 정현이 "'츤(櫬)'은 관을 뜻한다."라고 했는데, 츤(櫬)에서 명칭을 취한 뜻을 재차 설명한 말이다. 정현이 "'천(蒨)'은 적색으로 염색할 때 사용하는 식물이다."라고 했는데, 천(蒨)이라는 식물에서 명칭을 취한 뜻을 설명한 말이다. 정현이 "장례를 치르게 되면, 영구를 싣고 있는 수레에 대해서 장식을 하니, 그것을 '유(柳)'라고 부른다."라고 했는데, 이곳 경문에 나온 '천(輤)이 장례를 치를 때 사용하는 수레가 아님을 증명한 것이다. 정현이 "'첨(裧)'은 별갑(鱉甲)의 가장자리를 뜻한다."라고 했는데, 천(輤)이 별갑을 상징한다는 뜻을 재차 설명하여, 관의 위를 덮게 되고, 중앙은 더 높게 만들고 네 면은 보다 낮게 만들게 되어, 첨(裧)이 가장자리를 상징하여, 천(輤)의 네 방면에 늘어트리게 되는데, 천(輤)과 연결되어 있다면, 이 또한 적색으로 만든다. 만약 장례를 치를 때 사용하는 수레의 장식이라면, 위에는 황(荒)이 있으며,[31]

---

29) 『예기』「잡기상」【491c】: 至於廟門, 不毁墻, 遂入, 適所殯, 唯輤爲說於廟門外.

30) 『춘추좌씨전』「정공(定公) 4년」: 分康叔以大路·少帛·綪茷·旃旌·大呂, 殷民七族, 陶氏·施氏·繁氏·錡氏·樊氏·饑氏·終葵氏.

31) 『예기』「상대기(喪大記)」【543c】: 黼荒, 火三列, 黼三列.

천(輤)을 사용하지 않는다. 정현이 "장막을 만들 때 검은색의 천을 사용한다면, 천(輤)은 적색을 사용한다."라고 했는데, 앞에서 비록 '천(輤)'자를 염료로 사용되는 천(蒨)이라는 식물의 글자로 풀이했지만, 그 색깔에 대해서 나타내지 않았다. 현재 장막을 만들 때 검은색 천을 사용하는 것에 따라서, 천(輤)을 만들 때 적색으로 했음을 알 수 있으니, 검은색과 분홍색은 서로 대비가 되는 색깔이기 때문에, 적색을 이용해서 검은색과 대비시킨 것이다. 다만 검은색과 분홍색은 천지의 색깔인데, 상징함이 달라서 어떤 것은 위가 되고 또 어떤 것은 아래가 되어, 동일하게 분류할 수 없지만, 검은색과 분홍색이 서로 대비가 되는 색깔인 것에 요점을 둔 기록이다. 정현이 "만약 아직 대렴을 하기 이전이라면, 시신을 싣고서 되돌아가니, 수레의 장식은 모두 이처럼 하게 된다."라고 했는데, 이곳 경문에서 논의한 내용은 대렴을 한 이후를 뜻한다. 그렇기 때문에 아래에서 "빈소가 차려진 곳으로 간다."라고 말했다. 만약 아직 대렴을 하기 이전이라면, 『예기』「증자문(曾子問)」편에서 "시신이 빈소로 들어올 때에는 문을 통해서 들어오고, 당으로 올라갈 때에는 동쪽 계단을 통해서 올라간다."[32]라고 했으니, "빈소가 차려진 곳으로 간다."라고 할 수 없다. 아직 대렴을 하기 이전에 수레의 장식이 또한 이와 같다는 사실을 알 수 있는 이유는 영구를 실은 수레의 장식에 대해서, 경문의 기록에서는 오직 이곳 한 문장만 있기 때문에, 그 장식이 동일했음을 알 수 있다.

訓纂 三禮圖曰: 在上曰帟, 四旁及上曰帷, 上下四旁悉周曰幄.

번역 『삼례도』[33]에서 말하길, 위를 막는 것을 '역(帟)'이라고 부르며, 네

---

32) 『예기』「증자문(曾子問)」【239d】: 曾子問曰: 君出疆, 以三年之戒, 以椑從, 君薨, 其入, 如之何. 孔子曰: 共殯服, 則子麻弁絰, 疏衰, 菲杖, 入自闕, 升自西階, 如小斂, 則子免而從柩, 入自門, 升自阼階, 君·大夫·士, 一節也.

33) 『삼례도(三禮圖)』는 삼례(三禮)에 나타나는 각종 명물(名物) 등에 대한 도해(圖解)를 한 책이다. 『수서(隋書)』「경적지(經籍志)」를 비롯하여, 각종 사서(史書)에는 각 시대마다 편찬된 『삼례도』에 대한 기록이 나오지만, 현재는 전해지지 않는다. 현재 남아있는 『삼례도』는 송대(宋代) 섭숭의(聶崇義)의 『삼

방면 및 위를 막는 것을 '유(帷)'라고 부르고, 위와 아래 및 사방을 모두 가리는 것을 '악(幄)'이라고 부른다.

集解 此謂新死在塗, 載尸之車飾也. 輤者, 載尸車飾之總名. 若分而言之, 則蓋於上者爲輤, 屬於輤而四垂者爲裧, 周於四旁者爲裳帷, 在輤之內而周於尸者爲屋. 言"緇布"於"裧"與"裳帷"之間, 明二者皆緇布爲之也. 屋, 幄也. 四合象宮室, 故曰屋. 此承上言"復"之文, 又下云"不毁牆", 又於大夫云"擧自阼階", 則此經主謂未大斂而歸者明矣. 若旣大斂, 載柩而歸, 其車飾蓋亦如此, 而其禮則有異也.

번역 이 내용은 도로에서 어떤 자가 이제 막 죽었을 때, 그 시신을 싣는 수레의 장식을 뜻한다. '천(輤)'이라는 것은 시신을 싣는 수레의 장식을 총괄하는 명칭이다. 만약 세분하여 말하게 된다면, 그 위를 덮는 덮개를 '천(輤)'이라고 부르며, 천(輤)에 연결되어 네 면에 늘어트리는 것을 '첨(裧)'이라고 하며, 네 방면을 두루는 것을 '상유(裳帷)'라고 하고, 천(輤)의 안쪽에 있으면서 시신의 주위를 둘러서 가리는 것을 '옥(屋)'이라고 한다. '치포(緇布)'라는 말이 첨(裧)과 상유(裳帷) 사이에 기록되어 있으니, 이 두 가지는 모두 검은색의 포로 만들게 됨을 나타낸다. '옥(屋)'이라는 것은 휘장[幄]을 뜻한다. 네 방면을 연결하여 궁실을 상징하기 때문에 '옥(屋)'이라고 부른다. 이 내용은 앞의 '초혼[復]'이라고 한 문장에 뒤이어 나오고, 아래에서는 "담장을 허물지 않는다."[34]라고 했으며, 또 대부에 대해서는 "들어서 동쪽 계단을 통해 올라간다."[35]라고 했으니, 이곳 경문은 아직 대렴(大斂)을 하기 이전에 되돌아온 경우를 위주로 말했음이 분명하다. 만약 이미 대렴을 하여, 영구를 수레에 싣고 되돌아온 경우라면, 그 수레의 장식은 아마도

례도』 20권과 명대(明代) 유적(劉績)의 『삼례도』 4권이다.

34) 『예기』「잡기상」【491c】: 至於廟門, 不毁墻, 遂入, 適所殯, 唯輤爲說於廟門外.

35) 『예기』「잡기상」【491c~d】: 大夫士死於道, 則升其乘車之左轂以其綏復. 如於館死, 則其復如於家. 大夫以布爲輤而行, 至於家而說輤, 載以輲車, 入自門, 至於阼階下而說車, 擧自阼階, 升適所殯.

또한 이와 같았을 것이지만, 관련 예법에는 차이가 있었을 것이다.

集解 輤之義未詳.

번역 '천(輤)'자의 뜻에 대해서는 정확히 알 수 없다.

集解 愚謂: 遣車之障亦曰輤, 則非有取於櫬也. 大夫用布亦曰輤, 則非有取於蒨也. 且古人器服之飾, 其法象皆不苟. 凡飾用玄纁者, 必玄上而纁下, 以象天地之定位; 否則玄表而纁裏, 以象陰陽之內外. 若輤用赤, 裳帷用緇, 則纁上而玄下, 其於法象逆矣, 必無是理也.

번역 내가 생각하기에, 견거(遣車)[36]의 가림막을 또한 '천(輤)'이라고 부르니, 츤(櫬)에서 명칭을 취한 것이 아니다. 대부는 포(布)를 사용하는데도 또한 '천(輤)'이라고 부르니, 천(蒨)에서 명칭을 취한 것이 아니다. 또 고대인들은 기물과 복식의 장식에 대해서, 그 법도와 본뜬 것을 모두 소홀하게 여기지 않았다. 무릇 장식에 있어서 검은색과 분홍색을 사용하는 경우라면, 반드시 검은색에 해당하는 것이 위가 되고, 분홍색에 해당하는 것이 아래가 되어, 이를 통해 천지의 올바른 위치를 상징했고, 그렇지 않은 경우라면 검은색을 겉으로 하고 분홍색을 안으로 하여, 음양에 따른 내외를 상징했다. 만약 천(輤)에 대해서 적색을 사용했고, 상유(裳帷)에 대해서 검은색을 사용했다면, 분홍색이 위가 되고 검은색이 아래가 되니, 법도와 본뜨는 방식에 있어서 어긋나므로, 이러한 이치는 분명 없었을 것이다.

---

36) 견거(遣車)는 장례(葬禮)를 치를 때 사용되는 수레이다. 장례 때에는 장지(葬地)에서 제사를 지내기 위해 희생물을 가져가게 된다. '견거'는 바로 희생물의 몸체를 싣고 가는 수레를 뜻한다.

그림 1-11 ▣ 유거(柳車)

※ 출처: 『삼례도집주(三禮圖集注)』 19권

그림 1-12 ▣ 견거(遣車)

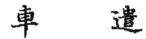

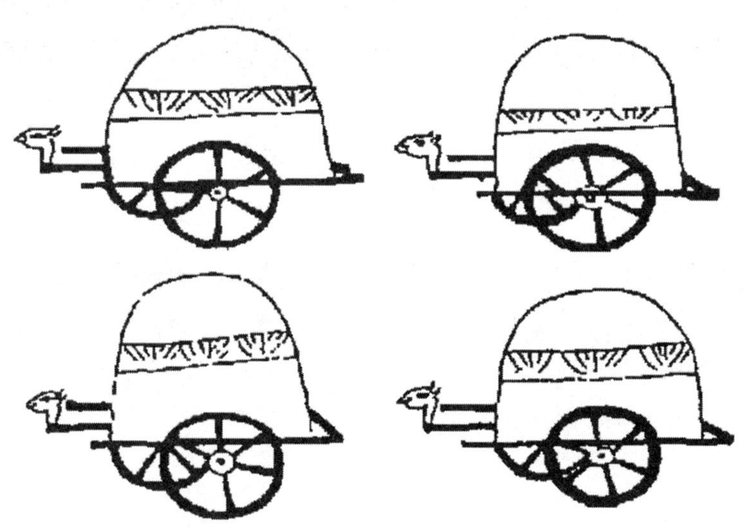

※ **출처:** 『삼례도집주(三禮圖集注)』 18권

【491c】

至於廟門, 不毁墻, 遂入, 適所殯, 唯輤爲說於廟門外.

직역 廟門에 至하면, 墻을 不毁하고, 遂히 入하여, 殯한 所로 適하는데, 唯히 輤은 廟門의 外에서 說을 爲한다.

의역 빈궁의 문에 당도하면, 휘장을 걷지 않고 안으로 들어가서, 빈소가 차려진 곳으로 가는데, 천(輤)은 더 이상 필요하지 않으므로, 빈궁의 문 밖에서 벗겨둔다.

集說 廟門, 殯宮之門也. 不毁牆, 謂不折去裳帷也. 所殯在兩楹間, 脫輤於門外者, 旣入宮室, 則不必象宮之輤也, 故脫之.

번역 '묘문(廟門)'은 빈궁의 문을 뜻한다. '불훼장(不毁牆)'은 장막을 제거하지 않는다는 뜻이다. 빈소를 차리는 곳은 양쪽 기둥 사이가 되며, 문밖에서 천(輤)을 벗긴다는 것은 궁실로 이미 들어왔다면, 궁실을 상징하는 천(輤)이 불필요하기 때문에 벗기는 것이다.

鄭注 廟, 所殯宮. 牆, 裳帷也. 適所殯, 謂兩楹之間. 去輤乃入廟門, 以其入自有宮室也. 毁, 或爲徹. 凡柩自外來者, 正棺於兩楹之間, 尸亦俠之於此, 皆因殯焉. 異者柩入自闕, 升自西階, 尸入自門, 升自阼階. 其殯必於兩楹之間者, 以其死不於室, 而自外來, 留之於中, 不忍遠也.

번역 '묘(廟)'는 빈궁을 차리는 곳이다. '장(牆)'자는 휘장을 뜻한다. "빈소가 차려진 곳으로 간다."는 말은 양쪽 기둥 사이로 간다는 뜻이다. 천(輤)을 제거하면 빈궁의 문으로 들어서니, 영구가 들어감에 있어서 그곳 자체에 궁실의 건물이 있기 때문이다. '훼(毁)'자를 다른 판본에서는 '철(徹)'자로 기록하기도 한다. 무릇 영구가 외부로부터 들어오는 경우, 양쪽 기둥 사이에 관을 안치하고, 시신 또한 이곳에 안치하므로, 모든 경우에 그 연유로 인해 이곳을 빈소로 여긴다. 다른 점은 영구가 들어올 때 궐(闕)로부터 들어오고 올라갈 때 서쪽 계단으로부터 올라가며 시신은 문을 통해 들어오고 올라갈 때 동쪽 계단으로부터 올라간다. 빈소를 차리는 곳을 반드시 양쪽 기둥 사이에 두는 것은 시신을 자신의 방에 두지 못하고, 밖으로부터 시신이 와서 그 가운데 머물게 하는 것으로, 차마 멀리 떨어트릴 수 없기 때문이다.

釋文 說, 吐奪反, 本亦作脫, 下并注皆同. 侇音夷. 隱義云: "侇之言移也." 庾依韻集大兮反, 息也. 遠, 于萬反.

번역 '說'자는 '吐(토)'자와 '奪(탈)'자의 반절음이며, 판본에 따라서는 또한 '脫'자로도 기록하고, 아래문장 및 정현의 주에 나오는 글자도 모두 그 음이 이와 같다. '侇'자의 음은 '夷(이)'이다. 『은의』에서는 "'이(侇)'자는 옮긴다는 뜻이다."라고 했고, 유울[37]은 『집운』에 따라서 '大(대)'자와 '兮(혜)'자의 반절음이며, 그친다는 뜻이라고 했다. '遠'자는 '于(우)'자와 '萬(만)'자의 반절음이다.

孔疏 ○正義曰: 此一經明諸侯禮載柩入制也.

번역 ○이곳 경문은 제후에게 적용되는 예법에 있어서, 시신을 싣고 빈궁으로 들어오는 제도를 나타내고 있다.

孔疏 ●"至於廟門"者, 謂殯宮門也.

번역 ●經文: "至於廟門". ○빈궁의 문을 뜻한다.

---

37) 유울(庾蔚, ?~?) : =유씨(庾氏). 남조(南朝) 때 송(宋)나라 학자이다. 저서로는 『예기약해(禮記略解)』, 『예론초(禮論鈔)』, 『상복(喪服)』, 『상복세요(喪服世要)』, 『상복요기주(喪服要記注)』 등을 남겼다.

孔疏 ●"不毁牆"者, "牆"謂裳帷, 但毁去上輤, 不毁去牆帷.

번역 ●經文: "不毁牆". ○'장(牆)'자는 휘장을 뜻하니, 위에 있는 천(輤)만 제거하고 휘장은 제거하지 않는다.

孔疏 ●"遂入, 適所殯"者, 遂入殯宮, 正柩於兩楹之間, 而遂殯焉.

번역 ●經文: "遂入, 適所殯". ○결국 빈궁으로 들어가서, 양쪽 기둥 사이에 관을 안치하고서 빈소를 차린다.

孔疏 ●"唯輤爲說於廟門外"者[38], 言餘物不說, 唯輤一物脫於殯宮門外.

번역 ●經文: "唯輤爲說於廟門外". ○나머지 장식에 대해서는 벗겨두지 않고, 오직 천(輤)만 빈궁 문밖에서 벗겨둔다는 뜻이다.

孔疏 ◎注"廟所"至"遠也". ○正義曰: "廟, 所殯宮"者, 以殯之所在, 故謂爲"廟". 云"牆, 裳帷也"者, 鄭恐是宮牆之嫌, 故云"牆, 裳帷也". 以飾棺之物稱牆. 門是入自門也. 云"適所殯, 在兩楹之間"者, 以死在外來, 故殯於兩楹間. 云"去輤乃入廟門, 以其入自有宮室也"者, 解經所以去輤乃入之意. 輤乃覆棺上, 象宮室. 今入之有宮室, 故去[39]輤也. "不去裳帷"者, 以裳帷鄣棺, 未可去也. 云"凡柩自外來者, 正棺於兩楹之間"者, 按公羊定元年: "癸亥, 公之喪至自乾侯, 正棺於兩楹之間, 然後卽位." 鄭以是推之, 則知尸自外來者, 亦停於兩楹之間, 故尸亦俠之於此, 皆因殯焉. 云"異者柩入自闕, 升自西階, 尸入自門, 升自阼階"者, 皆曾子問文. 云"留之於中, 不忍遠也"者, 以周人殯於

38) '자(者)'자에 대하여. '자'자는 본래 중복 기록되어 있었는데, 완원(阮元)의 『교감기(校勘記)』에서는 "뒤의 '자'자는 잘못하여 연문으로 들어간 글자이다."라고 했다.

39) '거(去)'자에 대하여. '거'자는 본래 '운(云)'자로 기록되어 있었는데, 완원(阮元)의 『교감기(校勘記)』에서는 "위씨(衛氏)의 『집설(集說)』에는 '운'자가 '거'자로 기록되어 있는데, 이 기록이 옳다."라고 했다.

客位, 今殯於兩楹之間, 是不忍遠之也.

번역 ◎鄭注: "廟所"~"遠也". ○정현이 "'묘(廟)'자는 빈궁을 차리는 곳이다."라고 했는데, 빈소가 있는 곳이기 때문에 '묘(廟)'라고 부른 것이다. 정현이 "'장(牆)'자는 휘장을 뜻한다."라고 했는데, 정현은 아마도 빈궁의 담장으로 오해할 것을 염려했기 때문에, "'장(牆)'자는 휘장을 뜻한다."라고 말했다. 관을 치장하는 물건이기 때문에 '장(牆)'이라고 부른다. 문(門)은 문을 통해 들어간다는 뜻이다. 정현이 "'빈소가 차려진 곳으로 간다.'는 말은 양쪽 기둥 사이로 간다는 뜻이다."라고 했는데, 죽은 자가 외부로부터 오기 때문에, 양쪽 기둥 사이에 빈소를 마련한다. 정현이 "천(輤)을 제거하면 빈궁의 문으로 들어서니, 영구가 들어감에 있어서 그곳 자체에 궁실의 건물이 있기 때문이다."라고 했는데, 경문에서 천(輤)을 제거하고 들어간다고 한 뜻을 풀이한 것이다. 천(輤)은 관의 위를 덮는 것으로 궁실을 상징한다. 현재는 들어서는 장소에 이미 궁실이 있기 때문에, 천(輤)을 제거한다. 정현이 "휘장을 제거하지 않는다."라고 했는데, 휘장은 관을 가리므로 아직 제거할 수 없기 때문이다. 정현이 "무릇 영구가 외부로부터 들어오는 경우, 양쪽 기둥 사이에 관을 안치한다."라고 했는데, 『공양전』 정공(定公) 1년의 기록을 살펴보면, "계해일에 군주의 상여가 건후 땅으로부터 들어와서, 양쪽 기둥 사이에 관을 안치한 이후 즉위했다."[40]라고 했다. 정현은 이를 통해 추론을 하여, 시신이 외부로부터 들어오는 경우에는 또한 양쪽 기둥 사이에 머물게 한다는 사실을 알았다. 그래서 시신 또한 이곳에 안치를 하니, 모두 그 연유로 인해 빈소로 여긴 것이다. 정현이 "다른 점은 영구가 들어올 때 궐(闕)[41]로부터 들어오고 올라갈 때 서쪽 계단으로부터 올라가며 시신은 문을 통해 들어오고 올라갈 때 동쪽 계단으로부터 올라간다."라고 했

40) 『춘추공양전』「정공(定公) 1년」: 戊辰, 公卽位, 癸亥, 公之喪至自乾侯, 則曷爲以戊辰之日, 然後卽位. <u>正棺於兩楹之間, 然後卽位</u>.

41) 궐(闕)은 담장을 헐어낸 장소를 뜻한다. 상례(喪禮)를 치를 때 밖에서 영구가 영구가 빈소로 들어오게 되면, 빈소의 문 서쪽 담장을 헐어서 그곳을 통해 들어오니, 헐어낸 장소에 공간이 생기므로 그곳을 '궐(闕)'이라고 부른다.

는데, 이 모두는 『예기』「증자문(曾子問)」편의 기록이다.[42] 정현이 "그 가운데 머물게 하는 것으로, 차마 멀리 떨어트릴 수 없기 때문이다."라고 했는데, 주나라 때에는 빈객의 위치에 빈소를 마련하였고, 현재는 양쪽 기둥 사이에 빈소를 마련하였으니, 차마 멀리 떨어트릴 수 없기 때문이다.

集解 廟門, 殯宮之門也. 毁牆, 毁殯宮門之西牆也. 不毁牆, 以未大斂也. 凡以柩歸者入自闕, 則毁牆; 以尸歸者入自門, 則不毁牆. 所殯, 謂堂上也. 死於家者, 小斂於戶內畢, 乃奉尸侇於堂; 尸自外來, 則升堂而遂侇尸焉. 言"遂入, 適所殯", 明不入於室而後出也. 輤者, 裧與裳帷之總名. 唯輤爲說於廟門外, 明車不易也.

번역 '묘문(廟門)'은 빈궁의 문을 뜻한다. '훼장(毁牆)'은 빈궁의 문 서쪽 담장을 무너트린다는 뜻이다. 담장을 무너트리지 않는 이유는 아직 대렴(大斂)을 하지 않았기 때문이다. 무릇 영구가 되돌아올 때 궐(闕)을 통해서 들어오면 담장을 무너트리고, 시신이 되돌아온 경우 문을 통해서 들어오면 담장을 무너트리지 않는다. 빈궁을 차리는 장소는 당(堂) 위를 뜻한다. 자신의 집에서 죽은 경우, 방문 안쪽에서 소렴(小斂)[43]을 끝내면, 곧 시신을 들어 올려서 당으로 이동시키고, 시신이 밖으로부터 들어오는 경우라면, 당에 오른 뒤 시신을 안치하게 된다. "마침내 들어가서 빈소가 차려진 곳으로 간다."라고 했는데, 이것은 방으로 들어간 이후 밖으로 나오지 않는다는 사실을 나타낸다. '천(輤)'자는 첨(裧)이나 휘장 등을 총괄하는 명칭이다. 빈궁의 문밖에서 천(輤)만 제거한다고 했으니, 수레를 바꾸지 않는다는 사실을 나타낸다.

---

42) 『예기』「증자문(曾子問)」【239d】: 曾子問曰: 君出疆, 以三年之戒, 以椑從, 君薨, 其入, 如之何. 孔子曰: 共殯服, 則子麻弁絰, 疏衰, 菲杖, 入自闕, 升自西階, 如小斂, 則子免而從柩, 入自門, 升自阼階, 君·大夫·士, 一節也.

43) 소렴(小斂)은 상례(喪禮) 절차 중 하나이다. 죽은 자의 시신을 목욕시키고, 의복을 착용시키며, 그 위에 이불 등으로 감싸는 절차를 뜻한다.

• 제 2 절 •

대부와 사가 타지에서 죽었을 때

【491c~d】

大夫士死於道, 則升其乘車之左轂以其綏復. 如於館死, 則其復如於家. 大夫以布爲輤而行, 至於家而說輤, 載以輲車, 入自門, 至於阼階下而說車, 擧自阼階, 升適所殯.

직역 大夫와 士가 道에서 死하면, 그 乘車의 左轂에 升하여 그 綏로써 復한다. 如히 館에서 死하면, 그 復은 家에서와 如한다. 大夫는 布로써 輤을 爲하고 行하며, 家에 至하면 輤을 說하고, 載하길 輲車로써 하여, 入하길 門으로 自하고, 阼階下에 至하여 車를 說하며, 擧하길 阼階로 自하고, 升하여 殯한 所로 適한다.

의역 대부와 사의 경우 여정 중 길에서 죽게 되면, 그가 타고 있던 수레의 좌측 바퀴에 올라가서 수레를 탈 때 잡는 수(綏)라는 끈을 이용해 초혼을 한다. 만약 제공받은 숙소에서 죽게 된다면, 그때의 초혼은 그가 자신의 집에서 죽었을 때처럼 한다. 대부의 경우에는 포(布)를 이용해 천(輤)을 만들어서 행차를 하며, 그의 집에 도착하면 천(輤)을 제거하고, 시신을 바퀴살이 없는 수레에 싣고, 문을 통해서 들어가며, 동쪽 계단 밑에 도착하면 시신을 수레에서 꺼내고, 들어 올려서 동쪽 계단을 통해 올라가 빈소가 차려진 곳으로 이동시킨다.

集說 布輤, 以白布爲輤也. 輲, 讀爲輇, 音與船同. 說文, "有輻曰輪, 無輻曰輇." 有輻者, 別用木以爲輻也. 無輻者, 合大木爲之也. 大夫初死, 及至家, 皆用輇車載之. 今至家而脫去輤, 則惟尸在輇車上耳, 故云載以輇車. 凡死於外者, 尸入自門, 升自阼階, 柩則入自闕, 升自西階. 周禮, 殯則於西階之上, 惟死於外者, 殯當兩楹之中, 蓋不忍遠之也.

번역 '포천(布輤)'은 백색의 포로 천(輤)을 만들었다는 뜻이다. '천(輲)'자는 '전(輇)'자로 풀이하니, 그 음은 '선(船)'자와 동일하다. 『설문』[1]에서는 "바퀴살이 있는 바퀴를 '윤(輪)'이라고 부르며, 바퀴살이 없는 바퀴를 '전(輇)'이라고 부른다."라고 했다. 바퀴살이 있는 것은 별도로 나무를 이용해서 바퀴살을 만든다. 바퀴살이 없는 것은 큰 나무를 합해서 원형으로 바퀴를 만든다. 대부가 여정 중 이제 막 죽었을 때와 그의 집까지 갈 때에는 모두 바퀴살이 없는 수레를 이용해서 시신을 싣는다. 현재 집에 도착하여 천(輤)을 제거했다면, 오직 시신만 바큇살이 없는 수레 위에 놓여 있을 뿐이다. 그렇기 때문에 "바퀴살이 없는 수레를 이용해서 싣는다."고 했다. 무릇 외지에서 죽은 경우, 시신이 들어올 때에는 문을 통해서 들어오며, 당(堂)으로 오를 때에는 동쪽 계단을 통해서 오르며, 영구의 경우에는 궐(闕)을 통해서 들어오고, 서쪽 계단을 통해서 오른다. 주나라의 예법에 따르면 빈소의 경우에는 서쪽 계단 위에 마련하는데, 오직 외지에서 죽은 자에 대해서만 빈소를 양쪽 기둥 사이에 만드니, 차마 멀리 떨어트려 놓을 수가 없기 때문이다.

大全 嚴陵方氏曰: 綏, 亦如字. 大夫無爲屋之文, 則是素錦帳同諸侯矣.

번역 엄릉방씨가 말하길, '수(綏)'자는 또한 글자대로 읽는다. 대부의 경우에는 옥(屋)을 만든다는 등의 기록이 없으니, 흰색의 비단으로 장막을 두르는 것은 제후의 경우와 동일하다.

鄭注 綏亦緌也. 大夫復於家以玄冕, 士以爵弁服. 大夫輤言用布, 白布不染也. 言輤者, 達名也. 不言裳帷, 俱用布, 無所別也. 至門, 亦說輤乃入, 言"載以輲車, 入自門", 明車不易也. 輲讀爲輇, 或作槫. 許氏說文解字曰: "有輻曰

---

1) 『설문해자(說文解字)』는 후한(後漢) 때의 학자인 허신(許愼)이 찬(撰)했다고 전해지는 자서(字書)이다. 『설문(說文)』이라고도 칭해진다. A.D.100년경에 완성되었다고 전해진다. 글자의 형태, 뜻, 음운(音韻)을 수록하고 있다.

輪, 無幅曰輇." 周禮又有蜃車, 天子以載柩. 蜃·輇聲相近, 其制同乎. 輇崇蓋半乘車之輪. 諸侯言"不毁牆", 大夫士言"不易車", 互相明也. 不易者, 不易以輴也. 廟中有載柩以輴之禮, 此不耳.

번역 '수(綏)'자 또한 '유(緌)'를 뜻한다. 대부가 집에서 초혼을 할 때에는 현면(玄冕)[2]을 이용하고, 사는 작변복(爵弁服)을 이용한다. 대부의 천(輤)에 대해서는 포(布)를 사용한다고 했으니, 백색의 포로 염색하지 않은 것을 뜻한다. '천(輤)'이라고 말한 것은 두루 통용되는 명칭이기 때문이다. '상유(裳帷)'에 대해서 언급하지 않았으니, 이 모두에 대해서는 포(布)를 사용해서 만들며, 다른 것을 사용함이 없다. 문에 도착하면 또한 천(輤)을 제거하고서야 들어가며, "바퀴살이 없는 수레에 싣고서 문을 통해 들어간다."라고 말한 것은 수레를 바꾸지 않는다는 사실을 나타낸다. '천(輲)'자는 '전(輇)'자로 풀이하며, 판본에 따라서는 또한 '단(槫)'자로도 기록한다. 허신[3]의 『설문해자』에서는 "바퀴살이 있는 것을 '윤(輪)'이라고 부르고, 바퀴살이 없는 것을 '전(輇)'이라고 부른다."라고 했다. 『주례』에는 또한 신거(蜃車)[4]라는 것이 나오는데, 천자의 영구를 실을 때 사용하는 수레이다. '신(蜃)'자와 '전(輇)'자의 소리는 서로 비슷하니, 그것들을 만드는 제도는 동일

---

2) 현면(玄冕)은 현의(玄衣)와 면류관을 뜻한다. 본래 천자 및 제후의 제사복장으로, 비교적 중요성이 덜한 제사 때 입는다. '현의' 중 상의에는 무늬가 들어가지 않고, 하의에만 불(黻)을 수놓는다. 『주례』「춘관(春官)·사복(司服)」편에는 "祭群小祀則玄冕."이라는 기록이 있고, 이에 대한 정현의 주에서는 "玄者, 衣無文, 裳刺黻而已, 是以謂玄焉."이라고 풀이했다.

3) 허신(許愼, A.D.30~A.D.124) : =허숙중(許叔重). 후한(後漢) 때의 학자이다. 자(字)는 숙중(叔重)이다. 『설문해자(說文解字)』의 저자로 널리 알려져 있으며, 다른 저서로는 『오경이의(五經異義)』가 있으나 산일되었다. 『오경이의』는 송대(宋代) 때 다시 편찬되었으나 진위를 따지기 힘들다.

4) 신거(蜃車)는 관(棺)을 싣는 상거(喪車)를 뜻한다. 관을 싣는 수레에는 유(柳)를 싣고, 네 바퀴가 지면과 가까이 닿은 상태에서 이동하게 되는데, 그 모습이 이무기[蜃]와 닮았기 때문에, 이 수레를 '신거'라고 부르는 것이다. 『주례』「지관(地官)·수사(遂師)」편에는 "大喪, 使帥其屬以幄帟先, 道野役及窆, 抱磨, 共丘籠及蜃車之役."이라는 기록이 있는데, 이에 대한 정현의 주에서는 "蜃車, 柩路也, 柩路載柳, 四輪迫地而行, 有似於蜃, 因取名焉."이라고 풀이했다.

했을 것이다. 바퀴살이 없는 수레바퀴의 높이는 아마도 본래 본인이 탔던 수레바퀴의 반 정도였을 것이다. 제후에 대해서는 "장(牆)을 제거하지 않는다."라고 했고, 대부와 사에 대해서는 "수레를 바꾸지 않는다."라고 했는데, 상호 그 뜻을 보완적으로 나타내도록 했기 때문이다. 바꾸지 않는다는 말은 상여[楯: =輴]로 바꾸지 않는다는 뜻이다. 빈궁 안에서 영구를 실을 때 상여를 사용하는 예법이 있는데, 이러한 경우에는 사용하지 않을 따름이다.

釋文 輲, 依注作輇及槫, 同, 市專反, 又市轉反, 注及下同. 別, 彼列反. 蜃, 愼忍反. 近, 附近之近. 楯, 敕倫反, 下同, 一本作輴, 同.

번역 '輲'자는 정현의 주에 따르면 '輇'자 및 '槫'자로 기록하는데, 그 음은 모두 '市(시)'자와 '專(전)'자의 반절음이고, 또한 '市(시)'자와 '轉(전)'자의 반절음도 되며, 정현의 주 및 아래문장에 나오는 글자도 그 음이 이와 같다. '別'자는 '彼(피)'자와 '列(렬)'자의 반절음이다. '蜃'자는 '愼(신)'자와 '忍(인)'자의 반절음이다. '近'자는 '부근(附近)'이라고 할 때의 '近'자이다. '楯'자는 '敕(칙)'자와 '倫(륜)'자의 반절음이며, 아래문장에 나오는 글자도 그 음이 이와 같으며, 다른 판본에서는 '輴'자로도 기록하는데, 그 음은 동일하다.

孔疏 ●"大夫"至"所殯". ○正義曰: 此一經明大夫車飾也.

번역 ●經文: "大夫"~"所殯". ○이곳 경문은 대부의 수레에 하는 장식을 나타내고 있다.

孔疏 ●"大夫以布爲輤"者, 以白布爲輤, 不以蒨草染之, 亦言"輤"者, 通名耳. 是有輤襯近之義也.

번역 ●經文: "大夫以布爲輤". ○백색의 포(布)로 천(輤)을 만드는데, 천(蒨)이라는 식물로 염색을 하지 않았음에도 이것을 또한 '천(輤)'이라고 부르는 것은 통용되는 명칭이기 때문이다. 이것은 천(輤)자에 츤(櫬)과 가까운 뜻이 있음을 나타낸다.

孔疏 ●"載以輲車"者, 大夫初死及至家, 皆以輲車. 今至家說輤, 唯輲車在, 故云"載以輲車".

번역 ●經文: "載以輲車". ○대부가 외지에서 이제 막 죽었을 때와 그의 집까지 갈 때에는 모두 바퀴살이 없는 수레를 사용해서 옮긴다. 현재 그 집에 도착하여 천(輤)을 제거한다고 했는데, 오직 바퀴살이 없는 수레만 남아있다. 그렇기 때문에 "바퀴살이 없는 수레를 이용해서 싣는다."라고 했다.

孔疏 ●"入自門, 至於阼階下而說車"者, 謂說去其車矣.

번역 ●經文: "入自門, 至於阼階下而說車". ○수레를 제거한다는 뜻이다.

孔疏 ●"擧自阼階, 升適所殯"者, 謂擧自阼階下, 而升適兩楹之間所殯之處, 此云"升適阼階", 謂尸矣, 若柩則升自西階.

번역 ●經文: "擧自阼階, 升適所殯". ○시신을 들어 올릴 때에는 동쪽 계단 밑에서 하여, 위로 올라가 양쪽 기둥 사이의 빈소가 차려지는 장소로 가니, 이곳에서 "올라가서 갈 때 동쪽 계단을 통한다."라고 한 말은 시신에 대한 내용이며, 영구의 경우라면 올라갈 때 서쪽 계단을 이용한다.

孔疏 ◎注"大夫"至"不耳". ○正義曰: 云"白布不染也"者, 以經云用布, 故知白布不染. 下經"士輤, 葦席以爲屋, 蒲席以爲裳帷", 以諸侯爲裳帷, 則知大夫亦有裳帷, 俱用布耳. 云"言輤者, 達名也"者, 旣不用蒨草染之, 而言輤者, 輤是櫬近之義, 通達於下, 是大夫與士皆有櫬近之名也. 云"至門, 亦說輤乃入, 言載以輲車, 入自門, 明車不易也"者, 鄭以經云"至於家而說輤, 載以輲車", 恐至家乃載以輴車, 故云"明車不易". 上云"不毁牆, 遂入", 不云"車不易", 此云"載以輲車", 明車亦不易. 云"輲讀爲輇, 或作槫"者, 言經之輲字, 當讀爲車旁之全, 或禮記諸本此用輲車作木旁專字者. 云"許氏說文解字曰: 有輻曰輪, 無輻曰輇"者, 有輻, 謂別施木爲輻. 無輻, 謂合大木爲之, 不施輻曰輇. 云"周禮又有蜃車, 天子以載柩"者, 按周禮·遂師職"共蜃車之役", 是天子以載柩也. 云"蜃輇聲相近, 其制同乎"者, 言天子蜃車, 與此大夫輇車聲旣相近, 其制宜同, 故云"其制同乎". 云"輇崇蓋半乘車之輪"者, 此無文證, 以其蜃類, 蓋迫地而行, 其輪宜卑, 故疑半乘車之輪. 蓋, 疑辭矣. 周禮·考工記: "乘車之輪, 六尺有六寸." 今云半之, 得三尺三寸也. 云"諸侯言不毁牆, 大夫士言不易車, 互相明也"者, 諸侯言"不毁牆", 則大夫亦不毁牆. 大夫士言"不易車", 明諸侯亦不易車. 云"不易者, 不易以輴也"者, 謂大夫士在路, 載以輲車, 至家說載亦載, 以輲車, 是不易以輴也. 若天子諸侯載柩以蜃車, 至門亦以蜃車, 其殯時, 則易之以輴也. 云"廟中有載柩以輴車之禮, 此不耳"者, 謂天子諸侯殯時用輴, 又天子諸侯及大夫朝廟之時, 有用輴車載柩之禮. 此喪從外來, 大夫士不合用輴, 故云"此不耳". 凡在路載柩, 天子以下至士, 皆用蜃車, 與輲車同. 故周禮·遂師"共蜃車之役", 是天子也. 旣夕禮云: "遂匠納車于階間." 注云: "車, 載柩車, 周禮謂之蜃車, 雜記謂之團." 是士用蜃車也. 雜記云: "大夫載以輲車." 輲車, 則蜃車也, 是大夫用蜃車, 則諸侯不言亦可知. 其蜃車之形, 鄭注旣夕禮云: "其車之轝狀如牀, 中央有轅, 前後出設輅轝, 輅轝上有四周, 下則前後有軸, 以輇[5]爲輪. 許叔重說: '有輻曰輪, 無輻曰輲.'" 鄭又注周禮·遂師云: "四輪迫地而行, 有似於蜃, 因取名焉." 此是蜃之制也, 上下通用在路載柩也. 輲車之制, 亦與蜃車同, 但不用輻爲輪. 天子諸侯殯皆用之, 故檀弓云: 天子菆塗龍輴, 謂畫轅爲龍. 諸侯殯亦用輴車, 不畫轅爲龍, 故喪大記云: "君殯用輴." 注云: "君, 諸侯也, 輴不畫龍." 大夫殯

5) '전(輇)'자에 대하여. '전'자는 본래 '륜(輪)'자로 기록되어 있었는데, 완원(阮元)의 『교감기(校勘記)』에서는 "혜동(惠棟)의 『교송본(校宋本)』에는 '륜'자가 '전'자로 기록되어 있고, 위씨(衛氏)의 『집설(集說)』에도 동일하게 기록되어 있으니, 이곳 판본은 잘못하여 '전'자를 '륜'자로 기록한 것이며, 『민본(閩本)』·『감본(監本)』·『모본(毛本)』에는 '전'자를 '순(輴)'자로 잘못 기록했다."라고 했다.

不用輴, 故鄭注喪大記: "大夫之殯廢輴." 是大夫不用輴. 士掘肂見衽, 是亦廢輴也. 其朝廟, 大夫以上皆用輴, 士朝廟用輁軸, 故旣夕禮云: "遷於祖用軸." 鄭注云"大夫諸侯以上有四周謂之輴, 天子畫之以龍", 是也. 輴與輁軸所以異者, 輴有四周, 輁軸則無, 故鄭注旣夕禮云"軸狀如轉轔, 刻兩頭爲軹, 軹狀如長牀穿桯, 前後著金而關軸焉", 是也.

번역 ◎鄭注: "大夫"~"不耳". ○정현이 "백색의 포(布)로 염색하지 않은 것을 뜻한다."라고 했는데, 경문에서 포(布)를 사용한다고 했기 때문에, 염색하지 않은 백색의 포(布)를 사용한다는 사실을 알 수 있다. 아래 경문에서 "사의 천(輤)을 만들 때에는 위석(葦席)을 덮개로 삼으며, 포석(蒲席)을 휘장으로 삼는다."[6]라고 했는데, 제후에 대해서 상유(裳帷)를 둔다고 했으니, 대부에게도 또한 상유(裳帷)가 있었음을 알 수 있는데, 둘 모두 포(布)를 사용해서 만들었을 따름이다. 정현이 "'천(輤)'이라고 말한 것은 두루 통용되는 명칭이기 때문이다."라고 했는데, 이미 천(蒨)이라는 식물로 염색을 하지 않는데도, '천(輤)'이라고 했으니, 이때의 천(輤)은 몸에 가까이 붙는 관을 뜻하며, 그 이하의 신분에게 적용되는 예법에도 통용되니, 대부와 사에 대해서 천(輤)이라고 하는 것은 모두 몸과 가까이 붙는 관이라는 뜻에서 이러한 명칭이 붙은 것이다. 정현이 "문에 도착하면, 또한 천(輤)을 제거하고서야 들어가니, '바퀴살이 없는 수레에 싣고서 문을 통해 들어간다.'라고 말한 것은 수레를 바꾸지 않는다는 사실을 나타낸다."라고 했는데, 정현은 경문에서 "집에 이르러 천(輤)을 벗기고, 천거(輲車)를 사용해서 시신을 싣는다."라고 했는데, 아마도 집에 도착하면 천거를 사용해서 시신을 싣는다고 오해할 것을 염려했기 때문에, "수레를 바꾸지 않는다는 사실을 나타낸다."라고 말한 것이다. 앞에서는 "장(牆)을 벗기지 않고 마침내 들어간다."라고 했고, "수레를 바꾸지 않는다."라고 말하지 않았는데, 이곳에서는 "천거로 싣는다."라고 했으니, 이것은 수레 또한 바꾸지 않는다는 사실을 나타낸다. 정현이 "'천(輲)'자는 '전(輇)'자로 풀이하며, 판본에 따라서는

---

6) 『예기』「잡기상」【492a】: 士輤葦席以爲屋, 蒲席以爲裳帷.

또한 '단(槫)'자로도 기록한다."라고 했는데, 경문에 나온 '천(輲)'자는 마땅히 거(車)자에 전(全)자가 붙는 글자로 풀이해야 하며, 『예기』의 판본 중에는 이곳에 나온 '천거(輲車)'의 '천(輲)'자를 목(木)자에 전(專)자가 붙는 글자로도 기록한 것이 있다. 정현이 "허신의 『설문해자』에서는 '바퀴살이 있는 것을 윤(輪)이라고 부르고, 바퀴살이 없는 것을 전(輇)이라고 부른다.'라고 했다."라고 했는데, 바퀴살이 있는 것은 별도의 나무를 대어서 바퀴살로 만든 것을 뜻한다. 바퀴살이 없는 것은 큰 나무를 붙여서 바퀴를 만든 것으로, 바퀴살을 두지 않은 것을 '전(輇)'이라고 부른다. 정현이 "『주례』에는 또한 신거(蜃車)라는 것이 나오는데, 천자의 영구를 실을 때 사용하는 수레이다."라고 했는데, 『주례』「수사(遂師)」편의 직무 기록을 살펴보면, "신거를 사용하는 일에 참여한다."[7]라고 했으니, 이것은 천자에 대해서는 이 수레를 사용하여 영구를 실었다는 사실을 나타낸다. 정현이 "'신(蜃)'자와 '전(輇)'자의 소리는 서로 비슷하니, 그것들을 만드는 제도는 동일했을 것이다."라고 했는데, 천자가 사용하는 신거의 '신(蜃)'자는 이곳에서 대부가 사용한다고 했던 전거의 '전(輇)'자와 소리가 서로 비슷하므로, 그 제도는 마땅히 동일하다. 그렇기 때문에 "그 제도는 동일했을 것이다."라고 말한 것이다. 정현이 "바퀴살이 없는 수레바퀴의 높이는 아마도 본래 본인이 탔던 수레바퀴의 반 정도였을 것이다."라고 했는데, 여기에 대해서는 경문에 증거로 삼을 만한 기록이 없지만, 이것은 신거의 부류에 해당하기 때문이니, 무릇 땅에 가까이 붙어서 움직이는 수레이므로, 그 수레에 다는 바퀴는 마땅히 높이가 낮아야 한다. 그렇기 때문에 그가 탔던 수레의 바퀴에서 절반의 크기였을 것이라고 생각한 것이다. '개(蓋)'자는 추측할 때 붙이는 말이다. 『주례』「고공기(考工記)」편에서는 "승거의 바퀴는 그 높이가 6척(尺) 6촌(寸)이다."[8]라고 했다. 현재 그 크기의 절반이라고 했으니, 3척 3촌의 크기가 된다. 정현이 "제후에 대해서는 '장(牆)을 제거하지 않는다.'라고 했고,

---

7) 『주례』「지관(地官)·수사(遂師)」: 大喪, 使帥其屬以幄帟先, 道野役; 及窆, 抱磨, 共丘籠及蜃車之役.

8) 『주례』「동관고공기(冬官考工記)」: 故兵車之輪六尺有六寸, 田車之輪六尺有三寸, 乘車之輪六尺有六寸.

대부와 사에 대해서는 '수레를 바꾸지 않는다.'라고 했는데, 상호 그 뜻을 보완적으로 나타내도록 했기 때문이다."라고 했는데, 제후에 대해서는 "장(牆)을 제거하지 않는다."라고 했으니, 대부 또한 장(牆)을 제거하지 않는다. 또 대부와 사에 대해서는 "수레를 바꾸지 않는다."라고 했으니, 이것은 제후 또한 수레를 바꾸지 않는다는 사실을 나타낸다. 정현이 "바꾸지 않는다는 말은 상여[楯: =輴]로 바꾸지 않는다는 뜻이다."라고 했는데, 이 말은 대부와 사가 여정 중에 죽어, 전거를 사용해서 영구를 싣고, 그 집에 이르러 수레에서 내리고 다시 실을 때 전거를 사용한다는 뜻으로, 이것이 상여로 바꾸지 않는다는 의미이다. 만약 천자와 제후가 신거를 사용해서 영구를 싣는다면, 그 문에 이르러서는 또한 신거를 사용해서 영구를 싣는데, 빈소를 차릴 때가 된다면, 상여로 바꾸게 된다. 정현이 "빈궁 안에서 영구를 실을 때 상여를 사용하는 예법이 있는데, 이러한 경우에는 사용하지 않을 따름이다."라고 했는데, 천자와 제후는 빈소를 차릴 때 상여를 사용했고, 또 천자와 제후 및 대부가 조묘(朝廟)[9]를 할 때에는 상여를 사용해서 영구를 싣는 예법이 포함된다는 의미이다. 여기에서 말한 상사는 외지로부터 시신이 도착한 경우로, 대부와 사는 상여를 사용하는 예법에 따를 수 없기 때문에 "이러한 경우에는 사용하지 않을 따름이다."라고 말했다. 무릇 도로에서 영구를 싣는 경우, 천자로부터 그 이하로 사에 이르기까지는 모두 신거를 사용하니, 전거를 사용하는 경우와 같다. 그렇기 때문에 『주례』「수사(遂師)」편에서는 "신거를 사용하는 일에 참여한다."라고 했으니, 이것은 천자에 대한 경우를 가리킨다. 또 『의례』「기석례(既夕禮)」편에서는 "수인(遂人)과 장인(匠人)이 계단 사이로 수레를 들인다."[10]라고 했는데, 정현의 주

---

9) 조묘(朝廟)는 종묘(宗廟)에 전제(奠祭)를 지낸다는 뜻이다. 또 『춘추』「문공(文公) 6년」 경문(經文)에는 "閏月不告月, 猶朝于廟."라는 기록이 있고, 이에 대한 두예(杜預)의 주에서는 "諸侯每月必告朔聽政, 因朝宗廟."라고 풀이했다. 즉 제후들은 매월 반드시 고삭(告朔)을 하며 정사(政事)를 돌보게 되는데, 이것에 연유하여 종묘에서 전제사를 지낸다. 또한 '조묘'는 상례(喪禮)를 치르며 영구를 조묘로 이동시켜서, 장차 장지로 떠나게 됨을 아뢰는 의식이기도 하다.

10) 『의례』「기석례(既夕禮)」: 既正柩, 賓出, 遂·匠納車于階間. 祝饌祖奠于主人

에서는 "수레는 영구를 싣는 수레이니, 『주례』에서는 이것을 '신거(蜃車)'라고 했고, 「잡기」편에서는 '단(團)'이라고 했다."라고 했으니, 이것은 사 계급도 신거를 사용했다는 사실을 나타낸다. 「잡기」편에서 "대부는 전거를 사용해서 싣는다."라고 했는데, 전거는 신거에 해당하니, 이것은 대부도 신거를 사용했다는 사실을 나타내므로, 제후의 경우에는 언급하지 않았지만, 또한 동일하게 따랐음을 알 수 있다. 신거의 형태에 대해서 「기석례」편에 대한 정현의 주에서는 "그 수레의 상부 모습은 평상과 같고, 중앙에는 끌채가 있으며, 앞뒤로 돌출된 부분에 가로나무를 대고, 가로나무 위에는 네 개의 면을 둘렀으며, 그 밑에는 앞뒤로 굴대가 있어서, 바퀴살이 없는 바퀴를 수레의 바퀴로 달았다. 허숙중은 '바퀴살이 있는 것을 윤(輪)이라고 부르며 바퀴살이 없는 것은 천(輲)이라고 부른다.'"라고 했다. 정현은 또한 『주례』「수사(遂師)」편에 대한 주에서, "네 바퀴가 땅에 붙어서 움직이니, 이무기와 유사한 점이 있어서, 이것으로 인해 그 명칭을 정했다."라고 했다. 이것이 바로 신거의 제도인데, 상하 계층이 모두 여정 중 죽었을 경우 영구를 싣는데 사용했다. 전거의 제도는 또한 신거와 동일하다. 다만 바퀴살을 사용해서 바퀴를 만들지 않는다. 천자와 제후가 빈소를 차릴 때에는 모두 사용을 했기 때문에 『예기』「단궁(檀弓)」편에서는 끌채에 용의 무늬가 들어간 순거(輴車)를 사용한다고 했으니,[11] 끌채에 용의 그림을 그린 것을 뜻한다. 제후가 빈소를 차릴 때에도 또한 순거를 사용했지만, 끌채에 용의 무늬를 그리지는 않았다. 그렇기 때문에 『예기』「상대기(喪大記)」편에서는 "제후의 빈소를 차릴 때에는 순거를 사용한다."[12]라고 말한 것이고, 정현의 주에서는 "군(君)은 제후를 뜻하니, 순거에 용을 그리지 않은 것이다."라고 했다. 대부가 빈소를 차릴 때에는 순거를 사용하지 않기 때문에, 「상대기」편에 대한 정현의 주에서는 "대부가 빈소를 차릴 때에는 순거를 사용하지

之南, 當前輅, 北上, 巾之.

11) 『예기』「단궁상(檀弓上)」【105c】: 天子之殯也, 菆塗龍輴以椁, 加斧于椁上, 畢塗屋, 天子之禮也.

12) 『예기』「상대기(喪大記)」【542d】: <u>君殯用輴</u>, 欑至于上, 畢塗屋. 大夫殯以幬, 欑置于西序, 塗不暨于棺. 士殯見衽, 塗上. 帷之.

않는다."라고 한 것이니, 이것은 대부가 순거를 사용하지 않는다는 사실을 나타낸다. 사는 구덩이를 파고 결속하는 끈인 임(衽)을 드러낸다고 했으니,[13] 이것은 또한 순거를 사용하지 않는다는 사실을 나타낸다. 조묘(朝廟)를 하는 경우, 대부로부터 그 이상의 계층은 모두 순거를 사용하지만, 사가 조묘를 할 때에는 공축(輁軸: 관을 실을 때 사용하는 도구)을 사용한다. 그렇기 때문에 『의례』「기석례(旣夕禮)」편에서는 "조묘(祖廟)로 옮기며 축(軸)을 사용한다."[14]라고 한 것이고, 정현의 주에서는 "대부와 제후 이상의 계층은 네 방면을 두르는 것이 있으니 그것을 순거라고 부르며, 천자는 용을 그렸다."라고 한 것이다. 순거와 공축의 차이점은 순거에는 네 방면을 두르는 것이 있지만, 공축의 경우에는 없다. 그렇기 때문에 「기석례」편에 대한 정현의 주에서는 "공축의 모습은 마치 수레의 바퀴와 같아서, 양쪽 끝을 깎아내어 굴대로 삼는데, 지(軹)의 모습은 긴 평상에 기둥을 꼽아서, 앞뒤로 쇠를 붙여 공축에 끼웠다."라고 한 것이다.

集解 愚謂: 如於家, 謂升屋而以上服復也.

번역 내가 생각하기에, "집에서처럼 한다."라는 말은 지붕 위에 올라가서 상등의 복장으로 초혼을 한다는 뜻이다.

集解 按, "輲"字, 戴氏如字, 今從之.

번역 내가 살펴보기에, '천(輲)'자를 대진은 글자대로 읽었으니, 현재 그에 따른다.

集解 戴氏震曰: 蜃車卽輲車, "蜃"乃假借字, "輲"其本字也. 輲車, 四輪迫地而行, 其輪無輻. 然鄭以爲卽輇, 亦非也. 輲者車之名, 輇者輪之名.

---

13) 『의례』「사상례(士喪禮)」: 掘肂見衽. 棺入主人不哭.

14) 『의례』「기석례(旣夕禮)」: 遷于祖用軸. 重先, 奠從, 燭從, 柩從, 燭從, 主人從.

번역 대진[15]이 말하길, 신거(蜃車)는 천거(輲車)에 해당하니, '신(蜃)'자는 가차자이며 '천(輲)'자는 본래의 글자이다. 천거는 네 바퀴가 땅에 밀착해서 움직이며, 바퀴에는 바퀴살이 없다. 그런데 정현은 이 글자를 '전(輇)'자가 된다고 여겼으니, 이 또한 잘못된 주장이다. '천(輲)'자는 수레의 명칭을 뜻하며, '전(輇)'자는 바퀴의 명칭을 뜻한다.

集解 愚謂: 以布爲輤, 謂上之輤, 及裧旁之裳帷, 中之屋, 皆以白布爲之也. 至於家而說輤, 亦至廟門外而說之也. 言"載以輲車", 明不易以輁軸也. 於諸侯言"不毁牆", 於大夫言"入自門", 互相明也. 擧, 謂說車而以人擧之, 象在家者男女奉尸俠於堂之禮也. 諸侯及士亦然, 獨於大夫言之, 擧中以見上下也. 入自門, 擧自阼階, 尸入之禮然也. 若柩則入自闕, 至西階下而說輲車, 諸侯則載以輴車, 大夫士則載以輁軸, 而皆升自西階也.

번역 내가 생각하기에, 포(布)로 천(輤)을 만든다고 했는데, 이것은 앞에서 말한 천(輤) 및 첨(裧)과 그 옆에 붙는 상유(裳帷), 가운데 포함된 옥(屋)을 모두 백색의 포(布)로 만든다는 뜻이다. 집에 이르러서 천(輤)을 벗긴다고 했으니, 이 또한 묘문 밖에 이르러서 벗긴다는 뜻이다. "싣기를 천거(輲車)로써 한다."라고 했으니, 공축(輁軸)으로 바꾸지 않는다는 뜻을 나타낸다. 제후에 대해서는 "담장을 허물지 않는다."라고 했고, 대부에 대해서는 "들어갈 때 문으로 들어간다."라고 했는데, 상호 그 뜻을 나타내도록 기록한 것이다. '거(擧)'는 수레에서 떼어놓아 사람이 들게 된다는 뜻이니, 이것은 집에서 죽었을 때, 남자와 여자가 시신을 받들고 당(堂)으로 옮기는 예법을 상징한다. 제후 및 사 또한 이처럼 하는데, 유독 대부에 대해서 언급을 한 것은 가운데 계층을 제시하여 상하 계층에 대해서도 동일하게 한다는 뜻을 드러낸 것이다. 문을 통해 들어가서 들 때에는 동쪽 계단을 통해서 올라가니, 이것은 시신을 들이는 예법에서 이처럼 하기 때문이다. 만약 영

15) 대진(戴震, A.D.1724~A.D.1778) : =동원대씨(東原戴氏). 청(淸)나라 때의 학자이다. 자(字)는 동원(東原)이다. 훈고학에 조예가 깊었다. 저서로는 『이아문자고(爾雅文字考)』, 『맹자자의소증(孟子字意疏證)』, 『원선(原善)』 등이 있다.

구의 경우라면, 들어갈 때 궐(闕)을 통해서 들어가며, 서쪽 계단 아래에 도착하면 천거를 떼어놓고, 제후의 경우라면 순거(輴車)를 사용해서 싣으며, 대부와 사는 공축을 사용해서 싣는데, 모두 서쪽 계단을 통해서 올라간다.

集解 愚謂: 在道載柩載尸, 皆以輲車, 以其上有四周, 下有四輪, 又輪用全木, 承載隱, 行地安, 而無傾敗之患也.

번역 내가 생각하기에, 도로에서 영구를 싣고 시신을 실을 때에는 모두 천거(輲車)를 사용하는데 그 수레의 상판에는 네 방면을 가리는 것이 있고, 하판에는 네 개의 바퀴가 있으며, 또 바퀴는 나무 판을 사용해서 만들어, 영구를 실을 때에는 가려지고, 움직일 때에도 땅에 붙어서 안전하게 가니, 엎어지게 되는 염려가 없게 된다.

그림 2-1 ▣ 천자의 현면(玄冕)

※ **출처:** 『삼례도집주(三禮圖集注)』 1권

그림 2-2 ▣ 경과 대부의 현면(玄冕)

※ **출처:** 『삼례도집주(三禮圖集注)』 1권

그림 2-3 ▣ 사의 작변복(爵弁服)

※ 출처: 『삼례도집주(三禮圖集注)』 1권

그림 2-4 ▣ 수레의 바퀴부분

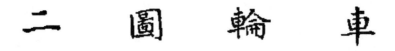

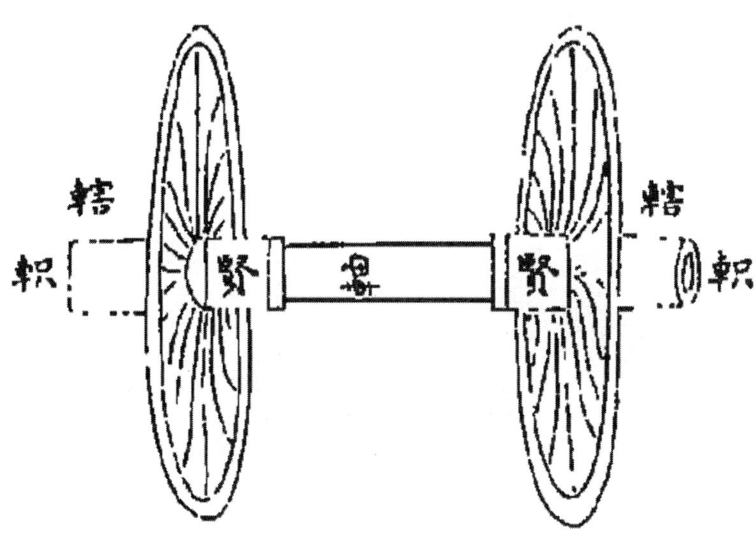

※ **출처:** 『향당도고(鄉黨圖考)』 1권

그림 2-5 ▣ 용순(龍輴)

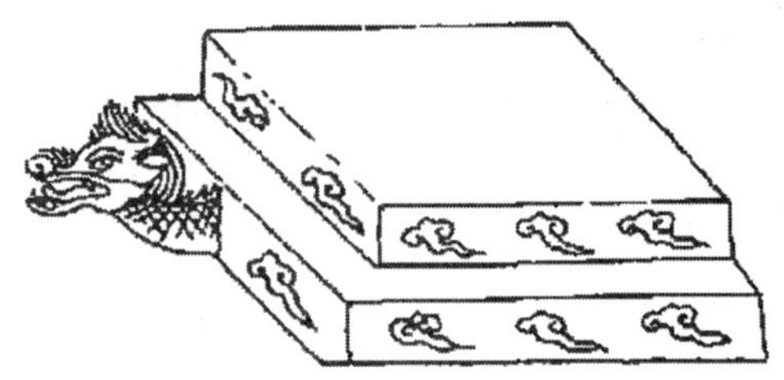

※ **출처:**『삼례도집주(三禮圖集注)』 18권

그림 2-6 ▣ 공축(輁軸)

輁軸

※ **출처:** 『삼례도집주(三禮圖集注)』 18권

【492a】

士輤葦席以爲屋, 蒲席以爲裳帷.

직역 士의 **輤**은 葦席을 屋으로 爲하며, 蒲席으로 裳**帷**로 爲한다.

의역 사의 천(**輤**)을 만들 때에는 위석(葦席)을 덮개로 삼으며, 포석(蒲席)을 휘장으로 삼는다.

集說 士卑, 故質略如此.

번역 사는 신분이 미천하기 때문에 이처럼 질박하고 소략하게 한다.

大全 嚴陵方氏曰: 大夫以布爲輤, 則諸侯用帛可知. 士以葦席爲屋, 則不得用素錦矣. 蒲席爲裳, 則不得用緇布矣. 此皆降殺之別也.

번역 엄릉방씨가 말하길, 대부가 포(布)로 천(輤)을 만든다고 했다면, 제후는 비단을 사용했음을 알 수 있다. 사가 위석(葦席)으로 덮개를 만든다고 했다면, 흰색의 비단을 사용할 수 없다. 또 포석(蒲席)으로 휘장을 만든다고 했다면, 검은색의 포(布)를 사용할 수 없다. 이 모두는 신분에 따라 예법을 높이고 낮추는 차이점이다.

鄭注 言以葦席爲屋, 則無素錦爲帳.

번역 위석(葦席)으로 덮개를 만든다고 했다면, 흰색의 비단으로 만든 휘장이 없게 된다.

釋文 葦, 于鬼反.

번역 '葦'자는 '于(우)'자와 '鬼(귀)'자의 반절음이다.

孔疏 ○正義曰: 此一經明士輤也.

번역 ○이곳 경문은 사의 천(輤)에 대해서 나타내고 있다.

孔疏 ●"葦席以爲屋"者, 謂用葦席屈之, 以爲輤棺之屋也.

번역 ●經文: "葦席以爲屋". ○위석(葦席)을 접어서 천(輤) 중 관의 덮개로 삼는다는 뜻이다.

孔疏 ●"蒲席以爲裳帷"者, 又以蒲席以爲裳帷, 圍繞於屋旁也.

번역 ●經文: "蒲席以爲裳帷". ○또한 포석(蒲席)을 휘장으로 삼아서, 덮개 주위를 두른다.

孔疏 ◎注"言以"至"爲帳". ○正義曰: 言以士云, 葦席以爲屋, 屋當帷帳之處, 故云"無素錦爲帳"矣. 然大夫無以他物爲屋之文, 則是用素錦爲帳矣, 與諸侯同. 按諸侯與大夫上有輤, 旁有裳帷, 內有素錦屋. 今士唯云"葦席以爲屋, 蒲席以爲裳帷", 不云屋上所有之物. 據文言之, 葦席爲屋, 則當覆上輤處, 將蒲席爲裳帷, 接屋之四邊以鄣棺. 或可大夫旣有素錦爲帳, 帳外上有布, 輤旁有布裳帷, 則士之葦席屋之外, 旁有蒲席裳帷, 則屋上當以蒲席爲輤覆於上, 但文不備也. 未知孰是, 故兩存焉.

번역 ◎鄭注: "言以"~"爲帳". ○사에 대해서 위석(葦席)으로 덮개를 삼는다고 했는데, 옥(屋)은 휘장을 붙이는 곳이 된다. 그렇기 때문에 "흰색의 비단으로 만든 휘장이 없게 된다."라고 했다. 그런데 대부에 대해서는 다른 사물을 이용해서 덮개를 만든다는 기록이 없으니, 이것은 흰색의 비단을 이용해서 휘장을 만드는 것이 제후에 대한 경우와 동일하다는 사실을 나타낸다. 살펴보면 제후와 대부 및 사는 천(輤)이 있게 되는데, 측면에는 휘장이 있고, 내부에는 흰색의 비단으로 만든 덮개가 있게 된다. 현재 사에 대해서만 "위석을 덮개로 삼으며, 포석(蒲席)을 휘장으로 삼는다."라고 했고, 덮개 위에 두는 다른 사물에 대해서 언급하지 않았다. 문맥에 따라 말을 해보면 위석을 덮개로 삼으니, 이것은 덮개 위에 있는 천(輤)의 자리에 해당하며, 포석으로 휘장을 만들게 되면, 덮개의 네 방면에 붙여서 관을 가리게 된다. 혹은 대부에 대해서 이미 흰색의 비단으로 휘장을 만든다고 했으니, 휘장 겉에 포(布)가 있고, 천(輤)의 측면에는 포(布)로 만든 휘장이 있으니,

사가 사용하는 위석으로는 덮개 겉에 두게 되고, 그 측면에는 포석으로 만든 휘장이 있게 되므로, 덮개 위에는 마땅히 포석으로 천(輤)을 만들어서 그 위를 가리게 되지만, 관련 문장이 자세히 기록되어 있지 않다. 따라서 어느 주장이 옳은지는 알 수 없기 때문에, 두 주장을 모두 기록해둔다.

集解 士之輤, 其內之屋, 外之裳帷, 皆以席爲之. 屋以葦席, 裳帷以蒲席, 葦席精於蒲席也. 士葬無褚, 此乃有屋者, 亦以未有柩故也. 不言"裧"者, 諸侯裧與裳帷同以緇布, 大夫裧與裳帷同以布, 則士之裧與裳帷同以蒲席可知也.

번역 사(士)의 천(輤)에 있어서, 내부에는 옥(屋)이 있고, 겉에는 휘장이 있는데, 모두 자리로 만들게 된다. 옥(屋)을 위석(葦席)으로 만들고, 휘장을 포석(蒲席)으로 만드는데, 위석이 포석보다 정교하게 짠 자리이기 때문이다. 사의 장례 때에는 관을 덮는 홑이불이 없으니, 여기에서 옥(屋)이 있다고 한 것 또한 아직 영구가 포함되지 않았기 때문이다. '첨(裧)'을 언급하지 않았는데, 제후는 첨(裧)과 휘장을 모두 검은색의 포(布)를 이용해서 만들고, 대부의 첨(裧)과 휘장은 모두 포(布)를 이용해서 만드니, 사의 첨(裧)과 휘장은 모두 포석으로 만들었음을 알 수 있다.

그림 2-7 ▣ 포석(蒲席)

蒲席

繢純

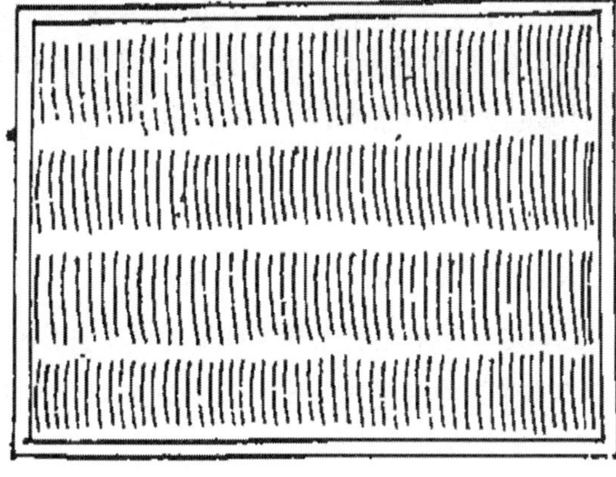

※ **출처:** 『삼례도집주(三禮圖集注)』 2권

• 제3절 •

제후에게 부고를 알릴 때

【492a】

凡訃於其君曰, "君之臣某死." 父母妻長子曰, "君之臣某之某死." 君訃於他國之君曰, "寡君不祿, 敢告於執事." 夫人曰, "寡小君不祿." 太子之喪曰, "寡君之適子某死."

직역 凡히 그 君에게 訃함에는 曰, "君의 臣 某가 死입니다." 父母 · 妻 · 長子에는 曰, "君의 臣 某의 某가 死입니다." 君이 他國의 君에게 訃함에는 曰, "寡君에 不祿하여, 敢히 執事에게 告합니다." 夫人에는 曰, "寡小君이 不祿합니다." 太子의 喪에서는 曰 "寡君의 適子 某가 死입니다."

의역 무릇 자기 군주에게 부고를 알릴 때에는 "군주의 신하 아무개가 죽었습니다."라고 말한다. 그의 부모 · 처 · 장자에 대해서 부고를 알릴 때에는 "군주의 신하 아무개의 아무개가 죽었습니다."라고 말한다. 자기 군주에 대해서 다른 나라의 군주에게 부고를 알릴 때에는 "저희 군주가 더 이상 녹봉을 받지 못하니, 감히 일을 맡아보는 자에게 아뢥니다."라고 말한다. 군주의 부인에 대해서는 "저희 소군께서 더 이상 녹봉을 받지 못하니, 감히 일을 맡아보는 자에게 아뢥니다."라고 말한다. 태자의 상에 대해서는 "저희 군주의 적자 아무개가 죽었으니, 감히 일을 맡아보는 자에게 아뢥니다."라고 말한다.

集說 君與夫人訃, 不曰薨而曰不祿, 告他國謙辭也. 敢告於執事者, 凶事不敢直指君身也.

번역 군주와 그의 부인(夫人)[1]에 대해서 부고를 알릴 때에는 '훙(薨)'이라고 말하지 않고, '불록(不祿)'이라고 말하니, 다른 나라에 알릴 때에는 겸손한 말로 전하기 때문이다. "감히 일을 맡아보는 자에게 아룁니다."라고 말하는 것은 흉사(凶事)[2]에 대해서는 감히 직접적으로 군주 자신을 가리킬 수 없기 때문이다.

大全 山陰陸氏曰: 諸侯同盟則訃, 不同盟蓋不訃也. 不言死, 不死其君也. 不言卒, 不卒其君也. 曲禮云, 壽考曰卒, 短折曰不祿. 君雖壽考, 猶以不祿赴, 臣子之意也. 夫人曰寡小君不祿, 左傳曰君氏卒, 聲子也. 不赴于諸侯, 不反哭于寢, 不祔于姑, 故不曰薨.

번역 산음육씨가 말하길, 제후 중 동맹인 자에 대해서는 부고를 알리니, 동맹이 아닌 제후에 대해서는 아마도 부고를 알리지 않았을 것이다. '사(死)'라고 말하지 않은 것은 그의 군주에 대해서 사(死)라고 말하지 못하기 때문이다. '졸(卒)'이라고 말하지 않은 것은 그의 군주에 대해서 졸(卒)이라고 말하지 못하기 때문이다. 『예기』「곡례(曲禮)」편에서는 "장수를 하고 죽었을 때에는 '졸(卒)'이라고 부르고, 단명을 하였을 때에는 '불록(不祿)'이라고 부른다."[3]라고 했다. 군주가 비록 장수를 한 뒤에 죽었더라도, 오히려 '불록(不祿)'이라고 부고를 알리는 것은 신하의 입장을 자처하는 뜻 때문이

---

1) 부인(夫人)은 제후의 부인을 뜻한다. 『예기』「곡례하(曲禮下)」편에는 "公侯有夫人, 有世婦, 有妻, 有妾."이라는 기록이 있다. 즉 공작과 후작은 정부인인 부인(夫人)을 두고, 그 외에 세부(世婦), 처(妻), 첩(妾)을 둔다. 또한 『논어』「계씨(季氏)」편에는 "邦君之妻, 君稱之曰夫人. 夫人自稱曰小童."이라는 기록이 있다. 즉 군주의 처를 군주가 직접 부를 때에는 부인(夫人)이라고 부르며, 부인(夫人)이 자신을 지칭할 때에는 소동(小童)이라고 부른다. 참고적으로 천자의 부인은 후(后)라고 부르고, 대부(大夫)의 부인은 유인(孺人)이라고 부르며, 사(士)의 부인은 부인(婦人)이라고 부르고, 서인(庶人)의 부인은 처(妻)라고 부른다. 그러나 이러한 구분은 일률적으로 적용되는 것은 아니다.

2) 흉사(凶事)는 불길한 일을 가리킨다. 재난이나 재해를 뜻하기도 하며, 전쟁을 뜻하기도 한다. 한편 상사(喪事)의 일들을 가리키기도 한다.

3) 『예기』「곡례하(曲禮下)」【65a】: 生曰父, 曰母, 曰妻. 死曰考, 曰妣, 曰嬪. 壽考曰卒, 短折曰不祿.

다. 부인에 대해서는 "저희 소군(小君)[4]께서 더 이상 녹봉을 받지 못합니다."라고 말하는데, 『좌전』에서는 "군씨(君氏)[5]가 죽었으니, 성자(聲子)이다. 제후에게 부고를 알리지 않았고, 침(寢)에서 반곡(反哭)[6]을 하지 않았으며, 시어미의 묘(廟)에 부제(祔祭)[7]를 지내지 않기 때문에 '훙(薨)'이라고 부르지 않는다."[8]라고 했다.

鄭注 訃, 或皆作赴. 赴, 至也. 臣死, 其子使人至君所告之. 此臣於其家喪所主者. 君夫人不稱薨, 告他國君, 謙也.

번역 '부(訃)'자를 다른 판본에서는 모두 '부(赴)'자로 기록하기도 한다. '부(赴)'자는 "~에 이르다[至]."는 뜻이다. 신하가 죽었을 때, 신하의 자식은 사람을 시켜서 자신의 군주가 계신 곳에 보내 아뢰게 한다. 신하의 가족에 대해 부고를 군주에게 알리는 것은 그 신하가 자기 집안에서 일어난 상을 주관하는 경우이다. 군주와 부인에 대해서 '훙(薨)'이라고 말하지 않은

---

4) 소군(小君)은 주대(周代)에 제후의 부인을 지칭하던 용어이다. 『춘추』「희공(僖公) 2년」편에는 "夏五月辛巳, 葬我<u>小君</u>哀姜."이라는 용례가 있다.

5) 군씨(君氏)는 제후의 측실을 존칭하여 부르는 말이다. 『춘추좌씨전』「은공(隱公) 3년」에는 "夏, <u>君氏</u>卒. 聲子也."라는 기록이 있는데, 이에 대한 양백준(楊伯峻)의 주에서는 "國君曰君, 君夫人曰小君, '君氏'者, 猶言'小君氏', '氏'亦猶'母氏''舅氏'之義例."라고 풀이했다. 즉 제후는 '군(君)'이라고 부르며, 군주의 부인은 '소군(小君)'이라고 부르는데, '군씨'라는 말은 '소군씨(小君氏)'라고 부르는 말과 같으니, 이때의 '씨(氏)'는 모씨(母氏)나 구씨(舅氏)라고 하여 씨(氏)를 붙여 부르는 경우와 같다. 참고적으로 『좌전』에 나오는 성사(聲子)는 은공(隱公)의 모친이며, 혜공(惠公)의 측실이다.

6) 반곡(反哭)은 장례(葬禮) 절차 중 하나이다. 장지(葬地)에 시신을 안치한 이후, 상주(喪主)는 신주(神主)를 받들고 되돌아와서 곡(哭)을 하는데, 이것을 '반곡'이라고 부른다.

7) 부제(祔祭)는 '부(祔)'라고도 한다. 새로이 죽은 자가 있으면, 선조(先祖)에게 '부제'를 올리면서, 신주(神主)를 합사(合祀)하는 것을 말한다. 『주례』「춘관(春官)·대축(大祝)」편에는 "付練祥, 掌國事."라는 기록이 있고, 이에 대한 정현의 주에서는 "付當爲祔. 祭於先王以祔後死者."라고 풀이하였다.

8) 『춘추좌씨전』「은공(隱公) 3년」 : <u>夏, 君氏卒. 聲子也. 不赴于諸侯, 不反哭于寢, 不祔于姑, 故不曰"薨"</u>. 不稱夫人, 故不言葬, 不書姓. 爲公故, 曰"君氏".

것은 다른 나라의 군주에게 아뢸 때 말을 겸손하게 사용하기 때문이다.

釋文 訃音赴, 注及下同. 長, 丁丈反, 後"長子"皆同. 大音泰, 後"大子"同. 適, 丁歷反, 下文注"適子"·"其適"·"宗適"·"適妻"並同.

번역 '訃'자의 음은 '赴(부)'이며, 정현의 주 및 아래문장에 나오는 글자도 그 음이 이와 같다. '長'자는 '丁(정)'자와 '丈(장)'자의 반절음이며, 뒤에 나오는 '長子'의 '長'자는 모두 그 음이 이와 같다. '大'자의 음은 '泰(태)'이며, 뒤에 나오는 '大子'의 '大'자도 그 음이 이와 같다. '適'자는 '丁(정)'자와 '歷(력)'자의 반절음이며, 아래문장의 주에 나오는 '適子'·'其適'·'宗適'·'適妻'에서의 '適'자는 모두 그 음이 이와 같다.

孔疏 ●"凡訃"至"某死". ○正義曰: 此一節總明遭喪訃告於君及敵者, 并訃於鄰國稱謂之差, 各隨文解之.

번역 ●經文: "凡訃"~"某死". ○이곳 문단은 상을 당했을 때 군주 및 신분이 대등한 자에게 부고를 알리는 사안을 총괄적으로 나타내고, 아울러 이웃 나라에 부고를 알릴 때 쓰는 말에 나타나는 차등을 밝히고 있으니, 각각의 문장에 따라서 풀이하겠다.

孔疏 ●"父·母·妻·長子, 曰: 君之臣某之某死"者, 上"某"是生者臣名, 下"某"是臣之親屬死者. 云君之臣姓某甲之父死也.

번역 ●經文: "父·母·妻·長子, 曰: 君之臣某之某死". ○앞의 '모(某)'자는 살아있는 신하의 이름을 뜻하며, 뒤의 '모(某)'자는 신하의 가족 중 죽은 자를 뜻한다. 즉 "군주의 신하 아무개의 부친이 죽었습니다."라는 등으로 부고를 알린다는 뜻이다.

孔疏 ●"曰: 寡君"至"執事"者, 以謙, 故稱"寡君", 若云寡德之君. 雖復壽考, 仍以短折言之, 故云"不祿". 不敢指斥鄰國君身, 故云"敢告於執事"也.

번역 ●經文: "曰: 寡君"~"執事". ○겸손하게 나타내기 때문에 '과군(寡君)'이라고 말한 것이니, 마치 '덕이 부족한 군주'라고 말하는 경우와 같다. 비록 장수를 하다가 죽었더라도, 단명을 했을 때처럼 말하기 때문에, '불록(不祿)'이라고 부른다. 감히 이웃 나라의 군주 본인을 지목할 수 없기 때문에, "감히 일을 맡아보는 자에게 아룁니다."라고 말한다.

孔疏 ●"夫人"至"某死"者, 皆當云"告於執事", 不言者, 略之故也.

번역 ●經文: "夫人"~"某死". ○이 모두에 대해서는 마땅히 "일을 맡아보는 자에게 아룁니다."라고 해야 하는데, 언급을 하지 않은 이유는 문장을 생략해서 기록했기 때문이다.

孔疏 ◎注"君夫"至"謙也". ○正義曰: 按下曲禮云: "諸侯曰薨." 夫人尊, 與君同也. 今夫人與君同不稱薨者, 以告他國之君, 及夫人自謙退, 是不敢從君及夫人之禮也. 按下曲禮篇云: "士曰不祿." 今雖謙退而同士稱者, 按異義: "今春秋公羊說諸侯曰薨, 訃於鄰國亦當稱薨. 經書諸侯言卒者, 春秋之文王魯, 故稱卒以下魯. 古春秋左氏說, 諸侯薨, 赴於鄰國稱名, 則書名稱卒. 卒者, 終也. 取其終身, 又以尊不出其國. 許君謹按: 士虞禮云: '尸服, 卒者之上服.' 不分別尊卑, 皆同言[9]'卒'者, 卒, 終也. 是終沒之辭也." 鄭駁之云: "按雜記上云: '君薨, 訃於他國之君, 曰: 寡君不祿.' 曲禮下曰: '壽考曰卒, 短折曰不祿.' 今君薨而云'不祿'者, 言臣子於君父, 雖有考終眉壽, 猶若其短折然. 若君薨而訃者曰'卒', 卒是壽終矣, 斯無哀惜之心, 非臣子之辭. 鄰國來赴, 書以'卒'者, 言無所老幼, 皆終成人之志, 所以相尊敬." 如異義所論, 是君稱"不祿"之意, 若杜元凱注左氏傳, 則與此異. 按隱三年聲子卒, 傳云: "不赴, 故不

9) '언(言)'자에 대하여. '언'자는 본래 '년(年)'자로 기록되어 있었는데, 완원(阮元)의 『교감기(校勘記)』에서는 "포당(浦鏜)은 교정을 하며, '년'자는 마땅히 '언'자의 오자가 된다고 했다."라고 했다.

曰薨." 杜云: "鄰國之赴, 魯史書卒者, 臣子惡其薨名, 改赴書也." 如鄭, 此云不祿, 謂赴者口辭矣. 春秋所云"薨", 謂赴書之策, 所以不同者, 言壽考曰"卒", 短折曰"不祿". 杜以爲禮記後人所作, 不正與春秋同, 杜所不用也.

번역 ◎鄭注: "君夫"~"謙也". ○『예기』「곡례하(曲禮下)」편을 살펴보면, "제후가 죽었을 때에는 '훙(薨)'이라고 부른다."[10]라고 했다. 제후 부인의 존귀함은 제후와 동일하다. 현재 부인 및 제후에 대해서 모두 '훙(薨)'이라고 지칭하지 않은 이유는 다른 나라의 군주에게 부고를 알리고, 부인에 대해 겸손히 낮추기 때문이니, 이것은 본래의 군주 및 부인에게 적용되는 예법을 감히 따르지 않는 경우이다. 「곡례하」편을 살펴보면, "사에 대해서는 '불록(不祿)'이라고 부른다."라고 했는데, 현재 비록 겸손하게 낮춰서 사에 대해 지칭하는 말과 동일하게 따르고 있는데, 『오경이의』[11]를 살펴보면, "금문인 『춘추공양전』에서는 제후에 대해서는 훙(薨)이라고 부르고, 이웃 나라에 부고를 알릴 때에도 마땅히 훙(薨)이라고 부른다고 했다. 경전에서 제후에 대해 '졸(卒)'이라고 말한 것은 『춘추』의 기록으로, 노나라를 천자처럼 높였기 때문에, 졸(卒)이라고 불러서 노나라를 낮춘 것이다. 고문인 『춘추좌씨전』에서는 제후가 죽게 되면 이웃 나라에 부고를 알리며 이름을 지칭하고, 기록을 할 때에는 이름을 기록하고 졸(卒)이라고 지칭한다. '졸(卒)'이라는 것은 끝났다는 뜻이다. 그의 목숨이 다했다는 뜻에서 취한 것이며, 또한 군주의 존귀함은 그가 다스렸던 나라 밖으로 벗어나지 않기 때문이다. 내가 살펴보기에, 『의례』「사우례(士虞禮)」편에서는 '시동의 복장은 죽은 자가 입을 수 있었던 상등의 복장으로 한다.'[12]라고 했는데, 신분의

---

10) 『예기』「곡례하(曲禮下)」【64d】: 天子死曰崩, <u>諸侯曰薨</u>, 大夫曰卒, 士曰不祿, 庶人曰死. 在牀曰尸, 在棺曰柩. 羽鳥曰降, 四足曰漬. 死寇曰兵.

11) 『오경이의(五經異義)』는 후한(後漢) 때의 학자인 허신(許愼)이 지은 책이다. 유실되었는데, 송대(宋代) 때 학자들이 다시 모아서 엮었다. 오경(五經)에 관한 고금(古今)의 유설(遺說)과 이의(異義)를 싣고, 그에 대한 시비(是非)를 판별한 내용들이다.

12) 『의례』「사우례(士虞禮)」: <u>尸服卒者之上服</u>. 男, 男尸. 女, 女尸, 必使異姓, 不使賤者.

차이를 따지지 않고 모두 동일하게 '졸(卒)'이라고 하였으니, 졸(卒)은 끝났다는 뜻으로, 그 목숨이 다했다는 말이다."라고 했다. 정현은 그 주장을 반박하며, "「잡기상」편을 살펴보면, '군주가 죽었을 때 이웃 나라의 제후에게 부고를 알리며, 저희 군주께서 불록(不祿)한다고 말한다.'고 했고, 「곡례하」편에서는 '장수를 하다 죽었을 때에는 졸(卒)이라고 부르며, 단명을 했을 때에는 불록(不祿)이라고 부른다.'고 했다. 현재 군주가 죽었는데도 '불록(不祿)'이라고 부른 것은 신하나 자식이 군주와 부친을 대할 때, 비록 장수를 하다가 죽었더라도 여전히 단명을 한 것처럼 여긴다는 것을 뜻한다. 만약 제후가 죽어서 부고를 알릴 때 '졸(卒)'이라고 한다면, 졸(卒)이라는 것은 장수를 하다가 죽은 것을 뜻하니, 여기에는 애석해하는 마음이 없게 되므로, 신하나 자식의 입장에서 쓸 수 있는 말이 아니다. 이웃 나라에서 찾아와 부고를 알릴 때, 기록을 하며 '졸(卒)'이라고 하는 것은 나이를 따짐이 없이, 모두 성인(成人)이 되어 죽었다는 뜻을 나타내므로, 서로 존경해주는 방법이다."라고 했다. 『오경이의』에서 논의한 내용은 군주에 대해서 '불록(不祿)'이라고 부르는 뜻에 대한 것인데, 두원개[13]의 『좌전』에 대한 주에 따르면, 이와는 차이를 보인다. 은공(隱公) 3년에 대한 기록을 살펴보면, 성자(聲子)가 죽었을 때, 『좌전』에서는 "부고를 알리지 않았기 때문에 '훙(薨)'이라고 하지 않는다."라고 했고, 두예는 "이웃나라의 부고에 대해서, 노나라 사관이 '졸(卒)'이라고 기록한 것은 신하와 자식의 입장에서 '훙(薨)'이라는 명칭을 꺼려해서, 부고의 기록을 고친 것이다."라고 했다. 정현의 주장에 따르면 이곳에서 '불록(不祿)'이라고 한 말은 부고를 알리는 자가 입으로 말을 할 때 쓰는 말이다. 그리고 『춘추』에서 '훙(薨)'이라고 한 말은 부고를 알리는 문서에 기록한 말인데, 다른 점은 장수를 했을 때에는 '졸(卒)'이라고 부르고, 단명을 했을 때에는 '불록(不祿)'이라고 부른다는 것을

13) 두예(杜預, A.D.222～A.D.284) : =두원개(杜元凱). 서진(西晉) 때의 유학자이다. 경조(京兆) 두릉(杜陵) 출신이다. 자(字)는 원개(元凱)이다. 『춘추경전집해(春秋經典集解)』를 저술하였는데, 이 책은 현존하는 『춘추(春秋)』의 주석서 중 가장 오래된 것이며, 『십삼경주소(十三經注疏)』의 『춘추좌씨전정의(春秋左氏傳正義)』에도 채택되어 수록되었다.

뜻한다. 두예는 『예기』의 기록이 후대인들이 지은 것이라고 여기고, 『춘추』와 동일하지 않다고 보아서, 두예가 인용하지 않은 것이다.

訓纂 說文: 赴, 趨也.

번역 『설문』에서 말하길, '부(赴)'자는 "달려가다[趨]."는 뜻이다.

訓纂 徐鉉曰: 春秋傳赴告用此字, 今俗作訃, 非是.

번역 서현[14]이 말하길, 『춘추전』에서는 부고를 알릴 때 '부(赴)'자로 기록했는데, 현재 세속에서는 '부(訃)'자로 기록하고 있으니, 잘못된 기록이다.

訓纂 石渠議: 聞人通漢問云, "記曰, '君赴於他國之君曰不祿, 夫人曰寡小君不祿.' 大夫士或言'卒''死', 皆不能明." 戴聖對曰, "君死未葬曰不祿, 旣葬曰薨." 又問, "尸服卒者之上服, 士曰不祿. 言卒何也?" 聖又曰, "夫尸者所以象神也. 其言'卒'而不言'不祿'者, 通貴賤, 尸之義也." 通漢對曰, "尸, 象神也. 故服其服. 士曰'不祿', 諱辭也. 孝子諱死曰卒."

번역 『석거의』에서 말하길, 문인통한은 "『예기』에서는 '제후에 대해서 다른 나라의 제후에게 부고를 알리게 되면 불록(不祿)이라고 부르고, 부인에 대해서는 과소군(寡小君)이 불록(不祿)이라고 부른다.'고 했습니다. 대부와 사에 대해서 어떤 경우에는 '졸(卒)'이라고 부르고 또 '사(死)'라고 부르는데, 이 모두에 대해서는 정확히 알지 못하겠습니다."라고 물었다. 대성은 "제후가 죽었을 때 아직 장례를 치르지 않았다면 '불록(不祿)'이라고 부르고, 이미 장례를 치렀다면 '훙(薨)'이라고 부릅니다."라고 했다. 또 문인통한은 "시동의 복장은 죽은 자가 생전에 입었던 가장 상등의 복장을 착용하

---

14) 서현(徐鉉, A.D.917~A.D.992) : 오대십국(五代十國) 때 남당(南唐)의 학자이다. 자(字)는 정신(鼎臣)이고, 호(號)는 기성(騎省)이다. 『설문해자(說文解字)』를 교정하였다. 저서로는 『기성집(騎省集)』·『서문공집(徐文公集)』 등이 있다.

는데, 사에 대해서는 불록(不祿)이라고 부른다고 했음에도 '졸(卒)'이라고 말하는 것은 어째서입니까?"라고 물었다. 대성은 또한 "무릇 시동은 신령을 형상화하는 자입니다. 현재 '졸(卒)'이라고 부르고 '불록(不祿)'이라고 부르지 않은 것은 신분의 차등에 상관없이 모두 통용되니, 시동을 기준으로 한 뜻에 해당합니다."라고 대답했다. 그러나 문인통한은 "시동은 신령을 형상화하는 자입니다. 그렇기 때문에 그 자가 생전에 입었던 복장을 착용하는 것입니다. 또 사에 대해서 '불록(不祿)'이라고 부르는 것은 피휘를 하는 말에 해당합니다. 자식은 죽은 자에 대해 피휘를 하여 '졸(卒)'이라고 부릅니다."라고 대꾸하였다.

集解 愚謂: 君之臣某之某死者, 若父死則曰"君之臣某之父某死", 長子則曰"君之臣某之長子某死." 若母妻, 則以氏配字稱之, 若曰"伯姬""叔姬"也. 長子亦赴於君者, 以其爲三年之喪而自主之者也. 然則君亦當使人弔之矣.

번역 내가 생각하기에, "군주의 신하 아무개의 아무개가 죽었습니다."라는 말은 부친이 돌아가신 경우라면, "군주의 신하 아무개의 부친 아무개가 죽었습니다."라고 말하고, 장자의 경우라면, "군주의 신하 아무개의 장자 아무개가 죽었습니다."라고 말하는 경우와 같다. 만약 모친이나 처의 경우라면, '씨(氏)'를 자(字)에 붙여서 함께 지칭하니, 마치 '백희(伯姬)'나 '숙희(叔姬)' 등으로 부르는 경우와 같다. 장자에 대해서 또한 군주에게 부고를 알리는 것은 신하가 장자의 삼년상을 치르며, 신하 본인이 그 상을 주관하기 때문이다. 그렇다면 군주 또한 마땅히 사람을 보내서 조문을 해야 한다.

集解 愚謂: 諸侯之喪, 訃告之辭曰"不祿", 國中書之曰"薨", 鄰國書之曰"卒". 一以爲謙己, 一以爲尊君, 一以別外內之辭, 義各有所當也.

번역 내가 생각하기에, 제후의 상에서 부고를 알리는 말에 있어서는 '불록(不祿)'이라고 말하며, 자기 나라의 역사에 기록할 때에는 '훙(薨)'이라고 쓰고, 이웃 나라에서 기록을 할 때에는 '졸(卒)'이라고 쓴다. '불록(不祿)'은 자신을 겸손하게 낮추기 때문이며, '훙(薨)'은 군주를 존귀하게 여기기 때문이고, '졸(卒)'은 내외의 구별에 따른 말이기 때문이니, 각각의 의미에 합당한 점이 있다.

• 제4절 •

대부의 부고를 알릴 때

【492b】

大夫訃於同國適者曰, "某不祿." 訃於士亦曰, "某不祿." 訃於他國之君曰, "君之外臣寡大夫某死." 訃於適者曰, "吾子之外私寡大夫某不祿, 使某實." 訃於士亦曰, "吾子之外私寡大夫某不祿, 使某實."

직역 大夫가 同國의 適者에게 訃함에는 曰, "某가 不祿합니다." 士에게 訃함에도 亦히 曰, "某가 不祿합니다." 他國의 君에게 訃함에는 曰, "君의 外臣인 寡大夫 某가 死입니다." 適者에게 訃함에는 曰, "吾子의 外私인 寡大夫 某가 不祿하여, 某를 使하여 實합니다." 士에게 訃함에도 亦히 曰, "吾子의 外私인 寡大夫 某가 不祿하여, 某를 使하여 實합니다."

의역 대부가 죽었을 때, 그와 같은 나라에 거주하는 대부 중 신분이 대등한 자에게 부고를 알릴 때에는 "아무개가 더 이상 녹봉을 받지 못합니다."라고 말한다. 사에게 부고를 알릴 때에도 "아무개가 더 이상 녹봉을 받지 못합니다."라고 말한다. 다른 나라의 제후에게 부고를 알릴 때에는 "군주의 외국 신하인 저희 대부 아무개가 죽었습니다."라고 말한다. 다른 나라에 거주하는 신분이 대등한 자에게 부고를 알릴 때에는 "그대의 외국 친우인 저희 대부 아무개가 더 이상 녹봉을 받지 못하여, 아무개를 시켜 이곳에 오도록 했습니다."라고 말한다. 다른 나라의 사에게 부고를 알릴 때에도 "그대의 외국 친우인 저희 대부 아무개가 더 이상 녹봉을 받지 못하여, 아무개를 시켜 이곳에 오도록 했습니다."라고 말한다.

集說 適者, 謂同國大夫位命相敵者. 外私, 在他國而私有恩好者也. 實, 讀爲至, 言爲訃而至此也.

번역 '적자(適者)'는 같은 나라에 거주하는 대부 중 지위와 명(命)의 등급이 죽은 자와 대등한 자를 뜻한다. '외사(外私)'는 다른 나라에 소속되어 있지만 사적으로 은정과 우호를 다졌던 자를 뜻한다. '실(實)'자는 '지(至)'자로 풀이하니, 부고를 위해 이곳에 왔다는 뜻이다.

鄭注 適, 讀爲匹敵之敵, 謂爵同者也. 實當爲至, 此讀, 周秦之人聲之誤也.

번역 '적(適)'자는 필적(匹敵)이라고 할 때의 '적(敵)'자로 풀이하니, 작위가 동일한 자를 의미한다. '실(實)'자는 마땅히 '지(至)'자가 되어야 하니, 이처럼 풀이하는 것은 주(周)나라와 진(秦)나라 때 글자를 발음하는 소리가 비슷해서 생긴 오류이기 때문이다.

釋文 適, 依注音敵, 大歷反, 下"適者"同. 實, 依注音至, 下同.

번역 '適'자는 정현의 주에 따르면 그 음이 '敵'이니, '大(대)'자와 '歷(력)'자의 반절음이고, 아래문장에 나오는 '適者'에서의 '適'자도 그 음이 이와 같다. '實'자는 정현의 주에 따르면 그 음이 '至(지)'이며, 아래문장에 나오는 글자도 그 음이 이와 같다.

孔疏 ●"大夫"至"某實[1)]". ○正義曰: 此一經明大夫之卒, 相訃告之禮也.

번역 ●經文: "大夫"~"某實". ○이곳 경문은 대부가 죽었을 때, 상호 부고를 알리는 예법을 나타내고 있다.

---

1) '대부지모지(大夫至某實)'에 대하여. 이 다섯 글자는 본래 없던 글자인데, 완원(阮元)의 『교감기(校勘記)』에서는 "혜동(惠棟)의 『교송본(校宋本)』에는 이 다섯 글자가 기록되어 있다."라고 했다.

孔疏 ●"適者, 曰: 某不祿"者, 謂同國大夫位相敵者, 曰"某不祿".

번역 ●經文: "適者, 曰: 某不祿". ○같은 나라에 있는 대부들 중 지위가 서로 대등한 자를 뜻하니, 그에게는 "아무개가 불록(不祿)합니다."라고 말한다.

孔疏 ●"訃於"至"不祿"者, 大夫旣尊於士, 士處亦得稱不祿. 稱"某"者, 或死者之名, 或死者官號, 而赴者得稱之.

번역 ●經文: "訃於"~"不祿". ○대부는 이미 사보다도 존귀한 신분이지만, 사에 대해서도 불록(不祿)이라고 지칭할 수 있다. '모(某)'라고 하는 것은 죽은 자의 이름을 댈 수도 있고, 또는 죽은 자의 관직과 작호를 댈 수도 있으니, 부고를 알리는 자가 상황에 따라 명칭을 골라서 쓸 수 있다.

孔疏 ●"訃於"至"外臣"者, 大夫不屬他國, 故云"外臣", 自謙退無德, 故云"寡大夫某"矣. 尊敬他君, 不敢申辭, 故云"某死".

번역 ●經文: "訃於"~"外臣". ○대부는 다른 나라에 소속되어 있지 않기 때문에, '외국의 신하[外臣]'라고 발한 것이며, 스스로 겸손하게 낮춰서 덕이 없는 것처럼 말하기 때문에 '과덕한 대부 아무개'라고 말한 것이다. 다른 나라의 제후를 존경하므로, 감히 본래의 예법에 따른 말을 모두 사용할 수 없기 때문에, "아무개가 죽었습니다."라고 말한다.

孔疏 ●"訃於"至"某實"者, "訃於適者", 謂大夫死, 訃於他國大夫相敵體者, 謂訃告大夫, 以是別國私有恩好, 故曰"外私". 以赴大夫, 其辭得申, 故云"某不祿". 以身赴告, 故云"使某實".

번역 ●經文: "訃於"~"某實". ○경문의 "訃於適者"에 대하여. 대부가 죽었을 때, 다른 나라에 있는 대부들 중 죽은 자와 신분이 대등한 자에게 부고를 알린다는 뜻이니, 그 대부에게 부고를 알릴 때에는 다른 나라에 있지만 사적으로 은정과 우호를 다진 것이 있기 때문에 '외국의 친우[外私]'라고 부른다는 뜻이다. 대부에게 부고를 알리는 것이기 때문에, 예법에 따른 말을 모두 사용할 수 있다. 그렇기 때문에 "아무개가 불록(不祿)합니다."라고 말한 것이다. 전달하는 자가 부고를 알리기 때문에 "아무개인 저를 시켜서 이곳에 오도록 했습니다."라고 말한다.

孔疏 ●"訃於士"至"某實"者, 謂大夫之喪, 訃他國之士, 其辭與訃大夫同. 此所云"大夫"者, 上下皆同, 曰大夫無以爲異也.

번역 ●經文: "訃於士"~"某實". ○대부의 상이 발생했을 때, 다른 나라의 사에게 부고를 알리면, 그때 사용하는 말은 다른 나라의 대부에게 부고를 알릴 때 쓰는 말과 동일하다는 뜻이다. 이곳에서 '대부(大夫)'라고 말한 것은 상대부나 하대부에게 모두 동일하게 적용되기 때문이니, 대부의 계층에 대해서 차등을 둠이 없음을 의미한다.

集解 今按: 實當讀爲告.

번역 현재 살펴보니, '실(實)'자는 마땅히 '고(告)'자로 풀이해야 한다.

集解 愚謂: 實當爲"告", 上文云"敢告於執事", 是也.

번역 내가 생각하기에, '실(實)'자는 마땅히 '고(告)'자가 되어야 하니, 앞 문장에서 "감히 일을 맡아보는 자에게 아룁니다."[2]라고 한 기록에 해당한다.

---

2) 『예기』「잡기상」【492a】: 凡訃於其君曰, "君之臣某死." 父母妻長子曰, "君之臣某之某死." 君訃於他國之君曰, "寡君不祿, 敢告於執事." 夫人曰, "寡小君不祿." 太子之喪曰, "寡君之適子某死."

• 제 5 절 •

사의 부고를 알릴 때

【492c】

士訃於同國大夫曰, "某死." 訃於士亦曰, "某死." 訃於他國之君曰, "君之外臣某死." 訃於大夫曰, "吾子之外私某死." 訃於士亦曰, "吾子之外私某死."

직역 士가 同國의 大夫에게 訃함에는 曰, "某가 死입니다." 士에게 訃함에도 亦히 曰, "某가 死입니다." 他國의 君에게 訃함에는 曰, "君의 外臣인 某가 死입니다." 大夫에게 訃함에는 曰, "吾子의 外私인 某가 死입니다." 士에게 訃함에도 亦히 曰, "吾子의 外私인 某가 死입니다."

의역 사가 죽었을 때, 그와 같은 나라에 거주하는 대부에게 부고를 알릴 때에는 "아무개가 죽었습니다."라고 말한다. 사에게 부고를 알릴 때에도 "아무개가 죽었습니다."라고 말한다. 다른 나라의 제후에게 부고를 알릴 때에는 "군주의 외국 신하인 아무개가 죽었습니다."라고 말한다. 다른 나라의 대부에게 부고를 알릴 때에는 "그대의 외국 친우 아무개가 죽었습니다."라고 말한다. 다른 나라의 사에게 부고를 알릴 때에도 "그대의 외국 친우 아무개가 죽었습니다."라고 말한다.

集說 士卑, 故其辭降於大夫.

번역 사는 신분이 미천하기 때문에, 전하는 말에 있어서도 대부보다 낮추게 된다.

孔疏 ●"士訃"至"某死[1]". ○正義曰: 此一經論士喪相訃告之稱. 云某死者, 以其士賤, 赴大夫及士, 皆云"某死". 若訃他國之君及大夫士等, 皆云"某死", 但於他君稱"外臣", 於大夫士言"外私"耳.

번역 ●經文: "士訃"~"某死". ○이곳 경문은 사의 상에 있어서 서로 부고를 알리며 사용하는 말을 논의하고 있다. "아무개가 죽었습니다."라고 말한 것은 사의 신분이 미천하므로, 대부 및 사에게 부고를 알릴 때에는 모두 "아무개가 죽었습니다."라고 말한다. 만약 다른 나라의 제후 및 대부와 사 등에게 부고를 알리게 된다면, 모두 "아무개가 죽었습니다."라고 말하는데, 다만 다른 나라의 제후에 대해서는 '외국의 신하'라는 말을 붙이고, 대부 및 사에 대해서는 '외국의 친우'라는 말을 붙일 따름이다.

集解 愚謂: 士喪禮朝夕哭有他國異爵者之位, 而此記亦有大夫士死, 赴於他國君·大夫·士之辭, 則大夫以吉凶慶弔之事接於境外者, 固禮之所未嘗禁, 而所謂"人臣無私交"者, 初非絶不往來之謂也.

번역 내가 생각하기에, 『의례』「사상례(士喪禮)」편에서는 아침저녁으로 곡을 할 때, 다른 나라의 작위가 남다른 자가 서게 되는 위치가 있는데, 이곳 기록에서는 또한 대부와 사의 죽음에 대해서, 다른 나라의 제후·대부·사에게 부고를 알리는 말이 기록되어 있으니, 대부의 경우 길흉 및 경조사에 대한 사안으로 외국과 교류하는 것은 예법에서 일찍이 금하지 않은 것이니, 이른바 "신하는 사적으로 교류함이 없다."라는 말은 애초부터 왕래조차 못한다는 뜻이 아니다.

---

1) '사부지모사(士訃至某死)'에 대하여. 이 다섯 글자는 본래 없던 글자인데, 완원(阮元)의 『교감기(校勘記)』에서는 "혜동(惠棟)의 『교송본(校宋本)』에는 이 다섯 글자가 있는데, 다른 판본들에는 누락되어 있다."라고 했다.

• 제6절 •

제후의 상을 치르며 머무는 숙소

【492c】

大夫次於公館以終喪, 士練而歸, 士次於公館. 大夫居廬, 士居堊室.

직역 大夫는 公館에 次하여 喪을 終하고, 士는 練하고 歸하며, 士는 公館에 次한다. 大夫는 廬에 居하고, 士는 堊室에 居한다.

의역 제후가 죽었을 때, 대부는 공관(公館)에 머물며 군주의 상을 끝내고, 읍재인 사는 연제를 끝내면 되돌아가며, 조정에 속한 사는 공관에 머물며 군주의 상을 끝낸다. 임시숙소에 머물 때 대부는 여(廬)에 머물고, 사는 악실(堊室)에 머문다.

集說 此言君喪, 則大夫居喪之次, 在公館之中, 終喪乃得還家. 若邑宰之士, 至小祥得還其所治之邑. 其朝廷之士, 亦留次公館以待終喪. 廬, 在中門外東壁, 倚木爲之, 故云倚廬. 堊室, 在中門外屋下, 壘擊爲之, 不塗墍.

번역 이 내용은 군주의 상이 발생하면, 대부는 상중에 머무는 임시 숙소에 머물게 되니, 공관(公館)[1]에 있게 되며, 상을 끝내면 집으로 돌아갈 수 있다는 뜻이다. 만약 읍재(邑宰)[2]인 사라면, 소상(小祥)[3]을 끝내면 자신이

---

1) 공관(公館)은 군주가 빈객(賓客)들을 머물게 하기 위해 만든 숙소이다. 군주의 신하들이 가지고 있는 건물은 사관(私館)에 해당하는데, 빈객이 사관에 머물 때, 군주가 명령을 내리게 되면, 그 장소는 '공관'이 되어, 빈객이 필요로 하는 것들을 지급하게 된다. 또한 '공관'은 궁중에 있는 건물을 가리키기도 하며, 궁실의 건물과 떨어져 있는 별도의 건물을 뜻하기도 한다.

다스리는 읍으로 되돌아갈 수 있다. 조정에 속한 사는 또한 공관에 머물며 상이 끝날 때까지 대기한다. '여(廬)'는 중문(中門)[4] 밖 동쪽 벽에 있는 것으로 나무를 기대어 만들기 때문에, '의려(倚廬)'[5]라고 부른다. '악실(堊室)'[6]은 중문 밖 지붕 밑에 있으며, 흙을 쌓아 만들게 되며, 일반 건물처럼 벽에 칠을 하여 꾸미지 않는다.

集說 劉氏曰: 鄭云居堊室, 亦謂邑宰也, 朝士亦居廬. 蓋斬衰之喪居廬, 既練居堊室, 朝士大夫皆斬衰, 未練時皆當居廬也.

번역 유씨[7]가 말하길, 정현은 악실(堊室)에 머무는 자 또한 읍재를 뜻한다고 했고, 조정에 속한 사는 또한 여(廬)에 머문다고 했다. 무릇 참최복

---

2) 읍재(邑宰)는 읍(邑)을 다스리는 수장을 뜻하니, 후대의 현령(縣令)에 해당한다. '재(宰)'자는 총괄하는 자를 가리키므로, '읍재'라고 부른다.

3) 소상(小祥)은 본래 부모 및 군주의 상(喪)에서, 부모가 죽은 지 만 1년 만에 지내는 제사이다. 이 제사가 끝나면, 자식은 3년상을 지낼 때의 복장과 생활 방식을 조금씩 덜어내게 된다. 또한 '소상'은 친족 및 타인의 상에서 1년이 지났을 때를 가리키기도 한다.

4) 중문(中門)은 내(內)와 외(外) 사이에 있는 문을 뜻한다. 궁(宮)에 있어서는 혼문(閽門)을 뜻하기도 한다. 또 천자(天子)의 궁성(宮城)에는 다섯 개의 문이 있었다고 전해지는데, 가장 밖에 있는 문부터 순차적으로 나열해보면, 고문(皐門), 치문(雉門), 고문(庫門), 응문(應門), 노문(路門)이다. 이러한 다섯 개의 문들 중 노문(路門)은 가장 안쪽에 있으므로, 내문(內門)로 여기고, 고문(皐門)은 가장 밖에 있으므로, 외문(外門)으로 여긴다. 따라서 나머지 치문(雉門), 고문(庫門), 응문(應門)은 내외(內外)의 사이에 있으므로, 이 세 개의 문을 '중문'으로 여기기도 한다. 『주례』「천관(天官)·혼인(閽人)」편에는 "掌守王宮之<u>中門</u>之禁."이라는 기록이 있는데, 이에 대한 손이양(孫詒讓)의 『정의(正義)』에서는 "此中門實不專屬雉門. 當兼庫·雉·應三門言之. 蓋五門以路門爲內門, 皐門爲外門, 餘三門處內外之間, 故通謂之中門."이라고 풀이했다. 한편 정중앙에 있는 문을 '중문'이라고도 부른다.

5) 의려(倚廬)는 상중(喪中)에 머물게 되는 임시 거처지이다. '의려'는 '의(倚)', '려(廬)', '堊室(악실)', '사려(舍廬)' 등으로 부르기도 한다.

6) 악실(堊室)은 상중(喪中)에 임시로 거처하던 가옥으로, 네 벽면에 흰색의 회칠을 하였다.

7) 유씨(劉氏, ?~?) : =유맹야(劉孟冶). 자세한 이력이 남아 있지 않다.

(斬衰服)[8]으로 치르는 상에서는 여(廬)에 머물고, 연제(練祭)[9]가 끝나면 악실에 머물게 되는데, 조정에 속한 사와 대부는 모두 참최복을 착용하며, 아직 연제를 끝내지 않았을 때에는 모두 마땅히 여(廬)에 머문다.

大全 山陰陸氏曰: 此言士次於公館, 則大夫居廬, 士居堊室, 卽言大夫次於公館以終喪, 士練而歸, 大夫居廬, 士居堊室, 嫌士練而歸, 猶居堊室, 廬非久處者也, 以言待盡於此.

번역 산음육씨가 말하길, 이곳에서 "사가 공관(公館)에 머문다."라고 했다면, "대부는 여(廬)에 머물고 사는 악실(堊室)에 머문다."는 말은 곧 대부는 공관에 머물며 상을 끝내고 사는 연제를 끝내고 되돌아가되, 대부는 여(廬)에 머물고 사는 악실에 머문다는 뜻이니, 사는 연제를 끝내고 되돌아가는데도 오히려 악실에 머물게 된다면, 여(廬)는 오래도록 머무는 곳이 아니라고 오해할 수 있기 때문에, 이 기록을 통해 여기에서 모든 기간 동안 대기한다고 말한 것이다.

鄭注 公館, 公宮之舍也. 練而歸之士, 謂邑宰也. 練而猶處公館, 朝廷之士也, 唯大夫三年無歸也. 謂未練時也, 士居堊室, 亦謂邑宰也. 朝廷之士, 亦居廬.

번역 '공관(公館)'은 제후의 궁중에 있는 숙소이다. 연제를 끝내고 되돌아가는 사는 읍재(邑宰)를 뜻한다. 연제를 끝내고도 여전히 공관에 머무는 자는 조정에 속한 사인데, 오직 대부만이 삼년상을 치르는 동안 집으로 되돌아가는 규정이 없다. 여(廬)와 악실(堊室)에 머문다는 말은 아직 연제를 치르기 이전을 뜻하니, 사가 악실에 머문다고 할 때의 사 또한 읍재를 가리

---

8) 참최복(斬衰服)은 상복(喪服) 중 하나로, 오복(五服)에 속한다. 상복 중에서도 가장 수위가 높은 상복이다. 거친 삼베를 사용해서 만들며, 자른 부위를 꿰매지 않기 때문에 참최(斬衰)라고 부른다. 이 복장을 입게 되는 기간은 일반적으로 3년에 해당하며, 죽은 부모를 위해 입거나, 처 또는 첩이 죽은 남편을 위해 입는다.

9) 연제(練祭)는 소상(小祥)과 같은 뜻이다.

킨다. 조정의 사는 또한 여(廬)에 머문다.

釋文 朝, 直遙反, 下注同.

번역 '朝'자는 '直(직)'자와 '遙(요)'자의 반절음이며, 아래 정현의 주에 나오는 글자도 그 음이 이와 같다.

孔疏 ●"大夫"至"堊室". ○正義曰: 此一節明大夫士遭君喪, 次舍居處及歸還之節. "公館", 君之舍也, 大夫恩深祿重, 故爲君喪"居廬". 終喪畢, 乃還家也.

번역 ●經文: "大夫"~"堊室". ○이곳 문단은 대부와 사가 군주의 상을 접하여, 임시숙소에서 머물거나 집으로 되돌아가는 규정을 나타내고 있다. 경문의 "公館"에 대하여. 군주의 궁궐에 있는 숙소를 뜻하니, 대부는 은택을 받은 것이 깊고 녹봉도 많기 때문에, 군주의 상을 치를 때 "여(廬)에 머문다."라고 했다. 상을 모두 끝내면 집으로 되돌아간다.

孔疏 ●"士練而歸"者, 謂邑宰之士也. 士卑恩輕, 故至小祥, 而反其所治邑也.

번역 ●經文: "士練而歸". ○읍재(邑宰)인 사를 뜻한다. 사는 신분이 미천하고 은택을 받은 것도 상대적으로 적기 때문에, 소상(小祥)을 치르게 되면 자신이 다스리는 읍(邑)으로 되돌아간다.

孔疏 ●"士次於公館"者, 此謂朝廷之士也, 雖輕而無邑事, 故亦留次公館三年也.

번역 ●經文: "士次於公館". ○여기에서 말하는 사는 조정에 속한 사를 뜻하니, 비록 은택을 받은 것이 상대적으로 적더라도, 다스리는 읍이 없기 때문에, 또한 삼년상을 치를 때까지 공관에 머물게 된다.

孔疏 ●"大夫居廬"者, 以位尊恩重, 故居廬.

번역 ●經文: "大夫居廬". ○지위가 존귀하고 은택이 깊기 때문에 여(廬)에 머문다.

孔疏 ●"士居堊室"者, 士位卑恩輕, 故居堊室也.

번역 ●經文: "士居堊室". ○사는 지위가 낮고 은택을 받은 것이 상대적으로 적기 때문에 악실(堊室)에 머문다.

孔疏 ◎注"公館"至"歸也". ○正義曰: 云"練而歸之士, 謂邑宰也"者, 以下文云"士次於公館". 今云"練而歸", 明是邑宰, 以爲君治邑. 若久而不歸, 卽廢其職事也. 若身爲大夫, 雖位得采地, 亦終喪乃歸也.

번역 ◎鄭注: "公館"~"歸也". ○정현이 "연제를 끝내고 되돌아가는 사는 읍재(邑宰)를 뜻한다."라고 했는데, 아래문장에서 "사는 공관(公館)에 머문다."라고 했기 때문이다. 현재 이곳에서 "연제를 끝내고 되돌아간다."라고 했는데, 이것은 읍재를 뜻하니, 그는 군주를 대신하여 읍을 다스리는 자이기 때문이다. 만약 오래도록 머물며 되돌아가지 않는다면, 자신이 맡은 직무를 내버리는 꼴이 된다. 만약 그 자신이 대부의 신분이라면, 비록 해당 지위에 따른 채지를 받고 있더라도, 또한 상을 끝내고서야 되돌아간다.

孔疏 ◎注"謂未"至"居廬". ○正義曰: 知此是未練時者, 按間傳云: "斬衰之喪, 居倚廬." 旣練居堊室, 此經若練後, 則大夫居堊室. 今云大夫居廬, 明未練時也. 云"士居堊室, 亦謂邑宰也"者, 士若非邑宰, 未練之前, 當與大夫同居廬. 今云"居堊室", 故知是邑宰也. 必知邑宰者, 以上文云"大夫終喪, 士練而歸", 言邑宰之士, 降於大夫. 此云"士居堊室", 亦降於大夫, 故知是邑宰之士也. 云"朝廷之士, 亦居廬"者, 以臣爲君喪, 俱服斬衰, 故知未練之前, 士亦居廬也. 然周禮·宮正注云: "親者貴者居廬, 疏者賤者居堊室." 引此雜記云: "大夫居廬, 士居堊室." 則是大夫以上定居廬, 士以定居堊室. 此云"朝廷之士, 亦居廬", 與彼不同者, 尋鄭之文意, 若與王親者, 雖云士賤亦居廬, 則此云"朝廷之士, 亦居廬", 是也. 若與王無親, 身又是士, 則居堊室, 則此經"士居堊室", 是也. 故鄭於宮正之注, 引此"士居堊室", 證賤者居堊室也. 若與王親, 雖疏, 但是貴者, 則亦居廬也. 庾氏·熊氏並爲此說. 熊氏或說云: 若天子, 則大夫居廬, 士居堊室. 則雜記言是也. 若諸侯, 則朝廷大夫士皆居廬也, 邑宰之士居堊室. 宮正之注是也. 此義得兩通, 故並存焉.

번역 ◎鄭注: "謂未"~"居廬". ○정현이 아직 연제를 치르지 않은 시기에 해당함을 알 수 있었던 이유는 『예기』「간전(間傳)」편을 살펴보면, "참최복(斬衰服)의 상에서는 의려(倚廬)에 머문다."[10]라고 했기 때문이다. 연제를 끝내면 악실(堊室)에 머물게 되는데, 이곳 경문의 내용이 만약 연제를 끝낸 이후가 된다면, 대부는 악실에 머물게 된다. 그런데 현재 대부가 여(廬)에 머문다고 했으니, 이것은 아직 연제를 치르지 않은 시기를 나타낸다. 정현이 "사가 악실에 머문다고 할 때의 사 또한 읍재를 가리킨다."라고 했는데, 사가 만약 읍재의 신분이 아니라면, 아직 연제를 치르기 이전에는 마땅히 대부와 함께 여(廬)에 머물러야 한다. 현재 "악실에 머문다."라고 했기 때문에, 그 사람이 읍재의 신분임을 알 수 있다. 읍재의 신분임을 확실히 알 수 있는 이유는 앞의 문장에서 "대부는 상을 끝내고, 사는 연제를 끝내고 되돌아간다."라고 했기 때문이니, 이 말은 읍재인 사는 대부보다 수위를 낮춘다는 뜻이다. 그런데 이곳에서는 "사는 악실에 머문다."라고 했으니, 이 또한 대부보다 낮춘 것이 되기 때문에, 읍재인 사임을 알 수 있다. 정현이 "조정의 사는 또한 여(廬)에 머문다."라고 했는데, 신하가 군주의 상을 치를 때에는 모두 참최복을 착용하기 때문에, 아직 연제를 치르기 이전에 사는 또한 여(廬)에 머문다는 사실을 알 수 있다. 그런데 『주례』「궁정(宮正)」편에 대한 정현의 주를 살펴보면, "관계가 가까운 자와 존귀한 자는 여(廬)에 머물고, 관계가 먼 자와 미천한 자는 악실에 머문다."[11]라고 했다.

---

10) 『예기』「간전(間傳)」【666b~c】: 父母之喪居倚廬, 寢苫枕塊, 不說絰帶. 齊衰之喪, 居堊室, 芐翦不納. 大功之喪寢有席. 小功緦麻牀可也. 此哀之發於居處者也.

11) 이 문장은 『주례』「천관(天官)·궁정(宮正)」편의 "大喪, 則授廬舍, 辨其親疏貴

그리고 이곳 「잡기」편의 기록을 인용하여, "대부는 여(廬)에 머물고, 사는 악실에 머문다."라고 했으니, 이것은 대부 이상의 계급은 주로 여(廬)에 머물고, 사는 주로 악실에 머문다는 사실을 나타낸다. 반면 이곳 주석에서는 "조정에 속한 사는 또한 여(廬)에 머문다."라고 하여, 『주례』의 주석과 차이를 보인다. 정현의 문장에 나타난 그 속내를 살펴보면, 천자와 친족 관계에 있는 자라면, 비록 사처럼 미천한 신분인 자라도 여(廬)에 머문다는 사실을 뜻하니, 이곳에서 "조정에 속한 사 또한 여(廬)에 머문다."고 한 말이 이러한 사실을 나타낸다. 또 천자와 친족관계가 없는 자이고 그 자의 신분이 사에 해당한다면, 악실에 머물게 되니, 이곳 경문에서 "사는 악실에 머문다."라고 한 말이 이러한 사실을 나타낸다. 그러므로 「궁정」편에 대한 정현의 주에서는 이곳에서 "사는 악실에 머문다."라고 했던 말을 인용하여, 미천한 자는 악실에 머문다는 사실을 증명한 것이다. 만약 천자와 친족 관계에 있다면, 비록 관계가 소원한 사이일지라도 존귀한 신분인 자는 또한 여(廬)에 머물게 된다. 유울·웅안생[12]은 모두 이처럼 설명했다. 웅안생은 또한 만약 천자의 상이라면, 대부는 여(廬)에 머물고 사는 악실에 머물게 되니, 「잡기」편에서 말한 내용이 이러한 경우에 해당한다. 만약 제후의 상이라면, 조정에 속한 대부와 사는 모두 여(廬)에 머물고, 읍재인 사는 악실에 머물게 되니, 「궁정」편에 대한 정현의 주가 이러한 경우에 해당한다고 했다. 이러한 주장도 뜻이 소통되기 때문에, 모두 기록해둔다.

訓纂 江氏永曰: 竊疑古者方喪之禮, 雖致其隆, 居廬堊室, 亦惟在朝之卿·大夫·士耳. 邑宰有治民之責, 初喪哭臨, 後當還其本邑, 豈可旣練而歸, 曠廢一年之事乎? 文端公謂"士皆朝廷之士, 旣練而歸", 當矣.

賤之居."라는 기록에 대한 정현의 주이다.

12) 웅안생(熊安生, ?~A.D.578) : =웅씨(熊氏). 북조(北朝) 때의 경학자이다. 자(字)는 식지(植之)이다. 『주례(周禮)』, 『예기(禮記)』, 『효경(孝經)』 등 많은 전적에 의소(義疏)를 남겼지만, 모두 산일되어 남아 있지 않다. 현재 마국한(馬國翰)의 『옥함산방집일서(玉函山房輯佚書)』에 『예기웅씨의소(禮記熊氏義疏)』 4권이 남아 있다.

번역 강영[13]이 말하길, 내가 생각하기에 고대에 상을 치르는 예법에서는 비록 융성함을 지극히 하더라도, 여(廬)와 악실(堊室)에 머물게 되는 자는 또한 오직 조정에 속한 경·대부·사에 한정되었을 따름이다. 읍재에게는 백성들을 다스려야 하는 책무가 있으니, 초상 때 곡(哭)을 하며 상에 임한 뒤에는 마땅히 자신의 읍으로 되돌아가야 하는데, 어떻게 연제를 끝낼 때까지 기다린 뒤에야 돌아가서, 1년 동안 읍 다스리는 일을 내버려둘 수 있겠는가? 문단공이 "사는 모두 조정에 속한 사를 뜻하니, 이들은 연제를 끝내고서 되돌아간다."라고 한 말이 합당하다.

集解 公館, 謂喪次在公所者也. 士練而歸於其家, 亦爲喪次於寢門外以居, 故謂次之在公所者爲公館, 別於在家之次也. 大夫次於公館以終喪, 士練而歸, 此以恩之淺深爲居次久暫之差也. 士次於公館, 大夫居廬, 士居堊室, 言未練之前, 士亦次於公館, 但大夫居廬, 士居堊室, 又以恩之深淺爲居次重輕之差也. 喪大記曰, "公之喪, 大夫俟練, 士卒哭而歸." 此謂異姓之大夫士, 與君無服者也. 大夫次於公館以終喪, 士練而歸, 謂同姓之大夫士, 與君有服者也. 周禮宮正"大喪, 別其親疏貴賤之居", 可見臣爲君居喪之次, 不惟貴賤有不同, 其親疏亦不同矣.

번역 '공관(公館)'은 상을 치르며 군주의 시신이 있는 곳에서 임시로 머물게 되는 곳을 뜻한다. 사는 연제를 끝내고 자신의 집으로 되돌아가는데, 이 또한 침문(寢門) 밖에 상을 치르며 임시로 머무는 숙소에 있게 된다. 그렇기 때문에 군주가 계신 곳에 임시 숙소를 만든 것을 '공관(公館)'이라고 하여, 일반 집에 있는 임시 숙소와는 구별하는 것이다. 대부는 공관에 머물며 상을 끝내고, 사는 연제를 끝내고 되돌아가는데, 이것은 군주로부터 받은 은정의 차이에 따라 임시숙소에 머무는 기간에 차이를 둔 것이다. 사는 공관에 임시숙소를 정하고, 대부는 여(廬)에 머물며, 사는 악실(堊室)에

---

13) 강영(江永, A.D.1681~A.D.1762) : 청(淸)나라 때의 경학자이다. 자(字)는 신수(愼修)이다. 『십삼경주소(十三經注疏)』에 대한 연구를 했으며, 특히 삼례(三禮)에 대해 해박했다.

머문다고 했는데, 이것은 아직 연제를 치르기 이전에 사 또한 공관에 임시 숙소를 정한다는 뜻이다. 다만 대부가 여(廬)에 머물고 사가 악실에 머무는 것은 또한 은정의 깊이에 따라 머무는 임시숙소에도 경중의 차등을 둔 것이다. 『예기』「상대기(喪大記)」편에서는 "제후의 상에 있어서 대부는 연제를 끝낼 때까지 기다리고 사는 졸곡(卒哭)[14]을 한 뒤에 되돌아간다."[15]고 했다. 이것은 군주와 이성(異姓)인 대부 및 사로, 군주에 대해서 친족에 따른 상복관계가 형성되지 않는 자들을 가리킨다. 대부가 공관에 머물며 상을 끝내고, 사가 연제를 마치고 되돌아간다고 했는데, 이것은 군주와 동성(同姓)인 대부 및 사로, 군주에 대해서 친족에 따른 상복관계가 형성되는 자들을 가리킨다. 『주례』「궁정(宮正)」편에서 "대상(大喪)[16]의 경우 친소·귀천에 따른 숙소를 구별한다."[17]라고 했으니, 신하가 군주를 위해서 상을 치르며 머물게 되는 숙소는 오직 신분의 차이에 따른 차등만 있는 것이 아니라, 친족관계에 있어서도 또한 차등이 있었음을 확인할 수 있다.

集解 鄭氏以練而歸之士爲邑宰, 非也. 人君以國爲家, 若君喪而悉聚一國之大夫士於君所, 則內無以治其民人, 外無以固其邊圉, 有必不可者. 且爲人旣衆, 則廬·堊室亦不足以容也. 大夫士之宰邑者, 其於君之喪, 蓋如諸侯之

---

14) 졸곡(卒哭)은 우제(虞祭)를 지낸 뒤에 지내는 제사이다. 이 제사를 지내게 되면, 수시로 곡(哭)하던 것을 멈추고, 아침과 저녁때에만 한 번씩 곡을 하게 된다. 그렇기 때문에 '졸곡'이라고 부르게 된 것이다.

15) 『예기』「상대기(喪大記)」【539d】: 公之喪, 大夫俟練, 士卒哭而歸.

16) 대상(大喪)은 천자(天子)·왕후(王后)·세자(世子) 등의 상(喪)을 가리킨다. 이들은 가장 존귀한 자들에 해당하기 때문에, 그들에 대한 상(喪) 또한 '대(大)'자를 붙여서, '대상'이라고 부르는 것이다. 『주례』「천관(天官)·재부(宰夫)」편에는 "大喪小喪, 掌小官之戒令, 帥執事而治之."라는 기록이 있는데, 이에 대한 정현의 주에서는 "大喪, 王·后·世子之喪也."라고 풀이했다. 한편 '대상'은 부모의 상(喪)을 가리키기도 한다. 부모는 자식의 입장에서 가장 중대한 대상에 해당하기 때문에, 부모의 상(喪)을 '대상'이라고 부르는 것이다. 『춘추공양전』「선공(宣公) 1년」편에는 "古者臣有大喪, 則君三年不呼其門."이라는 용례가 있다.

17) 『주례』「천관(天官)·궁정(宮正)」: 大喪, 則授廬舍, 辨其親疏貴賤之居.

於天子, 各於其邑爲喪次以居喪爾.

번역 정현은 연제를 끝내고 되돌아가는 사를 읍재라고 여겼는데, 잘못된 주장이다. 군주는 나라를 자신의 집처럼 여기는데, 만약 군주의 상을 당하여 한 나라에 있는 대부 및 사를 군주의 시신이 있는 곳에 모두 모아둔다면, 내적으로는 백성들을 다스릴 수 없고, 외적으로는 국경을 지킬 수가 없으니, 분명 이처럼 할 수 없었을 것이다. 또 이처럼 하게 되면 사람들이 많아져서, 여(廬)와 악실(堊室)로도 수용하기에 부족하게 된다. 대부와 사 중 읍재인 자들은 군주의 상에 대해서, 아마도 제후가 천자의 상을 치를 때처럼 하여, 각각 그 읍에 상중에 머무는 임시숙소를 마련하여 상을 치렀을 것이다.

그림 6-1 ▣ 의려(倚廬)

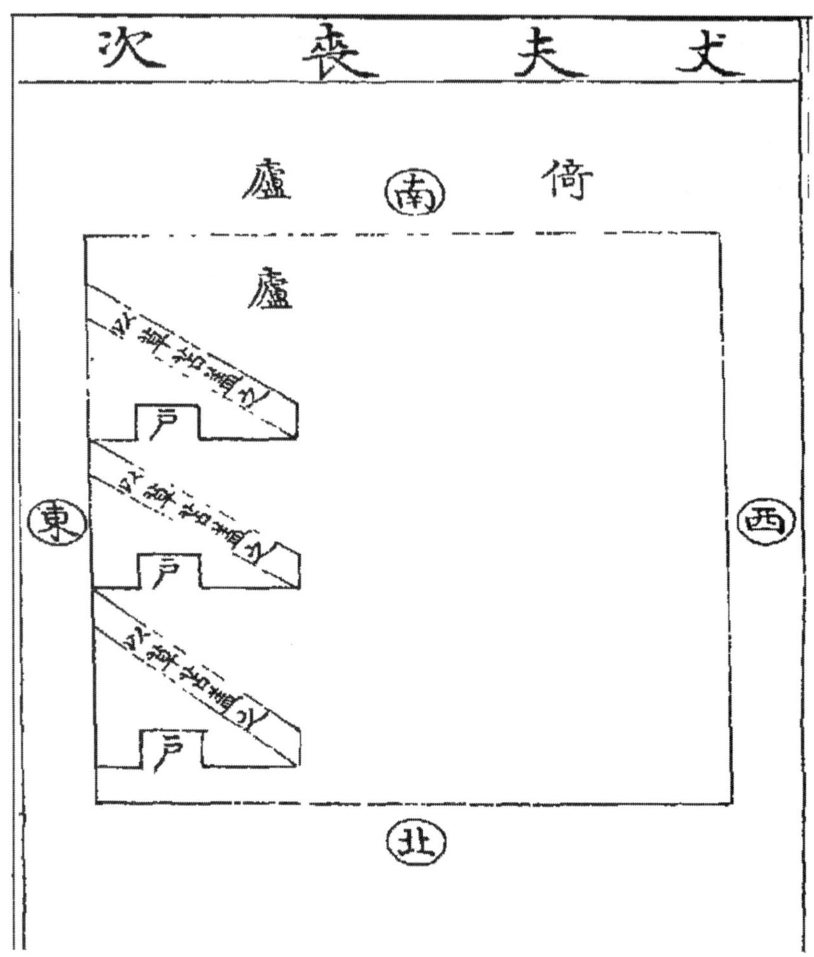

※ 출처:『가산도서(家山圖書)』

그림 6-2 ▣ 의려(倚廬)

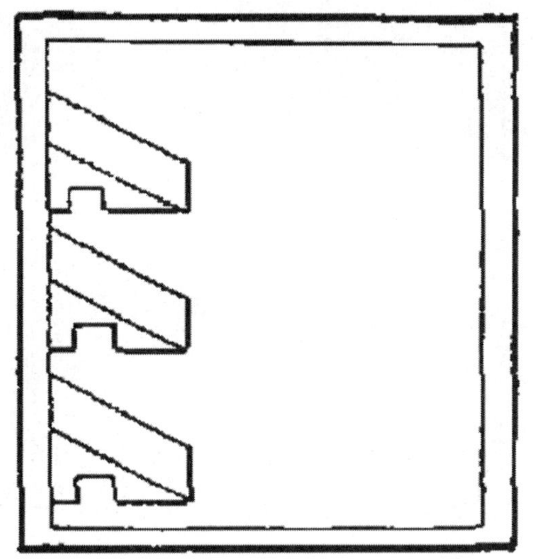

※ **출처:** 『삼례도집주(三禮圖集注)』 15권

그림 6-3 ▣ 참최복(斬衰服) 착용 모습

※ 출처: 『삼재도회(三才圖會)』「의복(衣服)」 3권

• 제 7 절 •

죽은 자의 신분과 상복 규정

【492d】

大夫爲其父母兄弟之未爲大夫者之喪服, 如士服.

직역 大夫는 그 父母와 兄弟 중 未히 大夫가 爲한 者를 爲한 喪服은 士服과 如한다.

의역 대부는 자신의 부모 및 형제를 위해 상복을 착용할 때, 그들이 만약 아직 대부의 신분이 되지 못한 상태에서 죽었다면, 그들을 위한 상복은 사가 착용하는 상복과 동일하게 한다.

集說 石梁王氏曰: "父母喪, 自天子達, 周人重爵, 施於尊親, 乃異其服", 非也, 周公制禮時, 恐其弊未至此.

번역 석량왕씨[1]는 "부모의 상에 대해서는 천자로부터 그 이하의 계층에 이르기까지 모두 동일하게 따르는데, 주나라 때에는 작위를 중시하여, 작위가 높은 자가 존귀하고 친근한 자에 대해 규정을 적용할 때에는 곧 그 복장을 달리했다."라고 했는데, 이 말은 잘못된 주장이니, 주공이 예법을 제정했을 당시에 아마도 그 폐단이 이러한 지경에는 이르지 않았을 것이다.

---

1) 석량왕씨(石梁王氏, ?~?) : 자세한 이력이 남아 있지 않다.

【493a】

士爲其父母兄弟之爲大夫者之喪服, 如士服. 大夫之適子, 服大夫之服.

직역 士는 그 父母와 兄弟 중 大夫가 爲한 者를 爲한 喪服은 士服과 如한다. 大夫의 適子는 大夫의 服을 服한다.

의역 사는 자신의 부모 및 형제를 위해 상복을 착용할 때, 그들이 만약 대부의 신분이 된 이후에 죽었다면, 그들을 위한 상복은 사가 착용하는 상복과 동일하게 한다. 대부의 적자는 대부가 착용하는 상복을 입을 수 있다.

集說 大夫適子雖未爲士, 亦得服大夫之服, 則爲士而服大夫服可知矣. 今此所言士, 是大夫之庶子爲士者也. 庶子卑, 故不敢服尊者之服, 所以止如士服也. 孟子言齊疏之服自天子達, 而此經之文若此, 蓋大夫喪禮亡, 不得聞其說之詳矣.

번역 대부의 적자가 비록 아직 사의 신분이 되지 않았더라도, 대부가 착용하는 상복을 입을 수 있으니, 사가 된 경우에도 대부의 복장을 착용할 수 있음을 알 수 있다. 현재 이곳에서 언급한 사는 대부의 서자 중 사가 된 자를 뜻한다. 서자는 신분이 낮기 때문에 존귀한 자가 착용하는 상복을 감히 입을 수 없으므로, 단지 사의 복장과 동일하게 따를 뿐이다. 맹자는 상복을 착용하는 것은 천자로부터 그 이하의 계급이 모두 동일하게 따른다고 했지만,[2] 이곳 경문에 이처럼 기록되어 있으니, 대부의 상례제도가 망실되어 그 자세한 설명에 대해서는 밝힐 수가 없다.

---

2) 『맹자』「등문공상(滕文公上)」: 三年之喪, 齊疏之服, 飦粥之食, 自天子達於庶人, 三代共之.

大全 嚴陵方氏曰: 生者貴而死者賤, 則其服從死者, 嫌若臨之故也. 生者賤而死者貴, 則其服從生者, 嫌若僭之故也.

번역 엄릉방씨가 말하길, 상례를 치르는 자가 존귀한 신분이고 죽은 자가 미천한 신분이라면, 상복은 죽은 자의 신분에 따르니, 존귀한 자가 미천한 자를 대하는 것처럼 오해를 받기 때문이다. 상례를 치르는 자가 미천한 신분이고 죽은 자가 존귀한 신분이라면, 상복은 상례를 치르는 자의 신분에 따르니, 참람되게 구는 것처럼 오해를 받기 때문이다.

鄭注 大夫雖尊, 不以其服服父母兄弟, 嫌若踰之也. 士, 謂大夫庶子爲士者也. 己卑, 又不敢服尊者之服. 今大夫喪服禮逸, 與士異者, 未得而備聞也. 春秋傳曰: "齊晏桓子卒, 晏嬰麤衰斬, 苴絰帶, 杖, 菅屨, 食粥, 居倚廬, 寢苫, 枕草. 其老曰: 非大夫之禮也. 曰: 惟卿爲大夫." 此平仲之謙也. 言己非大夫, 故爲父服士服耳. "麤衰斬"者, 其縷在齊斬之間, 謂縷如三升半, 而三升不緝也. 斬衰以三升爲正, 微細焉則屬於麤也. 然則士與大夫爲父服異者, 有麤衰斬, 枕草矣. 其爲母五升縷而四升, 爲兄弟六升縷而五升乎. 惟大夫以上, 乃能備儀盡飾, 士以下則以臣服君之斬衰爲其父, 以臣從君而服之齊衰, 爲其母與兄弟, 亦以勉人爲高行也. 大功以下, 大夫·士服同. 仕至大夫, 賢著而德成, 適子得服其服, 亦尊其適象賢.

번역 대부는 비록 존귀하지만, 자신이 입을 수 있는 복장으로 부모 및 형제에 대한 상복을 착용할 수 없으니, 마치 그들을 뛰어넘는 것처럼 오해를 받기 때문이다. '사(士)'는 대부의 서자 중 사의 신분이 된 자를 뜻한다. 본인의 신분이 미천하고 또 감히 존귀한 자가 착용하는 복장을 입을 수 없기 때문이다. 현재 대부의 상복 예법은 일실되어, 사의 복장과 차이가 나는 점들은 제대로 확인할 수 없다. 『춘추전』에서는 "제나라 안환자가 죽자 안영은 거친 참최복을 착용하고 저질(苴絰)과 대(帶)를 차고 지팡이를 잡았으며 관구를 신고 미음을 먹었으며 의려(倚廬)에 거처하고 거적을 깔고 짚으로 베개를 삼았다. 그의 가로(家老)는 '이것은 대부의 예법이 아닙니다.'고 했다. 그러자 안영은 '오직 경이라야만 대부라 할 수 있다.'"[3]고 했다. 이것은 안평중의 겸손함을 나타낸다. 즉 자신이 대부의 신분이 아니기 때문에 부친을 위해서도 사가 착용하는 복장에 따라 상복을 착용했을 뿐이라는 뜻이다. '추최참(麤衰斬)'이라는 것은 그 올이 자최복(齊衰服)[4]과 참최복(斬衰服) 중간에 있는 것이니, 올은 3.5승(升)[5]이지만, 3승은 깁지 않은 것을 뜻한다. 참최복은 3승으로 하는 것을 정식 규범으로 삼지만, 보다 가늘게 만든 경우는 추(麤)에 속한다. 그렇다면 사와 대부가 부친을 위해 상복을 착용할 때 나타나는 차이점은 추최참과 짚을 베개로 삼는 것이다. 모친을 위해 상복을 착용할 때에는 5승의 올을 사용하고 기워서 4승으로 했고, 형제를 위해 상복을 착용할 때에는 6승의 올을 사용하고 기워서 5승으로 했을 것이다. 오직 대부 이상의 계급만이 의례 규정에 따라 격식을 갖춰 복식의 꾸밈을 다했을 것이며, 사로부터 그 이하의 계층은 신하가 군주를 위해 착용하는 참최복의 복장으로 자신의 부친에 대해서도 착용을 했으니, 신하로서 군주를 따르는 규정에 맞춰 자최복을 착용하는 것은 그의 모친과 형제를 위해서인데, 이것은 또한 사람들로 하여금 규정을 높여서 시행하도록 독려한 것이다. 대공복(大功服)[6]으로부터 그 이하의 상복은

---

3) 『춘추좌씨전』「양공(襄公) 17년」: 齊晏桓子卒, 晏嬰麤縗斬, 苴絰·帶·杖, 菅屨, 食鬻, 居倚廬, 寢苫·枕草. 其老曰, "非大夫之禮也." 曰, "唯卿爲大夫."

4) 자최복(齊衰服)은 상복(喪服) 중 하나로, 오복(五服)에 속한다. 거친 삼베를 사용해서 만들며, 자른 부위를 꿰매어 가지런하게 정리하기 때문에, '자최복'이라고 부른다. 이 복장을 입게 되는 기간에도 여러 종류가 있는데, 3년 동안 입는 경우는 죽은 계모(繼母)나 자모(慈母)를 위한 경우이고, 1년 동안 입는 경우는 손자가 죽은 조부모를 위해 입는 경우와 남편이 죽은 아내를 입는 경우 등이다. 그리고 1년 동안 '자최복'을 입는 경우, 그 기간을 자최기(齊衰期)라고도 부른다. 또 5개월 동안 입는 경우는 죽은 증조부나 증조모를 위한 경우이며, 3개월 동안 입는 경우는 죽은 고조부나 고조모를 위한 경우 등이다.

5) 승(升)은 옷감과 관련된 단위이다. 고대에는 포(布) 80가닥[縷]을 1승(升)으로 여겼다. 『의례』「상복(喪服)」편에서는 "冠六升, 外畢."이라는 기록이 있는데, 이에 대한 정현의 주에서는 "布八十縷爲升."이라고 풀이했다.

6) 대공복(大功服)은 상복(喪服) 중 하나로, 오복(五服)에 속한다. 조밀한 삼베를 사용해서 만들지만, 소공복(小功服)에 비해서는 삼베의 재질이 거칠기 때문에, '대공복'이라고 부른다. 이 복장을 입게 되는 기간은 상황에 따라 차이

대부와 사의 복장이 동일하다. 벼슬을 하여 대부에 오르면, 현명함이 드러나고 덕이 완성된 것이니, 그의 적자는 대부의 복장을 착용할 수 있는 것인데, 이것은 또한 적자가 부친의 현명함을 본뜨고 있음을 존귀하게 여긴 것이다.

釋文 大夫爲其, 于僞反, 下"士爲其"同, 注除"爲士"·"卿爲"·"爲正", 皆倣此. 晏, 於諫反. 嬰, 一盈反. 衰, 七雷反. 苴, 七餘反. 絰, 大結反. 菅, 古顔反. 屨, 九具反. 粥, 之六反. 倚, 於綺反. 苫, 始占反. 枕, 之鴆反, 下同. 縷, 力住反. 齊音咨, 下"齊衰"皆同. 緝, 七入反. 上, 時掌反. 行, 下孟反. 著, 知慮反.

번역 '大夫爲其'에서의 '爲'자는 '于(우)'자와 '僞(위)'자의 반절음이며, 아래문장의 '士爲其'에서의 '爲'자도 그 음이 이와 같고, 정현의 주에 나오는 '爲士'·'卿爲'·'爲正'에서의 '爲자를 제외하면, 나머지는 모두 그 음이 이와 같다. '晏'자는 '於(어)'자와 '諫(간)'자의 반절음이다. '嬰'자는 '一(일)'자와 '盈(영)'자의 반절음이다. '衰'자는 '七(칠)'자와 '雷(뢰)'자의 반절음이다. '苴'자는 '七(칠)'자와 '餘(여)'자의 반절음이다. '絰'자는 '大(대)'자와 '結(결)'자의 반절음이다. '菅'자는 '古(고)'자와 '顔(안)'자의 반절음이다. '屨'자는 '九(구)'자와 '具(구)'자의 반절음이다. '粥'자는 '之(지)'자와 '六(륙)'자의 반절음이다. '倚'자는 '於(어)'자와 '綺(기)'자의 반절음이다. '苫'자는 '始(시)'자와 '占(점)'자의 반절음이다. '枕'자는 '之(지)'자와 '鴆(짐)'자의 반절음이며, 아래문장에 나오는 글자도 그 음이 이와 같다. '縷'자는 '力(력)'자와 '住(주)'자의 반절음이다. '齊'자의 음은 '咨(자)'이며, 아래문장에 나오는 '齊衰'에서의 '齊'자는 모두 그 음이 이와 같다. '緝'자는 '七(칠)'자와 '入(입)'자의 반절음이다. '上'자는 '時(시)'자와 '掌(장)'자의 반절음이다. '行'자는 '下(하)'자와 '孟(맹)'자의 반절음이다. '著'자는 '知(지)'자와 '慮(려)'자의 반절음이다.

가 생기지만, 일반적으로 9개월이다. 당형제(堂兄弟) 및 미혼인 당자매(堂姊妹), 또는 혼인을 한 자매(姊妹) 등을 위해서 입는다.

孔疏 ○正義曰: 此篇雜記喪事也. 經次上下無義例科段, 今各依文解之. 此一經明大夫士爲其父母昆弟之服也.

번역 ○이곳「잡기」편은 상사에 대한 일을 뒤섞어 기록하고 있다. 경문 앞뒤 배열에는 특별한 문맥에 따른 구분이 없으니, 현재는 각각 그 문장에 따라서 풀이한다. 이곳 경문은 대부 및 사가 그들의 부모와 형제를 위해 착용하는 상복을 나타내고 있다.

孔疏 ◎注"大夫"至"服同". ○正義曰: "嫌若踰之也"者, 大夫之父母兄弟或作士, 或無官, 今大夫爲之, 若著大夫之服, 是自尊踰越父母兄弟. 今不以大夫之服服父母兄弟, 是嫌畏踰之也. 云"士, 謂大夫庶子爲士者也"者, 此士解經中下文"士爲"之文, 知此士是大夫庶子爲士者, 若大夫適子, 雖未爲士, 猶服大夫之服, 卽下文是也. 若其適子爲士, 則服大夫服可知. 故知此士爲父母之爲大夫者, 但服士服是庶子也. 所以不服大夫服者, 己卑, 不敢服尊者之服. 云"今大夫喪禮逸, 與士異者, 未得而備聞也"者, 欲見大夫與士喪禮殊異, 未甚分明. 引春秋傳者, 欲證大夫與士之喪服不同. 所引傳者, 襄十七年左傳文. 云"齊晏桓子卒"至"唯卿爲大夫", 皆左傳辭也. "齊晏桓子卒"者, 是晏嬰之父晏弱, 諡曰"桓子"也. 云"晏嬰麤衰斬"者, 桓子之子晏嬰身服麤衰而斬. 云"苴絰帶, 杖"者, 以苴麻爲首絰·要帶, 以苴色之竹爲杖. 云"菅屨"者, 以菅草爲屨. 云"食粥, 居倚廬, 寢苫"者, 是喪禮之常. "枕草"者, 非喪禮之文. 云"其老曰: 非大夫之禮也"者, 老謂晏嬰家臣, 見晏嬰服士服, 故其老言所服云: 非大夫之喪禮也. 云"曰: 唯卿爲大夫"者, 此晏嬰對家老之言: 若身爲卿, 得著大夫之服. 若身爲大夫, 惟得服士服. 云"此平仲之謙也"者, 言平仲之言, 非禮也, 謙退之辭. 云"言己非大夫, 故爲父服士服耳"者, 若是卿, 則得爲父服大夫服, 故云"非". 從此以下, 皆鄭君解釋之辭. 云"麤衰斬者, 其縷在齊斬之間"者, 按喪服初章"斬衰", 次章"疏衰", 疏卽麤也. 今言"麤衰斬"者, 是下嚮麤, 上嚮兼斬有麤, 故云"麤衰斬"者, 其縷在齊·斬之間, 齊卽麤也, 言其布縷在齊·斬之間, 斬衰三升, 麤衰四升, 其布在三升四升之間, 故云"縷如三升半", 言麤如三升半, 而計縷唯三升, 故云"縷如三升半, 而三升不緝也".

但縷如三升半是麤衰, 不緝是斬, 而成布三升, 爲父之服也. 云“斬衰以三升爲正, 微細焉則屬於麤也”者, 解晏子實斬衰而兼言麤也. 云“然則士與大夫爲父服異者, 有麤衰斬, 枕草矣”者, 鄭旣約左傳晏嬰之事, 始明大夫與士不同, 故云“然則士與大夫爲父異, 麤衰枕草矣”. 則大夫以上斬衰枕凷, 士則疏衰枕草. 按旣夕禮, 士禮而云“枕塊”者, 記者廣說, 非辭也. 云“其爲母五升縷而四升, 爲兄弟六升縷而五升半”者, 鄭旣約士之父服縷細降一等, 經文有母及兄弟, 故此約母與兄弟之服也. 喪服“爲母四升”, 此云“爲母五升縷”, 謂麤細似五升之縷, 成布四升. 喪服“爲兄弟五升”, 此云“爲兄弟六升縷”, 謂麤細如六升之縷, 成布五升. 皆謂縷細成布, 升數少也. 云“唯大夫以上, 乃能備儀盡飾”者, 大夫以上, 則兼天子諸侯, 德高能備, 儀服無降殺, 是“盡飾”. 云“士以下則以臣服君之斬衰爲其父, 以臣從君而服之齊衰, 爲其母與兄弟”者, 以喪服義服皆降正服一等. 今爲父母兄弟降從義服, 是卑屈也. 云“以臣從君而服之齊衰, 爲其母與兄弟”者, 按喪服臣從君義服齊衰六升, 今士爲兄弟縷如六升, 成布五升, 得與臣爲君義服齊衰同. 其士爲母, 父卒, 縷如五升, 成布四升, 與臣爲君義服齊衰全異. 而云爲其母與臣爲君義服齊衰同者, 前注所云因麤衰降斬衰一等, 卽連言父卒爲母. 云“縷如五升, 成布四升”, 據父卒爲母言之也. 此注以士爲兄弟, 與臣爲君義服齊衰同, 則父在爲母與兄弟服亦同. 縷如六升而成布五升, 據父在爲母言之, 爲此前後注異. 云“亦以勉人爲高行也”者, 居喪之禮, 以服重爲申, 以服輕爲屈. 今大夫爲父母兄弟之未爲大夫者服士服, 是勉勵其父母兄弟, 使爲高行, 作大夫之禮. 士爲其父母兄弟之爲大夫者服士服, 亦是勉勵士身, 使爲高行作大夫也. 云“大功以下, 大夫·士服同”者, 以經唯云父母兄弟, 士與大夫之異, 不云大功以下有殊, 是大功以下與大夫同. 所以然者, 以重服情深, 故使士有抑屈, 使之勉勵. 大功以下, 輕服情殺, 故上下俱申也. 按聖證論王肅云: “喪禮自天子以下無等, 故曾子云: 哭泣之哀, 齊斬之情, 饘粥之食, 自天子達. 且大國之卿與天子上士俱三命, 故曰一也. 晉士起大國上卿, 當天子之士也. 平仲之言, 唯卿爲大夫, 謂諸侯之卿, 當天子之大夫, 非謙辭也. 春秋之時, 尊者尙輕簡, 喪服禮制遂壞, 群卿專政, 晏子惡之, 故服麤衰枕草, 於當時爲重. 是以平仲云: ‘唯卿爲大夫.’ 遜辭以辟害也." 又孟子云: "諸侯之禮, 三年之喪, 齊疏之服, 飦粥之食, 自天子達於庶人, 三代共之." 又此記云: "端衰喪車皆無等." 又家語云: "孔子曰: 平仲可爲能遠於害矣. 不以己之是駁人之非, 遜辭以辟咎也." 王肅謂大夫與士異者, 大夫以上, 在喪斂時弁絰, 士冠素委貌. 馬昭答王肅曰: "雜記云: 大夫爲其父母兄弟之未爲大夫者之喪服如士服, 是大夫與士喪服不同者. 而肅云無等, 則是背經說也." 鄭與言禮, 張融評云: "士與大夫異者, 皆是亂世尙輕涼, 非王者之達禮. 小功輕重, 不達於禮. 鄭言謙者, 不異於遠害." 融意以王肅與鄭, 其義略同. 如融之說, 是周公制禮之時, 則上下同, 當喪制無等. 至後世以來, 士與大夫有異, 故記者載之, 鄭因而解之. 禮是鄭學, 今申鄭義. 云"端衰喪車無等"者, 端, 正也. 正爲衰之制度上下無等, 其服精麤, 卿與大夫有異也. 又曾子云"齊斬之情", 據其情爲一等, 無妨服有殊異耳. 若王肅之意, 大夫以上弁絰, 士唯素冠, 此亦得施於父母. 此經云爲昆弟, 豈亦弁絰素冠之異乎? 此是肅之不通也. 杜元凱注左傳, 說與王肅同. 服虔注左傳, 與端衰喪車無等, 其老之問, 晏子之答, 皆爲非禮[7], 並與鄭違, 今所不用也.

번역 ◎鄭注: "大夫"~"服同". ○정현이 "마치 그들을 뛰어넘는 것처럼 오해를 받기 때문이다."라고 했는데, 대부의 부모와 형제가 만약 사의 신분이었거나 관직이 없었는데, 현재 대부가 그들을 위해 상복을 착용하며, 대부가 입는 상복을 착용한다면, 이것은 자신의 존귀함이 부모와 형제를 뛰어넘는 꼴이 된다. 현재 대부의 복장으로 부모 및 형제에 대한 상복을 착용하지 않는 것은 뛰어넘는 것처럼 보일 것을 꺼려했기 때문이다. 정현이 "'사(士)'는 대부의 서자 중 사의 신분이 된 자를 뜻한다."라고 했는데, 여기에서 말하는 사는 경문 중 뒤에 나오는 '사위(士爲)'라고 할 때의 사(士)를 풀이한 것이며, 여기에서 말한 사가 대부의 서자 중 사의 신분인 자를 뜻한다는 사실을 알 수 있는 이유는 만약 대부의 적자라면 비록 아직 사의 신분이

7) '례(禮)'자에 대하여. '례'자는 본래 없던 글자인데, 완원(阮元)의 『교감기(校勘記)』에서는 "혜동(惠棟)의 『교송본(校宋本)』에는 '례'자가 있으니, 이곳 판본에는 '례'자가 누락된 것이며, 『민본(閩本)』·『감본(監本)』·『모본(毛本)』에도 동일하게 누락되어 있다."라고 했다.

되지 않았다고 하더라도, 여전히 대부의 복장을 착용할 수 있으니, 아래문장에서 말한 내용이 바로 이러한 사실을 나타낸다. 만약 적자가 사의 신분이 되었다면, 대부의 복장을 착용할 수 있음을 알 수 있다. 그렇기 때문에 이곳에서 말한 사가 대부의 신분이었던 부모를 위해 상복을 착용할 때에는 사의 복장을 착용하는 것이 서자에 해당한다는 사실을 알 수 있다. 대부의 복장을 착용하지 못하는 이유는 본인의 신분이 낮아서, 감히 존귀한 자의 복장을 착용할 수 없기 때문이다. 정현이 "현재 대부의 상복 예법은 일실되어, 사의 복장과 차이가 나는 점들은 제대로 확인할 수 없다."라고 했는데, 대부 및 사의 상례 규정에 나타나는 차이점을 확인하려고 하더라도, 분명히 알 수 없다는 뜻이다. 정현이 『춘추전』의 기록을 인용한 것은 대부와 사의 상복 규정이 다르다는 사실을 증명하고자 해서이다. 인용된 전문은 양공(襄公) 17년에 대한 『좌전』의 기록이다. "제나라 안환자가 죽었다."라는 기록부터 "오직 경만이 대부가 된다."라는 기록까지는 모두 『좌전』에 기록된 말이다. "제나라 안환자가 죽었다."라고 했는데, 안영의 부친 안약은 시호가 '환자(桓子)'였다. "안영은 거친 참최복(斬衰服)을 착용했다."라고 했는데, 환자의 자식인 안영 본인이 거친 참최복을 착용했다는 뜻이다. "저질(苴絰)과 대(帶)를 차고 지팡이를 잡았다."고 했는데, 저마(苴麻)로 수질(首絰)과 요대(要帶)를 만들고, 저(苴)와 비슷한 색깔인 대나무를 이용해서 지팡이를 만들어 사용했다는 뜻이다. "관구(菅屨)를 신었다."라고 했는데, 관(菅)이라는 풀을 엮어서 만든 신발이다. "미음을 먹고 의려(倚廬)에 거처하며 거적을 깔았다."라고 했는데, 이것은 상례에 따른 일반적인 규정이다. "짚으로 베개를 만들었다."라고 했는데, 이것은 상례 규정에 나타나는 기록이 아니다. "그의 가로(家老)는 '이것은 대부의 예법이 아닙니다.'"라고 했는데, '노(老)'는 안영의 가신을 뜻하니, 안영이 사의 복장을 착용하는 것을 보았기 때문에, 그의 가로가 착용하는 복장을 언급하며, 대부의 상례 규정이 아니라고 한 것이다. "오직 경이라야만 대부라 할 수 있다."라고 했는데, 이것은 안영이 가로에게 대답한 말이다. 즉 본인이 경의 신분이어야만 대부의 복장을 착용할 수 있고, 만약 본인이 대부가 되었다면, 오직 사의 복장만 착용할 수 있다는 뜻이다. 정현이 "이것은 안평중의 겸손함을 나타낸다."라고 했는데, 안평중의 말은 예법에 맞지 않지만, 겸손을 나타내는 말이라는 뜻이다. 정현이 "자신이 대부의 신분이 아니기 때문에 부친을 위해서도 사가 착용하는 복장에 따라 상복을 착용했을 뿐이라는 뜻이다."라고 했는데, 만약 경의 신분이었다면, 부친을 위해서 대부의 복장을 착용할 수 있다. 그렇기 때문에 "아니다."라고 말한 것이다. 이로부터 그 이하의 말들은 모두 정현이 『좌전』의 기록을 풀이한 말에 해당한다. 정현이 "'추최참(麤衰斬)'이라는 것은 그 올이 자최복(齊衰服)과 참최복(斬衰服) 중간에 있는 것이다."라고 했는데, 『의례』「상복(喪服)」편을 살펴보면 첫 장에는 '참최장(斬衰章)'이 나오고, 그 다음 장에는 '소최장(疏衰章)'이 나오는데, '소(疏)'는 곧 '추(麤)'에 해당한다. 현재 '추최참(麤衰斬)'이라고 했으니, 그 하위 단계인 추(麤)와 상위 단계인 참최복 중에서도 추(麤)한 것까지도 포괄한다. 그렇기 때문에 '추최참(麤衰斬)'의 올이 자최복과 참최복 사이에 있다고 한 것이니, '자(齊)'는 곧 '추(麤)'에 해당하므로, 포(布)의 올이 자최복과 참최복 중간에 해당한다는 의미로, 참최복은 3승(升)으로 만들고, 추최는 4승으로 만드는데, 그 포(布)의 올이 3승과 4승 사이에 있기 때문에, "올이 3.5승이다."라고 말한 것이다. 즉 추(麤)는 3.5승으로 만들지만, 올을 셈하면 오직 3승만 나오기 때문에, "올이 3.5승이지만, 3승은 깁지 않은 것을 뜻한다."라고 한 것이다. 다만 올이 3.5승인 것을 '추최(麤衰)'라고 하고, 깁지 않은 것을 '참(斬)'이라고 하여, 포를 3승(布)으로 만든 것은 부친을 위한 상복이 된다. 정현이 "참최복은 3승으로 하는 것을 정식 규범으로 삼지만, 보다 가늘게 만든 경우는 추(麤)에 속한다."라고 했는데, 안자가 실제로는 참최복을 착용했으면서도 '추(麤)'자를 함께 언급한 뜻을 풀이한 말이다. 정현이 "그렇다면 사와 대부가 부친을 위해 상복을 착용할 때 나타나는 차이점은 추최참과 짚을 베개로 삼는 것이다."라고 했는데, 정현은 이미 『좌전』에 나타난 안영의 고사를 약술하였으므로, 이곳 기록에서 비로소 대부와 사의 차이점을 밝힌 것이다. 그렇기 때문에 "그렇다면 사와 대부가 부친을 위해 상복을 착용할 때 나타나는 차이점은 추최참과 짚을 베개로 삼는 것이다."라고 말한 것이다. 따라서 대부로부터 그 이상의 계급은 참최복을 착용하고, 흙을 뭉쳐 베개로 삼는데, 사라면 소최를 착용하고 짚을 베개로 삼는다. 『의례』「기석례(旣夕禮)」편을 살펴보면, 사에게 적용되는 예법에 있어서 "흙덩이를 베개로 삼는다."[8]라는 말이 있다. 이것은 기록한 자가 폭넓게 설명했기 때문이니, 사에게 적용되는 정확한 규정은 아니다. 정현이 "모친을 위해 상복을 착용할 때에는 5승의 올을 사용하고 기워서 4승으로 했고, 형제를 위해 상복을 착용할 때에는 6승의 올을 사용하고 기워서 5승으로 했다."라고 했는데, 정현은 이미 사의 부친에 대한 상복에 있어서 그 올수와 가늘기를 낮춰서 동일하게 한다는 것을 약술했으니, 경문에 모친과 형제에 대한 기록이 있기 때문에, 이곳에서 모친과 형제에 대한 상복도 약술한 것이다. 『의례』「상복(喪服)」편에서는 "모친을 위해서는 상복을 4승으로 한다."라고 했고, 이곳에서는 "모친을 위해서는 4승의 올을 사용하고 깁는다."라고 했으니, 추(麤)의 올 가늘기는 5승의 올과 비슷하지만 포(布)로 만들 때에는 4승이 된다는 뜻이다. 「상복」편에서는 "형제를 위해서는 상복을 5승으로 한다."라고 했고, 이곳에서는 "형제를 위해서는 6승의 올을 사용하고 깁는다."라고 했으니, 추(麤)의 올 가늘기는 마치 6승의 올과 비슷하지만, 포(布)로 만들 때에는 5승이 된다는 뜻이다. 이 모두는 가느다란 올을 합쳐 포(布)로 제작했을 때 나타나는 승(升)의 수가 더 적어진다는 사실을 나타낸다. 정현이 "오직 대부 이상의 계급만이 의례 규정에 따라 격식을 갖춰 복식의 꾸밈을 다했을 것이다."라고 했는데, 대부로부터 그 이상의 계급은 천자와 제후까지도 포함하여, 덕이 높고 예법대로 갖출 수 있으니, 의례 규정에 따른 복식에도 높이거나 낮춤이 없다. 이것이 바로 "꾸밈을 다한다."는 뜻이다. 정현이 "사로부터 그 이하의 계층은 신하가 군주를 위해 착용하는 참최복의 복장으로 자신의 부친에 대해서도 착용을 했으니, 신하로서 군주를 따르는 규정에 맞춰 자최복을 착용하는 것은 그의 모친과 형제를 위해서이다."라고 했는데, 「상복」편에 나타난 복장 규정

---

8) 『의례』「기석례(旣夕禮)」 : 居倚廬, 寢苫枕塊, 不說絰帶, 哭晝夜無時, 非喪事不言.

은 모두 정규 복장에서 한 등급을 낮추기 때문이다. 현재 부모 및 형제를 위해서 본래 따르게 되는 의례 복식을 낮추게 되니, 이것은 예법을 낮추고 굽히는 것에 해당한다. 정현이 "신하로서 군주를 따르는 규정에 맞춰 자최복을 착용하는 것은 그의 모친과 형제를 위해서이다."라고 했는데, 「상복」편을 살펴보면 신하는 군주를 따라 의복(義服)[9]을 착용할 때 6승으로 된 자최복을 착용하는데, 현재 사가 자신의 형제를 위해 상복을 착용할 때 올은 6승으로 된 것과 같고, 포(成)로 제작하면 5승이 되니, 신하가 군주를 위해 의복을 착용하며 자최복을 입는 경우와 같게 할 수 있다. 그리고 사가 모친을 위해 상복을 착용할 때, 부친이 이미 돌아가신 상태라면, 올의 수는 5승과 같게 하고 포(布)로 제작하여 4승이 되니, 이것은 신하가 군주를 위해 의복을 착용할 때 온전한 자최복을 착용하는 것과는 다르다. 그런데도 모친을 위해 상복을 착용할 때, 신하가 군주를 위해 의복으로 자최복을 착용하는 경우와 같다고 말한 것은 앞의 주에서 말한 것처럼 추최(麤衰)를 착용하며 참최복보다 한 등급을 낮추는 것에 따르면, 곧 연이어 부친이 돌아가신 상태에서 이제 막 돌아가신 모친을 위해 상복을 착용하는 내용을 말한 것이 된다. 정현이 "올의 수는 5승과 같게 하고 포(布)로 제작하면 4승이 된다."라고 했는데, 이것은 부친이 돌아가신 상태에서 이제 막 돌아가신 모친을 위해 상복을 착용한다는 것을 기준으로 한 말이다. 이곳 주석에서는 사가 형제를 위해 상복을 착용하는 것이 신하가 군주를 위해 의복으로 자최복을 착용하는 것과 동일하다고 했으니, 부친이 생존해계실 때 모친 및 형제를 위해서 상복을 착용할 때에도 동일하다. 올의 수를 6승처럼 하지만 포(布)로 제작하여 5승이 된다는 것은 부친이 생존해계실 때 돌아가신 모친을 위한 경우를 기준으로 언급한 말이니, 이것이 앞뒤 주석에 차이가 나는 이유이다. 정현이 "이 또한 사람들로 하여금 규정을 높여서 시행하도록 독려한 것이다."라고 했는데, 상을 치르는 예법에 있어서, 수위가 높은 것을 착용하는 것을 펼친다고 여기고, 수위가 낮은 것을 착용하는 것

---

9) 의복(義服)은 본래 친속관계가 성립되지 않아서, 상복(喪服)을 착용해야만 하는 관계가 아닌데도, 도리에 따라 상복을 착용하는 것을 말한다.

을 굽힌다고 여긴다. 현재 대부가 부모 및 형제 중 아직 대부가 되지 못한 자를 위해 사의 복장을 착용한다고 했는데, 이것은 부모와 형제를 위해 힘을 다하여 본래의 규정보다 더욱 높게 시행하도록 하여, 대부에게 적용되는 예법처럼 한 것이다. 사는 자신의 부모 및 형제 중 대부가 된 자를 위해서 사의 복장을 착용하니, 이 또한 사 자신이 더욱 노력하여 대부의 예법처럼 규정을 더욱 높게 시행하도록 만든 것에 해당한다. 정현이 "대공복(大功服)으로부터 그 이하의 상복은 대부와 사의 복장이 동일하다."라고 했는데, 경문에서는 오직 부모와 형제에 대한 상복 규정 중 사와 대부의 차이점만을 언급했고, 대공복으로부터 그 이하의 상복 규정에 나타나는 차이점은 언급하지 않았으니, 이것은 대공복으로부터 그 이하의 상복규정은 대부의 규정과 동일함을 나타낸다. 이와 같은 이유는 수위가 높은 상복을 착용하고 정감이 깊은 대상이기 때문에, 사로 하여금 규정을 굽히도록 했지만, 반대로 그로 하여금 더욱 힘쓰도록 했다. 반면 대공복으로부터 그 이하의 경우는 상복의 수위가 낮고 정감도 상대적으로 낮기 때문에, 상하 계층이 모두 예법대로 따를 수 있다. 『성증론』[10]을 살펴보면 왕숙[11]은 "상례는 천자로부터 그 이하의 계층에 있어서 차등이 없다. 그렇기 때문에 증자는 곡(哭)을 하고 눈물을 흘리며 슬픔을 드러내는 것, 자최복이나 참최복을 입어서 정감을 드러내는 것, 다른 음식을 먹지 않고 죽만 먹는 것 등은 천자로부터 서인들에 이르기까지 누구나 따르는 공통된 예법이라고 한 것이다.[12] 또 대국(大國)[13]에 속한 경과 천자에게 속한 상사(上士)는 모두 3명

---

10) 『성증론(聖證論)』은 후한(後漢) 때 학자인 왕숙(王肅)의 저작으로, 정현의 학설을 반박하는 내용으로 구성되어 있다. 저서는 이미 산일되어 없어졌으나, 남아 있던 일부 기록들은 수합되어 『옥함산방집일서(玉函山房輯佚書)』에 수록되어 있으며, 청(淸)나라 때 학자인 피석서(皮錫瑞)는 『성증론보평(聖證論補評)』을 저술하였다.

11) 왕숙(王肅, A.D.195~A.D.256) : =왕자옹(王子雍). 위진남북조(魏晉南北朝) 때의 위(魏)나라 경학자이다. 자(字)는 자옹(子雍)이다. 출신지는 동해(東海)이다. 부친 왕랑(王朗)으로부터 금문학(今文學)을 공부했으나, 고문학(古文學)의 고증적인 해석을 따랐다. 『상서(尙書)』, 『시경(詩經)』, 『좌전(左傳)』, 『논어(論語)』 및 삼례(三禮)에 대한 주석을 남겼다.

12) 『예기』「단궁상(檀弓上)」【73c】 : 穆公之母卒, 使人問於曾子曰: "如之何?" 對

(命)의 등급이기 때문에, 동일하다고 했다. 진나라 사기는 대국의 상경(上卿)이었으므로, 천자에게 소속된 사 계층의 등급이 된다. 안평중의 말에서는 오직 경만이 대부가 된다고 했는데, 이것은 제후에게 소속된 경이 천자에게 소속된 대부의 등급이 된다는 뜻으로, 겸손하게 나타낸 말이 아니다. 춘추시대에는 존귀한 자에 대해서 오히려 수위를 낮추고 간략히 하였으니, 상복규정이 결국 무너지게 되었고, 뭇 경들이 정권을 마음대로 하여, 안자가 그것을 싫어했기 때문에 추최(麤衰)를 착용하고 짚으로 베개를 삼았던 것인데, 이것은 당시의 실정에 따르면 수위를 높인 것이 된다. 이러한 까닭으로 안평중은 '오직 경만이 대부가 된다.'고 하여, 둘러말하여 해를 멀리했던 것이다."라고 했다. 또 『맹자』에서는 "제후의 예법에 있어서 삼년상을 치르며 상복을 입고 미음을 먹는 것은 천자로부터 서인에 이르기까지 공통된 것이며, 삼대(三代)[14]가 모두 따랐다."[15]라고 했고, 또 이곳 기록에서는 "단최(端衰)와 상거(喪車)는 모두 귀천에 따른 차등이 없다."[16]라고 했으며, 또 『공자가어』에서는 "공자는 '안평중은 해를 멀리 할 수 있구나. 자신의 옳음을 통해서 남의 잘못을 비판하지 않았으니, 말을 은근히 하여 허물을 피한 것이다.'"[17]라고 했다. 왕숙은 대부와 사의 차이점에 대해서, 대부로부터 그 이상의 계층은 상을 치르며 염(斂)[18]을 할 때 변질(弁絰)을 착용

曰: "申也聞諸申之父曰: '哭泣之哀, 齊·斬之情, 饘粥之食, 自天子達. 布幕, 衛也; 縿幕, 魯也.'"

13) 대국(大國)은 제후국(諸侯國)의 등급 중 하나이다. 제후국을 등급에 따라 구분하면, 대국(大國), 차국(次國), 소국(小國)으로 구분된다. 영토의 크기, 보유할 수 있는 군대의 수, 휘하에 둘 수 있는 신하의 수가 각 등급에 따라 달라진다.

14) 삼대(三代)는 하(夏), 은(殷), 주(周)의 세 왕조를 말한다. 『논어』「위령공(衛靈公)」편에는 "斯民也, 三代 之所以直道而行也."라는 기록이 있고, 이에 대한 형병(邢昺)의 소(疏)에서는 "三代, 夏殷周也."로 풀이했다.

15) 『맹자』「등문공상(滕文公上)」: 三年之喪, 齊疏之服, 飦粥之食, 自天子達於庶人, 三代共之.

16) 『예기』「잡기상」【500a】: 祭稱"孝子"·"孝孫", 喪稱"哀子"·"哀孫". 端衰喪車皆無等.

17) 『공자가어(孔子家語)』「곡례자하문(曲禮子夏問)」: 孔子曰, "晏平仲可謂能遠害矣. 不以己知是駮人之非, 愻辭以避咎, 義也夫."

하지만, 사는 흰색의 위모관(委貌冠)을 착용한다고 했다. 마소는 왕숙에게 답변을 하며, "「잡기」편에서 대부가 자신의 부모 및 형제 중 아직 대부가 되지 못한 자를 위해 상복을 착용할 때에는 사의 복장과 동일하게 한다고 했으니, 이것은 대부와 사의 상복에 있어서 동일하지 않은 점을 나타낸다. 그런데 왕숙은 차등이 없다고 했으니, 이것은 경문의 기록을 위배하는 주장이다."라고 했다. 정현이 예(禮)에 대해 말한 것을 두고 장융은 평가를 하며 "사와 대부의 차이점은 모두 난세에 가볍고 시원한 상복을 선호한 데에서 나타난 것이지, 천자가 제정한 모든 계층의 통용되는 예법이 아니다. 소공복(小功服)[19]의 수위는 예법에 있어서 일괄되게 적용되지 않는다. 정현이 겸손하게 했다고 말했는데, 이것은 해를 멀리한 것과 차이가 없다."고 했다. 장융은 왕숙과 정현의 설명은 그 의미가 대체적으로 동일하다고 여긴 것이다. 장융의 주장대로라면, 주공이 예법을 제정했을 당시에 상하계층이 동일한 규정을 따라서, 상례에 있어서도 등급에 따른 차이가 없었다. 그리고 후세로 넘어오며 사와 대부에게 차이점이 생겼기 때문에, 『예기』를 기록한 자가 그 사실을 수록한 것이며, 정현은 그에 따라 풀이를 한 것이 된다. 예학(禮學)은 정현의 학문을 계승한 것이니, 이곳에서는 정현의 본지를 밝힌다. 정현이 "단최와 상거에는 차등이 없다."라고 했는데, '단(端)'자는 정(正)자의 뜻이다. 정(正)이라는 것은 상복을 만드는 제도에 있어서 상하의 차등이 없다는 것인데, 복장의 정밀하고 거친 차이에 있어서 경과 대부 사이에는 차이점이 있다. 또 증자는 '자최복과 참최복을 착용하는 정감' 등을 말하며 이것들이 동일하다고 했는데, 이것은 그 정감이 모든 계층에 있어서 동일하다는 것에 기준을 둔 것이니, 상복에 있어서 차등이 있었다

---

18) 염(斂)은 시신에 옷을 입혀서 관에 안치하는 것을 뜻한다.

19) 소공복(小功服)은 상복(喪服) 중 하나로, 오복(五服)에 속한다. 조밀한 삼베를 사용해서 만들며, 대공복(大功服)에 비해서 삼베의 재질이 조밀하기 때문에, '소공복'이라고 부른다. 이 복장을 입게 되는 기간은 상황에 따라 차이가 생기지만, 일반적으로 5개월이 된다. 백숙(伯叔)의 조부모나 당백숙(堂伯叔)의 조부모, 혼인하지 않은 당(堂)의 자매(姊妹), 형제(兄弟)의 처 등을 위해서 입는다.

는 것과는 관련이 없다. 만약 왕숙의 주장대로라면, 대부로부터 그 이상의 계층은 변질을 착용하고, 사만이 오직 흰색의 관을 쓰게 되는데, 이것은 또한 부모의 상에서 시행할 수 있다. 그러나 이곳 경문에서는 형제를 위한 상복도 언급을 했으니, 어떻게 이러한 경우에도 변질과 소관을 쓰는 차이점이 있었겠는가? 이것이 바로 왕숙의 주장이 잘못된 이유이다. 두원개의 『좌전』 주에서는 그 설명이 왕숙과 동일하였다. 복건[20]의 『좌전』 주에서는 단최와 상거에 차등이 없다는 말과 가로(家老)의 질문 및 안자의 답변에 대해서, 모두 비례가 된다고 하여, 정현의 주장과 모두 위배가 되니, 여기에서는 그 뜻을 따르지 않는다.

孔疏 ◎注"仕至"至"象賢" ○正義曰: 云"仕至大夫, 賢著而德成, 適子得服其服"者, 以經云"大夫之適子, 服大夫之服". 所以然者, 以其父在仕官, 身至大夫, 賢行旣著, 道德又成, 故其適子雖未仕官, 得服大夫之服也. 云"亦尊其適象賢"者, 非但尊此大夫之身, 亦當尊其適子, 使服大夫之服也, 能象似其父之賢者. 皇氏云: "大夫適子, 若爲士, 爲其父唯服士服. 注云仕至大夫, 謂此子若仕官至大夫, 始得服大夫服, 以其賢德著成." 如皇氏之意, 解此"仕至大夫"爲大夫之子, 按前經注云"士, 謂大夫庶子爲士"者, 明大夫適子未仕官, 及爲士, 皆得服大夫之服. 皇氏之言, 違文背注, 不解鄭意, 其說非也.

번역 ◎鄭注: "仕至"~"象賢" ○정현이 "벼슬을 하여 대부에 오르면, 현명함이 드러나고 덕이 완성된 것이니, 그의 적자는 대부의 복장을 착용할 수 있는 것이다."라고 했는데, 경문에서 "대부의 적자는 대부의 복장을 착용한다."라고 했기 때문이다. 이와 같은 이유는 그의 부친은 벼슬살이를 하여 관직에 몸담고 있었고, 그 자신이 대부의 지위에 올랐으니, 현명한 행실이 드러난 것이고, 도덕 또한 완성된 것이다. 그렇기 때문에 그의 적자

20) 복건(服虔, ?~?) : 후한대(後漢代)의 유학자이다. 자(字)는 자신(子愼)이다. 초명은 중(重)이었으며, 기(祇)라고도 불렀다. 후에 이름을 건(虔)으로 고쳤다. 『춘추좌씨전(春秋左氏傳)』에 주석을 남겼지만, 산일되어 전해지지 않는다. 현재는 『좌전가복주집술(左傳賈服注輯述)』로 일집본이 편찬되었다.

가 비록 아직 관직에 나아가지 않았지만, 대부의 복장을 착용할 수 있는 것이다. 정현이 "이 또한 적자가 부친의 현명함을 본뜨고 있음을 존귀하게 여긴 것이다."라고 했는데, 단지 대부 본인만 존귀하게 여긴 것이 아니며, 또한 마땅히 그의 적자도 존귀하게 여겨서, 그로 하여금 대부의 복장을 착용할 수 있도록 한 것이니, 그가 부친의 현명함을 본받을 수 있는 자이기 때문이다. 황간[21]은 "대부의 적자가 만약 사처럼 따르게 된다면, 그의 부친에 대해서는 오직 사의 복장만 착용하게 된다. 정현의 주에서는 벼슬살이를 하여 대부에 이르렀다고 했으니, 이것은 그의 자식이 벼슬살이를 하여 대부의 벼슬에 올라야만 비로소 대부의 복장을 착용할 수 있게 된다는 뜻으로, 그의 현명함과 덕성이 드러나고 완성되었기 때문이다."라고 했다. 황간의 주장은 이곳에 나온 "벼슬살이를 하여 대부가 되었다."라는 말을 대부의 자식에 대한 것으로 여긴 것인데, 앞의 경문에 대한 주석을 살펴보면, "사는 대부의 서자 중 사의 신분인 자이다."라고 했으니, 이것은 대부의 적자 중 아직 벼슬살이를 하지 않은 자와 사의 신분인 자가 모두 대부의 복장을 착용할 수 있다는 뜻을 나타낸다. 따라서 황간의 주장은 경문과 정현의 주를 위반하고 있으며, 정현의 본지를 풀이한 것이 아니므로, 그 주장은 잘못되었다.

集解 愚謂: 大夫之喪服異於士者, 不可盡考, 然其見於禮者, 略可推而得也. 喪大記曰"君將大斂, 子弁絰即位于序端", 曾子問曰"共殯服, 則子麻·弁絰·疏衰·菲屨", 此人君之禮也. 雜記曰"大夫與殯弁絰, 大夫與他人殯弁絰", 則其於父母之殯弁絰必矣. 人君將殯, 弁絰而疏衰, 則大夫弁絰亦疏衰與. 士始死, 笄·纚·深衣, 至小斂, 加素冠, 斂後括髮以至成服, 大夫則至大斂而弁絰·疏衰, 此未成服以前之服異於士者也. 周官司服, "凡弔事, 弁絰服.""凡

---

21) 황간(皇侃, A.D.488~A.D.545) : =황씨(皇氏). 남조(南朝) 때 양(梁)나라의 경학자이다. 『주례(周禮)』, 『의례(儀禮)』, 『예기(禮記)』 등에 해박하여, 『상복문구의소(喪服文句義疏)』, 『예기의소(禮記義疏)』, 『예기강소(禮記講疏)』 등을 지었지만, 현재는 전해지지 않는다. 그 일부가 마국한(馬國翰)의 『옥함산방집일서(玉函山房輯佚書)』에 수록되어 있다.

喪事, 服弁服". 大夫弔旣弁絰, 則喪亦服弁矣. 服弁, 蓋用喪冠之升數, 而如弁之制爲之. 雜記曰"凡弁絰, 其衰侈袂", 則服弁亦必侈袂矣. 士喪之首服以冠, 其衰衣二尺二寸, 袂圜殺爲尺二寸, 大夫則首服以弁, 袂侈之而不圜殺, 此成服以後之服異於士者也. 至其升數之多寡, 鍛治之功沽, 則所謂"端衰無等"者, 未嘗有大夫士之異也. 大夫爲不爲大夫者之服, 皆如士服, 嫌爲父母兄弟或異, 故特明之. 蓋服所以施於死者, 故不可以踰於死者之服, 亦猶司服"享先王則袞冕, 享先公則鷩冕"之義也.

번역 내가 생각하기에, 대부의 상복규정이 사의 상복규정과 다른 점은 모두 고찰할 수 없지만, 예법에 나타난 것들을 통해서 대략적으로 추정할 수는 있다. 『예기』「상대기(喪大記)」편에서는 "군주에 대해 장차 대렴(大斂)을 하게 되면, 그의 자식은 변질(弁絰)을 착용하고 자리로 나아가 서(序)의 끝단에 위치한다."[22]라고 했고, 『예기』「증자문(曾子問)」편에서는 "유사(有司)가 빈소를 차릴 때 착용하는 상복을 제공하게 되면, 제후의 아들은 아직 영구(靈柩)를 따라 도로에 있는 상태이므로, 빈복(殯服)을 모두 갖춰서 입지는 않고, 마변질(麻弁絰)을 하고, 소최(疏衰)[23]를 하며, 짚신을 신고, 지팡이를 들게 된다."[24]라고 했으니, 이것은 군주에게 적용되는 예법이다. 「잡기」편에서는 "대부는 빈소를 차리는 의례에 참여하게 되면 변질을 착용하고,[25] 대부가 다른 사람의 빈소를 차리는 의례에 참여하면 변질을 착용한다.[26]"라고 했으니, 그는 자기 부모의 빈소를 차릴 때 반드시 변질을 쓰게 된다. 군주에 대해서 빈소를 차리게 되면 변질을 착용하고 소최를 입

22) 『예기』「상대기(喪大記)」【537a~b】: 君將大斂, 子弁絰卽位于序端. 卿大夫卽位于堂廉, 楹西, 北面, 東上. 父兄堂下北面. 夫人命婦尸西東面. 外宗房中南面. 小臣鋪席, 商祝鋪絞紟衾衣, 士盥于盤上. 士擧遷尸于斂上. 卒斂, 宰告, 子馮之踊, 夫人東面亦如之.

23) 소최(疏衰)은 자최복(齊衰服)이다.

24) 『예기』「증자문(曾子問)」【239d】: 曾子問曰: 君出疆, 以三年之戒, 以椑從, 君薨, 其入, 如之何. 孔子曰: 共殯服, 則子麻弁絰, 疏衰, 菲杖, 入自闕, 升自西階, 如小斂, 則子免而從柩, 入自門, 升自阼階, 君·大夫·士, 一節也.

25) 『예기』「잡기상」【498a】: 大夫有私喪之葛, 則於其兄弟之輕喪, 則弁絰.

26) 『예기』「잡기상」【498a】: 大夫之哭大夫弁絰. 大夫與殯亦弁絰.

는다면, 대부가 변질을 착용할 때에는 또한 소최를 착용했을 것이다. 사가 이제 막 죽었을 때, 비녀를 꼽고 머리싸개인 리(纚)를 매고 심의(深衣)[27]를 착용하는데, 소렴(小斂)을 치르게 되면 소관(素冠)을 착용하고, 염(斂)을 끝낸 뒤 머리를 묶고 성복(成服)[28]을 하게 되며, 대부의 경우에는 대렴(大斂)을 하게 되면 변질을 두르고 소최를 착용하니, 이것은 아직 성복을 하기 이전의 복장이 사와 다른 점에 해당한다. 『주례』「사복(司服)」편에서는 "무릇 조문하는 일에 있어서는 변질(弁絰)을 착용한다."[29]라고 했고, 또 "무릇 상사에 있어서는 복변(服弁)[30]을 착용한다."[31]라고 했다. 대부가 조문을 할 때 이미 변질을 두른다고 했다면, 상을 치를 때에도 또한 복변을 착용하는 것이다. '복변(服弁)'이라는 것은 아마도 상관(喪冠)에 사용되는 승(升)의 수에 따라서 변(弁)의 제작방법처럼 만들었을 것이다. 「잡기」편에서는 "무릇 변질(弁絰)[32]에는 그 상복의 소매를 넓게 한다."[33]라고 했으니, 복변에서도 또한 분명히 소매를 넓게 만들었을 것이다. 사의 상에서는 머리에 관을 쓰는데, 상의 중 소매가 붙는 부분은 2척(尺) 2촌(寸)의 크기로, 소매는 점점 줄여서 1척 2촌으로 만들고, 대부의 경우라면 머리에 변(弁)을 쓰고, 소매를 넓히고 점차 줄여나가지 않으니, 이것이 성복을 한 이후의 복장이 사와 차이를 보이는 부분이다. 승의 수에 나타나는 많고 적은 차이와 누이고 다듬는 공정의 차이에 있어서는 이른바 "단최(端衰)에 차등이 없

27) 심의(深衣)는 일반적으로 상의와 하의가 서로 연결된 옷을 뜻한다. 제후, 대부(大夫), 사(士)들이 평상시 집안에 거처할 때 착용하던 복장이기도 하며, 서인(庶人)에게는 길복(吉服)에 해당하기도 한다. 순색에 채색을 가미하기도 했다.

28) 성복(成服)은 상례(喪禮)에서 대렴(大斂) 이후, 죽은 자와의 관계에 따라, 각각 규정에 맞는 상복(喪服)을 갖춰 입는다는 뜻이다.

29) 『주례』「춘관(春官)·사복(司服)」: 凡弔事, 弁絰服.

30) 복변(服弁)은 상관(喪冠)을 뜻한다. '상관'은 상복(喪服)을 착용할 때 쓰는 관(冠)이다. 상복은 수위에 따라 일반적으로 오복(五服)으로 나뉘게 되는데, '상관' 또한 각 상복의 종류에 따라 달라진다.

31) 『주례』「춘관(春官)·사복(司服)」: 凡凶事, 服弁服.

32) 변질(弁絰)은 흰 색으로 된 작변(爵弁)에 환질(環絰)을 두른 것이다.

33) 『예기』「잡기하(雜記下)」【516c】: 凡弁絰, 其衰侈袂.

다.”[34]고 한 말에 해당하니, 일찍이 대부와 사에게 있어서 차이점이 존재하지 않았다. 대부가 대부가 되지 못한 자를 위해서 상복을 착용할 때에는 모두 사의 복장과 동일하게 했는데, 부모 및 형제에 대해서 혹여 다른 점이 있을 것이라고 오해할 것을 염려했기 때문에, 특별히 명시한 것이다. 무릇 상복은 죽은 자에 대해서 애도를 나타내기 위해 입는 것이기 때문에, 죽은 자가 착용할 수 있는 복장보다 상등의 것을 착용할 수 없으니, 이것은 또한 「사복」편에서 “선왕에게 제사를 지내게 되면 곤면(袞冕)을 착용하고, 선공에게 제사를 지내게 되면 별면(鷩冕)을 착용한다.”[35]라고 했던 뜻과 같다.

集解 愚謂: 晏嬰爲其父之服, 乃喪父之達禮也. 當時大夫行禮者少, 惟晏嬰服之, 故其老怪而問之. 晏子不欲顯言他人之失禮, 故遜辭以答之, 曰“惟卿爲大夫”, 言時人所行大夫之禮, 惟卿乃得行之, 己未爲卿, 不得行此禮也. 鄭乃以晏嬰之麤衰·枕草爲士爲父之異於大夫者, 又謂“麤衰在齊斬之間”, 而幷以推士爲母及兄弟之服, 臆說甚矣. 寢苫·枕塊, 士喪記之明文, 可謂枕塊爲大夫禮, 而枕草爲士禮乎? 喪服一經, 雖兼有大夫以上之禮, 然實主士禮言之. 其言五服之精麤, 曰“斬衰三升·三升有半”, “齊衰四升”, 安有如鄭所云“縷如三升半而三升”, “縷如五升而四升”, “縷如六升而五升”者乎? 孟子之告滕文公曰, “齊疏之服.” 新書六術篇曰, “服有麤衰·齊衰·大紅·細紅·緦麻.” 蓋對大功以下而言, 則齊衰爲麤; 對齊衰而言, 則斬衰爲尤麤. 晏嬰所服之麤衰, 卽斬衰, 初非齊斬之間別有所謂麤衰也.

번역 내가 생각하기에, 안영이 그의 부친을 위해 상복을 착용했던 것은 곧 부친의 상을 치를 때 두루 통용되는 예법에 해당한다. 당시에는 대부들 중 예법에 따라 시행하는 자가 적었고, 오직 안영만이 해당하는 복장을 입

34) 『예기』「잡기상」【500a】: 祭稱“孝子”·“孝孫”, 喪稱“哀子”·“哀孫”. 端衰喪車皆無等.

35) 『주례』「춘관(春官)·사복(司服)」: 王之吉服, 祀昊天·上帝, 則服大裘而冕, 祀五帝亦如之. 享先王則袞冕, 享先公·饗·射則鷩冕, 祀四望·山川則毳冕, 祭社稷·五祀則希冕, 祭群小祀則玄冕.

었기 때문에, 그의 가로(家老)가 괴이하게 여겨 질문을 한 것이다. 안자는 남들의 실례를 드러내며 말하고 싶지 않았기 때문에, 둘러말하여 "오직 경만이 대부가 된다."고 답변했던 것이니, 이것은 당시 사람들 중 대부의 예법을 따르는 것은 오직 경만이 할 수 있는데, 자신은 아직 경의 신분이 아니므로, 이러한 예법을 시행할 수 없다는 뜻이다. 정현은 안영이 추최(麤衰)와 짚으로 베개를 삼은 것이 사가 부친을 위해 상복을 착용할 때 나타나는 대부와의 차이점이라고 여겼고, 또 "추최는 자최복(齊衰服)과 참최복(斬衰服) 사이에 있다."고 했으며, 아울러 이것을 통해 사가 모친 및 형제를 위해 착용하는 상복에 대해서도 추론을 했는데, 이 모두는 매우 심한 억설이다. 거적을 깔고 흙덩이를 베개로 삼는 것에 대해서는 사에 대한 상례 기록에 명확히 나와 있는데, 흙덩이를 베개로 삼는 것을 대부의 예법이 되고, 짚을 베개로 삼는 것을 사의 예법이 된다고 할 수 있겠는가? 『의례』「상복(喪服)」편의 경문은 비록 대부로부터 그 이상의 계급에게 적용되는 예법도 함께 기록하고 있지만, 실제로는 사 계급의 예법을 위주로 말한 것이다. 그리고 오복(五服)[36]에 나타나는 정밀하고 거친 차이에 대해서, "참최복은 3승 또는 3.5승으로 만든다."고 했고, "자최복은 4승으로 만든다."라고 했는데, 어떻게 정현의 말처럼 "올은 3.5승처럼 만들되 3승이 된다."는 것이나 "올은 5승처럼 만들되 4승이 된다."는 것이나 "올은 6승처럼 만들되 5승이 된다."는 것이 있을 수 있겠는가? 맹자가 등문공에게 아뢰는 말에서는 '자소(齊疏)의 복장'[37]이라고 했고, 『신서』「육술(六術)」편에서는 "상복에는 추최

36) 오복(五服)은 죽은 자와 친하고 소원한 관계에 따라 입게 되는 다섯 가지 상복(喪服)을 뜻한다. 참최복(斬衰服), 자최복(齊衰服), 대공복(大功服), 소공복(小功服), 시마복(緦麻服)을 가리킨다. 『예기』「학기(學記)」편에는 "師無當於五服, 五服弗得不親."이라는 기록이 있는데, 이에 대한 공영달(孔穎達)의 소(疏)에서는 "五服, 斬衰也, 齊衰也, 大功也, 小功也, 緦麻也."라고 풀이했다. 또한 '오복'에 있어서는 죽은 자와 가까운 관계일수록 중대한 상복을 입고, 복상(服喪) 기간도 늘어난다. 위의 '오복' 중 참최복이 가장 중대한 상복에 속하며, 그 다음은 자최복이고, 대공복, 소공복, 시마복 순으로 내려간다.

37) 『맹자』「등문공상(滕文公上)」: 三年之喪, 齊疏之服, 飦粥之食, 自天子達於庶人, 三代共之.

(麤衰)·자최(齊衰)·대홍(大紅)·세홍(細紅)·시마(緦麻)가 있다."[38]라고 했다. 무릇 대공복(大功服)으로부터 그 이하의 상복과 대비를 해서 말한다면, 자최복은 거친 것이 되는데, 자최복과 대비를 해서 말한다면, 참최복이 더욱 거친 것이 된다. 안영이 착용했던 '추최(麤衰)'라는 것은 곧 참최복에 해당하는 것이니, 애초부터 자최복과 참최복 중간에 해당하는 별도의 추최라는 것이 있었던 것은 아니다.

集解 服, 謂爲其父母之服也. 服以施於死者, 而適子主喪, 故一視乎死者之爵, 而不以其子之尊卑. 此卽大夫爲其父母之不爲大夫者服士服之義也.

번역 적자에 대한 내용에 있어서, '복(服)'은 그의 부모를 위해서 착용하는 복장을 뜻한다. 상복은 죽은 자에게 애도를 표하기 위한 것이며, 적자는 상을 주관하기 때문에, 일괄적으로 죽은 자의 작위에 견주게 되며, 자식의 신분에 따르지 않는다. 이것은 곧 대부가 대부가 되지 못한 그의 부모를 위해 상복을 착용할 때, 사의 복장을 착용하는 뜻에 해당한다.

---

38) 『신서(新書)』「육술(六術)」: 故復有麤衰·齊衰·大紅·細紅·緦麻, 備六, 各服其所當服. 夫服則有殊, 此先王之所以禁亂也.

그림 7-1 ▣ 참최복(斬衰服) 각부 명칭

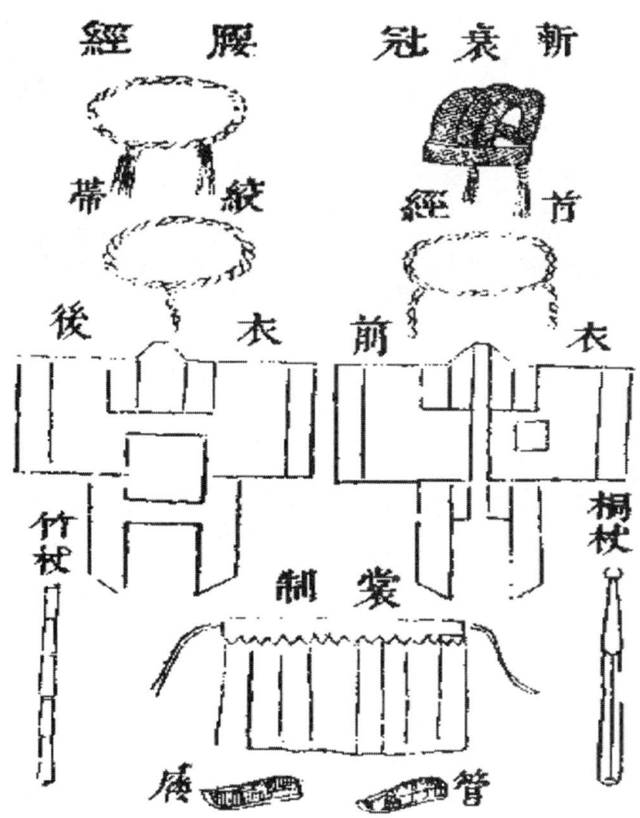

※ **출처:** 『삼재도회(三才圖會)』「의복(衣服)」 3권

그림 7-2 ▣ 저질(苴絰)과 요질(腰絰)

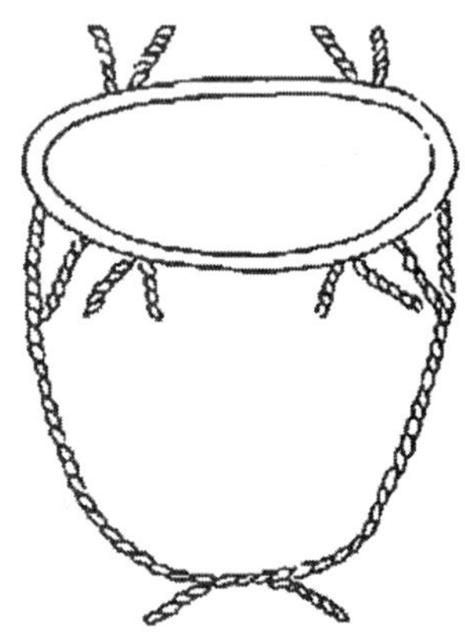

※ **출처:**『삼례도집주(三禮圖集注)』 15권

그림 7-3 ▣ 자최복(齊衰服) 착용 모습

※ **출처:** 『삼재도회(三才圖會)』「의복(衣服)」 3권

그림 7-4 ▣ 자최복(齊衰服) 각부 명칭

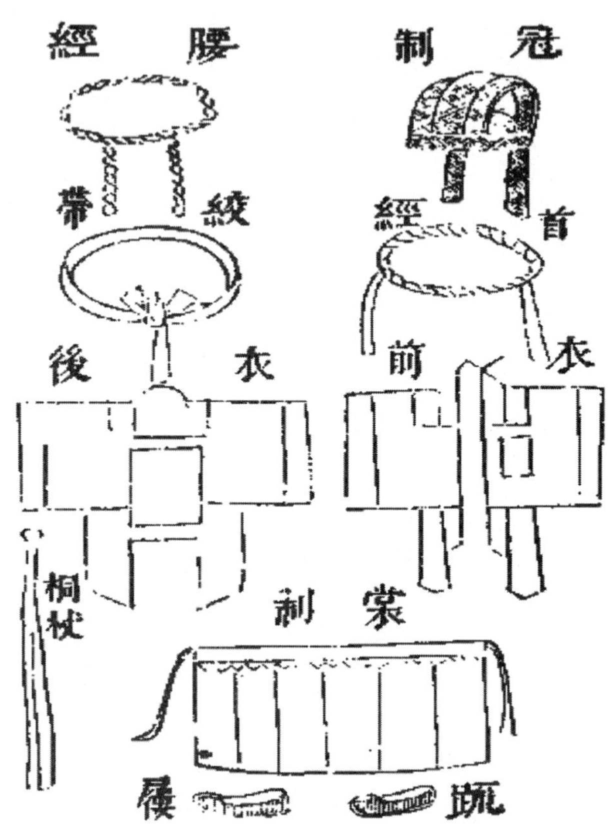

※ 출처: 『삼재도회(三才圖會)』「의복(衣服)」 3권

그림 7-5 ▣ 대공복(大功服) 착용 모습

※ **출처:** 『삼재도회(三才圖會)』「의복(衣服)」 3권

그림 7-6 ▣ 대공복(大功服) 각부 명칭

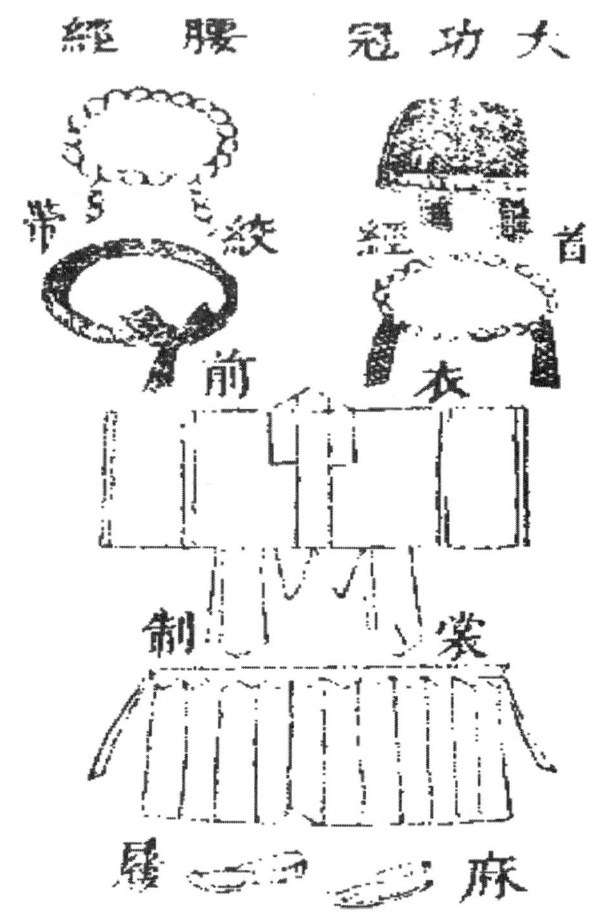

※ 출처: 『삼재도회(三才圖會)』「의복(衣服)」 3권

그림 7-7 ■ 소공복(小功服) 착용 모습

※ **출처:** 『삼재도회(三才圖會)』「의복(衣服)」 3권

그림 7-8 ▣ 소공복(小功服) 각부 명칭

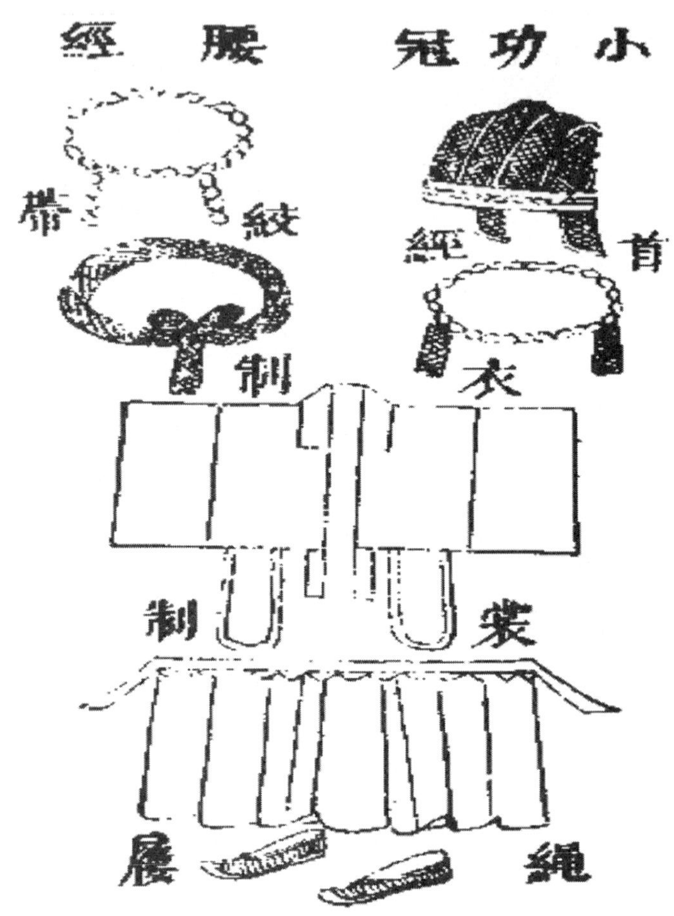

※ 출처: 『삼재도회(三才圖會)』「의복(衣服)」 3권

그림 7-9 ▣ 시마복(緦麻服) 착용 모습

※ **출처:** 『삼재도회(三才圖會)』「의복(衣服)」 3권

그림 7-10 ▣ 시마복(緦麻服) 각부 명칭

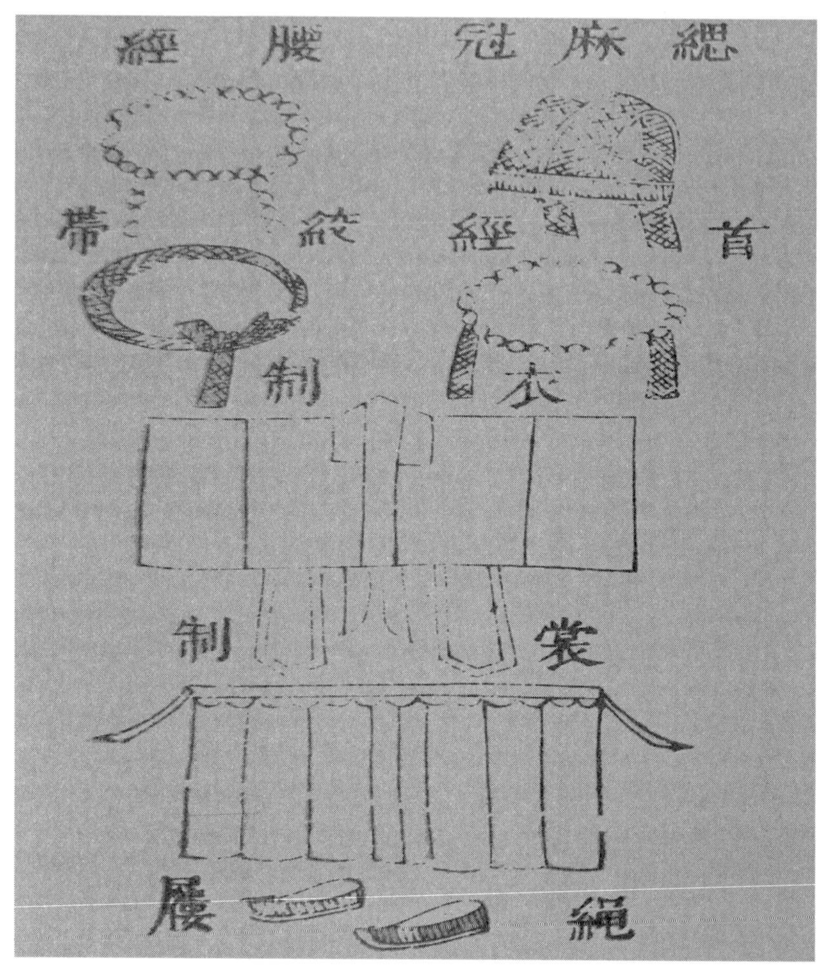

※ **출처:** 『삼재도회(三才圖會)』「의복(衣服)」 3권

그림 7-11 ▣ 피변(皮弁)과 작변(爵弁)

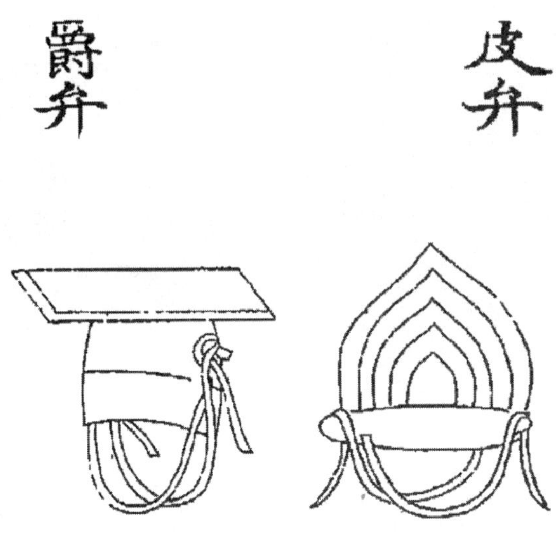

※ **출처:** 『삼례도집주(三禮圖集注)』 3권

그림 7-12 ▣ 위모(委貌)

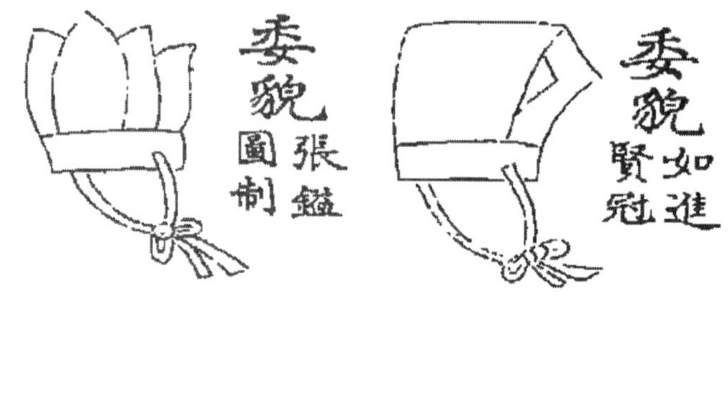

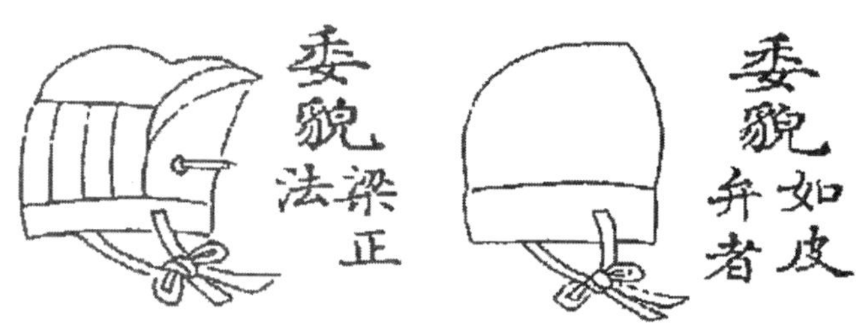

※ 출처: 『삼례도집주(三禮圖集注)』 3권

그림 7-13 ▣ 계(笄)와 리(纚)

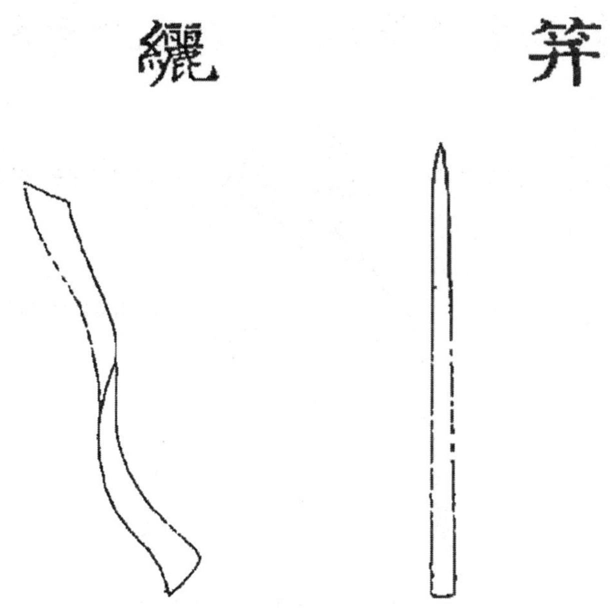

※ 출처: 『삼례도집주(三禮圖集注)』 3권

그림 7-14 ▣ 심의(深衣)

深衣即中衣麻衣長衣註見本章

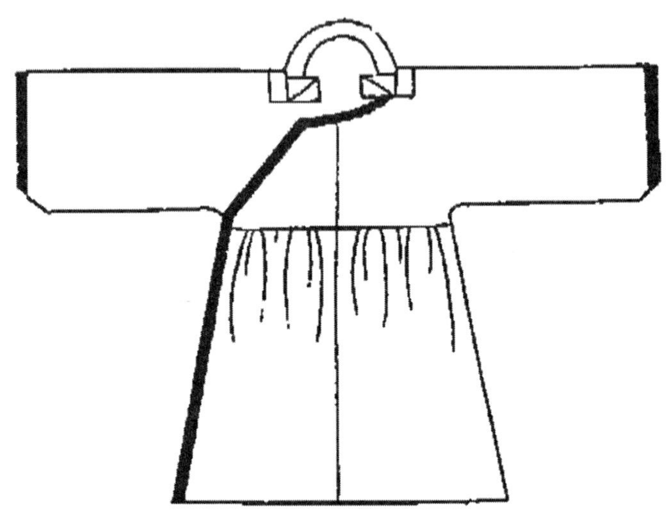

※ **출처:**『삼례도집주(三禮圖集注)』3권

그림 7-15 ▣ 면(免)과 괄발(括髮)

※ **출처:** 『삼례도(三禮圖)』 3권

그림 7-16 ▣ 곤면(袞冕)

※ 출처: 『삼례도집주(三禮圖集注)』 1권

그림 7-17 ▣ 별면(鷩冕)

※ **출처:** 『삼례도집주(三禮圖集注)』 1권

• 제8절 •

자식의 신분과 상례 규정

【493b】

大夫之庶子爲大夫, 則爲其父母服大夫服, 其位與未爲大夫者齒.

직역 大夫의 庶子가 大夫가 爲하면, 그 父母를 爲하여 大夫의 服을 服이나, 그 位는 未히 大夫가 爲한 者와 與하여 齒한다.

의역 대부의 서자가 대부가 된다면, 그 부모의 상을 치를 때, 대부가 착용하는 상복을 입고서 치를 수 있다. 그러나 그의 자리는 아직 대부가 되지 못한 적자들과 함께 나이에 따라 서열을 정해 위치한다.

集說 大夫庶子若爲大夫, 可以大夫之喪服喪其親. 然其行位之處, 則與適子之未爲大夫者相齒列.

번역 대부의 서자가 만약 대부가 된다면, 대부가 착용하는 상복을 입고서 그의 부모에 대한 상을 치를 수 있다. 그러나 그가 서게 되는 위치는 적자들 중 아직 대부가 되지 못한 자들과 서로 나이에 따라 서열을 정해서 선다.

集說 疏曰: 此庶子雖爲大夫, 其年雖長於適子, 猶在適子下, 使適子爲主也.

번역 공영달[1]의 소(疏)에서 말하길, 여기에서 말한 서자는 비록 대부가

---

1) 공영달(孔穎達, A.D.574~A.D.648) : =공씨(孔氏). 당대(唐代)의 경학자이다.

되었고, 그의 나이가 비록 적자보다 많더라도, 여전히 적자보다 낮은 자리에 있게 되니, 적자로 하여금 상을 주관하도록 하기 때문이다.

大全 嚴陵方氏曰: 大夫之適子雖爲士, 服大夫之服, 而不嫌於重者, 適故也. 至於庶子, 身爲大夫, 雖服大夫之服, 以喪其親, 然其位, 猶與未爲大夫者齒, 蓋長幼之序, 不可以貴賤廢故也.

번역 엄릉방씨가 말하길, 대부의 적자가 비록 사의 신분이면서 대부의 상복을 착용하더라도, 상복의 수위를 높게 했다는 혐의를 받지 않는 것은 그가 적자이기 때문이다. 서자에 있어서, 서자 본인이 대부가 되어 비록 대부의 상복을 착용해서 부모에 대한 상을 치르더라도, 그의 자리는 여전히 대부가 되지 못한 형제들과 나이에 따라 서열을 정하니, 나이에 따른 질서는 신분의 귀천으로 폐지할 수 없기 때문이다.

鄭注 雖庶子, 得服其服, 尙德也. 使齒於士, 不可不宗適.

번역 비록 서자라 하더라도 대부의 복장을 착용할 수 있는 것은 덕을 숭상하기 때문이다. 사들과 함께 나이에 따라 서열을 정하게 한 것은 적자를 종주로 섬기지 않을 수 없기 때문이다.

釋文 爲, 去聲.

번역 '爲'자는 거성으로 읽는다.

孔疏 ○正義曰: 此一節明大夫庶子爲大夫, 則得爲父母服大夫之服. "其位與未爲大夫者齒", 大夫庶子雖爲大夫, 得服大夫之服, 其行位之處, 與適子未爲大夫者相齒列.

자(字)는 중달(仲達)이고, 시호(謚號)는 헌공(憲公)이다. 『오경정의(五經正義)』를 찬정(撰定)하는데 중심적인 역할을 했다.

번역 ○이곳 경문은 대부의 서자가 대부가 되었다면 부모를 위해서 대부의 상복을 착용할 수 있음을 나타내고 있다. 경문의 "其位與未爲大夫者齒"에 대하여. 대부의 서자가 비록 대부가 되어 대부의 상복을 착용할 수 있더라도, 그의 자리는 적자 중 아직 대부가 되지 못한 자와 함께 나이에 따라 서열을 정한다.

孔疏 ◎注"雖庶"至"宗適". ○正義曰: 云"尙德也"者, 言此大夫之子, 身雖是庶, 所以得服者, 以其仕至大夫, 由身有德行, 故云"尙德也". 云"使齒於士, 不可不宗適"者, 此庶子雖爲大夫, 猶齒列於適子之下. 其年雖長於適子, 猶在適子之下, 使適子爲主. 若年少於適子, 則固在適子之下, 是不可不宗適也.

번역 ◎鄭注: "雖庶"~"宗適". ○정현이 "덕을 숭상하기 때문이다."라고 했는데, 이것은 대부의 자식 중 그 자신이 비록 서자의 신분이지만, 대부의 복장을 착용할 수 있는 이유는 그가 벼슬에 올라 대부가 된 것은 그 자신에게 있는 덕행에 따른 것이다. 그렇기 때문에 "덕을 숭상하기 때문이다."라고 말했다. 정현이 "사들과 함께 나이에 따라 서열을 정하게 한 것은 적자를 종주로 섬기지 않을 수 없기 때문이다."라고 했는데, 여기에서 말한 서자가 비록 대부가 되더라도 그의 위치는 적자의 밑이 된다. 그 나이가 비록 적자보다 많더라도 여전히 적자 밑에 있으니, 적자로 하여금 상을 주관하도록 하기 위해서이다. 만약 나이가 적자보다 어린 경우라면 진실로 적자보다 밑에 있으니, 이것은 적자를 종주로 섬기지 않을 수 없기 때문이다.

集解 愚謂: 其位與未爲大夫者齒, 則不但下於適子, 雖他庶子有長於大夫者, 大夫猶不敢先之, 貴貴長長之義並行而不悖如此.

번역 내가 생각하기에, 그 위치에 있어서 아직 대부가 되지 못한 자들과 나이에 따라 서열을 정하는 것은 단지 적자보다 밑에 위치한다는 것이 아니니, 비록 다른 서자들 중 대부가 된 서자보다 나이가 많은 자가 있다면, 대부는 여전히 그보다 앞에 설 수 없다. 따라서 존귀한 자를 존귀하게 대하고 연장자를 연장자로 대하는 도의는 이처럼 모두 시행되더라도 서로 어그러트리지 않는 것이다.

【493b】

士之子爲大夫, 則其父母弗能主也, 使其子主之, 無子, 則爲之置後.

직역 士의 子가 大夫가 爲하면, 그 父母는 主를 弗能하며, 그 子를 使하여 主하되, 子가 無라면, 之를 爲하여 後를 置한다.

의역 사의 자식이 대부가 되었다면, 그가 죽었을 때 그의 부모는 자식의 상을 주관할 수 없으며, 죽은 자의 자식을 시켜서 주관하게 하되, 자식이 없는 경우라면, 죽은 자를 위해 후계자를 세운다.

集說 石梁王氏曰: 此最無義理. 充其說, 則是子爵高, 父母遂不能子之, 舜可臣瞽瞍, 皆齊東野人語也.

번역 석량왕씨가 말하길, 이 내용은 너무 터무니없다. 그 주장을 확장한다면 자식의 작위가 높아져서 부모가 결국 그를 자식으로 대할 수가 없게 되고, 순임금도 자신의 부친인 고수를 신하로 삼을 수 있게 되므로, 이것은 제나라 동쪽 야만인들의 말에 해당한다.[2]

鄭注 大夫之子, 得用大夫之禮, 而士不得也. 置, 猶立也.

번역 대부의 자식이 대부의 예법을 쓸 수 있더라도 사는 쓸 수 없다.

---

2) 『맹자』「만장상(萬章上)」: 孟子曰, 否, 此非君子之言, 齊東野人之語也. 堯老而舜攝也.

'치(置)'자는 "세운다[立]."는 뜻이다.

孔疏 ○正義曰: "其父母弗能主也"者, 士子身爲大夫, 若死, 則父母不能爲喪主也, 以身是士, 故不可爲大夫喪主.

번역 ○경문의 "其父母弗能主也"에 대하여. 사의 자식이 대부의 신분이 되었는데, 만약 그가 죽게 된다면, 그의 부모는 상주를 할 수 없으니, 부모의 신분이 사이기 때문에 대부의 상을 주관할 수 없는 것이다.

孔疏 ●"使其子主之"者, 謂使此死者之子爲主, 以其子是大夫適子, 故得爲大夫之主, 以其服大夫服故也.

번역 ●經文: "使其子主之". ○죽은 자의 자식으로 하여금 상주로 삼는다는 뜻이니, 그 자식은 대부의 적자가 되기 때문에, 대부의 상을 주관하며 대부의 상복을 착용할 수 있기 때문이다.

孔疏 ●"無子則爲之置後"者, 若死宅無子, 則爲死者別置其後, 所置之後, 卽大夫適子, 同得行大夫之禮. 此所置之後, 謂暫爲喪主, 假用大夫之禮. 若其大宗子, 則直爲之立後, 自然用大夫禮也.

번역 ●經文: "無子則爲之置後". ○만약 죽은 자에게 자식이 없는 경우라면, 죽은 자를 위해 별도로 후계자를 세우고, 후계자가 된 자는 곧 대부의 적자 신분이 되어, 동등하게 대부의 예법에 따를 수 있다. 여기에서 후계자로 세운다고 했는데, 그는 잠시 상주노릇을 하며 대부의 예법을 빌려 쓸 수 있다는 뜻이다. 만약 대종(大宗)[3]의 자식인 경우라면, 곧바로 그를 위해

---

3) 대종(大宗)은 소종(小宗)과 상대되는 말이다. 소종과 '대종'은 고대 종법제(宗法制)에 따른 구분이다. 적장자(嫡長子)의 한 계통만이 '대종'이 되고, 나머지 아들들은 소종이 된다. 예를 들어 천자의 적장자는 '대종'이 되고, 나머지 아들들은 소종이 된다. 만약 소종인 천자의 나머지 아들들이 제후가 되었다면, 본인의 나라에서는 '대종'이 되지만, 천자에 대해서는 역시 소종이 된

대종의 후계자를 세우게 되며, 그런 뒤에는 자연히 대부의 예법을 사용하게 된다.

孔疏 ◎注"大夫"至"得也". ○正義曰: 云"大夫之子得用大夫之禮"者, 則前云"大夫之適子, 服大夫之服", 是也. 解經"使其子主之"文, 其子爲適子. 若無適子, 則以庶子當適處. 若無庶子, 則以族人之子當適子之處, 皆得用大夫之禮, 故云"大夫之子, 得用大夫之禮", 總結此文. 云"而士不得也"者, 其父是士, 不得主大夫喪, 故云"而士不得也". 所以然者, 父貴可以及子, 故大夫之子得用大夫之禮. 子貴不可以及父, 故其父不得用大夫之禮.

번역 ◎鄭注: "大夫"~"得也". ○정현이 "대부의 자식이 대부의 예법을 쓸 수 있다."라고 했는데, 앞에서 "대부의 적자는 대부의 상복을 착용한다."[4] 라고 한 말이 이러한 사실을 나타낸다. 이것은 경문에 나온 "그 자식으로 하여금 주관하게 한다."라고 했던 말을 풀이한 것이니, 그 자식은 적자의 신분이 되기 때문이다. 만약 적자가 없는 경우라면, 서자로 적자의 지위를 대신하게 한다. 만약 서자도 없는 경우라면, 족인의 자식들 중 한명을 적자의 지위를 대신하게 하는데, 이들은 모두 대부의 예법을 사용할 수 있다. 그렇기 때문에 "대부의 자식이 대부의 예법을 쓸 수 있다."라고 한 말은 이곳 문장의 내용을 총괄적으로 결론 내린 것이다. 정현이 "그러나 사는 쓸 수 없다."라고 했는데, 부친이 사의 신분이므로 대부의 상을 주관할 수 없다. 그렇기 때문에 "그러나 사는 쓸 수 없다."라고 말한 것이다. 그러한 이유는 부친의 존귀함은 자식에게도 미칠 수 있기 때문에, 대부의 자식은 대부의 예법을 사용할 수 있다. 그러나 자식의 존귀함은 부친에게 미칠 수 없기 때문에, 그의 부친은 대부의 예법을 사용할 수 없다.

다. 제후가 된 자의 적장자는 본인의 나라에서 '대종'이 되고, 나머지 아들들은 소종이 된다.

4) 『예기』「잡기상」【493a】: 士爲其父母兄弟之爲大夫者之喪服, 如士服. 大夫之適子, 服大夫之服.

集解 主, 謂爲主而拜賓也. 士之子爲大夫, 則其父弗能主者, 非以大夫之尊卑其父, 乃不敢以士之賤褻弔賓也. 大夫之子雖爲士, 而可以主其父之喪者, 父貴, 有及子之義故也. 置後, 謂立族人爲大夫之子, 而以子之禮主其喪也. 然則大夫之無子者, 雖非大宗而得立後矣.

번역 '주(主)'자는 상주가 되어 빈객에게 절을 한다는 뜻이다. 사의 자식이 대부가 되었다면 그의 부친은 상을 주관할 수 없으니, 대부의 존귀함으로 그의 부친에 대해서 낮추는 것이 아니며, 감히 사의 미천한 신분으로 조문을 온 빈객들을 욕보일 수 없기 때문이다. 대부의 자식이 비록 사의 신분이더라도 그는 부친의 상을 주관할 수 있는데, 그 이유는 부친의 존귀함은 자식에게도 미치는 도의가 있기 때문이다. '치후(置後)'는 족인을 대부의 자식으로 세워서, 자식의 예법에 따라 그 상을 주관하도록 한다는 뜻이다. 그렇다면 대부에게 자식이 없는 경우에는 비록 대종이 아니더라도, 그의 후계자를 세울 수 있게 된다.

• 제9절 •

장일(葬日)과 장지(葬地)에 대한 거북점과 시초점의 규정

【493c】

大夫卜宅與葬日, 有司麻衣布衰布帶因喪屨緇布冠不蕤, 占者皮弁.

직역 大夫에 대해 宅과 葬日을 卜함에, 有司는 麻衣 · 布衰 · 布帶하고 喪屨에 因하며 緇布冠을 하되 不蕤하며, 占者는 皮弁한다.

의역 대부가 죽었을 때, 그에 대한 장지와 장례를 치를 날짜에 대해서 거북점을 치게 되면, 관련 일을 담당하는 유사는 백색의 포로 된 심의를 착용하고, 그 앞에 포로 만든 상복을 달며, 포로 만든 허리띠를 두르고, 상복을 착용할 때 신는 신발을 착용하며, 치포관을 착용하되 갓끈 장식은 달지 않으며, 거북점을 치는 자는 피변을 착용한다.

集說 卜宅, 卜葬地也. 有司, 治卜事之人也. 麻衣, 白布深衣也. 布衰者, 以三升半布爲衰, 長六寸, 廣四寸, 就綴於深衣前當胸之上. 布帶, 以布爲帶也. 因喪屨, 因喪服之繩屨也. 蕤, 與緌同. 古者緇布冠無緌, 後代加蕤, 故此明言之也. 有司爲卜, 故用半吉半凶之服. 占者, 卜龜之人也. 尊於有司, 故皮弁, 其服彌吉也. 皮弁者, 於天子則爲視朝之服, 諸侯大夫士, 則爲視朔之服也.

번역 '복택(卜宅)'은 장지로 쓸 장소에 대해 거북점을 친다는 뜻이다. '유사(有司)'는 거북점과 관련된 일을 담당하는 관리이다. '마의(麻衣)'는 백색의 포(布)로 만든 심의(深衣)이다. '포최(布衰)'는 3.5승(升)의 포(布)로 상복을 만드는데, 그 길이는 6촌(寸)이며 폭은 4촌으로 해서, 심의의 앞쪽

가슴 위쪽에 연결을 한 것이다. '포대(布帶)'는 포(布)로 허리띠를 만든 것을 뜻한다. '인상구(因喪屨)'는 상복을 착용할 때 승구(繩屨)를 신는 것에 따른다는 뜻이다. '유(蕤)'자는 유(緌)자와 동일하다. 고대에 착용한 치포관(緇布冠)에는 갓끈인 유(緌)가 없었는데, 후대에는 갓끈 장식을 달았기 때문에 이곳에서 명시를 한 것이다. 유사는 거북점 때문에, 절반은 길복에 해당하고 절반은 흉복에 해당하는 복장을 착용한다. '점자(占者)'는 거북점을 치는 자를 뜻한다. 유사보다 존귀하기 때문에 피변(皮弁)을 착용하니, 그 복장은 보다 길한 쪽에 가깝다. '피변(皮弁)'이라는 것은 천자에게 있어서는 조정에 참관할 때의 복장이 되고, 제후·대부·사에게 있어서는 시삭(視朔)[1]을 할 때의 복장이 된다.

鄭注 有司, 卜人也. 麻衣, 白布深衣而著衰焉, 及布帶緇布冠, 此服非純吉, 亦非純凶也. 皮弁, 則純吉之尤者也. 占者尊於有司, 卜求吉, 其服彌吉, 大夫士朔服皮弁.

번역 '유사(有司)'는 거북점을 치는 자이다. '마의(麻衣)'는 백색의 포로 만든 심의(深衣)이며, 그곳에 상복을 덧대고, 포로 만든 허리띠와 치포관을 쓰니, 이러한 복장은 완전한 길복(吉服)[2]도 아니고, 또한 완전한 흉복(凶服)[3]도 아니다. 피변(皮弁)을 착용했다면, 순전히 길할 때의 복장보다 더욱

---

1) 시삭(視朔)은 천자 및 제후가 매월 초하루에, 종묘(宗廟)에 고하여 해당 월의 달력을 받고, 그곳에서 해당 월에 시행해야 할 정무를 처리하였던 것을 뜻한다. 『춘추좌씨전』「희공(僖公) 5년」편에는 "公旣視朔, 遂登觀臺以望, 而書, 禮也."라는 기록이 있고, 이에 대한 공영달(孔穎達)의 소(疏)에서는 "視朔者, 公旣告廟受朔, 卽聽視此朔之政, 是其親告朔也."라고 풀이했다.

2) 길복(吉服)에는 두 가지 뜻이 있다. 첫 번째는 제사 때 입는 복장인 제복(祭服)을 뜻한다. 제사(祭祀)는 길례(吉禮)에 해당하므로, 그때 착용하는 복장을 '길복'이라고 부르는 것이다. 두 번째는 예의를 갖출 때 입는 예복(禮服)을 범칭하는 말이다.

3) 흉복(凶服)은 상복(喪服)과 같은 말이다. 상(喪)을 당한 것은 흉사(凶事)에 해당하므로, 상을 치르며 입는 복장을 '흉복'이라고도 부르는 것이다. 『논어』「향당(鄕黨)」편에는 "凶服者式之."라는 기록이 있고, 이에 대한 하안(何晏)의

길한 것이다. 직접적으로 점을 치는 자는 유사보다 존귀하니, 거북점을 쳐서 길함을 구하기 때문에 그의 복장이 보다 길한 것이며, 대부와 사는 시삭(視朔)을 할 때 피변을 착용한다.

釋文 著, 丁略反.

번역 '著'자는 '丁(정)'자와 '略(략)'자의 반절음이다.

孔疏 ○正義曰: "大夫卜宅與葬日"者, 宅謂葬地. 大夫尊, 故得卜宅幷葬日.

번역 ○경문의 "大夫卜宅與葬日"에 대하여. '택(宅)'자는 장지를 뜻한다. 대부는 존귀하기 때문에 장지와 장례를 치르는 날짜에 대해서 거북점을 칠 수 있다.

孔疏 ●"有司"至"喪屨"者, 有司, 謂卜人. 麻衣, 謂白布深衣. 布衰, 謂麤衰也. 皇氏云: "以三升半布爲衰, 長六寸, 廣四寸, 綴於衣前, 當胸上. 後又有負版, 長一尺六寸, 廣四寸." 布帶, 以布爲帶. 因喪屨, 謂因喪之繩屨.

번역 ●經文: "有司"~"喪屨". ○'유사(有司)'는 거북점을 치는 자이다. '마의(麻衣)'는 백색의 포(布)로 만든 심의(深衣)이다. '포최(布衰)'는 추최(麤衰)[4]를 뜻한다. 황간은 "3.5승(升)의 포(布)로 상복을 만드는데, 길이는 6촌(寸)이고, 너비는 4촌으로 하여, 심의 앞에 연결하니, 가슴 쪽에 해당한다. 뒤에도 또한 상복의 천을 덧댄 것이 있으니, 그 길이는 1척(尺) 6촌이며, 너비는 4촌이다."라고 했다. '포대(布帶)'는 포(布)로 허리띠를 만든 것이다. '인상구(因喪屨)'는 상에 승구(繩屨)를 신는 것에 따른다는 뜻이다.

『집해(集解)』에서는 공안국(孔安國)의 주장을 인용하여, "凶服, 送死之衣物." 이라고 풀이했다.

4) 추최(麤衰)는 상복(喪服) 중에서 가장 수위가 높은 상복을 뜻한다. 가장 거친 마(麻)로 제단을 하여 만든다.

孔疏 ●"緇布冠不蕤"者, 以緇布爲冠, 不加緌.

번역 ●經文: "緇布冠不蕤". ○검은색의 포(布)로 관을 만들되 갓끈 장식은 달지 않는다.

孔疏 ●"占者皮弁"者, 謂卜龜之人, 尊於卜之有司, 故皮弁純吉也.

번역 ●經文: "占者皮弁". ○거북점을 치는 자는 거북점에 대해 관리하는 유사보다 존귀하기 때문에, 피변복을 착용하여 완전히 길할 때의 복장을 한다는 뜻이다.

孔疏 ◎注"有司"至"皮弁". ○正義曰: 云"麻衣, 白布深衣"者, 謂吉服十五升之布, 與緇布冠皮弁相類, 故知吉布也. 云"而著衰焉"者, 熊氏云: "謂以吉布爲衰, 綴於深衣." 云"及布帶緇布冠, 此服非純吉, 亦非純凶也"者, 謂麻衣白布深衣十五升是吉, 布衰是凶, 布帶亦凶, 緇布冠是吉, 不蕤亦凶, 故云"非純吉, 亦非純凶". 然緇布冠, 古法不蕤, 今特云"緇布冠不蕤"者, 以後代緇布冠有蕤. 此以凶事, 故不蕤. 云"皮弁, 則純吉之尤者也"者, 以上麻衣緇布冠雜有吉禮, 此皮弁是純吉尤甚者. 云"卜求吉, 其服彌吉"者, 解用皮弁之意. 云"大夫士[5]朔服皮弁"者, 於諸侯是視朔之服, 於天子是視朝之服也.

번역 ◎鄭注: "有司"~"皮弁". ○정현이 "'마의(麻衣)'는 백색의 포(布)로 만든 심의(深衣)이다."라고 했는데, 길복은 15승(升)의 포(布)를 사용해서 만드니, 치포관 및 피변과 비슷한 부류가 된다. 그렇기 때문에 길복에 사용하는 포(布)임을 알 수 있다. 정현이 "그곳에 상복을 덧댄다."라고 했는데, 웅안생은 "길복에 사용하는 포(布)로 상복을 만들어서, 심의에 연결한다는 뜻이다."라고 했다. 정현이 "포(布)로 만든 허리띠와 치포관을 쓰니,

5) '사(士)'자에 대하여. 『십삼경주소(十三經注疏)』 북경대 출판본에서는 "'사'자는 본래 '상(上)'자로 기록되어 있었는데, 살펴보면 이곳 소(疏)의 기록은 정현의 주를 인용한 것이고, 주의 문장도 '사'자로 기록되어 있으므로, 그에 따라 글자를 고쳤다."라고 했다.

이러한 복장은 완전한 길복(吉服)도 아니고, 또한 완전한 흉복(凶服)도 아니다."라고 했는데, 마의에 백색의 포(布)로 만든 심의는 15승으로 하니 길복에 해당하고, 포(布)로 만든 상복은 흉복에 해당하며, 포(布)로 만든 허리띠 역시 흉복에 해당하고, 치포관은 길복에 해당하며, 갓끈을 달지 않는 것은 또한 흉복에 해당한다는 뜻이다. 그렇기 때문에 "완전한 길복(吉服)도 아니고, 또한 완전한 흉복(凶服)도 아니다."라고 말한 것이다. 그런데 치포관에 있어서 고대의 법도에서는 갓끈을 달지 않았는데, 현재 특별히 "치포관에 갓끈을 달지 않는다."라고 말한 것은 후대에는 치포관에 갓끈을 달았기 때문이다. 이것은 흉사에 해당하기 때문에 갓끈을 달지 않은 것이다. 정현이 "피변(皮弁)을 착용했다면, 순전히 길할 때의 복장보다 더욱 길한 것이다."라고 했는데, 앞에서 말한 마의 · 치포관 등에는 길례에 해당하는 것이 뒤섞여 있는데, 피변은 순전히 길한 것 중에서도 더욱 길한 것에 해당한다. 정현이 "거북점을 쳐서 길함을 구하기 때문에, 그의 복장이 보다 길한 것이다."라고 했는데, 이것은 피변을 착용하는 뜻을 풀이한 말이다. 정현이 "대부와 사는 시삭(視朔)을 할 때 피변을 착용한다."라고 했는데, 제후에게 있어서는 시삭을 할 때의 복장이 되며, 천자에게 있어서는 조정에 참관할 때의 복장이 된다.

訓纂 陸農師曰: 有司, 群吏有事者也.

번역 육농사가 말하길, '유사(有司)'는 뭇 관리들 중 담당하는 일이 있는 자들을 뜻한다.

集解 愚謂: 宅, 葬地也. 麻衣, 大祥所服, 以十五升白布爲之而縓緣者也. 布, 謂十五升吉布也. 緇布冠本無蕤, 特言之者, 嫌因事變服, 或與始冠之禮異也. 用大祥之衣, 又用吉布爲衰及帶, 又用太古之齊冠, 則於喪服皆變之矣. 大夫之貴臣爲其君菅屨, 衆臣繩屨, 凡喪中因事而變服者, 唯其屨無變也. 此有司, 乃大夫之臣, 本爲其君服斬者, 爲不敢以凶服臨鬼神, 故其服如此. 皮弁, 吉服也. 占者, 乃公有司, 故吉服. 卜之事, 有涖卜 · 陳龜 · 貞龜 · 眡高 · 命龜

·作龜. 士喪禮"族長涖卜", 宗人命龜·眡高, 卜人陳龜·貞龜·作龜. <鏘鳴按: 士喪禮云, "卜人先奠龜于西塾上南首", 是陳龜也. 又云"卜人抱龜燋, 先奠龜, 西首", 是貞龜也. 貞龜, 謂正龜於卜位也, 見周禮太卜註.> 下文云"大夫之喪", "小宗人命龜, 卜人作龜", 則眡高者亦小宗人, 陳龜·貞龜者亦卜人. 此"有司"乃涖卜者也. 命龜·作龜, 於接鬼神尤親, 宜使無服者, 故以公有司涖卜; 贊主人出命, 宜使親者, 故以私臣. 士喪禮"族長涖卜""吉服", 此不純用吉服者, 族長蓋士期功以下之親, 故變服純吉; 大夫之臣爲大夫斬衰, 故變服猶不純吉也.

번역 내가 생각하기에, '택(宅)'자는 장지를 뜻한다. '마의(麻衣)'는 대상(大祥)[6] 때 착용하는 복장으로, 15승(升)의 백색 포(布)로 만들며, 분홍색 천으로 가선을 댄 것이다. '포(布)'는 15승으로 된 길복에 사용하는 포를 뜻한다. 치포관에는 본래 갓끈 장식이 없는데, 특별히 언급을 한 이유는 그 사안에 따라 복장을 바꾸게 되어, 혹여 최초 관을 씌워줄 때 사용하는 치포관의 예법규정과 차이점이 난다고 오해할 것을 염려했기 때문이다. 대상 때의 복장을 사용하면서 또한 길복에 들어가는 포로 상복 및 허리띠를 만들고, 또 태고 때 재계를 하며 썼던 관을 사용하니, 상복 복장에 있어서 모두 변경을 한 것이다. 대부처럼 신분이 존귀한 신하는 그의 군주를 위해 상복을 착용할 때 관구(菅屨)를 신고, 나머지 뭇 신하들은 승구(繩屨)를 신으니, 무릇 상중에 그 사안에 따라 복장을 바꾸는 경우, 오직 신발에 있어서만큼은 변경하는 점이 없다. 여기에서 말한 유사(有司)는 대부에게 소속된 신하이니, 본래 그의 주군을 위해서 참최복(斬衰服)을 착용하는 자임에도, 감히 흉복으로 귀신을 대할 수 없기 때문에, 이와 같은 복장을 착용한다. '피변(皮弁)'은 길한 복장에 해당한다. '점자(占者)'는 곧 공유사(公有司)[7]이기 때문에 길복을 착용한다. 거북점을 칠 때에는 거북점에 임하고, 거북

---

6) 대상(大祥)은 부모의 상(喪) 및 삼년상 등을 치를 때 그 대상이 죽은 후 만 2년 만에 탈상을 하며 지내는 제사이다.

7) 공유사(公有司)는 사(士)가 맡았던 직책으로, 군주에게 특명을 받은 유사(有司)이다. '유사'는 실무 담당자를 뜻한다.

껍질을 진열하며, 거북껍질을 바르게 하고, 높이를 살피며, 거북껍질에게 명령을 하고, 거북껍질을 불로 그슬리는 등의 일이 있다. 『의례』「사상례(士喪禮)」편에서는 "족장(族長)[8]이 거북점을 임한다."[9]라고 했고, 종인(宗人)은 거북껍질에 명령을 하고 높이를 살피는 일을 하며, 복인(卜人)은 거북껍질을 진열하고 바르게 하며 불로 그슬리는 일을 한다. <내[10]가 살펴보기에, 『의례』「사상례」편에서는 "복인은 먼저 서쪽 행랑에 진설하며 머리를 남쪽으로 둔다."[11]라고 했으니, 이것은 거북껍질을 진열하는 일을 나타낸다. 또 "복인은 거북껍질과 불쏘시개를 가지고 가며 먼저 거북껍질을 진설하되 머리를 서쪽으로 둔다."[12]라고 했으니, 이것은 거북껍질을 바르게 하는 일을 나타낸다. '정귀(貞龜)'는 점치는 자의 위치에서 거북껍질을 바르게 정리하는 것을 뜻하니, 『주례』「태복(太卜)」편에 대한 정현의 주에 나온다.[13]> 아래문장에서는 "대부의 상이다."라고 했고, "소종인이 거북껍질에게 명령을 하고, 복인이 거북껍질을 불로 그슬린다."라고 했으니,[14] 높이를 살피는 것 또한 소종인이 하는 일이고, 거북껍질을 진열하고 바르게 정리하는 것은 또한 복인이 하는 일이다. 이곳에서 '유사(有司)'라고 했으니, 그는 거북점을 임하는 자이다. 거북껍질에 명령을 하고 불로 그슬리는 것은 귀신과 더욱 정밀히 교감하는 일이므로, 마땅히 죽은 자와 상복 관계가 없는 자를 시켜야 한다. 그렇기 때문에 공유사로 하여금 거북점을 임하게 한다. 또 주인을 도와서 거북점에게 내릴 명령을 도출하는 것은 마땅히 죽은 자와 친근한 자를 시켜야 하다. 그렇기 때문에 죽은 자의 직속 신하를 시킨

---

8) 족장(族長)은 주나라 때의 관리 중 하나로, 족인(族人)들의 친소(親疏) 관계에 따른 일을 담당하는 유사(有司)이다.

9) 『의례』「사상례(士喪禮)」 : 族長涖卜, 及宗人吉服立于門西, 東面, 南上.

10) 손장명(孫鏘鳴, A.D.1817~A.D.1901) : 청(淸)나라 때의 학자이다. 자(字)는 소보(紹甫)이고, 호(號)는 거전(蕖田) · 지암(止庵)이다. 손희단(孫希旦)의 『예기집해(禮記集解)』를 편찬하였다.

11) 『의례』「사상례(士喪禮)」 : 卜人先奠龜于西塾上, 南首, 有席.

12) 『의례』「사상례(士喪禮)」 : 卜人抱龜燋, 先奠龜, 西首, 燋在北.

13) 『주례』「춘관(春官) · 대복(大卜)」편에는 "國大遷 · 大師, 則貞龜."라는 기록이 있고, 이에 대한 정현의 주에서는 "正龜於卜位也."라고 풀이했다.

14) 『예기』「잡기상」【494b】 : 大夫之喪, 大宗人相, 小宗人命龜, 卜人作龜.

다. 「사상례」편에서는 "족장이 거북점을 임한다."라고 했고, "길복을 착용한다."라고 했는데, 이곳에 나타난 복장이 순전히 길복만 사용하지 않은 것은 족장은 아마도 사에 대해서 기년복(期年服)[15]이나 대공복(大功服) 및 소공복(小功服) 이하의 상복 관계에 있는 친족이기 때문에, 복장을 바꾼 것이 순전히 길복에 해당하는 것이다. 반면 대부의 신하는 대부를 위해서 참최복을 착용하기 때문에 복장을 바꾸지만, 여전히 순전히 길한 복장으로 할 수 없는 것이다.

15) 기년복(期年服)은 1년 동안 상복(喪服)을 입는다는 뜻이다. 또는 그 기간 동안 입게 되는 상복을 뜻하기도 하는데, 일반적으로 자최복(齊衰服)을 가리키는 용어로 사용된다. '기년복'이라고 할 때의 '기년(期年)'은 1년을 뜻하는데, '자최복'은 일반적으로 1년 동안 입게 되는 상복이 되기 때문이다.

그림 9-1 ▣ 거북점의 도구와 시초

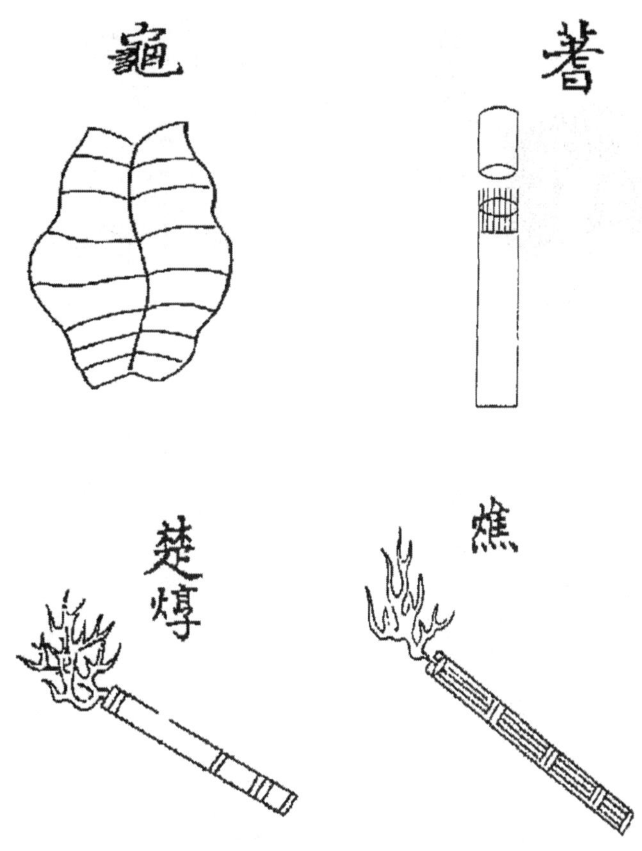

※ **출처:** 『삼례도집주(三禮圖集注)』 17권

그림 9-2 ▣ 치포관(緇布冠)

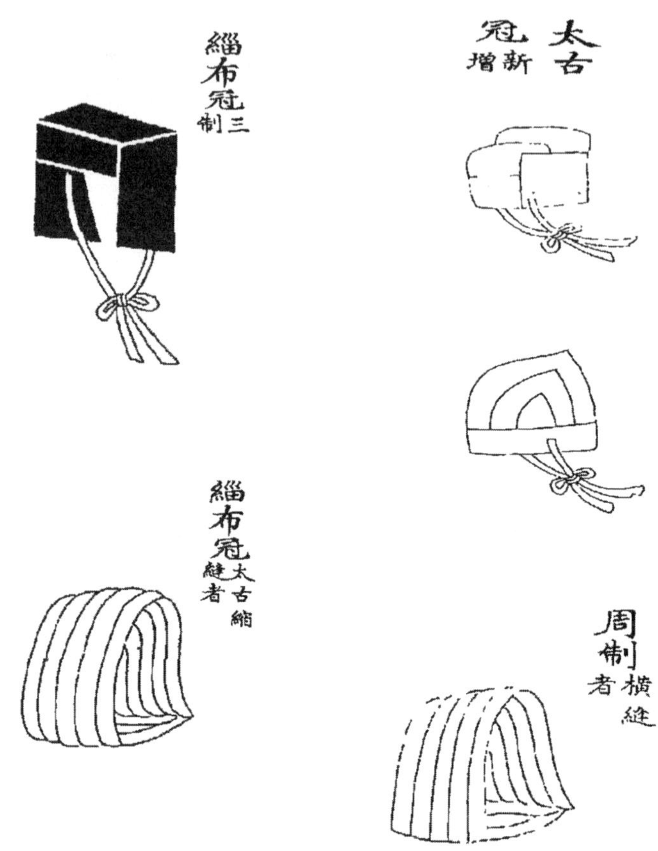

※ 출처: 『삼례도집주(三禮圖集注)』 3권

그림 9-3 ▣ 치포관(緇布冠)

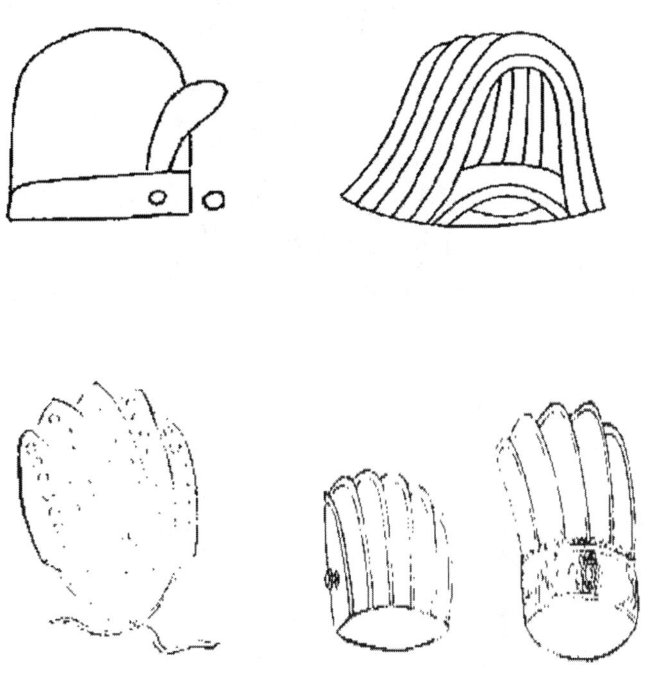

※ 출처: 상좌-『삼례도(三禮圖)』 2권 ; 상우-『육경도(六經圖)』 8권
하단-『삼재도회(三才圖會)』「의복(衣服)」 1권

그림 9-4 ■ 피변복(皮弁服)

※ 출처: 『삼례도집주(三禮圖集注)』 1권

【493d】

如筮, 則史練冠長衣以筮, 占者朝服.

직역 如히 筮라면, 史는 練冠 · 長衣하여 筮하고, 占者는 朝服한다.

의역 만약 시초점을 치게 된다면, 시초점을 치는 자는 연관과 장의를 착용하고 시초점을 치며, 점괘를 해석하는 자는 조복을 착용한다.

集說 筮史, 筮人也. 練冠, 縞冠也. 長衣, 與深衣制同, 而以素爲純緣. 占者, 審卦爻吉凶之人也. 朝服卑於皮弁服, 以筮輕卜也.

번역 '서사(筮史)'는 시초점을 치는 자이다. '연관(練冠)'은 호관(縞冠)[16]이다. '장의(長衣)'[17]는 심의(深衣)와 제작방법이 동일하지만, 흰색으로 가선을 댄다. '점자(占者)'는 괘와 효를 살펴 길흉을 따지는 사람이다. 조복(朝服)[18]은 피변복보다 상대적으로 낮으니, 시초점이 거북점보다 덜 중시되기 때문이다.

鄭注 筮者, 筮宅也. 謂下大夫若士也. 筮史, 筮人也. 長衣, 深衣之純以素也. 長衣練冠, 純凶服也. 朝服, 純吉服也. 大夫士日朝服以朝也.

번역 시초점을 친다는 것은 장지에 대해서 시초점을 친다는 뜻이다. 즉 하대부와 사의 경우에 해당한다. '서사(筮史)'는 시초점을 치는 자이다. '장

---

16) 호관(縞冠)은 백색의 명주로 만든 관(冠)이다. 상제(祥祭)나 흉사(凶事) 때 착용했다.

17) 장의(長衣)는 고대의 귀족들이 상중에 착용하는 순백색의 포로 된 옷이다. 『의례』「빙례(聘禮)」편에는 "遭喪將命於大夫, 主人長衣練冠以受."라는 기록이 있는데, 이에 대한 정현의 주에서는 "長衣, 純素布衣也."라고 풀이했다.

18) 조복(朝服)은 군주와 신하가 조회를 열 때 착용하는 복장을 뜻한다. 중요한 의식을 치를 때 착용하는 예복(禮服)을 가리키기도 한다.

의(長衣)'는 심의(深衣)에 흰색으로 가선을 댄 것이다. 장의와 연관을 착용하는 것은 완전한 흉복의 복장에 따른 것이다. 조복(朝服)은 완전한 길복의 복장에 따른 것이다. 대부와 사는 날마다 조복을 착용하고 조회에 참여한다.

釋文 朝, 直遙反, 注及下文皆同. 純音準, 又之閏反.

번역 '朝'자는 '直(직)'자와 '遙(요)'자의 반절음이며, 정현의 주 및 아래 문장에 나오는 글자도 그 음이 모두 이와 같다. '純'자의 음은 '準(준)'이며, 또한 '之(지)'자와 '閏(윤)'자의 반절음도 된다.

孔疏 ○正義曰: "如筮"者, 謂下大夫及士不合用卜, 故知用筮也.

번역 ○경문의 "如筮"에 대하여. 하대부 및 사는 거북점을 칠 수 없기 때문에, 시초점을 사용한다는 사실을 알 수 있다.

孔疏 ●"則史練冠·長衣"者, 此謂無地大夫筮葬禮也, 唯筮宅卜日耳. 卜時緇布冠, 麻衣布衰, 雜以吉凶之服. 如筮, 則練冠長衣. 以筮輕, 故用純凶服也.

번역 ●經文: "則史練冠·長衣". ○이 내용은 채지(采地)가 없는 대부가 시초점을 쳐서 장례를 치르는 예법을 뜻하니, 다만 장지에 대해서는 시초점을 치고 장례를 치르는 날짜는 거북점으로 칠 따름이다. 거북점을 칠 때에는 치포관(緇布冠)을 착용하고, 마의(麻衣)에 포(布)로 만든 상복을 덧대어, 길흉의 복장을 섞이게 한다. 만약 시초점을 치게 된다면, 연관(練冠)과 장의(長衣)를 착용하니 시초점이 상대적으로 덜 중요하기 때문에, 완전한 흉복에 따른 복장을 착용한다.

孔疏 ●"占者朝服"者, 卜重, 故占者皮弁; 筮輕, 故占者朝服.

번역 ●經文: "占者朝服". ○거북점이 상대적으로 중요하기 때문에 점치는 자가 피변(皮弁)을 착용하는 것이며, 시초점은 상대적으로 덜 중요하기 때문에 점을 해석하는 자가 조복(朝服)을 착용하는 것이다.

孔疏 ◎注"筮者"至"朝也". ○正義曰: "筮者, 筮宅也. 謂下大夫若士也"者, 以士喪禮云"筮宅卜日", 故知此筮謂筮宅也. 云"長衣, 深衣之純以素也"者, 長衣深衣, 其制同耳. 言此經長衣是深衣之純以素者, 凶時深衣純以布. 上經麻衣深衣亦純以布, 此經長衣純以素, 故云"長衣, 深衣之純以素"者也. 云"長衣練冠, 純凶服也"者, 以長衣則布衣純之以素也. 故聘禮云: "主人長衣練冠以受." 鄭注彼云"長衣, 素純布衣", 是也. 練冠是小祥以後, 以練爲冠, 都無吉象, 故云"純凶服" 云"大夫士日朝服以朝也"者, 謂緇衣素裳, 諸侯之朝服, 每日視朝之服. 按士喪禮云: "族長涖卜, 及宗人吉服." 鄭注云: "吉服, 服玄端也." 此占者朝服者, 彼謂士之卜禮, 故占者著玄端. 此據筮禮, 故占者朝服. 按士虞禮注云: "士之屬吏爲其長弔服加麻." 此史練冠長衣者, 此經文言大夫, 其臣爲大夫, 以布帶繩屨, 故史練冠長衣, 若士之卜, 史當從弔服, 不得練冠長衣也.

번역 ◎鄭注: "筮者"~"朝也". ○정현이 "시초점을 친다는 것은 장지에 대해서 시초점을 친다는 뜻이다. 즉 하대부와 사의 경우에 해당한다."라고 했는데, 『의례』「사상례(士喪禮)」편에서 "장지에 대해서 시초점을 치고, 장례 날짜에 대해서 거북점을 친다."[19]라고 했기 때문에, 이곳에서 시초점을 친다는 것이 장지에 대해 시초점을 친다는 뜻임을 알 수 있다. 정현이 "'장의(長衣)'는 심의(深衣)에 흰색으로 가선을 댄 것이다."라고 했는데, 장의와 심의는 제작방법이 동일할 따름이다. 즉 이곳 경문에서 말한 장의는 심의에 흰색의 가선을 댄 것이니, 흉한 시기에 착용하는 심의에는 포(布)를 사용해서 가선을 댄다. 앞의 경문에서 마의(麻衣)에 심의를 착용한다고 했을 때의 심의에도 또한 포(布)로 가선을 댄 것이고, 이곳 경문에서 장의라고 한 것은 흰색으로 가선을 댄 것이다. 그렇기 때문에 "장의는 심의에 흰색으로 가선을 댄 것이다."라고 말한 것이다. 정현이 "장의와 연관을 착용하는

---

19) 『의례』「기석례(旣夕禮)」: 筮宅, 冢人物土. 卜日吉, 告從于主婦.

것은 완전한 흉복의 복장에 따른 것이다."라고 했는데, 장의를 착용한다면, 포(布)로 만든 옷에 흰색으로 가선을 댄다. 그렇기 때문에 『의례』「빙례(聘禮)」편에서는 "주인은 장의와 연관을 착용하고 받는다."[20]라고 했고, 그 문장에 대한 정현의 주에서는 "장의는 흰색의 가선이 있는 포(布)로 만든 옷이다."라고 한 것이다. 연관(練冠)은 소상(小祥) 이후에 착용하는 복장인데, 누인 천을 사용해서 관을 만들며, 여기에는 길함을 상징하는 것이 전혀 없다. 그렇기 때문에 "완전한 흉한 복장이다."라고 말했다. 정현이 "대부와 사는 날마다 조복(朝服)을 착용하고 조회에 참여한다."라고 했는데, 검은색 상의와 흰색의 하의를 착용하는 것은 제후가 사용하는 조복으로, 매일 조정에 참여할 때 착용하는 복장이라는 뜻이다. 「사상례」편을 살펴보면, "족장(族長)이 거북점에 임하며, 종인(宗人)[21]과 길복을 착용한다."라고 했고, 정현의 주에서는 "길복은 현단복(玄端服)[22]을 착용한다는 뜻이다."라고 했다. 그러나 여기에서는 점자(占者)가 조복을 착용한다고 했다. 「사상례」편

---

20) 『의례』「빙례(聘禮)」: 遭喪, 將命于大夫, 主人長衣·練冠以受.

21) 종인(宗人)은 고대 관직명이다. 소종백(小宗伯)으로 여기기도 하며, 일반적으로 제사 및 종묘(宗廟)에서 시행되는 예법을 담당하는 자로 여기기도 한다. 『서』「주서(周書)·고명(顧命)」편에는 "上宗曰饗, 太保受同, 降, 盥以異同, 秉璋以酢, 授宗人同, 拜, 王荅拜."라는 기록이 있고, 이에 대한 공안국(孔安國)의 전문(傳文)에서는 "宗人, 小宗伯."이라고 풀이했다. 또한 『의례』「사관례(士冠禮)」편에는 "徹筮席, 宗人告事畢, 主人戒賓, 賓禮辭許."라는 기록이 있고, 이에 대한 정현의 주에서는 "宗人, 有司主禮者."라고 풀이했다.

22) 현단(玄端)은 고대의 예복(禮服) 중 하나이다. 흑색으로 만든 옷이다. 주로 제사 때 사용했으며, 천자 및 제후로부터 대부(大夫)와 사(士) 계급에 이르기까지 모두 이 복장을 착용할 수 있었다. '현단'은 상의와 하의 및 관(冠)까지 포함하는 용어이다. 한편 손이양(孫詒讓)의 주장에 따르면, '현단'은 의복에만 해당하는 용어이며, 관(冠)은 포함하지 않는다고 주장한다. 그리고 천자로부터 사 계급에 이르기까지 이 복장을 제복(齊服)으로 사용했다고 설명한다. 『주례』「춘관(春官)·사복(司服)」편에는 "其齊服有玄端素端."이라는 기록이 있는데, 손이양의 『정의(正義)』에서는 "玄端素端是服名, 非冠名, 蓋自天子下達至於士通用爲齊服, 而冠則尊卑所用互異."라고 풀이하였다. 그리고 '현단'은 천자가 평소 거처할 때 착용했던 복장을 가리키기도 한다. 『예기』「옥조(玉藻)」편에는 "卒食, 玄端而居."라는 기록이 있고, 이에 대한 정현의 주에서는 "天子服玄端燕居也."라고 풀이하였다.

의 기록은 사가 거북점을 치는 예법을 뜻하기 때문에 점자가 현단복을 착용하는 것이다. 반면 이곳 기록은 시초점을 치는 예법에 기준을 두었기 때문에 점자가 조복을 착용하는 것이다. 『의례』「사우례(士虞禮)」편에 대한 정현의 주를 살펴보면, "사에게 소속된 아전 중 수장이 된 자는 조복(弔服)에 마(麻)를 덧댄다."[23]라고 했다. 이곳에서는 사(史)가 연관과 장의를 착용한다고 했는데, 이곳 경문에서는 대부를 언급하며, 그의 신하는 대부를 위해서 포(布)로 된 허리띠를 차고 승구(繩屨)를 신는다고 했기 때문에, 사는 연관에 장의를 입으니, 만약 사의 거북점을 치는 경우라면, 사는 마땅히 조문할 때의 복장에 따르게 되며, 연관에 장의를 착용할 수 없다.

集解 愚謂: 曰"如筮"者, 宅與日或卜或筮, 隨人所用也. 或俱用卜, 或俱用筮, 或一卜一筮. 士喪禮筮宅而卜日, 蓋於卜筮各擧其一, 以見其禮, 非謂士之禮, 宅必用筮, 日必用卜也. 史, 家臣主筮事者也. 練冠, 小祥之冠也. 長衣, 喪服之中衣也. 中衣上有喪衰, 今以不敢純凶, 故脫喪衰, 而卽以中衣爲外服也. 此"史"與上涖卜之"有司", 皆本服斬, 而因事變服者也. 涖卜之有司吉服而不純, 此則凶服而稍變, 蓋卜重而筮輕, 故服之不同如此. 占者, 亦公有司也. 朝服降於皮弁, 亦以筮輕於卜故也.

번역 내가 생각하기에, '여서(如筮)'라고 말했으니, 장지와 장례를 치르는 날짜에 대해서 어떤 경우에는 거북점을 사용하고 또 어떤 경우에는 시초점을 사용하니, 사람에 따라서 사용하는 것이다. 어떤 경우에는 모두 거북점을 사용하고, 또 어떤 경우에는 모두 시초점을 사용하며, 또 어떤 경우에는 하나는 거북점을 사용하지만 다른 하나는 시초점을 사용한다. 『의례』「사상례(士喪禮)」편에서는 장지를 시초점으로 치고 장례를 치르는 날짜는 거북점으로 친다고 했는데, 아마도 거북점과 시초점에 대해서 각각 그 중 한 측면을 제시하여, 그 예법을 드러낸 것이지, 사에게 적용되는 예법에서,

---

23) 이 문장은 『의례』「사우례(士虞禮)」편의 "祝免, 澡葛絰帶, 布席于室中, 東面, 右几, 降, 出, 及宗人卽位于門西, 東面南上."이라는 기록에 대한 정현의 주이다.

장지를 정할 때에는 반드시 시초점만 사용해야 하고, 장례 날짜를 정할 때에는 반드시 거북점만 사용해야 한다는 뜻이 아니다. '사(史)'는 가신들 중 시초점에 대한 일을 주관하는 자이다. '연관(練冠)'은 소상(小祥) 때 쓰는 관이다. '장의(長衣)'는 상복 중의 중의(中衣)[24]이다. 중의 위에 상복을 착용하게 되는데, 현재는 감히 순전히 흉복에만 따를 수 없기 때문에, 겉에 입는 상복을 벗고, 중의를 겉에 입는 복장으로 착용한 것이다. 이곳에서는 '사(史)'라고 했고, 앞에서는 거북점에 임하는 '유사(有司)'를 언급했는데, 이들은 모두 본래 참최복(斬衰服)을 착용하는 자들이지만, 그 사안에 따라서 복장을 바꾼 자들이다. 거북점을 임하는 유사는 길복을 착용하지만 순전히 길복으로만 착용하지 않고, 이곳에 나온 관리 또한 흉복을 착용하지만 조금 변화를 주는 것이니, 무릇 거북점은 상대적으로 중요하고 시초점은 덜 중요하기 때문에, 복장에 있어서도 이처럼 차이가 난다. 여기에서 말한 '점자(占者)' 또한 공유사(公有司)를 뜻한다. 조복(朝服)은 피변복(皮弁服)보다 낮으니, 또한 시초점이 거북점보다 덜 중요하기 때문이다.

---

24) 중의(中衣)는 조복(朝服)이나 제복(祭服) 등의 예복(禮服) 안에 착용하는 옷이다. '중의' 안에는 속옷 등을 착용하고, '중의' 겉에는 예복 등을 착용하므로, 중간이라는 뜻에서 '중의'라고 부르는 것이다. 『예기』「교특생(郊特牲)」편에는 "繡黼丹朱中衣."라는 기록이 있고, 이에 대한 공영달(孔穎達)의 소(疏)에서는 "中衣, 謂以素爲冕服之裏衣."라고 풀이하였다.

그림 9-5 ▣ 제후의 조복(朝服)

※ 출처: 『삼례도집주(三禮圖集注)』 1권

그림 9-6 ■ 현단복(玄端服)

※ 출처: 『삼례도집주(三禮圖集注)』 1권

그림 9-7 ▣ 중단(中單) : 중의(中衣)의 일종

※ 출처: 『삼재도회(三才圖會)』「의복(衣服)」 1권

• 제 10 절 •

대부의 장지(葬地)로 떠나기 전 절차

【493d】

大夫之喪既薦馬, 薦馬者哭踊, 出乃包奠而讀書.

직역 大夫의 喪에 旣히 馬를 薦하면, 馬를 薦한 者는 哭踊하고, 出하여 奠을 包하고 書를 讀한다.

의역 대부의 상을 치를 때, 영구가 장지로 떠나게 되면 수레에 멍에를 맬 말을 끌고 오는데, 그 일이 끝나면 자식은 그 모습을 보고 애통한 마음이 들어 곡을 하고 발을 구르며, 밖으로 나서게 되면 희생물의 고기를 포장해둔 것을 견거(遣車)에 싣고, 사(史)가 영구의 동쪽에 서서 부의를 보내온 사람과 그 물건을 기록한 문서를 읽는다.

集說 薦, 進也. 駕車之馬, 每車二匹. 按既夕禮, 柩初出至祖廟, 設遷祖之奠訖乃薦馬, 至日側祖奠之時又薦馬, 明日設遣奠時又薦馬. 此言既薦馬, 謂遣奠時也. 馬至則車將行, 故孝子感之而哭踊. 包奠者, 取遣奠牲之下體包裹而置於遣車以送死者. 馬至在包奠之前, 而云出乃包奠者, 明包奠爲出之節也. 讀書者, 既夕云, "書賵於方." 方, 版也, 謂書賵奠賻贈之人名與其物於版, 柩將行, 主人之史於柩東, 西面而讀之, 此明大夫之禮與士同.

번역 '천(薦)'자는 "나아간다[進]."는 뜻이다. 수레에 멍에를 매는 말은 수레마다 2필이 들어간다. 『의례』「기석례(既夕禮)」편을 살펴보면, 영구는 최초 조묘(祖廟)로부터 나오는데, 조묘에서 옮기며 바치는 전제(奠祭)[1]의 진설이 끝나면, 곧 말을 끌고 오며, 해가 기울게 되어 조전(祖奠)[2]을 할 때에도 또한 말을 끌고 오고, 다음날 견전(遣奠)[3]을 진설할 때에도 또한 말을 끌고 온다. 이곳에서 "이미 말을 끌고 왔다."라고 한 말은 견전을 치르는 때를 가리킨다. 말이 도착하면 수레는 움직이려고 하기 때문에, 자식은 그에 슬픔을 느껴 곡을 하며 발을 구르게 된다. '포전(包奠)'은 견전을 하며 사용한 희생물의 하체를 가져다가 포장을 하여 견거(遣車)에 싣고 죽은 자를 전송하는 것이다. 말이 도착하는 시기는 포전을 하기 이전이 되는데, "밖으로 나오면 포전을 한다."라고 말한 것은 포전이라는 것이 출발의 기준이 됨을 나타내기 위해서이다. '독서(讀書)'에 대해서 「기석례」편에서는 "방(方)에 부의로 온 것들을 기록한다."[4]라고 했다. '방(方)'은 문서를 뜻하니, 부의를 보내온 사람의 이름과 그 물건을 문서에 기록하고, 영구가 떠나려고 할 때 주인에게 소속된 사(史)가 영구의 동쪽에 서서, 서쪽으로 바라보고 그 문서를 읽는다는 뜻이니, 이것은 대부의 예법이 사의 예법과 동일하다는 점을 나타낸다.

鄭注 嫌與士異, 記之也. 既夕禮曰: "包牲取下體." 又曰: "主人之史請讀賵".

번역 사의 예법과 차이가 있을 것이라고 오해할 것을 염려했기 때문에 기록한 것이다. 『의례』「기석례(既夕禮)」편에서는 "희생물을 포장할 때에는 하체를 사용한다."[5]라고 했고, 또 "주인의 사(史)가 봉(賵)[6]에 대해 읽

---

1) 전제(奠祭)는 죽은 자 및 귀신들에게 음식을 헌상하는 제사이다. 상례(喪禮)를 치를 때, 빈소를 차리고 나면, 매일 아침과 저녁에 음식을 바치며 제사를 지내게 되는데, '전제'는 주로 이러한 제사를 뜻한다.

2) 조전(祖奠)은 발인 하루 전에 올리는 전제(奠祭)를 가리킨다.

3) 견전(遣奠)은 장차 장례(葬禮)를 치르고자 할 때, 지내게 되는 전제사[奠祭]를 뜻한다.

4) 『의례』「기석례(既夕禮)」: 書賵於方, 若九, 若七, 若五.

5) 『의례』「기석례(既夕禮)」: 徹巾, 苞牲, 取下體, 不以魚·腊.

6) 봉(賵)은 부의를 보낸다는 뜻이며, 또한 부의로 보내는 특정 물건을 가리키기도 하다. '봉'은 상사(喪事)에 사용될 수레나 말을 부의로 보내는 것이다. 『예

을 것을 청한다."[7]라고 했다.

釋文 ▼(薦/豕)音薦, 本又作薦. 賵, 芳鳳反.

번역 '▼(薦/豕)'자의 음은 '薦(천)'이며, 판본에 따라서는 또한 '薦'자로도 기록한다. '賵'자는 '芳(방)'자와 '鳳(봉)'자의 반절음이다.

孔疏 ○正義曰: 此明大夫將葬, 啓柩朝廟之後, 欲出之時.

번역 ○이곳 문장은 대부에 대해 장례를 치를 때, 가매장했던 영구를 열고 조묘(朝廟)를 한 이후 장지로 출발하려고 하는 시기의 일을 나타내고 있다.

孔疏 ●"旣薦馬"者, 按士喪禮下篇云: 薦馬之節, 凡有三時, 一者柩初出至祖廟, 設奠, 爲遷祖之奠, 訖, 乃薦馬, 是其一也. 至日側祖奠之時, 又薦馬, 是其二也. 明日將行, 設遣奠之時, 又薦馬, 是其三也. 此云旣薦馬, 謂第三薦馬之時也. 以下則云"包奠而讀書", 於既夕禮當第三薦馬之節.

번역 ●經文: "旣薦馬". ○『의례』「사상례(士喪禮)」 하편을 살펴보면, 말을 끌고 올 때의 절차에는 모두 세 시기가 있다. 첫 번째는 영구가 최초 밖으로 나와 조묘(祖廟)에 당도하면, 전제사를 진설하니, 조묘에서 옮길 때의 전제사가 되고, 그것이 끝나면 곧 말을 끌고 오니, 이것이 첫 번째 절차이다. 해가 기울기 시작하여 조전(祖奠)을 해야 할 때에도 또한 말을 끌고 오니, 이것이 두 번째 절차이다. 다음날 장지로 떠나려고 하여, 견전(遣奠)을 진설하려고 할 때에도 또한 말을 끌고 오니, 이것이 세 번째 절차이다.

기』「문왕세자(文王世子)」편에는 "族之相爲也, 宜弔不弔, 宜免不免, 有司罰之. 至于賵賻承含, 皆有正焉."이라는 기록이 있는데, 이에 대한 진호(陳澔)의 『집설(集說)』에서는 "賵以車馬."라고 풀이했다.

7) 『의례』「기석례(既夕禮)」: 主人之史請讀賵. 執筭從, 柩東, 當前束, 西面.

이곳에서 "이미 말을 끌고 왔다."라고 했는데, 이것은 세 번째 말을 끌고 오는 절차의 시기를 뜻한다. 그 이유는 뒤의 문장에서 "전제사에 사용된 희생물을 싸고 문서를 읽는다."라고 했는데, 이것은 『의례』「기석례(旣夕禮)」편의 기록에 따르면, 세 번째 말을 끌고 오는 절차에 해당하기 때문이다.

孔疏 ●"薦馬者哭踊"者, 謂主人見薦馬. 薦, 進也, 進馬至乃哭踊.

번역 ●經文: "薦馬者哭踊". ○말을 끌고 오는 것을 주인이 본 것이다. '천(薦)'자는 "나아간다[進]."는 뜻이니, 말을 끌고 오게 되면, 곡을 하고 발을 구르게 된다.

孔疏 ●"出乃包奠"者, 出, 謂馬出. "乃包奠"者, 取遣奠牲下體包裹之, 以遣送行也. 然馬出在包奠之前, 而必云"出乃包奠"者, 明"出"卽"包奠", 包奠爲出之節, 故言"出"也.

번역 ●經文: "出乃包奠". ○'출(出)'은 말이 밖으로 나온 것을 뜻한다. 경문의 "乃包奠"에 대하여. 견전(遣奠)을 지내며 사용한 희생물의 하체를 가져다가 포장을 하고, 이것을 견거(遣車)에 실어서 장례를 전송하게 된다. 그러나 말이 밖으로 나오는 것은 희생물의 고기를 포장하기 이전의 시기가 되는데도, 기어코 "밖으로 나오면 희생물을 포장한다."라고 말한 것은 '출(出)'이 곧 '포전(包奠)'이 되어, 희생물을 포장하는 것이 출발하는 기점이 됨을 나타낸 것이다. 그렇기 때문에 '출(出)'이라고 말한 것이다.

孔疏 ●"而讀書"者, 書, 謂凡送亡者賵入槨之物書也. 讀之者, 省錄之也.

번역 ●經文: "而讀書". ○'서(書)'는 죽은 자를 전송할 때, 부의로 들어온 것 중 외관에 넣게 되는 물건과 문서를 뜻한다. 그것을 읽는 것은 그것들을 살펴서 수록하기 때문이다.

孔疏 ◎注"嫌與"至"讀賵". ○正義曰: "嫌與士異"者, 按旣夕禮薦馬, 馬出之後, 云"包牲取下體"也, 又云"主人之史請讀賵". 今此大夫亦薦馬出後, 包奠讀書, 與士同. 記者嫌畏大夫之尊, 與士有異, 故特記之, 明與士同也. 故引旣夕禮以下者, 證包牲讀賵之節, 謂主人見薦馬送行物而哭踊, 故云"薦馬者哭踊"也. 所以馬進而主人哭踊者, 馬是牽車爲行之物, 今見進馬, 是行期已至, 故孝子感之而哭踊. 云"旣夕禮曰: 包牲車下體"者, 士則羊豕也, 鄭注: "包者, 象旣饗而歸賓俎者也. 前脛折取臂臑, 後脛折壤也." 臂, 謂膝上膊下也. 臑, 謂肘後. 取骼, 謂取膊下股骨也. 羊豕各三牲, 必取下體者, 下體能行, 亦示將行也. 有遣車者, 亦先包之也. 云"又曰: 主人之史請讀賵"者, 賵, 猶送者人名也.

번역 ◎鄭注: "嫌與"~"讀賵". ○정현이 "사의 예법과 차이가 있을 것이라고 오해할 것을 염려했기 때문이다."라고 했는데, 『의례』「기석례(旣夕禮)」편을 살펴보면, 말을 끌고 와서 말이 밖으로 나온 이후의 시기에 대해, "희생물을 포장하며 하체를 가져다 쓴다."라고 했고, 또 "주인의 사(史)는 부의로 온 것에 대해 읽기를 청한다."라고 했다. 현재 이곳에서는 대부 또한 말을 끌고 와서 밖으로 나온 뒤에 희생물의 고기를 포장하고 문서를 읽는다고 하였으니, 사의 예법과 동일하다. 『예기』를 기록한 자는 대부의 존귀함을 외경하여 사의 예법과 차이가 있을 것이라고 오해할 것을 염려했기 때문에, 특별히 기록을 하여, 사와 동일하게 따른다는 사실을 밝혔다. 그래서 「기석례」편에 나온 문장들을 인용하여, 희생물을 포장하고 부의를 읽는 절차를 증명한 것이니, 말을 끌고 오는 것과 장례에 전송할 물건들을 주인이 보고서 곡과 용(踊)을 한다는 뜻이다. 그렇기 때문에 "말을 끌고 오는 자가 있어, 그것을 보고 곡을 하고 발을 구른다."라고 한 것이다. 말을 끌고 왔는데, 주인이 곡과 용(踊)을 하는 이유는 말은 수레를 끌어서 장지로 떠나게 하는 동물인데, 현재 말을 끌고 오는 것을 보았으니, 이것은 행차의 시기가 이미 임박하게 되었음을 의미한다. 그렇기 때문에 자식은 그것에 슬픔을 느껴서 곡과 용(踊)을 하는 것이다. 정현이 "「기석례」편에서는 희생물을 포장할 때에는 하체를 사용한다."라고 했는데, 사의 경우에는 양과 돼지를 사용하니, 「기석례」편에 대한 정현의 주에서는 "포장을 하는 것은 이미 흠향을 끝내고 빈객들의 도마에 올려두는 고기를 상징한다. 앞의 다리에서 어깨로부터 발 부분까지 가져오고, 뒤의 다리에서 살덩이를 가져온다."라고 했다. '비(臂)'라는 것은 무릎 위로부터 어깨 밑의 부분을 뜻한다. '노(臑)'라는 것은 관절의 뒷부분을 뜻한다. 뼈를 취하는 것은 어깨 밑의 넓적다리뼈를 취한다는 뜻이다. 양과 돼지를 각각 세 마리씩 사용하는데, 반드시 하체 부분을 취하는 것은 하체는 걸어 다닐 수 있는 부분이니, 이를 통해서도 떠나게 됨을 나타내기 때문이다. 견거(遣車)를 사용하는 경우에는 또한 먼저 포장을 한다. 정현이 "또 주인의 사(史)가 부의에 대해 읽을 것을 청한다."라고 했는데, '봉(賵)'은 전송할 자들의 이름을 뜻한다.

訓纂 趙氏良澍曰: 儀禮旣夕奠馬之節凡三, 其薦于祖奠·遣奠者不言"哭踊", 惟柩始朝廟設遷·祖奠之時乃言"馬入門, 哭成踊". 此記哭踊, 而卽以包奠·讀書繼之, 蓋明三薦俱哭也. 又云"包奠"者, 包牲以爲遣車也. 讀書者, 讀賵以告死者也. 皆在薦馬之後, 故此哭成踊者專爲馬也, 非爲奠也. 而或連下文"徹者入, 踊如初"之語以釋此"踊", 失之矣.

번역 조량주[8]가 말하길, 『의례』「기석례(旣夕禮)」편에서는 말을 끌고 오는 절차에 모두 세 가지가 있다고 하는데, 조전(祖奠)과 견전(遣奠)을 바치며 말을 끌고 올 때에는 "곡과 용(踊)을 한다."라고 말하지 않았고, 오직 영구가 처음으로 조묘(朝廟)를 하며 옮길 때의 전제사와 조전을 할 때에만 곧 "말이 문으로 들어와서 곡을 하고 곡에 맞춰 용(踊)을 한다."고 했다. 이곳 기록에서는 곡과 용(踊)을 한다고 했고, 이어서 전제사 때 사용된 희생물을 포장하고 문서를 읽는다는 말을 했으니, 아마도 세 차례 말을 끌고 올 때에는 모두 곡을 했던 것 같다. 또 "전제사 때 사용된 희생물을 포장한다."라고 했는데, 이것은 희생물의 고기를 포장하여 견거(遣車)에 담는 것

---

8) 조량주(趙良澍, ?~?) : 청(淸)나라 때의 학자이다. 저서로는 『독예기(讀禮記)』가 있다.

이다. '독서(讀書)'라는 것은 부의로 온 것들을 읽어서 죽은 자에게 아뢰는 것이다. 이 모두는 말을 끌고 온 이후에 하기 때문에, 이곳에서 곡을 하고 곡에 맞춰 용(踊)을 한다고 했던 것은 전적으로 말 때문에 하는 것이지, 전제사 때문에 하는 것이 아니다. 어떤 자는 아래문장에 나오는 "치우는 자가 들어오면 용(踊)을 할 때 처음처럼 한다."[9]라는 말과 연결해서 이곳에 나온 '용(踊)'을 풀이했는데, 잘못된 주장이다.

集解 愚謂: 薦馬者, 謂圉人與御者也. 士喪禮下篇云"薦馬", "圉人夾牽之, 御者執策立於馬後, 哭, 成踊, 右還出". 喪無人不致其哀, 故薦馬者雖賤亦哭, 成踊乃出也. 薦馬者哭踊, 出, 乃包奠, 而讀書, 謂包奠讀書, 以薦馬者之出爲節也.

번역 내가 생각하기에, '천마자(薦馬者)'는 어인(圉人)[10]과 수레를 모는 자를 뜻한다. 『의례』「사상례(士喪禮)」 하편에서는 "말을 끌고 온다."라고 했고, "어인이 옆에서 끼고 끌고 오며, 수레를 모는 자는 채찍을 들고 말 뒤에 위치하고, 곡을 하고 곡에 맞춰 용(踊)을 하고서 우측으로 돌아서 나온다."라고 했다.[11] 상에서는 슬픔을 지극히 하지 않는 자가 없다. 그렇기 때문에 말을 끌고 오는 자도 비록 신분이 미천하지만 또한 곡을 하고, 곡에 맞춰서 용(踊)을 한 뒤에 밖으로 나오는 것이다. 말을 끌고 오는 자가 곡과 용(踊)을 한 뒤 밖으로 나오면 곧 전제사를 지냈던 고기를 포장하고 문서를 읽으니, 고기를 포장하고 문서를 읽는 것은 말을 끌고 오는 자가 밖으로 나오는 것을 기점으로 한다는 뜻이다.

---

9) 『의례』「기석례(旣夕禮)」: 車各從其馬, 駕于門外, 西面而俟, 南上, 徹者入. 踊如初.

10) 어인(圉人)은 말 사육을 담당했던 관리이다. 『주례』「하관(夏官)·어인(圉人)」편에는 "掌養馬芻牧之事, 以役圉師."라는 기록이 있다.

11) 『의례』「기석례(旣夕禮)」: 薦馬, 纓三就, 入門, 北面交轡, 圉人夾牽之. 御者執策立於馬後. 哭, 成踊. 右還出. 賓出, 主人送於門外.

• 제 11 절 •

대부의 상에서 거북점 치는 절차

【494b】

大夫之喪, 大宗人相, 小宗人命龜, 卜人作龜.

직역 大夫의 喪에, 大宗人은 相하고, 小宗人은 龜를 命하며, 卜人은 龜를 作한다.

의역 대부의 상이 발생하면, 대종백이 파견되어 의례 절차를 돕고, 소종백이 파견되어 거북점을 칠 때, 거북껍질에게 그 사안을 알리는 일을 하며, 복인은 거북껍질을 그슬려서 점을 친다.

集說 大宗人 · 小宗人, 卽大宗伯 · 小宗伯也. 相, 佐助禮儀也. 命龜, 告龜以所卜之事也. 作龜, 鑽灼之也.

번역 '대종인(大宗人)'과 '소종인(小宗人)'은 곧 대종백(大宗伯)[1]과 소

---

1) 종백(宗伯)은 대종백(大宗伯)이라고도 부른다. 주(周)나라 때에는 육경(六卿) 중 하나에 해당하는 고위 관직이었다. 『주례』의 체제 속에서는 춘관(春官)의 수장이 된다. 종묘(宗廟)에 대한 제사 등 주로 예제(禮制)와 관련된 일을 담당하였다. 후대의 관직체계에서는 예부(禮部)에 해당하기 때문에, 예부상서(禮部尙書)를 또한 '대종백' 혹은 '종백'이라고도 부른다. 『서』「주서(周書) · 주관(周官)」편에는 "宗伯掌邦禮, 治神人, 和上下."라는 기록이 있다. 또 『주례』「춘관(春官) · 종백(宗伯)」편에는 "乃立春官宗伯, 使帥其屬而掌邦禮, 以佐王和邦國."이라는 기록이 있는데, 이에 대한 정현의 주에서는 "宗伯, 主禮之官."이라고 풀이했다. 한(漢)나라 때에는 태재(太宰)라는 이름으로 관직명을 고치기도 했다. 한편 진(秦)나라 때에는 종실(宗室)의 일들을 담당하는 종정(宗正)이라는 관리가 있었는데, 한나라 때에는 이 관직명을 '종백'으로 고치기도 했다.

종백(小宗伯)[2]을 뜻한다. '상(相)'자는 의례의 진행을 돕는다는 뜻이다. '명귀(命龜)'는 거북껍질에게 거북점을 쳐야 하는 사안에 대해서 알린다는 뜻이다. '작귀(作龜)'는 불쏘시개로 그슬린다는 뜻이다.

集說 劉氏曰: 大宗人, 或是都宗人, 小宗人, 或是家宗人, 掌都家之禮者.

번역 유씨가 말하길, '대종인(大宗人)'은 아마도 도종인(都宗人)[3]이며, '소종인(小宗人)'은 아마도 가종인(家宗人)[4]이니, 채지(采地)로 있는 지역에서 시행되는 예법을 담당하는 자이다.

大全 金華應氏曰: 君臣一家也. 君之喪, 百官庀其職, 大夫之喪, 家臣庀其役, 其廣狹不同矣. 君則邺其私, 而以國有司助之, 其凡役, 則司徒供之, 少儀聽役於司徒, 是也. 其贊相, 則大小二宗與卜人同之, 宗伯肆師相禮, 是也. 大小宗與卜人, 皆春官, 而喪事同贊相之. 蓋君喪之用太宰太宗太祝, 若曾子問所記, 是也. 而亦以贊大夫之喪, 其待之厚矣. 夫臣子之喪, 其力有不能盡具者, 皆仰之於公, 又俾有司贊其事, 所謂體群臣者此類是也.

번역 금화응씨[5]가 말하길, 군주와 신하는 한 가족과도 같다. 군주의 상이 발생했을 때 모든 신하들은 맡은 직무를 시행하고, 대부의 상이 발생했

2) 소종백(小宗伯)은 대종백(大宗伯)을 보좌하는 관리이다. 『주례』의 체제에 따르면 중대부(中大夫) 2명이 담당을 했다. 수행하는 일은 대체로 대종백과 동일하며, 대종백을 보좌하여 세부적인 절차들을 수행한다.

3) 도종인(都宗人)은 도(都)에서 시행되는 제사 등을 담당하는 관리이다. 『주례』의 체제에 따르면 상사(喪事) 2명이 담당을 했고, 그 휘하에는 중사(中士) 4명이 배속되어 있었으며, 실무를 맡아보는 자로는 부(府) 2명, 사(史) 4명, 서(胥) 4명, 도(徒) 40명이 배속되어 있었다.

4) 가종인(家宗人)은 가(家)에서 시행되는 제사 등을 담당하는 관리이다. 『주례』의 체제에 따르면 상사(喪事) 2명이 담당을 했고, 그 휘하에는 중사(中士) 4명이 배속되어 있었으며, 실무를 맡아보는 자로는 부(府) 2명, 사(史) 4명, 서(胥) 4명, 도(徒) 40명이 배속되어 있었다.

5) 금화응씨(金華應氏, ?~?) : =응용(應鏞)·응씨(應氏)·응자화(應子和). 이름은 용(鏞)이다. 자(字)는 자화(子和)이다. 『예기찬의(禮記纂義)』를 지었다.

을 때, 가신들은 맡은 일을 시행하니, 규모의 차이만 있을 뿐이다. 군주의 경우에는 자신의 신하를 가엾게 여겨서, 나라에 소속된 유사(有司)를 파견하여 돕도록 하니, 무릇 상에서 시행되는 일들은 사도(司徒)[6]가 그 일에 도움을 주는 것으로, 『예기』「소의(少儀)」편에서 "사도의 심부름을 따르고자 합니다."[7]라고 한 말이 바로 이러한 사실을 나타낸다. 의례의 진행을 돕는 경우, 대종인(大宗人)과 소종인(小宗人) 및 복인(卜人)이 그 일에 함께 참여하니, 『주례』에 나온 「종백(宗伯)·사사(肆師)」편에서 의례를 돕는다고 한 말이 바로 이러한 사실을 나타낸다.[8] 대종인과 소종인 및 복인은 모두 춘관에 소속된 관리들이며, 상사가 발생했을 때 모두 그 일을 돕게 된다. 군주의 상에서는 태재(太宰)·태종(太宗)·태축(太祝)이 일을 맡아보는데, 『예기』「증자문(曾子問)」편의 기록이 이러한 사실을 나타낸다.[9] 그리고 이들은 또한 대부의 상이 발생했을 때에도 그 일을 도우니, 신하를 후하게 대우하기 때문이다. 무릇 신하와 자식의 상이 발생했을 때, 그들의 역량으로 모두 갖출 수 없는 경우, 모든 경우 군주에게 요청을 하게 되고, 또 군주는 유사를 시켜서 그 일들을 돕게 되니, 이른바 뭇 신하들을 내 몸처럼 여긴다고 했던 말[10]들은 바로 이러한 사실을 나타낸다.

---

6) 사도(司徒)는 본래 주(周)나라 때의 관리로, 국가의 토지 및 백성들에 대한 교화(敎化)를 담당했다. 전설상으로는 소호(少昊) 시대 때부터 설치되었다고 전해진다. 주나라의 육경(六卿) 중 하나였으며, 전한(前漢) 애제(哀帝) 원수(元壽) 2년(B.C. 1)에는 승상(丞相)의 관직명을 고쳐서, 대사도(大司徒)라고 불렀고, 대사마(大司馬), 대사공(大司空)과 함께 삼공(三公)의 반열에 있었다. 후한(後漢) 때에는 다시 '사도'로 명칭을 고쳤고, 그 이후로는 이 명칭을 계속 사용하다가 명(明)나라 때 폐지되었다. 명나라 이후로는 호부상서(戶部尙書)를 '대사도'라고 불렀다.

7) 『예기』「소의(少儀)」【431c】: 適公卿之喪, 則曰: "聽役於司徒."

8) 『주례』「춘관(春官)·사사(肆師)」: 凡卿大夫之喪, 相其禮.

9) 『예기』「증자문(曾子問)」【226c~d】: 三日, 衆主人·卿·大夫·士, 如初位, 北面, 大宰·大宗·大祝, 皆裨冕, 少師奉子以衰. 祝先, 子從, 宰·宗人從, 入門, 哭者止. 子升自西階, 殯前, 北面, 祝立于殯東南隅. 祝聲三, 曰: "某之子某, 從執事, 敢見." 子拜稽顙, 哭, 祝·宰·宗人·衆主人·卿·大夫·士, 哭踊三者三, 降東反位, 皆袒. 子踊, 房中亦踊, 三者三. 襲衰杖, 奠出, 大宰命祝·史, 以名徧告于五祀·山川.

鄭注 卜葬及日也. 相, 相主人禮也. 命龜, 告以所問事也. 作龜, 謂楊火灼之以出兆.

번역 장지와 장례를 치르는 날짜에 대해서 거북점을 친 것이다. '상(相)'은 주인이 따르는 의례 진행을 돕는다는 뜻이다. '명귀(命龜)'는 묻고자 하는 사안을 알린다는 뜻이다. '작귀(作龜)'는 불쏘시개로 지져서 균열이 생기도록 한다는 뜻이다.

釋文 相, 息亮反, 注同.

번역 '相'자는 '息(식)'자와 '亮(량)'자의 반절음이며, 정현의 주에 나오는 글자도 그 음이 이와 같다.

孔疏 ○正義曰: "大夫", 謂卿也. 明卿喪用人及卜之法也.

번역 ○이곳에서 말한 '대부(大夫)'는 경(卿)을 뜻한다. 즉 경의 상이 발생했을 때, 일을 맡아보는 사람과 거북점을 치는 법도를 나타내고 있다.

孔疏 ●"大宗", 謂大宗伯也. 相, 佐威儀.

번역 ●經文: "大宗". ○대종백(大宗伯)을 뜻한다. '상(相)'자는 의례의 진행을 돕는다는 뜻이다.

孔疏 ●"小宗人命龜"者, 小宗, 謂小宗伯也. 命龜, 謂告龜道所卜之辭也.

번역 ●經文: "小宗人命龜". ○'소종(小宗)'은 소종백(小宗伯)을 뜻한다. '명귀(命龜)'는 거북껍질에게 알려서, 점을 쳐야 할 일들을 말하는 것이다.

---

10) 『중용』「20장」: 凡爲天下國家有九經, 曰, "修身也, 尊賢也, 親親也, 敬大臣也, 體群臣也, 子庶民也, 來百工也, 柔遠人也, 懷諸侯也.

孔疏 ○卜人, 亦有司. 作, 爲用楊火灼之也, 並皆有司也. 皇氏云: "大小二宗, 並是其君之職, 來爲喪事, 如司徒旅歸四布是也." 故宗伯·肆師云: "凡卿大夫之喪相其禮."

번역 ○'복인(卜人)'은 또한 유사(有司)에 해당한다. '작(作)'은 불쏘시개로 그슬린다는 뜻이니, 이 모두에 대해서는 담당하는 유사가 있다. 황간은 "대종백과 소종백은 모두 군주에게 소속된 관리인데, 그들이 찾아와서 상사를 돕는 것은 마치 '사도(司徒)는 그 휘하의 하사(下士)들을 시켜서, 부의로 들어왔던 재화 중 남은 것들을 부의를 보내준 사방의 여러 사람들에게 되돌려주도록 했다.'[11]는 경우에 해당한다."라고 했다. 그래서 『주례』「춘관(春官)·사사(肆師)」편에서는 "무릇 경과 대부의 상에 대해서는 그 의례를 돕는다."[12]라고 한 것이다.

孔疏 ◎注"卜葬及日也". ○正義曰: 知"卜葬及日"者, 以文承上"大夫卜宅與葬日"之下, 故知此經是上大夫之卜葬宅及日者也.

번역 ◎鄭注: "卜葬及日也". ○정현이 "장지와 장례를 치르는 날짜에 대해서 거북점을 친 것이다."라고 했는데, 이 말이 사실임을 알 수 있는 이유는 이곳 문장이 앞에서 "대부가 장지와 장례를 치르는 날짜에 대해서 거북점을 친다."[13]라고 한 문장을 이어서 그 뒤에 기록되어 있기 때문에, 이곳 경문이 상대부의 장지와 장례를 치르는 날짜에 대해서 점치는 내용임을 알 수 있다.

訓纂 江氏永曰: 大宗人若都家宗人, 君爲大夫立者也. 小宗人, 大夫之家臣也. 周禮相卿大夫喪禮者肆師, 非大小宗伯也. 都宗人主都, 家宗人主家, 豈

---

11) 『예기』「단궁상(檀弓上)」【99d】: 孟獻子之喪, 司徒旅歸四布. 夫子曰: "可也."
12) 『주례』「춘관(春官)·사사(肆師)」: 凡卿大夫之喪, 相其禮.
13) 『예기』「잡기상」【493c】: 大夫卜宅與葬日, 有司麻衣布衰布帶因喪屨緇布冠不蕤, 占者皮弁.

同來相大夫之喪乎? 少牢禮大夫自有宗人, 豈反不與命龜乎? 疏與劉氏說皆未確.

번역 강영이 말하길, '대종인(大宗人)'이나 도(都) 및 가(家)의 종인들은 군주가 대부를 위해 세운 관리들이다. '소종인(小宗人)'은 대부에게 소속된 가신이다. 『주례』에서 경이나 대부의 상례를 돕는 자는 사사(肆師)라고 했으니, 대종백(大宗伯)이나 소종백(小宗伯)이 아니다. 도종인은 도(都)에 대한 일을 주관하고, 가종인은 가(家)에 대한 일을 주관하는데, 어찌 동시에 찾아와서 대부의 상을 도울 수 있겠는가? 『의례』「소뢰궤식례(少牢饋食禮)」편에서 대부에게는 종인(宗人)이 포함된다고 했는데, 어떻게 그가 거북껍질에게 명령하는 일에 참여할 수 없겠는가? 그러므로 공영달의 소와 유씨의 주장은 모두 명확한 해석이 아니다.

集解 愚謂: 凡相禮事者皆曰宗人, 雖私臣亦以名之. 此大小二宗並公臣, 乃宗伯上中下士之屬, 自以尊卑分爲大小, 非大宗伯小宗伯之官也. 命龜, 述命以告卜人也. 其出命, 以命宗人, 則涖卜者爲之.

번역 내가 생각하기에, 무릇 의례와 관련된 일을 돕는 자는 모두 '종인(宗人)'이라고 부르니, 비록 개인이 소유하고 있는 신하일지라도 또한 이처럼 부를 수 있다. 이곳에 나온 대종인(大宗人)과 소종인(小宗人)은 모두 군주에게 소속된 신하이니, 곧 대종백의 휘하에 있는 상사·중사·하사 등의 무리로, 그들 자체로 신분의 차이에 따라 대·소로 구분한 것이지, 대종백(大宗伯)과 소종백(小宗伯)의 관리를 뜻하는 것이 아니다. '명귀(命龜)'는 명령할 일을 조술하여 복인(卜人)에게 알린다는 뜻이다. 명령을 내려서 종인에게 명령하면, 거북점을 치는 자가 임무를 시행한다.

集解 賈氏公彦曰: 士命龜有二, 命筮有一. 士喪禮命筮者"命曰'哀子某, 爲其父某甫筮宅, 度玆幽宅兆基, 無有後艱', 筮人許諾, 不述命", 註云, "旣命而申之曰述, 不述者, 士禮略." 及卜葬日云涖卜"命曰'哀子某, 來日某卜葬其父某甫, 考降, 無有近悔.' 許諾, 不述命, 還卽席, 西面坐命龜." 卜云"不述命", 猶有西面命龜. 是士命龜辭有二, 命筮辭有一. 大夫以上命筮辭有二, 命龜辭有三. 少牢云"史執筮", "受命於主人. 主人曰'孝孫某, 來日丁亥, 用薦歲事於皇祖伯某, 以某妃配某氏, 尙饗.' 史曰'諾'". 又述命曰"假爾大筮有常, 孝孫某", 以下與前同, 述前辭以命筮. 大夫筮旣述命, 卽卜亦述命, 是命龜有三, 命筮有二也.

번역 가공언[14]이 말하길, 사의 명귀(命龜)에는 두 단계가 있고, 명서(命筮)에는 한 단계가 있다. 『의례』「사상례(士喪禮)」편에서는 명서를 하는 자가 "명령을 하며, '애자 아무개는 그의 부친 아무개 보(甫)를 위해 장지에 대해 시초점을 쳐서, 이 그윽한 장소를 묘역으로 생각하니, 이후 어려움이 있겠습니까? 없겠습니까?'라고 하고, 시초점을 치는 자가 알았다고 하면, 재차 명령을 조술하지 않는다."[15]라고 했고, 정현의 주에서는 "이미 명령을 하고도 재차 말하는 것을 '술(述)'이라고 부르니, 재차 명령을 조술하지 않는 것은 사의 예법이 간략하기 때문이다."라고 했다. 그리고 장례 날짜에 대해 거북점을 치는 것에 있어서는 거북점에 임하는 자가 "명령을 하며, '애자 아무개가 돌아오는 아무개 날에 그의 부친 아무개 보(甫)를 위해 장지에 대해 거북점을 치르려고 하니, 신령이 오르고 내림에 근심이 될 만한 것이 있겠습니까? 없겠습니까?'라고 하고, 알았다고 하면, 재차 명령을 조술하지 않고 돌아가서 자리로 나아가 서쪽을 바라보며 앉아서 거북껍질에게 명령을 한다."[16]라고 했는데, 거북점에 대해서도 "재차 명령을 조술하지 않는다."라고 했지만, 오히려 서쪽을 바라보고 거북껍질에게 명령하는 절

---

14) 가공언(賈公彦, ?~?) : 당(唐)나라 때의 유학자이다. 정현(鄭玄)을 존숭하였다. 예학(禮學)에 조예가 깊었다. 『주례소(周禮疏)』, 『의례소(儀禮疏)』 등의 저서를 남겼으며, 이 저서들은 『십삼경주소(十三經注疏)』에 포함되었다.

15) 『의례』「사상례(士喪禮)」 : 筮者東面抽上韇, 兼執之, 南面受命. 命曰, "哀子某, 爲其父某甫筮宅, 度茲幽宅, 兆基, 無有後艱." 筮人許諾, 不述命, 右還, 北面, 指中封而筮.

16) 『의례』「사상례(士喪禮)」 : 涖卜受視, 反之. 宗人還, 少退, 受命. 命曰, "哀子某, 來日某, 卜葬其父某甫, 考降無有近悔." 許諾, 不述命, 還卽席, 西面坐, 命龜, 興, 授卜人龜, 負東扉.

차가 기록되어 있다. 이것은 사가 거북껍질에게 명령을 하는 말에 있어서는 두 단계가 있고, 시초점에 명령하는 말에는 한 단계가 있음을 나타낸다. 대부로부터 그 이상의 계층은 시초점에 명령을 하는 말에도 두 단계가 있고, 거북껍질에 명령하는 말에는 세 단계가 있다. 『의례』「소뢰궤식례(少牢饋食禮)」편에서는 “사가 시초를 잡는다.”라고 했고, “주인에게서 명령을 받는다. 주인은 ‘효손인 아무개가 돌아오는 정해일에 황조의 맏이이신 아무개께 해마다 드리는 제사를 지내며, 아무개의 비(妃)를 아무개 씨(氏)에게 배향하고자 하니, 흠향하소서.’라고 말하고, 사는 ‘알았습니다.’”라고 한다고 했다.[17] 또 명령을 재차 조술하며, “네 큰 시초에 항상됨이 있음을 빌리니, 효손인 아무개이다.”[18]라고 했고, 이하의 말은 앞의 내용과 동일하니, 앞의 말들을 재차 조술하여 시초에게 명령을 하게 된다. 대부의 경우 시초에 있어서 이미 명령을 조술하게 되어 있으니, 거북점에 대해서도 명령을 조술하는 것으로, 이것은 거북껍질에게 명령하는 것에는 세 단계가 있고, 시초에게 명령하는 것에는 두 단계가 있음을 나타낸다.

---

17) 『의례』「소뢰궤식례(少牢饋食禮)」: 史朝服, 左執筮, 右抽上韇, 兼與筮執之, 東面受命于主人. 主人曰, “孝孫某, 來日丁亥, 用薦歲事于皇祖伯某, 以某妃配某氏, 尙饗.” 史曰, “諾.”

18) 『의례』「소뢰궤식례(少牢饋食禮)」: 西面于門西, 抽下韇, 左執筮, 右兼執韇以擊筮, 遂述命曰, “假爾大筮有常, 孝孫某, 來日丁亥, 用薦歲事于皇祖伯某, 以某妃配某氏, 尙饗.” 乃釋韇, 立筮.

• 제 12 절 •

초혼(招魂)에 사용되는 의복 규정

【494c】

復, 諸侯以褒衣冕服爵弁服.

직역 復에, 諸侯는 褒衣·冕服·爵弁服으로써 한다.

의역 초혼에 있어서, 제후는 포의·면복·작변복 등을 사용한다.

集說 復, 解見前. 褒衣者, 始命爲諸侯之衣, 及朝覲時天子所加賜之衣也. 冕服者, 上公自袞冕而下, 備五冕之服; 侯伯自驚冕而下, 其服四; 子男自毳冕而下, 其服三. 諸侯之復也, 兼用褒衣及冕服爵弁之服也.

번역 '복(復)'에 대해서는 그 설명이 앞에 나온다. '포의(褒衣)'는 처음 명령을 받아 제후가 되었을 때 착용했던 옷이나 조근(朝覲) 등의 의례 때 천자가 하사해준 옷을 뜻한다. '면복(冕服)'의 경우, 상공(上公)[1]은 곤면(袞冕)으로부터 그 이하의 복장을 착용하여, 오면(五冕)[2]의 복장을 모두 갖추

---

1) 상공(上公)은 주(周)나라 제도에 있었던 관직 등급이다. 본래 신하의 관직 등급은 8명(命)까지이다. 주나라 때에는 태사(太師), 태부(太傅), 태보(太保)와 같은 삼공(三公)들이 8명의 등급에 해당했다. 그런데 여기에 1명을 더하게 되면 9명이 되어, 특별직인 '상공'이 된다. 『주례』「춘관(春官)·전명(典命)」편에는 "上公九命爲伯, 其國家宮室車旗衣服禮儀, 皆以九爲節."이라는 기록이 있고, 이에 대한 정현의 주에서는 "上公, 謂王之三公有德者, 加命爲二伯. 二王之後亦爲上公."이라고 풀이하였다. 즉 '상공'은 삼공 중에서도 유덕(有德)한 자에게 1명을 더해주어, 제후들을 통솔하는 '두 명의 백(伯)[二伯]'으로 삼았다.

고, 후작 · 백작은 별면(鷩冕)으로부터 그 이하의 복장을 착용하여, 네 개의 복장을 갖추며, 자작 · 남작은 취면(毳冕)으로부터 그 이하의 복장을 착용하여, 세 개의 복장을 갖춘다. 제후의 초혼에서는 포의 및 면복 · 작변의 복장을 모두 사용하게 된다.

鄭注 復, 招魂復魄也. 冕服者, 上公五, 侯伯四, 子男三. 褒衣, 亦始命爲諸侯及朝覲見加賜之衣也. 褒, 猶進也.

번역 '복(復)'은 혼백을 불러들이는 것이다. '면복(冕服)'의 경우, 상공은 다섯 개이고, 후작 · 백작은 네 개이며, 자작 · 남작은 세 개다. '포의(褒衣)'는 또한 처음 명령을 받아 제후가 되었을 때 하사받은 옷과 조근(朝覲) 등을 할 때 하사받은 옷을 뜻한다. '포(褒)'자는 "나아간다[進]."는 뜻이다.

孔疏 ○正義曰: 自此以下, 至"復西上", 總明諸侯以下及夫人命婦招魂所用之衣. 但此經爛脫, 上下顚倒, 如鄭所次, 以此諸侯褒衣一經爲首, 次以夫人稅衣揄狄之經, 然後次內子以鞠衣之經. 今依鄭次, 各隨文解之.

번역 ○이곳 문장으로부터 그 아래로 "초혼을 할 때에는 서쪽을 상등으로 삼는다."[3]라는 구문까지는 제후로부터 그 이하의 계층 및 부인(夫人)과 명부(命婦)들에 대해서 초혼을 하며 사용하는 의복에 대해 총괄적으로 나타내고 있다. 다만 이곳 경문에는 착간됨이 있어, 앞뒤의 순서가 거꾸로 되어 있는데, 정현이 다시 배열한 것에 따르면 이곳에서 제후의 포의(褒衣)

---

2) 오면(五冕)은 고대의 제왕이 제사를 지낼 때 착용하는 다섯 종류의 관(冠)을 뜻하니, 구면(裘冕) · 곤면(袞冕) · 별면(鷩冕) · 취면(毳冕) · 치면(絺冕)을 가리킨다. 본래 면복(冕服)에는 여섯 종류가 있지만, 대구(大裘)의 경우, 그 때 착용하는 면(冕)에는 류(旒)가 달려 있지 않기 때문에, '오면'에는 포함시키지 않는다. 『주례』「하관(下官) · 변사(弁師)」편에는 "掌王之五冕, 皆玄冕朱裏延紐."라는 기록이 있고, 이에 대한 정현의 주에서는 "冕服有六, 而言五冕者, 大裘之冕蓋無旒, 不聯數也."라고 풀이했다.

3) 『예기』「잡기상」【494d】: 內子以鞠衣褒衣素沙. 下大夫以禮衣. 其餘如士. 復西上.

등을 기록한 문장이 처음 순서가 되고, 그 다음 부인(夫人)의 세의(稅衣)와 유적(揄狄)에 대한 경문이 그 다음이 되고, 그런 뒤에 내자(內子)가 국의(鞠衣)로써 한다는 경문이 있게 된다. 현재는 정현이 바로잡은 순서에 따르며, 각각의 문장에 따라 풀이하겠다.

孔疏 ●"復, 諸侯以褒衣"者, 謂復時以始命褒賜之衣.

번역 ●經文: "復, 諸侯以褒衣". ○초혼을 할 때, 처음 명령을 받아 제후가 되었을 때의 옷과 하사받은 옷을 사용한다는 뜻이다.

孔疏 ●"冕服爵弁服"者, 諸侯旣用褒衣, 又以冕服爵弁服而復也.

번역 ●經文: "冕服爵弁服". ○제후가 이미 포의(褒衣)를 사용한다고 했는데, 또한 면복(冕服)이나 작변복(爵弁服)을 이용해서 초혼을 할 수 있다는 뜻이다.

孔疏 ◎注"冕服"至"進也". ○正義曰: "冕服"者, 上公自袞冕而下, 故爲五; 侯伯自鷩冕而下, 故爲四; 子男自毳冕而下, 故爲三也. 凡服, 各依其命數, 則上公五冕之外, 更加爵弁服以下皮弁·冠弁之等, 而滿九; 侯伯冕服之外, 亦加爵弁以下, 而滿七; 子男冕服之外, 加爵弁·皮弁, 而滿五. 其褒衣, 君特所褒賜, 則宜在命數之外也. 故王制云: 三公一命袞, 若有加, 則賜, 是褒衣, 故不入命數也. 此褒衣或是冕之最上者.

번역 ◎鄭注: "冕服"~"進也". ○'면복(冕服)'이라는 것은 상공은 곤면(袞冕)으로부터 그 이하의 복장에 해당하기 때문에 다섯 개가 되고, 후작·백작은 별면(鷩冕)으로부터 그 이하의 복장에 해당하기 때문에 네 개가 되며, 자작·남작은 취면(毳冕)으로부터 그 이하의 복장에 해당하기 때문에 세 개가 된다. 무릇 복장은 각각 그들이 받은 명(命)의 등급 수에 따르니, 상공은 오면(五冕) 외에도 재차 작변복(爵弁服)으로부터 그 이하로 피변(皮弁)·관변(冠弁) 등이 더해져서 9개를 채우고, 후작·백작은 면복 외에도 또한 작변으로부터 그 이하의 복장이 더해져서 7개를 채우며, 자작·남작은 면복 외에 작변과 피변이 더해져서 다섯 개를 채운다. '포의(褒衣)'의 경우 군주가 특별히 공로로 인해 표장하며 하사를 한 복장이므로, 마땅히 명(命)에 따른 수치 외에 별도로 있게 된다. 그렇기 때문에 『예기』「왕제(王制)」편에서는 삼공(三公)[4]은 1명(命)이 더해지면 곤면을 입고, 만약 삼공이면서 곤면을 입는 경우라면, 천자가 포의를 하사해준 것이라고 했다.[5] 그렇기 때문에 포의는 명(命)에 따른 수치에 포함되지 않는 것이다. 또한 이곳에 나온 '포의(褒衣)'를 면복 중에서도 가장 상등의 복장으로 여기기도 한다.

集解 愚謂: 褒衣者, 謂天子所褒賜之衣, 或用其本服, 或加賜於本服之外. 韓奕之詩曰, "王錫韓侯, 玄袞赤舃." 韓以侯而賜袞衣, 則褒衣之法可見矣. 冕服者, 五等諸侯之上服: 公則袞冕, 侯伯則鷩冕, 子男則毳冕也. 諸侯復之衣三: 褒衣一, 冕服二, 爵弁三也. 爵弁服, 祭服之下, 而乃用以復者, 重其爲始見天子之服也. 士喪禮復用爵弁服. 此言諸侯之復, 自褒衣至爵弁服而止, 皮弁服以下, 復皆不用也.

번역 내가 생각하기에, '포의(褒衣)'라는 것은 천자가 그의 공로를 표장하여 하사한 복장을 뜻하니, 어떤 경우에는 본래의 등급에 따른 복장을 사용하기도 하고, 또 어떤 경우에는 본래의 등급에 따른 복장 외에 추가적으

---

4) 삼공(三公)은 중앙정부의 가장 높은 관직자 3명을 합쳐서 부르는 말이다. '삼공'에 속한 관직명에 대해서는 각 시대별로 차이가 있다. 『사기(史記)』「은본기(殷本紀)」편에는 "以西伯昌, 九侯, 鄂侯, 爲三公."이라는 기록이 있다. 즉 은나라 때에는 서백(西伯)인 창(昌), 구후(九侯), 악후(鄂侯)들을 '삼공'으로 삼았다. 또한 주(周)나라 때에는 태사(太師), 태부(太傅), 태보(太保)를 '삼공'으로 삼았다. 『서』「주서(周書)·주관(周官)」편에는 "立太師·太傅·太保, 茲惟三公, 論道經邦, 燮理陰陽."이라는 기록이 있다. 한편 『한서(漢書)』「백관공경표서(百官公卿表序)」에 따르면 사마(司馬), 사도(司徒), 사공(司空)을 '삼공'으로 삼았다는 기록이 있다.

5) 『예기』「왕제(王制)」【149d】: 制三公, 一命卷. 若有加, 則賜也. 不過九命.

로 하사를 하기도 한다. 「한혁(韓奕)」편의 시에서는 "천자가 한후에게 하사하길 검은색의 곤의와 적색의 신발을 주었도다."[6]라고 했다. 한나라 제후는 후작이었으므로 곤의를 하사했으니, 포의에 대한 법도를 확인할 수 있다. '면복(冕服)'이라는 것은 다섯 등급의 제후들이 착용하는 상등의 복장이다. 즉 공작은 곤면(袞冕)에 해당하고, 후작 · 백작은 별면(鷩冕)에 해당하며, 자작 · 남작은 취면(毳冕)에 해당한다. 제후의 초혼에서 사용하는 옷에는 세 가지가 있다. 포의가 첫 번째이고, 곤면이 두 번째이며, 작변이 세 번째이다. '작변복(爵弁服)'은 제복 중에서 등급이 낮은 것인데도 초혼을 할 때 사용하는 것은 처음 천자를 알현할 때의 복장이 되므로 중요하게 여겼기 때문이다. 『의례』「사상례(士喪禮)」편에서는 초혼을 할 때 작변복을 사용한다고 했다. 이곳 내용은 제후의 초혼에 대한 것인데, 포의로부터 작변복까지 언급을 하고 그쳤으니, 피변복으로부터 그 이하의 복장은 초혼에서 모두 사용하지 않는다.

---

6) 『시』「대아(大雅) · 한혁(韓奕)」 : 四牡奕奕, 孔脩且張. 韓侯入覲, 以其介圭, 入覲于王. <u>王錫韓侯</u>, 淑旂綏章. 簟茀錯衡. <u>玄袞赤舄</u>, 鉤膺鏤鍚, 鞹鞃淺幭, 鞗革金厄.

그림 12-1 ▣ 상공(上公)의 곤면(衮冕)

上公
衮冕

※ 출처: 『삼례도집주(三禮圖集注)』 1권

그림 12-2 ▣ 후작[侯]과 백작[伯]의 별면(鷩冕)

※ **출처:** 『삼례도집주(三禮圖集注)』 1권

그림 12-3 ▣ 자작[子]과 남작[男]의 취면(毳冕)

子男毳冕

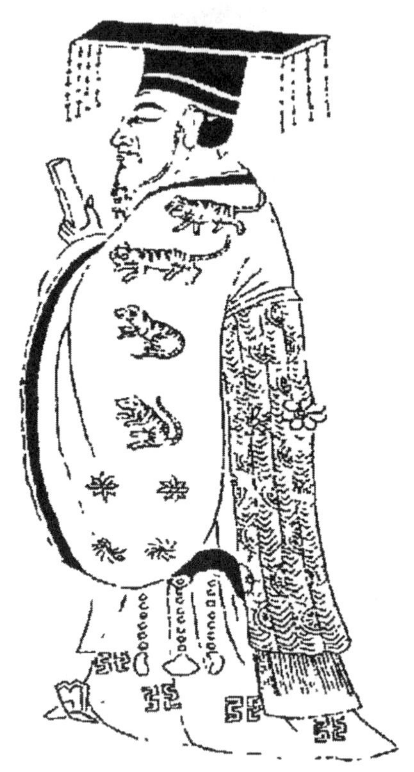

※ 출처: 『삼례도집주(三禮圖集注)』 1권

그림 12-4 ▣ 관변복(冠弁服)

※ **출처:** 『삼례도집주(三禮圖集注)』 1권

【494c】

夫人稅衣揄狄, 狄稅素沙.

직역 夫人은 稅衣와 揄狄이며, 狄稅에는 素沙한다.

의역 제후의 부인에 대해 초혼을 할 때에는 세의와 유적을 사용하며, 세의와 유적은 흰색의 안감을 댄다.

集說 此言夫人始死所用以復之衣也. 稅衣, 色黑而緣以纁. 揄, 與搖同. 揄狄色靑, 江淮而南, 靑質而五色皆備成章曰搖狄. 狄, 當爲翟, 雉名也. 此服蓋畫搖翟之形以爲文章, 因名也. 狄稅素沙, 言自搖翟至稅衣, 皆用素沙爲裏, 卽今之白絹也.

번역 이 내용은 제후의 부인이 처음 죽었을 때, 초혼을 하며 사용하는 복장을 뜻한다. '세의(稅衣)'는 색이 검고 가선은 분홍색으로 댄 옷이다. '유(揄)'자는 '요(搖)'자와 동일하니, '요적(揄狄)'은 그 색이 청색이며, 강수와 회수 이남에서는 청색 바탕에 다섯 가지 색깔을 모두 갖춰 무늬를 꾸민 옷을 '요적(搖狄)'이라고 부른다. '적(狄)'자는 마땅히 '적(翟)'자가 되니, 꿩을 뜻하는 명칭이다. 이 복장에는 아마도 움직이는 꿩의 형상을 그려서 무늬로 삼았기 때문에, 그에 따라 이러한 명칭을 정한 것 같다. '적세소사(狄稅素沙)'라는 말은 요적으로부터 세의에 이르기까지는 모두 흰색의 천을 사용하여 안감을 만든다는 뜻이니, 이것은 곧 현재의 백색 비단에 해당한다.

集說 按內司服, 六服者, 褘衣·揄狄·闕狄·鞠衣·展衣·褖衣也.

번역 『주례』「내사복(內司服)」편을 살펴보면, '육복(六服)'이라는 것은 위의(褘衣)·유적(揄狄)·궐적(闕狄)·국의(鞠衣)·전의(展衣)·단의(褖衣)이다.[7]

集說 儀禮註云, 王之服九, 而祭服六; 后之服六, 而祭服三. 王之服, 衣裳之色異; 后之服, 連衣裳而其色同. 以婦人之德, 本末純一故也. 王之服禪而無裏, 后之服裏而不禪, 以陽成於奇, 陰成於偶故也.

번역 『의례』에 대한 정현의 주에서 말하길, 천자의 복장은 아홉 가지이고, 제사의 복장은 여섯 가지이다. 왕후(王后)[8]의 복장은 여섯 가지이고, 제사의 복장은 세 가지이다. 천자의 복장은 상의와 하의의 색깔이 다르지만, 왕후의 복장은 상의와 하의가 연결되어 있어서 그 색깔이 동일하다. 부인(婦人)의 덕성은 근본과 말단이 순일하기 때문이다. 천자의 복장은 홑겹으로 만들어서 안감이 없지만, 왕후의 복장에는 안감을 대어 홑겹으로 만들지 않으니, 양(陽)은 홀수에서 완성되고 음(陰)은 짝수에서 완성되기 때문이다.

鄭注 言其招魂用稅衣上至揄狄也. 狄稅素沙, 言皆以白紗縠爲裏.

번역 초혼을 하며 세의(稅衣)로부터 유적(揄狄)까지를 사용한다는 뜻이다. '적세소사(狄稅素沙)'는 모두 백색의 비단으로 안감을 댄다는 뜻이다.

釋文 稅, 他喚反, 下文放此. 揄音遙, 下文同. 縠, 戶木反, 下注同.

번역 '稅'자는 '他(타)'자와 '喚(환)'자의 반절음이며, 아래문장에 나오는 글자도 모두 이에 따른다. '揄'자의 음은 '遙(요)'이며, 아래문장에 나오는 글자도 그 음이 모두 이와 같다. '縠'자는 '戶(호)'자와 '木(목)'자의 반절음이며, 아래 정현의 주에 나오는 글자도 그 음이 이와 같다.

---

7) 『주례』「천관(天官)·내사복(內司服)」: 內司服; 掌王后之六服, 褘衣, 揄狄, 闕狄, 鞠衣, 展衣, 緣衣, 素沙.

8) 왕후(王后)는 천자의 본부인을 뜻한다. 후대에는 황후(皇后)라고 부르기도 하였다. 고대에는 천자(天子)를 왕(王)이라고 불렀기 때문에, 천자의 부인을 '왕후'라고 부른 것이다.

孔疏 ○正義曰: 此明婦人復衣也, 婦人衣有六也.

번역 ○이곳 문장은 부인(婦人)들이 초혼을 하며 사용하는 복장을 나타내고 있는데, 부인의 옷에는 여섯 종류가 있다.

孔疏 ●"夫人稅衣揄狄"者, 諸侯夫人復用稅衣上至揄狄, 謂諸侯伯夫人也.

번역 ●經文: "夫人稅衣揄狄". ○제후의 부인(夫人)은 초혼을 하며 세의(稅衣)로부터 그 위로 유적(揄狄)까지를 사용한다는 뜻이니, 백작의 신분을 가진 제후의 부인을 뜻한다.

孔疏 ●"狄稅素沙"者, 言從揄狄以下, 至於稅衣, 皆用素沙白縠爲裏.

번역 ●經文: "狄稅素沙". ○유적(揄狄)으로부터 그 이하로 세의(稅衣)까지는 모두 백색의 비단을 이용해서 안감을 만든다는 뜻이다.

集解 愚謂: 諸侯復之衣三, 則夫人亦然. 此但言"揄狄""稅衣"者, 蓋二衣之間, 又科用一衣也. 以其蒙上可知, 故略言之.

번역 내가 생각하기에, 제후에 대해 초혼을 할 때 사용하는 복장은 세 종류가 있으니, 그의 부인에 대해서도 또한 이처럼 세 가지 복장을 사용한다. 이곳에서 단지 '유적(揄狄)'과 '세의(稅衣)'만 언급한 이유는 두 복장 사이에는 또한 하나의 복장만 포함되기 때문이다. 그리고 앞의 문장을 통해서 이러한 사실을 알 수 있기 때문에, 생략해서 기록한 것이다.

그림 12-5 ▣ 위의(褘衣)

※ **출처:** 『삼례도집주(三禮圖集注)』 2권

그림 12-6 ▣ 유적(揄狄: =揄翟·搖狄)

※ 출처: 『삼례도집주(三禮圖集注)』 2권

그림 12-7 ▣ 굴적(屈狄: =闕翟)

※ **출처:**『삼례도집주(三禮圖集注)』2권

그림 12-8 ▣ 국의(鞠衣)

※ **출처:** 『삼례도집주(三禮圖集注)』 2권

그림 12-9 ▣ 전의(展衣: =襢衣)

※ **출처:** 『삼례도집주(三禮圖集注)』 2권

그림 12-10 ▣ 세의(稅衣: =褖衣)

※ 출처: 『삼례도집주(三禮圖集注)』 2권

【494d】

內子以鞠衣褒衣素沙. 下大夫以禮衣. 其餘如士.9) 復西上.

직역 內子는 鞠衣인 褒衣로써 하며 素沙한다. 下大夫는 禮衣로써 한다. 그 餘는 士와 如한다. 復에는 西가 上이라.

의역 경의 정처에 대해 초혼을 할 때에는 하사받은 국의를 사용하는데, 이 옷에는 백색의 비단으로 안감을 댄다. 하대부의 처에 대해서는 단의(禮衣)를 사용한다. 나머지 복장은 사의 처에 대한 복장인 단의(褖衣)를 함께 사용한다. 초혼을 할 때에는 서쪽을 상등으로 삼는다.

集說 內子, 卿之適妻也. 其服用鞠衣. 此衣蓋始命爲內子時所褒賜者, 故云鞠衣褒衣也. 亦以素沙爲裹. 下大夫, 謂下大夫之妻也. 禮, 周禮作展. 其餘如士者, 謂士妻之復用褖衣, 內子與下大夫之妻復亦兼用褖衣也. 復西上者, 復之人數多寡各如其命數, 若上公九命, 則復者九人, 以下三命, 則用三人. 北面則西在左, 左爲陽, 冀其復生, 故尙左也, 尊者立於左.

번역 '내자(內子)'는 경(卿)의 정처이다. 그녀에 대한 초혼 복장은 국의(鞠衣)10)를 사용한다. 이 복장은 아마도 처음 명(命)을 받아 내자가 되었을 때 그녀의 덕을 기리며 하사한 복장이기 때문에, '국의인 포의[鞠衣褒衣]'라

---

9) '내자(內子)'로부터 '여사(如士)'까지에 대하여. 『십삼경주소』에는 이 문장이 【494c】의 "復, 諸侯以褒衣冕服爵弁服."이라는 문장 앞에 기술되어 있다.

10) 국의(鞠衣)는 황색으로 만든 옷이다. 본래 '천자의 부인[王后]'이 입던 '여섯 가지 의복[六服]' 중 하나를 가리키나, 구빈(九嬪) 및 세부(世婦)나 어처(御妻)들 또한 이 옷을 입었고, 경(卿)의 부인에게는 가장 격식을 갖춘 예복(禮服)이 된다. 그 색깔은 누런색을 내는데, 뽕나무 잎이 처음 소생할 때의 색깔과 같다. 『주례』「천관(天官)·내사복(內司服)」편에는 "掌王后之六服. 褘衣, 揄狄, 闕狄, 鞠衣, 展衣, 緣衣."라는 기록이 있으며, 이에 대한 정현의 주에서는 "鄭司農云, 鞠衣, 黃衣也. 鞠衣, 黃桑服也. 色如鞠塵, 象桑葉始生."이라고 풀이하였다.

고 말한 것 같다. 이 복장 또한 흰색의 비단으로 안감을 댄다. 이곳의 '하대부(下大夫)'는 하대부의 처를 뜻한다. '단(褍)'자를 『주례』에서는 '전(展)'자로 기록했다.[11] '기여여사(其餘如士)'라고 했는데, 사의 처에 대해서 초혼을 할 때에는 단의(褖衣)[12]를 사용하고, 내자와 하대부의 처에 대해 초혼을 할 때에도 단의를 함께 사용할 수 있다는 뜻이다. '복서상(復西上)'이라는 말은 초혼을 할 때 참여하는 사람의 수는 각각 죽은 자가 받은 명(命)의 등급에 따르게 되니, 상공(上公)의 경우 9명(命)의 등급이므로 초혼을 하는 자도 9명이고, 그 이하로 3명(命)의 등급에 이르면 3명을 사용한다. 그런데 이들이 북쪽을 바라보게 되면, 서쪽은 좌측이 되고 좌측은 양(陽)에 해당하니, 다시 살아나기를 기대하기 때문에 좌측을 숭상하여, 존귀한 자가 좌측에 위치한다.

大全 嚴陵方氏曰: 復, 北面求諸幽, 故西爲上. 西北, 皆陰故也.

번역 엄릉방씨가 말하길, 초혼을 할 때에는 북쪽을 바라보며 그윽한 저 세상에 대해서 돌아오길 바란다. 그렇기 때문에 서쪽을 상등으로 삼는다. 서쪽과 북쪽은 모두 음(陰)에 해당하기 때문이다.

鄭注 此復所用衣也, 當在"夫人狄稅素沙"下, 爛脫失處在此上耳. 內子, 卿之適妻也, 春秋傳曰"晉趙姬請逆叔隗於狄, 趙衰以爲內子, 而己下之", 是也. 下大夫, 謂下大夫之妻. 褍, 周禮作"展". 王后之服六, 唯上公夫人亦有褘衣, 侯伯夫人自揄狄而下, 子男夫人自闕狄而下, 卿妻自鞠衣而下, 大夫妻自展衣而下, 士妻稅衣而已. 素沙, 若今紗縠之帛也. 六服皆袍制, 不襌, 以素紗裹之, 如今袿袍襈重繒矣. "褒衣"者, 始爲命婦見加賜之衣也. 其餘如士之妻, 則亦

---

11) 『주례』「천관(天官)·내사복(內司服)」: 內司服; 掌王后之六服, 褘衣, 揄狄, 闕狄, 鞠衣, 展衣, 緣衣, 素沙.

12) 단의(褖衣)는 흑색의 천으로 상의와 하의를 만들고, 붉은색으로 가장자리에 단을 댄 옷이다. 『의례』「사상례(士喪禮)」편에는 '단의'가 기록되어 있는데, 이에 대한 정현의 주에서는 "黑衣裳赤緣謂之褖."이라고 풀이했다.

用稅衣. 北面而西上, 陽長左也. 復者多少, 各如其命之數.

번역 이것은 초혼을 할 때 사용하는 옷을 뜻하니, 마땅히 '부인적세소사(夫人狄稅素沙)'라는 구문 뒤에 있어야 하는데, 착간되어 이곳에 잘못 기록되었을 뿐이다. '내자(內子)'는 경(卿)의 정처이니, 『춘추전』에서 "진(晉)나라 조희는 적(狄)에서 숙외를 맞이하기를 청하고, 숙외를 내자로 삼고, 자신은 그녀의 아래 등급으로 자처했다."[13]라고 한 말이 이러한 사실을 나타낸다. '하대부(下大夫)'는 하대부의 처를 뜻한다. '단(襢)'자를 『주례』에서는 '전(展)'자로 기록했다. 왕후의 복장은 여섯 가지인데, 다만 상공의 부인이라야만 또한 위의(褘衣)가 포함되고, 후작 · 백작의 부인은 유적(揄狄)으로부터 그 이하의 복장을 착용하며, 자작 · 남작의 부인은 궐적(闕狄)으로부터 그 이하의 복장을 착용하고, 경의 처는 국의(鞠衣)로부터 그 이하의 복장을 착용하며, 대부의 처는 전의(展衣)로부터 그 이하의 복장을 착용하고, 사의 처는 세의(稅衣)만 착용할 따름이다. '소사(素沙)'는 마치 오늘날의 조밀하고 세밀한 비단과 같다. 이러한 여섯 복장들은 모두 겹으로 제작하며 홑겹으로 만들지 않으니, 흰색의 비단으로 안감을 댄 것으로, 마치 오늘날 규포(袿袍)의 안감에 비단을 겹쳐서 만든 것과 같다. '포의(褒衣)'라는 것은 처음 명부(命婦)가 되어 알현을 할 때 하사받은 옷을 뜻한다. 그 나머지는 사의 처에 대한 경우와 동일하게 하니, 이들 또한 세의(稅衣)를 사용한다. 북쪽을 바라보고 서쪽을 높이는 것은 양(陽)은 좌측에서 자라나기 때문이다. 초혼을 하는 자의 수는 각각 죽은 자의 명(命) 등급에 따른다.

釋文 鞠, 九六反, 又曲六反, 注同. 襢, 張戰反. 復音伏. 狄稅, 他喚反, 下文放此. 爛, 力旦反. 脫音奪, 下同. 隗, 五罪反. 衰, 初危反. 下, 戶嫁反. 展, 張戰反, 下同. 褘音輝. 揄音遙, 下文幷注同. 縠, 戶木反. 袍, 步羔反. 襌音丹. 袿音圭. 襈, 士眷反. 重, 直龍反. 繒, 茨陵反. 長, 丁丈反.

---

13) 『춘추좌씨전』「희공(僖公) 24년」: 文公妻趙衰, 生原同 · 屛括 · 樓嬰. 趙姬請逆盾與其母, 子餘辭. 姬曰, "得寵而忘舊, 何以使人?必逆之!" 固請, 許之. 來, 以盾爲才, 固請于公, 以爲嫡子, 而使其三子下之; 以叔隗爲內子, 而己下之.

번역 '鞠'자는 '九(구)'자와 '六(륙)'자의 반절음이며, 또한 '曲(곡)'자와 '六(륙)'자의 반절음도 되고, 정현의 주에 나오는 글자도 그 음이 이와 같다. '禮'자는 '張(장)'자와 '戰(전)'자의 반절음이다. '復'자의 음은 '伏(복)'이다. '狄稅'에서의 '稅'자는 '他(타)'자와 '喚(환)'자의 반절음이며, 아래문장에 나오는 글자도 모두 이에 따른다. '爛'자는 '力(력)'자와 '旦(단)'자의 반절음이다. '脫'자의 음은 '奪(탈)'이며, 아래문장에 나오는 글자도 그 음이 이와 같다. '隗'자는 '五(오)'자와 '罪(죄)'자의 반절음이다. '衰'자는 '初(초)'자와 '危(위)'자의 반절음이다. '下'자는 '戶(호)'자와 '嫁(가)'자의 반절음이다. '展'자는 '張(장)'자와 '戰(전)'자의 반절음이며, 아래문장에 나오는 글자도 그 음이 이와 같다. '褘'자의 음은 '輝(휘)'이다. '揄'자의 음은 '遙(요)'이며, 아래문장 및 정현의 주에 나오는 글자도 모두 그 음이 이와 같다. '縠'자는 '戶(호)'자와 '木(목)'자의 반절음이다. '袍'자는 '步(보)'자와 '羔(고)'자의 반절음이다. '襌'자의 음은 '丹(단)'이다. '袿'자의 음은 '圭(규)'이다. '襈'자는 '士(사)'자와 '眷(권)'자의 반절음이다. '重'자는 '直(직)'자와 '龍(룡)'자의 반절음이다. '繒'자는 '茨(자)'자와 '陵(릉)'자의 반절음이다. '長'자는 '丁(정)'자와 '丈(장)'자의 반절음이다.

孔疏 ○正義曰: 此一節明卿大夫以下之妻所復之衣.

번역 ○이곳 문단은 경과 대부로부터 그 이하의 계급에 있어서 그들의 처에게 초혼을 하며 사용하는 복장을 나타내고 있다.

孔疏 ●"內子以鞠衣褒衣"者, 內子, 謂卿妻. "復以鞠衣褒衣"者, 始命爲內子, 尙所褒賜之衣, 復時亦用此衣, 故云"鞠衣褒衣". 褒衣則鞠衣也, 但上命時褒賜, 故曰"褒衣"也.

번역 ●經文: "內子以鞠衣·褒衣". ○'내자(內子)'는 경(卿)의 처를 뜻한다. "초혼을 하며 국의(鞠衣)인 포의(褒衣)를 사용한다."라고 했는데, 처음 명(命)의 등급을 받아 내자가 되었으므로, 덕성을 기리며 하사받은 옷을 숭상하니, 초혼을 할 때에도 또한 이 옷을 사용한다. 그렇기 때문에 '국의인 포의[鞠衣褒衣]'라고 말한 것이다. '포의(褒衣)'는 곧 '국의(鞠衣)'에 해당하니, 명(命)의 등급이 승급되었을 때, 덕성을 기리며 하사받은 옷이기 때문에 '포의(褒衣)'라고 말한 것이다.

孔疏 ●"素沙"者, 言此鞠衣褒衣, 亦以素沙爲裏.

번역 ●經文: "素沙". ○이곳에서 말한 국의인 포의 또한 흰색의 비단으로 안감을 댄다는 뜻이다.

孔疏 ●"下大夫以襢衣"者, 是下大夫之妻所復襢衣也. 對卿妻爲下, 故服用襢, 周禮作"展". 王后之服六, 唯上公夫人亦有褘衣, 侯伯夫人自揄狄而下, 子男夫人自闕狄而下, 卿妻自鞠衣而下, 大夫妻自展衣而下, 士妻稅衣而已. 六服皆袍制不襌, 以素紗裏之. 袍制, 謂連衣裳, 有表有裏似袍, 故云"皆袍制不襌". 漢時有袿袍, 其袍下之襈, 以重[14]繒爲之. 古之服皆以素紗爲裏, 似此袿袍襈之裏繒, 故注云"如今之袿袍襈重繒也".

번역 ●經文: "下大夫以襢衣". ○하대부의 처에 대해 초혼을 하며 단의(襢衣)를 사용한다는 뜻이다. 경의 처에 대비해보면 등급이 낮기 때문에 의복은 단의를 사용하는데, 『주례』에서는 '단(襢)'자를 '전(展)'자로 기록했다. 왕후의 복장은 여섯 가지인데, 다만 상공의 부인에게는 또한 위의(褘衣)가 포함되며, 후작·백작의 부인은 유적(揄狄)으로부터 그 이하의 복장을 사용하고, 자작·남작의 부인은 궐적(闕狄)으로부터 그 이하의 복장을 사용하며, 경의 처는 국의(鞠衣)로부터 그 이하의 복장을 사용하고, 대부의 처는 전의(展衣)로부터 그 이하의 복장을 사용하며, 사의 처는 세의(稅衣)

---

14) '중(重)'자에 대하여. '중'자는 본래 '리(裏)'자로 기록되어 있었는데, 완원(阮元)의 『교감기(校勘記)』에서는 "혜동(惠棟)의 『교송본(校宋本)』에는 '리'자가 '중'자로 기록되어 있고, 위씨(衛氏)의 『집설(集說)』에도 동일하게 기록되어 있다. 따라서 이곳 판본은 잘못 기록한 것이며, 『민본(閩本)』·『감본(監本)』·『모본(毛本)』에도 동일하게 잘못 기록되어 있다."라고 했다.

를 사용할 따름이다. 여섯 복장은 모두 겹으로 만들며 홑겹으로 하지 않으니, 흰색의 비단으로 안감을 댄다. 겹으로 제작한다는 말은 상의와 하의를 연결하며, 겉감과 안감이 있어 마치 도포와 같다는 뜻이다. 그렇기 때문에 "모두 겹으로 제작하며 홑겹으로 만들지 않는다."라고 말한 것이다. 한나라 때에는 규포(袿袍)라는 것이 있었는데, 규포 안에 있는 선(襈)은 비단을 겹쳐서 만들었다. 고대의 복장은 모두 흰색의 비단으로 안감을 대었는데, 이것은 규포(袿袍)의 선(襈)이 비단으로 안감을 댄 것과 같다. 그렇기 때문에 정현의 주에서는 "마치 오늘날 규포(袿袍)의 안감에 비단을 겹쳐서 만든 것과 같다."라고 말한 것이다.

孔疏 ●"其餘如士"者, 謂內子鞠衣褒衣, 已見於經. 大夫以襢衣, 亦見於經. 唯有褖衣未見, 故云"其餘如士", 謂鞠衣襢衣之外, 其餘褖衣如士之妻. 士妻旣用褖衣而復, 則內子下大夫妻等亦用褖衣也.

번역 ●經文: "其餘如士". ○내자(內子)가 국의(鞠衣)인 포의를 사용하는 것은 이미 경문에 나타난다. 대부의 처가 단의(襢衣)를 사용하는 것 또한 경문에 나타난다. 오직 단의(褖衣)에 대해서만 나타나지 않기 때문에 "그 나머지는 사의 처와 같다."라고 말한 것이니, 국의와 단의 외에 단의를 사용하는 것은 사의 처와 동일하다는 뜻이다. 사의 처는 이미 단의를 사용하여 초혼을 하니, 내자와 하대부의 처 등도 또한 단의를 사용한다.

孔疏 ◎注"此復"至"稅衣". ○正義曰: "此復所用衣也"者, 以下"復諸侯以褒衣", 故知此亦復衣也. 云"當在'夫人狄稅素沙'下"者, 以記者作記, 當依尊卑順序, 此內子宜承夫人之下, 故云"當在'夫人狄稅素沙'下"也. 引"春秋傳曰"以下者, 僖二十四年左傳文也. 初晉文公在狄, 狄人以季隗妻文公, 以叔隗妻趙衰. 後文公反國, 以趙姬妻趙衰, 趙姬請趙衰逆叔隗於狄, 旣逆還, 趙姬又請趙衰將叔隗爲內子, 趙姬之身卑下之, 故云"而己下之". 引之者, 證卿妻爲內子之文也. 其王后以下之服, 已具於玉藻, 故此略而不言. 云"六服皆袍制, 不禪, 以素紗裹之, 如今袿袍襈重繒矣"者, 皆袍制, 謂連衣裳, 有表裏似袍. 故云"皆袍制不襌". 漢時有袿袍, 其袍下之襈, 以重繒爲之. 故云六服以素紗爲裏, 似此袿袍襈重繒矣. 云"褒衣者, 始爲命婦見加賜之[15]衣也"者, 謂內子初始爲卿妻, 加賜之以衣, 以褒崇之, 故云"褒衣".

번역 ◎鄭注: "此復"~"稅衣". ○정현이 "이것은 초혼을 할 때 사용하는 옷을 뜻한다."라고 했는데, 아래문장에서 "초혼에 있어서 제후는 포의(褒衣)를 사용한다."[16]라고 했기 때문에, 이곳의 내용 또한 초혼을 하며 사용하는 옷에 대한 것임을 알 수 있다. 정현이 "마땅히 '부인적세소사(夫人狄稅素沙)'라는 구문 뒤에 있어야 한다."라고 했는데, 『예기』를 기록한 자가 『예기』를 기록했을 때에는 마땅히 신분의 차이에 따라 순서를 정했을 것이므로, 이곳의 내자(內子)에 대한 기록은 마땅히 부인(夫人)에 대한 내용 뒤에 와야 한다. 그렇기 때문에 "마땅히 '부인적세소사(夫人狄稅素沙)'라는 구문 뒤에 있어야 한다."라고 말한 것이다. 정현이 "『춘추전』에서 말하였다."라고 하여 그 내용을 인용했는데, 이것은 희공(僖公) 24년에 대한 『좌전』의 기록이다. 최초 진나라 문공은 적(狄) 땅에 있었는데, 적나라 사람들은 계외(季隗)를 문공의 처로 삼았고, 숙외(叔隗)를 조양의 처로 삼았다. 이후 문공이 본국으로 되돌아와서, 조희를 조쇠의 처로 삼았는데, 조희는 조쇠에게 청하여 적에서 숙외를 맞아오도록 했고, 이미 맞이하여 되돌아오자, 조희는 재차 조쇠에게 청하여 숙외를 내자로 삼도록 했으며, 조희 본인은 그녀보다 아래 등급을 자처했다. 그렇기 때문에 "본인은 아래로 들어갔다."라고 말한 것이다. 정현이 이 내용을 인용한 이유는 경의 처를 '내자(內子)'로 부른다는 문장을 증명하기 위해서이다. 왕후로부터 그 이하의 계층이 착용하는 복장에 대해서는 그 내용이 이미 『예기』「옥조」편에 나온다. 그렇기 때문에 이곳에서는 생략하여 언급하지 않았다. 정현이 "여섯 복장들은 모두 겹으로 제작하며 홑겹으로 만들지 않으니, 흰색의 비단으로 안감을 댄 것으로, 마치 오늘날 규포(袿袍)의 안감에 비단을 겹쳐서 만든 것과 같다."

15) '지(之)'자에 대하여. '지'자는 본래 중복 기록되어 있었는데, 완원(阮元)의 『교감기(校勘記)』에서는 "'지'자는 잘못하여 중복 기록된 것이다."라고 했다.

16) 『예기』「잡기상」【494c】: 復, 諸侯以褒衣冕服爵弁服.

라고 했는데, 모두 겹으로 제작을 한다는 것은 상의와 하의를 연결하여, 겉감과 안감이 있는 것이 마치 도포와 같다는 뜻이다. 그렇기 때문에 "모두 겹으로 제작하며 홑겹으로 만들지 않는다."라고 말한 것이다. 한나라 때에는 규포(袿袍)라는 것이 있었고, 규포 안에 있는 선(襈)은 비단을 겹쳐서 만들었다. 그렇기 때문에 여섯 복장에 대해 흰색의 비단으로 안감을 댄 것이 마치 이러한 규포의 선을 비단을 겹쳐서 만든 것과 같다고 말한 것이다. 정현이 "'포의(褒衣)'라는 것은 처음 명부(命婦)가 되어 알현을 할 때 하사받은 옷을 뜻한다."라고 했는데, 내자가 최초 경의 처가 되었을 때, 옷을 하사받아서 이것을 표장하여 숭상하기 때문에, '포의(褒衣)'라고 부른다는 뜻이다.

孔疏 ○正義曰: 凡招魂皆北面而招, 以西頭爲上.

번역 ○무릇 초혼을 할 때에는 모두 북쪽을 바라보며 혼을 부르고, 서쪽 끝을 상등으로 삼는다.

孔疏 ◎注"北面"至"之數". ○正義曰: 云"北面而西上, 陽長左也"者, 以招魂冀生氣之來, 生氣爲陽, 又北面言之, 南方是陽, 左在西方, 故言"陽長左". 云"復者多少, 各如其命之數"者, 按士喪禮: "復者一人, 以爵弁服." 言諸侯之士一命而用一人. 明復者各依命數, 其復處不同. 故檀弓云: "君復於小寢大寢庫門四郊." 而云"復西上"者, 但有兩人以上一處復者, 則西上也.

번역 ◎鄭注: "北面"~"之數". ○정현이 "북쪽을 바라보고 서쪽을 높이는 것은 양(陽)은 좌측에서 자라나기 때문이다."라고 했는데, 초혼을 하여 생장하는 기운이 도래하기를 기대하는데, 생장하는 기운은 양(陽)에 해당하고, 또 북쪽을 바라보는 것으로 말을 하면 남쪽은 양(陽)에 해당하며, 좌측은 서쪽에 해당한다. 그렇기 때문에 "양(陽)은 좌측에서 자라나기 때문이다."라고 말한 것이다. 정현이 "초혼을 하는 자의 수는 각각 죽은 자의 명(命) 등급에 따른다."라고 했는데, 『의례』「사상례(士喪禮)」편을 살펴보면,

"초혼을 하는 자 1명이 작변복(爵弁服)으로써 한다."[17]라고 했다. 이것은 제후에게 소속된 사가 1명(命)의 등급이므로, 1명을 사용한다는 사실을 뜻한다. 따라서 초혼을 하는 자는 각각 죽은 자의 명(命) 등급에 따르며, 초혼을 하는 장소도 다르다는 사실을 나타낸다. 그렇기 때문에 『예기』「단궁(檀弓)」편에서는 "군주의 경우에는 그가 죽게 되면, 소침(小寢)[18] · 대침(大寢) · 고문(庫門)[19] · 사교(四郊)에서 초혼을 한다."[20]라고 말한 것이다. 그런데 '복서상(復西上)'이라는 것은 다만 두 사람 이상이 한 장소에서 초혼을 하는 경우라면, 서쪽 자리를 높인다는 뜻이다.

集解 此節舊在"復諸侯以褒衣"之上, 鄭云, "當在'夫人狄稅素沙'下, 脫爛

17) 『의례』「사상례(士喪禮)」: 死于適室, 幠用斂衾. 復者一人, 以爵弁服, 簪裳于衣, 左何之, 扱領于帶.

18) 소침(小寢)은 '연침(燕寢)'을 뜻한다. '연침'은 천자 및 제후들이 휴식을 취하던 장소를 가리킨다. 천자에게는 6개의 침(寢)이 있었는데, 앞쪽에 있는 1개의 침은 정전(正寢)으로 노침(路寢)이라고 부르며, 뒤쪽에 있는 다섯 개의 침을 통칭하여 '연침'이라고 부른다.

19) 고문(庫門)에 대해서는 크게 두 가지 해설이 있다. 첫 번째는 치문(雉門)에 대한 해설처럼, 제후의 궁(宮)에 있는 문으로, 천자의 궁에 있는 고문(皐門)에 해당한다고 보는 의견이다. 이것은 치문과 마찬가지로 『예기』「명당위(明堂位)」편의 "大廟, 天子明堂. 庫門, 天子皐門. 雉門, 天子應門."이라는 기록에 근거한 해설이다. 손희단(孫希旦)의 『집해(集解)』에서는 이 문장 및 『시(詩)』, 『서(書)』, 『예(禮)』, 『춘추(春秋)』에 나타난 기록들을 근거로, 천자 및 제후는 실제로 3개의 문(門)만 설치했다고 풀이한다. 그러나 정현은 이 문장에 대해서, "言廟及門如天子之制也. 天子五門, 皐庫雉應路. 魯有庫雉路, 則諸侯三門與."라고 풀이하였다. 즉 종묘(宗廟) 및 문(門)에 대한 제도에서, 천자와 제후 사이에는 차등이 있다. 따라서 천자는 5개의 문을 궁에 설치하는데, 그 문들은 고문(皐門), 고문(庫門), 치문(雉門), 응문(應門), 노문(路門)이다. 제후의 경우에는 천자보다 적은 3개의 문을 궁에 설치하는데, 그 문들은 고문(庫門), 치문(雉門), 노문(路門)이다. 두 번째 설명은 천자의 궁에 설치된 문들 중에서, 치문(雉門) 밖에 설치하는 문으로 해석하는 의견이다. 즉 이때의 고문(庫門)은 치문과 고문(皐門) 사이에 설치하는 문이 된다. 『예기』「교특생(郊特牲)」편에는 "獻命庫門之內, 戒百官也."라는 기록이 있는데, 이에 대한 정현의 주에서는 "庫門, 在雉門之外. 入庫門則至廟門外矣."라고 풀이하고 있다.

20) 『예기』「단궁상(檀弓上)」【103a】: 君復於小寢 · 大寢 · 小祖 · 大祖 · 庫門 · 四郊.

失處." 今移正.

번역 이곳 문단은 옛 판본에 '복제후이포의(復諸侯以褒衣)'라는 문장 앞에 기록되어 있었고, 정현은 "마땅히 '부인적세소사(夫人狄稅素沙)'라는 구문 뒤에 와야 하니, 착간이 되어 잘못해서 이곳에 기록된 것이다."라고 했다. 현재는 그에 따라 문장의 순서를 바꿔 바로잡았다.

集解 愚謂: 內子有褒衣者, 夫榮於朝, 妻貴於室, 其夫受加賜之服, 則其妻亦視夫之所加者服之, 而謂之褒衣也. 夫人·內子之服特言"素沙"者, 明與男子之衣異也. 男子禮衣皆褌, 婦人禮衣皆有裏, 陽奇陰偶之義也. 士妻復用褖衣. 其餘如士, 謂內子與大夫之妻皆得兼用褖衣也. 內子與下大夫之妻, 復之衣皆二: 內子以鞠衣與褒衣, 如無褒衣, 則以鞠衣與稅衣也. 大夫之妻用襢衣與稅衣, 如有褒衣, 則亦用褒衣與襢衣也. 然則卿與下大夫, 復之衣亦二: 卿以希冕服與爵弁服, 下大夫以玄冕服與爵弁服, 其有褒衣者, 則皆去爵弁服也. 士復之衣一, 卿大夫復之衣二, 諸侯復之衣三. 以此差而上之, 則天子自十二章以下, 王后自褘衣以下, 而復之衣皆四也.

번역 내가 생각하기에, 내자(內子)에게 포의(褒衣)가 포함된 것은 남편은 조정에서 영예롭고 부인은 집에서 존귀하니,[21] 그녀의 남편이 하사받은 복장을 사용한다면, 그의 처 또한 남편이 하사받은 복장에 견주어서 해당하는 의복을 사용하여, 이것을 '포의(褒衣)'라고 부른 것이다. 제후의 부인과 내자의 복장에 대해서 특별히 '소사(素沙)'라고 언급을 한 것은 남자의 복장과는 다르다는 사실을 나타내기 위해서이다. 남자의 예복은 모두 홑겹으로 만드는데, 부인들의 예복은 모두 안감을 대니, 양(陽)은 홀수이고 음(陰)은 짝수인 뜻에 따르기 때문이다. 사의 처에 대해 초혼을 할 때에는 단의(褖衣)를 사용한다. '기여여사(其餘如士)'라는 말은 내자와 대부의 처에 대해서는 모두 단의까지도 함께 사용할 수 있다는 뜻이다. 내자와 하대부의 처에 대해서 초혼을 할 때의 복장에는 모두 두 가지가 있다. 내자는

---

21) 『의례』「상복(喪服)」: 大夫曷爲不降命婦也? <u>夫尊於朝, 妻貴於室矣</u>.

국의(鞠衣)와 포의를 사용하는데, 만약 포의가 없는 경우라면 국의와 세의(稅衣)를 사용하게 된다. 대부의 처는 단의(襢衣)와 세의를 사용하는데, 만약 포의가 있는 경우라면 또한 포의와 단의(襢衣)를 사용한다. 그렇다면 경과 하대부에 대해 초혼을 할 때 사용하는 복장에는 또한 두 가지가 있는 것이다. 경은 희면복(希冕服)과 작변복(爵弁服)을 사용하고, 하대부는 현면복(玄冕服)과 작변복을 사용하는데, 그들 중 포의가 있는 자라면, 모두 작변복을 제거하고 대신 포의를 사용한다. 사에 대해 초혼을 할 때의 복장은 한 가지이고, 경과 대부에 대해 초혼을 할 때의 복장은 두 가지이며, 제후에 대해 초혼을 할 때의 복장은 세 가지이다. 이러한 차등으로 그 이상의 등급을 추론해보면, 천자는 12개의 무늬를 수놓은 것으로부터 그 이하의 복장을 사용하고, 왕후는 위의(褘衣)로부터 그 이하의 복장을 사용하지만, 초혼을 할 때의 의복은 모두 네 가지일 것이다.

集解 愚謂: 凡位以西爲尊, 西上, 謂衣之尊者在西也. 士喪禮復"以爵弁", 而"復者一人", 則復之禮蓋一衣而一人, 卿大夫二人, 諸侯三人, 天子四人也. 孔疏謂"復之人如命數然", 非是. 案周禮天子之禮, 夏采"以冕服復于大廟, 以乘車建綏復于四郊", 祭僕"復于小廟", 隸僕"復于小寢·大寢", 而夏采惟下士四人, 隸僕下士二人, 而得每處復有四人者, 蓋當使他官攝職以佐之也.

번역 내가 생각하기에, 무릇 자리를 잡을 때에는 서쪽을 존귀한 방향으로 삼으니, '서상(西上)'은 의복 중 존귀한 것을 들고 있는 자가 서쪽에 위치한다는 뜻이다. 『의례』「사상례(士喪禮)」편에서는 초혼을 하며, "작변(爵弁)을 사용한다."라고 했고, "초혼을 하는 자는 1명이다."라고 했으니, 초혼의 예법은 아마도 한 가지 옷마다 한 사람이 사용되었을 것이니, 경과 대부의 초혼에는 두 사람이 있었고, 제후의 초혼에는 세 사람이 있었으며, 천자의 초혼에는 네 사람이 있었을 것이다. 따라서 공영달의 소에서 "초혼을 하는 사람은 명(命)의 등급 수에 따른다."라고 한 말은 잘못된 주장이다. 『주례』에 나온 천자의 예법을 살펴보면, 「하채(夏采)」편에서는 "면복(冕服)을 사용하여 태묘에서 초혼을 하고, 승거(乘車)에 깃발 장식을 꼽고 사방 교외에서 초혼을 한다."[22]라고 했고, 「제복(祭僕)」편에서는 "소묘(小廟)[23]에서 초혼을 한다."[24]라고 했으며, 「예복(隸僕)」편에서는 "소침(小寢)[25]과 대침(大寢)[26]에서 초혼을 한다."[27]라고 했는데, 하채(夏采)라는 관직은 단지 하사(下士) 4명이 담당을 하고,[28] 예복(隸僕)이라는 관직은 하사 2명이 담당을 하지만,[29] 각 장소마다 초혼을 하며 네 사람이 있을 수 있는 이유는 아마도 다른 관직의 사람들로 하여금 그 일을 대신하도록 해서 도왔기 때문이다.

---

22) 『주례』「천관(天官)·하채(夏采)」: 夏采掌大喪以冕服復于大祖, 以乘車建綏復于四郊.

23) 소묘(小廟)는 태묘(太廟)와 상대되는 말이다. 제왕의 고조(高祖)로부터 그 이하의 조상들에 대한 묘(廟)를 뜻한다.

24) 『주례』「하관(夏官)·제복(祭僕)」: 既祭, 帥群有司而反命, 以王命勞之, 誅其不敬者. 大喪, 復于小廟.

25) 소침(小寢)은 '연침(燕寢)'을 뜻한다. '연침'은 천자 및 제후들이 휴식을 취하던 장소를 가리킨다. 천자에게는 6개의 침(寢)이 있었는데, 앞쪽에 있는 1개의 침은 정전(正寢)으로 노침(路寢)이라고 부르며, 뒤쪽에 있는 다섯 개의 침을 통칭하여 '연침'이라고 부른다.

26) 대침(大寢)은 노침(路寢)을 뜻한다. 천자나 제후가 정무(政務)를 처리하던 곳이다. 『주례』「하관(夏官)·태복(太僕)」편에는 "建路鼓于大寢之門外, 而掌其政."이라는 기록이 있고, 이에 대한 정현의 주에서는 "大寢, 路寢也."라고 풀이했다.

27) 『주례』「하관(夏官)·예복(隸僕)」: 大喪, 復于小寢·大寢.

28) 『주례』「천관총재(天官冢宰)」: 夏采, 下士四人, 史一人, 徒四人.

29) 『주례』「하관사마(夏官司馬)」: 隸僕, 下士二人, 府一人, 史二人, 胥四人, 徒四十人.

그림 12-11 ▣ 천자오문삼조도(天子五門三朝圖)

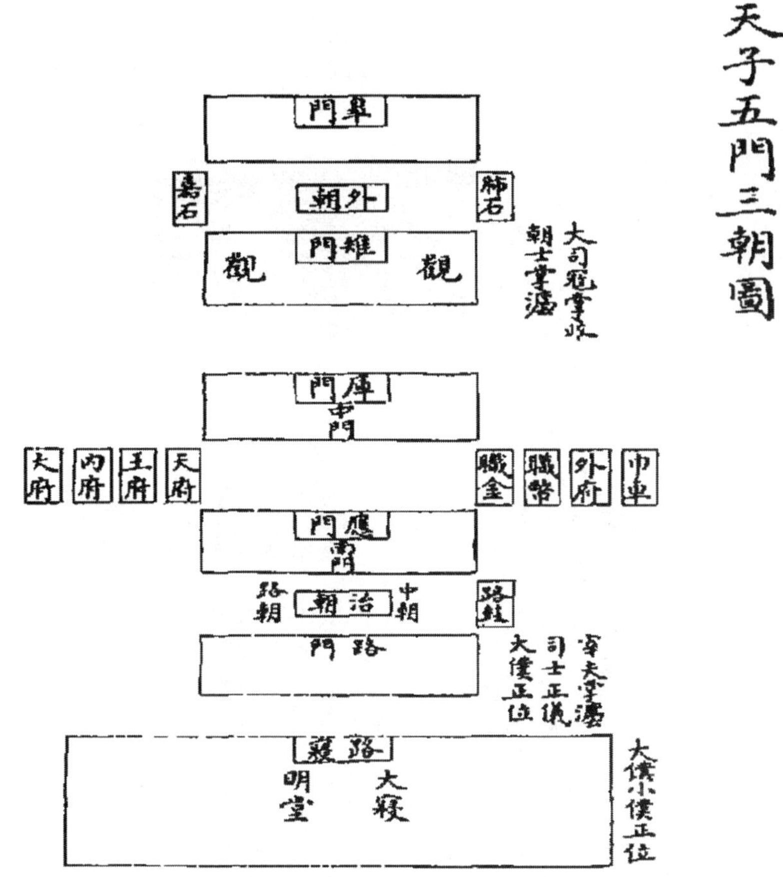

※ 출처: 『주례도설(周禮圖說)』 상권

그림 12-12 ■ 치면(絺冕: =希冕)

※ 출처: 『삼례도집주(三禮圖集注)』 1권

그림 12-13 ▣ 고(孤)의 치면(絺冕: =希冕)

冕 絺

※ **출처:** 『삼재도회(三才圖會)』「의복(衣服)」 1권

그림 12-14 ■ 십이장(十二章) 중 상의의 6가지 무늬

※ 출처: 『삼재도회(三才圖會)』「의복(衣服)」 1권

그림 12-15 ▣ 십이장(十二章) 중 하의의 6가지 무늬

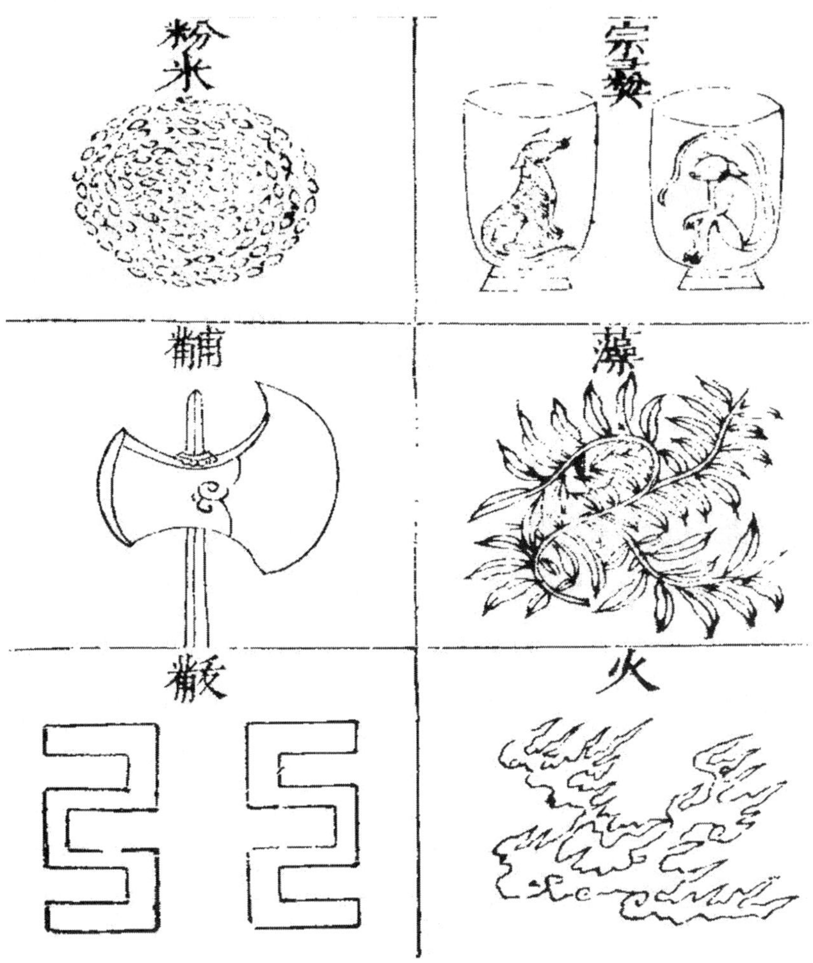

※ **출처:** 『삼재도회(三才圖會)』「의복(衣服)」 1권

• 제13절 •

대부의 상거(喪車) 장식

【495a】

大夫不揄絞屬於池下.

직역 大夫는 揄絞를 池의 下에 屬을 不이라.

의역 대부는 꿩을 그린 교(絞)를 지(池) 아래에 결속하지 않는다.

集說 此言大夫喪車之飾. 揄, 翟雉也. 絞, 青黃之繒也. 池, 織竹爲之, 形如籠, 衣以青布. 若諸侯以上則盡揄翟於絞而屬於池之下, 大夫降於人君, 故不揄絞屬於池下也.

번역 이 내용은 대부의 상거(喪車)에 하는 장식을 뜻한다. '유(揄)'는 꿩을 뜻한다. '교(絞)'는 청색과 황색의 비단이다. '지(池)'는 대나무를 짜서 만드는데, 그 모습이 대바구니[籠]와 비슷하며, 청색의 포(布)를 입힌다. 만약 제후 이상의 경우라면, 교(絞)에 꿩을 그려서 지(池) 아래에 결속하는데, 대부는 군주보다 낮추기 때문에 꿩을 그린 교(絞)를 지(池) 아래에 결속할 수 없다.

鄭注 謂池飾也. 揄, 揄翟也. 采青黃之間曰絞. 屬, 猶繫也. 人君之柳, 其池繫絞繒於下, 而畫翟雉焉, 名曰"振容", 又有銅魚在其間. 大夫去振容, 士去魚. 此無"人君"及"士", 亦爛脫.

번역 지(池)에 대한 장식을 뜻한다. '유(揄)'는 유적(揄翟)이다. 청색과 황색의 간색(間色)[1]으로 채색한 것을 '교(絞)'라고 부른다. '속(屬)'자는 "묶다[繫]."는 뜻이다. 군주의 유(柳)에 있어서, 지(池)는 밑에 간색으로 채색한 비단을 결속하고, 꿩을 그리게 되며, '진용(振容)'이라고 부르고, 또 그 사이에 동어(銅魚)가 있게 된다. 대부의 경우는 진용을 제거하고, 사는 동어를 제거한다. 이곳에 군주 및 사에 대한 기록이 없는 것은 또한 그 기록이 착간으로 누락되었기 때문이다.

釋文 絞, 戶交反, 注同. 屬音燭, 注及下"條屬"并注同. 翟音狄. 去, 起呂反. 下同.

번역 '絞'자는 '戶(호)'자와 '交(교)'자의 반절음이며, 정현의 주에 나오는 글자도 그 음이 이와 같다. '屬'자의 음은 '燭(촉)'이며, 정현의 주 및 아래문장에 나오는 '條屬'의 '屬'자와 정현의 주에 나오는 글자도 모두 그 음이 이와 같다. '翟'자의 음은 '狄(적)'이다. '去'자는 '起(기)'자와 '呂(려)'자의 반절음이며. 아래문장에 나오는 글자도 그 음이 이와 같다.

孔疏 ○正義曰: 此一經明大夫葬時車飾. 若諸侯以上則畫揄翟於絞, 屬於池下. 若大夫降下人君, 不得畫以揄絞, 屬於池下. 其池上, 則畫於揄, 得有揄絞也. 故喪大記士亦有揄絞, 與大夫同, 但不得屬於池下.

번역 ○이곳 경문은 대부가 장례를 치를 때 사용하는 수레의 장식을 나타내고 있다. 만약 제후로부터 그 이상의 계급이라면 교(絞)에 꿩의 그림을 그리고, 지(池) 아래에 결속을 한다. 만약 대부의 경우라면 군주보다 낮추므로, 그림을 그린 유교(揄絞)를 사용하여 지(池) 아래에 결속을 할 수 없다. 지(池) 위의 경우라면 꿩을 그리니, 유교(揄絞)를 둘 수 있다. 그렇기 때문에 『예기』「상대기(喪大記)」편에서는 사에 대해서 또한 유교(揄絞)가

---

1) 간색(間色)은 정색(正色)과 대비되는 말이다. 순일하지 못한 색깔을 지칭한다. '정색'은 청색(青色)·적색(赤色)·황색(黃色)·백색(白色)·흑색(黑色) 등이 해당한다. 예를 들어 청색의 색깔이 순일한 경우에는 '정색'이라고 부르고, 순일하지 못한 청색 등에 대해서는 '간색'이라고 부른다.

있다고 했으니,[2] 대부의 경우와 동일하지만, 지(池) 아래에는 결속할 수 없다.

孔疏 ◎注"人君"至"爛脫". ○正義曰: 按喪大記云: "君三池振容." 是人君之柳有振容. 振容者, 其池繫揄緭於下, 而畫翟雉焉, 名曰"振容". 云"又有銅魚在其間"者, 上有池, 下有振容, 池與振容之間而有魚, 故云"在其間". 云"大夫去振容, 士去魚"者, 以喪大記大夫不振容, 士不云"魚躍拂池"故也. 大夫不振容者, 謂不以揄絞屬於池下爲振容. 云"此無人君及士, 亦爛脫"者, 以前經云"復", 尊卑俱顯明也. 此直云"大夫", 故云亦如前文, 爛脫君與士也.

번역 ◎鄭注: "人君"~"爛脫". ○『예기』「상대기(喪大記)」편을 살펴보면, "군주는 3개의 지(池)에 진용(振容)을 한다."[3]라고 했으니, 이것은 군주의 유(柳)에는 진용이 포함된다는 사실을 나타낸다. '진용(振容)'이라는 것은 지(池)에 있어서 그 밑에 비단을 묶고, 그곳에 꿩의 그림을 그린 것을 뜻하니, 이것을 '진용(振容)'이라고 부른다. 정현이 "또 그 사이에 동어(銅魚)가 있게 된다."라고 했는데, 위에는 지(池)가 있고 아래에는 진용이 있으며, 지(池)와 진용 사이에는 동으로 만든 물고기가 있다. 그렇기 때문에 "그 사이에 있다."라고 말했다. 정현이 "대부의 경우는 진용을 제거하고, 사는 동어를 제거한다."라고 했는데, 「상대기」편에서 대부는 진용(振容)을 하지 않고, 사에 대해서는 "물고기가 지(池) 위로 뛰어오른다."라고 말하지 않았기 때문이다. 대부의 경우 진용을 하지 않는 것은 유교(揄絞)를 지(池) 아래에 묶어서 진용으로 삼지 않는다는 뜻이다. 정현이 "이곳에 군주 및 사에 대한 기록이 없는 것은 또한 그 기록이 착간으로 누락되었기 때문이다."라고 했는데, 앞의 경문에서는 "초혼을 한다."라고 했고, 신분의 차등에 따라 모두 그 사실을 나타냈기 때문이다. 그런데 이곳 경문에서는 직접적으로 '대부(大夫)'라고만 말했기 때문에, 앞의 기록과 동일한 방식으로 기록한

---

2) 『예기』「상대기(喪大記)」【544c~d】: 士布帷, 布荒, 一池. 揄絞, 纁紐二, 緇紐二, 齊三采, 一貝, 畫翣二, 皆戴綏. 士戴前纁後緇, 二披, 用纁.

3) 『예기』「상대기(喪大記)」【543b~c】: 君龍帷, 三池, 振容.

것이 되어, 군주와 사에 대한 내용이 누락된 것이다.

集解 愚謂: 揄絞有在池上者, 有在池下者. 在池上者, 士以上皆用之, 喪大記於士言"揄絞", 是也. 在池下者名振容, 惟人君得用之, 喪大記於大夫言"不振容", 是也.

번역 내가 생각하기에, 유교(揄絞)는 지(池) 위에 다는 것도 있고, 지(池) 아래에 다는 것도 있다. 지(池) 위에 다는 경우는 사로부터 그 이상의 계급이 모두 사용하니, 『예기』「상대기(喪大記)」편에서 사에 대해 "유교를 한다."라고 한 말이 바로 이러한 사실을 나타낸다. 다만 지(池) 아래에 다는 것에 있어서는 그 명칭을 '진용(振容)'이라고도 부르는데, 군주만이 사용할 수 있는 것으로, 「상대기」편에서 대부에 대해 "진용을 하지 않는다."라고 한 말이 바로 이러한 사실을 나타낸다.

• 제 14 절 •

부제(祔祭)의 규정

【495b】

大夫附於士. 士不附於大夫, 附於大夫之昆弟. 無昆弟, 則從其昭穆, 雖王父母在亦然.

직역 大夫는 士에 附한다. 士는 大夫에 不附하며, 大夫의 昆弟에게 附한다. 昆弟가 無라면, 그 昭穆에 從하니, 雖히 王父母가 在라도 亦히 然한다.

의역 손자가 대부가 된 뒤에 죽었더라도 사였던 조부의 묘(廟)에 합사를 한다. 손자가 사가 된 뒤에 죽었다면 대부였던 조부의 묘에 합사를 할 수 없고, 대부였던 조부의 형제들 중 사의 신분을 가진 자의 묘에 합사를 한다. 사였던 조부의 형제가 없다면, 소목의 순서에 따라 고조부 및 그 항렬에서 사였던 자의 묘에 합사하니, 비록 조부모가 생존해 계신 때라도 또한 고조부 및 그 항렬에서 합사할 곳을 찾는다.

集說 附, 讀爲祔. 祖爲士, 孫爲大夫而死, 可以祔祭於祖之爲士者, 故曰大夫祔於士. 若祖爲大夫, 孫爲士而死, 不可祔祭於祖之爲大夫者, 惟得祔祭於大夫之兄弟爲士者, 故曰士不附於大夫, 附於大夫之昆弟. 若祖之兄弟無爲士者, 則從其昭穆, 謂祔於高祖之爲士者. 若高祖亦是大夫, 則附於高祖昆弟之爲士者也. 雖王父母在亦然者, 謂孫死應合祔於祖, 今祖尙存無可祔, 亦是祔於高祖也. 小記云, "中一以上而祔", 與此義同.

번역 '부(附)'자는 합사를 뜻하는 '부(祔)'자로 해석한다. 조부가 사의 신분이었고 손자가 대부가 된 뒤에 죽었다면, 사였던 조부의 묘(廟)에 부제(祔祭)를 지낼 수 있기 때문에 "손자인 대부를 사인 조부에게 합사한다."라고 말했다. 만약 조부가 대부였고 손자가 사가 된 뒤에 죽었다면, 대부였던 조부의 묘에 부제를 지낼 수 없고, 오직 대부인 조부의 형제들 중 사의 신분이었던 자의 묘에서 부제를 지낼 수 있기 때문에, "손자인 사는 대부인 조부에게 합사할 수 없고, 대부인 조부의 형제들 중 사였던 자의 묘에 합사한다."라고 말했다. 만약 조부의 형제들 중 사의 신분이었던 자가 없다면 소목의 차례에 따르니, 사였던 고조부에게 합사한다는 뜻이다. 만약 고조부 또한 대부의 신분이었다면, 고조부의 형제들 중 사였던 자의 묘에 합사를 한다. "비록 왕조부와 왕조모가 생존해 계시더라도 또한 이처럼 한다."라고 했는데, 손자가 죽게 되면 마땅히 조부의 묘에 합사를 해야 하는데, 현재 조부가 여전히 생존해 있는 경우라면 합사를 할 수 없으니, 이러한 경우에도 고조부의 묘에 합사를 한다는 뜻이다. 『예기』「상복소기(喪服小記)」편에서 "한 대를 걸러서 그 이상의 대상에게 합사를 한다."[1]라고 한 말도 이곳의 의미와 동일하다.

大全 金華應氏曰: 重世裔之本宗, 故大夫寧自屈而祔於士, 重朝廷之命爵, 故士不敢僭而祔於大夫, 重昏姻之正耦, 故婦與妾之祔, 各以其類, 而無之則寧越次而間升, 重承家之陽類, 故男祔則配, 而女祔則不配.

번역 금화응씨가 말하길, 대를 거듭하는 후손들의 본래 종주를 중시여기기 때문에, 대부의 신분이라 하더라도 차라리 스스로 굽혀서 사였던 조상에게 합사를 하며, 조정에서 받은 명(命)의 등급과 작위를 중시여기기 때문에, 사는 감히 참람되게 대부였던 조상에게 합사를 할 수 없으며, 혼인으로 맺어진 정식 배필을 중시여기기 때문에, 부친과 첩의 합사에서는 각각 같은 부류의 조상에게 하며, 그들이 없다면 차라리 한 세대를 뛰어넘어 그 사이를 비워, 가문을 계승하는 양(陽)의 부류를 중시하기 때문에, 남자의 합사에는 배향을 하지만 여자의 합사에는 배향을 하지 않는다.

---

1) 『예기』「상복소기(喪服小記)」【416c】: 士大夫不得祔於諸侯, 祔於諸祖父之爲士大夫者. 其妻祔於諸祖姑, 妾祔於妾祖姑, 亡則中一以上而祔, 祔必以其昭穆.

鄭注 附讀皆爲祔. 大夫祔於士, 不敢以己尊自殊於其祖也. 士不祔於大夫, 自卑, 別於尊者也. 大夫之昆弟, 謂爲士者也, 從其昭穆中一以上, 祖又祖而已. 祔者, 祔於先死者.

번역 '부(附)'자는 모두 '부(祔)'자로 해석한다. "대부는 사에 합사한다."라고 했는데, 감히 자신이 존귀한 신분이라고 하더라도 자신의 조부에 대해서 스스로 차이를 둘 수 없기 때문이다. "사는 대부에게 합사를 하지 않는다."라고 했는데, 스스로 낮춰서 존귀한 자와는 구별을 하기 때문이다. '대부의 곤제'는 사의 신분이었던 자를 가리키며, 소목의 순서에 따라 한 세대를 뛰어넘어 그 이상으로 올라가니, 조부 항렬로 하고 또 그의 조부 항렬로 할 따름이다. '부(祔)'라는 것은 이전에 죽었던 자에게 합사를 한다는 뜻이다.

釋文 附, 依注作祔, 音同, 下並同. 昭, 常遙反, 卷內皆同. 別, 彼列反.

번역 '附'자는 정현의 주에 따르면 '祔'자가 되며, 그 음은 동일하게, 아래문장에 나오는 글자도 모두 그 음이 이와 같다. '昭'자는 '常(상)'자와 '遙(요)'자의 반절음이며, 이곳 권에 나오는 이 글자는 모두 그 음이 이와 같다. '別'자는 '彼(피)'자와 '列(렬)'자의 반절음이다.

孔疏 ○正義曰: 自此以下, 至"附於公子", 廣明祔祭之義, 各依文解之.

번역 ○이곳 구문으로부터 그 이하로 "공자에게 합사를 한다."[2]라는 구문까지는 부제(祔祭)의 뜻을 폭넓게 설명하고 있으니, 각각의 문장에 따라서 풀이하겠다.

孔疏 ●"大夫附於士"者, 謂祖爲士, 孫爲大夫. 若死, 可以祔祭於祖之爲士者也.

---

2) 『예기』「잡기상」【496a】: 公子附於公子.

번역 ●經文: "大夫附於士". ○조부가 사였고 손자가 대부인 경우를 뜻한다. 만약 손자가 죽게 되면 사의 신분이었던 조부의 묘(廟)에 부제를 지낼 수 있다는 의미이다.

孔疏 ●"士不附於大夫"者, 謂先祖爲大夫, 孫爲士, 不可祔祭於大夫, 唯得祔於大夫之兄弟爲士者.

번역 ●經文: "士不附於大夫". ○조부가 대부였고 손자가 사였던 경우를 뜻하니, 이러한 경우에는 대부였던 조부의 묘(廟)에서 부제를 지낼 수 없고, 오직 대부였던 조부의 형제들 중 사였던 자의 묘에서 부제를 지낼 수 있다는 의미이다.

孔疏 ●"無昆弟則從其昭穆"者, 謂祖爲大夫, 無昆弟爲士, 則從其昭穆, 謂祔於高祖爲士者. 若高祖爲大夫, 則祔於高祖昆弟爲士者.

번역 ●經文: "無昆弟則從其昭穆". ○조부가 대부였고 사였던 형제가 없다면, 소목의 순서에 따른다는 뜻으로, 사였던 고조부의 묘(廟)에서 부제를 지낸다는 뜻이다. 만약 고조부가 대부였다면, 고조부의 형제들 중 사였던 자의 묘에서 부제를 지낸다.

孔疏 ●"雖王父母在, 亦然"者, 謂孫死之後, 應合祔於王父. 王父見在, 無可祔. 然, 猶如是也, 亦如是祔於高祖也.

번역 ●經文: "雖王父母在, 亦然". ○손자가 죽은 이후에는 마땅히 조부의 묘(廟)에 합사를 해야 한다는 뜻이다. 그러나 조부가 현재 생존해 있다면, 합사를 할 수 있는 묘가 없다. '연(然)'자는 이와 같다는 뜻이니, 이러한 경우에는 또한 이처럼 고조부의 묘에 부제를 지낸다는 의미이다.

孔疏 ◎注"附讀"至"而已". ○正義曰: 祔者, 祔祭於神, 當從示旁爲之. 云

"大夫之昆弟, 謂爲士者也"者, 鄭恐經云"祔於大夫之昆弟", 恐大夫之昆弟身作大夫, 士亦得祔之, 故云"大夫昆弟爲士"者. 若大夫昆弟全無者, 其孫雖士, 亦得祔之. 故前文云"大夫祔於士", 是孫之尊, 可以祔祖之卑也. 云"從其昭穆中一以上, 祖又祖而已"者, 謂父爲昭, 子爲穆, 中猶間也. 謂自祖以上, 間一世各當昭穆而祖祔之. 若不得祔祖, 則間去曾祖一世祔於高祖, 若高祖無可祔, 則間高祖之父一世祔高祖之祖, 故云"祖又祖而已". 是"中一以上", 喪服小記文也.

번역 ◎鄭注: "附讀"~"而已". ○'부(祔)'자는 신에게 부제를 지낸다는 뜻이니, 마땅히 '시(示)'자의 부수를 붙여서 기록해야 한다. 정현이 "'대부의 곤제'는 사의 신분이었던 자를 가리킨다."라고 했는데, 정현은 경문에 나온 "대부의 형제에게 합사한다."는 말을 대부의 형제가 대부의 신분이었는데, 사였던 손자를 또한 그에게 합사할 수 있다고 오해할 것을 염려했기 때문에, "대부의 곤제는 사의 신분이었던 자이다."라고 말한 것이다. 만약 대부의 형제들이 전혀 없다면, 손자가 비록 사라고 하더라도 또한 조부에게 합사할 수 있다. 그렇기 때문에 앞의 문장에서 "대부는 사에게 합사한다."라고 말한 것인데, 이것은 손자가 존귀한 신분이라고 하더라도, 신분이 낮았던 조부에게 합사할 수 있음을 뜻한다. 정현이 "소목의 순서에 따라 한 세대를 뛰어넘어 그 이상으로 올라가니, 조부 항렬로 하고 또 그의 조부 항렬로 할 따름이다."라고 했는데, 부친이 소(昭) 항렬에 해당하고 자식이 목(穆) 항렬에 해당하는 경우, 중(中)은 "사이를 둔다[間]."는 뜻이 된다. 즉 조부로부터 그 이상의 선조에 대해서, 한 세대를 벌려서 각각 해당하는 소목 항렬의 선조에게 합사를 한다. 만약 조부에게 합사를 할 수 없다면, 증조부 한 세대를 건너서 고조부의 묘에서 합사를 하고, 만약 고조부의 묘에 합사를 할 수 없다면, 고조부의 부친 한 세대를 건너서, 고조부의 조부에게 합사를 한다. 그렇기 때문에 "조부 항렬로 하고 또 그의 조부 항렬로 할 따름이다."라고 말한 것이다. 여기에서 "한 세대를 뛰어넘어 그 이상으로 올라간다."라고 한 말은 『예기』「상복소기(喪服小記)」편의 문장이다.

訓纂 江氏永曰: 大夫三廟, 適士二廟, 不得有高祖, 何得有高祖之祖? 若拘於廟中附祭, 此禮之所必窮者. 竊意, 無廟而行祔祭者, 當於壇中設位附之. 鄭注祭法有"大夫鬼其百世"之說, 下經"有父母之喪尚功衰, 而附兄弟之殤", 孔疏亦有"立壇附小功兄弟之長殤於從祖"之說. 或有引此經及小記"中一以上而祔", 謂大夫士皆得祭及高祖者, 是未考乎壇鬼之說也. 祭必於廟, 禱則於壇, 鬼則薦而不祭, 祔則雖鬼猶可祭於壇.

번역 강영이 말하길, 대부는 3개의 묘(廟)를 두고 적사(適士)[3]는 2개의 묘를 두니, 고조부의 묘가 있을 수 없는데, 어떻게 고조부의 조부에게 합사하는 경우가 있겠는가? 만약 묘 안에서 부제를 지낸다는 것에 얽매인다면, 이곳의 예법은 반드시 적용에 제한된다. 내가 생각하기에, 해당하는 묘가 없는데도 부제를 지내야 하는 경우에는 마땅히 제단을 쌓아 그 안에 신위를 마련해서 합사를 한다. 『예기』「제법(祭法)」편에 대한 정현의 주에서는 "대부의 귀(鬼)에 대해서는 영원토록 모신다."[4]는 주장이 있고, 아래문장에는 "부모의 상이 발생하여 여전히 공최(功衰)를 착용하고 있고, 형제 중 요절한 자를 합사한다."[5]라는 기록이 있고, 공영달의 소에서는 또한 "제단을 쌓아서 형제 중 장상(長殤)[6]인 자를 종조에게 합사한다."라고 한 주장이 있다. 혹자는 이곳 경문과 『예기』「상복소기(喪服小記)」편에서 "한 세대를 건너서 그 이상으로 올라가 합사를 한다."라고 했던 내용을 인용하여, 대부와 사는 모두 제사를 지내며 고조까지 지낼 수 있다고 했는데, 이것은 제단

---

3) 적사(適士)는 상사(上士)를 가리킨다. 사(士)라는 계급은 3단계로 세분되는데, 상사, 중사(中士), 하사(下士)가 그것이다. 『예기』「제법(祭法)」편의 경문에는 "<u>適士</u>二廟, 一壇, 曰考廟, 曰王考廟, 享嘗乃止."라는 기록이 있다. 이에 대한 정현의 주에서는 "適士, 上士也."라고 풀이했다.

4) 이 문장은 『예기』「제법(祭法)」【550a】의 "大夫立三廟, 二壇, 曰考廟, 曰王考廟, 曰皇考廟, 享嘗乃止. 顯考祖考無廟, 有禱焉, 爲壇祭之. 去壇爲鬼."라는 기록에 대한 정현의 주이다.

5) 『예기』「잡기상」【496c】: 有父母之喪尚功衰, 而附兄弟之殤則練冠附, 於殤稱"陽童某甫", 不名神也.

6) 장상(長殤)은 16~19세 사이에 요절한 자를 뜻한다. 『의례』「상복(喪服)」편에 "年十九至十六爲<u>長殤</u>."이라는 기록이 있다.

을 쌓아 귀(鬼)를 모시는 주장을 살펴보지 않은 것이다. 제사는 반드시 묘에서 지냈고 기도를 하는 경우에는 제단에서 했으며, 귀(鬼)의 경우에는 옮겨지게 되어 제사를 지내지 않고, 합사를 하는 경우에는 비록 귀(鬼)라 하더라도 여전히 그에 대한 제단에서 제사를 지낼 수 있다.

集解 愚謂: 凡祖適無不附於祖者, 大夫祔於士, 士不祔於大夫, 皆爲祖庶言之耳. 說已見喪服小記. 雖王父母在亦然者, 王父母尙在無可祔, 若王父有昆弟前死, 則祔於王父之昆弟, 無昆弟可祔則祔於高祖也.

번역 내가 생각하기에, 무릇 조부의 적자에 대해 조부에게 합사를 하지 못하는 경우가 없으니, 대부는 사에게 합사를 하지만, 사는 대부에게 합사를 하지 못한다고 한 것은 모두 조부의 서자를 위해서 언급한 내용일 뿐이다. 그에 대한 설명은『예기』「상복소기(喪服小記)」편에서 이미 했다. "비록 왕부모가 생존해 계시더라도 또한 이처럼 한다."는 말은 조부모가 여전히 생존해 계셔서, 합사를 할 있는 묘(廟)가 없고, 만약 조부모의 형제들 중 그 전에 죽은 자가 있다면, 조부의 형제에게 합사를 하며, 합사를 할 수 있는 조부의 형제가 없다면, 고조부에게 합사를 한다는 뜻이다.

【495c~d】

婦附於其夫之所附之妃, 無妃, 則亦從其昭穆之妃. 妾附於妾祖姑, 無妾祖姑, 則亦從其昭穆之妾.

직역 婦는 그 夫가 附한 所의 妃에게 附하고, 妃가 無라면, 亦히 그 昭穆의 妃에 從한다. 妾은 妾祖姑에게 附하고, 妾祖姑가 無라면, 亦히 그 昭穆의 妾에 從한다.

의역 부인의 경우 그 남편이 합사하게 될 대상의 아내에게 합사를 하고, 그 아내가 없는 경우라면, 또한 소목의 항렬에 따라 한 세대를 걸러 그 이상의 선조 아내에게 합사한다. 첩의 경우 조부의 첩에 합사를 하고, 조부의 첩이 없는 경우라

면, 또한 소목의 항렬에 따라 한 세대를 걸러 그 이상의 선조 첩에게 합사한다.

集說 夫所祔之妃, 夫之祖母也. 昭穆之妃, 亦謂間一代而祔高祖之妃也. 妾亦然.

번역 남편이 합사를 하게 될 대상의 비(妃)는 남편의 조모를 뜻한다. 소목의 비(妃) 또한 한 세대를 건너서 고조의 비(妃)에게 합사를 한다는 뜻이다. 첩에 대해서도 또한 이처럼 한다.

鄭注 夫所附之妃, 於婦則祖姑.

번역 남편이 합사하는 대상의 비(妃)는 부인의 입장에서는 조고(祖姑)가 된다.

孔疏 ○正義曰: 此一經論婦之所附, 義與夫同.

번역 ○이곳 경문은 부인에 대해 합사할 대상에 있어서, 그 의미가 남편에 대한 것과 동일함을 논의하고 있다.

孔疏 ●"無妃, 則亦從其昭穆之妃"者, 其孫婦祔祖姑, 祖無妃, 謂無祖姑, 則亦從其昭穆之妃, 謂亦間一以上, 祔於高祖之妃. 高祖無妃, 則亦祔於高祖之祖妃. 若其祖有昆弟之妃, 班爵同者, 則亦祔之.

번역 ●經文: "無妃, 則亦從其昭穆之妃". ○손자며느리는 조고(祖姑)에게 합사를 하는데, 조부에게 비(妃)가 없는 것은 조고가 없는 경우를 뜻하니, 이러한 경우에는 또한 소목의 항렬에 따른 비(妃)에게 합사를 하므로, 또한 한 세대를 걸러서 그 이상으로 올라가 고조부의 비(妃)에게 합사를 한다는 뜻이다. 고조에게도 비(妃)가 없다면, 또한 고조부의 조부 비(妃)에게 합사를 한다. 만약 조부에게 형제의 비(妃)가 있는데 작위가 동일한 대상이라면, 또한 그녀에게 합사를 한다.

集解 婦祔於祖姑, 言"祔於夫所祔之妃"者, 容祖姑爲大夫而祔於從祖姑也. 無妃, 謂夫所祔之妃尙在也. 從其昭穆之妃中一而祔於高祖姑也.

번역 부인은 조고(祖姑)에게 합사를 하는데, "남편이 합사하게 될 대상의 비(妃)에게 합사한다."라고 말한 것은 조고가 대부의 작위에 해당하여, 종조고(從祖姑)에게 합사하는 경우까지도 포함하기 때문이다. '무비(無妃)'는 남편이 합사하게 될 대상의 비(妃)가 여전히 생존해 있는 경우를 뜻한다. 소목의 항렬에 따른 비(妃)를 따라 한 세대를 걸러서 고조고(高祖姑)에게 합사를 한다.

【495d】

男子附於王父則配, 女子附於王母則不配.

직역 男子는 王父에게 附하면 配하고, 女子는 王母에게 附하면 不配한다.

의역 남자가 죽어서 조부에게 합사를 하는 경우라면, 조모까지도 함께 배향하고, 여자가 죽어서 조모에게 합사하는 경우라면, 조부는 함께 배향하지 않는다.

集說 男子死而祔祖者, 其祝辭云, "以其妃配某氏", 是幷祭王母也. 未嫁之女, 及嫁未三月而死, 歸葬女氏之黨者, 其祔於祖母者, 惟得祭祖母, 不祭王父也, 故云祔於王母則不配. 蓋不言"以某妃配某氏"耳. 有事於尊者可以及卑, 有事於卑者不敢援尊也.

번역 남자가 죽어서 그의 조부에게 합사를 지내는 경우, 그 축사에서는 "아무개 비(妃)를 아무개 씨(氏)에게 배향합니다."라고 말하니, 이것은 조모까지도 함께 제사를 지낸다는 사실을 나타낸다. 아직 시집을 가지 않은 여자 및 시집을 왔지만 아직 3개월이 지나지 않았는데 죽어서, 여자 집안으로 돌려보내어 장례를 치르는 경우, 조모에게 합사를 하는데, 이러한 경우에는 오직 조모만 제사지낼 수 있고, 조부는 제사지낼 수 없다. 그렇기 때문에 "조모에게 합사를 하는 경우라면 배향을 하지 않는다."라고 한 것이다. 아마도 이러한 경우에는 "아무개 비(妃)를 아무개 씨(氏)에게 배향합니다."라고 말하지 않았을 따름이다. 존귀한 자에게 어떤 일이 발생한 경우에는 미천한 자에게까지 해당 사안이 미칠 수 있지만, 미천한 자에게 어떤 일이 발생한 경우에는 감히 존귀한 자까지 끌어들일 수 없다.

鄭注 配, 謂幷祭王母. 不配, 則不祭王父也. 有事於尊者, 可以及卑, 有事於卑者, 不敢援尊. 配與不配, 祭饌如一, 祝辭異, 不言"以某妃配某氏"耳. 女子, 謂未嫁者也. 嫁未三月而死, 猶歸葬於女氏之黨.

번역 '배(配)'자는 조모까지도 함께 제사를 지낸다는 뜻이다. 배향을 하지 않는다는 말은 조부에게 제사를 지내지 않는다는 뜻이다. 존귀한 자에게 어떤 일이 발생한 경우에는 미천한 자에게까지 해당 사안이 미치지만, 미천한 자에게 어떤 일이 발생한 경우에는 감히 존귀한 자까지 끌어들일 수 없다. 배향과 배향하지 않는 경우, 제사에서 바치는 음식들은 동일하지만 축사는 차이를 보이니, "아무개 비(妃)를 아무개 씨(氏)에게 배향합니다."라고 말하지 않을 따름이다. '여자(女子)'는 아직 시집을 가지 않은 여자를 뜻한다. 시집을 갔더라도 아직 3개월이 되지 않아서 죽었다면, 여전히 여자 집안으로 돌려보내어 장례를 치른다.

釋文 幷, 必政反. 援音袁.

번역 '幷'자는 '必(필)'자와 '政(정)'자의 반절음이다. '援'자의 음은 '袁(원)'이다.

孔疏 ○正義曰: "男子祔於王父則配"者, 謂祭王父, 幷祭所配王母.

번역 ○경문의 "男子祔於王父則配"에 대하여. 조부에게 제사를 지내며,

배향하는 조모까지도 함께 제사를 지낸다는 뜻이다.

孔疏 ●"女子祔於王母則不配"者, 謂在室之女及已嫁未三月而死, 祔祭於王母, 則不祭所配之王父.

번역 ●經文: "女子祔於王母則不配". ○아직 시집을 가지 않은 여자와 이미 시집을 갔지만 아직 3개월이 되기 전에 죽은 여자를 조모에게 부제를 지낸다면, 함께 배향하는 조부에게는 제사를 지내지 않는다는 뜻이다.

孔疏 ◎注"配謂"至"之黨". ○正義曰: 云"配, 謂幷祭王母. 不配, 則不祭王父也"者, 王父母相配之人, 祭王父及王母是其配, 祭王母不祭王父是不配. 云"配與不配, 祭饌如一, 祝辭異, 不言'以某妃配某氏'耳"者, 按特牲禮不云配, 少牢禮云"以某妃配". 但士用特牲, 大夫用少牢, 其餘皆同, 是祭饌如一. 按少牢云: "以某妃配某氏." 鄭注云: "某妃, 某妻也. 某氏, 若言姜氏子氏也." 此是言配也. 不言配者, 若特牲云: "用薦歲事於皇祖某子." 不云以某妃配. 特牲雖是常祭, 容是禫月吉祭, 故不擧配. 云"嫁未三月而死, 猶歸葬於女氏之黨"者, 曾子問文也.

번역 ◎鄭注: "配謂"~"之黨". ○정현이 "'배(配)'자는 조모까지도 함께 제사를 지낸다는 뜻이다. 배향을 하지 않는다는 것은 조부에게 제사를 지내지 않는다는 뜻이다."라고 했는데, 조부와 조모는 서로 배향되는 사람들인데, 조부 및 조모에게 제사를 지내는 것은 배향에 해당하고, 조모에게 제사를 지내지만 조부에게 제사를 지내지 않는 것은 배향을 하지 않는 것에 해당한다. 정현이 "배향과 배향하지 않는 경우, 제사에서 바치는 음식들은 동일하지만 축사는 차이를 보이니, '아무개 비(妃)를 아무개 씨(氏)에게 배향합니다.'라고 말하지 않을 따름이다."라고 했는데, 『의례』「특생궤식례(特牲饋食禮)」편을 살펴보면 배(配)라고 하지 않았고, 「소뢰궤식례(少牢饋食禮)」편에서는 "아무개 비(妃)를 배향합니다."[7]라고 했다. 다만 사의 경우에는 특생(特牲)[8]을 사용하고 대부는 소뢰(少牢)를 사용하지만, 나머지 경우는 모두 동일하니, 이것은 제사에 사용되는 음식이 동일하다는 것을 뜻한다. 「소뢰궤식례」편을 살펴보면, "아무개 비(妃)를 아무개 씨(氏)에게 배향합니다."라고 말했고, 정현의 주에서는 "아무개 비(妃)는 아무개의 처이다. 아무개 씨(氏)는 마치 강씨(姜氏)나 자씨(子氏) 등으로 부르는 경우와 같다."라고 했다. 이것은 바로 배향하는 경우를 뜻한다. 배향한다고 말하지 않은 것은 「특생궤식례」편에서 "해마다 드리는 제사를 황조의 아무개 자(子)께 올립니다."[9]라고 한 경우와 같다. 여기에서는 아무개 비(妃)를 배향한다고 말하지 않았다. 특생례는 비록 정규 제사에 해당하지만, 담제(禫祭)[10]를 지내는 달에는 길제(吉祭)[11]가 되는 것까지도 포함하기 때문에, 배향을 하지 않는다. 정현이 "아직 3개월이 되지 않아서 죽었다면, 여전히 여자 집안으로 돌려보내어 장례를 치른다."라고 했는데, 이것은 『예기』「증

---

7) 『의례』「소뢰궤식례(少牢饋食禮)」: 主人曰, "孝孫某, 來日丁亥, 用薦歲事于皇祖伯某, 以某妃配某氏, 尙饗."

8) 특생(特牲)은 한 종류의 가축을 희생물로 사용한다는 뜻이다. '특(特)'자는 동일 종류의 희생물을 한 마리 사용한다는 뜻이며, 특히 소를 사용할 때 사용하는 용어이기도 하다. 『춘추좌씨전』「양공(襄公) 9년」편에는 "祈以幣更, 賓以特牲."이라는 기록이 있고, 이에 대한 양백준(楊伯峻)의 주에서는 "款待貴賓, 只用一種牲畜. 一牲曰特."이라고 풀이했다. 그런데 어떠한 가축을 사용했는가에 대해서는 주석들마다 차이가 있다. 『국어(國語)』「초어하(楚語下)」편에는 "大夫擧以特牲, 祀以少牢."라는 기록이 있고, 이에 대한 위소(韋昭)의 주에서는 "特牲, 豕也."라고 풀이했다. 또한 『예기』「교특생(郊特牲)」편에 대한 육덕명(陸德明)의 제해(題解)에서는 "郊者, 祭天之名, 用一牛, 故曰特牲."이라고 풀이했다. 즉 '특생'으로 사용되는 가축은 '시(豕: 돼지)'도 될 수 있으며, 소도 될 수 있다.

9) 『의례』「특생궤식례(特牲饋食禮)」: 宰自主人之左贊命, 命曰, "孝孫某, 筮來日某, 諏此某事, 適其皇祖某子, 尙饗."

10) 담제(禫祭)는 상복(喪服)을 벗을 때 지내는 제사이다.

11) 길제(吉祭)는 상례(喪禮)의 단계를 뜻한다. 우제(虞祭)를 지낸 뒤, 졸곡(卒哭)을 하며 제사를 지내게 되는데, 이 단계부터 지내는 제사를 '길제'라고 부른다. 상(喪)은 흉사(凶事)에 해당하는데, 그 이전까지는 슬픔에서 벗어나기 힘들기 때문에 흉제(凶祭) 또는 상제(喪祭)라고 부르며, 이 단계부터는 평상시처럼 길(吉)한 때로 접어들기 때문에 '길제'라고 부른다. 『예기』「단궁하(檀弓下)」편에는 "是月也, 以虞易奠, 卒哭曰成事. 是日也, 以吉祭易喪祭."라는 기록이 있다.

자문(曾子問)」편의 기록이다.[12]

集解 愚謂: 婦祔於祖姑亦不配, 獨言"女子"者, 祖舅尊嚴, 孫婦之祔自然不敢祭之, 王父親女孫之祔嫌當祭及王父, 故特明之.

번역 내가 생각하기에, 며느리를 조고에 합사할 때에도 배향을 하지 않는데, 유독 '여자(女子)'라고만 말한 것은 남편의 조부는 존엄하므로, 손자 며느리의 부제에서는 자연히 감히 제사를 지내지 못하는데, 조부의 친족인 손녀의 부제에서 제사를 지내며 조부까지도 지내야 한다고 오해할 것을 염려했기 때문에, 특별히 명시를 한 것이다.

【496a】

公子附於公子.

직역 公子는 公子에 附한다.

의역 손자가 공자(公子)의 신분이고 조부가 군주의 신분이라면, 군주의 형제 중 공자의 신분이었던 자에게 합사를 한다.

集說 疏曰: 若公子之祖爲君, 公子不敢祔之, 祔於祖之兄弟爲公子者, 不敢戚君故也.

번역 공영달의 소에서 말하길, 만약 공자(公子)의 조부가 제후이면, 공자가 죽었을 때 감히 합사를 하지 못하고, 군주인 조부의 형제들 중 공자의 신분인 자에게 합사를 하니, 감히 군주를 친족으로 대할 수 없기 때문이다.

---

12) 『예기』「증자문(曾子問)」【233a】: 曾子問曰: 女未廟見而死, 則如之何. 孔子曰: 不遷於祖, 不祔於皇姑, 壻不杖, 不菲, 不次, 歸葬于女氏之黨, 示未成婦也.

鄭注 不敢戚君.

번역 감히 군주를 친족으로 대할 수 없기 때문이다.

孔疏 ○正義曰: "公子"者, 若公子之祖爲君, 公子不敢祔之. 祔於祖之兄弟爲公子者, 不敢戚君故也.

번역 ○경문의 "公子"에 대하여. 만약 공자(公子)의 조부가 군주라면, 죽은 공자에 대해서는 감히 그에게 합사를 하지 못한다. 군주인 조부의 형제들 중 공자의 신분이었던 자에게 합사를 하니, 감히 군주를 친족으로 대할 수 없기 때문이다.

集解 大夫士不敢祔於諸侯也.

번역 대부와 사는 제후에게 합사를 할 수 없기 때문이다.

• 제 15 절 •

제후가 죽었을 때 세자(世子)에 대한 처우

【496a】

君薨, 大子號稱子, 待猶君也.

직역 君이 薨하면, 大子에게는 號를 子라 稱하여, 待하길 君과 猶한다.

의역 제후가 죽게 되면, 그의 적장자에 대해서는 '자(子)'라고 지칭하고, 그를 대우할 때에는 정식 군주에 대한 경우처럼 한다.

集說 君在稱世子, 君薨則稱子, 踰年乃得稱君也. 僖九年傳云, "凡在喪, 王曰小童, 公侯曰子." 待猶君者, 謂與諸侯並列, 供待之禮, 猶如正君也.

번역 제후가 생존해 있을 때 그의 적장자에 대해서는 '세자(世子)'라고 지칭하며, 제후가 죽으면 '자(子)'라고 지칭하고, 그 해를 넘기면 곧 '군(君)'이라고 지칭한다. 희공(僖公) 9년에 대한 『좌전』의 기록에서는 "무릇 상중에 있게 되면 천자의 적장자에 대해서는 '소동(小童)'이라고 부르고, 공작·후작의 적장자에 대해서는 '자(子)'라고 부른다."[1]라고 했다. '대유군(待猶君)'이라는 말은 제후와 병렬이 되어, 그를 대우하는 예법을 정식 군주에 대한 경우처럼 한다는 뜻이다.

大全 山陰陸氏曰: 此言君薨未葬, 待其子猶君也. 春秋召陵之會陳子亞衛侯, 待猶陳侯也. 若溫之會, 陳侯旣葬, 陳子序在鄭伯之下莒子之上, 視君下一等.

---

1) 『춘추좌씨전』「희공(僖公) 9년」: 九年春, 宋桓公卒. 未葬而襄公會諸侯, 故曰"子". 凡在喪, 王曰"小童", 公侯曰"子".

번역 산음육씨가 말하길, 이 내용은 제후가 죽었는데 아직 장례를 치르지 않았을 때에는 그의 자식을 대우할 때 정식 제후처럼 한다는 뜻이다. 춘추시대 때 소릉(召陵)의 회합에서 진(陳)나라 제후의 자식에 대해서는 위(衛)나라 후작과 버금가도록 기록했으니,[2] 그를 대우하길 진(陳)나라 후작처럼 한 것이다. 반면 온(溫)의 회합에서는 진(陳)나라 후작에 대해 이미 장례를 치렀으므로, 진(陳)나라 제후의 자식에 대해서 그 서열을 정(鄭)나라 백작 밑과 거(莒)나라 자작 앞에 두었으니,[3] 정식 군주에 비해 한 등급을 낮춘 것이다.

鄭注 謂未踰年也, 雖稱子, 與諸侯朝會如君矣. 春秋魯僖公九年夏葵丘之會, 宋襄公稱子, 而與諸侯序. 待, 或爲侍.

번역 군주가 죽은 해를 아직 넘기지 않았을 때를 뜻하니, 비록 그에 대해서 '자(子)'라고 지칭하지만, 제후와 회합을 할 때에는 정식 군주와 동일하게 한다. 『춘추』 노나라 희공(僖公) 9년 여름 규구(葵丘)의 회합에서 송(宋)나라 양공(襄公)에 대해서는 '자(子)'라고 지칭했지만, 다른 제후들과 함께 서열대로 기록을 했다.[4] '대(待)'자를 다른 판본에서는 '시(侍)'자로 기록하기도 한다.

孔疏 ○正義曰: "君薨", 謂先君薨也.

번역 ○경문의 "君薨"에 대하여. 이전의 군주가 죽었다는 뜻이다.

---

2) 『춘추』「정공(定公) 4년」 : 三月, 公會劉子·晉侯·宋公·蔡侯·衛侯·陳子·鄭伯·許男·曹伯·莒子·邾婁子·頓子·胡子·滕子·薛伯·杞伯·小邾婁子·齊國夏于召陵, 侵楚.

3) 『춘추』「희공(僖公) 28년」 : 冬, 公會晉侯·宋公·蔡侯·鄭伯·陳子·莒子·邾子·秦人于溫.

4) 『춘추』「희공(僖公) 9년」 : 夏, 公會宰周公·齊侯·宋子·衛侯·鄭伯·許男·曹伯于葵丘.

孔疏 ●"大子號稱子"者, 其本大子, 君存稱世子. 今君旣薨, 故稱子, 不言世子.

번역 ●經文: "大子號稱子". ○그는 본래 태자의 신분이므로, 군주가 생존해 있을 때에는 '세자(世子)'라고 지칭한다. 그런데 현재는 군주가 이미 죽은 상태이기 때문에, '자(子)'로 지칭하고 '세자(世子)'라고 부르지 않는다.

孔疏 ●"待猶君也"者, 謂與諸侯並列, 共待之禮, 猶如正君.

번역 ●經文: "待猶君也". ○제후들과 병렬이 되니, 그를 대우하는 예법은 정식 군주에 대한 경우와 같다는 뜻이다.

孔疏 ◎注"謂未"至"侯序". ○正義曰: 知"未踰年"者, 若踰年則稱君, 此云"稱子", 故知"未踰年"也[5]. 引春秋者, 證未踰年稱"子"及"待猶君"之義. 按僖九年三[6]月, 宋公御說卒, 夏, 公會宰周公[7]齊侯宋子以下于葵丘. 是宋襄公稱子, 序在齊侯之下, 與尋常宋公同, 是與諸侯序. 按公羊傳云: "君存稱世子, 君薨稱子某. 旣葬稱子, 踰年稱公." 今稱[8]襄公未葬君, 當宋子某而稱子者, 鄭用左氏之義, 未葬已前則稱子, 旣葬已後踰年則稱公. 故僖九年傳云:

---

5) '야(也)'자에 대하여. '야'자는 본래 '자(者)'자로 기록되어 있었는데, 완원(阮元)의 『교감기(校勘記)』에서는 "혜동(惠棟)의 『교송본(校宋本)』에는 '자'자가 '야'자로 기록되어 있다."라고 했다.

6) '삼(三)'자에 대하여. 『십삼경주소(十三經注疏)』 북경대 출판본에서는 "'삼'자는 본래 '이(二)'자로 기록되어 있었는데, 희공(僖公) 9년에 대한 『춘추』 기록을 살펴보면, '이'자는 마땅히 '삼'자로 기록되어야 한다."라고 했다.

7) '공(公)'자에 대하여. '공'자는 본래 '운(云)'자로 기록되어 있었는데, 완원(阮元)의 『교감기(校勘記)』에서는 "혜동(惠棟)의 『교송본(校宋本)』에는 '운'자가 '공'자로 기록되어 있으니, 이곳 판본은 잘못 기록된 것이며, 『민본(閩本)』·『감본(監本)』·『모본(毛本)』에도 동일하게 잘못 기록되어 있다."라고 했다.

8) '칭(稱)'자에 대하여. '칭'자는 본래 '송(宋)'자로 기록되어 있었는데, 완원(阮元)의 『교감기(校勘記)』에서는 "혜동(惠棟)의 『교송본(校宋本)』에는 '송'자가 '칭'자로 기록되어 있으니, 이곳 판본은 잘못 기록된 것이며, 『민본(閩本)』·『감본(監本)』·『모본(毛本)』에도 동일하게 잘못 기록되어 있다."라고 했다.

"凡在喪, 王曰小童, 公侯曰子." 是"未葬"爲在喪之稱也. 若杜元凱之意, 未葬以前皆稱子. 若旣葬雖未踰年, 亦稱公, 若未葬雖踰年, 猶稱[9]子, 其義具在下曲禮疏, 其與諸侯序列, 宋襄公在喪稱子, 自在本班; 定四年陳懷公稱子, 進在鄭上; 僖二十八年, 陳共公稱子, 降在鄭下; 衛侯弟叔武稱子, 亦序在鄭下: 此皆春秋之時霸者所次, 不與此記同也.

번역 ◎鄭注: "謂未"~"侯序". ○정현이 "군주가 죽은 해를 아직 넘기지 않았을 때를 뜻한다."라고 했는데, 이 말이 사실임을 알 수 있는 이유는 만약 그 해를 넘겼다면 '군(君)'이라고 지칭하는데, 이곳에서는 "자(子)라고 지칭한다."라고 했기 때문에, "군주가 죽은 해를 아직 넘기지 않았을 때를 뜻한다."라고 한 말이 사실임을 알 수 있다. 정현이 『춘추』의 기록을 인용한 것은 군주가 죽은 해를 아직 넘기지 않았을 때에는 그의 적장자에 대해서 '자(子)'라고 지칭한다는 사실과 "대우를 할 때 군주에 대한 경우와 동일하게 한다."는 뜻을 증명하기 위해서이다. 희공(僖公) 9년 3월 기록을 살펴보면, 송(宋)나라 공작 어열(御說)이 죽었고,[10] 여름에 희공이 재주공(宰周公)·제(齊)나라 후작·송자(宋子) 등과 규구(葵丘)에서 회합을 가졌다고 했다.[11] 이 기록에서는 송나라 양공(襄公)에 대해서 '자(子)'라고 지칭하고, 그 서열을 제나라 후작 뒤에 두었으니, 평상시 송나라 공작의 서열과 동일하게 한 것을 나타내므로, 정식 제후들과 나란히 서열을 나눈다는 사실을 나타낸다. 『공양전』을 살펴보면, "제후가 생존해 있을 때에는 그의 적장자에 대해서 '세자(世子)'라고 지칭하고, 제후가 죽게 되면 '자(子) 아무개'라고 지칭한다. 이미 장례를 치렀다면 '자(子)'라고 지칭하고, 그 해를 넘기면 '공(公)'이라고 지칭한다."[12]라고 했다. 현재 양공에 대해 지칭을 할 때 아

---

9) '칭(稱)'자에 대하여. '칭'자는 본래 없던 글자인데, 완원(阮元)의 『교감기(校勘記)』에서는 "혜동(惠棟)의 『교송본(校宋本)』에는 '자(子)'자 앞에 '칭'자가 기록되어 있으니, 이곳 판본에는 '칭'자가 누락된 것이며, 『민본(閩本)』·『감본(監本)』·『모본(毛本)』에도 동일하게 누락되어 있다."라고 했다.

10) 『춘추』「희공(僖公) 9년」: 王三月, 丁丑, 宋公禦說卒.

11) 『춘추』「희공(僖公) 9년」: 夏, 公會宰周公·齊侯·宋子·衛侯·鄭伯·許男·曹伯于葵丘.

직 선대 군주에 대해 장례를 치르지 않은 상태이므로, 마땅히 '송나라 자(子) 아무개'라고 지칭해야 하지만, '자(子)'라고만 지칭한 것은 정현은 『좌전』의 뜻을 따랐으므로, 아직 장례를 치르기 이전에도 '자(子)'라고 지칭하고, 이미 장례를 치른 이후 그 해를 넘기게 되면 '공(公)'이라고 지칭한다고 보았기 때문이다. 그래서 희공 9년에 대한 『좌전』에서는 "무릇 상중에 있게 되면 천자의 적장자에 대해서는 '소동(小童)'이라고 부르고, 공작·후작의 적장자에 대해서는 '자(子)'라고 부른다."라고 한 것이다. 이것은 아직 장례를 치르기 이전의 칭호에 대해서 아직 상중에 있을 때의 칭호로 여긴 것이다. 두원개의 뜻에 따르면, 아직 장례를 치르기 이전에는 모두 '자(子)'라고 지칭하게 된다. 한편 이미 장례를 치렀고 비록 그 해를 넘기지 않았을 때에도 또한 '공(公)'이라고 지칭하고, 또 아직 장례를 치르지 않았고 비록 그 해를 넘겼더라도 여전히 '자(子)'라고 지칭하는 경우에 대해서는 그 의미를 모두 『예기』「곡례하」편의 소(疏)에 기록해두었는데, 그 자식에 대해 다른 제후들과 나란히 서열을 정함에 있어서, 송나라 양공은 아직 상중에 있었는데 '자(子)'라고 지칭했고 본래 자신의 작위 반열에 따라 기록했으며, 정공(定公) 4년에 진나라 회공(懷公)에 대해 '자(子)'라고 지칭하며 정나라보다 앞에 기록했고,[13] 희공(僖公) 28년에 진나라 공공(共公)에 대해 '자(子)'라고 지칭하며 정나라보다 뒤에 기록을 했고,[14] 위나라 후작의 동생 숙무에 대해 '자(子)'라고 지칭하며 또한 그 서열을 정나라보다 뒤에 기록을 한 것[15]은 모두 춘추시대에는 패자의 서열에 따른 것이니, 이곳의 기록과는 동일하지 않다.

---

12) 『춘추공양전』「장공(莊公) 32년」: 君存稱世子. 君薨稱子某. 旣葬稱子. 踰年稱公.

13) 『춘추』「정공(定公) 4년」: 公會劉子·晉侯·宋公·蔡侯·衛侯·陳子·鄭伯·許男·曹伯·莒子·邾婁子·頓子·胡子·滕子·薛伯·杞伯·小邾婁子·齊國夏于召陵.

14) 『춘추』「희공(僖公) 28년」: 冬, 公會晉侯·宋公·蔡侯·鄭伯·陳子·莒子·邾子·秦人于溫

15) 『춘추』「희공(僖公) 28년」: 五月, 癸丑, 公會晉侯·齊侯·宋公·蔡侯·鄭伯·衛子·莒子盟于踐土.

集解 愚謂: 緣始終之義, 一年不二君, 故君薨, 世子立踰年然後行卽位之禮, 卽位然後稱"公", 若未卽位·未葬, 則稱"子某", 春秋書"子野"·"子般", 是也. 蓋尸柩尚在, 猶用父前子名之義, 故稱名也. 已葬則稱"子", 春秋文公十八年, "六月癸酉, 葬我君文公", "冬十月, 子卒", 是也. 蓋未卽位則未成爲君, 故不稱"公"而稱"子", 子者, 男子之美稱也. 待猶君者, 謂人民所以事之者, 鄰國弔·襚之使及以他事相接者, 皆以君禮待之. 下文弔者之辭曰, "寡君聞君之喪, 寡君使某, 如何不淑." 又上客臨, 曰"寡君命, 使臣某毋敢視賓客", 是皆以人君之禮待之也.

번역 내가 생각하기에, 처음과 끝의 뜻에 연유하여, 한 해에 두 명의 군주를 둘 수 없으므로, 군주가 죽었을 때 세자가 그 해를 넘겨서 제후로 등극을 한 뒤에야 즉위의 의례를 시행하니, 즉위를 한 뒤에는 '공(公)'이라고 부르고, 만약 아직 즉위를 하지 않았거나 선대 군주에 대해 아직 장례를 치르지 않았다면, '자(子) 아무개'라고 지칭하니, 『춘추』에서 '자야(子野)'나 '자반(子般)'이라고 기록한 것이 바로 이러한 사실을 나타낸다. 무릇 시신을 싣고 있는 영구가 여전히 빈소에 남아있다면, 부친 앞에서는 자식이 이름을 댄다는 뜻에 따르기 때문에 이름을 지칭한다. 이미 장례를 치렀다면 '자(子)'라고 지칭하는데, 『춘추』 문공(文公) 18년의 기록에서 "6월 계유일에 우리 군주 문공을 장례지냈다."[16]라고 했고, "겨울 10월에 자(子)가 죽었다."[17]라고 한 기록이 이러한 사실을 나타낸다. 무릇 아직 즉위를 하지 못했다면, 정식 군주가 되지 못한 것이기 때문에 '공(公)'이라고 지칭하지 않고, '자(子)'라고 지칭한 것인데, 이때의 '자(子)'는 남자에 대한 미칭이다. '대유군(待猶君)'이라는 말은 백성들이 그를 섬기는 방법이나 이웃 나라에서 조문을 하거나 부의를 보내온 심부름꾼 및 다른 사안으로 인해 서로 만나보는 경우에는 모두 정식 군주의 예법으로 그를 대한다는 뜻이다. 아래문장에서 조문을 온 자가 말을 전하며, "저희 군주께서 군주의 상에 대한 소식을 듣고, 저희 군주가 아무개인 저를 시켜서 보내셨으니, 어찌하여 이

---

16) 『춘추』「문공(文公) 18년」: 六月, 癸酉, 葬我君文公.
17) 『춘추』「문공(文公) 18년」: 冬, 十月, 子卒.

러한 불상사가 생겼습니까."[18]라고 말하고, 또 상등의 빈객이 임하면, "저희 군주께서 명하시여, 저희 군주께서는 사신 아무개인 저에게 명령하시며 감히 빈객처럼 행동하지 말라고 하셨습니다."[19]라고 했는데, 이 모두는 군주의 예법으로 대우를 한 경우에 해당한다.

18) 『예기』「잡기상」【503d】: 弔者入, 主人升堂, 西面. 弔者升自西階, 東面, 致命, 曰, "寡君聞君之喪, 寡君使某, 如何不淑."

19) 『예기』「잡기상」【505d~506a】: 上客臨曰, "寡君有宗廟之事, 不得承事, 使一介老某相執綍." 相者反命曰, "孤須矣." 臨者入門右, 介者皆從之, 立于其左東上. 宗人納賓, 升受命于君. 降曰, "孤敢辭吾子之辱. 請吾子之復位." 客對曰, "寡君命某毋敢視賓客, 敢辭." 宗人反命曰, "孤敢固辭吾子之辱. 請吾子之復位." 客對曰, "寡君命某毋敢視賓客, 敢固辭." 宗人反命曰, "孤敢固辭吾子之辱. 請吾子之復位." 客對曰, "寡君命使臣某毋敢視賓客, 是以敢固辭. 固辭不獲命, 敢不敬從." 客立于門西, 介立于門左東上. 孤降自阼階拜之, 升, 哭, 與客拾踊三. 客出, 送于門外拜稽顙.

• 제 16 절 •

상(喪)이 겹쳤을 때의 규정

【496a~b】

有三年之練冠, 則以大功之麻易之, 唯杖屨不易.

직역 三年의 練冠이 有하면, 大功의 麻로 易하되, 唯히 杖·屨는 不易한다.

의역 삼년상을 치르고 있을 때 소상(小祥)을 치렀는데, 갑작스럽게 대공복(大功服)에 해당하는 상이 발생한다면, 대공복에 착용하는 마(麻)로 만든 질(絰)로 소상 때 착용했던 갈(葛)로 만든 질(絰)을 바꾸지만, 지팡이와 신발만은 바꾸지 않는다.

集說 大功之服, 爲殤者凡九條, 其長殤皆九月, 中殤皆七月, 皆降服也. 又有降服者六條, 正服者五條, 正服不降者三條, 義服者二條, 皆九月. 詳見儀禮. 此章言居三年之喪, 至練時首絰已除, 故云有三年之練冠也. 當此時忽遭大功之喪, 若是降服, 則其衰七升, 與降服齊衰葬後之服同, 故以此大功之麻絰, 易去練服之葛絰也. 惟杖屨不易者, 言大功無杖無可改易, 而三年之練, 與大功初喪, 同是繩屨耳.

번역 대공복(大功服)의 규정에 있어서 요절한 자를 위해 착용하는 경우에는 모두 9가지 조목이 있는데, 장상(長殤)의 경우에는 모두 9개월 동안 복상하고, 중상(中殤)[1]의 경우에는 모두 7개월 동안 복상하니, 이 모두는 강복(降服)[2]에 해당한다. 또 강복을 하는 경우에는 6가지 조목이 있고, 정

1) 중상(中殤)은 12~15세 사이에 요절한 자를 뜻한다. 『의례』「상복(喪服)」편에 "十五至十二爲中殤."이라는 기록이 있다.

복(正服)[3]을 하는 경우에는 5가지 조목이 있으며, 정복을 하면서 낮추지 않는 경우에는 3가지 조목이 있고, 의복(義服)을 하는 경우에는 2가지 조목이 있는데, 이 모두에 대해서는 9개월 동안 복상한다. 자세한 설명은 『의례』에 나온다. 이곳 문단은 삼년상을 치르고 있으면서 연제(練祭)를 지내는 시기가 되면 머리에 쓰고 있던 수질(首絰)은 이미 제거하게 되므로, "삼년상에서 연관(練冠)[4]을 쓰고 있다."라고 말한 것이다. 그리고 이러한 시기에 갑작스럽게 대공복에 해당하는 상이 발생하여, 강복을 하는 경우와 같다면, 상복은 7승(升)으로 만들어서, 강복을 하며 자최복(齊衰服)을 입고 치르는 상에서 장례를 치른 이후에 착용하는 복장과 동일하게 한다. 그렇기 때문에 대공복의 마(麻)로 만든 질(絰)로 소상(小祥)의 복장에 착용했던 갈(葛)로 만든 질(絰)을 바꾸는 것이다. '유장구불역(惟杖屨不易)'이라는 말은 대공복에는 지팡이가 없어서 복장을 바꾸는 경우가 없으며, 삼년상의 연제 때 착용하는 복장과 대공복의 초상 때 착용하는 복장에 있어서는 동일하게 승구(繩屨)를 신을 따름이라는 뜻이다.

大全 嚴陵方氏曰: 三年之喪旣練, 而遭大功之喪, 則以麻易之者, 此以義起禮也.

번역 엄릉방씨가 말하길, 삼년상에서 이미 연제(練祭)를 치렀는데, 대공

---

2) 강복(降服)은 상(喪)의 수위를 본래의 등급보다 한 등급 낮추는 일에 해당한다. 예를 들어 자식은 부모에 대해 삼년상을 치러야 하지만, 다른 집의 양자로 간 경우라면 자신의 친부모에 대해 삼년상을 치르지 않고, 한 등급 낮춰서 1년만 치르게 된다. 이것은 상(喪)의 기간에만 해당하는 것이 아니라, 상복(喪服) 및 상(喪)을 치르며 부수적으로 갖추게 되는 기물(器物)들에도 적용된다.

3) 정복(正服)은 본래의 상례(喪禮) 규정에 따른 정식 복장을 뜻한다. 친족 관계에서는 각 등급에 따른 상례 절차가 규정되어 있으므로, '정복'이라는 것은 규정에 따른 상복(喪服)을 착용하는 것뿐만 아니라, 상(喪)을 치르는 기간과 각종 부수적 기물(器物)들에 대해서도 규정대로 따르는 것을 뜻한다.

4) 연관(練冠)은 상(喪) 중에 착용하는 관(冠)이다. 부모의 상 중에서 1주기에 지내는 제사 때 착용을 하였다.

복(大功服)의 상을 당하게 된다면, 마(麻)로 된 질(絰)로 바꾸는 것은 의(義)에 따라 예(禮)를 일으키는 경우에 해당한다.[5)]

鄭注 謂旣練而遭大功之喪者也, 練除首絰, 要絰葛, 又不如大功之麻重也. 言練冠·易麻, 互言之也. 唯杖·屨不易, 言其餘皆易也. 屨不易者, 練與大功俱用繩耳.

번역 이미 연제(練祭)를 치렀는데, 대공복(大功服)의 상을 당한 경우를 뜻한다. 연제를 치르게 되면 수질(首絰)을 제거하고, 요질(要絰)은 갈(葛)로 만든 것으로 차니, 또한 대공복에서 모두 마(麻)로 만든 것을 착용하는 것만 못하다. '연관(練冠)'이라고 말하고 "마(麻)로 된 것으로 바꾼다."는 말은 상호 호환이 되도록 나타낸 말이다. "오직 지팡이와 신발은 바꾸지 않는다."는 말은 그 나머지는 모두 바꾼다는 뜻이다. 신발을 바꾸지 않는 이유는 연제의 복장과 대공복을 착용할 때에는 모두 승구(繩屨)를 사용하기 때문이다.

釋文 要, 一遙反.

번역 '要'자는 '一(일)'자와 '遙(요)'자의 반절음이다.

孔疏 ●"有三"至"不易". ○正義曰: 此一經, 明先有三年練冠之節, 今遭大功之麻易之. 先師解此, 凡有三義. 按聖證論云: "范宣子之意, 以母喪旣練, 遭降服大功則易衰. 以母之旣練, 衰八升, 降服大功, 衰七升, 故得易之, 其餘則否. 賀瑒之意, 以三等大功, 皆得易三年練衰. 其三等大功, 衰雖七升·八升·九升之布, 有細於三年之練衰, 以其新喪之重, 故皆易之." 皇氏云: "或不易." 庾氏之說, 唯謂"降服大功, 衰得易三年之練, 其餘七升·八升·九

---

5) 『예기』「예운(禮運)」【289a】: 故, 禮也者, 義之實也. 協諸義而協, 則禮雖先王未之有, 可以義起也.

升之大功, 則不得易三年之練". 今依庾說. 此大功者, 時[6]據降服大功也. 故下文云"而祔兄弟之殤", 雖論小功之兄弟, 而云降服, 則知此大功之麻易, 據殤也.

번역 ●經文: "有三"~"不易". ○이곳 경문은 이전에 삼년상을 치르며 연관(練冠)을 쓰는 규범을 지키고 있는데, 현재 대공복(大功服)의 상을 당해서 대공복에 차는 마(麻)로 만든 질(絰)로 바꾸는 사안을 나타내고 있다. 선대 학자들이 이 문장을 해석함에 있어서는 모두 세 가지 뜻이 있다. 『성증론』을 살펴보면, "범선자의 주장에 따르면, 모친의 상에서 이미 연제(練祭)를 치렀는데, 강복(降服)인 대공복의 상을 당하면 상복을 바꾸게 된다. 모친의 상에서 연제를 끝냈을 때에는 상복을 8승(升)의 포(布)로 만들게 되는데, 강복인 대공복의 상에서는 상복을 7승의 포(布)로 만들기 때문에 바꿀 수 있지만, 나머지는 그렇지 않다. 하창의 주장에 따르면, 세 등급의 대공복 복장으로는 모두 삼년상에서 연제를 치른 뒤에 착용하는 상복을 바꿀 수 있다. 세 등급의 대공복 복장에 있어서 상복에 비록 7승·8승·9승의 포(布)를 사용하여, 삼년상에서 연제를 치른 뒤 착용하는 상복보다 조밀한 점이 있지만, 새로 발생한 상을 중시여기기 때문에, 모두 바꿀 수 있다."라고 했다. 황간은 "어떤 것은 바꾸지 않는다."라고 했고, 유울의 주장에 따르면 오직 "강복인 대공복의 경우에만 상복에 있어서 삼년상을 치르며 연제를 치른 뒤에 착용했던 상복을 바꿀 수 있으니, 나머지 7승·8승·9승의 포(布)로 만든 상복의 경우에는 삼년상을 치르며 연제를 치른 뒤의 복장을 바꿀 수 없다."라고 했다. 현재는 유울의 주장에 따른다. 이곳에서 '대공복(大功服)'이라고 말한 것은 특별히 강복으로 대공복을 착용하는 경우를 제시한 것이다. 그렇기 때문에 아래문장에서 "형제 중 요절한 자에게 합사한다."[7]라고 말한 것이니, 이것이 비록 소공복(小功服)에 해당하는 형제의

6) '시(時)'자에 대하여. 『십삼경주소(十三經注疏)』 북경대 출판본에서는 "'시'자를 『예기훈찬(禮記訓纂)』에서는 '특(特)'자로 기록했다."라고 했다.

7) 『예기』「잡기상」【496c】: 有父母之喪尙功衰, 而附兄弟之殤則練冠附, 於殤稱"陽童某甫", 不名神也.

상을 논의한 것이지만, '강복(降服)'이라고 말했다면, 여기에서 "대공복에 착용하는 마(麻)로 바꾼다."고 한 말이 요절한 자에게 기준을 둔 내용임을 알 수 있다.

孔疏 ●"有三年之練冠"者, 謂遭三年之喪, 至練時之冠, 以首絰已除, 故特云冠.

번역 ●經文: "有三年之練冠". ○삼년상을 당하여, 연제를 치를 때 관(冠)을 쓰게 되면 수질(首絰)을 제거하기 때문에 특별히 '관(冠)'이라고 말한 것이다.

孔疏 ●"則以大功之麻易之"者, 初死者是降服大功, 則以此大功之麻, 易三年之練.

번역 ●經文: "則以大功之麻易之". ○이제 막 죽은 자가 강복(降服)으로 대공복(大功服)을 착용하는 경우에 해당한다면, 이 자에 대한 대공복의 마(麻)로 만든 질(絰)로 삼년상의 연제(練祭)를 치르며 차고 있던 질(絰)을 바꾼다.

孔疏 ●"唯杖 · 屨不易"者, 言大功無杖, 無可改易; 三年練, 與大功初喪同是繩屨, 故杖 · 屨不易.

번역 ●經文: "唯杖·屨不易". ○대공복(大功服)에는 지팡이가 없어서 바꾸는 이치가 없으며, 삼년상에서 연제(練祭)를 치를 때의 복장과 대공복의 초상 때의 복장에서는 모두 승구(繩屨)를 신는다. 그렇기 때문에 지팡이와 신발은 바꾸지 않는다는 뜻이다.

孔疏 ◎注"謂既"至"繩耳". ○正義曰: 云"練除首絰"者, 閒傳文. 首絰既除, 故著大功麻絰. 云"要絰葛, 又不如大功之麻重也"者, 斬衰既練, 要絰與大功初死要絰麤細同. 斬衰是葛, 大功是麻, 故云"要絰葛, 又不如大功之麻重也". 云"言練冠·易麻, 互言之也"者, 麻謂絰帶. 大功言絰帶, 明三年練亦有絰帶; 三年練云冠, 明大功亦有冠, 是大功冠與絰帶易三年冠及絰帶, 故云"互言之". 云"唯杖·屨不易, 言其餘皆易也"者, 經旣言冠言麻, 以明換易, 又云"杖·屨不易", 則知衰亦在易中, 故言"其餘皆易", 謂冠也, 要帶也, 衰也, 言悉易也. 然練之首絰除矣, 無可易也; 又大功無杖, 亦無可易也, 而云"易"與"不易"者, 因其餘有易者連言之.

번역 ◎鄭注: "謂旣"~"繩耳". ○정현이 "연제(練祭)를 치르게 되면 수질(首絰)을 제거한다."라고 했는데, 이것은 『예기』「간전(間傳)」편의 문장이다.[8] 수질을 이미 제거했기 때문에 대공복(大功服)에 하는 마(麻)로 만든 질(絰)을 찬다. 정현이 "요질(要絰)은 갈(葛)로 만든 것으로 차니, 또한 대공복에서 모두 마(麻)로 만든 것을 착용하는 것만 못하다."라고 했는데, 참최복(斬衰服)의 상에서 이미 연제를 치렀으니, 요질(要絰)의 경우 대공복의 초상 때 차는 요질과 거칠고 조밀한 정도가 동일하다. 그러나 참최복에서 연제를 치르면 갈(葛)로 만든 것을 차고, 대공복에는 수위가 높은 마(麻)로 만든 것을 찬다. 그렇기 때문에 "요질은 갈(葛)로 만든 것으로 차니, 또한 대공복에서 모두 마(麻)로 만든 것을 착용하는 것만 못하다."라고 말한 것이다. 정현이 "'연관(練冠)'이라고 말하고, '마(麻)로 된 것으로 바꾼다.'는 말은 상호 호환이 되도록 나타낸 말이다."라고 했는데, 마(麻)는 질(絰)과 대(帶)를 뜻한다. 대공복에 대해서 질(絰)과 대(帶)를 언급했으니, 이것은 삼년상을 치르며 연제를 치를 때의 복장에도 또한 질(絰)과 대(帶)가 있음을 나타내고, 삼년상을 치르며 연제를 치를 때의 복장에 대해 '관(冠)'이라고 했으니, 이것은 대공복에도 또한 관(冠)이 있음을 나타내니, 대공복에 착용하는 관(冠)·질(絰)·대(帶)로 삼년상을 치르며 연제를 치를 때 착용한 관(冠)·질(絰)·대(帶)를 바꾸는 것이다. 그렇기 때문에 "상호 호환이 되도록 나타낸 말이다."라고 말한 것이다. 정현이 "'오직 지팡이와 신발은

---

8) 『예기』「간전(間傳)」【668a】: 男子除乎首, 婦人除乎帶. 男子何爲除乎首也? 婦人何爲除乎帶也? 男子重首, 婦人重帶. 除服者先重者, 易服者易輕者.

바꾸지 않는다.'는 말은 그 나머지는 모두 바꾼다는 뜻이다."라고 했는데, 경문에서는 이미 관(冠)과 마(麻)를 언급해서 바꾼다는 사실을 나타냈고, 또 "지팡이와 신발은 바꾸지 않는다."라고 했으니, 상복의 경우에는 또한 바꾸는 대상에 포함됨을 알 수 있다. 그렇기 때문에 "그 나머지는 모두 바꾼다."라고 말한 것이니, 관(冠), 요질(要絰), 상복들에 대해서 모두 바꾼다는 뜻을 나타낸다. 그러나 연제 때에는 수질(首絰)을 제거하므로 바꿀 수가 없고, 또 대공복에는 지팡이가 없으니 이 또한 바꿀 수가 없다. 그러므로 "바꾼다."라고 말하거나 "바꾸지 않는다."라고 말한 것은 나머지 복장에서 바꾸는 것이 있는 것에 따라 뒤이어 바꾸지 않는 것을 언급한 것이다.

訓纂 趙氏良澍曰: 三年之喪旣練, 則久受之以葛帶矣. 而以大功之麻易之者, 以練除首絰, 前喪之哀略殺, 故暫爲之變服, 迨後喪旣葬, 則反服其前喪之服也. 經文槩言"三年", 未嘗別之爲父爲母. 鄭注槩言"大功", 未嘗定之爲殤, 固不如賀氏之說, 謂三等大功皆得易之, 重新喪也.

번역 조량주가 말하길, 삼년상에서 이미 연제(練祭)를 치렀다면, 그 이전에 갈(葛)로 된 대(帶)를 받게 된다. 대공복(大功服)에 차는 마(麻)로 된 것으로 바꾸는 것은 연제를 지내며 수질(首絰)을 제거하니, 이전 상에 대한 애통한 마음이 줄어들었기 때문에, 잠시 이제 막 죽은 자를 위해서 복장을 바꾸는 것이며, 이제 막 죽은 자에 대해 장례를 치르게 되면, 다시 이전 상을 치를 때 입던 복장으로 바꾼다. 경문에서는 개괄적으로 '삼년(三年)'이라고 했고, 부친상이나 모친상을 구별하지 않았다. 정현의 주에서는 개괄적으로 '대공(大功)'이라고 했고, 이것을 요절한 경우로 확정하지 않았으니, 진실로 하씨의 주장과 같지는 않았을 것으로, 세 등급의 대공복 상에서는 모두 바꿀 수 있었으며, 그 이유는 새로 발생한 상에 대해서 중시했기 때문이다.

集解 愚謂: 父喪旣練, 衰七升; 母喪旣練, 衰八升. 大功初喪降服七升, 正服八升, 義服九升, 則是大功之服有輕於旣練之服者矣. 而悉得易三年之練衰者, 蓋練爲三年之末, 而大功新喪爲重, 故得變前服, 不計其升數之多寡也. 服問曰"小功不變喪之練冠", 則大功固變練冠矣. 三年之練冠, 或八升, 或九升, 而大功十升·十一升之冠得以變之, 則大功八升·九升之衰得變七升·八升之練衰宜矣. 大功既葬, 則反服三年之功衰, 因其故葛帶, 絰期之葛絰.

번역 내가 생각하기에, 부친상에서 이미 연제(練祭)를 치렀다면 상복은 7승(升)의 포(布)로 만들고, 모친상에서 연제를 이미 치렀다면 상복은 8승의 포로 만든다. 대공복(大功服)의 상에 있어서 초상 때 강복(降服)을 하는 경우는 7승의 포로 만들고, 정복(正服)을 하는 경우는 8승의 포로 만들며, 의복(義服)을 하는 경우는 9승의 포로 만드니, 이것은 대공복의 상복 중에서 이미 연제를 끝내고 착용하는 상복보다 수위가 낮은 것이 있음을 나타낸다. 그런데도 이 모두에 대해 삼년상에서 연제를 치른 뒤 착용하는 상복을 대체할 수 있는 것은 아마도 연제라는 것은 삼년상의 막바지가 되고, 대공복의 상은 이제 막 상을 치르게 되어 중시하기 때문에, 이전에 착용했던 상복을 바꾸며, 승(升)의 올수 차이를 따지지 않는 것이다. 『예기』「복문(服問)」편에서는 "소공복(小功服)의 상에서는 상에 쓰는 연관(練冠)을 바꾸지 않는다."[9]라고 했으니, 대공복의 상에서는 진실로 연관을 바꾸는 것이다. 삼년상을 치를 때 착용하는 연관은 8승으로 만들기도 하고 9승으로 만들기도 하는데, 대공복에 착용하는 관(冠)은 10승으로 만들거나 11승으로 만들며, 이것으로 연관을 바꿀 수 있다면, 대공복에 착용하는 상복을 8승 또는 9승으로 만들더라도 7승 또는 8승으로 만든 연제 때의 상복을 바꿀 수 있는 것이 미땅하다. 대공복의 상에서 이미 장례를 치렀다면, 다시 삼년상을 치르며 착용했던 공최(功衰)[10]를 입게 되고, 이전에 차고 있던 갈(葛)로 만든 대(帶)에 따라서 기년복에 착용하는 갈(葛)로 만든 질(絰)을

9) 『예기』「복문(服問)」【663a】: <u>小功不易喪之練冠</u>, 如免, 則絰其緦小功之絰, 因其初葛帶. 緦之麻不變小功之葛, 小功之麻不變大功之葛, 以有本爲稅.

10) 공최(功衰)는 상복(喪服)의 한 종류이다. 참최복(斬衰服)과 자최복(齊衰服)을 입고 치르는 상(喪)에서, 소상(小祥)을 지낸 이후에 착용하는 상복이다. 상복 재질의 거친 정도가 대공복(大功服)과 같기 때문에, '공최'라고 부르게 되었다.

두른다.11)

【496c】

有父母之喪尙功衰, 而附兄弟之殤則練冠附, 於殤稱"陽童某甫", 不名神也.

직역 父母의 喪이 有하여 尙히 功衰한데, 兄弟의 殤을 附하면 練冠하고 附하며, 殤에게는 "陽童인 某甫"라 稱하니, 不名은 神이라.

의역 부모의 상이 발생하여 여전히 공최(功衰)를 착용하고 있는데, 소공복(小功服)을 착용하는 형제들 중 요절한 자가 발생하여, 그에 대한 부제(祔祭)를 치르게 되면, 연관(練冠)을 착용하고 부제를 치르고, 요절한 자에 대해서는 '양동(陽童)인 아무개 보(甫)'라고 부르니, 이름으로 부르지 않은 것은 신령으로 대하기 때문이다.

集說 三年喪練後之衰, 升數與大功同, 故云功衰也. 此言居父母之喪, 猶尙身著功衰, 而小功兄弟之殤, 又當祔祭, 則仍用練冠而行禮, 不改服也. 祝辭稱陽童者, 庶子之殤, 祭於室之白處, 故曰陽童. 宗子爲殤, 則祭於室之奧, 故稱陰童. 童者, 未成人之稱也. 今按已是曾祖之適, 與小功兄弟同曾祖, 其死者及其父皆庶人, 不得立祖廟, 故曾祖之適孫爲之立壇而祔之. 若已是祖之適孫, 則大功兄弟之殤, 得祔祖廟, 其小功兄弟之殤, 則祖之兄弟之後也. 今以練冠而祔, 謂小功及緦麻之殤耳. 若正服大功, 則變練冠矣. 某甫者, 爲之立字而稱之, 蓋尊而神之, 則不可以名呼之也.

번역 삼년상을 치르며 연제(練祭)를 지낸 이후의 상복은 그 승(升)의 수가 대공복(大功服)을 만드는 상복의 승(升)과 같다. 그렇기 때문에 그 상복을 '공최(功衰)'라고 부른다. 이 내용은 부모의 상을 치르고 있으며 여전히 자신의 몸에 공최를 걸치고 있는데, 소공복(小功服)에 해당하는 형제 중

11) 『예기』「복문(服問)」【662a】: 三年之喪旣練矣, 有期之喪旣葬矣, 則帶其故葛帶, 絰期之絰, 服其功衰.

요절한 자가 발생하고, 또 마땅히 부제(祔祭)를 치러야 한다면, 곧 연관(練冠)을 착용하고서 해당 의례를 시행하며, 복장을 바꾸지 않는다는 뜻이다. 축사에서 있어서 '양동(陽童)'이라고 지칭하는 것은 서자 중 요절한 자에 대해서는 묘실(廟室) 중에서도 밝은 곳에서 제사를 지내기 때문에, '양동(陽童)'이라고 부른다. 종자(宗子)가 요절을 했다면, 묘실의 그윽한 장소에서 제사를 지내기 때문에, '음동(陰童)'이라고 부른다. '동(童)'은 아직 성인(成人)이 되지 못해서 붙이는 칭호이다. 현재의 상황을 살펴보면, 본인은 증조부의 적자이며, 소공복을 착용하게 되는 형제와는 증조부가 같은 친족인데, 죽은 형제와 그의 부친은 모두 서인의 신분이 되어, 조부의 묘(廟)를 세울 수 없다. 그렇기 때문에 증조부의 적손은 그를 위해 제단을 쌓고 그를 합사하게 된다. 만약 본인이 조부의 적손이라면, 대공복을 착용하게 되는 형제 중 요절한 자에 대해서는 조부의 묘에 합사를 할 수 있는데, 소공복을 착용하게 되는 형제 중 요절한 자에 대해서라면, 조부의 형제에서 파생된 후손이 된다. 현재 연관을 착용하고 합사를 한다고 한 것은 소공복 및 시마복(緦麻服)[12]을 착용하는 자들 중 요절한 자에 대한 내용일 따름이다. 만약 정복(正服)으로 대공복을 착용하는 경우라면, 연관을 바꾸게 된다. '아무개보(甫)'라는 말은 그를 위해 자(字)를 붙여서 부르는 것이니, 존귀하게 대하며 신령으로 대한다면, 이름으로 그를 부를 수 없기 때문이다.

鄭注 此兄弟之殤, 謂大功親以下之殤也. 斬衰·齊衰之喪練, 皆受以大功之衰, 此謂之功衰. 以是時而祔大功親以下之殤, 大功親以下之殤輕, 不易服. 冠而兄爲殤, 謂同年者也. 兄十九而死, 己明年因喪而冠. 陽童, 謂庶殤也. 宗子則曰陰童. 童, 未成人之稱也. 某甫, 且字也. 尊神不名, 爲之造字.

번역 여기에서 형제 중 요절한 자라고 한 말은 대공복(大功服)을 착용

12) 시마복(緦麻服)은 상복(喪服) 중 하나로, 오복(五服)에 속한다. 가장 조밀한 삼베를 사용해서 만든다. 이 복장을 입게 되는 기간은 상황에 따라서 차이가 있지만, 일반적으로 3개월이 된다. 친족의 백숙부모(伯叔父母)나 친족의 형제(兄弟)들 및 혼인하지 않은 친족의 자매(姊妹) 등을 위해서 입는다.

하는 친족으로부터 그 이하의 대상 중 요절한 자를 뜻한다. 참최복(斬衰服)과 자최복(齊衰服)의 상에서 연제(練祭)를 치르게 되면, 모두 대공복의 수위에 맞는 상복을 받게 되는데, 이것을 '공최(功衰)'라고 부른다. 이 시기에 친족 중 대공복으로부터 그 이하의 관계에 해당하는 자가 요절을 하여, 그에게 부제(祔祭)를 치르게 되면, 대공복의 친족으로부터 그 이하의 관계에서 요절한 자의 경우는 상대적으로 수위가 낮아서 복장을 바꾸지 않는다. 관(冠)을 착용했는데, 형(兄)이 요절을 했다고 하니, 동년배들을 뜻한다. 형의 나이가 19세인데 죽었다면, 본인은 그 다음 해에 상으로 인해 관(冠)을 쓰게 된다. '양동(陽童)'은 서자 중 요절한 자를 뜻한다. 종자에 대해서는 '음동(陰童)'이라고 부른다. '동(童)'자는 아직 성인(成人)이 되지 못한 자의 칭호이다. '아무개 보(甫)'라는 말은 또한 자(字)로 그를 부른다는 뜻이다. 존귀하게 대하며 신령으로 대하여 이름으로 부르지 않아서, 그를 위해 자(字)를 짓게 된다.

釋文 衰, 七雷反. 冠, 古亂反. 稱, 尺證反.

번역 '衰'자는 '七(칠)'자와 '雷(뢰)'자의 반절음이다. '冠'자는 '古(고)'자와 '亂(란)'자의 반절음이다. '稱'자는 '尺(척)'자와 '證(증)'자의 반절음이다.

孔疏 ●"有父"至"神也". ○正義曰: 此一經明己有父母之喪, 旣練之後, 得祔兄弟小功之殤. "尙功衰"者, 衰謂三年練後之衰, 升數與大功同, 故云功衰. 今己有父母之喪, 猶尙身著功衰. 今兄弟有殤, 在小功者當須祔祭, 故云"而祔兄弟之殤". "則練冠祔於殤"者, 小功以下旣輕, 不合改練時之服, 則身著練冠, 祔祭於殤.

번역 ●經文: "有父"~"神也". ○이곳 경문은 본인에게 부모의 상이 발생하여, 이미 연제(練祭)를 치른 이후인데, 형제 중 소공복(小功服)에 해당하는 자가 요절을 하여, 그에 대한 부제(祔祭)를 지낼 수 있는 사안을 나타내고 있다. 경문의 "尙功衰"에 대하여. '최(衰)'는 삼년상에서 연제를 치른 이후에 착용하는 상복[衰]을 뜻하는데, 그 상복의 승(升) 수는 대공복(大功服)의 상복과 동일하기 때문에, '공최(功衰)'라고 부른다. 현재 본인에게 부모의 상이 발생한 상태이고, 여전히 몸에 공최를 걸치고 있는 것이다. 그런데 형제 중 요절한 자가 있고, 그가 소공복에 해당하는 친족관계여서, 마땅히 그에 대한 부제를 치러야 한다. 그렇기 때문에 "형제 중 요절한 자에게 부제를 지낸다."라고 한 것이다. 경문의 "則練冠祔於殤"에 대하여. 소공복으로부터 그 이하의 친족관계는 이미 상대적으로 수위가 낮으니, 연제를 치르고 난 뒤의 복장을 바꾸는 규범과는 부합하지 않으므로, 본인은 연관(練冠)을 착용하고, 요절한 자에게 부제를 지낸다.

孔疏 ●"稱童子某甫, 不名, 神也"者, 當祔祭此殤之時, 其祝辭稱此殤曰"陽童", 又稱此殤曰"某甫", 所以不呼其名者, 尊神之也, 故爲之造字, 稱曰"某甫", 且字也.

번역 ●經文: "稱童子某甫, 不名, 神也". ○이처럼 요절한 자에게 마땅히 부제(祔祭)를 치러야 하는 때, 축사에서는 요절한 자를 지칭하며 '양동(陽童)'이라고 부르고, 또 요절한 자를 지칭하며 '아무개 보(甫)'라고 부르니, 이름으로 부르지 않는 것은 존귀하게 높이고 신령으로 대하기 때문에, 그를 위해 자(字)를 지어서 '아무개 보(甫)'라고 부르는 것으로, 이것은 또한 자(字)에 해당한다.

孔疏 ◎注"此兄"至"造字". ○正義曰: 知"大功親以下之殤也"者, 若大功正服, 則變三年之練. 此著練冠, 故知大功親以下之殤. 若成人合服之大功, 其若長殤小功, 若成人小功親, 其長殤則緦麻, 皆得著此三年練冠, 爲之祔祭, 故云"大功親以下之殤". 言"以下", 兼小功也. 己是祖之適孫, 若祔大功兄弟長殤, 得在祖廟. 若祔小功兄弟長殤, 則是祖之兄弟之後, 所以得祔者, 己是曾祖之適, 共小功. 兄弟同曾祖. 今小功兄弟當祔於從祖之廟, 其小功兄弟身及父是庶人, 不合立祖廟, 則曾祖適孫爲之立壇, 祔小功兄弟之長殤於從祖, 立神而祭也. 皇氏云: 小功兄弟爲士, 從祖爲大夫, 士不可祔於大夫, 當祔於大功親以下, 從祖爲士, 故祔小功兄若長殤於己祖廟, 義亦得通. 云"大功親以下之殤輕, 不易服"者, 按服問大功殤長·中, 變三年之葛, 得易首絰要帶, 不得易服. 故此祔祭者練冠也. 此注諸本或誤云"大功親之下殤", 故諸儒等難鄭云: "旣是下殤, 何得有弟冠?" 范宣子·庾蔚等云: "下殤者, 傳寫之誤, 非鄭繆也." 云"冠而兄爲殤, 謂同年者也"者, 此鄭自難, 云弟冠而兄得爲殤者, 謂弟與兄同年十九也. 云"兄十九而死, 己明年因喪而冠"者, 此新死之兄, 旣是小功之服, 不合變三年之練, 而得有因喪冠者, 謂己明年之初, 用父母喪之練節而加冠, 以後始祔兄弟也. 云"陽童謂庶殤也, 宗子則曰陰童, 童, 未成人之稱也"者, 曾子問: "庶子之殤, 祭於室白, 故曰陽童. 宗子殤死, 祭於室奧, 則曰陰童." 云"某甫, 且字也"者, 檀弓云"五十以伯仲", 是正字. 二十之時曰某甫, 是且字, 言且爲之立字. 云"尊神, 不名, 爲之造字"者, 以字者, 冠時所有, 此兄去年已死, 未得有字, 雖云"某甫", 是死後祔時爲之造字, 必造字者, 以神道事之, 不可觸名故也[13].

번역 ◎鄭注: "此兄"~"造字". ○정현이 "대공복(大功服)을 착용하는 친족으로부터 그 이하의 대상 중 요절한 자를 뜻한다."라고 했는데, 이 말이 사실임을 알 수 있는 이유는 만약 대공복을 정복(正服)으로 입는 경우라면, 삼년상에서 착용했던 연제(練祭) 이후의 상복을 바꾸게 된다. 그런데 이곳에서는 연관(練冠)을 착용한다고 했기 때문에, 대공복으로부터 그 이하의 친족 중 요절한 자에 해당함을 알 수 있다. 만약 성인(成人)이 된 후 죽었을 때 그를 위해 대공복을 착용해야 하는 경우라면, 그가 장상(長殤)을 했을 때에는 소공복(小功服)을 착용하고, 만약 성인이 된 후 죽었을 때 그를 위해 소공복을 착용해야 하는 경우라면, 그가 장상을 했을 때에는 시마복(緦麻服)을 착용하니, 이들에 대해서는 모두 삼년상을 치르며 착용하는 연관

---

13) '불가촉명고야(不可觸名故也)'에 대하여. 이 구문은 본래 '가위명시야(可謂名是也)'라고 기록되어 있었는데, 완원(阮元)의 『교감기(校勘記)』에서는 "혜동(惠棟)의 『교송본(校宋本)』에는 '불가촉명고야'라고 기록되어 있고, 『속통해(續通解)』에도 동일하게 기록되어 있으니, 이곳 판본이 잘못 기록한 것이다. 『민본(閩本)』·『감본(監本)』·『모본(毛本)』에는 '존기명시야(尊其名是也)'라고 기록되어 있는데, 이 또한 잘못된 기록이다."라고 했다.

(練冠)을 쓰고서 그들을 위해 부제(祔祭)를 지낼 수 있다. 그렇기 때문에 "대공복을 착용하는 친족으로부터 그 이하의 대상 중 요절한 자이다."라고 말한 것이다. 정현이 '이하(以下)'라고 말했으니, 소공복을 착용하는 친족들도 포함한다. 본인은 조부의 적손인데, 만약 대공복의 관계에 있는 형제가 장상을 하여 그에게 부제를 치르게 된다면, 조묘(祖廟)에서 치를 수 있다. 만약 소공복의 관계에 있는 형제가 장상을 하여 그에게 부제를 치르게 된다면, 그들은 조부 형제의 후손이고, 자신이 부제를 지낼 수 있는 것은 본인이 증조부의 적손에 해당하여, 소공복을 착용하는 관계이기 때문이다. 즉 형제 중 증조부가 같은 자들이다. 현제 소공복의 관계에 있는 형제에 대해서 종조의 묘(廟)에서 부제를 지내야 한다면, 소공복의 관계에 있는 형제 본인과 그의 부친은 서인의 신분이 되어, 조묘를 세울 수 없으니, 증조부의 적손인 본인이 그들을 위해 제단을 만들고, 소공복의 관계에 있는 형제 중 장상인 자를 위해 종조에게 합사를 하고, 신위를 세워서 제사를 지낸다. 황간은 소공복의 관계에 있는 형제가 사의 신분이고, 종조가 대부의 신분이었는데, 사는 대부에게 합사를 하지 못하므로, 마땅히 대공복의 관계에 있는 친족으로부터 그 이하의 친족에게 합사를 해야 하며, 종조가 사의 신분이었기 때문에 소공복의 관계에 있는 형제 중 장상을 한 자에 대해서는 자신의 조부 묘(廟)에서 합사를 한다고 설명했는데, 그 의미 또한 통용된다. 정현이 "대공복의 친족으로부터 그 이하의 관계에서 요절한 자의 경우는 상대적으로 수위가 낮아서 복장을 바꾸지 않는다."라고 했는데, 『예기』「복문(服問)」편을 살펴보면, 대공복의 친족 중 장상과 중상(中殤)인 자들에 대해서는 삼년상에서 착용하고 있던 갈(葛)로 만든 질(絰)을 바꾸니, 수질(首絰)과 요대(要帶)를 바꿀 수 있지만, 상복은 바꿀 수 없다. 그렇기 때문에 이곳에서 부제를 치르는 자는 연관(練冠)을 착용하는 것이다. 그런데 이곳 주석에 대해서 다른 판본들에는 간혹 "대공복의 친족 중 하상(下殤)[14]인 자를 뜻한다."라고 잘못 기록된 것이 있다. 그렇기 때문에 여러 학자들이

---

14) 하상(下殤)은 8~11세 사이에 요절한 자를 뜻한다. 『의례』「상복(喪服)」편에 "十一至八歲爲下殤."이라는 기록이 있다.

정현을 반박하며, "이미 하상을 한 자에 해당하는데 어떻게 죽은 자의 동생 중 관(冠)을 쓰는 자가 있겠는가?"라고 했다. 범선자와 유울 등은 "하상(下殤)은 전해지며 잘못 새겨진 것이니, 정현이 잘못 해석한 것이 아니다."라고 했다. 정현이 "관(冠)을 착용했는데, 형(兄)이 요절을 했다고 하니, 동년배들을 뜻한다."라고 했는데, 이것은 정현 스스로 문제점을 지적하여 풀이를 한 것이니, 동생이 관(冠)을 썼고 형이 요절을 했다고 말하는 것은 동생과 형이 모두 19세인 경우에 해당한다. 정현이 "형의 나이가 19세인데 죽었다면, 본인은 그 다음 해에 상으로 인해 관(冠)을 쓰게 된다."라고 했는데, 이제 막 죽은 형이 이미 소공복에 해당하는 친족이고, 삼년상을 치르며 연제 이후 착용하는 상복을 바꾸는 경우에는 부합되지 않지만, 상(喪)으로 인해 관(冠)을 쓸 수 있는 것은 본인이 그 다음해 초에 부모의 상에서 연제를 치르는 절차로 인해 관(冠)을 쓰기 때문이니, 그 이후에야 비로소 형제에 대해 부제를 치를 수 있다는 뜻이다. 정현이 "'양동(陽童)'은 서자 중 요절한 자를 뜻한다. 종자에 대해서는 '음동(陰童)'이라고 부른다. '동(童)'자는 아직 성인(成人)이 되지 못한 자의 칭호이다."라고 했는데, 『예기』「증자문(曾子問)」편에서는 "서자 중 요절한 자에 대해서는 묘실(廟室) 중에서도 밝은 곳에서 제사를 지내기 때문에, '양동(陽童)'이라고 부른다. 종자(宗子)가 요절을 했다면, 묘실의 그윽한 장소에서 제사를 지내기 때문에, '음동(陰童)'이라고 부른다."라고 했다. 정현이 "'아무개 보(甫)'라는 말은 또한 자(字)로 그를 부른다는 뜻이다."라고 했는데, 『예기』「단궁(檀弓)」편에서는 "50세가 넘어가게 되면 백씨(伯氏)나 중씨(仲氏) 등으로 부른다."[15]라고 했는데, 이것은 정식 자(字)에 해당한다. 20세 무렵인 자에 대해서 '아무개 보(甫)'라고 말한 것은 또한 자(字)에 해당하니, 이것은 그를 위해 자(字)를 지었다는 의미이다. 정현이 "존귀하게 대하며 신령으로 대하여 이름으로 부르지 않아서, 그를 위해 자(字)를 짓게 된다."라고 했는데, 자(字)는 관례를 치를 때 갖게 되는데, 이곳에서 말한 형(兄)이라는 자는 이미 그 시기가 되지도 않았는데 죽어서, 아직 자(字)를 가질 수 없다. 따라서 비록 그를

15) 『예기』「단궁상(檀弓上)」【90b】: 幼名, 冠字, <u>五十以伯仲</u>, 死謚, 周道也.

'아무개 보(甫)'라고 부르지만, 이것은 그가 죽은 이후 부제를 치러야 할 때, 그를 위해 자(字)를 지은 것이니, 기어코 자(字)를 짓는 것은 신에 대한 도리로 그를 섬겨서, 이름으로 부를 수 없기 때문이다.

集解 愚謂: 小功之親, 乃待從祖兄弟爲之附者, 所謂"士不祔於大夫, 祔於諸祖父之爲士者", 皇氏之說是也. 若無廟者, 自祔於寢, 不必祔於從祖之廟也. 男子爲殤曰"陽童", 女子爲殤曰"陰童". 某甫者, 因其伯·仲·季以爲之字也. 不名神也者, 以鬼神之道待之, 故不稱其名, 所謂"周人以諱事神"也.

번역 내가 생각하기에, 소공복(小功服)의 관계에 있는 친족은 곧 종조의 형제로 대우하여 부제를 치르는 것이니, 이른바 "사는 대부에게 합사를 하지 못하며, 조부의 형제들 중 사의 신분인 자에게 합사를 한다."라고 한 경우이니, 황간의 주장이 옳다. 만약 묘(廟)가 없는 경우라면 스스로 침(寢)에서 부제(祔祭)를 지내니, 반드시 종조의 묘(廟)에서 부제를 지낼 필요가 없다. 남자가 요절을 했을 때에는 '양동(陽童)'이라고 부르고, 여자가 요절을 했을 때에는 '음동(陰童)'이라고 부른다. '아무개 보(甫)'라는 말은 그의 첫째·둘째·막내 등의 서열에 따라 그것을 자(字)로 정한 것이다. '불명신야(不名神也)'라는 말은 귀신에 대한 도로써 대우를 하기 때문에 그 이름을 부르지 않는다는 뜻이니, 이른바 "주(周)나라 때에는 피휘를 하여 신을 섬겼다."[16]라는 말에 해당한다.

---

16) 『춘추좌씨전』「환공(桓公) 6년」: 周人以諱事神, 名, 終將諱之.

• 제 17 절 •

분상(奔喪)의 규정 Ⅰ

【496d】

凡異居始聞兄弟之喪, 唯以哭對可也. 其始麻散帶絰.

직역 凡히 異居에 始히 兄弟의 喪을 聞하면, 唯히 哭으로써 對함이 可하다. 그 始히 麻로 帶絰을 散한다.

의역 무릇 다른 지역에 거주하고 있는데 처음 형제의 상(喪) 소식을 듣게 된다면, 오직 곡(哭)을 하며 부고를 알려온 자를 대해야 옳다. 대공복(大功服) 이상의 관계에 있는 형제를 위해 처음 마(麻)로 만든 요질(要絰)을 착용할 때에는 끝을 매듭짓지 않고 흩트려 놓는다.

集說 兄弟異居而訃至, 唯以哭對其來訃之人, 以哀傷之情重, 不暇他言也. 其帶絰之麻始皆散垂, 謂大功以上之兄弟, 至三日而後絞之也. 小功以下不散垂.

번역 형제가 다른 지역에 거주하여 부고를 알려온 경우, 오직 곡만 하며 부고를 알리기 위해 찾아온 자를 응대하니, 애통한 마음이 무거워서 다른 말을 할 겨를이 없기 때문이다. 마(麻)로 만든 요질(要絰)을 찰 때 처음에는 모두 끝을 흩트려 놓는다. 즉 대공복(大功服)으로부터 그 이상의 관계에 있는 형제에 있어서는 3일이 지난 뒤에야 매듭을 짓는다는 뜻이다. 소공복(小功服)으로부터 그 이하의 관계에 있는 친족에 대해서는 끝을 흩트려 놓지 않는다.

鄭注 惻怛之痛, 不以辭言爲禮也. 與居家同也. 凡喪, 小斂而麻.

번역 측은하고 애통한 마음 때문에 다른 말을 건네는 것을 예의로 삼지 않는다. 요질(要絰)을 흩트려 놓는 것은 같은 집에 거주하는 형제에 대한 경우와 동일하다. 무릇 상에 있어서 소렴(小斂)을 하게 되면 마(麻)로 된 질(絰)과 대(帶)를 찬다.

釋文 怛, 旦末反. 散, 悉但反, 後"散帶"皆同.

번역 '怛'자는 '旦(단)'자와 '末(말)'자의 반절음이다. '散'자는 '悉(실)'자와 '但(단)'자의 반절음이며, 뒤에 나오는 '散帶'에서의 '散'자도 모두 그 음이 이와 같다.

孔疏 ●"凡異"至"日數". ○正義曰: 此一節, 明異居聞兄弟喪, 哭及奔赴之禮. "凡異居"者, 言"凡", 非一之辭, 異居別所, 而始聞兄弟之喪.

번역 ●經文: "凡異"~"日數". ○이 문단은 다른 지역에 거주하고 있는데 형제의 상(喪)에 대해서 소식을 접하여, 곡(哭)을 하고 분주히 달려가는 예법을 나타내고 있다. 경문의 "凡異居"에 대하여. '범(凡)'이라고 한 말은 하나가 아니라고 할 때 쓰는 말이니, 같은 집에 살지 않고 다른 지역에 거처하는 경우, 처음 형제의 상 소식을 접했다면 모두 이처럼 한다는 뜻이다.

孔疏 ●"唯以哭對可也"者, 初聞其喪, 惻怛情重, 不暇問其餘事, 唯哭對使者, 赴[1]於禮可也.

번역 ●經文: "唯以哭對可也". ○최초 상(喪)에 대한 소식을 접하면, 애통한 마음이 무거워서 다른 사안에 대해 물어볼 겨를이 없으니, 오직 곡

---

1) '부(赴)'자에 대하여. 『십삼경주소(十三經注疏)』 북경대 출판본에서는 "'부'자를 혜동(惠棟)의 『교송본(校宋本)』, 위씨(衛氏)의 『집설(集說)』에서는 동일하게 기록하고 있는데, 『민본(閩本)』·『감본(監本)』·『모본(毛本)』에서는 '즉(則)'자로 기록했다."라고 했다.

(哭)을 하며 심부름을 온 자를 응대하는 것이 예법상 옳다.

孔疏 ●"其始麻, 散帶絰"者, 此謂大功以上, 兄弟其初聞喪, 始服麻之時, 散垂要之帶絰. 若小功以下服麻, 則糾垂不散也.

번역 ●經文: "其始麻, 散帶絰". ○이것은 대공복(大功服) 이상의 관계에 있는 자들을 뜻하니, 형제에 대해 처음으로 상(喪)의 소식을 듣게 된다면, 처음에는 마(麻)로 된 것을 착용하는데, 이때 허리에 차는 질대(絰帶)는 그 끝을 흩트려서 늘어트린다. 만약 소공복(小功服) 이하의 관계에 있는 형제에 대해서 마(麻)로 된 것을 착용한다면, 끝을 꼬아서 흩트려 놓지 않는다.

孔疏 ◎注"與居"至"而麻". ○正義曰: 按士喪禮小斂襲絰于序東, 是凡士喪, 小斂而麻也. 又士喪禮三日絞垂, 此云"始麻散帶絰", 是與居家同.

번역 ◎鄭注: "與居"～"而麻". ○『의례』「사상례(士喪禮)」편을 살펴보면 소렴(小斂)을 하여 서(序)의 동쪽에서 습(襲)[2]과 질(絰)을 차는데,[3] 이것은 모든 사 계층의 상에서 소렴을 하며 마(麻)로 된 질(絰)을 찬다는 사실을 나타낸다. 또 「사상례」편에서는 3일이 지난 뒤에 질(絰)의 늘어트린 부분을 꼬아서 매듭을 짓는다고 했으니,[4] 이것은 "처음에 마(麻)로 된 대(帶)와 질(絰)은 끝을 늘어트린다."는 사실을 나타내므로, 같은 집에 거주하는 형제의 상과 동일하게 한다.

集解 愚謂: 其始麻, 散帶絰者, 謂始服麻之時, 其要絰散之而不糾, 而加首

---

2) 습(襲)은 고대에 의례를 시행할 때 하는 복장 방식 중 하나이다. 겉옷으로 안에 입고 있던 옷들을 완전히 가리는 방식이다. 한편 '습'은 비교적 성대한 의식 때 시행하는 복장 방식으로도 사용되어, 안에 있고 있는 옷을 드러내지 않음으로써, 공경의 뜻을 표하기도 했다.

3) 『의례』「사상례(士喪禮)」: 卽位踊, 襲絰于序東, 復位.

4) 『의례』「기석례(旣夕禮)」: 旣殯, 主人說髦. 三日絞垂. 冠六升, 外縪, 纓條屬厭.

以絰也. 奔喪禮, 凡聞喪卽奔喪者, 至家而襲·絰·絞帶, 三日而成服; 聞喪不得奔喪者, 聞喪卽襲·絰·絞帶, 亦三日而成服. 此聞喪卽服麻, 乃不得奔喪而成服於外者, 其始帶散麻, 至三日成服, 乃絞其帶也.

번역 내가 생각하기에, 처음 마(麻)로 된 것을 찼을 때에는 대(帶)의 질(絰)을 흩트려 늘어트린다고 했는데, 이것은 처음으로 마(麻)로 된 질(絰)을 찰 때, 요질(要絰)의 경우에는 끝을 흩트려 놓고 매듭을 짓지 않으며, 머리에는 질(絰)을 쓴다는 뜻이다. 분상(奔喪)의 예법에 따르면, 무릇 상(喪)의 소식을 접하면 곧바로 상을 당한 장소로 달려가게 되는데, 그 집에 도착하면 습(襲)과 질(絰)을 하며 대(帶)를 묶고, 3일이 지난 뒤에 성복(成服)을 하며, 상의 소식을 접했는데도 분상을 할 수 없는 경우라면, 상의 소식을 접한 즉시 습(襲)과 질(絰)을 하며 대(帶)를 묶고, 또한 3일이 지난 뒤에 성복을 한다. 이곳에서는 상의 소식을 접하고 곧바로 마(麻)로 된 것을 착용했다고 했으니, 분상을 하지 못하여 외지에서 성복을 한 경우이며, 처음에 대(帶)로 찬 마(麻)의 질(絰)은 그 끝을 흩트려 놓았다가 3일이 되어 성복을 하게 되면, 대(帶)의 늘어트렸던 부분을 꼬아서 매듭을 짓는다.

集解 孔氏云, "案奔喪禮聞喪卽襲·絰·絞帶不散者, 彼謂有事未得奔喪, 故不散麻, 此卽奔喪, 故散麻." 其說非也. 凡聞喪卽奔者, 其服皆深衣, 此聞喪卽加麻, 散帶, 其爲不得卽奔喪者明矣. 又孔氏云"奔喪禮聞喪則襲·絰, 至卽絞帶, 不散帶者, 彼謂奔喪來遲, 不見尸柩, 此奔喪來至猶散帶者, 以見尸柩故也", 則其說尤不可曉. 奔喪禮襲·絰·絞帶皆於一時爲之, 初無聞喪襲·絰, 至而絞帶之事. 此"麻, 散帶絰", 特謂在外初聞喪之服, 疏乃謂"至家猶散麻", 不知於何見之.

번역 공영달은 "분상의 예법을 살펴보면, 상(喪)을 당한 소식을 접하면 곧 습(襲)과 질(絰)을 하고 대(帶)를 묶고 끝을 늘어트리지 않는다고 했는데, 이것은 어떤 일 때문에 곧바로 분상을 하지 못한 경우이므로, 마(麻)의 끝을 늘어트리지 않는다고 한 것이며, 이곳에서 말한 것은 분상을 하는 경우이기 때문에 마(麻)의 끝을 늘어트리는 것이다."라고 했다. 그러나 이 주장은 잘못된 말이다. 무릇 상의 소식을 접하게 되어 곧바로 달려가는 경우, 그 복장은 모두 심의(深衣)가 되는데, 이곳에서는 상의 소식을 접하고 곧바로 마(麻)로 된 질(絰)을 차고 대(帶)의 끝을 늘어트린다고 했으니, 이것은 곧바로 분상을 하지 못하는 경우가 됨이 분명하다. 또 공영달은 "분상의 예법에서 상의 소식을 접하면 습(襲)과 질(絰)을 하고, 대(帶)를 묶을 때에 이르면 대(帶)의 끝을 흩트려 늘어트리지 않는데, 분상례의 경우는 분상을 한 자가 늦게 도착하여, 시신을 실은 영구를 직접 보지 못한 경우이고, 이곳에서 말한 것은 분상을 하여 상가에 도착을 했는데도 여전히 대(帶)의 끝을 늘어트리는 것은 시신을 실은 영구를 직접 보았기 때문이다."라고 했는데, 이 주장은 더욱 이해할 수 없다. 분상의 예법에서 습(襲)을 하고 질(絰)과 대(帶)를 두르는 것은 모두 동시에 하는 일이며, 애초부터 상의 소식을 접하고서 습(襲)과 질(絰)을 하고, 상가에 도착하여 대(帶)를 두른다는 일이 없다. 이곳에서 "마(麻)로 된 것을 하며 대(帶)의 질(絰)을 흩트려 늘어트린다."라고 한 말은 특별히 외지에서 최초 상에 대한 소식을 접했을 때의 복장을 뜻하는 것인데, 공영달의 소에서는 곧 "상가에 도착해서 여전히 마(麻)의 끝을 늘어트린다."라고 했으니, 어디에서 그 근거를 확인했는지 알 수 없다.

【497a】

未服麻而奔喪, 及主人之未成絰也, 疏者與主人皆成之, 親者終其麻帶絰之日數.

직역 麻를 未服하고 奔喪함에, 主人이 絰을 未成함에 及하면, 疏者는 主人과 與하여 皆히 成하고, 親者는 그 麻帶絰의 日數를 終한다.

의역 다른 지역에 거주하지만 그 거리가 매우 가까워서, 상(喪)의 소식을 접하고 아직 마(麻)로 된 질(絰)을 두르지 않은 상태에서 곧바로 분상을 하는 경우, 상가에 도착한 시기가 주인이 아직 소렴(小斂)을 하지 않아서 질(絰)을 두르지 않은 시기라면, 관계가 소원한 자는 주인과 함께 성복(成服)을 하고, 관계가 친밀한 자는 본인이 마(麻)로 된 요질(要絰)을 차고 그 끝을 흩트려 늘어트리는 기간을 채우고서야 성복을 한다.

集說 若聞訃未及服麻而卽奔喪者, 以道路旣近, 聞死卽來, 此時主人未行小斂, 故未成絰. 小功以下謂之疏. 疏者值主人成服之節, 則與主人皆成之. 大功以上謂之親, 親者奔喪而至之時, 雖值主人成服, 己必自終竟其散麻帶絰之日數, 而後成服者也.

번역 만약 부고를 듣고서 아직 마(麻)로 된 질(絰)을 차기 이전에 곧바로 분상을 한 자라면, 거리가 가까워서 그가 죽었다는 소식을 접하고 곧바로 찾아온 것인데, 이 시기에 상주가 아직 소렴(小斂)을 시행하지 않았기 때문에 아직 질(絰)을 두르고 있지 않은 것이다. 소공복(小功服)으로부터 그 이하의 관계에 있는 친족을 '소(疏)'라고 부른 것이니, 관계가 소원한 자는 상주가 성복(成服)을 하는 절차에 따르므로, 주인과 함께 모두 질(絰)을 두르게 된다. 대공복(大功服)으로부터 그 이상의 관계에 있는 친족을 '친(親)'이라고 부른 것이니, 관계가 친밀한 자는 분상을 하여 상가에 도착했을 때, 비록 주인이 성복하는 시기에 따라야 하지만, 본인은 반드시 마(麻)로 된 요질(要絰)을 차고 그 끝을 흩트려 늘어트려 놓는 기간을 채운 뒤에야 성복을 한다.

鄭注 疏者, 謂小功以下也. 親者, 大功以上也. 疏者及主人之節則用之, 其不及, 亦自用其日數.

번역 '소(疏)'는 소공복(小功服)으로부터 그 이하의 관계에 속한 자들을 뜻한다. '친(親)'은 대공복(大功服)으로부터 그 이상의 관계에 속한 자들을 뜻한다. 관계가 소원한 자는 주인이 따르는 절차에 따라 해당 예법을 사용하며, 그 기간에 도착하지 못했을 때에도 스스로 그 기간에 따라 예법을 적용한다.

孔疏 ●"未服麻而奔喪"者, 謂聞喪未及服麻, 而卽奔喪.

번역 ●經文: "未服麻而奔喪". ○상(喪)의 소식을 접하고 아직 마(麻)로 된 질(絰)을 차지 않고서 곧바로 분상을 한 경우이다.

孔疏 ●"及主人之未成絰也"者, 謂道路旣近, 聞喪卽來至, 在主人小斂之前, 故云"及主人未成絰也".

번역 ●經文: "及主人之未成絰也". ○거리가 가까워서, 상의 소식을 듣고 곧바로 찾아가 당도를 했는데, 그 시기가 상주가 아직 소렴(小斂)을 하기 이전인 경우를 뜻한다. 그렇기 때문에 "주인이 아직 질(絰)을 두르지 않은 시기에 당도했다."라고 말했다.

孔疏 ●"疏者與主人皆成之"者, 疏, 謂小功以下, 値主人成服之節, 則與主人皆成就之.

번역 ●經文: "疏者與主人皆成之". ○'소(疏)'는 소공복(小功服)으로부터 그 이하의 관계에 있는 자를 뜻하니, 그들은 주인이 성복(成服)을 하는 절차에 따르므로, 주인과 함께 모두 복장을 갖춘다.

孔疏 ●"親者終其麻帶絰之日數"者, 親, 謂大功以上, 初來奔至, 雖値主人成服, 未卽成之, 必終竟其麻帶絰滿依禮日數而後成服也.

번역 ●經文: "親者終其麻帶絰之日數". ○'친(親)'은 대공복(大功服)으로부터 그 이상의 관계에 있는 자를 뜻하니, 최초 분상을 하여 도착을 했는데, 비록 주인이 성복(成服)을 하는 시기에 따라야 하지만, 아직 성복을 하지 않았으면, 반드시 마(麻)로 된 요질(要絰)을 차고 그 끝을 흩트려 늘어트리는 기간을 채우는 예법을 다하게 되니, 그런 뒤에야 성복을 한다.

孔疏 ◎注"疏者"至"日數". ○正義曰: 知"疏者, 謂小功以下"者, 喪服傳云大功以上, 同居爲同財, 故知疏者謂小功以下. 云"其不及, 亦自用其日數"者, 謂疏者若其及主人之節, 則與主人同成服. 若其不及主人之節, 亦自用其依禮之日數, 奔喪之後, 至三日而成服也. 此未奔喪而散帶絰, 按奔喪禮聞喪卽襲絰絞帶不散者, 彼謂有事, 故未得卽奔喪, 故不散帶. 此謂卽欲奔喪, 故散麻也. 此經奔喪來至猶散麻, 按奔喪禮聞喪則襲絰, 至卽絞帶不散麻者, 此經卽來奔者, 故散麻, 以見尸柩故也. 彼謂奔喪來遲, 故注云不見尸柩, 不散帶也.

번역 ◎鄭注: "疏者"~"日數". ○정현이 "'소(疏)'는 소공복(小功服)으로부터 그 이하의 관계에 속한 자들을 뜻한다."라고 했는데, 이 말이 사실임을 알 수 있는 이유는 『의례』「상복(喪服)」편의 전문(傳文)에서는 대공복(大功服)으로부터 그 이상의 친족은 함께 거주하며 재물을 함께 공유한다고 했다. 그렇기 때문에 '소(疏)'가 소공복으로부터 그 이하의 관계에 있는 자들을 뜻한다는 사실을 알 수 있다. 정현이 "그 기간에 도착하지 못했을 때에도 스스로 그 기간에 따라 예법을 적용한다."라고 했는데, 관계가 소원한 자가 만약 주인이 규정에 따르는 시기에 도착을 했다면, 주인과 함께 성복(成服)을 한다. 만약 주인이 규정에 따르는 시기에 도착을 하지 못했을 때에는 또한 스스로 예법에 따른 기간을 준수하며, 분상을 한 이후 3일이 지나서야 성복을 한다. 이곳에서는 아직 분상을 하지 않았지만 요질(要絰)의 끝을 흩트려 늘어트린다고 했는데, 분상의 예법을 살펴보면, 상의 소식을 접하면 곧바로 습(襲)과 질(絰)을 하며 대(帶)를 묶지만 그 끝을 늘어트리지 않는다고 했으니, 『예기』「분상(奔喪)」편의 내용은 어떤 일이 생겼기 때문에 곧바로 분상을 하지 못한 경우이다. 그렇기 때문에 요질의 끝을 늘어트리지 않는 것이다. 그러나 이곳의 내용은 곧바로 분상을 하고자 했기 때문에 마(麻)로 만든 요질의 끝을 흩트려 늘어트린 것이다. 이곳 경문에서는 분상을 하여 상가에 도착을 하면, 여전히 마(麻)로 만든 요질의 끝을 흩트려 늘어트린다고 했는데, 분상의 예법을 살펴보면, 상의 소식을 접하면 습(襲)과 질(絰)을 하고, 도착하면 곧 대(帶)를 두르되 마(麻)의 끝을 흩트려 늘어트리지 않는다고 했다. 이곳 경문의 내용은 곧바로 분상을 하여 찾아가는 경우이기 때문에 마(麻)의 끝을 늘어트리는 것이니, 그가 시신을 실은 영구를 직접 보았기 때문이다. 한편 「분상」편의 내용은 분상을 했지만 늦게 도착한 경우이다. 그렇기 때문에 정현의 주에서는 시신을 실은 영구를 직접 보지 못했기 때문에 요질의 끝을 늘어트리지 않는다고 했다.[5)]

集解 此謂聞喪卽奔者也. 聞喪卽奔, 故在外不服麻. 成絰, 謂成服而絞要絰也. 及主人之未成絰, 謂至在主人小斂加麻之後, 成服之前也. 疏者, 小功以下. 親者, 大功以上也. 疏者與主人皆成之, 謂與主人同日成服也. 親者終其麻帶絰之日數, 謂以至家之日加麻散帶, 至三日而後成服, 不用主人三日成服之期也.

번역 이 내용은 상(喪)의 소식을 접하고 곧바로 분상을 한 경우이다. 상의 소식을 접하고 곧바로 분상을 했기 때문에 외지에서 마(麻)로 된 질(絰)을 차지 못한 것이다. '성질(成絰)'은 성복(成服)을 하고 요질(要絰)을 두른다는 뜻이다. "상주가 아직 성질을 하기 이전에 도착했다."는 말은 도착한 시점이 상주가 소렴(小斂)을 하여 마(麻)로 된 질(絰)을 두른 이후와 성복을 하기 이전에 해당한다는 뜻이다. '소(疏)'는 소공복(小功服)으로부터 그 이하의 관계에 있는 자를 뜻한다. '친(親)'은 대공복(大功服)으로부터 그 이상의 관계에 있는 자를 뜻한다. "관계가 소원한 자는 상주와 함께 모두 성복을 한다."는 말은 상주와 같은 날에 성복을 한다는 뜻이다. "관계가 친밀한 자는 마(麻)로 된 요질(要絰)을 차는 날을 채운다."는 말은 상가에 도착한 날 마(麻)로 된 요질을 차고 그 끝을 늘어트리며, 3일이 지난 뒤에야 성복을 하니, 주인이 3일이 지난 뒤에 성복을 하는 시기에 따르지 않는다는

---

5) 이 문장은 『예기』「분상(奔喪)」편의 "襲絰于序東, 絞帶, 反位, 拜賓, 成踊."이라는 기록에 대한 정현의 주이다.

뜻이다.

集解 疏謂"未成絰, 爲未小斂之前", 非也. 喪至小斂而加麻, 若至在主人未小斂之前, 則與主人同時加麻, 卽與主人同時成服矣, 何得云"終其麻帶絰之日數"乎?

번역 공영달의 소에서는 "성질(成絰)을 아직 하지 않은 것은 아직 소렴(小斂)을 하기 이전이 된다."라고 했는데, 이것은 잘못된 주장이다. 상(喪)을 치르며 소렴을 하게 되면 마(麻)로 된 질(絰)을 두르게 되는데, 만약 도착한 시점이 주인이 아직 소렴을 하기 이전이라면, 주인과 동시에 마(麻)로 된 질(絰)을 두르니, 곧 주인과 동시에 성복(成服)을 하게 된다. 그런데 어떻게 "마(麻)로 된 요질의 끝을 늘어트리고, 그 기간을 끝낸다."라고 말할 수 있는가?

• 제18절 •

첩에 대한 상례 규정

【497b】

主妾之喪, 則自祔, 至於練祥, 皆使其子主之, 其殯祭, 不於正室.

직역 妾의 喪을 主하면 自히 祔하지만, 練祥에 至하면 皆히 그 子를 使하여 主하며, 그 殯祭는 正室에서 不한다.

의역 정처의 지위를 대신했던 첩이 죽으면 부군은 그녀의 상을 주관하니, 이러한 경우라면 부군이 직접 부제(祔祭)를 지내지만, 소상(小祥)이나 대상(大祥)의 경우라면 모두 그녀의 자식으로 하여금 그 상을 주관하도록 하고, 또 그녀는 정처보다 낮으므로, 그녀에 대해 빈소를 차리거나 그곳에서 제사를 지낼 때에는 모두 정실(正室)에서 치르지 않는다.

集說 女君死而妾攝女君, 此妾死則君主其喪, 其祔祭亦君自主, 若練與大祥之祭, 則其子主之. 殯祭不於正室者, 雖嘗攝女君, 猶降於正適, 故殯與祭不得在正室也. 不攝女君之妾, 君則不主其喪.

번역 여군(女君)[1]이 죽어서 첩이 여군의 지위를 대신하였을 때, 이러한 첩이 죽게 되면 부군이 직접 그 상을 주관하며, 그녀에 대한 부제(祔祭)에서도 또한 부군이 직접 주관을 하는데, 만약 소상(小祥)이나 대상(大祥)의 제사라면, 그녀의 자식이 주관을 한다. "빈소를 차리거나 그곳에서 제사를

---

1) 여군(女君)은 본부인을 뜻하는 용어이다. 주로 첩 등이 정처를 지칭할 때 쓰는 용어이다.

지낼 때에는 정실(正室)에서 하지 않는다."는 말은 비록 그녀가 여군의 지위를 대신하였더라도, 여전히 정처보다는 낮추기 때문에, 빈소를 차리거나 그곳에서 제사를 지내게 되면 정실에서 지낼 수 없다. 여군의 지위를 대신했던 첩이 아니라면, 부군은 그녀의 상을 주관하지 않는다.

大全 山陰陸氏曰: 言主妾之喪, 則自祔, 則妾之喪, 其君有不主者矣. 崔氏謂女君死, 攝女君也, 然則練祥, 使其子主之, 曰練祥可矣, 今曰至於練祥, 則又以著虞卒哭, 其子主之固也.

번역 산음육씨가 말하길, "첩의 상을 주관하면 직접 부제(祔祭)를 치른다."라고 했다면, 첩의 상에 있어서는 그녀의 부군이 상을 주관하지 않는 경우도 있는 것이다. 최영은은 여군이 죽어서 여군의 지위를 대신한 여자이지만, 소상(小祥)과 대상(大祥)을 지내게 되면 그녀의 자식으로 하여금 주관하도록 시킨다고 했는데, 경문에서 '연상(練祥)'이라고 했다면 옳은 말이 되겠지만, 현재 '지어련상(至於練祥)'이라고 기록했으니, 또한 이를 통해서 우제(虞祭)[2]와 졸곡(卒哭) 등에 있어서도 그녀의 자식이 주관한다는 사실을 드러낸 것이 분명하다.

鄭注 祔自爲之者, 以其祭於祖廟.

번역 부제(祔祭)에 대해 직접 그 일을 주관하는 것은 조묘(祖廟)에서 제사를 지내기 때문이다.

孔疏 ●"主妾"至"僕妾". ○正義曰: 妾旣卑賤, 得主之者, 崔氏云: "謂女君死, 攝女君也."

번역 ●經文: "主妾"~"僕妾". ○첩은 이미 신분이 미천한데도 부군이 그녀의 상을 주관할 수 있는 이유에 대해, 최영은은 "여군이 죽어서, 여군의

---

2) 우제(虞祭)는 장례(葬禮)를 치르고 난 뒤에 지내는 제사를 뜻한다.

지위를 대신한 경우를 뜻한다."라고 했다.

孔疏 ●"則自祔"者, 以其祔祭於祖姑, 尊祖, 故自祔也. 以其祔廟也, 妾合祔於妾祖姑, 若無妾祖姑, 則祔於女君可也.

번역 ●經文: "則自祔". ○조고(祖姑)에게 부제(祔祭)를 지낼 때에는 조부모를 존귀하게 높이기 때문에 직접 부제를 주관한다. 묘(廟)에서 부제를 지내니, 첩에 대해서는 마땅히 첩조고(妾祖姑)에게 부제를 지내야 하는데, 만약 첩조고가 없는 경우라면 여군에게 부제를 치르는 것도 괜찮다.[3)]

孔疏 ●"其殯祭不於正室"者, 雖攝女君, 猶不正適, 故殯之與祭, 不得在正室. 庾蔚云: "妾祖姑無廟, 爲壇祭之." 鄭云於廟者, 崔氏云於廟中爲壇祭之, 此謂"攝女君". 若不攝女君之妾, 則不得爲主, 則別爲壇, 不在祖廟中, 而子自主之也.

번역 ●經文: "其殯祭不於正室". ○비록 여군의 지위를 대신했더라도 정처는 아니다. 그렇기 때문에 빈소를 차리고 그곳에서 제사를 지내는 일에 있어서는 모두 정실에서 지낼 수 없다. 유울은 "첩조고(妾祖姑)에게는 묘(廟)가 없으므로, 제단을 쌓아서 제사를 지낸다."라고 했다. 정현이 묘(廟)에서 지낸다고 한 말에 대해서, 최영은은 묘(廟) 안에 제단을 쌓아서 제사를 지내기 때문이라고 설명했고, 이것은 "여군의 지위를 대신하다."는 경우라고 했다. 만약 여군의 지위를 대신한 첩이 아니라면 그녀의 상을 주관할 수 없으니, 별도로 제단을 쌓아서 지내며, 조묘(祖廟) 안에 제단을 쌓을 수 없고, 그녀의 자식이 직접 상을 주관한다.

訓纂 江氏永曰: 鄭讀祔字爲句, 以自爲己, 愚竊疑之. 凡經傳言"自某至於某"者, 皆以自爲從, "自十有二月不雨, 至於秋七月", "自天子以至於庶人",

3) 『예기』「상복소기(喪服小記)」【419d】: 妾無妾祖姑者, 易牲而祔於女君可也.

"自恒山至於南河", "自啓至於反哭". 此經"自祔至於練祥", 文勢正同. 詳經文之意, 蓋謂虞卒哭, 夫主之; 自祔以後, 皆使其子主之也. 虞卒哭, 喪祭之初, 親而哀之, 故自主之. 卒哭後, 哀殺, 故祔練祥, 皆子主也.

번역 강영이 말하길, 정현은 '부(祔)'자에서 구문을 끊어서 해석하여, '자(自)'자를 자신[己]으로 풀이했는데, 내가 생각하기에 이러한 독법은 의심스럽다. 무릇 경문과 전문의 기록에서, "아무개로부터 아무개에 이른다."라고 언급할 때에는 모두 '자(自)'자를 '~로부터[從]'라고 풀이했으니, 예를 들어 "12월부터 비가 내리지 않아서 가을 7월까지 지속되었다."[4]라고 했고, '천자로부터 서인에 이르기까지'[5]라고 했으며, '항산으로부터 남하에 이르기까지'[6]라고 했고, '계빈(啓殯)[7]으로부터 반곡(反哭)에 이르기까지'[8]라고 했다. 이곳 경문의 기록도 '부제(祔祭)로부터 연상(練祥)[9]에 이르기까지[自祔至於練祥]'라고 기록했으니, 그 문맥이 일치한다. 경문의 뜻을 상세히 살펴보면, 아마도 우제(虞祭)와 졸곡(卒哭)은 남편이 주관하고, 부제로부터 그 이후의 절차는 모두 그녀의 자식으로 하여금 주관하도록 시킨다는

---

4) 『춘추』「문공(文公) 2년」: 自十有二月不雨, 至于秋七月.

5) 『대학』「경(經) 1장」: 自天子以至於庶人, 壹是皆以修身爲本.

6) 『예기』「왕제(王制)」【182a】: 自恒山, 至於南河, 千里而近. 自南河, 至於江, 千里而近. 自江, 至於衡山, 千里而遙. 自東河, 至於東海, 千里而遙. 自東河, 至於西河, 千里而近. 自西河, 至於流沙, 千里而遙. 西不盡流沙, 南不盡衡山, 東不盡東海, 北不盡恒山.

7) 계빈(啓殯)은 장례(葬禮) 절차 중 하나이다. 장례를 치르기 위하여, 빈소에 임시로 가매장했던 영구를 꺼내는 절차를 뜻한다.

8) 『예기』「증자문(曾子問)」【237a】: 曾子問曰: 諸侯之祭社稷, 俎豆既陳, 聞天子崩·后之喪·君薨·夫人之喪, 如之何. 孔子曰: 廢. 自薨比至于殯·自啓至于反哭, 奉帥天子.

9) 연상(練祥)은 소상(小祥)과 대상(大祥)을 뜻한다. '연상'에서의 '연(練)'자는 연제(練祭)를 뜻하며, '연제'는 곧 '소상'을 가리킨다. '연상'에서의 '상(祥)'자는 '대상'을 뜻한다. 소상은 죽은 지 13개월만에 지내는 제사이며, 대상은 25개월만에 지내는 제사이고, 대상을 지내게 되면 상복과 지팡이를 제거하게 된다. 『주례』「춘관(春官)·대축(大祝)」편에는 "言甸人讀禱, 付練祥, 掌國事."라는 기록이 있고, 이에 대해 가공언(賈公彦)의 소(疏)에서는 "練, 謂十三月小祥, 練祭. 祥, 謂二十五月大祥, 除衰杖."이라고 풀이했다.

뜻인 것 같다. 우제와 졸곡은 상제(喪祭)[10] 중 초반에 지내는 것이어서, 친근히 여기고 애통한 마음을 나타내기 때문에, 남편이 직접 주관한다. 졸곡으로부터 그 이후의 시기에는 애통한 마음이 줄어들기 때문에, 부제·소상·대상은 모두 그녀의 자식이 주관한다.

集解 愚謂: 妾祔於妾祖姑, 其祭不於廟而於寢, 然必自祔之者, 蓋妾祖姑非父之所生, 卽世叔父之所生, 故其祔不可以不親之, 至於練祥, 則祭妾而已. 小記曰, "婦之喪, 虞卒哭, 其夫若子主之, 祔則舅主之." 此主妾之喪, 其練祥旣使子主之, 則虞與卒哭亦當使子主之也. 祭, 虞祔練祥之祭也. 正室, 夫之正寢也. 適妻死於正室, 則殯祭皆於正室; 妾雖攝女君, 其死猶在側室, 則殯祭皆於側室也. 此謂士禮, 妾子爲其母, 十一月而練, 十三月而祥; 若大夫, 妾子爲母大功, 無練祥之祭也.

번역 내가 생각하기에, 첩에 대해서는 첩조고(妾祖姑)에게 부제(祔祭)를 치르는데,[11] 그 제사는 묘(廟)에서 지내지 않고 침(寢)에서 지낸다. 그런데도 기어코 "직접 부제를 지낸다."라고 말한 것은 아마도 첩조고가 자신의 부친을 낳은 대상이 아니고, 곧 세숙부를 낳은 대상이기 때문에, 그녀에 대한 부제는 직접 지내지 않을 수가 없지만, 소상(小祥)과 대상(大祥)을 치르게 되면, 첩에게만 제사를 지낼 따름이기 때문이다. 『예기』「상복소기(喪服小記)」편에서는 "며느리의 상을 치를 때, 우제와 졸곡은 침(寢)에서 치르므로 그녀의 남편이나 자식이 주관하고, 부제는 묘(廟)에서 치르므로 그녀의 시아비가 주관한다."[12]라고 했는데, 이곳에서는 첩의 상을 주관하며, 소상과 대상을 이미 그녀의 자식으로 하여금 주관하도록 한다고 했으니, 우

---

10) 상제(喪祭)는 장례(葬禮)를 치른 이후에 지내는 제사들을 지칭하는 말이다.
11) 『예기』「잡기상」【495c~d】: 婦附於其夫之所附之妃, 無妃, 則亦從其昭穆之妃. 妾附於妾祖姑, 無妾祖姑, 則亦從其昭穆之妾. / 『예기』「상복소기(喪服小記)」【416c】: 士大夫不得祔於諸侯, 祔於諸祖父之爲士大夫者. 其妻祔於諸祖姑, 妾祔於妾祖姑, 亡則中一以上而祔, 祔必以其昭穆.
12) 『예기』「상복소기(喪服小記)」【419d】: 婦之喪虞卒哭, 其夫若子主之, 祔則舅主之.

제와 졸곡 또한 마땅히 그녀의 자식으로 하여금 주관하도록 한다. '제(祭)' 자는 우제 · 부제 · 소상 · 대상 때의 제사를 뜻한다. '정실(正室)'은 남편의 정침(正寢)[13]이다. 정부인은 정실(正室)에서 죽게 되니, 빈소와 제사를 지내는 일들도 모두 정실에서 하게 되며, 첩이 비록 여군의 지위를 대신하더라도, 그녀가 죽을 때에는 여전히 측실(側室)에서 죽게 되므로, 빈소와 제사를 지내는 일은 모두 측실에서 하게 된다. 이곳의 내용은 사 계층의 예법에 해당하는데, 첩의 자식은 그의 생모를 위해서 11개월이 지나면 소상을 치르고, 13개월이 지나면 대상을 치르는데, 만약 대부의 경우라면, 첩의 자식은 그의 생모를 위해서 대공복(大功服)을 착용하지만, 소상과 대상의 제사를 지내지 않는다.

13) 정침(正寢)은 노침(路寢)과 같은 말이다. 또한 정전(正殿)이라고도 불렀다. 군주가 정무를 처리하던 장소이다. 천자에게는 6개의 침(寢)이 있었는데, 가장 앞쪽에 있는 1개의 침이 바로 정침(正寢)이 되고, 나머지는 5개의 침은 연침(燕寢)이 된다.

그림 18-1 ▣ 사(士)의 침(寢) 구조

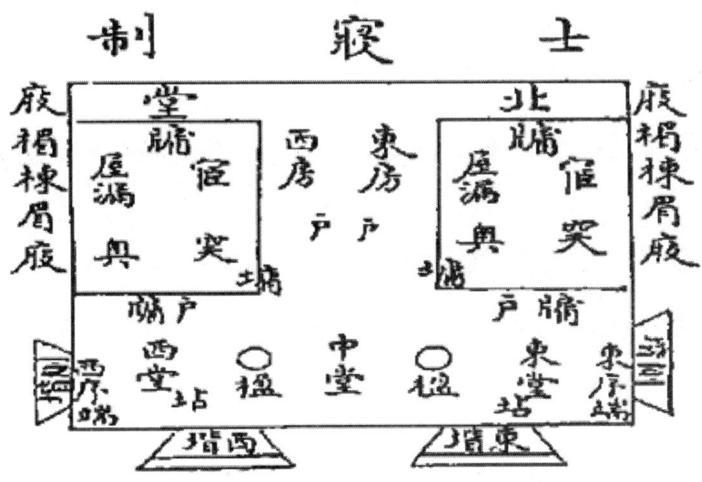

※ 출처:『삼례도(三禮圖)』2권

【497b】

君不撫僕妾.

직역 君은 僕妾을 不撫한다.

의역 부군은 미천한 첩이 죽었을 때, 그녀의 시신을 어루만지지 않는다.

集說 死而君不撫其尸者, 略於賤也.

번역 그녀가 죽었는데도 부군이 그녀의 시신을 어루만지지 않는 것은 미천한 자에게는 예법을 간략히 적용하기 때문이다.

大全 嚴陵方氏曰: 上言殯祭不於正室, 所以明嫡也. 此言不撫僕妾, 貴之於賤, 宜略故也.

번역 엄릉방씨가 말하길, 앞에서는 "정실(正室)에서 빈소를 차리거나 제사를 지내지 않는다."라고 했으니, 정부인에 대한 차이를 밝히기 위한 것이다. 이곳에서는 "미천한 첩에 대해서 어루만지지 않는다."라고 했으니, 존귀한 자가 미천한 자를 대할 때에는 마땅히 간략히 시행해야 하기 때문이다.

大全 臨川吳氏曰: 君撫大夫及內命婦, 大夫君撫室老及姪娣. 仕於家曰僕, 僕賤於室老者, 妾賤於姪娣者, 故恩不及之.

번역 임천오씨[14]가 말하길, 제후는 대부와 내명부(內命婦)[15]의 시신을

14) 오징(吳澄, A.D.1249~A.D.1333) : =임천오씨(臨川吳氏)·오유청(吳幼淸). 송원대(宋元代)의 유학자이다. 이름은 징(澄)이다. 자(字)는 유청(幼淸)이다. 저서로 『예기해(禮記解)』가 있다.

15) 내명부(內命婦)는 천자의 비(妃), 빈(嬪), 세부(世婦), 여어(女御) 등을 지칭하

어루만지고, 대부는 실로(室老)[16]와 질제(姪娣)[17]의 시신을 어루만진다.[18] 가신으로 복무하는 자를 '복(僕)'이라고 부르고, 복(僕)은 실로보다 미천한 자이며, 첩은 질제보다 미천한 자이기 때문에, 은정이 그들에게 미치지 않는다.

鄭注 略於賤也.

번역 미천한 자에게는 간략히 시행하기 때문이다.

集解 愚謂: 撫, 撫其尸也. 僕, 謂宮中臣僕內小臣 · 閽 · 寺之屬也. 妾, 賤妾. 曲禮"諸侯有夫人, 有世婦, 有妻, 有妾", 是也. 喪大記曰, "君撫大夫, 撫內命婦", 鄭氏云, "內命婦, 世婦也." 喪大記又曰, "君於大夫 · 世婦, 大斂焉, 爲之賜, 則小斂焉", "於士, 旣殯而往, 爲之賜, 大斂焉." 君於世婦與大夫同, 則於諸妻與士同. 君於大夫 · 世婦或大斂或小斂而往, 則皆撫之, 於士及諸妻, 爲之賜, 大斂而往, 則亦撫之, 惟僕 · 妾賤, 君不撫其尸也.

번역 내가 생각하기에, '무(撫)'자는 시신을 어루만진다는 뜻이다. '복(僕)'은 궁중에 있는 신하들 중 소신이나 혼(閽) 및 사(寺) 등의 부류이다. '첩(妾)'은 미천한 첩을 뜻한다. 『예기』「곡례(曲禮)」편에서 "제후는 부인(夫人)을 두며, 세부(世婦)를 두고, 처(妻)를 두며, 첩(妾)을 둔다."[19]라고

는 말이다. 『예기』「상대기(喪大記)」편에는 "夫人坐于西方, 內命婦姑姊妹子姓, 立于西方."이라는 용례가 있고, 『주례』「천관(天官) · 내재(內宰)」편에는 "佐后使治外內命婦."라는 기록이 있는데, 이에 대한 정현의 주에는 "內命婦, 謂九嬪, 世婦, 女御."라고 풀이하였다.

16) 실로(室老)는 가신(家臣) 중의 우두머리를 뜻한다.

17) 질제(姪娣)는 고대에 제후 등의 귀족 여자가 출가를 할 때, 여조카나 여동생을 함께 데려와서 남편의 첩으로 삼는데, 그들을 '질제'라고 부르며, 또 첩 중에서도 지위가 높아서 '잉첩(媵妾)'이라고도 부른다.

18) 『예기』「상대기(喪大記)」【537d】 : 君撫大夫, 撫內命婦. 大夫撫室老, 撫姪娣.

19) 『예기』「곡례하(曲禮下)」【59a】 : 公侯有夫人, 有世婦, 有妻, 有妾. 夫人自稱於天子, 曰老婦.

한 말이 이러한 사실을 나타낸다. 『예기』「상대기(喪大記)」편에서는 "제후는 대부의 시신을 어루만지고, 내명부(內命婦)의 시신을 어루만진다."라고 했고, 정현은 "'내명부(內命婦)'는 세부(世婦)를 뜻한다."라고 했다. 「상대기」편에서는 또한 "군주는 대부와 세부에 대해서 대렴 때 찾아가서 살펴보고, 그들을 위해서 은혜를 베풀게 되면 소렴 때 찾아가서 살펴본다."라고 했고, "사에 대해서는 빈소를 차린 뒤에 찾아가고, 그를 위해서 은혜를 베풀게 되면 대렴 때 찾아가서 살펴본다."라고 했다.[20] 제후는 세부에 대해서 대부에 대한 경우와 동일하게 대하니, 여러 첩들에 대해서는 사의 경우와 동일하게 대한다. 제후는 대부와 세부에 대해서 대렴이나 소렴 때 찾아가서 살펴보니, 이때에는 모두 시신을 어루만지는 것이며, 사와 여러 첩들에 대해서 은혜를 베풀게 되면 대렴 때 찾아가니, 이러한 경우에도 또한 시신을 어루만지는데, 오직 종이나 미천한 첩의 경우에는 제후가 그 시신을 어루만지지 않는다.

---

20) 『예기』「상대기(喪大記)」【540a】: 君於大夫世婦, 大斂焉, 爲之賜, 則小斂焉. 於外命婦, 旣加蓋而君至, 於士, 旣殯而往, 爲之賜, 大斂焉.

• 제19절 •

첩이 따르는 상례 규정

【497c】

女君死, 則妾爲女君之黨服, 攝女君, 則不爲先女君之黨服.

직역 女君이 死하면, 妾은 女君의 黨을 爲하여 服이나, 女君을 攝하면, 先女君의 黨을 爲하여 服함을 不한다.

의역 여군이 이미 죽었더라도, 첩은 여군의 친족을 위해서 상복을 착용한다. 그러나 첩이 여군의 지위를 대신하게 되면, 지위가 보다 존귀해진 것이므로, 이전 여군의 친족을 위해서 상복을 착용하지 않는다.

集說 女君死而妾猶服其黨, 是徒從之禮也. 妾攝女君則不服, 以攝位稍尊也.

번역 여군이 죽었더라도 첩은 여전히 여군의 친족을 위해서 상복을 착용하니, 이것은 도종(徒從)[1]의 예법에 해당한다. 첩이 여군의 지위를 대신하게 된다면, 이전 여군의 친족을 위해서 상복을 착용하지 않으니, 여군의 지위를 대신하여 보다 존귀해졌기 때문이다.

大全 嚴陵方氏曰: 女君死, 則妾爲女君之黨服者, 親親之仁也. 攝女君, 則不爲先女君之黨服者, 尊尊之義也.

번역 엄릉방씨가 말하길, 여군이 이미 죽었는데 첩이 여군의 친족을 위

---

1) 도종(徒從)은 고대에 상복(喪服)을 착용했던 방식 중 하나이다. '도(徒)'자는 "공허하다[空]."는 뜻이다. 상대방과 친속 관계가 아닌데도, 공허하게 그 자를 따라서 상대방에 대한 상복을 착용하는 것이다.

해서 상복을 착용하는 것은 친근한 자를 친근하게 대하는 인(仁)에 해당한다. 여군의 지위를 대신하게 되면, 이전 여군의 친족을 위해서 상복을 착용하지 않는 것은 존귀한 자를 존귀하게 대하는 의(義)에 해당한다.

鄭注 妾於女君之親, 若其親然.

번역 첩은 여군의 친족에 대해서 자신의 친족에 대한 것처럼 한다.

釋文 爲, 于僞反, 下注並同.

번역 '爲'자는 '于(우)'자와 '僞(위)'자의 반절음이며, 아래 정현의 주에 나오는 글자도 모두 그 음이 이와 같다.

孔疏 ●"女君"至"黨服". ○正義曰: "女君死, 則妾爲女君之黨服"者, 賀瑒云: "雖是徒從而抑妾, 故爲女君黨服, 防覬覦也. 攝女君, 則不爲先女君之黨服者, 以攝女君差尊, 故不爲先女君之黨服也."

번역 ●經文: "女君"~"黨服". ○경문의 "女君死, 則妾爲女君之黨服"에 대하여. 하창[2]은 "비록 이것은 도종(徒從)에 해당하지만 첩에 대해서 억누르기 때문에, 여군의 친족을 위해서 상복을 착용하니, 첩이 분수에 넘치는 욕망을 품는 것을 방지하기 위해서이다. 여군의 지위를 대신하게 되면, 이전 여군의 친족을 위해서 상복을 착용하지 않는 것은 여군의 지위를 대신하여 지위가 보다 높아졌기 때문에, 이전 여군의 친족을 위해서 상복을 착용하지 않는다."라고 했다.

訓纂 虞喜曰: 此攝當爲相代攝, 是謂繼室則妾之, 後女君也. 有後女君, 則

---

2) 하창(賀瑒, A.D.452~A.D.510) : 남조(南朝) 때의 학자이다. 남조의 제(齊)나라와 양(梁)나라에서 각각 활동하였다. 자(字)는 덕연(德璉)이다. 『예기신의소(禮記新義疏)』 등을 찬술하였다.

不復服先女君之黨者, 以當服後女君之黨故也.

번역 우희[3]가 말하길, 이곳에서 '섭(攝)'이라고 한 말은 마땅히 대를 이어서 돕는다는 뜻이 되니, 정실의 자리를 계승하여 첩(妾)의 역할을 한 것으로, 정실의 뒤를 계승했다는 의미이다. 정실의 뒤를 계승한 여자가 있다면, 첩들은 재차 이전 여군의 친족을 위해서 상복을 착용하지 않으니, 이후 정실이 된 여자의 친족을 위해서 마땅히 상복을 착용해야 하기 때문이다.

集解 愚謂: 妾服女君之黨, 舊說以爲從服, 然從服之服, 必視其所從者而有降焉, 妾爲女君之黨, 其服乃與女君同, 則非從服也. 蓋妾有爲女君之娣者, 不待從女君, 而其服固與女君同矣. 有爲女君之姪者, 女君之所服, 妾亦服之, 而輕重有不同者; 有非女君之姪娣者, 女君之所服, 妾則皆無服者也. 今乃壹使與女君同服者, 於女君則欲其於妾皆聯以同生之誼, 而不致生其妬忌; 而於妾則又示以統於女君, 而不敢以自外. 女君雖沒, 猶使妾爲其黨服, 所以深嚴適庶之分, 以明女君之尊不替於身後, 則女君而在, 必無敢以賤妨貴, 少陵長者矣. 攝女君, 所以統內政也, 故不爲女君之黨服, 又所以明攝女君之尊有以殊於衆妾, 而後內政出於一也.

번역 내가 생각하기에, 첩은 여군의 친족을 위해서 상복을 착용하는데, 이것을 두고 옛 주석에서는 '종복(從服)'[4]이라고 여겼다. 그러나 종복에서

---

3) 우희(虞喜, A.D.281~A.D.356) : 동진(東晋) 때의 학자이다. 자(字)는 중녕(仲寧)이다. 관직에 나아가지 않고 학문에만 전념하였다. 어려서부터 박학(博學)으로 명성이 높았다. 저서로는 『광림(廣林)』·『논어우씨찬주(論語虞氏贊注)』·『모시략(毛詩略)』·『주관박난(周官駁難)』·『찬정현주(贊鄭玄注)』·『통의(通疑)』·『후림신서(后林新書)』 등이 있다.

4) 종복(從服)은 고대에 상복(喪服)을 착용했던 여섯 가지 방식 중 하나이다. '종복'은 남을 따라서 상복을 착용한다는 뜻으로, '종복'에도 속종(屬從)·도종(徒從)·종유복이무복(從有服而無服)·종무복이유복(從無服而有服)·종중이경(從重而輕)·종경이중(從輕而重)이라는 경우가 있다. '속종'은 친속 관계에 따라 상복을 착용하는 경우이다. '도종'은 공허하게 남을 따라서 친속 관계가 없는 자에 대해 상복을 착용하는 경우이다. '종유복이무복'은 상복을 착용해야 하는 자를 따라서 상복을 착용해야 하지만 실제로 상복을 착용하지

상복을 착용하는 것은 반드시 따르는 대상에 견주어서 수위를 낮추게 되니, 첩이 여군의 친족을 위해서 상복을 착용했을 때, 그 상복이 여군이 착용하는 것과 수위가 동일하다면, 종복의 경우가 아니다. 무릇 첩 중에는 여군의 여동생인 여자가 있으니, 그녀에게 여군을 따라 상복을 착용하는 규정을 적용하지 않더라도, 그녀의 상복은 진실로 여군의 경우와 동일하다. 또 첩 중에는 여군의 여조카인 여자가 있으니, 여군이 상복을 착용하는 대상에 대해서, 이러한 첩 또한 상복을 착용하는데, 상복의 수위에 있어서는 동일하지 않은 점이 발생한다. 또 첩 중에는 여군의 여동생이나 여조카가 아닌 여자들도 있는데, 여군이 상복을 착용해야 하는 친족에 있어서, 이러한 첩들의 경우에는 모두 상복관계가 성립되지 않는다. 현재 일괄적으로 여군과 함께 동일한 상복을 착용하게 했다면, 여군에게 있어서는 여군이 첩에 대해서 모두 자손을 낳는다는 도의로 연결시키고자 함이고, 또 첩에게 시기하는 마음이 생겨나지 않도록 하고자 함이며, 첩에게 있어서는 또한 여군에게 통솔됨을 보이고자 하고, 감히 스스로 여군의 통솔에서 벗어나지 않도록 하고자 해서이다. 여군이 비록 죽더라도, 여전히 첩으로 하여금 여군의 친족을 위해 상복을 착용시키는 것은 정처와 첩의 구분을 엄격히 하여, 여군의 존엄함은 그녀가 죽은 뒤에도 바뀔 수 없음을 드러낸 것이니, 여군이 생존해 있는 경우라면, 반드시 미천한 자가 존귀한 자를 방해하거나 연장자를 조금이라도 업신여기는 경우가 없게 된다. 여군의 지위를 대신하는 것은 내정을 통솔하기 위해서이다. 그렇기 때문에 여군의 친족을 위해서 상복을 착용하지 않으니, 또한 여군의 지위를 대신하는 첩은 존귀하여 다른 첩들과 구별되는 점이 있고, 여군이 죽더라도 내정에 대한 일이 한 사람에게서 나오게 됨을 밝히는 것이다.

않는 경우이다. '종무복이유복'은 상복을 착용하지 않아야 하는 자를 따라서 상복을 착용하지 않지만 실제로 상복을 착용하는 경우이다. '종중이경'은 수위가 높은 상복을 입는 자를 따라서 상복을 착용하지만, 수위가 낮은 상복을 착용하는 경우이다. '종경이중'은 수위가 낮은 상복을 입는 자를 따라서 상복을 착용하지만, 수위가 높은 상복을 착용하는 경우이다.

• 제 20 절 •

분상(奔喪)의 규정 II

【497c】

聞兄弟之喪, 大功以上, 見喪者之鄕而哭.

직역 兄弟의 喪을 聞한데, 大功으로부터 上이면, 喪者의 鄕을 見하고 哭한다.

의역 분상(奔喪)의 예법에 있어서, 형제에 대한 상(喪)의 소식을 들었는데, 그 자가 강복(降服)을 한 대공복(大功服)으로부터 그 이상의 관계에 있는 자라면, 상을 당한 자의 고향을 향하여 곡(哭)을 한다.

集說 奔喪禮云, "齊衰望鄕而哭, 大功望門而哭", 此言大功以上, 謂降服大功者也. 凡喪服, 降服重於正服.

번역 『예기』「분상(奔喪)」의 예법에서는 "자최복(齊衰服)을 입는 관계라면 그의 고향을 바라보고 곡(哭)을 하며, 대공복(大功服)을 입는 관계라면 그 집의 문을 바라보며 곡을 한다."[1]라고 했는데, 이곳에서는 대공복으로부터 그 이상의 관계라고 했으니, 본래의 상복보다 수위를 낮춰서 대공복을 착용한 경우이다. 무릇 상복에 있어서 강복(降服)을 한 경우는 정복(正服)보다 수위가 높다.[2]

---

1) 『예기』「분상(奔喪)」【656b】: 齊衰望鄕而哭, 大功望門而哭, 小功至門而哭, 緦麻卽位而哭.

2) 예를 들어 본래는 자최복(齊衰服)을 착용해야 하는데, 수위를 낮춰서 대공복(大功服)을 착용하면, 본래 대공복을 착용해야 하는 경우보다 수위가 높다는 뜻이다.

鄭注 奔喪節也.

번역 분상(奔喪)[3]의 규범에 해당한다.

孔疏 ●"聞兄"至"虞之". ○正義曰: 此一節明奔兄弟喪之法.

번역 ●經文: "聞兄"~"虞之". ○이곳 문단은 형제의 상에 분상(奔喪)을 하는 법도를 나타내고 있다.

孔疏 ●"見喪者之鄕而哭"者, 此謂[4]親兄弟·同氣及同堂兄弟也. 奔喪禮云: "齊衰望鄕而哭, 大功望門而哭." 此云"大功以上, 見喪者之鄕而哭"者, 盧云"謂降服大功者也", 鄭無別辭, 當同盧也. 若如此, 則兄弟之名, 通輕重也.

번역 ●經文: "見喪者之鄕而哭". ○이곳 내용은 친형제·같은 피를 이어 받은 자·동당형제에 대한 경우를 뜻한다. 『예기』「분상(奔喪)」의 예법에서는 "자최복(齊衰服)을 입는 관계라면 그의 고향을 바라보고 곡(哭)을 하며, 대공복(大功服)을 입는 관계라면 그 집의 문을 바라보며 곡을 한다."라고 했는데, 이곳에서는 "대공복으로부터 그 이상의 관계라면, 상을 당한 자의 고향을 보고 곡을 한다."라고 했다. 그 이유에 대해서 노식[5]은 "강복(降服)을 하여 대공복을 착용하는 경우이다."라고 했는데, 정현은 그에 대

---

3) 분상(奔喪)은 타지에 있다가 상(喪)에 대한 소식을 듣고, 급히 되돌아오는 예법(禮法)을 말한다. 『예기』「분상(奔喪)」편에 대해, 공영달(孔穎達)은 "案鄭目錄云, 名曰奔喪者, 以其居他國, 聞喪奔歸之禮."라고 풀이했다.

4) '차위(此謂)'는 본래 '위차(謂此)'로 기록되어 있었는데, 완원(阮元)의 『교감기(校勘記)』에서는 "위씨(衛氏)의 『집설(集說)』에는 '위차'를 '차위'로 기록했다."라고 했다.

5) 노식(盧植, A.D.159?~A.D.192) : =노씨(盧氏). 후한(後漢) 때의 유학자이다. 자(字)는 자간(子幹)이다. 어려서 마융(馬融)을 스승으로 섬겼다. 영제(靈帝)의 건녕(建寧) 연간(A.D.168~A.D.172)에 박사(博士)가 되었다. 채옹(蔡邕) 등과 함께 동관(東觀)에서 오경(五經)을 교정했다. 후에 동탁(董卓)이 소제(少帝)를 폐위시키자, 은거하며 『상서장구(尙書章句)』, 『삼례해고(三禮解詁)』를 저술했지만, 남아 있지 않다.

해 별다른 해설을 하지 않았으니, 마땅히 노식의 의견에 동의한 것이다. 만약 이러한 주장대로라면, '형제(兄弟)'라는 명칭은 형제 중 관계가 친밀한 자와 소원한 자를 통틀어 한 말이다.

集解 愚謂: 云"見喪者之鄉而哭", 以明其不待及門而哭爾, 未必專爲降服大功也.

번역 내가 생각하기에, "상을 당한 자의 고향을 바라보며 곡(哭)을 한다."라고 한 말은 이를 통해서 그의 집 문에 당도할 때까지 기다리지 않고 곡을 한다는 뜻을 나타낼 따름이니, 전적으로 강복(降服)을 하여 대공복(大功服)을 착용하는 경우로 볼 필요는 없다.

【497d】

適兄弟之送葬者弗及, 遇主人於道, 則遂之於墓.

직역 兄弟의 葬을 送함에 適한 者가 弗及한데, 道에서 主人을 遇하면, 墓로 遂한다.

의역 분상(奔喪)의 예법에 있어서, 형제의 장례에 참여하기 위해 길을 떠났지만 영구를 전송할 때 당도하지 못하고, 장례를 마치고 되돌아오는 상주를 길에서 만나게 된다면, 그는 직접 묘소까지 찾아간 뒤에 되돌아온다.

集說 適, 往也. 往送兄弟之葬而不及當送之時, 乃遇主人葬畢而反, 則此送者不可隨主人反哭, 必自至墓所而後反也.

번역 '적(適)'자는 "가다[往]."는 뜻이다. 형제의 장례에 찾아가서 영구를 전송하려고 했지만 전송을 해야 할 시기에 당도하지 못하고, 상주가 장례를 마치고 되돌아오는 행렬을 만나게 된다면, 이러한 경우 장례를 전송하기 위해 떠났던 자는 주인을 따라가서 반곡(反哭)을 하지 못하니, 반드시 직접 묘소가 있는 곳에 도착한 뒤에 되돌아온다.

鄭注 言骨肉之親, 不待主人也.

번역 골육지친은 상주를 기다리지 않는다는 뜻이다.

孔疏 ●"適兄弟之送葬者[6]"者, 此兄弟, 通緦小功也. 適, 往也. 謂往送五服之親喪而不及者, 謂往送不及喪柩在家.

번역 ●經文: "適兄弟之送葬者". ○여기에서 말한 '형제(兄弟)'는 시마복(緦麻服)과 소공복(小功服)의 관계에 있는 자들을 통괄해서 한 말이다. '적(適)'자는 "가다[往]."는 뜻이다. 즉 오복(五服)에 속한 친족의 상에 영구를 전송하기 위해 찾아갔는데 해당 시기에 도달하지 못한 경우이니, 영구가 집에 머물고 있을 때 찾아가서 장례를 전송하지 못했다는 의미이다.

孔疏 ●"遇主人於道"者, 主人是亡者之子, 謂孝子葬竟已還, 而此往送葬之人, 與孝子於路相逢値也. "則遂之於墓"者, 雖孝子已還, 而此送葬之人不及者, 不得隨孝子而歸, 仍自獨往於墓也.

번역 ●經文: "遇主人於道". ○'주인(主人)'은 죽은 자의 자식을 뜻하니, 자식이 장례를 마치고 이미 되돌아왔는데, 여기에서 말한 장례를 전송하기 위해 떠났던 사람이 죽은 자의 자식과 길에서 만나게 된 것을 뜻한다. 경문의 "則遂之於墓"에 대하여. 비록 자식이 장지에서 이미 되돌아왔고, 이곳에서 장례를 전송하기 위해 길을 떠났던 사람이 그 시기에 미치지 못하면, 그 자식을 따라서 되돌아갈 수 없으니, 자기 홀로 묘소로 찾아가게 된다.

---

6) '자(者)'자에 대하여. 『십삼경주소(十三經注疏)』 북경대 출판본에서는 "'자'자는 본래 없던 글자인데, 앞의 경문에 이 글자가 있어서, 그 기록에 따라 글자를 보충했다."라고 했다.

• 제21절 •

친족의 상에 대한 규정

【497d】

凡主兄弟之喪, 雖疏亦虞之.

직역 凡히 兄弟의 喪을 主하면, 雖히 疏라도 亦히 虞한다.

의역 무릇 형제의 상을 주관하게 되면, 비록 관계가 소원한 자일지라도 또한 우제(虞祭)와 부제(祔祭)를 치러준다.

集說 小功緦麻, 疏服之兄弟也. 彼無親者主之, 而己主其喪, 則當爲之畢虞祔之祭.

번역 소공복(小功服)이나 시마복(緦麻服)은 사이가 소원한 친족을 위해 착용하는 상복이다. 상대에게 상을 주관할 친족이 없어서, 본인이 그 상을 주관하게 된다면, 마땅히 죽은 자를 위해서 우제(虞祭)와 부제(祔祭)의 제사를 마쳐야 한다.

鄭注 喪事虞祔乃畢.

번역 상사(喪事)는 우제(虞祭)와 부제(祔祭)를 지내게 되면 끝나게 된다.

孔疏 ●"凡主兄弟之喪, 雖疏亦虞之"者, 此疏謂小功·緦麻, 喪事虞祔乃畢, 雖服緦·小功之疏, 彼旣無主, 故疏緦·小功者亦爲之主虞祔之祭. 按小記云: "大功者, 主人之喪有三年者, 則必爲之再祭", 鄭注云: "小功·緦麻,爲之練祭可也", 與此不同者, 彼承大功有三年者, 此則緦小功有三年者, 故至小祥, 同於三年, 故主虞祔也. 今此言疏者亦虞, 但虞者謂無服者, 朋友相爲亦虞祔也. 故熊氏云: "主喪者於死者無服, 謂袒免以外之兄弟."

번역 ●經文: "凡主兄弟之喪, 雖疏亦虞之". ○이곳에서 '소(疏)'라고 한 말은 소공복(小功服)과 시마복(緦麻服)의 관계에 있는 자를 뜻하는데, 상사(喪事)는 우제(虞祭)와 부제(祔祭)를 끝내게 되면 마치게 되니, 비록 시마복이나 소공복을 입게 되는 소원한 관계의 친족일지라도, 상대에게 이미 상주를 맡을 자가 없기 때문에, 관계가 소원하여 시마복과 소공복을 착용한 친족이라도 또한 죽은 자를 위해 우제와 부제의 제사를 주관하게 된다. 『예기』「상복소기(喪服小記)」편을 살펴보면, "본래 대공복(大功服)을 입어야 하는 친족인데, 특별한 사정 때문에 남의 상을 주관하게 된 경우, 죽은 자의 가족 중 삼년상을 치러야 하는 자가 있다면, 반드시 그들을 위해서 소상(小祥)과 대상(大祥)의 제사를 시행한다."[1]라고 했고, 정현의 주에서는 "소공복과 시마복을 입는 자들도 그들을 위해서 연제(練祭)를 지낼 수 있다."라고 하여, 이곳의 기록과 동일하지 않은데, 「상복소기」편의 내용은 대공복을 입는 친족이고 삼년상을 치러야 하는 자가 있는 경우에 따라서 기술한 것이고, 이곳의 내용은 시마복이나 소공복을 입는 친족이고 삼년상을 치러야 하는 자가 있는 경우이다. 그렇기 때문에 소상에 이르게 되면 삼년상을 치르는 경우와 동일하게 치르기 때문에, 우제와 부제를 주관한다. 현재 이곳에서는 소원한 자에 대해서도 우제를 치른다고 했는데, 다만 우제를 치르는 경우는 상복관계가 없는 자를 뜻하니, 벗들도 서로 도와서 또한 우제와 부제를 지낸다. 그렇기 때문에 웅안생은 "상을 주관하는 자가 죽은 자와 상복관계가 없는 것은 단면(袒免)[2]을 벗어난 형제를 뜻한다."라

---

1) 『예기』「상복소기(喪服小記)」【412c~d】: 大功者主人之喪, 有三年者則必爲之再祭, 朋友虞祔而已.

2) 단면(袒免)은 상의의 한쪽을 벗어 좌측 어깨를 드러내고, 관(冠)을 벗고 머리끈으로 머리를 묶는다는 뜻이다. 먼 친척이 죽었을 때, 해당하는 상복(喪服)이 없다면, 이처럼 '단면'을 해서 애도하는 마음을 표현하게 된다.

고 했다.

孔疏 ◎注"喪事虞祔乃畢". ○正義曰: 經云"虞", 而注連言"祔"者, 以祔與虞相近, 故連言之.

번역 ◎鄭注: "喪事虞祔乃畢". ○경문에서는 '우(虞)'라고만 말했는데, 정현의 주에서는 연이어 '부(祔)'까지도 언급했다. 그 이유는 부제(祔祭)와 우제(虞祭)를 치르는 기간은 서로 연접해 있기 때문에, 연이어서 언급한 것이다.

【498a】

凡喪服未畢, 有弔者, 則爲位而哭拜踊.

직역 凡히 喪服이 未畢한데, 弔者가 有하면, 位를 爲하여 哭하고 拜하여 踊한다.

의역 무릇 친족을 위해 상복을 착용하고 있는데, 아직 그 기간이 완전히 끝나지 않았고, 새로 찾아와 조문을 하는 자가 있다면, 자리를 마련하여 곡(哭)을 하고 빈객에게 절을 하고 발을 구른다.

集說 疏曰: 不以殺禮而待新弔之賓也. 言凡者, 五服悉然.

번역 공영달의 소에서 말하길, 예법을 줄이지 않고 새로 조문을 온 빈객을 대하기 때문이다. 무릇 '범(凡)'이라고 한 말은 오복(五服)의 관계에 속한 자들에 대해 모두 이처럼 한다는 뜻이다.

鄭注 客始來, 主人不可以殺禮待之.

번역 빈객이 처음 찾아온 경우에, 상주는 예법을 줄여 대할 수 없기 때문이다.

釋文 殺, 色界反.

번역 '殺'자는 '色(색)'자와 '界(계)'자의 반절음이다.

孔疏 ●"凡喪"至"拜踊". ○正義曰: "凡喪服未畢"者, 是喪服將終, 但未畢了, 猶有餘日未滿, 其禮以殺. 若有人始來弔, 當爲位哭踊, 不以殺禮而待新弔之賓也. 言"凡"者, 五服悉然.

번역 ●經文: "凡喪"~"拜踊". ○경문의 "凡喪服未畢"에 대하여. 상복을 입고 있는 기간이 끝나려고 하는데, 아직 완전히 끝나지 않은 것으로, 아직 며칠의 여유가 있을 때에는 그 예법을 줄이게 된다. 만약 어떤 자가 처음 찾아와서 조문을 하게 된다면, 마땅히 자리를 마련하여 곡을 하고 발을 구르게 되는데, 이것은 새로 찾아와 조문을 하는 빈객에 대해서는 예법을 줄여서 대하지 않기 때문이다. 무릇 '범(凡)'이라고 한 말은 오복(五服)의 관계에 속한 자들에 대해 모두 이처럼 한다는 뜻이다.

集解 愚謂: 喪服未畢, 謂禫以前也. 禫而內無哭者, 雖有弔者不哭. 檀弓, "將軍文子之喪, 旣除喪, 而后越人來弔, 主人深衣·練冠, 待於廟, 垂涕洟", 是不哭也.

번역 내가 생각하기에, "상복을 착용하는 기간이 아직 끝나지 않았다."는 말은 담제(禫祭)를 치르기 이전을 뜻한다. 담제를 치르면 집안에서는 곡을 하는 경우가 없으니,[3] 비록 조문으로 찾아온 자가 있더라도 곡을 하지 않는다. 『예기』「단궁(檀弓)」편에서 "장군(將軍)인 문자(文子)의 상(喪)에, 그의 아들은 이미 상(喪)을 끝냈는데, 그 이후에 월(越)나라 사람이 찾

---

3) 『예기』「상대기(喪大記)」【539a】: 旣練, 居堊室, 不與人居. 君謀國政, 大夫士謀家事. 旣祥, 黝堊, 祥而外無哭者, 禫而內無哭者, 樂作矣故也.

아와서 조문을 하였다. 그러자 문자의 아들은 심의(深衣)를 입고, 연관(練冠)을 착용하고서, 신주가 있는 묘(廟)에서 기다렸으며, 조문객이 오자 곡은 하지 않고 눈물만 흘렸다."[4]라고 했으니, 이것이 곡을 하지 않는다는 증거이다.

---

4) 『예기』「단궁상(檀弓上)」【89d~90a】: 將軍文子之喪, 既除喪而後越人來弔, 主人深衣·練冠, 待於廟, 垂涕洟. 子游觀之, 曰: "將軍文氏之子, 其庶幾乎! 亡於禮者之禮也. 其動也中."

• 제22절 •

대부의 상례 규정

【498a】

大夫之哭大夫弁絰. 大夫與殯亦弁絰.

직역 大夫가 大夫에게 哭하면 弁하고 絰한다. 大夫가 殯에 與함에도 亦히 弁하고 絰한다.

의역 대부가 다른 대부의 상에 찾아가 곡(哭)을 하게 되면 석최(錫衰)를 입고 변질(弁絰)을 착용한다. 대부가 다른 대부의 빈소 만드는 일에 참여하게 되면 또한 변질을 착용하지만, 몸에는 피변복(皮弁服)을 입는다.

集說 大夫之喪旣成服, 而大夫往弔, 則身著錫衰, 首加弁絰. 弁絰者, 如爵弁而素, 加以環絰也. 若與其殯事, 是未成服之時也. 首亦弁絰, 但身不錫衰耳. 不錫衰, 則皮弁服也.

번역 대부의 상이 발생하여 이미 성복(成服)을 했는데, 다른 대부가 찾아와서 조문을 한다면, 찾아온 자는 몸에 석최(錫衰)[1]를 걸치고, 머리에는 변질(弁絰)을 두른다. '변질(弁絰)'이라는 것은 작변(爵弁)과 같지만 흰색으로 만든 변(弁)에 환질(環絰)을 두른 것이다. 만약 빈소를 만드는 일에 참여한다면, 이 시기는 아직 성복을 하지 않았을 때이다. 머리에도 또한 변질을 착용하지만, 몸에는 석최를 걸치지 않을 따름이다. 석최를 걸치지 않았다면, 피변복(皮弁服)을 착용한다.

---

1) 석최(錫衰)는 가는 베로 만든 옷으로, 일종의 상복(喪服)에 해당한다. 천자의 경우, 삼공(三公)이나 육경(六卿)의 상(喪)에 착용했던 복장이다.

鄭注 弁絰者, 大夫錫衰相弔之服也, 如爵弁而素加環絰曰弁絰.

번역 '변질(弁絰)'은 대부가 석최(錫衰)를 착용하고 서로에게 조문을 할 때 착용하는 복장 방식으로, 작변(爵弁)과 같지만 흰색으로 만들며 그 위에 환질(環絰)을 두른 것을 '변질(弁絰)'이라고 부른다.

釋文 與音預.

번역 '與'자의 음은 '預(예)'이다.

孔疏 ●"大夫"至"弁絰". ○正義曰: "大夫之哭大夫, 弁絰"者, 此謂成服以後, 大夫往弔哭大夫, 身著錫衰, 首加弁絰.

번역 ●經文: "大夫"~"弁絰". ○경문의 "大夫之哭大夫, 弁絰"에 대하여. 이 내용은 성복(成服)을 한 이후 대부가 다른 대부에게 찾아가 조문을 하며 곡을 할 때, 조문을 하는 대부는 몸에 석최(錫衰)를 걸치고, 머리에 변질(弁絰)을 착용한다는 뜻이다.

孔疏 ●"大夫與殯, 亦弁絰"者, 此謂未成服之前, 故與殯之時, 首亦加弁絰, 其餘則異, 身著當時所服之服, 故士喪禮注云: "主人成服之後, 往則錫衰", 主人未成服, 君亦不錫衰, 則著皮弁服也. 若此, 大夫主人未成服之前, 身亦皮弁服而弁絰也. 若主人未小斂之前, 則吉服而往, 不弁絰也.

번역 ●經文: "大夫與殯, 亦弁絰". ○이것은 아직 성복(成服)을 하기 이전을 뜻한다. 그렇기 때문에 빈소를 만드는 일에 참여할 때에는 머리에는 또한 변질(弁絰)을 착용하지만, 나머지 복장은 차이를 보이니, 몸에는 해당 시기에 맞는 복장을 착용한다. 그렇기 때문에 『의례』「사상례(士喪禮)」편에 대한 정현의 주에서는 "상주가 성복을 한 이후에 찾아간 자가 있다면 석최(錫衰)를 착용한다."[2]라고 한 것이니, 상주가 아직 성복을 하지 않았다면, 군주 또한 석최를 착용하지 않고 피변복(皮弁服)을 착용한다. 이와 같다면,

상주가 아직 성복을 하기 이전에 대부는 몸에 또한 피변복을 착용하고 변질을 두른다. 만약 상주가 아직 소렴(小斂)을 하기 이전이라면, 길복(吉服)을 착용하고 찾아가며, 변질을 착용하지 않는다.

孔疏 ◎注"弁絰"至"服也". ○正義曰: 按禮: 主人未成服之前, 小斂之後, 大夫著弁絰, 而衣皮弁服. 此云"弁絰, 大夫錫衰相弔"者, 如鄭此意, 則經云大夫之哭大夫弁絰, 經據主人成服之後, 故云"大夫錫衰相弔之服". 但文在"大夫與殯"之上, 故南北諸儒皆以此"大夫之哭大夫, 弁絰", 是二斂之間, 怪其鄭注云"錫衰", 所以各爲異說. 今謂"大夫之哭大夫", 廣解成服之後, 於義無妨, 但旣成服之後, 又卻明與殯之前理, 亦兼[3]旣殯.

번역 ◎鄭注: "弁絰"~"服也". ○예법을 살펴보면, 상주가 아직 성복(成服)을 하기 이전과 소렴(小斂)을 한 이후에 대부는 변질(弁絰)을 쓰고 피변복(皮弁服)을 착용한다. 이곳에서는 "변질은 대부가 석최(錫衰)를 착용하고 서로 조문을 하는 것이다."라고 했는데, 만약 이러한 정현의 주장대로라면, 경문에서 "대부가 대부에게 곡을 할 때 변질을 착용한다."라고 한 것은 상주가 성복을 한 이후를 기준으로 한 말이다. 그렇기 때문에 "대부가 석최를 착용하고 서로 조문을 하는 복장이다."라고 한 것이다. 다만 이 문장은 "대부가 빈소를 만드는 일에 참여한다."라고 한 문장 앞에 있기 때문에, 남북조시대의 여러 유학자들은 모두 이곳에서 "대부가 대부에게 곡을 하며 변질을 착용한다."라고 한 문장이 소렴과 대렴 사이에 해당한다고 하여, 정현의 주에서 '석최(錫衰)'라고 풀이한 말을 괴이하게 여기고, 각각 이설들을 만들어냈다. 현재 살펴보니 "대부가 대부에게 곡을 한다."라고 한 말은 성복을 한 이후의 상황에 대해 폭넓게 설명한 것으로 보아도 의미상 무방하다. 다만 이미 성복을 한 이후에 대해서 또한 빈소에 참여하기 이전의

---

2) 이 문장은 『의례』「사상례(士喪禮)」편의 "君若有賜焉, 則視斂. 旣布衣, 君至."라는 기록에 대한 정현의 주이다.

3) '겸(兼)'자에 대하여. '겸'자는 본래 없던 글자인데, 완원(阮元)의 『교감기(校勘記)』에서는 "'역(亦)'자 뒤에는 마땅히 '겸'자가 누락된 것이다."라고 했다.

이치에 대해 나타내고자 했기 때문에, 또한 빈소를 차린 일까지도 함께 언급했다.

集解 愚謂: 弁, 皮弁也. 諸侯大夫以皮弁·錫衰爲弔服, 不言"弔"而言"哭"者, 大夫相爲, 有僚友之恩, 非徒弔之而已也. 大夫之哭大夫弁絰, 皮弁而加麻絰也. 大夫與殯亦弁絰, 皮弁而加葛絰也. 服問曰, "公爲卿大夫, 錫衰以居, 出亦如之, 當事則弁絰. 大夫相爲亦然." 是大夫相爲與朋友同矣. 喪服記云, "朋友麻." 弔服葛絰, 而朋友麻, 則大夫相爲亦麻絰矣. 朋友弔於未成服之前亦葛絰, 蓋弔於未成服者皆吉服, 麻不加於采也, 則大夫與殯亦葛絰矣. 大夫之哭大夫弁絰, 則其非相哭雖錫衰以居, 而不弁絰矣. 大夫之哭大夫弁絰, 大夫與殯亦弁絰, 則大夫之爲士若士爲大夫, 皆不弁絰矣, 不弁絰則素冠加絰也.

번역 내가 생각하기에, '변(弁)'은 피변(皮弁)을 뜻한다. 제후와 대부는 피변과 석최(錫衰)를 착용하는 것을 조문할 때의 복장으로 삼는데, '조(弔)'라고 기록하지 않고 '곡(哭)'이라고 기록한 것은 대부가 서로를 위해 조문을 할 때에는 동료와 벗으로서의 은정이 있으니, 단지 조문만 할 따름이 아니기 때문이다. 대부가 다른 대부를 위해 곡을 할 때 변질(弁絰)을 한다고 했는데, 피변을 쓰고 마(麻)로 만든 질(絰)을 두른 것이다. 대부가 빈소에 참여할 때에도 또한 변질을 한다고 했는데, 이것은 피변을 쓰고 갈(葛)로 만든 질(絰)을 두른 것이다. 『예기』「복문(服問)」편에서는 "군주는 경과 대부의 상을 위해서 석최를 착용하고 머무르며, 나설 때에도 또한 이처럼 하고, 해당 일을 접하게 되면 변질을 두른다. 대부가 서로를 위해서 상에 참여할 때에도 또한 이처럼 한다."[4]라고 했다. 이것은 대부가 서로 조문을 할 때 벗에 대한 경우와 동일하게 함을 나타낸다. 『의례』「상복(喪服)」편의 기문(記文)에서는 "벗에 대해서는 마(麻)로 된 것을 착용한다."[5]라고 했다.

---

4) 『예기』「복문(服問)」【664b】: <u>公爲卿大夫錫衰以居, 出亦如之, 當事則弁絰. 大夫相爲亦然</u>. 爲其妻, 往則服之, 出則否.

5) 『의례』「상복(喪服)」: 傳曰, 小功以下爲兄弟. 朋友皆在他邦, 袒免, 歸則已. <u>朋友麻</u>. 君之所爲兄弟服, 室老降一等.

조문의 복장에 갈(葛)로 만든 질(絰)을 두르는데, 벗을 위해 마(麻)로 된 것을 착용한다면, 대부가 서로를 위해 상에 참여할 때에도 또한 마(麻)로 된 질(絰)을 두른다. 벗이 아직 성복을 하기 이전에 조문을 하게 되면 또한 갈(葛)로 된 질(絰)을 두르니, 무릇 아직 성복을 하기 이전에 조문을 하는 자는 모두 길복(吉服)을 착용하고, 마(麻)로 만든 것을 채색이 있는 옷에 더할 수 없으니, 대부가 빈소를 만들 때 참여하는 경우에도 또한 갈(葛)로 된 질(絰)을 두른다. 대부가 다른 대부에 대해서 곡을 하며 변질을 착용한다면, 이러한 경우가 아닌 자들이 비록 석최를 착용하고 머물더라도, 변질은 착용하지 않는다. 대부가 대부를 위해 곡을 하며 변질을 착용하고, 대부가 빈소를 만드는 일에 참여할 때에도 변질을 착용한다면, 대부가 사의 상에 참여하거나 사가 대부의 상에 참여할 때에는 모두 변질을 착용하지 않으니, 변질을 착용하지 않았다면 소관(素冠)[6]에 질(絰)을 두르게 된다.

【498a】

大夫有私喪之葛, 則於其兄弟之輕喪, 則弁絰.

직역 大夫에게 私喪의 葛이 有하면, 그 兄弟의 輕喪에서는 弁絰한다.

의역 대부에게 처나 자식의 상이 발생하여, 졸곡을 치른 뒤 갈(葛)로 만든 질(絰)을 두르고 있는데, 시마복(緦麻服)처럼 관계가 소원한 형제의 상을 접하게 된다면, 변질(弁絰)을 착용한다.

集說 私喪, 妻子之喪也. 卒哭以葛代麻, 於此時而遭兄弟之喪, 雖緦麻之輕, 亦用弔服, 弁絰而往, 不以私喪之末臨兄弟也. 大夫降旁親, 於緦麻兄弟無服.

6) 소관(素冠)은 상사(喪事)나 흉사(凶事)의 일을 접했을 때 쓰게 되는 흰색 관(冠)이다.

번역 '사상(私喪)'은 처나 자식의 상을 뜻한다. 졸곡(卒哭)을 하여 갈(葛)로 만든 질(絰)로 마(麻)로 만든 질(絰)을 대체하는데, 이 시기에 형제의 상을 접하게 되면, 비록 시마복(緦麻服)처럼 수위가 가벼운 관계에 있을지라도 또한 조문할 때의 복장을 착용하고, 변질(弁絰)을 두르고서 찾아가니, 자신의 개인적인 상에서 거의 끝에 이른 복장으로 형제의 상에 임할 수 없기 때문이다. 대부는 방계 친족에 대해서 낮추게 되어, 본래 시마복을 착용하는 형제에 대해서는 상복관계가 없어진다.

集說 疏曰: 若已成服, 則身素裳而首弁絰也.

번역 공영달의 소에서 말하길, 만약 이미 성복(成服)을 했다면, 몸에는 흰색의 복장을 착용하고, 머리에는 변질(弁絰)을 착용한다.

鄭注 私喪, 妻子之喪也. 輕喪, 緦麻也. 大夫降焉, 弔服而往, 不以私喪之末臨兄弟.

번역 '사상(私喪)'은 처나 자식의 상을 뜻한다. '경상(輕喪)'은 시마복(緦麻服)을 입게 되는 상을 뜻한다. 대부는 방계 친족에 대해서 낮추게 되지만, 조문할 때의 복장을 착용하고 찾아가니, 자신의 개인적인 상에서 거의 끝에 이른 복장으로 형제의 상에 임할 수 없기 때문이다.

孔疏 ○正義曰: "私喪之葛"者, 謂妻子之喪, 至卒哭, 以葛代麻之後, 是私喪之葛.

번역 ○경문의 "私喪之葛"에 대하여. 처나 자식의 상이 발생했고 졸곡에 이르게 되어 갈(葛)로 만든 질(絰)로 마(麻)로 만든 질(絰)을 교체한 이후이니, 이것이 개인적인 상에서의 갈(葛)을 뜻한다.

孔疏 ●"則於其兄弟之輕喪則弁絰"者, 於此之時, 遭兄弟之輕喪緦麻, 亦著弔服, 弁絰而往, 不以私喪之末臨兄弟也. 若成服之後, 則錫衰, 未成服之前, 身著素裳, 而首服弁絰也.

번역 ●經文: "則於其兄弟之輕喪則弁絰". ○이러한 시기에 형제 중 시마복(緦麻服)을 입는 가벼운 상을 접하게 되면 또한 조문할 때의 복장을 착용하고 변질(弁絰)을 착용하고서 찾아가니, 자신의 개인적인 상에서 거의 끝에 이른 복장으로 형제의 상에 임할 수 없기 때문이다. 만약 성복(成服)을 한 이후라면 석최(錫衰)를 착용하고, 아직 성복을 하기 이전이라면 몸에는 흰색의 복장을 착용하고 머리에는 변질(弁絰)을 쓴다.

孔疏 ◎注"私喪"至"兄弟". ○正義曰: 旣言"私喪", 故知謂妻子之喪也. "葛", 謂卒哭後也. "兄弟輕喪", 謂緦麻也. 大夫降一等, 雖不服以骨肉之親, 不可以妻子之末服而往哭之, 故服弁絰也.

번역 ◎鄭注: "私喪"~"兄弟". ○이미 '사상(私喪)'이라고 말했기 때문에, 이것이 처나 자식의 상을 뜻함을 알 수 있다. '갈(葛)'이라고 한 말은 졸곡을 한 이후를 뜻한다. '형제 중 가벼운 상'이라는 말은 시마복(緦麻服)을 입는 형제의 상을 뜻한다. 대부는 한 등급을 낮춰서 착용하는데, 비록 골육지친에 대한 상복을 착용하지 않더라도, 처나 자식의 상에서 거의 끝에 이른 복장을 착용하고 찾아가 곡을 할 수 없기 때문에 변질(弁絰)을 착용한다.

集解 愚謂: 葛, 謂旣葬變麻服葛也. 大夫爲父母兄弟之不爲大夫者之服如士服, 此爲其兄弟弁絰, 謂尊同者也. 大夫無緦服, 故雖尊同不服, 但於往哭而爲之服弁絰也. 凡喪服未除, 於兄弟之喪雖輕, 必服其服以哭之. 此大夫哭兄弟之輕喪, 蓋亦爲服其本服之麻與.

번역 내가 생각하기에, '갈(葛)'자는 이미 장례를 치르고 난 뒤 마(麻)로 된 것을 바꿔서 갈(葛)로 된 것을 착용했다는 뜻이다. 대부가 부모 및 형제 중 대부가 되지 못한 자를 위해 착용하는 복장은 사의 복장과 동일한데,[7]

이곳에서 그의 형제에 대해서 변질(弁絰)을 착용한다고 했으니, 신분이 동일한 자를 뜻한다. 대부에게는 시마복을 착용하는 경우가 없기 때문에, 비록 신분이 동일하더라도 시마복을 착용하지 않고, 단지 찾아가서 곡을 할 때 그를 위해 변질을 착용한다. 무릇 상복에 있어서 아직 상복을 제거하지 않았는데, 형제의 상에 대해서는 비록 수위가 가벼운 것일지라도, 반드시 그에 대한 복장을 착용하고서 곡을 한다. 이곳의 내용은 대부가 형제 중 수위가 낮은 상복을 착용하는 자에 대해서 곡을 하는 경우이니, 아마도 이러한 경우에는 또한 그에 대한 본래의 상복 중 마(麻)로 된 것을 착용했을 것이다.

7) 『예기』「잡기상」【492d】: 大夫爲其父母兄弟之未爲大夫者之喪服, 如士服.

• 제 23 절 •

상장(喪杖)과 절에 대한 규정

【498b】

爲長子杖, 則其子不以杖卽位.

직역 長子를 爲하여 杖하면, 그 子는 杖으로써 位에 卽함을 不한다.

의역 부친이 그의 장자를 위해서 상을 치르며 지팡이를 잡게 되면, 장자의 자식은 지팡이를 가지고 자신의 자리에 나아갈 수 없다.

集說 其子, 長子之子也. 祖不厭孫, 此長子之子亦得杖, 但與祖同處, 不得以杖猶居己位耳.

번역 '기자(其子)'는 장자의 아들을 뜻한다. 조부는 손자에 대해서 염강(厭降)[1]을 하지 않으니, 장자의 자식 또한 지팡이를 잡지만, 조부와 동일한 장소에 있을 때에는 지팡이를 가지고 자신의 자리에 있을 수 없을 따름이다.

鄭注 辟尊者.

번역 존귀한 자의 예법을 피하기 위해서이다.

孔疏 ●"爲長"至"卽位". ○正義曰: 父爲長子杖, 則其子不以杖卽位者, 其

1) 염강(厭降)은 상례(喪禮)에 있어서, 돌아가신 모친을 위해 자식은 본래 삼년상(三年喪)을 치러야 하지만, 부친이 생존해 계신 경우라면, 수위를 낮춰서 기년상(期年喪)으로 치르는데, 이처럼 낮춰서 치르는 것을 '염강'이라고 부른다.

子, 長子之子, 祖在不厭孫, 其孫得杖, 但與祖同處, 不得以杖卽位, 辟尊者.

번역 ●經文: "爲長"~"卽位". ○부친이 장자의 상을 치르며 지팡이를 잡게 되면, 장자의 자식은 지팡이를 잡고 자신의 자리로 나아갈 수 없는데, '기자(其子)'는 곧 장자의 아들을 뜻하며, 조부는 손자에 대해서 염강(厭降)을 하지 않으므로, 손자는 지팡이를 잡을 수 있지만, 조부와 동일한 장소에서는 지팡이를 가지고 자신의 자리로 나아갈 수 없으니, 존귀한 자의 예법을 피하기 위해서이다.

集解 喪不貳主也.

번역 상에서는 두 명의 상주가 있을 수 없기 때문이다.

【498b】

爲妻, 父母在, 不杖, 不稽顙.

직역 妻를 爲함에 父母가 在라면, 不杖하고, 稽顙을 不한다.

의역 처를 위해 장례를 주관할 경우, 부모가 모두 생존해 계시다면, 지팡이를 잡지 않고, 빈객에게 절을 할 때에도 이마가 땅에 닿도록 절을 하지 않는다.

集說 此謂適子妻死, 而父母俱存, 故其禮如此. 然大夫主適婦之喪, 故其夫不杖, 若父沒母存, 母不主喪, 則子可以杖, 但不稽顙耳. 此幷言之, 讀者不以辭害意可也.

번역 이 내용은 적장자의 처가 죽었는데, 부모가 모두 생존해 계실 때 그 예법이 이와 같다는 뜻이다. 그러나 대부는 적부의 상을 주관하기 때문에, 그녀의 남편은 지팡이를 잡을 수 없는데, 만약 부친이 돌아가시고 모친만 생존해 계신 경우, 모친이 상을 주관하지 않는다면, 자식은 지팡이를 잡을 수 있지만, 이마를 땅에 닿도록 절을 할 수 없을 따름이다. 이곳에서는 두 사안을 한꺼번에 말했으니, 독자는 표면적으로 기록된 말에 따라 의미를 해석하는데 구애되지 않아야 옳다.

大全 山陰陸氏曰: 適子爲妻如此, 則庶子, 父雖在, 以杖卽位, 可也.

번역 산음육씨가 말하길, 적자가 자신의 처를 위해서 이처럼 한다면, 서자는 부친이 비록 생존해 계시더라도, 지팡이를 잡고 자신의 자리로 나아가더라도 괜찮다.

鄭注 尊者在, 不敢盡禮於私喪也.

번역 존귀한 자가 생존해 계시므로, 감히 사적인 상에 대해서 예법을 다할 수 없기 때문이다.

釋文 稽, 徐音啓. 顙, 桑黨反.

번역 '稽'자의 서음(徐音)은 '啓(계)'이다. '顙'자는 '桑(상)'자와 '黨(당)'자의 반절음이다.

孔疏 ●"爲妻"至"稽顙". ○正義曰: 此謂適子爲妻, 父母見存, 不敢爲妻杖, 又不可爲妻稽顙. 故云"不杖, 不稽顙". 按喪服云: "大夫爲適婦爲喪主." 父爲己婦之主, 故父在, 不敢爲婦杖. 若父沒, 母在, 不爲適婦之主. 所以母在不杖者, 以父母尊同, 因父而連言母. 父沒, 母存, 爲妻雖得杖, 而不得稽顙, 以杖與稽顙文連, 不杖屬於父在, 不稽顙文屬母在, 故云: "父母在, 不杖, 不稽顙." 而禮論范宣子申云: "有二義, 一者生存爲在, 二者旁側爲在. 此云母在, 謂在母之側, 爲妻不杖. 故問喪云: '則父在不敢杖矣, 尊者在故也.' 鄭云: '父在不杖, 謂爲母.' 按爲母則削杖, 而云父在不杖, 謂爲母也, 是父在謂在側之在, 若論語云'君在, 踧踖如也'" 此范氏之釋, 其義可通. 但父母在之文相連爲一, 而父爲存在之在, 母爲在側之在. 又小記云: "父在, 庶子爲妻, 以杖卽位." 然庶子豈得父見在側[2]? 庶子爲妻, 得以杖卽位乎. 是範義未安也. 今見具載之.

번역 ●經文: "爲妻"~"稽顙". ○이것은 적장자가 자신의 처를 위해 상을 치를 때, 부모가 생존해 계시다면, 감히 처를 위해서 지팡이를 잡을 수 없으며, 또 처를 위해서 빈객에 대해 절을 하며 이마를 땅에 닿도록 할 수 없다는 뜻이다. 그렇기 때문에 "지팡이를 잡지 않고 이마를 땅에 닿도록 절을 하지 않는다."라고 했다. 『의례』「상복(喪服)」편을 살펴보면, "대부가 정부인을 위해 상주가 된다."라고 했는데, 부친은 자기 부인의 상에서 상주를 맡기 때문에, 부친이 생존해 계시다면 감히 자신의 부인을 위해서 지팡이를 잡지 않는다. 만약 부친이 이미 돌아가신 상태이고 모친만 생존해 계신다면, 모친은 적장자의 부인에 대해서 상주를 맡지 않는다. 모친이 생존해 계신데 지팡이를 잡지 않는다고 표현된 것은 부친과 모친은 존귀함이 동일하여, 부친에 대한 경우에 따라서 모친까지도 함께 언급했기 때문이다. 부친이 이미 돌아가셨고 모친만 생존해 계신 경우, 적장자는 자신의 처를 위해서 비록 지팡이를 잡을 수 있지만, 이마를 땅에 닿도록 절을 할 수 없으니, 지팡이를 잡는 것과 이마를 땅에 닿도록 절을 한다는 것을 연결해서 기록한 것은 지팡이를 잡지 않는 것은 부친이 생존해 계신 경우에 해당하고, 이마를 땅에 닿도록 절을 하지 않는 것은 모친이 생존해 계신 경우에 해당한다. 그렇기 때문에 "부친과 모친이 생존해 계시다면, 지팡이를 잡지 않고, 이마를 땅에 닿도록 절을 하지 않는다."라고 한 것이다. 그런데 『예론』에서 범선자는 거듭 이 주장을 풀이하며, "재(在)에는 두 가지 의미가 있으니, 한 가지는 살아계신 것을 '재(在)'라고 한 것이며, 다른 하나는 곁에 있는 것을 '재(在)'라고 한 것이다. 이곳에서 '모재(母在)'라고 한 말은 모친의

2) '측(側)'자에 대하여. '측'자는 본래 '즉(則)'자로 기록되어 있었는데, 완원(阮元)의 『교감기(校勘記)』에서는 "포당(浦鏜)은 '즉'자는 마땅히 '측'자의 오자라고 했다."라고 했다.

곁에 있을 때를 뜻하니, 이러한 경우에는 처를 위해서 지팡이를 잡지 않는다는 의미이다. 그렇기 때문에 『예기』「문상(問喪)」편에서는 '부친의 곁에 있을 때에는 감히 지팡이를 잡지 않으니, 존귀한 자가 있는 곳이기 때문이다.'[3)]라고 한 것이고, 정현은 '부친의 곁에서 지팡이를 잡지 않는 것은 모친의 상을 치르는 경우를 뜻한다.'라고 했다. 살펴보면 모친의 상을 치를 때에는 삭장(削杖)을 잡게 되는데, 부친의 곁에서 지팡이를 잡지 않는 경우는 모친의 상을 치르는 경우라고 했으니, 여기에서 '부재(父在)'라고 한 말은 그 곁에 있다고 했을 때의 '재(在)'를 뜻하므로, 마치 『논어』에서 '군주가 계신 곳에서는 공손한 듯 계셨다.'[4)]라고 했을 때의 '재(在)'자와 같다."라고 했다. 이러한 범씨의 해석도 그 의미가 통용된다. 다만 '부모재(父母在)'라는 문장은 연결된 하나의 구문이니, 부친에 대한 재(在)는 생존해 계신다고 할 때의 '재(在)'자가 되고, 모친에 대한 '재(在)'자는 곁에 있을 때의 '재(在)'자가 된다. 또 『예기』「상복소기(喪服小記)」편에서는 "부친이 생존해 계실 때, 서자가 자기 처의 상을 주관하게 되면, 지팡이를 잡고 자리로 나아가는 것은 괜찮다."[5)]라고 했다. 그렇다면 서자가 어떻게 부친이 계신 곳 곁에 있을 수 있겠는가? 그러므로 부친이 생존해 계실 때 서자가 자신의 처를 위해서 지팡이를 잡고 자리로 나아갈 수 있겠는가? 따라서 이것은 범씨의 주장이 부족하다는 것을 나타낸다. 현재는 이 모두를 이곳에 수록해둔다.

集解 下文別言"母在, 不稽顙", 則此"母"衍字也. 爲妻, 父在不杖, 不稽顙, 謂適子爲妻也. 父主適婦之喪, 故其子避之而不杖, 又不得拜賓而稽顙也.

번역 아래문장에는 별도로 "모친이 생존해 계신다면 이마를 땅에 닿도

---

3) 『예기』「문상(問喪)」【659d~660a】: 或問曰, 杖者, 何也? 曰竹桐一也, …… 則父在不敢杖矣, 尊者在故也.

4) 『논어』「향당(鄕黨)」: 孔子於鄕黨, 恂恂如也, 似不能言者. 其在宗廟朝廷, 便便言, 唯謹爾. 朝, 與下大夫言, 侃侃如也, 與上大夫言, 誾誾如也. 君在, 踧踖如也, 與與如也.

5) 『예기』「상복소기(喪服小記)」【419a】: 父在, 庶子爲妻, 以杖卽位可也.

록 절을 하지 않는다."라고 했으니, 이곳의 '모(母)'자는 연문으로 기록된 글자이다. 처를 위해 상을 치를 때, 부친이 생존해 계셔서 지팡이를 잡지 않고 이마를 땅에 닿도록 절을 하지 않는다는 것은 적자가 자신의 처를 위해 상을 치르는 경우이다. 부친은 적장자의 부인에 대해서 그 상을 주관하기 때문에, 부친의 자식은 부친의 예법을 피하여 지팡이를 잡지 않고, 또 빈객에게 절을 할 때에도 이마를 땅에 닿도록 할 수 없다.

그림 23-1 ▣ 저장(苴杖: =竹杖)과 삭장(削杖: =桐杖)

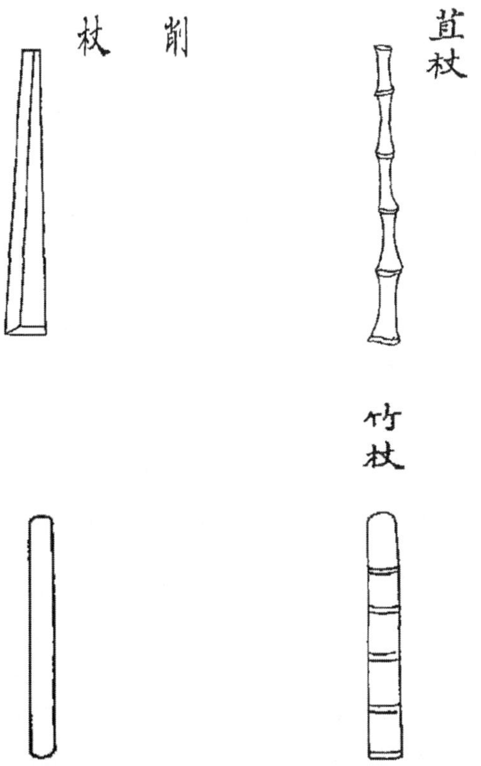

※ **출처:** 상단-『삼례도집주(三禮圖集注)』 15권
하단-『삼례도(三禮圖)』 3권

【498c】

母在, 不稽顙. 稽顙者, 其贈也拜.

직역 母가 在하면, 稽顙을 不한다. 稽顙하는 者는 그 贈함에 拜이다.

의역 적장자가 자신의 처를 위해 상을 치를 때, 부친은 이미 돌아가신 상태이고, 모친만 생존해 계시다면, 빈객에게 절을 할 때 이마를 땅에 닿도록 하지 않는다. 이마를 땅에 닿도록 절을 하는 경우는 물건을 보내온 자에 대해 감사를 표하는 절에서만 한다.

集說 贈, 謂人以物來贈己助喪事也. 母在雖不稽顙, 惟拜謝此贈物之人, 則可以稽顙, 故云稽顙者其贈也拜. 一說, 贈, 謂以物送別死者, 卽旣夕禮所云"贈用制幣"也.

번역 '증(贈)'은 다른 사람이 어떤 사물을 가지고 찾아와서 자신에게 증여를 하여 상사의 일을 돕도록 한 것을 뜻한다. 모친이 생존해 계실 때 비록 이마를 땅에 닿도록 절을 하지 않지만, 오직 이러한 물건을 보내온 자에 대해서 감사를 표하며 절을 하게 되면, 이마를 땅에 닿도록 절을 할 수 있다. 그렇기 때문에 "이마를 땅에 닿도록 절을 하는 것은 물건을 보내온 경우에 절을 하는 것이다."라고 말한 것이다. 일설에는 '증(贈)'은 별도로 죽은 자를 위해서 보내온 물건이니, 곧 『의례』「기석례(旣夕禮)」편에서 "증(贈)에는 제폐(制幣)[6]를 사용한다."[7]고 한 기록이 이것을 뜻한다고 주장한다.

---

6) 제폐(制幣)는 고대의 제사 때 바치게 되는 비단을 뜻한다. 제물로 사용되는 비단에는 일정한 규격이 있었기 때문에 '제(制)'자를 붙여서 부른 것이다. 『의례』「기석례(旣夕禮)」편에는 "贈用制幣玄纁束."이라는 기록이 있는데, 이에 대한 정현의 주에서는 "丈八尺曰制."라고 풀이했다. 즉 1장(丈) 8척(尺)의 길이로 재단한 비단을 '제(制)'라고 부른다.

7) 『의례』「기석례(旣夕禮)」: 主人哭, 踊無筭, 襲, 贈用制幣玄纁束, 拜稽顙, 踊如初.

大全 嚴陵方氏曰: 父母在, 則爲妻不杖不稽顙, 爲尊者厭, 不敢盡禮於私喪也. 母在父沒, 則爲妻亦不稽顙, 則容杖矣. 然於拜贈之時, 亦稽顙焉, 凡以別於父在之時也.

번역 엄릉방씨가 말하길, 부모가 모두 생존해 계시다면, 자신의 처를 위해 상을 치를 때에는 지팡이를 잡지 않고 이마를 땅에 닿도록 하지 않으니, 존귀한 자를 위해 염강(厭降)을 하여, 감히 개인적인 상에 대해서 예법을 다할 수 없기 때문이다. 모친만 생존해 계시고 부친이 이미 돌아가신 상태라면, 자신의 처를 위해서는 또한 이마를 땅에 닿도록 절을 하지 않으니, 지팡이를 잡는 것은 허용된다. 그러나 물건을 보내온 자에 대해 절을 할 때에는 또한 이마를 땅에 닿도록 하니, 무릇 부친이 생존해 계신 때와 구별을 두기 위해서이다.

鄭注 言獨母在, 於贈, 拜, 得稽顙, 則父在, 贈, 拜, 不得稽顙.

번역 모친만 생존해 계신 경우에는 물건을 보내온 자에게 절을 할 때, 이마를 땅에 닿도록 할 수 있다는 뜻이니, 부친이 생존해 계신 경우라면, 물건을 보내온 자에게 절을 할 때에도 이마를 땅에 닿도록 할 수 없다.

孔疏 ○正義曰: 前明父母俱在, 故不杖 · 不稽顙. 此明父沒母在, 爲妻得有稽顙 · 不稽顙二義. "母在, 不稽顙"者, 謂母在, 爲妻子尋常拜賓之法也.

번역 ○앞에서는 부모가 모두 생존해 계신 경우를 나타냈다. 그렇기 때문에 지팡이를 잡지 않고 이마를 땅에 닿도록 절을 하지 않는 것이다. 이곳에서는 부친이 이미 돌아가셨고 모친만 생존해 계신 경우를 뜻하는데, 적장자가 자신의 처를 위해 상을 치를 때에는 이마를 땅에 닿도록 절을 하는 경우와 이마를 땅에 닿도록 절을 하지 않는 경우의 두 가지 예법이 있게 된다. 경문의 母在, 不稽顙"에 대하여. 이것은 모친이 생존해 계실 때, 처와 자식의 상을 치르며 일반적으로 빈객에게 절을 하는 예법에 해당한다.

孔疏 ●"稽顙者, 其贈也, 拜"者, 但父沒母在, 稍降殺於父, 故爲妻得有稽顙. 稽顙之時, 其稽顙者, 有他人以物來贈己, 其恩旣重, 其謝此贈之人時, 爲拜, 得稽顙, 故云"其贈也, 拜", 於此拜時, 而得稽顙.

번역 ●經文: "稽顙者, 其贈也, 拜". ○다만 부친이 이미 돌아가셨고 모친만 생존해 계신 경우, 부친이 생존해 계신 경우보다 조금 낮추기 때문에, 처를 위해 상을 치를 때 이마를 땅에 닿도록 하는 경우가 있을 수 있다. 이마를 땅에 닿도록 절을 하는 때, 이마를 땅에 닿도록 절을 하는 것은 다른 사람이 물건을 가지고 찾아와서 자신에게 증여를 하게 되면, 그 은정이 이미 중대하고, 이처럼 물건을 증여한 자에게 감사를 표할 때 절을 하게 되면 이마를 땅에 닿도록 할 수 있다. 그렇기 때문에 "물건을 보내온 것에 대해 절을 하는 경우이다."라고 했으니, 이처럼 절을 하는 때에는 이마를 땅에 닿도록 할 수 있다.

集解 父沒母在, 則己主妻喪而得杖, 而亦不得稽顙也. 然此"不稽顙"與上節不同: 父在不稽顙, 謂父旣拜賓, 則己不敢拜賓而稽顙也. 父沒母在, 則妻之喪己當爲主而拜賓, 但不敢爲稽顙之拜也. 蓋妻之服與父在爲母悉同, 故母在則微殺其禮, 以示其不敢盡同於母之意, 與母在爲妻不禫同意. 上節專屬適子之禮, 此禮則適·庶之所同也. 贈, 謂賻襚之屬也. 稽顙者, 其贈也拜者, 言母在而爲妻或有稽顙者, 惟於人之以物贈己則爲稽顙之拜. 蓋於人之厚恩不敢以輕禮待之, 則此外弔者皆不稽顙也.

번역 부친이 돌아가셨고 모친만 생존해 계신 경우라면, 자신이 처의 상을 주관하며 지팡이를 잡을 수 있지만, 이러한 경우에는 또한 이마를 땅에 닿도록 절을 할 수 없다. 그러나 이곳에서 "이마를 땅에 닿도록 절을 하지 않는다."라고 한 말은 앞에서 한 말과 의미가 다르다. 부친이 생존해 계실 때 이마를 땅에 닿도록 절을 하지 않는 것은 부친이 이미 빈객에게 절을 하므로, 자신은 감히 빈객에게 절을 하며 이마를 땅에 닿도록 할 수 없다는 뜻이다. 그런데 부친이 이미 돌아가셨고 모친만 생존해 계시다면, 처의 상에 대해서 자신은 마땅히 상주가 되어 빈객에게 절을 한다. 다만 감히 이마를 땅에 닿도록 절하는 방식을 따르지 않을 따름이다. 무릇 처에 대한 상복은 부친이 생존해 계실 때 돌아가신 모친을 위해 착용하는 상복과 모두 동일하다. 그렇기 때문에 모친이 생존해 계신다면, 조금이나마 그 예법을 줄여서, 감히 모친에 대한 경우와 모두 동일하게 할 수 없다는 뜻을 드러내는 것이니, 모친이 생존해 계실 때 처의 상을 치르며 담제(禫祭)를 치르지 않는 것과 동일한 의미이다. 앞에서는 전적으로 적자에게 해당하는 예법을 나타냈는데, 이곳에 기록된 예법은 적자와 서자에게 동일하게 적용된다. '증(贈)'은 부의로 보내오는 부(賻)[8]나 수(襚)[9] 등의 부류를 뜻한다. "이마를 땅에 닿도록 절하는 경우는 부의로 보내온 것에 대해 절을 할 때이다." 라고 했는데, 이것은 모친이 생존해 계시고, 자신이 처의 상을 치를 경우, 간혹 이마를 땅에 닿도록 절을 하는 경우가 있으니, 오직 상대방이 자신에게 물건을 보내온 경우에만 이마를 땅에 닿도록 절하는 방식을 따른다는 뜻이다. 무릇 상대의 두터운 은정에 대해서는 가벼운 예법으로 대하지 못하기 때문이니, 이러한 경우를 제외하면 조문을 온 자들에 대해서는 모두 이마를 땅에 닿도록 절을 하지 않는다.

---

8) 부(賻)는 부의를 보낸다는 뜻이며, 또한 부의로 보내는 특정 물건을 가리키기도 한다. '부'는 상사를 진행하는데 필요한 재화를 보내는 것이다. 『춘추공양전』「은공(隱公) 1년」에는 "賵者, 蓋以馬, 以乘馬·束帛. 車馬曰賵, 貨財曰賻, 衣被曰襚."라는 기록이 있다.

9) 수(襚)는 부의를 보낸다는 뜻이며, 또한 부의로 보내는 특정 물건을 가리키기도 한다. '수'는 시신과 함께 매장하게 될 의복이나 이불 등을 부의로 보내는 것이다. 『의례』「사상례(士喪禮)」편에는 "君使人襚, 徹帷, 主人如初, 襚者左執領, 右執要, 入升致命."이라는 기록이 있는데, 이에 대한 정현의 주에서는 "襚之言遺也, 衣被曰襚."라고 풀이했다.

• 제 24 절 •

반복(反服)을 하지 않는 경우

【498d】

違諸侯之大夫不反服, 違大夫之諸侯不反服.

직역 諸侯를 違하여 大夫에게 之하면 反服을 不하며, 大夫를 違하여 諸侯에게 之하면 反服을 不한다.

의역 제후의 신하였지만, 그를 떠나서 다른 나라의 대부에게 찾아가 그를 섬기게 된다면, 본국의 제후가 죽었을 때, 본국으로 돌아가 제후에 대한 상복을 착용하지 않는다. 또 대부를 섬겼었지만, 그를 떠나 제후를 섬기는 신하가 되었다면, 이러한 경우에도 이전의 대부가 죽었을 때 그에게 돌아가서 상복을 착용하지 않는다.

集說 違, 去也. 己本是國君之臣, 今去國君而往爲他國大夫之臣, 是自尊適卑, 若舊君死, 己不反服. 以仕於卑臣, 不可反服於前之尊君也. 本是大夫之臣, 今去而仕爲諸侯之臣, 是自卑適尊. 若反服卑君, 則爲新君之恥矣, 故亦不反服. 若新君與舊君等, 乃爲舊君服也.

번역 '위(違)'자는 "떠나다[去]."는 뜻이다. 자신이 본래 자기 나라의 신하였는데, 현재는 본국을 떠나 다른 나라의 대부에게 가서 그의 신하가 되었으니, 이것은 존귀한 자로부터 상대적으로 미천한 자에게 간 것으로, 만약 본국의 제후가 죽었다면, 본인은 본국으로 돌아가서 제후에 대한 상복을 착용하지 않으니, 미천한 신하를 섬기므로, 이전에 섬겼던 존귀한 군주에 대해서 돌아가 상복을 착용할 수 없기 때문이다. 본래는 대부의 신하였는데, 현재 그를 떠나 제후의 신하가 되었다면, 이것은 미천한 자로부터 존귀한 자에게 간 것이다. 만약 제후보다 미천한 주군을 위해 돌아가서 상복을 착용한다면, 새로 섬긴 제후에 대해서는 치욕이 된다. 그렇기 때문에 이러한 경우에도 돌아가서 상복을 착용하지 않는다. 만약 새로 섬긴 주군과 이전에 섬겼던 주군의 등급이 같다면, 옛 주군을 위해서 상복을 착용한다.

大全 嚴陵方氏曰: 或違尊而之卑, 或違卑而之尊, 皆不敢反服於舊君者, 以尊卑異體故也.

번역 엄릉방씨가 말하길, 어떤 경우는 존귀한 자를 떠나 미천한 자에게 간 것이고, 또 어떤 경우는 미천한 자를 떠나 존귀한 자에게 간 것인데, 두 경우 모두 감히 옛 주군에 대해 되돌아가 상복을 착용하지 않으니, 신분에 차이가 나기 때문이다.

大全 淸江劉氏曰: 此言違而仕者, 則不反服舊君, 避新君也. 然而違而未仕者, 聞舊君之喪, 則反服爾. 春秋傳所謂未臣焉有伐其國者, 反死之可矣. 旣臣焉而反死之, 則不可.

번역 청강유씨[1])가 말하길, 이곳에서 본국을 떠나 다른 나라에서 벼슬살이를 하는 경우 되돌아가서 옛 주군을 위해 상복을 착용하지 않는다고 한 것은 새로 섬기는 주군에 대한 예법을 피하기 위해서이다. 그러나 그 나라를 떠났지만 아직 벼슬살이를 하지 않은 자는 옛 주군의 상 소식을 접하면, 되돌아가서 상복을 착용할 따름이다. 이것은 『춘추전』에서 "아직 찾아간 나라에서 벼슬살이를 하지 않았는데, 그 나라가 본국을 정벌하는 경우가 있다면, 되돌아가서 목숨을 걸고 싸우는 것이 옳다."[2])고 한 말에 해당한다.

---

1) 유창(劉敞, A.D.1019~A.D.1068) : =공시선생(公是先生)·유원보(劉原父)·청강유씨(淸江劉氏). 북송(北宋) 때의 경학자이다. 자(字)는 원보(原父)이다. 유학뿐만 아니라 불교와 도교에 대해서도 연구하였고, 천문(天文), 지리(地理) 등의 방면에도 조예가 깊었다.

2) 『춘추좌씨전』「애공(哀公) 8년」: 非禮也. 君子違, 不適讎國. 未臣而有伐之, 奔命焉, 死之可也. 所託也則隱.

따라서 이미 찾아간 나라에서 신하로 있다면, 되돌아가서 목숨을 걸고 싸우는 것은 옳지 않다.

鄭注 其君尊卑異也. 違, 猶去也. 去諸侯, 仕諸侯; 去大夫, 仕大夫, 乃得爲舊君服.

번역 섬기는 주군의 신분이 다르기 때문이다. '위(違)'자는 "떠난다[去]."는 뜻이다. 제후를 떠나서 다른 제후를 섬기거나 대부를 떠나서 다른 대부를 섬기는 경우라면, 옛 주군을 위해서 상복을 착용할 수 있다.

孔疏 ●"違諸"至"反服". ○正義曰: 違, 去也. 去諸侯, 謂不便其君及辟仇也. 之, 往也. 己若本是諸侯臣, 如去往仕大夫, 此是自尊適卑, 若舊君死, 則此臣不反服也. 言"不反"者, 謂今仕卑, 臣不可反服於前之尊君也.

번역 ●經文: "違諸"~"反服". ○'위(違)'자는 "떠난다[去]."는 뜻이다. 제후를 떠난다는 말은 그 제후에 대해서 아첨을 하지 않고 떠난 경우이거나 원수를 피해서 떠난 경우를 뜻한다. '지(之)'자는 "가다[往]."는 뜻이다. 본인이 만약 본래 제후의 신하였는데, 그곳을 떠나 대부에게 찾아가 벼슬을 한다면, 이것은 존귀한 자로부터 미천한 자에게 찾아간 경우이며, 만약 옛 주군이 죽게 된다면, 이러한 신하는 되돌아가서 상복을 착용하지 않는다. "돌아가지 않는다."라고 한 말은 현재 이전의 주군보다 신분이 미천한 자에게 벼슬살이를 하고 있으니, 그 신하는 이전의 존귀한 주군에게 되돌아가서 상복을 착용할 수 없다는 뜻이다.

孔疏 ●"違大夫, 之諸侯, 不反服"者, 此謂本是大夫臣, 今去, 仕諸侯, 此是自卑適尊, 若猶服卑君, 則爲新君之恥也, 故亦不反服舊君也.

번역 ●經文: "違大夫, 之諸侯, 不反服". ○이러한 경우는 본래 대부의 신하였는데, 현재 대부를 떠나 제후에게 벼슬을 한 경우이니, 이것은 미천한 자로부터 존귀한 자에게 간 것인데, 만약 미천한 옛 주군을 위해서 상복을 착용한다면, 새로 모시는 주군에게는 치욕이 된다. 그렇기 때문에 이러한 경우에도 또한 옛 주군을 위해서 되돌아가 상복을 착용하지 않는다.

孔疏 ◎注"其君"至"君服". ○正義曰: 鄭以經尊卑不敵, 不反服, 若所仕敵, 則反服舊君, 服齊衰三月.

번역 ◎鄭注: "其君"~"君服". ○정현은 경문에서 말한 대상이 신분이 대등하지 않아서 되돌아가 상복을 착용하지 않는다고 했기 때문에, 만약 이전에 섬기던 대상과 현재 섬기고 있는 대상의 신분이 대등하다면, 되돌아가서 옛 주군을 위해 상복을 착용한다고 했던 것이니, 자최복(齊衰服)을 착용하고 3개월 동안 복상(服喪)한다.[3]

集解 愚謂: 二者之不服, 皆爲尊諸侯也. 一則尊其舊君而不敢自援, 一則尊其新君而不敢自貶.

번역 내가 생각하기에, 두 가지 경우에 상복을 착용하지 않는 것은 모두 제후를 존귀하게 대하기 때문이다. 하나는 옛 제후를 존귀하게 여겨서 감히 스스로 예법을 펼치지 못하는 것이며, 다른 하나는 새로 모시는 제후를 존귀하게 여겨서 감히 스스로 줄이지 못하는 것이다.

---

3) 『의례』「상복(喪服)」: 爲舊君·君之母·妻. 傳曰, 爲舊君者, 孰謂也? 仕焉而已者也. 何以服齊衰三月也? 言與民同也.

• 제25절 •

상관(喪冠)의 규정

【499a】

喪冠條屬, 以別吉凶. 三年之練冠亦條屬, 右縫. 小功以下左.

직역 喪冠에는 條를 屬하여, 이로써 吉凶을 別한다. 三年의 練冠에도 亦히 條를 屬하되, 右로 縫한다. 小功으로부터 下는 左한다.

의역 상(喪)을 치를 때 쓰는 관(冠)에는 한 가닥의 노끈을 연결하여 관의 테두리인 무(武)와 갓끈인 영(纓)으로 삼아, 이를 통해 길흉을 구별한다. 삼년상에서 소상(小祥)을 치를 때 쓰는 관에도 한 가닥의 노끈을 연결해서 이처럼 하는데, 주름을 접어 꿰맨 것은 우측을 향하도록 한다. 소공복(小功服)으로부터 그 이하의 상복에서는 주름을 접어 꿰맨 것이 좌측을 향하도록 한다.

集說 喪冠以一條繩屈而屬於冠, 以爲冠之武, 而垂下爲纓, 故云喪冠條屬. 屬, 猶著也, 言著於冠也. 是纓與武共此一繩, 若吉冠則纓與武各一物. 玉藻云"縞冠玄武"之類, 是也. 吉凶之制不同, 故云別吉凶也. 三年練冠, 小祥之冠也. 其條屬亦然. 吉冠則襵縫向左, 左爲陽, 吉也. 凶冠則襵縫向右, 右爲陰, 凶也. 小功緦麻之服輕, 故襵縫向左而同於吉.

번역 상관(喪冠)에서는 한 가닥의 노끈을 말아서 관(冠)에 연결해서, 이것으로 관의 테두리인 무(武)로 삼고, 아래로 내려서 갓끈인 영(纓)으로 삼는다. 그렇기 때문에 "상관에는 노끈 한 가닥을 연결한다."라고 한 것이다. '촉(屬)'자는 "붙인다[著]."는 뜻이니, 관에 연결한다는 의미이다. 여기에서 말한 영(纓)과 무(武)는 모두 한 가닥의 노끈으로 만드는 것이니, 만약 길관

(吉冠)[1]인 경우라면, 영(纓)과 무(武)는 각각 별개의 부분이 된다. 『예기』「옥조(玉藻)」편에서 "호관(縞冠)에 현무(玄武)를 단다."[2]라고 한 것 등이 바로 이것을 가리킨다. 길과 흉의 제도는 다르기 때문에 "길과 흉을 구별한다."라고 말했다. 삼년상에서 착용하는 연관(練冠)은 소상(小祥) 때 착용하는 관을 뜻한다. 그 관에 노끈을 연결하는 것 또한 이처럼 한다. 길관의 경우라면 주름을 접어 꿰맬 때 그 방향이 우측을 향하도록 하니, 우측은 음(陰)에 해당하여 흉사를 뜻하기 때문이다. 소공복(小功服)과 시마복(緦麻服)은 수위가 낮은 상복이기 때문에 주름을 접어 꿰맨 것이 좌측을 향하도록 하여 길관과 동일하게 한다.

鄭注 別吉凶者, 吉冠不條屬也. 條屬者, 通屈一條繩, 若布爲武, 垂下爲纓. 屬之冠, 象大古, 喪事略也. 吉冠則纓·武異材焉. 右縫者, 右辟而縫之. 左辟, 象吉, 輕也.

번역 길흉을 구별하는 것이니, 길관(吉冠)에는 노끈을 연결하지 않기 때문이다. "노끈을 연결한다."는 것은 한 가닥의 노끈을 접어서 마치 포(布)로 만든 테두리인 무(武)처럼 하고, 밑으로 내려서 갓끈인 영(纓)처럼 하는데, 이것을 관에 연결한 것은 태고 때의 예법을 상징하는 것이니, 상사는 간략하기 때문이다. 길관의 경우라면, 영(纓)과 무(武)는 다른 재질로 만들게 된다. '우봉(右縫)'이라는 것은 우측으로 젖힌 뒤에 꿰맨다는 뜻이다. 좌측으로 젖히면 길함을 상징하니, 상복의 수위가 낮기 때문이다.

---

1) 길관(吉冠)은 길복(吉服)을 착용할 때 쓰는 관(冠)이다. '길복'은 제례(祭禮)나 의례(儀禮)를 시행할 때 착용하는 제복(祭服)과 예복(禮服)을 가리킨다. 신분의 등급 및 제사의 종류의 따라서 '길복'이 변화되는데, '길관' 또한 각 길복에 따라 변화된다. 한편 일상적으로 쓰는 '관' 또한 '길관'이라고 부른다. 길흉(吉凶)에 의해 각 시기를 구분하게 되면, 상사(喪事)나 재앙 등을 당했을 때에는 흉(凶)에 해당하고, 그 나머지 시기는 길(吉)한 시기에 해당하기 때문이다.

2) 『예기』「옥조(玉藻)」【379a】: 縞冠玄武, 子姓之冠也. 縞冠素紕, 旣祥之冠也.

釋文 別, 徐彼列反, 注同. 縫音逢, 注同, 又扶用反. 大, 古音泰, 下"大古"同. 材, 才再反, 又如字. 辟, 必亦反, 下同.

번역 '別'자의 서음(徐音)은 '彼(피)'자와 '列(렬)'자의 반절음이며, 정현의 주에 나오는 글자도 그 음이 이와 같다. '縫'자의 음은 '逢(봉)'이며, 정현의 주에 나오는 글자도 그 음이 이와 같고, 또한 그 음은 '扶(부)'자와 '用(용)'자의 반절음도 된다. '大'자의 고음(古音)은 '泰(태)'이며, 아래에 나오는 '大古'에서의 '大'자도 그 음이 이와 같가. '材'자는 '才(재)'자와 '再(재)'자의 반절음이며, 또한 글자대로 읽기도 한다. '辟'자는 '必(필)'자와 '亦(역)'자의 반절음이며, 아래문장에 나오는 글자도 그 음이 이와 같다.

孔疏 ●"喪冠"至"繰纓". ○正義曰: 此一節明喪冠輕重之制, 各隨文解之. 此言吉冠則纓與武各別, 喪冠則纓與武共材也.

번역 ●經文: "喪冠"~"繰纓". ○이곳 문단은 상관(喪冠)의 경중에 따른 제도를 나타내고 있으니, 각각의 문장에 따라서 풀이하겠다. 이 내용은 길관(吉冠)의 경우라면 영(纓)과 무(武)를 각각 구별하지만, 상관의 경우라면 영(纓)과 무(武)를 모두 같은 재료로 만든다는 뜻이다.

孔疏 ●"條屬"者, 屬猶著也, 謂取一條繩屈之爲武, 垂下爲纓, 以著冠, 故云"條屬"也. 吉凶旣異, 故云"別吉凶"也.

번역 ●經文: "條屬". ○'촉(屬)'자는 "붙인다[著]."는 뜻이니, 한 가닥의 노끈을 이용해서 그것을 접어 무(武)를 만들고, 아래로 내려서 영(纓)으로 삼으니, 이것을 통해 관에 붙이기 때문에 "한 가닥의 노끈을 붙인다."라고 했다는 뜻이다. 길흉은 이미 차이가 있기 때문에 "길흉을 구별한다."라고 했다.

孔疏 ●"三年之練冠, 亦條屬, 右縫"者, 三年練冠, 小祥之冠也. 雖微入吉, 亦猶條屬, 與凶冠不異也. 吉冠則襵上, 辟縫嚮左, 左爲陽, 陽, 吉也. 而凶冠縫嚮右, 右爲陰, 陰, 喪所尙也. 過小祥猶條屬, 故縫猶嚮右也.

번역 ●經文: "三年之練冠, 亦條屬, 右縫". ○삼년상에서의 연관(練冠)은 소상(小祥) 때의 관을 뜻한다. 비록 그 시기가 조금 더 길한 시기로 접어들었더라도, 또한 한 가닥의 노끈을 연결하는 것은 흉사에 쓰는 관과 차이가 없다. 길관의 경우라면 주름을 접은 곳에서 젖혀 꿰맨 방향이 좌측으로 가도록 하니, 좌측은 양(陽)에 해당하고 양은 길함을 상징하기 때문이다. 그러나 흉사에 쓰는 관은 꿰맨 방향이 우측으로 가도록 하니, 우측은 음(陰)에 해당하고 음은 상사에서 숭상하는 것이기 때문이다. 소상(小祥)을 지나게 되더라도 여전히 한 가닥의 노끈을 연결하기 때문에 꿰맨 방향은 여전히 우측으로 가도록 한다.

孔疏 ◎注"別吉"至"縫之". ○正義曰: 云"吉冠不條屬也. 條屬者, 通屈一條繩. 若布爲武, 垂下爲纓, 屬之冠, 象大古, 喪事略也"者, 釋"喪冠條屬"之意. 云"吉冠則纓武異材焉"者, 玉藻云"縞冠玄武之屬", 是異材也. 材謂材具.

번역 ◎鄭注: "別吉"~"縫之". ○정현이 "길관(吉冠)에는 노끈을 연결하지 않기 때문이다. '노끈을 연결한다.'는 것은 한 가닥의 노끈을 접어서 마치 포(布)로 만든 테두리인 무(武)처럼 하고, 밑으로 내려서 갓끈인 영(纓)처럼 하는데, 이것을 관에 연결한 것은 태고 때의 예법을 상징하는 것이니, 상사는 간략하기 때문이다."라고 했는데, 이것은 "상관에는 노끈을 연결한다."라고 했던 뜻을 풀이한 말이다. 정현이 "길관(吉冠)의 경우라면, 영(纓)과 무(武)는 다른 재질로 만들게 된다."라고 했는데, 『예기』「옥조(玉藻)」편에서 "호관(縞冠)에 현무(玄武)를 단다."라고 했으니, 이것은 다른 재질로 만든다는 사실을 나타낸다. '재(材)'자는 재질을 뜻한다.

孔疏 ●"小功以下, 左", 小功以下輕, 故縫同吉, 嚮左也.

번역 ●經文: "小功以下, 左". ○소공복(小功服)으로부터 그 이하의 상복은 수위가 낮기 때문에 꿰맨 것의 방향이 길관(吉冠)과 동일하여, 좌측을 향하도록 한다.

訓纂 江氏永曰: 按喪冠右縫左縫皆縮縫也. 吉冠則橫縫, 不爲左右辟. 小功以下左, 象他事吉尙左耳. 疏謂"同吉, 似吉冠縫嚮左", 誤矣.

번역 강영이 말하길, 살펴보면 상관(喪冠)에 꿰맨 것을 우측으로 하거나 좌측으로 한다는 말은 모두 세로로 꿰맨 것을 뜻하니, 길관(吉冠)의 경우라면 가로로 꿰매게 되어 좌측이나 우측으로 젖히는 일이 없다. 소공복(小功服)으로부터 그 이하의 상복은 좌측으로 한다고 했는데, 이것은 다른 사안에 있어 길할 때에는 좌측을 숭상한다는 뜻을 상징할 뿐이다. 그런데 공영달의 소에서는 "길한 때와 동일하게 하니, 길관에서 꿰맨 것을 좌측으로 한 것과 유사하다."라고 했으니, 잘못된 주장이다.

集解 敖氏繼公曰: 條屬者, 以一條繩爲纓, 而又屬於武也. 右縫者, 以纓之上端縫屬於武之右邊也. 其屬之以下端向上, 而結於武之左邊以固冠也.

번역 오계공[3]이 말하길, "노끈을 연결한다."는 말은 한 가닥의 노끈으로 갓끈인 영(纓)을 만들고, 또 이것을 테두리인 무(武)에 연결한다는 뜻이다. '우봉(右縫)'이라는 말은 갓끈의 끝단을 꿰매어 테두리 우측에 연결한다는 뜻이다. 연결을 시킨 나머지 부분은 위로 올려서 테두리 좌측에 묶어 관을 고정시킨다.

集解 愚謂: 吉冠有武, 其纓左右各一而交結於頤下. 下文云"委武玄縞而後蕤", 則喪冠自大祥以前無武, 蓋別以布一條, 約冠而固之, 若緇布冠之缺項. 然其纓惟一條屬於固冠之布, 亦若緇布冠之青組纓屬於缺也. 緇布冠之纓, 屬於左而上結於右, 喪冠之纓, 則縫屬於右而上結於左, 所以反吉也. 小功以下

3) 오계공(敖繼公, ?~?) : 원(元)나라 때의 학자이다. 자(字)는 군선(君善)·군수(君壽)이다. 이름이 계옹(繼翁)이었다고 하기도 한다. 저서로는 『의례집설(儀禮集說)』 등이 있다.

服輕, 其纓雖條屬而左縫之, 稍用吉冠之制也.

번역 내가 생각하기에, 길관(吉冠)에는 관의 테두리인 무(武)가 있고, 갓끈인 영(纓)은 테두리 좌측과 우측에 각각 한 개씩 있으며, 이것을 턱 아래에서 교차하여 묶게 된다. 아래문장에서 "위무(委武)와 현호(玄縞)를 한 뒤에야 유(緌)가 있다."[4]라고 했는데, 상관(喪冠)에 있어서 대상(大祥)으로부터 그 이전에 쓰는 관에는 무(武)가 없으니, 아마도 별도로 포(布) 한 가닥을 사용하여 관에 묶어 결속을 시켰던 것으로, 마치 치포관(緇布冠)에 있는 결항(缺項)과 같은 것이다. 그러므로 갓끈은 오직 한 가닥으로 해서 관을 고정시키는 포(布)에 붙였을 것이니, 이 또한 치포관에 있는 청조(靑組)의 갓끈을 결항에 연결시킨 것과 같다. 치포관에 다는 갓끈은 좌측에 연결하여 위로 올려 우측에 결속을 하니, 상관에 다는 갓끈은 꿰맨 것을 우측에 연결하고 위로 올려 좌측에 결속하여, 길한 경우와 반대로 한다. 소공복(小功服)으로부터 그 이하의 상복은 수위가 낮으니, 그 상복에 하는 갓끈이 비록 한 가닥의 노끈을 붙이더라도 좌측으로 꿰맨 것이 가도록 하여, 이전 보다 조금 더 길관의 제도를 사용하게 된다.

4) 『예기』「잡기상」【500b】: 大白冠, 緇布之冠, 皆不蕤. 委武玄縞而后蕤.

그림 25-1 ▣ 청조영(青組纓)과 결항(缺項: =頍項)

青組纓

頍項 上丘委切

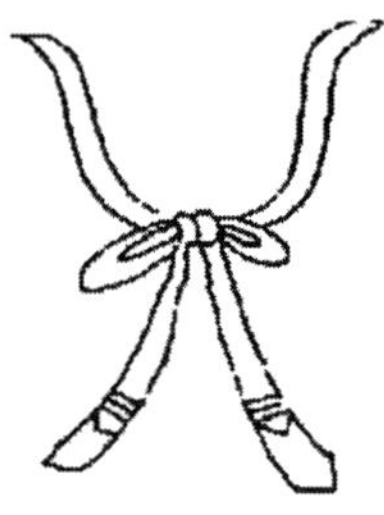

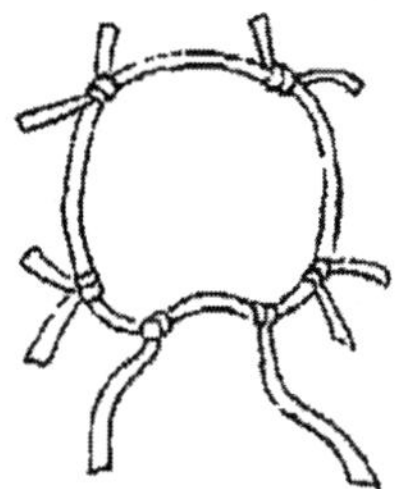

※ **출처:**『삼례도집주(三禮圖集注)』3권

【499b】

緦冠繰纓, 大功以上散帶.

직역 緦冠에는 繰로 纓하고, 大功으로부터 上은 帶를 散한다.

의역 시마복(緦麻服)의 관(冠)에 다는 갓끈은 잿물에 담갔던 것으로 하고, 대공복(大功服)으로부터 그 이상의 상복을 착용할 때에는 마(麻)로 만든 대(帶)의 끝을 흩트려 늘어트린다.

集說 緦服之縷, 其麤細與朝服十五升之布同, 而縷數則半之. 治其縷, 不治其布, 冠與衰同是此布也, 但爲纓之布則加以灰澡治之耳, 故曰緦冠繰纓. 繰, 讀爲澡. 大功以上服重, 初死麻帶散垂, 至成服乃絞. 小功以下, 初死卽絞也.

번역 시마복(緦麻服)을 제작할 때 사용하는 명주는 거칠고 조밀한 정도가 조복(朝服)을 만들 때 사용하는 15승(升)의 포(布)와 동일하지만, 명주의 가닥수는 절반이 된다. 명주는 다듬지만 포(布)는 다듬지 않는데, 관(冠)과 상복은 모두 이러한 포(布)를 사용하게 된다. 다만 갓끈에 사용하는 포(布)를 만들 때에는 포(布)를 잿물에 씻어서 가공하는 공정이 추가될 따름이다. 그렇기 때문에 "시마복(緦麻服)의 관에는 잿물에 씻은 갓끈을 사용한다."라고 말한 것이다. '조(繰)'자는 '조(澡)'자로 풀이한다. 대공복(大功服)으로부터 그 이상의 상복은 수위가 높고, 어떤 자가 이제 막 죽었을 때에는 마(麻)로 만든 대(帶)를 차고 그 끝을 흩트려 늘어트리며,[5] 성복(成服)을 하게 된 뒤에야 매듭을 짓는다. 소공복(小功服)으로부터 그 이하의 상복을 착용할 때에는 어떤 자가 이제 막 죽었을 때부터 곧바로 매듭을 짓는다.

鄭注 繰當爲"澡麻帶絰"之"澡", 聲之誤也. 謂有事其布以爲纓. 小功緦輕, 初而絞之.

번역 '조(繰)'자는 마땅히 "마(麻)를 잿물에 씻어서 만든 대(帶)와 질(絰)이다."[6]라고 했을 때의 '조(澡)'자에 해당하니, 소리가 비슷해서 생긴 오류이다. 포(布)에 공정을 가하여 갓끈을 만든다는 뜻이다. 소공복(小功服)과 시마복(緦麻服)을 착용하는 경우, 초상 때부터 대(帶)의 매듭을 짓는다.

釋文 繰, 依注音縿, 所銜反.

번역 '繰'자는 정현의 주에 따르면 그 음은 '縿'이니, '所(소)'자와 '銜(함)'

---

5) 『예기』「잡기상」【496d】: 凡異居始聞兄弟之喪, 唯以哭對可也. 其始麻散帶絰.
6) 『의례』「상복(喪服)」: 小功布衰裳, 澡麻帶·絰, 五月者.

자의 반절음이다.

孔疏 ●"緦冠繰纓", 緦衰, 冠治縷不治布, 冠又用澡治, 緦布爲纓, 以輕故也.

번역 ●經文: "緦冠繰纓". ○시마복(緦麻服)에 있어서 관(冠)의 경우, 명주는 다듬고 포(布)는 다듬지 않는데, 관(冠)에는 잿물에 담가서 다듬는 방법을 사용하며, 시마복에 사용하는 포(布)로 갓끈을 다는 것은 수위가 낮기 때문이다.

孔疏 ◎注"繰當"至"爲纓". ○正義曰: 經之"繰"字, 絲旁爲之, 非澡治之義, 故讀從喪服小記"下殤, 澡麻帶絰"之澡. 云"謂有事其布以爲纓"者, 緦麻旣有事其縷, 就上繰之, 是又治其布. 故云"有事其布以爲纓", 謂縷·布俱治.

번역 ◎鄭注: "繰當"至"爲纓". ○경문에 나온 '조(繰)'자는 '사(絲)'자를 부수로 기록하니, 잿물에 담갔다가 다듬는다는 뜻이 아니다. 그렇기 때문에 『예기』「상복소기(喪服小記)」편에서 "하상(下殤)의 경우 마(麻)를 잿물에 담갔던 것으로 대(帶)와 질(絰)을 만든다."[7]라고 했을 때의 '조(澡)'자로 풀이한 것이다. 정현이 "포(布)에 공정을 가하여 갓끈을 만든다는 뜻이다."라고 했는데, 시마복에 사용하는 마(麻)는 이미 명주에 공정을 하게 되고, 또 그 뒤에 잿물에 담그니, 이것은 또한 포(布)에 대해서도 다듬는다는 것을 나타낸다. 그렇기 때문에 "포(布)에 공정을 가하여 갓끈을 만든다는 뜻이다."라고 말한 것이니, 명주와 포(布)를 모두 가공한다는 뜻이다.

孔疏 ●"大功以上散帶". ○正義曰: 小斂之後, 主人拜賓, 襲絰於序東. 小功以下, 皆絞之. 大功以上, 散此帶垂, 不忍卽成之, 至成服, 乃絞.

번역 ●經文: "大功以上散帶". ○소렴(小斂)으로부터 그 이후에는 상주

---

7) 『예기』「상복소기(喪服小記)」【420d】: 下殤小功, 帶澡麻不絶本, 詘而反以報之.

가 빈객에게 절을 하고, 서(序)의 동쪽에서 습(襲)과 질(絰)을 차게 된다. 소공복(小功服)으로부터 그 이하의 상복을 착용할 때에는 대(帶)의 매듭을 짓는다. 대공복(大功服)으로부터 그 이상의 상복을 착용할 때에는 대(帶)의 끝을 흩트려 늘어트리니, 차마 곧바로 매듭을 짓지 못하는 것이며, 성복(成服)을 하게 되면 곧 매듭을 짓는다.

集解 按: 鄭氏繰讀爲"澡麻帶·絰"之澡, 音當爲早, 而釋文乃云"依註讀作繆, 音所銜反", 未詳其說. 豈陸氏本不同耶? 然以義言之, 作澡爲是.

번역 살펴보니, 정현은 '조(繰)'자를 "마(麻)를 잿물에 씻어서 만든 대(帶)와 질(絰)이다."라고 했을 때의 '조(澡)'자로 풀이했으니, 그 음은 마땅히 '早(조)'가 되는데, 『경전석문』에서는 "정현의 주에 따르면 그 음은 '繆'이니, '所(소)'자와 '銜(함)'자의 반절음이다."라고 하여 차이를 보이는데, 그 주장에 대해서는 자세히 모르겠다. 어찌 육덕명이 본 판본에 차이가 있어서이겠는가? 그러나 뜻에 따라 말을 해보면 '조(澡)'자로 보는 것이 옳다.

集解 愚謂: 繰當作"澡". 喪冠之纓, 惟斬衰用麻繩; 自齊衰以下, 皆用其冠之布爲之; 緦冠之纓, 其布亦與冠同, 而又澡治之. 緦冠旣有事其縷, 其纓又有事其布, 布·縷兼治, 則其布精矣, 以緦喪輕故也. 然則喪冠自小功以上, 纓皆不澡也.

번역 내가 생각하기에, '조(繰)'자는 마땅히 '조(澡)'자로 기록해야 한다. 상관(喪冠)에 다는 갓끈의 경우 오직 참최복(斬衰服)에서만 마(麻)의 끈을 사용하는데, 자최복(齊衰服)으로부터 그 이하의 상복은 모두 관(冠)의 포(布)를 이용해서 만들며, 시마복(緦麻服)에 하는 갓끈도 그 포(布)를 또한 관(冠)에 사용하는 포(布)와 동일하게 하지만, 잿물에 담가서 공정을 가한다. 시마복에 쓰는 관에 있어서 이미 명주실에 공정을 가했으니, 갓끈에도 또한 사용되는 포(布)에 공정을 가하는 것이며, 포(布)와 명주에 모두 공정을 가미한다면, 포(布)의 경우에는 보다 정밀한 것이 되니, 시마복은 상복의 수위가 낮은 것이기 때문이다. 그러나 상관에 있어서 소공복(小功服)으로부터 그 이상의 경우에는 갓끈에 대해서 모두 잿물에 담그는 공정을 하지 않는다.

• 제 26 절 •

석최(錫衰)의 규정

【499b】

朝服十五升, 去其半而緦加灰, 錫也.

직역 朝服은 十五升하니, 그 半을 去하여 **緦**함에 灰를 加함은 錫이다.

의역 조복(朝服)은 15승(升)의 포로 만드는데, 그 중 절반을 제거한 포로는 시마복(**緦**麻服)을 만들고, 또 여기에 잿물에 담그는 공정을 가미하면, 석최(錫衰)가 된다.

集說 朝服精細, 全用十五升布爲之, 去其半, 則七升半布也. 用爲緦服. 緦云者, 以其縷之細如絲也. 若以此布而加灰以澡治之, 則謂之錫, 所謂弔服之錫衰也. 錫者, 滑易之貌. 緦服不加灰治也. 朝服一千二百縷終幅, 緦之縷細與朝服同, 但其布終幅止六百縷而疏. 故儀禮云, "有事其縷無事其布曰緦."

번역 조복(朝服)을 만들 때의 천은 정밀하고 가늘어서 모두 15승(升)의 포(布)를 사용해서 만드는데, 그 절반을 덜어내게 되면 7.5승의 포가 된다. 이것을 사용해서 시마복(緦麻服)을 만든다. '시(緦)'라고 한 말은 그 실의 가늘기가 명주실과 같기 때문이다. 만약 이러한 포를 사용해서 만들고 다시 잿물에 담갔다가 가공하게 되면 그것을 '석(錫)'이라고 부르니, 조복(弔服)으로 사용되는 '석최(錫衰)'에 해당한다. '석(錫)'자는 매끄러운 모양을 뜻한다. 시마복은 잿물에 담그는 공정을 가미하지 않는다. 조복(朝服)은 1,200가닥의 실로 종폭이 되도록 하는데, 시마복의 실 가늘기는 조복(朝服)의 경우와 동일하지만, 포의 종폭은 단지 600가닥에 그쳐서 성글다. 그렇기 때문에 『의례』에서는 "실에 가공을 하지만 그것으로 만든 포(布)에 가공함이 없다면 '시(緦)'라고 부른다."[1]라고 한 것이다.

鄭注 緦, 精麤與朝服同. 去其半, 則六百縷而疏也. 又無事其布, 不灰焉.

번역 시마복(緦麻服)을 만들 때 사용하는 천은 정밀하고 거친 정도가 조복(朝服)의 경우와 동일하다. 그 절반을 덜어내면 600가닥이 되어 성글다. 또 포(布)에 대해서는 가공함이 없으니, 잿물에 담그지 않는다.

釋文 朝, 直遙反, 後"朝服"放此, 注同. 去, 起呂反, 注同.

번역 '朝'자는 '直(직)'자와 '遙(요)'자의 반절음이며, 뒤에 나오는 '朝服'에서의 '朝'자도 그 음이 이에 따르며, 정현의 주에 나오는 글자도 그 음이 이와 같다. '去'자는 '起(기)'자와 '呂(려)'자의 반절음이며, 정현의 주에 나오는 글자도 그 음이 이와 같다.

孔疏 ●"朝服"至"錫也". ○正義曰: 朝服精細, 全用十五升布爲之.

번역 ●經文: "朝服"~"錫也". ○조복(朝服)을 만들 때 사용하는 천은 정밀하고 가늘어서 모두 15승(升)의 포(布)를 이용해서 만든다.

孔疏 ●"去其半而緦"者, 緦麻於朝服十五升布之內, 抽去其半, 以七升半用爲緦麻服之衰服也. 鄭注喪服云"去其半而緦, 加絲", 是也.

번역 ●經文: "去其半而緦". ○시마복(緦麻服)은 조복(朝服)에 사용하는 15승(升)의 포(布)에서 절반을 줄이니, 7.5승의 포를 이용해서 시마복의 상복을 만든다. 『의례』「상복(喪服)」편에 대한 정현의 주에서 "그 반을 제거

1) 『의례』「상복(喪服)」: 緦麻三月者, 傳曰, 緦者, 十五升抽其半, 有事其縷, 無事其布曰緦.

해서 시마복을 만들고 실을 더한다."라고 한 말이 바로 이것을 나타낸다.

孔疏 ●"加灰, 錫也"者, 取緦以爲布, 又加灰治之, 則曰錫, 言錫然滑易也.

번역 ●經文: "加灰, 錫也". ○시마복에 사용하는 천을 포(布)로 삼고, 또 잿물에 담가서 공정을 더한다면, '석(錫)'이라고 부르니, 가늘고 매끄럽다는 뜻이다.

孔疏 ◎注"又無事其布, 不灰焉". ○正義曰: 經云"去其半而緦", 始云"加灰"·"錫", 明此緦衰不加灰, 不治布故也.

번역 ◎鄭注: "又無事其布, 不灰焉". ○경문에서는 "그 절반을 줄여서 시마복(緦麻服)이 된다."라고 했는데, 비로소 "잿물을 더한다."라고 했고 "석(錫)이 된다."라고 했다. 이것은 시마복에 사용하는 천은 잿물에 담그지 않는다는 사실을 나타내니, 포(布) 자체를 다듬지 않기 때문이다.

訓纂 釋名: 錫, 易也. 治其麻, 使滑易也.

번역 『석명』[2]에서 말하길, '석(錫)'자는 매끄럽다는 뜻이다. 마(麻)를 다듬어서 매끄럽게 만든 것이다.

訓纂 江氏永曰: 有事其縷, 無事其布, 曰緦, 喪服傳有明文. 弔服之緦衰, 亦卽用此緦布, 故司服注, "鄭司農云, 緦布十五升去其半, 有事其縷, 無事其布."

번역 강영이 말하길, 명주실에는 가공함이 있지만 포(布)에 가공함이 없는 것을 '시(緦)'라고 부르니, 『의례』「상복(喪服)」편의 전문(傳文)에 해당

---

2) 『석명(釋名)』은 후한(後漢) 때의 학자인 유희(劉熙)가 지은 서적이다. 오래된 훈고학 서적의 하나로 꼽힌다.

기록이 있다.[3] 조복(弔服)으로 사용되는 시최(緦衰)[4] 또한 바로 이러한 시포(緦布)를 사용해서 만든다. 그렇기 때문에 『주례』「사복(司服)」편에 대한 정현의 주에서는 "정사농[5]은 시포는 15승(升)에서 절반을 줄인 것이며, 명주실에는 가공을 하지만, 포(布)에는 가공함이 없다."[6]라고 한 것이다.

集解 愚謂: 周禮司服"王爲三公六卿錫衰, 爲諸侯緦衰, 爲大夫士疑衰", 是錫衰重於緦衰也. 加灰, 謂用灰鍛治之也. 喪服記曰, "有事其縷, 無事其布, 曰緦", "有事其布, 無事其縷, 曰錫." 喪服記言"有事", 此云"加灰", 一也. 蓋朝服用吉布十五升, 布·縷皆有事者也. 緦衰用朝服縷數之半, 而成布之後, 不復加灰鍛治, 故曰"無事其布". 錫衰則成布之後, 加灰鍛治, 而其縷則不鍛治, 故曰"無事其縷". 無事其縷者, 哀在內也. 無事其布者, 哀在外也. 此緦衰·錫衰輕重之別也.

번역 내가 생각하기에, 『주례』「사복(司服)」편에서는 "천자는 삼공(三公)·육경(六卿)[7]을 위해서 석최(錫衰)를 착용하고, 제후를 위해서 시최

---

3) 『의례』「상복(喪服)」: 緦麻三月者, 傳曰, 緦者, 十五升抽其半, 有事其縷, 無事其布曰緦.

4) 시최(緦衰)는 석최(錫衰)와 비슷한 재질로 만든 옷으로, 일종의 상복(喪服)에 해당한다. 천자의 경우, 제후의 상(喪)에 착용했던 복장이다.

5) 정중(鄭衆, ?~A.D.83) : =정사농(鄭司農). 후한(後漢) 때의 경학자이다. 자(字)는 중사(仲師)이다. 부친은 정흥(鄭興)이다. 부친에게 『춘추좌씨전(春秋左氏傳)』의 학문을 전수받았다. 또한 그는 대사농(大司農) 등의 관직을 역임하였기 때문에, '정사농'이라고도 불렀다. 한편 정흥과 그의 학문은 정현(鄭玄)에게 많은 영향을 주었기 때문에, 후대에서는 정현을 후정(後鄭)이라고 불렀고, 정흥과 그를 선정(先鄭)이라고도 불렀다. 저서로는 『춘추조례(春秋條例)』, 『주례해고(周禮解詁)』 등을 지었다고 하지만, 현재는 전해지지 않았다.

6) 이 문장은 『주례』「춘관(春官)·사복(司服)」편의 "王爲三公六卿錫衰, 爲諸侯緦衰, 爲大夫士疑衰, 其首服皆弁絰."이라는 기록에 대한 정현의 주이다.

7) 육경(六卿)은 여섯 명의 경(卿)을 가리키는데, 주로 여섯 명의 주요 관직자들을 뜻한다. 각 시대마다 해당하는 관직명과 담당하는 영역에는 차이가 있었다. 『서』「하서(夏書)·감서(甘誓)」편에는 "大戰于甘, 乃召六卿."이라는 기록이 있고, 이에 대한 공안국(孔安國)의 전(傳)에서는 "天子六軍, 其將皆命卿."이라고 풀이했다. 즉 천자는 6개의 군(軍)을 소유하고 있는데, 각 군의 장수

(緦衰)를 착용하며, 대부와 사를 위해서 의최(疑衰)[8]를 착용한다."[9]라고 했으니, 이것은 석최가 시최보다도 수위가 높다는 사실을 나타낸다. '가회(加灰)'는 잿물을 이용하여 불려서 가공한다는 뜻이다. 『의례』「상복(喪服)」편의 기문(記文)에서는 "그 실에 대해서는 가공함이 있지만 그 포(布)에 대해서 가공함이 없는 것을 '시(緦)'라고 부른다."라고 했고, "그 포(布)에 대해서 가공함이 있지만 그 실에 대해서 가공함이 없는 것을 '석(錫)'이라고 부른다."[10]라고 했다. 「상복」편의 기문에서 "가공함이 있다."라고 하고, 이곳에서 "잿물을 더한다."라고 한 말은 동일한 뜻이다. 무릇 조복(朝服)에는 길복에 사용하는 15승(升)짜리 포(布)를 사용해서 만드는데, 포(布)와 실에 모두 가공함이 있는 것이다. 시최는 조복에 사용하는 실의 수에서 절반이 되는 것을 사용하는데, 포(布)로 만든 뒤에는 재차 잿물로 불려서 가공하지 않는다. 그렇기 때문에 "포에 대해 가공함이 없다."라고 했다. 석최의 경우 포로 만든 이후에 잿물로 불려서 가공을 하고, 실에 대해서는 불려서 가공하지 않는다. 그렇기 때문에 "실에 대해 가공함이 없다."라고 했다. 실에 대해 가공함이 없는 것은 애통함이 안에 있기 때문이다. 포에 대해 가공함이 없는 것은 애통함이 밖으로 나타나기 때문이다. 이러한 시최와 석최는 경중에 따른 구별이다.

를 '경(卿)'으로 임명하였기 때문에, 이들 육군(六軍)의 수장을 '육경'이라고 부른다는 뜻이다. 이 기록에 따르면 하(夏)나라 때에는 육군의 장수를 '육경'으로 불렀다는 결론이 도출된다. 한편 『주례(周禮)』의 체제에 따르면, 주(周)나라에서는 여섯 개의 관부를 설치하였고, 이들 관부의 수장을 '경'으로 임명하였다. 따라서 천관(天官)의 총재(冢宰), 지관(地官)의 사도(司徒), 춘관(春官)의 종백(宗伯), 하관(夏官)의 사마(司馬), 추관(秋官)의 사구(司寇), 동관(冬官)의 사공(司空)이 '육경'에 해당한다. 『한서(漢書)·백관공경표상(百官公卿表上)』편에는 "夏殷亡聞焉, 周官則備矣. 天官冢宰, 地官司徒, 春官宗伯, 夏官司馬, 秋官司寇, 冬官司空, 是爲六卿, 各有徒屬職分, 用於百事."라는 기록이 있다.

8) 의최(疑衰)는 길복(吉服)에 가까운 복장으로, 일종의 상복(喪服)에 해당한다. 천자의 경우, 대부(大夫)나 사(士)의 상(喪)에 착용했던 복장이다.

9) 『주례』「춘관(春官)·사복(司服)」: 王爲三公六卿錫衰, 爲諸侯緦衰, 爲大夫士疑衰, 其首服皆弁絰.

10) 『의례』「상복(喪服)」: 錫者十五升抽其半, 無事其縷, 有事其布曰錫.

• 제 27 절 •

제후의 부의에 대한 규정

【499c】

諸侯相襚以後路與冕服, 先路與褒衣不以襚.

직역 諸侯가 相히 襚함에는 後路와 冕服으로써 하며, 先路와 褒衣는 襚를 不한다.

의역 제후가 서로에게 물건을 보낼 때에는 후로(後路)와 다음 등급의 면복(冕服)을 사용하며, 선로(先路)와 포의(褒衣)는 물건을 보내는 용도로 사용하지 않는다.

集說 後路, 貳車也. 貳車在後, 故曰後路. 冕服, 上冕之後次冕也. 上公以鷩冕爲次, 侯伯以毳冕爲次, 子男以絺冕爲次. 先路, 正路也. 褒衣, 說見前章. 相襚不可用己之正車服者, 以彼不用之以爲正也.

번역 '후로(後路)'는 이거(貳車)[1]를 뜻한다. 이거는 뒤에서 따라오기 때문에 '후로(後路)'라고 부른다. '면복(冕服)'[2]은 면복 중 가장 상등의 복장을 제외한 그 다음 등급의 면복을 뜻한다. 상공(上公)은 별면(鷩冕)을 다음 등급의 면복으로 삼고, 후작 · 백작은 취면(毳冕)을 다음 등급의 면복으로 삼

---

1) 이거(貳車)는 해당 주인이 타는 수레를 뒤따르는 수레이다. '부거(副車)'라고 부른다. 조회나 제사 등에 사용하는 부거를 '이거'라고 부르며, 전쟁과 사냥 등에 사용하는 부거를 '좌거(佐車)'라고 부른다. 『예기』「소의(少儀)」편에는 "乘貳車則式, 佐車則否."라는 기록이 있고, 이에 대한 정현의 주에서는 "貳車 · 佐車, 皆副車也. 朝祀之副曰貳, 戎獵之副曰佐."라고 풀이했다.

2) 면복(冕服)은 대부(大夫) 이상의 계층이 착용하는 예관(禮冠)과 복식을 뜻한다. 무릇 길례(吉禮)를 시행할 때에는 모두 면류관[冕]을 착용하는데, 복장의 경우에는 시행하는 사안에 따라서 달라진다.

으며, 자작·남작은 치면(絺冕)을 다음 등급의 면복으로 삼는다. '선로(先路)'는 해당 대상이 타게 되는 본래의 수레를 뜻한다. '포의(褒衣)'에 대한 설명은 앞에 나온다. 서로 물건을 보낼 때 자신이 사용하는 정식 수레와 정식 복장을 이용하지 않는 것은 상대방이 그것들을 자신의 정식 수레와 복장으로 삼을 수 없기 때문이다.

大全 嚴陵方氏曰: 後路, 貳車也. 先路, 正車也. 褒衣, 卽前言復諸侯以褒衣, 是矣.

번역 엄릉방씨가 말하길, '후로(後路)'는 이거(貳車)이다. '선로(先路)'는 정거(正車)이다. '포의(褒衣)'는 곧 앞에서 말한 "초혼에 있어서, 제후는 포의를 사용한다."[3]라고 한 옷에 해당한다.

大全 臨川吳氏曰: 冕服以襚, 後路以賵, 但言相襚者, 包賵在其中也.

번역 임천오씨가 말하길, 면복(冕服)으로는 수의로 보내고 후로(後路)로는 부의로 보내는데, 다만 "서로 수(襚)를 한다."라고 말한 것은 봉(賵)도 그 안에 포함되기 때문이다.

鄭注 不以己之正者施於人, 以彼不以爲正也. 後路, 貳車, 貳車行在後也.

번역 자신이 사용하는 정식 기물을 남에게 베풀 수 없으니, 상대방이 그것을 자신의 정식 기물로 여길 수 없기 때문이다. '후로(後路)'는 이거(貳車)이니, 이거는 뒤에서 따라오기 때문이다.

釋文 襚音遂.

번역 '襚'자의 음은 '遂(수)'이다.

---

3) 『예기』「잡기상」【494c】: 復, 諸侯以褒衣冕服爵弁服.

孔疏 ●"諸侯"至"以襚". ○正義曰: "諸侯相襚"者, 襚謂以物送死用也.

번역 ●經文: "諸侯"~"以襚". ○"제후가 서로 수(襚)를 한다."라고 했는데, '수(襚)'라는 것은 죽은 자에게 사용하도록 물건을 보낸다는 뜻이다.

孔疏 ●"以後路與冕服"者, 後路爲上路之後次路也. 冕服, 謂上冕之後次冕也.

번역 ●經文: "以後路與冕服". ○'후로(後路)'는 가장 상등의 수레를 제외한 그 다음 등급의 수레이다. '면복(冕服)'은 면복 중 가장 상등의 복장을 제외한 그 다음 등급의 면복이다.

孔疏 ●"先路與褒衣不以襚"者, 是己之車服之上, 不可以施遺於人. 以彼不以爲正服所用也.

번역 ●經文: "先路與褒衣不以襚". ○자신이 사용하는 가장 상등의 수레와 의복을 남에게 보내줄 수 없다는 뜻이다. 상대방은 이것을 자신의 정식 복장이나 수레로 삼아 사용할 수 없기 때문이다.

集解 愚謂: 諸侯各以路之上者爲先路, 同姓則金路, 異姓則象路也. 其次於先路者, 皆爲後路. 鄭氏以爲貳車, 非是. 褒衣, 亦冕服也. 以其爲天子之所褒賜, 故曰"褒衣". 冕服, 謂其次於褒者也. 先路與褒衣, 皆所受於天子者, 故不以襚人.

번역 내가 생각하기에, 제후는 각각 자신이 사용할 수 있는 수레 중에서도 상등의 것을 '선로(先路)'로 삼으니, 천자와 동성인 제후는 금로(金路)[4]

---

4) 금로(金路)는 금로(金輅)라고도 부른다. 천자가 사용하는 다섯 가지 수레 중 하나이다. 금(金)으로 수레를 치장했기 때문에, '금로'라고 부르게 되었다. 대기(大旂)라는 깃발을 세웠고, 빈객(賓客)을 접대하거나, 동성(同姓)인 자를 분봉할 때 사용하였다. 『주례』「춘관(春官)·건거(巾車)」편에는 "金路, 鉤樊纓

에 해당하고, 이성인 제후는 상로(象路)[5]에 해당한다. 선로 다음 등급에 해당하는 것은 모두 '후로(後路)'가 된다. 정현은 이것을 이거(貳車)라고 여겼으니, 잘못된 주장이다. '포의(褒衣)' 또한 면복(冕服)에 해당한다. 그것은 천자로부터 특별히 하사를 받은 것이기 때문에 '포의(褒衣)'라고 부른다. '면복(冕服)'은 포의 다음 등급의 복장을 뜻한다. 선로와 포의는 모두 천자로부터 하사를 받은 것이기 때문에, 다른 사람에게 줄 수 없다.

九就, 鉤, 樊纓九就, 建大旂, 以賓, 同姓以封."라는 기록이 있고, 이에 대한 정현의 주에서는 "金路, 以金飾諸末."이라고 풀이했다.

5) 상로(象路)는 상로(象輅)라고도 부른다. 천자가 사용하는 다섯 가지 수레 중 하나이다. 상아로 수레를 치장했기 때문에, '상로'라고 부르게 되었다. 대적(大赤)이라는 깃발을 세웠으며, 조회를 보거나, 이성(異姓)인 자를 분봉할 때 사용하였다. 『주례』「춘관(春官)·건거(巾車)」편에는 "象路, 朱樊纓, 七就, 建大赤, 以朝, 異姓以封."이라는 기록이 있고, 이에 대한 정현의 주에서는 "象路, 以象飾諸末."이라고 풀이했다.

그림 27-1 ■ 후대 천자의 금로(金路)

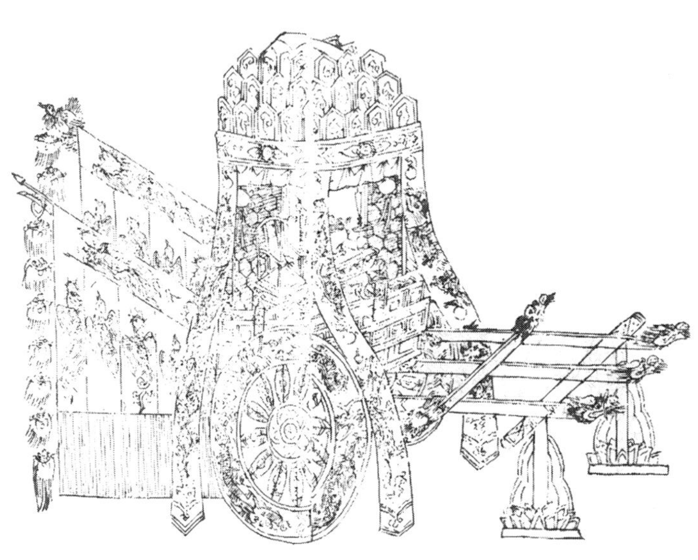

※ 출처: 『삼재도회(三才圖會)』「기용(器用)」 5권

그림 27-2 ▣ 후대 천자의 상로(象路)

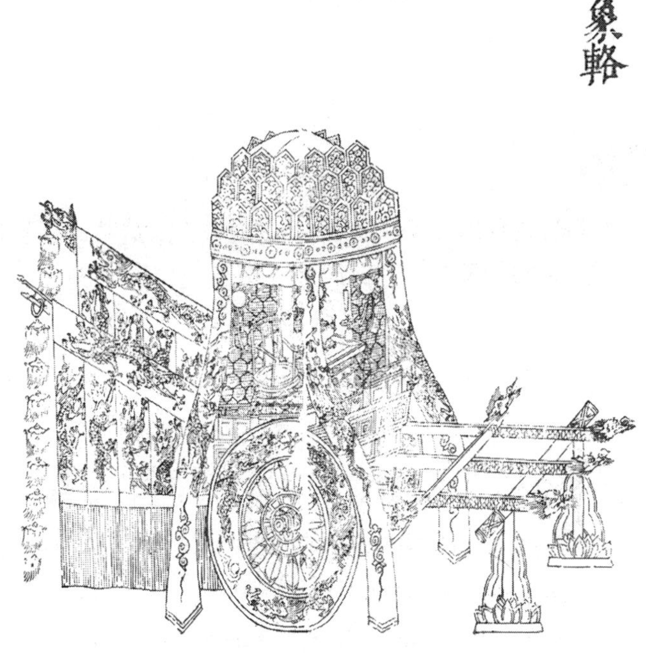

※ **출처:** 『삼재도회(三才圖會)』「기용(器用)」 5권

• 제 28 절 •

견거(遣車)의 규정

【499d】

遣車視牢具, 疏布輤, 四面有章, 置於四隅. 載粻, 有子曰, "非禮也, 喪奠脯醢而已."

직역 遣車는 牢具에 視하며, 疏布로 輤하고, 四面에 章이 有하며, 四隅에 置한다. 粻을 載하니, 有子가 曰, "非禮이니, 喪奠에는 脯醢일 따름이다."

의역 견거(遣車)의 수량은 사용되는 희생물의 수에 견주며, 거친 포(布)를 사용하여 덮개를 만들고, 네 방면에는 가림막이 있으며, 외관(外棺)의 네 모퉁이에 둔다. 곡식을 싣는 것에 대해, 유자(有子)는 "비례에 해당한다. 상을 치르며 견전(遣奠)을 치를 때에는 포와 육장을 사용할 따름이다."라고 했다.

集說 遣車, 說見檀弓. 視牢具者, 天子太牢包九箇, 則遣車九乘; 諸侯太牢包七箇, 則七乘; 大夫亦太牢包五箇, 則五乘; 天子之上士三命少牢包三箇, 則三乘也. 諸侯之士無遣車. 遣車之上以麤布爲輤. 輤, 蓋也, 四面有物以障蔽之. 章, 與障同. 四隅, 椁之四角也. 粻, 米糧也. 遣奠之饌無黍稷. 故有子以載粻爲非禮, 牲體則脯醢之義也.

번역 '견거(遣車)'에 대해서는 그 설명이 『예기』「단궁(檀弓)」편에 나온다.[1] "희생물을 갖춘 것에 견준다."는 말은 천자는 태뢰(太牢)[2]를 사용하

1) 『예기』「단궁하(檀弓下)」【108a】에는 "君之適長殤, 車三乘; 公之庶長殤, 車一乘; 大夫之適長殤, 車一乘."이라는 기록이 있고, 이에 대한 진호(陳澔)의 『집설(集說)』에는 "葬此殤時, 柩朝廟畢將行, 設遣奠以奠之, 牲體分折包裹, 用此車載

여 고기를 9개로 포장하니 견거는 9대를 사용하며, 제후는 태뢰를 사용하여 고기를 7개로 포장하니 견거는 7대를 사용하고, 대부 또한 태뢰를 사용하여 고기를 5개로 포장하니 견거는 5대를 사용하며, 천자에게 소속된 상사(上士)는 3명(命)의 등급으로 소뢰(少牢)[3]를 사용하여 고기를 3개로 포장하니 견거는 3대를 사용한다. 제후에게 소속된 사는 견거를 사용하지 않는다. 견거 위에는 거친 포(布)로 천(輤)을 만든다. '천(輤)'은 덮개를 뜻하며, 네 방면에 다른 것을 덧대어 가림막으로 가린다. '장(章)'자는 가림막을 뜻하는 '장(障)'자와 같다. '사우(四隅)'는 외관(外棺)의 네 모퉁이를 뜻한다. '장(粻)'자는 곡식을 뜻한다. 견전(遣奠)에 바치는 음식에는 서직(黍稷)이 없다. 그렇기 때문에 유자는 곡식을 싣는 것을 비례라고 여겼으니, 희생물의 몸체를 싣게 되면 포와 육장을 사용하는 뜻에 해당한다.

大全 賈氏曰: 士無遣車, 則所包者, 不載於車, 直持之而已.

번역 가씨가 말하길, 사는 견거(遣車)를 사용하지 않으니, 포장한 고기는 수레에 싣지 않고, 다만 뒤따르는 사람이 들고 갈 따름이다.

之以遣送死者, 故名遣車. 車制甚小, 以置之槨內四隅, 不容大爲之也."라고 했다. 즉 "이처럼 요절한 자를 장례(葬禮) 치를 때에는 영구(靈柩)에 대해 종묘(宗廟)에서 조묘(朝廟)를 하고, 그 일이 끝나면 장체 행차를 시작하는데, 그 때에는 견전(遣奠)을 진설하여, 전(奠)제사를 지내고, 희생물의 몸체는 나눠서 포장을 하며, 이 수레를 이용해서 포장된 고기를 실어서, 죽은 자를 전송하는 곳으로 보낸다. 그렇기 때문에 이 수레를 '견거(遣車)'라고 부르는 것이다. 이 수레를 제작할 때에는 매우 작게 만들어서, 곽(槨) 안의 네 모퉁이에 두게 되니, 크게 만들 수가 없다."는 뜻이다.

2) 태뢰(太牢)는 제사에서 소[牛], 양(羊), 돼지[豕] 3가지 희생물을 갖춘 것을 뜻한다. 『장자』「지악(至樂)」편에는 "具太牢以爲膳."이라는 기록이 있는데, 이에 대한 성현영(成玄英)의 소(疏)에서는 "太牢, 牛羊豕也."라고 풀이하였다.

3) 소뢰(少牢)는 제사에서 양(羊)과 돼지[豕] 두 가지 희생물을 사용하는 것을 뜻한다. 『춘추좌씨전』「양공(襄公) 22년」편에는 "祭以特羊, 殷以少牢."라는 기록이 있는데, 이에 대한 두예(杜預)의 주에서는 "四時祀以一羊, 三年盛祭以羊豕. 殷, 盛也."라고 풀이하였다.

大全 臨川吳氏曰: 有子之意, 言常時喪奠, 只用脯醢而已者. 蓋以死者不食糧也, 故遣奠, 亦只用牲體, 而不用黍稷, 牲體與常時脯醢之義同, 皆是用肉.

번역 임천오씨가 말하길, 유자의 말뜻은 일상적으로 지내는 상전(喪奠)[4]에서는 단지 포와 육장을 사용할 따름이라는 뜻이다. 그 이유는 죽은 자는 곡식을 먹을 수 없기 때문에, 견전(遣奠)을 지낼 때에도 단지 희생물의 몸체만 사용하고 서직(黍稷)을 사용하지 않으니, 희생물의 몸체와 일상적으로 사용하는 포·육장의 뜻은 동일하다. 그러므로 둘 모두에서는 고기를 사용한다.

鄭注 言車多少, 各如所包遣奠牲體之數也. 然則遣車載所包遣奠而藏之者與. 遣奠, 天子大牢, 包九个; 諸侯亦大牢, 包七个; 大夫亦大牢, 包五个; 士少牢, 包三个. 大夫以上乃有遣車. 輤, 其蓋也. 四面皆有章蔽, 以隱翳牢肉. 四隅, 槨中之四隅. 粻, 米糧也. 言死者不食糧也. 遣奠, 本無黍稷.

번역 수레의 많고 적은 차이는 각각 견전(遣奠)에서 사용하는 희생물의 몸체를 포장한 수와 같게 한다는 뜻이다. 그렇다면 견거(遣車)는 견전을 치르고 난 뒤의 고기를 포장하여 보관하는 용도일 것이다. '견전(遣奠)'의 경우 천자는 태뢰(太牢)를 사용하여 고기를 9개로 포장하며, 제후 또한 태뢰를 사용하여 고기를 7개로 포장하고, 대부 또한 태뢰를 사용하여 고기를 5개로 포장하며, 사는 소뢰(少牢)를 사용하여 고기를 3개로 포장한다. 대부로부터 그 이상의 계급은 견거가 포함된다. '천(輤)'은 견거의 덮개를 뜻한다. 네 방면에는 모두 가림막이 있으니, 이것을 통해 싣고 있는 희생물의 고기를 가린다. '사우(四隅)'는 외관(外棺)의 네 모퉁이를 뜻한다. '장(粻)'자는 곡식을 뜻한다. 죽은 자는 곡식을 먹지 못한다는 뜻이다. 견전에는 본래 서직(黍稷)이 포함되지 않는다.

4) 상전(喪奠)은 상례(喪禮)를 시행하는 도중 아직 장례(葬禮)를 치르지 않은 상태에서, 음식물들을 진설하며 지내는 전(奠)제사를 뜻한다.

釋文 遣, 棄戰反, 注同, 下"遣車"·"遣奠", 皆放此. 與音餘. 个, 古賀反, 下同. 章, 本或作鄣, 音同, 注亦同. 翳, 於計反. 粻, 陟良反. 醢音海.

번역 '遣'자는 '棄(기)'자와 '戰(전)'자의 반절음이며, 정현의 주에 나오는 글자도 그 음이 이와 같고, 아래문장에 나오는 '遣車'·'遣奠'에서의 '遣'자도 모두 그 음이 이와 같다. '與'자의 음은 '餘(여)'이다. '个'자는 '古(고)'자와 '賀(하)'자의 반절음이며, 아래문장에 나오는 글자도 그 음이 이와 같다. '章'자는 판본에 따라서 또한 '鄣'자로도 기록하는데, 두 글자의 음은 동일하며, 정현의 주에 나오는 글자도 또한 그 음이 이와 같다. '翳'자는 '於(어)'자와 '計(계)'자의 반절음이다. '粻'자는 '陟(척)'자와 '良(량)'자의 반절음이다. '醢'자의 음은 '海(해)'이다.

孔疏 ●"遣車視牢具". ○正義曰: 遣車, 送葬載牲體之車也. 牢具, 遣奠所包牲牢之體, 貴賤各有數也. 一个爲一具, 取一車載之也, 故云"視牢具".

번역 ●經文: "遣車視牢具". ○'견거(遣車)'는 장지로 전송하며 희생물의 몸체를 싣는 수레를 뜻한다. '뇌구(牢具)'는 견전(遣奠)을 치르고 난 뒤의 희생물 몸체를 포장한 것이니, 신분에 따라 각각 정해진 수량이 있다. 1개는 1구(具)이니, 하나의 수레를 사용해서 싣는다. 그렇기 때문에 "희생물의 구(具)에 견준다."라고 했다.

孔疏 ◎注"言車"至"遣車". ○正義曰: "言車多少, 各如所包遣奠牲體之數也"者, 以言"視牢具", 故如其數. 云"然則遣車載所包遣奠而藏之者與"者, 以遣車所用無文, 因此視牢具, 故云"載所包遣奠而藏之者與", 與, 疑辭也. 云"天子大牢, 包九个"以下者, 以既夕禮遣奠, 用少牢以上約之, 明大夫以上皆大牢. "包九个"者, 以檀弓云"國君七个, 遣車七乘", 則天子九个, 遣車九乘. 以下差降, 義已具於下檀弓疏. 云"大夫以上乃有遣車"者, 諸侯大夫位尊, 雖無三命, 則有車馬之賜. 及天子上士三命, 皆得有遣車. 諸侯士以下賤, 故無遣車也.

번역 ◎鄭注: "言車"~"遣車". ○정현이 "수레의 많고 적은 차이는 각각 견전(遣奠)에서 사용하는 희생물의 몸체를 포장한 수와 같게 한다는 뜻이다."라고 했는데, "희생물의 구(具)에 견준다."라고 말했기 때문에, 수량을 동일하게 한다. 정현이 "그렇다면 견거(遣車)는 견전을 치르고 난 뒤의 고기를 포장하여 보관하는 용도일 것이다."라고 했는데, 견거의 용도에 대해서는 경문의 기록이 없는데, 이곳에서 희생물의 포장 개수에 따른다고 한 말에 연유하기 때문에, "견전을 치르고 난 뒤의 고기를 포장하여 보관하는 용도일 것이다."라고 말한 것이니, '여(與)'자는 의문시할 때 사용하는 말이다. 정현이 "천자는 태뢰(太牢)를 사용하여 고기를 9개로 포장한다."라고 한 말로부터 그 이하의 내용을 기술했는데, 『의례』「기석례(旣夕禮)」편에서 견전을 치를 때 소뢰(少牢)를 사용한다는 것으로부터 그 이상의 내용은 약술하고 있으니, 이것은 대부로부터 그 이상의 계급은 모두 태뢰를 사용한다는 사실을 나타낸다. "고기를 9개로 포장한다."라고 했는데, 『예기』「단궁(檀弓)」편에서는 "제후는 7덩이의 고기를 사용하고 견거는 7대를 사용한다."[5]라고 했으니, 천자의 경우에는 9덩이의 고기를 사용하여 견거는 9대를 사용하게 된다. 이를 통해 그 이하의 경우를 차등적으로 낮추게 되니, 그 의미에 대해서는 이미 「단궁하」편의 소에 기록해 두었다. 정현이 "대부로부터 그 이상의 계급은 견거가 포함된다."라고 했는데, 제후와 대부는 지위가 존귀하니, 비록 3명(命)의 등급에 받는 하사품이 없더라도, 수레와 말에 대한 하사가 있게 된다. 그리고 천자에게 소속된 상사(上士)는 3명(命)의 등급이므로, 이들은 모두 견거를 사용할 수 있다. 제후에게 소속된 사로부터 그 이하의 계급은 미천하기 때문에 견거를 사용하지 않는다.

孔疏 ●"疏布"至"四隅". ○正義曰: 此經明載牢肉之時, 因以物章蔽. "疏布輤"者, 輤, 蓋也. 以麤布爲上蓋, 而四面有物章之. 入壙, 置於槨之四隅.

---

5) 『예기』「단궁하(檀弓下)」【119a】: 國君七个, 遣車七乘; 大夫五个, 遣車五乘. 晏子焉知禮?

번역 ●經文: "疏布"~"四隅". ○이곳 경문에서는 견거(遣車)에 희생물의 고기를 싣는 시기에, 그에 따라 다른 사물을 이용해서 가림막을 둔다는 사실을 나타내고 있다. 경문의 "疏布輤"에 대하여. '천(輤)'자는 덮개를 뜻한다. 거친 포(布)로 그 위를 덮고, 네 방면에 다른 사물을 덧대어 가린다. 무덤으로 들어가게 되면 외관(外棺)의 네 모퉁이에 둔다.

孔疏 ●"載粻"至"而已". ○正義曰: 粻, 米糧也. 用遣車載粻, 遣亡人也. 而有子譏其爲失也. 然既夕士禮有黍·稷·麥者, 但遣奠之饌無黍·稷, 故遣車所載遣車之奠, 不合載粻. 既夕士禮者, 謂遣奠之外, 別有黍稷麥喪奠脯醢而已者, 此亦有子之言也, 言死者不食糧, 故遣奠不用黍稷, 而牲體是脯醢之義也.

번역 ●經文: "載粻"~"而已". ○'장(粻)'자는 곡식을 뜻한다. 견거(遣車)를 이용해서 곡식을 싣고, 죽은 자를 전송하는데 사용하는 것이다. 그러나 유자는 그것이 잘못 되었다고 기롱하였다. 그런데 『의례』「기석례(既夕禮)」편에는 서(黍)·직(稷)·맥(麥)을 사용한다는 기록이 보인다.[6] 다만 견전(遣奠)에 올리는 음식에는 서직이 포함되지 않기 때문에, 견거에 싣는 음식은 영구를 전송하며 지낸 전제사의 음식을 사용하여, 곡식을 싣는 것에는 합치되지 않는다. 「기석례」편의 내용은 사의 예법에 해당하니, 견전 이외에 별도로 서·직·맥을 사용하는 것이 있고, 상전(喪奠)에서는 포와 육장을 사용할 따름이니, 이 또한 유자의 말에 해당하므로, 죽은 자는 곡식을 먹을 수 없기 때문에 견전에서도 서직을 사용하지 않고, 희생물의 몸체를 사용하는 것은 포와 육장을 사용하는 뜻에 해당한다는 의미이다.

訓纂 檀弓疏引服虔注左傳云, "上公饔餼九牢, 遣車九乘", 與此異也.

---

6) 『의례』「기석례(既夕禮)」: 陳明器于乘車之西. 折橫覆之. 抗木橫三縮二. 加抗席三. 加茵, 用疏布, 緇翦, 有幅, 亦縮二橫三. 器, 西南上, 綪. 茵. 苞二. 筲三, 黍, 稷, 麥.

번역 『예기』「단궁(檀弓)」편에 대한 소에서는 『좌전』에 대한 복건의 주를 인용해서, "상공(上公)의 옹희(饔餼)[7]에서는 9개의 태뢰를 사용하여, 견거(遣車)가 9대이다."라고 했으니, 이곳의 기록과 차이를 보인다.

訓纂 賈公彦曰: 士無遣車, 則所包者不在於車, 直持之而已.

번역 가공언이 말하길, 사는 견거(遣車)를 사용하지 않으니, 포장한 고기는 수레에 두지 않고, 다만 뒤따르는 사람이 들고 갈 따름이다.

集解 愚謂: 每牲體一段, 謂之一个. 周禮大司馬"喪祭, 奉詔馬牲", 鄭云, "王喪之以馬祭者, 蓋遣奠也." 是天子遣奠大牢之外兼有馬牲也. 士喪禮"苞牲, 取下體", 鄭云, "前脛折取臂·臑, 後脛折取骼." 天子四牲, 每牲取全體三折, 分八十一个, 分爲九包, 每包九个, 而遣車九乘. 諸侯遣奠大牢, 每牲各取全體三折, 分四十九个, 分爲七包, 每包七个, 而遣車七乘. 大夫遣奠亦大牢, 每牲取全體三折, 分二十五个, 分爲五包, 每包五个, 而遣車五乘. 是遣車之多寡, 各比視其牢具之多寡也. 以疏布爲車蓋, 又四面設障蔽, 所以避塵土之汚也.

번역 내가 생각하기에, 매 희생물의 몸체는 하나의 덩어리가 되니 이것을 1개(个)라고 부른다. 『주례』「대사마(大司馬)」편에서는 "상제(喪祭)에서는 희생물로 사용될 말을 받들고 와서 아뢴다."[8]라고 했고, 정현은 "천자의 상제를 지낼 때에는 말로 제사를 지내니, 아마도 견전(遣奠)을 뜻하는 것 같다."라고 했다. 이것은 천자의 견전에는 태뢰(太牢) 이외에 말까지도 함께 희생물로 사용했음을 나타낸다. 『의례』「사상례(士喪禮)」편에서는 "희

---

7) 옹희(饔餼)는 빈객(賓客)과 상견례(相見禮)를 하고 나서 성대하게 음식을 마련해 접대하는 것을 뜻한다. 『주례』「추관(秋官)·사의(司儀)」편에는 "致飧如致積之禮."라는 기록이 있는데, 이에 대한 정현의 주에서는 "小禮曰飧, 大禮曰饔餼."라고 풀이하였다. 즉 '옹희'와 '손'은 모두 빈객 등을 접대하는 예법들인데, '옹희'는 성대한 예법에 해당하여, '손'보다도 융숭하게 대접하는 것이다.

8) 『주례』「하관(夏官)·대사마(大司馬)」: 喪祭, 奉詔馬牲.

생물의 고기를 포장할 때에는 하체 부위의 고기를 사용한다."[9]라고 했고, 정현은 "앞쪽에서 비(臂)와 노(臑) 부위를 잘라서 취하게 되고, 뒤쪽에서 격(骼) 부위를 잘라서 취하게 된다."라고 했다. 천자는 네 종류의 희생물을 사용하며, 매 희생물마다 전체 부위를 3마디로 자르고, 그것들을 81개로 나누며, 각각 나눠서 9개로 포장하니, 매 포장마다 9개의 덩어리가 들어가며, 견거(遣車)는 9대를 사용한다. 제후의 견전에는 태뢰를 사용하여, 매 희생물마다 각각 전체 부위를 3마디로 자르고, 그것들을 49개로 나누며, 각각 나눠서 7개로 포장하니, 매 포장마다 7개의 덩어리가 들어가며, 견거는 7대를 사용한다. 대부의 견전에도 또한 태뢰를 사용하며, 매 희생물마다 각각 전체 부위를 3마디로 자르고, 그것들을 25개로 나누며, 각각 나눠서 5개로 포장하니, 매 포장마다 5개의 덩어리가 들어가며, 견거는 5대를 사용한다. 이것은 견거의 수량 차이는 각각 사용되는 희생물의 포장 개수에 따른다는 사실을 나타낸다. 거친 포(布)로 수레의 덮개를 만들고, 또 네 방면에는 가림막을 설치하니, 먼지나 흙이 더럽힐 것을 방지하기 위해서이다.

集解 愚謂: 當時有遣奠兼設黍·稷而并載於遣車者, 有子非之, 以爲喪奠牲牢而外, 惟有脯醢而無黍稷, 不當載粻也. 案士喪禮喪奠皆無黍稷, 而黍稷之奠自設於下室, 月朔薦新, 有黍稷, 則下室之奠不設也. 旣啓以後, 遷祖之奠及祖奠·遣奠, 亦皆無黍稷, 蓋亦以有下室之奠故耳. 然遣奠雖無黍稷, 而黍稷麥別盛於筲, 則固有粻矣, 不當又載於遣車也. 鄭氏以爲死者不食糧, 故喪奠無黍稷. 果爾, 則牲牢脯醢, 死者豈嘗食之耶?

번역 내가 생각하기에, 당시에 견전(遣奠)을 치르며 서직(黍稷)을 함께 사용하여, 이것들을 모두 견거(遣車)에 싣는 경우도 있어서, 유자가 비판을 했던 것이니, 상전(喪奠)에서 사용한 희생물 외에는 오직 포와 육장만 있으며 서직은 없으니, 곡식을 실어서는 안 되기 때문이다. 『의례』「사상례(士喪

9) 『의례』「기석례(旣夕禮)」: 徹巾, 苞牲, 取下體, 不以魚·腊. 行器, 茵·苞·器序從, 車從. 徹者出. 踊如初.

禮)」편을 살펴보면, 상전을 치를 때에는 모두 서직에 대한 기록이 없고, 서직을 차리는 전제사는 하실(下室)[10]에 진설하며, 매월 초하루에 새로운 것을 바칠 때 서직이 포함된다면, 하실에 진설하는 전제사는 지내지 않는다. 이미 계빈(啓殯)을 한 이후에, 조묘(祖廟)로 옮기며 지내는 전제사 및 조전(祖奠)과 견전에서는 또한 모두 서직이 포함되지 않으니, 아마도 이 또한 하실에 진설한 전제사가 별도로 있었기 때문일 것이다. 그러나 견전에 비록 서직이 포함되지 않더라도, 서직과 보리는 별도로 대그릇에 담게 되니, 진실로 곡식이 포함되지만, 이 또한 견거에 실어서는 안 된다. 정현은 죽은 자가 곡식을 먹을 수 없기 때문에, 상전에는 서직이 없다고 여겼다. 과연 그의 주장대로라면, 희생물의 고기 및 포와 육장 등에 있어서도 죽은 자가 어떻게 그것들을 먹을 수 있겠는가?

---

10) 하실(下室)은 건물에 대한 명칭으로, 내실(內室) 또는 내당(內堂)을 뜻한다. 『의례』「기석례(旣夕禮)」편에는 "朔月, 若薦新, 則不饋于下室."이라는 기록이 있고, 이에 대한 정현의 주에서는 "下室, 如今之內堂."이라고 풀이했다.

그림 28-1 ▣ 명(命) 등급에 따른 하사 항목

	적용 대상	하사 내용
9명(九命)	· 천자의 삼공(三公) 중 1명(命)이 더해져 상공(上公)이 된 경우	· 백(伯)으로 임명
8명(八命)	· 천자의 삼공(三公) · 후작[侯]과 백작[伯] 중 주(州)의 대표로 선발된 경우	· 주목(州牧)으로 임명
7명(七命)	· 후작[侯] · 백작[伯] · 천자의 경(卿)이 제후로 임명된 경우	· 제후국[國] 하사
6명(六命)	· 천자의 경(卿)	· 가신(家臣)을 둘 수 있는 권한 하사
5명(五命)	· 자작[子] · 남작[男] · 천자의 대부(大夫)가 출봉(出封)된 경우	· 작은 봉지(封地) 하사
4명(四命)	· 부용군(附庸君) · 천자의 대부(大夫) · 대국(大國)의 고(孤)	· 제기[器] 하사
3명(三命)	· 천자의 원사(元士) · 대국(大國)의 경(卿) · 차국(次國)의 경(卿)	· 천자의 조정에 설 수 있는 지위[位] 하사
2명(再命)	· 천자의 중사(中士) · 대국(大國)의 대부(大夫) · 차국(次國)의 대부(大夫) · 소국(小國)의 경(卿)	· 의복[服] 하사
1명(一命)	· 천자의 하사(下士) · 대국(大國)의 사(士) · 차국(次國)의 사(士) · 소국(小國)의 대부(大夫)	· 작위[職] 하사

※ **참조:** 『주례』「춘관(春官) · 전명(典命)」 및 『주례』「춘관(春官) · 대종백(大宗伯)」

• 제 29 절 •

축문의 칭호와 단최(端衰)·상거(喪車)의 무등(無等)

【500a】

祭稱"孝子"·"孝孫", 喪稱"哀子"·"哀孫". 端衰喪車皆無等.

직역 祭에는 "孝子"·"孝孫"이라 稱하고, 喪에는 "哀子"·"哀孫"이라 稱한다. 端衰와 喪車는 皆히 等이 無라.

의역 길제(吉祭)를 지낼 때의 축문에서는 제주(祭主)를 '효자(孝子)' 또는 '효손(孝孫)'으로 지칭하고, 흉제(凶祭)를 지낼 때의 축문에서는 상주(喪主)를 '애자(哀子)' 또는 '애손(哀孫)'으로 지칭한다. 단최(端衰)와 상거(喪車)는 모두 귀천에 따른 차등이 없다.

集說 祭, 吉祭也. 卒哭以後爲吉祭, 故祝辭稱"孝子"或"孝孫". 自虞以前爲凶祭, 故稱哀. 端, 正也. 端衰, 喪服上衣也. 吉時玄端服, 身與袂同以二尺二寸爲正, 喪衣亦如之, 而綴六寸之衰於胸前, 故曰端衰也. 喪車, 孝子所乘惡車也. 此二者, 皆無貴賤之差等.

번역 '제(祭)'자는 길제(吉祭)를 뜻한다. 졸곡(卒哭)을 한 이후로부터 지내는 제사는 길제로 여긴다. 그렇기 때문에 축사에서는 '효자(孝子)' 또는 '효손(孝孫)'이라고 지칭한다. 우제(虞祭)로부터 그 이전은 흉제(凶祭)로 여긴다. 그렇기 때문에 '애(哀)'라고 지칭한다. '단(端)'자는 정폭을 뜻한다. '단최(端衰)'는 상복의 상의를 뜻한다. 길한 때의 현단복(玄端服)은 몸통 부위와 소매 부분을 모두 2척(尺) 2촌(寸)으로 하는 것을 정폭으로 삼는데, 상복의 상의 또한 이처럼 만들고, 6촌으로 만든 상복 부분을 가슴 앞에 단다.

그렇기 때문에 '단최(端衰)'라고 부른다. '상거(喪車)'는 자식이 타게 되는 악거(惡車)[1]를 뜻한다. 이 두 가지는 모두 귀천에 따른 차등이 없다.

大全 嚴陵方氏曰: 祭所以追養, 而盡於一身之終, 喪所以哭亡, 而止於三年. 孝則爲人子孫終身之行也, 故子孫之於祭, 必稱孝. 哀則發於聲音, 見於衣服, 蓋三年之禮而已, 故子孫之於喪, 止稱哀.

번역 엄릉방씨가 말하길, 제사는 죽은 자를 봉양하는 것이니 자신이 죽을 때까지 다하게 되며, 상사는 죽은 자에 대해 곡(哭)을 하는 것이니 삼년으로 그치게 된다. 효는 사람의 자손이 된 자가 종신토록 시행해야 하는 것이다. 그렇기 때문에 자손은 제사에 대해서 반드시 '효(孝)'를 지칭한다. '애(哀)'의 경우는 소리로 나타나고 옷으로 표현되니, 무릇 삼년상의 예법에 해당할 따름이다. 그렇기 때문에 자손은 상에 있어서 단지 '애(哀)'라고 지칭한다.

鄭注 各以其義稱. 喪車, 惡車也. 喪者衣衰及所乘之車, 貴賤同. 孝子於親, 一也. 衣衰言端者, 玄端, 吉時常服, 喪之衣衰當如之.

번역 각각 해당하는 의미에 따라 지칭하는 것이다. '상거(喪車)'는 악거(惡車)이다. 상을 치르는 자가 착용하는 의복 및 타게 되는 수레에 있어서는 귀천의 차이 없이 동일하다. 자식의 부모에 대한 마음은 모든 계층이 동일하다. 상복의 상의에 대해서 '단(端)'이라고 부른 것은 현단(玄端)의 경우 길한 시기에 일상적으로 착용하는 복장인데, 상사를 치르며 착용하는 상의도 마땅히 이처럼 만든다는 뜻이다.

釋文 義稱, 昌升反, 又尺證反. 衣衰, 上於旣反, 下七雷反, 下同.

---

1) 악거(惡車)는 악거(堊車)를 뜻한다. 상중(喪中)에 있는 자가 타게 되는 백색으로 된 수레이다. '악(堊)'자는 흰색으로 칠한다는 뜻이다.

번역 '義稱'에서의 '稱'자는 '昌(창)'자와 '升(승)'자의 반절음이고, 또한 '尺(척)'자와 '證(증)'자의 반절음도 된다. '衣衰'에서의 '衣'자는 '於(어)'자와 '既(기)'자의 반절음이고, '衰'자는 '七(칠)'자와 '雷(뢰)'자의 반절음이며, 아래문장에 나오는 글자도 그 음이 이와 같다.

孔疏 ●"祭稱"至"哀孫". ○正義曰: 祭, 吉祭也, 謂自卒哭以後之祭也. 吉則申孝子心, 故祝辭云孝也. 或子或孫, 應其人也.

번역 ●經文: "祭稱"~"哀孫". ○'제(祭)'자는 길제(吉祭)를 뜻하니, 졸곡(卒哭)으로부터 그 이후에 지내는 제사를 의미한다. 길제의 경우라면 효자의 마음을 펼칠 수 있기 때문에, 축사에서는 '효(孝)'라고 지칭한다. 어떤 경우에는 '자(子)'라고 지칭하고 또 어떤 경우에는 '손(孫)'이라고 지칭하는데, 마땅히 주관하는 자와 죽은 자의 관계에 따르게 된다.

孔疏 ●"喪稱哀子·哀孫"者, 凶祭謂自虞以前祭也. 喪則痛慕未申, 故稱哀也, 故士虞禮稱哀子, 而卒哭乃稱孝子也.

번역 ●經文: "喪稱哀子·哀孫". ○흉제(凶祭)는 우제(虞祭)로부터 그 이전에 지내는 제사를 뜻한다. 상사는 애통하고 사모하는 마음 때문에 제대로 펼칠 수 없기 때문에 '애(哀)'라고 지칭한다. 그렇기 때문에 『의례』「사우례(士虞禮)」편에서는 '애자(哀子)'[2]라고 지칭했던 것인데, 졸곡(卒哭)을 치르게 되면 '효자(孝子)'라고 지칭한다.

孔疏 ●"端衰"至"無等". ○正義曰: 端衰, 謂喪服上衣, 以其縗六寸之衰於心前, 故衣亦曰衰. 端, 正也. 吉時玄端服, 身與袂同, 以二尺二寸爲正, 而喪衣亦如之. 而今用縗綴心前, 故曰"端衰"也.

---

2) 『의례』「사우례(士虞禮)」: 始虞用柔日, 曰, "哀子某, 哀顯相, 夙興夜處不寧. 敢用絜牲剛鬣, 香合, 嘉薦普淖, 明齊溲酒, 哀薦祫事, 適爾皇祖某甫. 饗!"

번역 ●經文: "端衰"~"無等". ○'단최(端衰)'는 상복의 상의를 뜻하는데, 6촌(寸)으로 만든 상복을 가슴 앞에 달기 때문에, 그 상의를 또한 '최(衰)'라고 부른다. '단(端)'자는 정폭을 뜻한다. 길한 시기에 착용하는 현단복(玄端服)의 경우, 몸통과 소매 부분의 너비는 모두 2척(尺) 2촌(寸)의 것을 정폭으로 삼고, 상복의 상의 또한 이처럼 만든다. 그런데 현재 상복 부분을 가슴 앞에 단 것을 사용하기 때문에, '단최(端衰)'라고 부른 것이다.

孔疏 ●"喪車"者, 孝子所乘惡車也. 惡車, 喪車也. 等, 等差也. 言喪之衣衰及惡車, 天子至士制度同, 無貴賤等差之別也. 以孝子於其親, 情如一也.

번역 ●經文: "喪車". ○자식이 타게 되는 악거(惡車)를 뜻한다. '악거(惡車)'는 곧 상거(喪車)이다. '등(等)'자는 차등을 뜻한다. 즉 상을 치른 때 착용하는 복장과 악거에 있어서 천자로부터 사 계급에 이르기까지 관련 제도가 동일하며, 귀천에 따른 차등이 없다는 의미이다. 자식의 부모에 대한 정감은 동일하기 때문이다.

孔疏 ◎注"喪車"至"如之". ○正義曰: 言"喪車, 惡車也"者, 既夕禮云: "主人乘惡車." 鄭云: "王喪之木車也." 按鄭注巾車"喪車凡五等", 巾車云: "木車, 蒲蔽." 注云: "木車, 不漆者, 以蒲爲蔽. 始遭喪所乘也." "素車, 棼蔽." 注云: "素車以白土堊車. 蕡麻以爲蔽, 卒哭所乘." "藻車, 藻蔽." 注云: "以蒼土堊車, 以蒼繒爲蔽也. 既練所乘." "駹車, 雚蔽." 注云: "駹車邊側有漆飾也. 以細葦席爲蔽, 大祥所乘." "漆車, 藩蔽." 注云: "漆車, 黑車. 漆席以爲蔽, 禫所乘."

번역 ◎鄭注: "喪車"~"如之". ○정현이 "'상거(喪車)'는 악거(惡車)이다."라고 했는데, 『의례』「기석례(既夕禮)」편에서는 "상주는 악거에 오른다."[3]라고 했고, 정현은 "천자의 상거는 목거(木車)[4]이다."라고 했다. 『주

---

3) 『의례』「기석례(既夕禮)」: <u>主人乘惡車</u>, 白狗幦, 蒲蔽, 御以蒲菆, 犬服, 木錧, 約綏, 約轡, 木鑣, 馬不齊髦.

례』「건거(巾車)」편에 대한 정현의 주를 살펴보면, “상거에는 모두 다섯 등급이 있다.”라고 했고, 「건거」편에서는 “목거에는 부들로 짠 자리로 가림막을 단다.”[5]라고 했으며, 정현의 주에서는 “목거는 옻칠을 하지 않은 수레로, 부들자리로 가림막을 만든다. 처음 상을 접했을 때 타는 수레이다.”라고 했다. 또 “소거(素車)는 번마(蕡麻)로 짠 자리로 가림막을 단다.”[6]라고 했으며, 정현의 주에서는 “소거는 백색의 흙을 바른 악거(堊車)이다. 번마로 가림막을 만들고 졸곡(卒哭) 때 탄다.”라고 했다. 또 “조거(藻車)는 조(藻)로 짠 자리로 가림막을 단다.”[7]라고 했으며, 정현의 주에서는 “푸른 색의 흙을 바른 악거이다. 푸른색의 비단으로 가림막을 만든다. 소상(小祥)을 치른 뒤에 타는 수레이다.”라고 했다. 또 “방거(駹車)는 가는 갈대로 짠 자리로 가림막을 단다.”[8]라고 했으며, 정현의 주에서는 “방거는 측면에 옻칠을 한 장식이 있다. 가는 갈대로 짠 자리로 가림막을 만들며, 대상(大祥) 때 타는 수레이다.”라고 했다. 또 “칠거(漆車)는 옻칠을 한 자리로 가림막을 단다.”[9]라고 했으며, 정현의 주에서는 “칠거는 흑색의 수레이다. 옻칠을 한 자리로 가림막을 만들며, 담제(禫祭) 때 타는 수레이다.”라고 했다.

孔疏 ◎云“衣衰言端者, 玄端, 吉時常服, 喪之衣衰當如之”者, 按喪服記: 袂, 二尺二寸. “袪, 尺二寸”. 其制正服, 故云端. 此云“端衰”, 則與玄端同也.

번역 ◎鄭注: “衣衰言端者, 玄端, 吉時常服, 喪之衣衰當如之”. ○『의례』「상복(喪服)」편의 기문(記文)을 살펴보면, 소매는 2척(尺) 2촌(寸)으로 만

---

4) 목거(木車)는 고대에 제왕이 상례(喪禮)나 장례(葬禮)를 치를 때 사용하던 수레이다. 옻칠이나 장식을 가미하지 않은 것이다. 『후한서(後漢書)』「광무제기하(光武帝記下)」편에는 “古者帝王之葬, 皆陶人瓦器·木車茅馬, 使後世之人不知其處.”라는 기록이 나온다.

5) 『주례』「춘관(春官)·건거(巾車)」: 王之喪車五乘: 木車, 蒲蔽, 犬禖尾櫜, 疏飾, 小服皆疏.

6) 『주례』「춘관(春官)·건거(巾車)」: 素車, 棼蔽, 犬禖素飾, 小服皆素.

7) 『주례』「춘관(春官)·건거(巾車)」: 藻車, 藻蔽, 鹿淺禖, 革飾.

8) 『주례』「춘관(春官)·건거(巾車)」: 駹車, 萑蔽, 然禖, 髹飾.

9) 『주례』「춘관(春官)·건거(巾車)」: 漆車, 藩蔽, 豻禖, 雀飾.

든다. 그리고 "소맷부리는 1척 2촌이다."라고 했다.[10] 의복을 만드는 제도가 정복에 해당하기 때문에 '단(端)'이라고 부른다. 이곳에서 '단최(端衰)'라고 했으니, 현단(玄端)과 의미가 동일하다.

集解 愚謂: 士虞禮卒哭猶稱"哀子", 至祔乃稱"孝子". 蓋卒哭雖以吉祭易喪祭, 猶未忍遽稱"孝", 至祔祭於廟, 始同之於吉祭也. 兼言"孫"者, 容父先沒, 而適孫主祖父母之喪者也.

번역 내가 생각하기에, 『의례』「사우례(士虞禮)」편에서는 졸곡(卒哭)을 한 이후에도 여전히 '애자(哀子)'라고 지칭했고, 부제(祔祭)를 치른 뒤에야 곧 '효자(孝子)'라고 지칭했다. 무릇 졸곡은 비록 길제(吉祭)로 상제(喪祭)를 바꾸는 것이지만, 갑작스럽게 '효(孝)'라고 지칭할 수가 없기 때문이며, 묘(廟)에서 부제를 치르게 된 뒤에야 비로소 길제와 동일하게 따른다. '손(孫)'까지도 함께 언급한 것은 부친이 먼저 돌아가셔서 적손이 조부모의 상을 주관하는 경우까지도 포괄하기 위해서이다.

集解 愚謂: 禮服自玄端以上, 衣之長與幅廣相等, 故謂之端. 喪衰之制亦然, 故謂之端衰. 然吉時禮服皆端, 而玄端之袂圜殺, 與朝服以上侈袂者不同. 喪衰與玄端同制者, 惟士之喪衰爲然, 若大夫以上, 其喪衰與朝服等同制, 其袂亦侈, 不與玄端同也. 端衰無等, 謂其布之升數及齊 · 斬之制也. 爲父皆斬衰三升, 爲母皆齊衰四升, 是端衰無等也. 天子喪車五乘, 而士喪禮"主人乘惡車, 白狗▼(衤+冥), 蒲蔽", 與天子始喪之車同, 是喪車無等也.

번역 내가 생각하기에, 예복에서는 현단복(玄端服)으로부터 그 이상의 복장은 상의의 길이와 폭 및 너비가 서로 같기 때문에 '단(端)'이라고 부른다. 상복을 만드는 제도 또한 이와 같기 때문에, '단최(端衰)'라고 부른 것이

10) 『의례』「상복(喪服)」: 凡衰外削幅, 裳內削幅. 幅三袧. 若齊, 裳內衰外. 負廣出於適寸. 適博四寸, 出於衰. 衰長六寸, 博四寸. 衣帶下尺. 衽二尺有五寸. <u>袂屬幅. 衣二尺有二寸. 袪尺二寸.</u>

다. 그런데 길한 때 착용하는 예복의 경우 모두 단(端)이 되지만, 현단복의 소매는 전체적으로 크기를 줄이니, 조복(朝服)으로부터 그 이상의 복장에서 소매를 넓게 만드는 것과는 다르다. 상복과 현단복은 동일한 제도에 따라 만든다고 했는데, 이것은 오직 사의 상복만 이처럼 한다는 뜻이니, 만약 대부로부터 그 이상의 계급이라면, 상복과 조복 등은 동일한 제도에 따라 만드는데, 소매의 경우에는 또한 넓어져서, 현단복과는 동일하지 않다. "단최에 등급이 없다."라고 했는데 포(布)의 승(升)수 및 자최복(齊衰服)·참최복(斬衰服)의 제도를 뜻한다. 부친을 위해서는 모두 3승의 참최복을 착용하고, 모친을 위해서는 모두 4승의 자최복을 착용하니, 이것은 상복에 차등이 없다는 사실을 나타낸다. 천자가 사용하는 상거(喪車)는 5대인데, 『의례』「사상례(士喪禮)」편에서는 "상주가 악거(惡車)에 타며, 백색의 개가죽으로 덮개를 만들고 부들자리로 짠 가림막을 단다."[11]라고 하였으니, 천자가 초상 때 타는 수레와 동일하다. 이것이 상거에는 등급이 없다는 뜻이다.

---

11) 『의례』「기석례(既夕禮)」: 主人乘惡車, 白狗幦, 蒲蔽, 御以蒲菆, 犬服, 木錧, 約綏, 約轡, 木鑣, 馬不齊髦.

• 제30절 •

관(冠)의 갓끈 장식

【500b】

大白冠, 緇布之冠, 皆不蕤. 委武玄縞而后蕤.

직역 大白冠과 緇布의 冠에는 皆히 不蕤한다. 委와 武를 한 玄과 縞인 后에야 蕤한다.

의역 대백관과 치포관에는 모두 갓끈 장식을 달지 않는다. 관(冠)의 테두리가 달린 현관과 호관인 뒤에야 갓끈 장식을 단다.

集說 大白冠, 太古之白布冠也. 緇布冠, 黑布冠也. 此二冠無飾, 故皆不蕤. 然玉藻云, "緇布冠繢緌, 是諸侯之冠", 則此不緌者, 謂大夫士也. 委武, 皆冠之下卷, 秦人呼卷爲委, 齊人呼卷爲武. 玄, 玄冠也. 縞, 縞冠也. 玄縞二冠既別有冠卷, 則必有蕤, 故云委武玄縞而后蕤也.

번역 '대백관(大白冠)'은 태고 때 사용하던 백색의 포(布)로 만든 관(冠)이다. '치포관(緇布冠)'은 흑색의 포로 만든 관이다. 이 두 관에는 장식이 없기 때문에 모두 갓끈 장식을 달지 않는다. 그런데 『예기』「옥조(玉藻)」편에서는 "치포관에 궤유(繢緌)를 한 것은 제후가 쓰는 관이다."[1]라고 했으니, 여기에서 갓끈의 장식을 달지 않는다고 한 것은 대부와 사의 경우를 뜻한다. '위(委)'와 '무(武)'는 모두 관에 달린 아래 테두리를 뜻하는데, 진(秦)나라 사람들은 테두리를 위(委)라고 불렀고, 제(齊)나라 사람들은 테두

---

1) 『예기』「옥조(玉藻)」【378d】: 玄冠朱組纓, 天子之冠也. 緇布冠繢緌, 諸侯之冠也. 玄冠丹組纓, 諸侯之齊冠也. 玄冠綦組纓, 士之齊冠也.

리를 무(武)라고 불렀다. '현(玄)'은 현관(玄冠)[2]을 뜻한다. '호(縞)'는 호관(縞冠)을 뜻한다. 현관과 호관은 이미 별도로 관의 테두리가 달린 것이니, 반드시 갓끈의 장식이 포함된다. 그렇기 때문에 "테두리가 달린 현관과 호관인 뒤에라야 갓끈 장식을 단다."라고 말한 것이다.

大全 馬氏曰: 冠以莊其首, 蕤以致其飾. 冠而不蕤者, 始於上古, 尙質而不文也. 冠之以蕤者, 制於後代, 以文而勝質也. 文公爲狄所滅, 齊桓公救而封之, 則以亡國之君爲居喪之服, 故以大白始冠者, 欲其重始而取上世之冠, 故以緇布, 此皆不蕤者也. 至於玄冠, 或以朱組纓, 或以丹組纓, 縞冠則或以玄武, 或以素紕, 此皆以蕤者也. 然而大白不蕤矣, 而郊特牲曰, 大古冠布, 齊則緇之, 其緌也. 緇布不蕤矣, 而玉藻曰, 緇布冠繢緌, 諸侯之冠也. 若是則有時而致飾, 可以蕤乎. 雜記所言, 特喪冠爾.

번역 마씨[3]가 말하길, '관(冠)'은 머리를 꾸미는 것이고, 갓끈 장식은 꾸밈을 지극히 하는 것이다. 관을 쓰지만 갓끈 장식을 하지 않는 것은 상고시대 때 시작되었으니, 질박함을 숭상하여 문식을 꾸미지 않았기 때문이다. 관을 쓸 때 갓끈 장식으로 고정을 시켰던 것은 그 제도가 후대에서 만들어진 것이니, 문식을 꾸미는 것이 질박함보다 앞섰기 때문이다. 문공(文公)이 융적에게 멸망을 당하여 제(齊)나라 환공(桓公)이 구원을 해서 분봉을 했는데, 국가가 멸망당한 군주는 상을 치를 때의 복장을 하기 때문에, 흰색의 포로 만든 관을 비로소 쓰게 되었던 것이며, 시초를 중시하고자 해서 상고시대 때의 관을 따랐기 때문에 검은색의 포로 관을 만들었으니, 이러한 관은 모두 갓끈 장식을 달지 않은 것들이다. 현관(玄冠)에 이르러서는 어떤 것은 주색의 끈으로 갓끈을 달았고 또 어떤 것은 단색의 끈으로 갓끈을

---

2) 현관(玄冠)은 흑색으로 된 관(冠)이다. 고대에는 조복(朝服)을 입을 때 착용을 하였다. 『의례』「사관례(士冠禮)」편에는 "主人玄冠朝服, 緇帶素韠."이라는 기록이 있다.

3) 마희맹(馬晞孟, ?~?) : =마씨(馬氏) · 마언순(馬彦醇). 자(字)는 언순(彦醇)이다. 『예기해(禮記解)』를 찬술했다.

달았으며,[4] 호관(縞冠)의 경우에는 어떤 것은 현무(玄武)[5]를 달고 또 어떤 것은 소비(素紕)[6]를 달았는데,[7] 이러한 관은 모두 갓끈 장식을 단 것들이다. 그런데 대백관에 갓끈 장식을 달지 않는다고 했지만, 『예기』「교특생(郊特牲)」편에서는 "태고 때에는 관을 만들 때 포를 이용해서 만들었고, 재계를 하게 되면 검은색으로 된 포를 이용해서 만들었으며, 갓끈을 단 것이 있다."[8]라고 했다. 또 치포관에는 갓끈 장식을 달지 않는다고 했는데, 『예기』「옥조(玉藻)」편에서는 "치포관에 궤유(繢緌)를 한 것은 제후가 쓰는 관이다."[9]라고 했다. 만약 이러한 기록에 따르면 당시에는 장식을 지극히 해서 갓끈 장식을 할 수도 있었던 것이다. 「잡기」편에서 언급한 내용은 단지 상관(喪冠)에 대한 내용일 뿐이다.

鄭注 不蕤, 質無飾也. 大白冠, 大古之布冠也. 春秋傳曰: "衛文公大布之衣, 大白之冠." 委武, 冠卷也. 秦人曰委, 齊東曰武. 玄, 玄冠也. 縞, 縞冠也.

번역 갓끈 장식을 달지 않는 것은 질박하여 장식이 없기 때문이다. '대백관(大白冠)'은 태고 때 사용하던 포(布)로 만든 관이다. 『춘추전』에서는 "위(衛)나라 문공(文公)이 거친 포로 만든 옷과 거친 명주로 만든 흰색의 관을 썼다."[10]라고 했다. '위무(委武)'는 관(冠)의 테두리이다. 진(秦)나라 사람들은 '위(委)'라고 불렀고, 제(齊)나라 동쪽 지역 사람들은 '무(武)'라고

---

4) 『예기』「옥조(玉藻)」【378d】: 玄冠朱組纓, 天子之冠也. 緇布冠繢緌, 諸侯之冠也. 玄冠丹組纓, 諸侯之齊冠也. 玄冠綦組纓, 士之齊冠也.

5) 현무(玄武)는 검은색으로 만든 관(冠)의 테두리를 뜻하다.

6) 소비(素紕)는 관(冠)의 양쪽 측면 과 테두리 밑의 경계지점에 흰색의 명주로 가선을 댄 것을 뜻한다.

7) 『예기』「옥조(玉藻)」【379a】: 縞冠玄武, 子姓之冠也. 縞冠素紕, 既祥之冠也.

8) 『예기』「교특생(郊特牲)」【335b】: 冠義, 始冠之, 緇布之冠也. 大古冠布, 齊則緇之. 其緌也, 孔子曰: "吾未之聞也, 冠而敝之可也."

9) 『예기』「옥조(玉藻)」【378d】: 玄冠朱組纓, 天子之冠也. 緇布冠繢緌, 諸侯之冠也. 玄冠丹組纓, 諸侯之齊冠也. 玄冠綦組纓, 士之齊冠也.

10) 『춘추좌씨전』「민공(閔公) 2년」: 衛文公大布之衣 · 大帛之冠, 務材 · 訓農, 通商 · 惠工, 敬孝 · 勸學, 授方 · 任能. 元年, 革車三十乘; 季年, 乃三百乘.

불렀다. '현(玄)'은 현관(玄冠)이다. '호(縞)'는 호관(縞冠)이다.

釋文 縞, 古老反, 又古報反, 注同. 卷, 苦圓反.

번역 '縞'자는 '古(고)'자와 '老(로)'자의 반절음이며, 또한 '古(고)'자와 '報(보)'자의 반절음도 되며, 정현의 주에 나오는 글자도 그 음이 이와 같다. '卷'자는 '苦(고)'자와 '圓(원)'자의 반절음이다.

孔疏 ●"大白"至"后蕤". ○正義曰: 大白者, 古之白布冠也. 緇布冠, 黑布冠也. 二冠無飾, 故皆不蕤. 此緇布冠謂大夫士之冠, 故不蕤. 其諸侯緇布冠則蕤, 故玉藻云"緇布冠繢緌, 諸侯之冠", 是也.

번역 ●經文: "大白"~"后蕤". ○'대백(大白)'은 고대에 사용한 백색의 포(布)로 만든 관이다. '치포관(緇布冠)'은 흑색의 포로 만든 관이다. 두 관에는 장식이 없기 때문에 둘 모두에 대해서 갓끈 장식을 달지 않는다. 여기에서 말한 치포관은 대부와 사가 사용하는 관을 뜻한다. 그렇기 때문에 갓끈 장식을 달지 않는다고 했다. 제후가 사용하는 치포관의 경우에는 갓끈 장식을 단다. 그렇기 때문에 『예기』「옥조(玉藻)」편에서는 "치포관에 궤유(繢緌)를 한 것은 제후가 쓰는 관이다."라고 한 것이다.

孔疏 ●"委武, 玄縞而后蕤"者, 委·武皆冠卷也. 秦人呼卷爲委, 齊人呼卷爲武也. 玄, 玄冠也. 縞, 縞冠也. 玄·縞二冠, 旣先有[11]別卷, 後乃可蕤, 故云"而后蕤"也. 而大祥縞冠亦有蕤. 何以知之? 前旣云"練冠, 亦條屬, 右縫", 則知縞不條屬. 旣別安卷, 灼然有蕤也.

---

11) '선유(先有)'에 대하여. '선유'는 본래 '유선(有先)'으로 기록되어 있었는데, 완원(阮元)의 『교감기(校勘記)』에서는 "혜동(惠棟)의 『교송본(校宋本)』에는 '선유'라고 기록되어 있고, 위씨(衛氏)의 『집설(集說)』에도 동일하게 기록되어 있다. 따라서 이곳 판본에는 '선유'를 잘못하여 뒤집어서 기록한 것이며, 『민본(閩本)』·『감본(監本)』·『모본(毛本)』에도 동일하게 잘못 기록되어 있다."라고 했다.

번역 ●經文: "委武, 玄縞而后蕤". ○'위(委)'와 '무(武)'는 모두 관(冠)의 테두리[卷]를 뜻한다. 진(秦)나라 사람들은 권(卷)을 '위(委)'라고 불렀고, 제(齊)나라 사람들은 권(卷)을 '무(武)'라고 불렀다. '현(玄)'은 현관(玄冠)이다. '호(縞)'는 호관(縞冠)이다. 현관과 호관에는 먼저 별도의 테두리가 붙어 있어야만, 그 이후에 갓끈 장식을 달 수 있다. 그렇기 때문에 "이후에야 갓끈 장식을 달았다."라고 말한 것이다. 그런데 대상(大祥)을 치를 때 착용하는 호관에는 또한 갓끈 장식이 있다. 어떻게 이러한 사실을 알 수 있는가? 앞에서 이미 "삼년상을 치르며 소상(小祥)을 치를 때 쓰는 관에도 한 가닥의 노끈을 연결해서 이처럼 하는데, 주름을 접어 꿰맨 것은 우측을 향하도록 한다."[12]라고 했으니, 호관에는 한 가닥의 노끈을 연결하지 않았음을 알 수 있다. 이미 별도로 관을 고정시키는 테두리를 달았으므로, 이 관에는 분명히 갓끈 장식이 있었던 것이다.

孔疏 ◎注"不蕤"至"冠也". ○正義曰: 引春秋左傳曰"衛文公大布之衣, 大白之冠"者, 證大白冠是布也. 閔公二年冬, 狄入衛, 衛懿公爲狄人所滅. 僖二年, 齊桓公救而封之. 衛文公以國未道, 故不充其服, 自貶損, 所以大白冠·大布衣也.

번역 ◎鄭注: "不蕤"~"冠也". ○정현이 『춘추좌전』의 기록을 인용하여, "위(衛)나라 문공(文公)이 거친 포로 만든 옷과 거친 명주로 만든 흰색의 관을 썼다."라고 했는데, 이것은 대백관(大白冠)이 포(布)로 만든 관이라는 사실을 증명한다. 민공(閔公) 2년 겨울에 융적이 위(衛)나라를 침입하여,[13] 위나라 의공(懿公)은 융적에게 멸망을 당했다. 희공(僖公) 2년에 제(齊)나라 환공(桓公)은 위나라를 구원하여 그 군주를 분봉해주었다. 위나라 문공은 그 나라에서 선왕의 도리를 시행하지 못했기 때문에 선왕이 만든 복장을 갖출 수 없어서,[14] 스스로 덜고 줄였으니, 대백관과 거친 포로 만든 옷을

---

12) 『예기』「잡기상」【499a】: 喪冠條屬, 以別吉凶. 三年之練冠亦條屬, 右縫. 小功以下左.

13) 『춘추』「민공(閔公) 2년」: 十有二月, 狄入衛.

착용했던 이유이다.

訓纂 江氏永曰: 大白·緇布之冠皆用布, 故不以蕤爲飾. 玄冠用黑繒, 縞冠用絹, 故皆以蕤爲飾. 注云"不蕤, 質無飾", 可知文者乃有飾. 用繒用絹皆文, 故有飾也. 疏不善隅反, 徒求之於別安冠卷, 則大白·緇布冠何嘗不別安冠卷乎?

번역 강영이 말하길, 대백관(大白冠)과 치포관(緇布冠)은 모두 포(布)를 이용해서 만들기 때문에 갓끈으로 장식을 달 수 없다. 현관(玄冠)은 흑색의 비단을 사용해서 만들고 호관(縞冠)은 명주를 사용해서 만들기 때문에, 둘 모두에 대해서는 갓끈으로 장식을 달 수 있다. 정현의 주에서는 "갓끈을 달지 않은 것은 질박하여 장식이 없기 때문이다."라고 했으니, 문식을 꾸미는 경우에는 장식이 있다는 사실을 알 수 있다. 비단과 명주를 사용하는 것은 모두 문식을 꾸민 것에 해당한다. 그렇기 때문에 갓끈 장식이 포함된다. 공영달의 소에서는 제대로 유추를 하지 못하여, 단지 별도로 관을 고정시키는 테두리가 있다는 것에서만 의미를 취했는데, 대백관과 치포관에 어찌 일찍이 관을 고정시키는 별도의 테두리가 없었겠는가?

集解 愚謂: 蕤者, 冠纓之結於頤下而垂餘以爲飾者也. 大白冠·緇布冠皆無武, 而別爲缺項以固冠, 其纓惟一條, 屬於武而上結之, 故皆無蕤. 水之下曰委, 足之下曰武. 卷在冠下, 故以名焉. 玄冠, 吉冠. 縞冠, 大祥之冠也. 喪冠無武, 與古制同, 故其纓亦無蕤. 玄冠·縞冠皆有武, 與古冠異, 故其纓亦與古異, 而有垂餘之緌也.

번역 내가 생각하기에, '유(蕤)'라는 것은 관의 갓끈을 턱 아래에서 매듭을 짓고, 남은 것을 늘어트려서 장식으로 삼은 것을 뜻한다. 대백관과 치포관에는 모두 무(武)가 없고 별도로 결항(缺項)이라는 것을 달아서 관을 고

---

14) 『예기』「옥조(玉藻)」【381d】: 曰: "國家未道, 則不充其服焉."

정시켰으니, 갓끈의 경우에는 오직 한 가닥의 끈을 사용해서 무(武)에 고정을 시키고 위로 올려 매듭을 결속한다. 그렇기 때문에 이 모두에는 유(緌)가 없다. 물이 흘러 모이는 하류를 '위(委)'라고 부르고, 발의 아래 부분을 '무(武)'라고 부른다. 테두리는 관의 아래에 붙어 있기 때문에, 이를 통해 명칭을 삼은 것이다. 현관은 길할 때 착용하는 관이다. 호관은 대상(大祥) 때 착용하는 관이다. 상관에는 무(武)가 없으니 고대의 제도와 동일하다. 그렇기 때문에 갓끈에도 또한 유(緌)가 없다. 현관과 호관은 모두 무(武)가 있으니 고대의 관과는 다르다. 그렇기 때문에 갓끈에 있어서도 고대의 제도와 차이를 보여서, 갓끈을 묶고 남은 부분을 늘어트리는 장식이 있다.

• 제31절 •

대부와 사의 제사 복장

【500c】

大夫冕而祭於公, 弁而祭於己. 士弁而祭於公, 冠而祭於己. 士弁而親迎, 然則士弁而祭於己可也.

직역 大夫는 冕하고서 公에 祭하고, 弁하고서 己에 祭한다. 士는 弁하고서 公에 祭하고, 冠하고서 己에 祭한다. 士는 弁하고서 親迎하니, 然하면 士는 弁하고서 己에 祭함도 可하다.

의역 대부는 치면(絺冕)을 착용하고서 군주의 제사를 돕고, 작변(爵弁)을 착용하고서 자신의 묘(廟)에서 제사를 지낸다. 사는 작변을 착용하고서 군주의 제사를 돕고, 현관(玄冠)을 착용하고서 자신의 묘(廟)에서 제사를 지낸다. 사는 작변을 착용하고서 친영(親迎)을 하므로, 그렇다면 이 시기에 사가 작변을 착용하고서 자신의 묘(廟)에서 제사를 지내는 것도 괜찮다.

集說 冕, 絺冕也. 祭於公, 助君之祭也. 弁, 爵弁也. 祭於己, 自祭其廟也. 冠, 玄冠也. 助祭爲尊, 自祭爲卑, 故冠服有異也. 儀禮少牢, "上大夫自祭用玄冠." 此云弁而祭於己者, 此大夫指孤而言也. 記者以士之親迎用弁, 以爲可以弁而祭於己, 然親迎之弁, 暫焉攝用耳, 祭有常禮, 不可紊也.

번역 '면(冕)'은 치면(絺冕)을 뜻한다. '제어공(祭於公)'은 군주의 제사를 돕는다는 뜻이다. '변(弁)'은 작변(爵弁)을 뜻한다. '제어기(祭於己)'는 자신의 묘(廟)에서 직접 제사를 지낸다는 뜻이다. '관(冠)'은 현관(玄冠)을 뜻한다. 군주의 제사를 돕는 것은 존귀한 일이고, 직접 자신의 묘(廟)에서 제사를 지내는 것은 상대적으로 미천한 일이다. 그렇기 때문에 관(冠)과 복장에도 차이가 생긴다. 『의례』「소뢰궤식례(少牢饋食禮)」편에서는 "상대부(上大夫)는 직접 제사를 지낼 때 현관을 사용한다."라고 했고, 이곳에서는 작변을 착용하고 자신의 묘(廟)에서 제사를 지낸다고 했으니, 여기에서 말한 '대부(大夫)'는 고(孤)[1]를 가리켜서 한 말이다. 『예기』를 기록한 자는 사가 친영(親迎)[2]을 하며 작변을 착용하니, 이를 통해 작변을 착용하고서 자신의 묘(廟)에서 제사를 지낼 수도 있다고 여겼다. 그러나 친영을 하며 착용했던 작변을 사용하는 것은 잠시 다른 것을 대신해서 사용할 따름이며, 제사에서는 항상된 예법이 있으니, 문란하게 만들 수 없다.

大全 山陰陸氏曰: 此言大夫若冕而祭於公, 則弁而祭於己, 士若弁而祭於公, 則冠而祭於己. 若下大夫一命, 弁而祭於公, 則冠而祭於己, 可知. 下士不命, 冠而祭於公, 則端而祭於己, 亦可知矣.

번역 산음육씨가 말하길, 여기에서는 대부가 치면(絺冕)을 착용하고 군주의 제사를 돕는다면, 작변(爵弁)을 착용하고 자신의 묘(廟)에서 제사를 지내는 것이고, 사가 작변을 착용하고 군주의 제사를 돕는다면, 현관(玄冠)을 착용하고 자신의 묘(廟)에서 제사를 지낸다고 했다. 만약 하대부(下大夫)의 경우라면 1명(命)의 등급이니, 작변을 착용하고 군주의 제사를 돕게 되므로, 현관을 착용하고 자신의 묘(廟)에서 제사를 지낸다는 사실을 알 수 있다. 또 하사(下士)의 경우에는 명(命)의 등급을 받지 못했으니, 현관을 착용하고 군주의 제사를 돕는다면, 현단복(玄端服)을 착용하고 자신의 묘(廟)에서 제사를 지내게 된다는 사실 또한 알 수 있다.

---

1) 고(孤)는 고대의 작위이다. 천자에게 소속된 '고'는 삼공(三公) 밑의 서열에 해당하며, 육경(六卿)보다 높았다. 고대에는 소사(少師) · 소부(少傅) · 소보(少保)를 삼고(三孤)라고 불렀다.

2) 친영(親迎)은 혼례(婚禮)에서 시행하는 여섯 가지 예식(禮式) 중 하나이다. 사위될 자가 여자 집에 가서 혼례를 치르고, 자신의 집으로 데려오는 예식을 뜻한다.

鄭注 弁, 爵弁也. 冠, 玄冠也. 祭於公, 助君祭也. 大夫爵弁而祭於己, 唯孤爾. 緣類欲許之也. 親迎雖亦己之事, 攝盛服爾, 非常也.

번역 '변(弁)'은 작변(爵弁)이다. '관(冠)'은 현관(玄冠)이다. '제어공(祭於公)'은 군주의 제사를 돕는다는 뜻이다. 대부는 작변을 착용하고 자신의 묘(廟)에서 제사를 지낸다고 했는데, 이것은 단지 고(孤)에 대한 내용을 뜻할 뿐이다. 친영(親迎)과 관련된 내용은 같은 부류의 것에 연유하여 허용하고자 한 것이다. 친영은 비록 자신과 관련된 사안이지만, 융성한 복장을 빌려서 쓸 따름이며, 일반적인 것은 아니다.

釋文 迎, 魚敬反, 注同.

번역 '迎'자는 '魚(어)'자와 '敬(경)'자의 반절음이며, 정현의 주에 나오는 글자도 그 음이 이와 같다.

孔疏 ●"大夫"至"可也". ○正義曰: 此一節明大夫·士公私祭服.

번역 ●經文: "大夫"~"可也". ○이곳 문단은 대부와 사가 군주의 제사를 돕거나 자신의 묘(廟)에서 제사를 지낼 때 착용하는 복장을 나타내고 있다.

孔疏 ●"大夫冕而祭於公"者, 大夫謂"孤"也. 冕, 絺冕也. 祭於公, 謂助君祭也.

번역 ●經文: "大夫冕而祭於公". ○여기에서 말한 대부(大夫)는 '고(孤)'를 뜻한다. '면(冕)'은 치면(絺冕)을 뜻한다. '제어공(祭於公)'은 군주의 제사를 돕는다는 뜻이다.

孔疏 ●"弁而祭於己"者, 弁, 爵弁也. 祭於己, 自祭廟也. 助祭爲尊, 故服絺冕. 自祭爲卑, 故服爵弁. 崔云: 孤不悉絺冕, 若王者之後及魯之孤, 則助祭用絺. 若方伯之孤助祭, 則以其君玄冕自祭, 不可踰之也.

번역 ●經文: "弁而祭於己". ○'변(弁)'자는 작변(爵弁)을 뜻한다. '제어기(祭於己)'는 자신의 묘(廟)에서 직접 제사를 지낸다는 뜻이다. 군주의 제사를 돕는 것은 존귀한 일이기 때문에 치면(絺冕)을 착용한다. 자신의 묘(廟)에서 직접 제사를 지내는 것은 상대적으로 미천한 일이기 때문에 작변(爵弁)을 착용한다. 최영은은 고(孤)가 모두 치면을 착용하는 것은 아니니, 천자의 후손국에 속한 자이거나 노(魯)나라에 속한 고(孤)인 경우라야 군주의 제사를 도우며 치면을 사용한다. 만약 방백(方伯)[3]에게 속한 고(孤)가 군주의 제사를 돕게 된다면, 그 나라의 군주는 현면(玄冕)을 착용하고 제사를 지내므로, 그 등급을 뛰어넘을 수 없다고 했다.

孔疏 ●"士弁而祭於公, 冠而祭於己"者, 弁謂爵弁也. 士以爵弁爲上, 故用助祭也. 冠玄冠爲卑也, 自祭不敢同助君之服, 故用玄冠也.

번역 ●經文: "士弁而祭於公, 冠而祭於己". ○'변(弁)'은 작변(爵弁)을 뜻한다. 사는 작변을 가장 상등의 복장으로 삼는다. 그렇기 때문에 이 복장을 착용하고서 군주의 제사를 돕는다. 현관(玄冠)을 착용하는 것은 상대적으로 미천한 것이 된다. 직접 제사를 지낼 때에는 감히 군주의 제사를 도울 때 착용했던 복장과 동일하게 따를 수 없다. 그렇기 때문에 현관을 사용한다.

孔疏 ●"士弁而親迎, 然則士弁而祭於己可也"者, 作記之人, 雖云"士冠而祭於己", 以己旣爵弁親迎, 親迎輕於祭, 尙用爵弁, 則士亦當用爵弁自祭於己廟可也. 言於禮可用也. 爵弁[4], 是記者緣事類欲許之著爵弁.

---

3) 방백(方伯)은 본래 구백(九伯)을 뜻한다. '구백'은 구주(九州)의 백(伯)을 뜻하는 것으로, 각 주(州)마다 제후들을 통솔하는 9명의 수장을 뜻한다. 이들을 '방백'이라고 부르는 이유는 '방(方)'자는 일정 지역을 뜻하는 용어로, '방백'은 곧 일정 지역의 수장을 뜻하는 용어가 된다. 따라서 '구백'을 '방백'이라고도 부르는 것이다. 한편 '방백'은 이백(二伯)과 같은 뜻으로도 사용된다.

4) '야작변(也爵弁)'에 대하여. 손이양(孫詒讓)의 『교기(校記)』에서는 "'작변(爵

번역 ●經文: "士弁而親迎, 然則士弁而祭於己可也". ○『예기』를 기록한 자는 비록 "사가 현관(玄冠)을 착용하고 자신의 묘(廟)에서 제사를 지낸다."라고 했지만, 자신은 이미 작변(爵弁)을 착용하고 친영(親迎)을 한 상태인데, 친영은 제사보다 덜 중요한 사안이 되는데도, 오히려 상등의 복장인 작변을 사용했으므로, 사 또한 마땅히 작변을 사용하여 자신의 묘(廟)에서 제사를 지내더라도 괜찮다고 한 것이다. 이것은 예법상 작변을 사용해도 괜찮다는 뜻이다. 이것은『예기』를 기록한 자가 비슷한 부류의 사안에 따라서 작변을 착용해도 괜찮다고 허용한 것이다.

孔疏 ◎注"弁爵"至"孤爾". ○正義曰: 知"弁, 爵弁也"者, 與"士弁"連文, 士弁祭於公, 爵弁, 故知大夫弁者, 亦爵弁也. 云"大夫爵弁而祭於己, 唯孤爾"者, 以儀禮·少牢上大夫自祭用玄冠, 此亦云弁而祭於己者, 與少牢異, 故知是孤. 知非卿者, 以少牢禮有卿賓尸, 下大夫不賓尸, 明卿亦玄冠, 不爵弁.

번역 ◎鄭注: "弁爵"~"孤爾". ○정현이 "'변(弁)'은 작변(爵弁)이다."라고 했는데, 이것은 '사변(士弁)'이라는 기록과 연결되었으므로, 사가 변(弁)을 착용하고서 군주의 제사를 돕게 된다면, 작변(爵弁)을 착용하는 것이다. 그렇기 때문에 대부가 변(弁)을 쓰는 것 또한 작변에 해당함을 알 수 있다. 정현이 "대부는 작변을 착용하고 자신의 묘(廟)에서 제사를 지낸다고 했는데, 이것은 단지 고(孤)에 대한 내용을 뜻할 뿐이다."라고 했는데,『의례』「소뢰궤식례(少牢饋食禮)」편에서는 상대부(上大夫)가 직접 제사를 지낼 때 현관(玄冠)을 착용한다고 했고, 이곳에서는 또한 작변을 착용하고 자신의 묘(廟)에서 제사를 지낸다고 하여,「소뢰궤식례」편의 기록과 차이를 보인다. 그렇기 때문에 여기에서 말한 대부가 '고(孤)'에 해당하는 자임을 알 수 있다. 또 이 자가 경(卿)에 해당하는 자가 아님을 알 수 있는 것은「소뢰궤식례」편에서는 경(卿)은 빈시(賓尸)[5]를 하지만, 하대부는 빈시를 하지 않는다고

弁)'이라는 두 글자는 마땅히 '야(也)'자 앞으로 와야 할 것 같다."라고 했다.

5) 빈시(賓尸)는 두 가지 뜻이 있다. 첫 번째는 제사를 지낸 다음날 다시 지내는 제사를 뜻한다. 두 번째는 제사를 지낸 다음 날 시행하는 일종의 잔치이다.

했으니, 이것은 경(卿) 또한 현관을 착용하는 것이며, 작변을 착용하지 않는다는 사실을 나타내기 때문이다.

孔疏 ◎注"緣類"至"常也". ○正義曰: 以祭·親迎, 事類相似. 親迎旣弁, 故自祭欲許其著弁, 其理不可. 故鄭云: 親迎雖亦己之事, 攝盛服爾, 非常著之服. 所以親迎攝盛服者, 以親迎配偶, 一時之極, 故許其攝盛服. 祭祀, 常所供養, 故須依其班序.

번역 ◎鄭注: "緣類"~"常也". ○제사와 친영(親迎)은 그 사안이 서로 유사하기 때문이다. 친영을 할 때 이미 작변(爵弁)을 착용했기 때문에, 직접 제사를 지낼 때에도 작변을 착용하는 것을 허용하고자 했던 것인데, 이치상으로는 불가능하다. 그렇기 때문에 정현은 친영이 비록 자신과 관련된 사안이지만, 융성한 복장을 빌려서 쓸 따름이며, 일반적으로 착용하는 복장은 아니라고 말한 것이다. 친영을 할 때 융성한 복장을 잠시 빌려서 사용하는 것은 친영은 배우자를 맞이하는 것이니 일시적으로 지극한 일이 된다. 그렇기 때문에 잠시 융성한 복장을 빌려 쓰는 것을 허용하는 것이다. 그러나 제사의 경우에는 일상적으로 공양의 도리를 다하는 것이다. 그렇기 때문에 작위의 질서에 따라야만 한다.

集解 愚謂: 特牲禮玄端, 少牢禮朝服, 皆特祭也. 大夫弁而祭於己, 其干祫之禮與. 大夫干祫服爵弁, 殷祭禮盛也. 然則士之干祫蓋朝服與. 服之差等, 爵弁之下爲皮弁, 皮弁之下爲朝服. 皮弁純白, 不用於祭祀. 士以玄端特祭, 以朝服祫祭; 大夫以朝服特祭, 以爵弁祫祭. 進朝服而上, 卽爲爵弁, 故記者欲許士以爵弁也. 若如鄭氏之說, 則大夫尚不得服爵弁, 而遽以許士, 恐不然矣.

번역 내가 생각하기에, 『의례』「특생궤식례(特牲饋食禮)」편에서 현단(玄端)을 착용하고, 「소뢰궤식례(少牢饋食禮)」편에서 조복(朝服)을 착용한

제사 때 시동의 역할을 했던 자의 노고를 위로하기 위해 시행한다.

다고 했는데, 이것은 모두 하나의 묘(廟)에서 지내는 제사를 뜻할 따름이다. 대부가 작변(爵弁)을 착용하고 자신의 묘(廟)에서 제사를 지낸다는 말은 간협(干祫)[6]의 예법에 해당할 것이다. 대부가 간협을 지낼 때에는 작변을 착용하니, 은제(殷祭)[7]는 예법이 융성하기 때문이다. 그러므로 사가 간협을 지낼 때에는 아마도 조복을 착용했을 것이다. 복장의 차등에 있어서 작변 아래는 피변(皮弁)이 되고, 피변 아래는 조복이 된다. 피변은 순백색으로 만든 복장이므로 제사에서 사용할 수 없다. 사는 현단을 착용하고 하나의 묘(廟)에서 제사를 지내고, 조복을 착용하고서 협제(祫祭)[8]를 지내게 되며, 대부는 조복을 착용하고 하나의 묘(廟)에서 제사를 지내고, 작변을 착용하고서 협제를 지내게 된다. 조복 이상의 복장이 되면 작변이 된다. 그렇기 때문에 『예기』를 기록한 자는 사가 작변을 착용할 수 있다고 허용

---

6) 간협(干祫)은 해당 묘(廟)가 없는 상태에서 지내는 협(祫)제사를 뜻한다. 협제사는 본래 선조의 신주(神主)들을 태묘(太廟)에 모두 모셔두고서 지내는 제사이다. '간협'은 이러한 협제사에서 파생된 특별한 용례에 해당한다. '간협'의 '간(干)'자는 "비다[空]." 또는 "뜻을 묻는다."라는 뜻으로 풀이되기도 한다. 공(空)자의 뜻으로 풀이하는 경우에는 본래 협제사를 지내는 태묘(太廟)가 없기 때문에, 태묘가 없다는 뜻에서 '간협'이라는 명칭이 붙었다는 주장이다. 이때에는 태묘가 없는 대신 제단을 쌓아서 지냈다고 한다. 한편 "뜻을 묻는다."는 뜻으로 풀이하면, 본래 협제사는 제후 이상의 신분만 지내는 제사인데, 대부(大夫) 등이 협제사를 지내게 되면, 자신보다 상위 계층의 예법을 빌려서 사용하는 것이므로, 그가 속한 군주에게 그 의사를 묻고서 지내게 된다. 그렇기 때문에 '간협'이라는 명칭이 붙었다는 주장이다. 『예기』「대전(大傳)」편에는 大夫士有大事, 省於其君, <u>干祫</u>及其高祖."라는 기록이 있고, 이에 대한 정현의 주에서는 "干, 猶空也. 空祫, 謂無廟祫祭之於壇墠."이라고 풀이했으며, 손희단(孫希旦)의 『집해(集解)』에서는 "干者, 自下而進取乎上之意, 祫本諸侯以上之禮, 而大夫士用之, 故曰干祫."이라고 풀이했다.

7) 은제(殷祭)는 성대한 제사를 뜻한다. 3년마다 지내는 협(祫)제사와 5년마다 지내는 체(禘)제사 등을 '은제'라고 부른다. 『예기』「증자문(曾子問)」편에는 "孔子曰, 有君喪服於身, 不敢私服, 又何除焉. 於是乎有過時, 而弗除也. 君之喪服除, 而后<u>殷祭,</u> 禮也."라는 용례가 있다.

8) 협제(祫祭)는 협(祫)이라고도 부른다. 신주(神主)들을 태조(太祖)의 묘(廟)에 모두 모셔놓고 지내는 제사이다. 『춘추공양전』「문공(文公) 2년」에 "八月, 丁卯, 大事于大廟, 躋僖公, 大事者何. 大祫也. 大祫者何. 合祭也, 其合祭奈何. 毁廟之主, 陳于大祖."라는 기록이 있다.

을 하고자 했던 것이다. 만약 정현의 주장대로라면 대부는 여전히 작변을 착용할 수 없는데, 갑작스럽게 사에게만 허용을 한 것이 되므로, 아마도 그렇지 않았을 것이다.

• 제 32 절 •

창구(鬯臼) · 저(杵) · 비(枇) · 필(畢)의 규정

【500d~501a】

鬯臼以椈, 杵以梧. 枇以桑, 長三尺, 或曰五尺. 畢用桑, 長三尺, 刊其柄與末.

직역 鬯臼는 椈으로써 하며, 杵는 梧로써 한다. 枇는 桑으로써 하니, 長은 三尺이고, 或은 曰 五尺이라. 畢은 桑을 用하고, 長은 三尺이며, 그 柄과 末은 刊한다.

의역 울창주를 만들 때, 울금초를 찧는 절구는 측백나무로 만들며, 공이는 오동나무로 만든다. 주인이 희생물의 몸체를 들어 올릴 때 사용하는 비(枇)는 뽕나무로 만드는데, 그 길이는 3척(尺)이며, 혹은 5척으로 만들었다고도 한다. 주인이 비(枇)를 사용할 때 실무를 맡아보는 자는 필(畢)을 이용해서 그 일을 돕는데, 필(畢)은 뽕나무로 만들고, 그 길이는 3척이며, 자루와 끝은 깎아내서 만든다.

集說 鬯, 鬱鬯也. 椈, 柏也. 擣鬱鬯者, 以柏木爲臼, 梧木爲杵. 柏香芳而梧潔白, 故用之. 牲體在鑊, 用枇升之以入鼎, 又以枇自鼎載之入俎, 主人舉肉之時, 執事者則以畢助之舉. 此二器, 吉祭以棘木爲之, 喪祭則用桑木. 畢之柄與末加刊削, 枇亦必然也.

번역 '창(鬯)'은 울창주를 뜻한다. '국(椈)'은 측백나무[柏]를 뜻한다. 울창주의 재료가 되는 울금초를 찧을 때에는 측백나무로 절구[臼]를 만들고, 오동나무[梧]로 공이[杵]를 만든다. 측백나무는 향긋한 냄새가 나고 오동나무는 희고 깨끗하기 때문에 사용한다. 희생물의 몸체가 가마솥[鑊]에 있을 때에는 비(枇)를 이용해 건져서 솥[鼎]에 담고, 또 비(枇)를 이용해서 정

(鼎)으로부터 도마[俎]에 올리니, 주인이 고기를 들어 올릴 때, 일을 맡아보는 자는 필(畢)을 이용해서 들어 올리는 일을 돕는다. 이 두 기물은 길제(吉祭)에서는 가시나무를 이용해서 만드는데, 상제(喪祭)인 경우라면 뽕나무를 이용해서 만든다. 필(畢)의 자루와 끝은 깎아내는 공정을 더하니, 비(枇) 또한 반드시 이처럼 만든다.

鄭注 所以擣鬱也. 椈, 柏也. 枇, 所以載牲體者. 此謂喪祭也. 吉祭, 枇用棘. 畢, 所以助主人載者. 刊, 猶削也.

번역 앞의 도구는 울금초를 찧는 것들이다. '국(椈)'은 측백나무[柏]를 뜻한다. '비(枇)'는 희생물의 몸체를 들어 올리는 도구이다. 이것은 상제(喪祭)에 대한 내용이다. 길제(吉祭)인 경우라면 비(枇)는 가시나무를 사용해서 만든다. '필(畢)'은 주인이 희생물의 몸체를 들어 올리는 것을 돕는 기구이다. '간(刊)'자는 "깎는다[削]."는 뜻이다.

釋文 擣, 丁老反. 枇音匕, 本亦作朼, 音同, 注同. 長, 直亮反, 下同. 刊, 苦干反. 柄, 兵命反.

번역 '擣'자는 '丁(정)'자와 '老(로)'자의 반절음이다. '枇'자의 음은 '匕(비)'이며, 판본에 따라서는 또한 '朼'자로도 기록하는데, 그 음은 동일하며, 정현의 주에 나오는 글자도 그 음이 이와 같다. '長'자는 '直(직)'자와 '亮(량)'자의 반절음이며, 아래문장에 나오는 글자도 그 음이 이와 같다. '刊'자는 '苦(고)'자와 '干(간)'자의 반절음이다. '柄'자는 '兵(병)'자와 '命(명)'자의 반절음이다.

孔疏 ●"暢臼"至"與末". ○正義曰: 此一節明吉凶暢及枇畢之義, 各隨文解之. 暢, 謂鬱鬯也者.

번역 ●經文: "暢臼"~"與末". ○이곳 문단은 길흉에 따라 울금초를 찧는 도구 및 비(枇)와 필(畢)의 뜻을 나타내고 있으니, 각각의 문장에 따라 풀이하겠다. '창(鬯)'은 울창주를 뜻한다.

孔疏 ●"臼以椈, 杵以梧"者, 謂擣鬯所用也. 椈, 柏也. 梧, 桐也. 謂以柏爲臼, 以桐爲杵, 擣鬱鬯用柏臼桐杵, 爲柏香, 桐絜白, 於神爲宜.

번역 ●經文: "臼以椈, 杵以梧". ○울금초를 찧을 때 사용하는 기구들이다. '국(椈)'은 측백나무[柏]를 뜻한다. '오(梧)'는 오동나무[桐]를 뜻한다. 즉 측백나무로 절구를 만들고 오동나무로 공이를 만든다는 뜻으로, 울금초를 찧을 때 측백나무로 만든 절구와 오동나무로 만든 공이를 사용하는 것은 측백나무는 향긋하고 오동나무는 깨끗하여, 신령에게 바칠 술을 만들 때 합당하기 때문이다.

孔疏 ◎注"椈, 柏也". ○正義曰: "椈, 柏", 爾雅·釋木文.

번역 ◎鄭注: "椈, 柏也". ○정현이 "'국(椈)'은 측백나무[柏]를 뜻한다."라고 했는데, 이것은 『이아』「석목(釋木)」편의 문장이다.[1]

孔疏 ●"枇以桑, 長三尺, 或曰五尺", 枇者, 所以載牲體從鑊, 以枇升入於鼎, 從鼎以枇載之於俎.

번역 ●經文: "枇以桑, 長三尺, 或曰五尺". ○'비(枇)'는 희생물을 가마솥[鑊]으로부터 꺼낼 때 비(枇)를 이용해 들어 올려서 솥[鼎]에 넣으며, 정(鼎)에서 꺼낼 때 비(枇)를 이용해 꺼내어 도마[俎]에 올리는 것이다.

孔疏 ◎注"此謂"至"用棘". ○正義曰: 知"謂喪祭也"者, 以其用桑, 故知喪祭也. 云"吉祭, 枇用棘"者, 特牲記云"枇用棘心", 是也.

---

1) 『이아』「석목(釋木)」: 柏, 椈.

번역 ◎鄭注: "此謂"~"用棘". ○정현이 "상제(喪祭)를 뜻한다."라고 했는데, 이 말이 사실임을 알 수 있는 이유는 뽕나무로 만든다고 했기 때문에, 상제에 해당함을 알 수 있다. 정현이 "길제(吉祭)인 경우라면 비(枇)는 가시나무를 사용해서 만든다."라고 했는데, 『의례』「특생궤식례(特牲饋食禮)」편의 기문(記文)에서 "비(枇)는 가시나무의 단단한 목심을 사용해서 만든다."[2)]라고 한 말이 이러한 사실을 나타낸다.

孔疏 ●"畢用桑, 長三尺, 刊其柄與末", 主人擧肉之時, 則以畢助主人擧肉. "用桑"者, 亦喪祭故也. "刊其柄與末", 謂畢末頭亦刊削之. 畢旣如此, 枇亦當然, 若吉時亦用棘.

번역 ●經文: "畢用桑, 長三尺, 刊其柄與末". ○주인이 희생물의 고기를 들어 올릴 때라면, 필(畢)을 이용해서 주인이 고기 들어 올리는 일을 돕는다. 경문의 "用桑"에 대하여. 이 또한 상제(喪祭)에 해당하기 때문이다. 경문의 "刊其柄與末"에 대하여. 필(畢)의 끝부분을 또한 깎아낸다는 뜻이다. 필(畢)을 이미 이처럼 만든다고 했으니, 비(枇) 또한 마땅히 이처럼 만드는데, 길한 때에 사용하는 것이라면 또한 가시나무로 만든다.

訓纂 聶氏三禮圖曰: 舊圖疏匕, 亦形如飯▼(臼+禾), 以棘爲之, 長二尺四寸, 葉長八寸, 博三寸, 其柄葉通疏, 皆丹漆之. 案"挑匕"注云"此亦淺升, 爲之通疏其葉", 似失之矣. 舊圖挑匕, 漆柄末及淺升中皆朱, 柄葉長短廣狹與疏匕同.

번역 섭씨의 『삼례도』에서 말하길, 옛 도설에서 '소비(疏匕)'는 또한 그 형태가 숟가락과 유사한데, 가시나무로 만들며, 길이는 2척(尺) 4촌(寸)이고, 뜨는 부분의 길이는 8촌이며, 너비는 3촌이고, 자루와 끝에 튀어나온 부분은 조각이 연속되어 이어져 있는데, 모두 단색의 옻칠을 한다. 살펴보니 '도비(挑匕)'에 대한 주에서는 "이 또한 얕은 것을 뜰 때 사용하는 천승

---

2) 『의례』「특생궤식례(特牲饋食禮)」: 鉶芼用苦若薇, 皆有滑, 夏葵, 冬苣. 棘心匕, 刻.

(淺升)으로, 끝에 튀어나온 부분은 조각이 연속되어 이어지도록 만든다."라고 했는데, 아마도 잘못 기술한 것 같다. 옛 도설에서 '도비(挑匕)'는 자루의 끝과 천승(淺升)의 가운데를 모두 주색으로 만들고, 자루의 길이와 폭은 소비(疏匕)와 동일하다고 했다.

訓纂 三禮圖云: 畢似天畢, 以載牲體.

번역 『삼례도』에서 말하길, '필(畢)'은 하늘에 떠 있는 필성(畢星)과 유사하게 생겼으니, 이것을 이용해서 희생물의 몸체를 들어 올린다.

訓纂 聶氏圖曰: 舊圖葉博三寸, 中鏤去一寸, 柄長二尺四寸, 漆其柄末及兩葉皆朱. 臣崇義按, 畢·朼二制, 禮有明文. 喪祭用桑, 取其同名, 表有哀素. 吉祭用棘, 取其赤心. 若皆漆而丹之, 則亡哀素之情, 弃赤心之敬, 旣無所法, 實謂不經.

번역 섭씨의 『삼례도』에서 말하길, 옛 도설에서 튀어나온 부분의 너비는 3촌(寸)이고, 가운데는 뚫어서 1촌을 덜어내고, 자루의 길이는 2척(尺) 4촌이며, 자루의 끝과 양쪽의 튀어나온 부분은 옻칠을 하여 모두 주색으로 만든다고 했다. 내가 생각해보니, 필(畢)과 비(朼)에 대한 제도는 『예기』에 명확한 기록이 있다. 상제(喪祭)에서 사용하는 것은 뽕나무를 이용해서 만든다고 했으니, 명칭이 같은 것에서 의미를 취하여, 애통하고 소박함을 나타낸다. 길제(吉祭)에 사용하는 것은 가시나무를 이용해서 만든다고 했으니, 한결같은 마음에서 의미를 취한 것이다. 만약 이 모두에 대해서 옻칠을 하여 단색으로 만든다면, 애통하고 소박한 정감을 잃게 되고, 한결같은 마음의 공경스러움도 버리게 되므로, 이미 법식으로 삼을 것이 없으니, 진실로 기준의 예법으로 삼을 수 없다.

集解 愚謂: 此言"暢"·"臼"及"杵", 亦謂喪事之所用者. 周禮肆師, "大泓以鬯, 則築鬻." 鬯人, "大喪之大泓", "共其釁鬯".

번역 내가 생각하기에, 이곳에서는 '창(暢)'과 '구(臼)' 및 '저(杵)'를 말했는데, 이것들은 또한 상사(喪事)에 사용되는 것들을 뜻한다. 『주례』「사사(肆師)」편에서는 "시신을 씻길 때에는 울금초를 끓인 물을 사용하니, 울금초를 다진다."[3]라고 했다. 그리고 「창인(鬯人)」편에서는 "대상(大喪)에 사용되는 울금초 끓인 물을 담당한다."라고 했고, "시신에 울창주 바르는 일에 공급한다."라고 했다.[4]

---

3) 『주례』「춘관(春官) · 사사(肆師)」: 大喪, 大渳以鬯, 則築鬻.
4) 『주례』「춘관(春官) · 창인(鬯人)」: 大喪之大渳, 設斗, 共其釁鬯.

그림 32-1 ▣ 비(枇: =朼)와 필(畢)

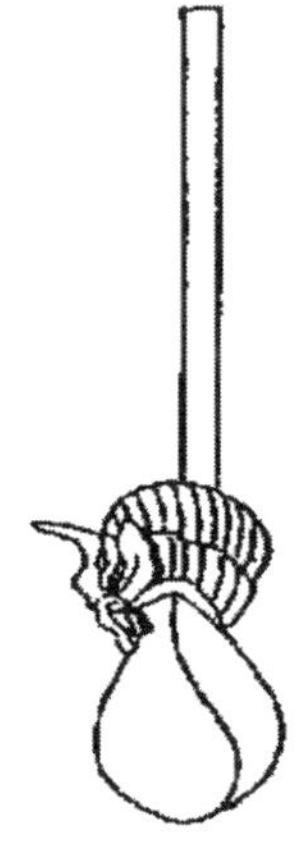

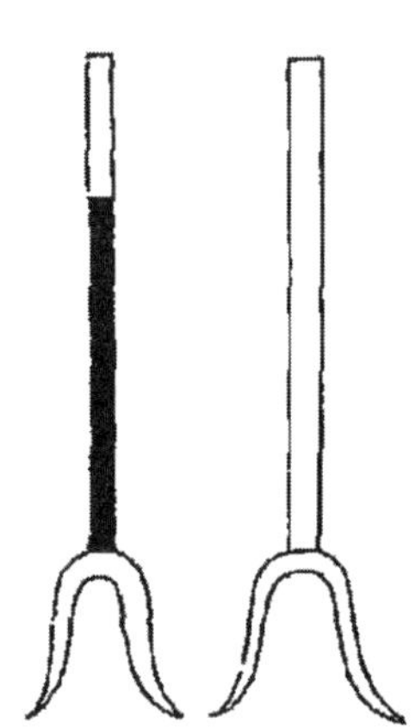

※ **출처:**『삼례도집주(三禮圖集注)』13권

그림 32-2 ▣ 확(鑊)과 조(俎)

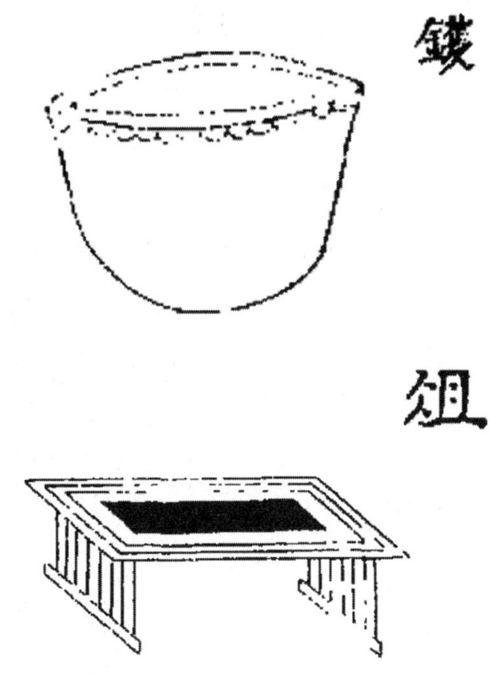

※ **출처:** 확-『삼재도회(三才圖會)』「기용(器用)」 2권
조-『육경도(六經圖)』 6권

그림 32-3 ▣ 정(鼎)

鼎

※ **출처:** 『삼재도회(三才圖會)』「기용(器用)」 1권

그림 32-4 ▣ 소비(疏匕)와 도비(挑匕)

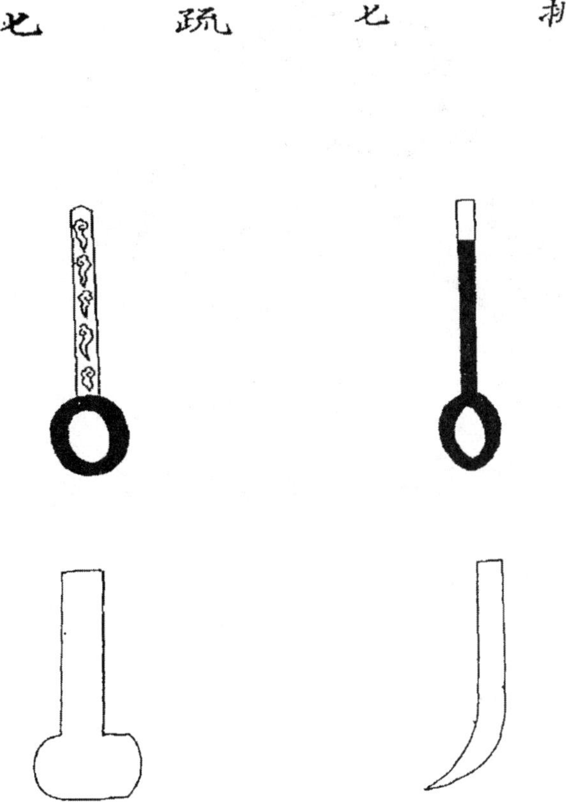

※ **출처:** 상단-『삼례도집주(三禮圖集注)』 13권
하단-『삼례도(三禮圖)』 4권

그림 32-5 ▣ 필성(畢星)

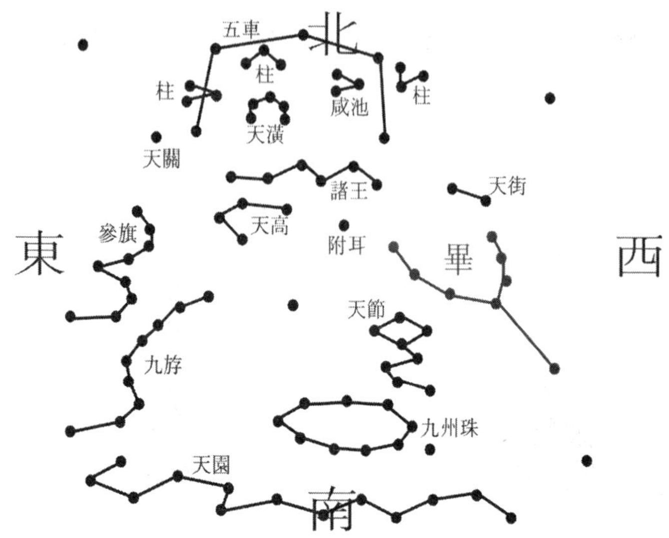

※ 출처: 『삼재도회(三才圖會)』「천문(天文)」 2권

• 제 33 절 •

율대(率帶)의 규정

【501a】

率帶, 諸侯大夫皆五采, 士二采.

직역 率帶는 諸侯와 大夫는 皆히 五采이고, 士는 二采이다.

의역 시신에게 옷을 입힌 뒤 결속하는 율대(率帶)의 경우, 제후와 대부는 모두 다섯 가지 채색을 넣어서 장식을 하고, 사는 두 가지 채색을 넣어서 장식을 한다.

集說 率, 與繂同, 死者著衣畢而加此帶, 謂之繂者, 但襵帛邊而熨殺之, 不用箴線也, 以五采飾之. 士喪禮緇帶. 此二采, 天子之士也.

번역 '율(率)'자는 동아줄을 뜻하는 '율(繂)'자와 같으니, 죽은 자에 대해 의복을 모두 입힌 뒤에는 이러한 띠를 이용해서 묶게 되므로, 이것을 '율(繂)'이라고 부르는데, 비단의 가장자리를 접고 붙여서 줄이게 되며, 바느질을 하지 않고, 다섯 가지 채색으로 장식을 한다. 『의례』「사상례(士喪禮)」편에서는 치대(緇帶)를 사용한다고 했다. 따라서 이곳에서 두 가지 채색을 한다고 한 것은 천자에게 소속된 사 계층을 뜻한다.

大全 山陰陸氏曰: 言大夫以上, 襲尸, 其帶皆以五采, 絲率之, 卽非襲尸無率也. 據士練帶率下辟.

번역 산음육씨가 말하길, 대부로부터 그 이상의 계급은 시신에 대해 습(襲)[1]을 할 때 그 띠는 모두 다섯 가지 채색이 들어간 것으로 하며, 실로 양쪽을 꿰매게 되니, 시신에게 습(襲)을 할 때가 아니라면 양쪽을 꿰매는 일이 없다. 이것은 "사의 허리띠는 명주를 이용해서 만드는데, 홑겹으로 만들어서 양쪽 끝부분을 꿰매며, 늘어뜨리는 끈에만 가선을 두른다."[2]는 기록에 근거한 것이다.

鄭注 此謂襲尸之大帶, 率, 繂也. 繂之不加箴功. 大夫以上, 更飾以五采, 士以朱·綠. 襲事成於帶, 變之, 所以異於生.

번역 이것은 시신에게 습(襲)을 할 때 사용하는 큰 띠를 뜻하는데, '율(率)'자는 동아줄[繂]이다. 율(繂)에는 바느질하는 공정을 첨가하지 않는다. 대부로부터 그 이상의 계층은 재차 다섯 가지 채색으로 장식을 하고, 사는 주색과 녹색으로 장식을 한다. 습(襲)을 하는 일은 띠를 결속하는 것에서 완성되는데, 그 모양에 변화를 주는 것은 살아있을 때와는 다르게 하기 때문이다.

釋文 率帶, 上音律, 下音帶, 本亦作帶. 繂音律. 箴, 之金反.

번역 '率帶'에서의 '率'자는 그 음이 '律(률)'이며, '帶'자는 그 음이 '帶(대)'이고, 판본에 따라서는 또한 '帶'자로도 기록한다. '繂'자의 음은 '律(률)'이다. '箴'자는 '之(지)'자와 '金(금)'자의 반절음이다.

孔疏 ●"率帶"至"二采". ○正義曰: 此謂尸襲竟而著此帶也. 率謂爲帶也. 但攝帛邊而熨殺之, 不加箴功, 異於生也. 以五采飾之, 亦異於生也. 大夫與諸侯同, 而士二采, 並異於生, 而尊者可同也. 然此士, 天子之士也. 諸侯之士則緇帶, 故士喪禮緇帶.

---

1) 습(襲)은 시신에 옷을 입히는 의식 절차이다. 한편 시신에 입히는 옷 자체도 '습'이라고 불렀다.

2) 『예기』「옥조(玉藻)」【384c】: 士練帶, 率下辟.

번역 ●經文: "率帶"~"二采". ○이곳 문장은 시신에 대한 습(襲)이 끝나면 이러한 띠를 채운다는 뜻이다. '율(率)'은 띠로 만든 것을 뜻한다. 다만 비단의 가장자리를 접고 붙여서 줄이게 되며, 바느질하는 공정을 가미하지 않아서, 살아있는 사람이 사용하는 것과 차이를 둔다. 다섯 가지 채색으로 장식하는 것 또한 살아있는 사람이 사용하는 것과의 차이점이다. 대부와 제후는 동일하게 제작하는데, 사는 두 가지 채색을 사용하니, 이 모두는 살아있는 사람이 사용하는 것과 차이를 두지만, 존귀한 자는 동일하게 따를 수 있음을 뜻한다. 그런데 이곳에 나온 '사(士)'는 천자에게 소속된 사를 뜻한다. 제후에게 소속된 사의 경우라면 검은색으로 띠를 만든다. 그렇기 때문에 『의례』「사상례(士喪禮)」편에서는 치대(緇帶)를 사용한다고 했던 것이다.[3]

孔疏 ◎注"此謂"至"於生". ○正義曰: 知"襲尸之大帶"者, 以吉時大帶, 唯有朱綠玄華, 無五采. 此連上枇·畢用桑之下, 則知此亦喪之大帶. 小斂大斂, 衣數既多, 有絞不可加帶, 故知"襲尸之大帶"也. 以其稱率與大帶同, 故知是大帶也. 云"襲事成於帶, 變之, 所以異於生"者, 鄭以襲衣與生同, 唯帶與生異. 凡襲事著衣畢, 加帶乃成, 故云"襲事成於帶, 變之, 異於生也".

번역 ◎鄭注: "此謂"~"於生". ○정현이 "시신에게 습(襲)을 할 때 사용하는 큰 띠를 뜻한다."라고 했는데, 이 말이 사실임을 알 수 있는 이유는 길한 시기에 사용하는 큰 띠에는 오직 적색과 푸른색으로 만들거나 검은색과 황색으로 만든 것만 있고, 다섯 가지 채색이 들어간 것은 없기 때문이다. 이곳 문장은 앞에 나온 '비(枇)'와 '필(畢)'을 뽕나무로 만든다고 했던 문장 뒤에 연결되어 있으니, 이 내용 또한 상을 치를 때 사용하는 큰 띠에 해당함을 알 수 있다. 소렴(小斂)과 대렴(大斂)을 하며 시신을 감싸는 옷의 수는 이미 많아지게 되어, 묶을 때에는 일반적으로 차는 허리띠를 댈 수 없다.

---

3) 『의례』「사상례(士喪禮)」: 陳服于房中西墉下, 東領, 北上. 爵弁服, 纁裳, 純衣, 緇帶, 韎韐.

그렇기 때문에 이곳에서 말한 것이 "시신에게 습(襲)을 할 때 사용하는 큰 띠를 뜻한다."는 것임을 알 수 있다. 그리고 '율(率)'이라고 부르는 것과 '대대(大帶)'라는 것은 동일하기 때문에 이것이 큰 띠임을 알 수 있다. 정현이 "습(襲)을 하는 일은 띠를 결속하는 것에서 완성되는데, 그 모양에 변화를 주는 것은 살아있을 때와는 다르게 하기 때문이다."라고 했는데, 정현은 시신을 감싸는 옷은 살아있는 사람이 입는 옷과 동일한데, 오직 띠만은 살아있는 사람이 착용하는 것과 차이가 있다고 여겼기 때문이다. 무릇 습(襲)을 하는 일에서는 옷을 입히는 절차가 끝나면 띠로 묶어서 그 일을 완성하게 된다. 그렇기 때문에 "습(襲)을 하는 일은 띠를 결속하는 것에서 완성되는데, 그 모양에 변화를 주는 것은 살아있을 때와는 다르게 하기 때문이다."라고 했다.

集解 此謂大帶之飾也. 率, 讀如左傳"藻率鞞琫"之率, 以采飾物之名也. 凡飾三采者, 以朱·白·蒼, 此二采, 其朱·白與. 生時大帶, 死則用以襲尸, 故於此言之. 鄭氏謂"此襲尸之大帶, 異於生", 非. 士襲變玄端爲稅衣, 以其在內也. 若其在外之服, 皆與生時無異, 何獨於帶而異之?

번역 이 내용은 대대(大帶)의 장식을 뜻한다. '율(率)'자는 『좌전』에서 "옷을 받치기 위해 가죽으로 만든 조율(藻率), 칼집의 윗부분을 장식한 비(鞞), 칼집의 아랫부분을 장식한 봉(琫)이다."[4]라고 했을 때의 '율(率)'처럼 해석하니, 채색으로 사물을 장식했을 때 쓰는 명칭이다. 무릇 세 가지 채색으로 장식을 할 때에는 주색·백색·푸른색을 사용하니, 이곳에서 두 가지 채색이라고 한 것은 아마도 주색과 백색을 뜻할 것이다. 생전에 차는 대대(大帶)의 경우, 그 자가 죽게 되면 이것을 사용해서 시신에 대한 습(襲)을 한다. 그렇기 때문에 여기에서 그 사실을 언급한 것이다. 그런데 정현은 "이것은 시신에게 습(襲)을 하는 대대(大帶)이며, 살아있는 자가 쓰는 것과 다르게 한다."라고 설명을 했으니, 잘못된 주장이다. 사가 습(襲)을 할 때

---

4) 『춘추좌씨전』「환공(桓公) 2년」: 藻率·鞞·鞛, 鞶·厲·游·纓, 昭其數也.

현단(玄端)을 바꿔서, 세의(稅衣)로 삼는 것은 그것이 안에 착용하는 것이기 때문이다. 만약 겉에 착용시키는 의복이라면 모두 생전에 사용하는 것과 차이가 없는데, 어떻게 대(帶)에 있어서만 차이를 두었겠는가?

그림 33-1 ▣ 허리띠 : 대(帶) · 혁대(革帶) · 대대(大帶)

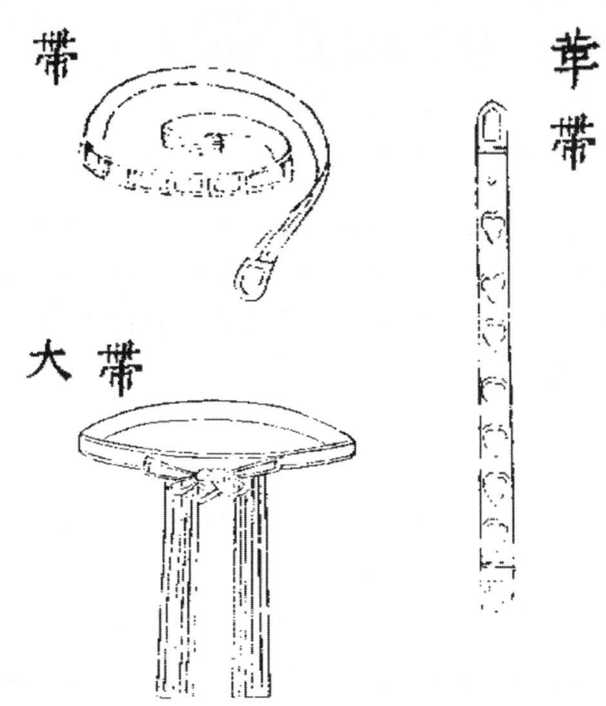

◎ 혁대(革帶): 가죽으로 만든 허리띠로, 대(帶)와 혁대는 옷과 연결하여 결속함
대대(大帶): 주로 예복(禮服)에 착용하는 것으로, 혁대에 결속함

※ **출처:** 『삼재도회(三才圖會)』「의복(衣服)」 2권

• 제 34 절 •

부장품들을 넣는 절차

【501b】

醴者, 稻醴也. 甕甒筲衡實見閒, 而后折入.

직역 醴者는 稻醴이다. 甕 · 甒 · 筲 · 衡은 見閒에 實하고, 后에 折을 入한다.

의역 단술은 쌀로 빚은 단술로 준비한다. 식초나 장을 담는 옹(甕), 단술을 담는 무(甒), 서직(黍稷)을 담는 소(筲), 이것들을 받치는 틀인 항(桁)은 관 밖에 씌운 간(見)과 외관(外棺) 사이에 채우고, 그런 뒤에 항석(抗席)을 받치는 절(折)을 외관 위에 올린다.

集說 此言葬時所藏之物. 稻醴, 以稻米爲醴也. 甕甒, 皆瓦器, 甕盛醯醢, 甒盛醴酒. 筲, 竹器, 以盛黍稷. 衡, 讀爲桁, 以木爲之, 所以庋擧甕甒之屬也. 見, 棺衣也. 言此甕甒筲衡實於見之外椁之內. 而后折入者, 折形如床而無足, 木爲之, 直者三, 橫者五, 窆事畢, 而後加之壙上, 以承抗席也.

번역 이 내용은 장례를 치를 때 함께 부장하는 사물을 뜻한다. '도례(稻醴)'는 쌀로 만든 단술이다. '옹(甕)'과 '무(甒)'는 모두 옹기로 만든 그릇으로, 옹(甕)으로는 식초나 육장을 담고 무(甒)로는 단술을 담는다. '소(筲)'는 대나무로 만든 그릇으로 이것으로 서직(黍稷)을 담는다. '형(衡)'자는 '항(桁)'자로 풀이하니, 나무로 만들게 되며, 옹(甕)이나 무(甒) 등을 받쳐주는 도구이다. '간(見)'은 관에 입히는 천이다. 즉 이러한 옹(甕) · 무(甒) · 소(筲) · 항(桁)은 관에 씌운 천 겉과 외관 안에 채운다는 뜻이다. "그 이후에 절(折)을 들인다."고 했는데, '절(折)'은 그 모습이 평상과 같지만 다리가 없는 것이며, 나무로 만들고, 세로로 된 것이 3개이고 가로로 된 것이 5개이며, 하관하는 일이 끝나면, 그 이후에 구덩이 위에 얹고, 이것을 통해 항석(抗席)을 받치게 한다.

鄭注 此謂葬時藏物也. 衡, 當爲桁, 所以庪甕·甒之屬, 聲之誤也. 實見間, 藏於見外·槨內也. 折, 承席也.

번역 이것은 장례를 치를 때 함께 매장하는 사물들을 뜻한다. '형(衡)'자는 마땅히 '항(桁)'자로 풀이하니, 옹(甕)이나 무(甒) 등을 받치는 도구인데, 소리가 비슷해서 생긴 오류이다. '실간간(實見間)'은 관의 겉 장식과 외관(外棺) 안에 보관한다는 뜻이다. '절(折)'은 석(席)을 받치는 것이다.

釋文 甕, 於貢反, 盛醯醢之器. 甒音武, 瓦器. 筲, 所交反, 竹器. 衡, 依注作桁, 戶剛反, 徐戶庚反, 庪也. 見音間廁之間, 棺衣也, 注同. 間如字, 注同, 徐古莧反. 一解云: 鄭合見·間二字, 共爲庪字, 音古辯反. 折, 之設反, 注同, 形如牀, 無足也. 庪, 九委反, 又九僞反, 徐居綺反, 字亦作庋, 同.

번역 '甕'자는 '於(어)'자와 '貢(공)'자의 반절음이며, 식초나 장을 담는 그릇이다. '甒'자의 음은 '武(무)'이니, 옹기로 만든 그릇이다. '筲'자는 '所(소)'자와 '交(교)'자의 반절음이며, 대나무로 만든 그릇이다. '衡'자는 정현의 주에 따르면 '桁'자가 되니, 그 음은 '戶(호)'자와 '剛(강)'자의 반절음이고, 서음(徐音)은 '戶(호)'자와 '庚(경)'자의 반절음이며, 시렁을 뜻한다. '見'자의 음은 '간측(間廁)'이라고 할 때의 '間'자이니, 관에 씌우는 천으로, 정현의 주에 나오는 글자도 그 음이 이와 같다. '間'자는 글자대로 읽으며, 정현의 주에 나오는 글자도 그 음이 이와 같은데, 서음은 '古(고)'자와 '莧(현)'자의 반절음이다. 한편으로는 정현이 見자와 間자를 합쳐 보아서 모두 시렁을 뜻하는 글자로 해석했다고 풀이하기도 하며, 그 때의 음은 '古(고)'자와 '辯(변)'자의 반절음이다. '折'자는 '之(지)'자와 '設(설)'자의 반절음이며, 정현의 주에 나오는 글자도 그 음이 이와 같고, 그 형태는 평상과 같은데,

다리가 없다. '庪'자는 '九(구)'자와 '委(위)'자의 반절음이고, 또한 '九(구)'자와 '僞(위)'자의 반절음도 되며, 서음은 '居(거)'자와 '綺(기)'자의 반절음이고, 그 글자는 또한 '庋'자로도 기록하는데, 그 음은 동일하다.

孔疏 ●"醴者"至"折入". ○正義曰: 此一經是送葬所藏之物.

번역 ●經文: "醴者"~"折入". ○이곳 경문은 장례를 전송할 때 함께 부장하는 사물을 나타내고 있다.

孔疏 ●"醴者, 稻醴也"者, 言此醴是稻米所爲.

번역 ●經文: "醴者, 稻醴也". ○여기에서 말한 단술은 쌀로 빚어서 만든 술이라는 뜻이다.

孔疏 ●"甕"者, 盛醯·醢.

번역 ●經文: "甕". ○식초나 장을 담는 그릇이다.

孔疏 ●"甒"者, 盛醴·酒.

번역 ●經文: "甒". ○오제(五齊)[1]나 삼주(三酒)[2]를 담는 그릇이다.

---

1) 오제(五齊)는 술의 맑고 탁한 정도에 따라서 다섯 가지 등급으로 분류한 술을 뜻한다. 또한 술을 범칭하는 용어로도 사용된다. 다섯 가지 술은 범제(泛齊), 례제(醴齊), 앙제(盎齊), 제제(緹齊), 침제(沈齊)를 가리킨다. 『주례』「천관(天官)·주정(酒正)」편에는 "辨五齊之名, 一曰泛齊, 二曰醴齊, 三曰盎齊, 四曰緹齊, 五曰沈齊."라는 기록이 있다. 각 술들에 대해 설명하자면, 위의 기록에 대한 정현의 주에서는 "泛者, 成而滓浮泛泛然, 如今宜成醪矣. 醴猶體也, 成而汁滓相將, 如今恬酒矣. 盎猶翁也, 成而翁翁然, 蔥白色, 如今酇白矣. 緹者, 成而紅赤, 如今下酒矣. 沈者, 成而滓沈, 如今造清矣. 自醴以上尤濁, 縮酌者. 盎以下差清. 其象類則然, 古之法式未可盡聞. 杜子春讀齊皆爲粢. 又禮器曰, '緹酒之用, 玄酒之尚.' 玄謂齊者, 每有祭祀, 以度量節作之."라고 풀이했다. 즉 '범제'는 술이 익고 나서 앙금이 둥둥 떠 있는 것으로 정현 시대의 의성료(宜

孔疏 ●"筲"者, 盛黍·稷.

번역 ●經文: "筲". ○서(黍)나 직(稷)을 담는 그릇이다.

孔疏 ●"衡"者, 以大木爲桁, 置於地, 所以庋舉於甕·甒之屬.

번역 ●經文: "衡". ○큰 나무로 항(桁)을 만들고 그것을 땅에 설치하여, 옹(甕)이나 무(甒) 등을 받치는 것이다.

成醪)와 같은 술이고, '례주'는 술이 익고 나서 앙금을 한 차례 걸러낸 것으로 염주(恬酒)와 같은 것이며, '앙제'는 술이 익고 나서 새파란 빛깔을 보이는 것으로 찬백(酇白)과 같은 술이고, '제제'는 술이 익고 나서 붉은 빛깔을 보이는 것으로 하주(下酒)와 같은 술이며, '침제'는 술이 익고 나서 앙금이 모두 가라앉아 있는 것으로 조청(造淸)과 같은 술이다. '범주'는 가장 탁한 술이며, '례주'는 그 다음으로 탁한 술이고, '앙제'부터는 뒤로 갈수록 맑은 술에 해당한다.

2) 삼주(三酒)는 상황에 따라 사용되는 세 가지 술을 뜻한다. 세 가지 술은 사주(事酒), 석주(昔酒), 청주(淸酒)를 가리킨다. 『주례』「천관(天官)·주정(酒正)」편에는 "辨三酒之物, 一曰事酒, 二曰昔酒, 三曰淸酒."라는 기록이 있다. 각 술들에 설명은 주석마다 약간의 차이를 보인다. 위의 기록에 대해서 정현의 주에서는 "鄭司農云, '事酒, 有事而飮也, 昔酒, 無事而飮也, 淸酒, 祭祀之酒.' 玄謂事酒, 酌有事者之酒, 其酒則今之醳酒也. 昔酒, 今之酋久白酒, 所謂舊醳者也. 淸酒, 今中山冬釀接夏而成."이라고 풀이했다. 즉 정사농(鄭司農)의 주장에 따르면, '사주'는 어떤 사안이 있어서 마시게 되는 술을 뜻하고, '석주'는 특별한 일이 없을 때 마시는 술을 뜻하며, '청주'는 제사를 지낼 때 쓰는 술을 뜻한다. 한편 정현의 주장에 따르면, '사주'는 일을 맡아본 자에게 따라주는 술을 뜻하는데, 그 술은 정현 시대의 역주(醳酒)에 해당하고, '석주'는 오래 숙성시킨 술로 백주(白酒)와 같은 것이며, '청주'는 중산(中山) 지역에서 겨울에 술을 담가서 여름쯤 다 익은 술을 뜻한다. 그리고 위의 기록에 대해서 손이양(孫詒讓)의 『정의(正義)』에서는 "三酒之中, 事酒較濁, 亦隨時釀之, 酋繹卽孰. 昔酒較淸, 則冬釀春孰. 淸酒尤淸, 則冬釀夏孰."이라고 풀이했다. 즉 손이양의 주장에 따르면, '사주'는 비교적 탁한 술이며, 또한 수시로 빚은 술을 말하는데, 술독을 열어두어서 곧바로 숙성시키는 술을 뜻한다. '석주'는 비교적 맑은 술이며, 겨울에 빚어서 봄쯤에 다 익는 술을 뜻한다. '청주'는 더욱 맑은 술이며, 겨울에 빚어서 여름쯤에 익는 술을 뜻한다.

孔疏 ●"實見間", 見謂棺外之飾, 言實此甕·甒·筲等於見外·槨內二者之間, 故云"實見間".

번역 ●經文: "實見間". ○'간(見)'은 관 겉에 하는 장식으로, 이러한 옹(甕)·무(甒)·소(筲) 등은 관 겉의 장식 바깥과 외관(外棺)의 안쪽 사이에 채운다는 뜻이다. 그렇기 때문에 "관 겉의 장식 사이에 채운다."라고 했다.

孔疏 ●"而后折入"者, 折謂槨上承席, 實物槨內既畢, 然後以此承席加於槨上.

번역 ●經文: "而后折入". ○'절(折)'자는 외관 위에서 석(席)을 받치는 것을 뜻하니, 이러한 물건들을 외관 안에 넣는 일이 끝나면, 그런 뒤에는 이것으로 석(席)을 받치게 하여 외관 위에 올린다.

孔疏 ◎注"此謂"至"席也". ○正義曰: 知"葬時藏物也"者, 言此甕·甒·筲·衡等葬時所藏之物. 皇氏云: "甕·甒·筲, 明器也. 故實此醴與醯醢之屬." 云"實見間, 藏於見外槨內也"者, 按既夕禮: "乃窆, 藏器於旁, 加見." 注云: "器, 用器·役器也." 見, 棺飾也. 先言"藏器", 乃云"加見"者, "器"在"見"內也. 既夕禮又云: "藏苞·筲於旁." 注云: "於旁者, 在見外也. 不言甕·甒·饌, 相次可知." 知是"藏於見外·槨內"者, 則見內是用器·役器, 見外是明器也. 此是士禮, 略, 實明器耳. 大夫以上, 則兼有人器·明器也. 人器實, 明器虛. 云"折, 承席也"者, 按既夕禮注云: "折猶庪也. 方鑿連木爲之, 蓋如牀, 而縮者三, 横者五, 無簀. 窆事畢, 加之壙上, 以承抗席", 是也.

번역 ◎鄭注: "此謂"~"席也". ○정현이 "장례를 치를 때 함께 매장하는 사물들을 뜻한다."라고 했는데, 이 말이 사실임을 알 수 있는 이유는 여기에서 말한 옹(甕)·무(甒)·소(筲)·항(桁) 등은 장례를 치를 때 함께 부장하는 사물을 뜻하기 때문이다. 황간은 "옹(甕)·무(甒)·소(筲)는 명기(明器)[3]이다. 그렇기 때문에 이러한 단술 및 식초와 장 등을 담는 것이다."라고 했다. 정현이 "'실간간(實見間)'은 관의 겉 장식과 외관(外棺) 안에 보관한다는 뜻이다."라고 했는데, 『의례』「기석례(既夕禮)」편을 살펴보면, "곧 하관을 하면 그 측면에 기물들을 부장하고, 간(見)을 씌운다."[4]라고 했고, 정현의 주에서는 "'기(器)'자는 용기(用器)[5]와 역기(役器)[6]이다."라고 했다. '간(見)'은 관에 하는 장식이다. 앞서 '부장하는 기물'을 언급했고, 이어서 곧 "간(見)을 더한다."라고 했으니, 부장하는 기물은 간(見) 안에 있게 된다. 「기석례」편에서는 또 "포장한 것과 소(筲)를 그 측면에 부장한다."[7]라고 했고, 정현의 주에서는 "측면에 한다는 것은 간(見) 밖에 둔다는 뜻이다. 옹(甕)·무(甒) 및 음식들을 언급하지 않은 것은 그 차례에 따라 알 수 있기 때문이다."라고 했다. 이러한 것들이 바로 "간(見)의 밖과 외관의 안에 부장한다."에 해당함을 알 수 있으니, 간(見)의 내부에 부장하는 것은 용기와 역기가 되고, 간(見) 밖에 부장하는 것은 명기가 된다. 이것은 사에게 적용되는 예법이므로 간략하니, 명기에 채울 따름이다. 대부로부터 그 이상의 계급이라면, 인기(人器)[8]와 명기를 함께 사용한다. 또한 인기는 속을 채워두고 명기는 비워둔다.[9] 정현이 "'절(折)'은 석(席)을 받치는 것이다."

---

3) 명기(明器)는 명기(冥器)라고도 부른다. 장례(葬禮) 때 시신과 함께 매장하는 순장품을 뜻한다.

4) 『의례』「기석례(既夕禮)」: 藏器于旁, 加見, 藏苞·筲于旁. 加折卻之. 加抗席覆之. 加抗木. 實土三, 主人拜鄉人. 卽位. 踊, 襲, 如初.

5) 용기(用器)는 일상적으로 사용하는 기물을 뜻한다. 부장하는 '용기'는 활과 화살, 쟁기, 한 쌍의 돈(敦), 한 쌍의 우(杅), 대야와 물을 따르는 기구 등이다. 『의례』「기석례(既夕禮)」편에는 "用器, 弓矢·耒耜·兩敦·兩杅·槃·匜. 匜實于槃中, 南流."라는 기록이 있고, 이에 대한 정현의 주에서는 "此皆常用之器也."라고 풀이했다.

6) 역기(役器)는 군대에서 사용하는 기물을 뜻한다. 부장하는 '역기'는 갑옷, 투구, 방패, 화살집 등이다. 『의례』「기석례(既夕禮)」편에는 "役器, 甲·冑·干·笮."이라고 했고, 이에 대한 정현의 주에서는 "此皆師役之器."라고 풀이했다.

7) 『의례』「기석례(既夕禮)」: 藏器于旁, 加見, 藏苞·筲于旁. 加折卻之. 加抗席覆之. 加抗木. 實土三, 主人拜鄉人. 卽位. 踊, 襲, 如初.

8) 인기(人器)는 명기(明器)와 대비되는 말로, 제기(祭器)를 뜻한다. 명기는 귀신들이 사용하는 것이므로, 실제로 사용할 수 없는 것들이다. 반면 '인기'는 실제로 사용할 수 있는 것들이다. 『예기』「단궁상(檀弓上)」편에는 "夫明器, 鬼器也. 祭器, 人器也."라는 기록이 있다.

9) 『예기』「단궁상(檀弓上)」【99c】: 宋襄公葬其夫人, 醯醢百甕. 曾子曰: "既曰明

라고 했는데, 「기석례」편에 대한 정현의 주를 살펴보면, "'절(折)'은 시렁이다. 사각형의 틀이 되도록 나무를 연결해서 만들었는데, 그 모양은 평상과 같고, 세로로 3개의 나무를 대고 가로로 5개의 나무를 대며 지지하는 가로대는 없다. 하관하는 일이 끝나면 구덩이 위에 이것을 올려서 항석(抗席)을 받치게 했다."[10]라고 한 말이 바로 이것을 가리킨다.

訓纂 賈氏儀禮疏曰: "見, 棺飾也", 飾則帷荒. 以帷荒加於柩, 柩不復見, 惟見此帷荒, 故名帷荒爲見.

번역 『의례』에 대한 가공언의 소에서 말하길, 정현이 "현(見)은 관을 장식하는 것이다."라고 했는데, 장식이라고 했으니 영구의 측면을 가리는 '유(帷)'와 윗면을 가리는 '황(荒)'을 뜻한다. 유(帷)와 황(荒)은 영구에 장식하여, 영구가 다시 드러나지 않고, 오직 이러한 유(帷)와 황(荒)만 보이기 때문에 유(帷)와 황(荒)을 '현(見)'이라고 부른다.

集解 按: "見"字當音賢徧反.

번역 살펴보니, '見'자는 마땅히 그 음이 '賢(현)'자와 '徧(편)'자의 반절음이다.

集解 愚謂: 此言葬時藏器之法. 醴, 卽所盛於甕者. 醴有黍醴·稻醴·粱醴, 故言此醴是稻醴也. 甕實一觳, 甒實五斗. 筲, 畚屬, 以竹或菅草爲之. 見, 謂棺飾帷荒之屬. 棺在帷荒之內, 而帷荒在外露見, 故因謂之見也. 藏器旣畢, 乃可加折, 故曰"而後折入."

번역 내가 생각하기에, 이 내용은 장례를 치를 때 함께 부장하는 기물에

器矣, 而又實之."

10) 이 문장은 『의례』「기석례(旣夕禮)」편의 "折, 橫覆之."라는 기록에 대한 정현의 주이다.

대한 법도를 뜻한다. '례(醴)'는 옹(甕)에 채우는 술이다. 단술에는 서(黍)로 만든 단술, 쌀로 만든 단술, 량(粱)으로 만든 단술이 있다. 그렇기 때문에 여기에서 말한 단술이 쌀로 빚은 단술이라고 말한 것이다. 옹(甕)에는 1곡(觳)[11]만큼을 채우고, 무(甒)는 5두(斗)[12]만큼을 채운다. '소(筲)'는 짚으로 둥글게 짜서 만든 분(畚)의 부류에 해당하니, 대나무나 골풀 등으로 만든다. '현(見)'은 관에 하는 장식인 유(帷)나 황(荒) 등을 뜻한다. 관은 유(帷)와 황(荒) 내부에 있고, 유(帷)와 황(荒)이 겉으로 드러나기 때문에 그에 따라 '현(見)'이라고 부른다. 기물을 부장하는 일이 끝나면 절(折)을 올릴 수 있기 때문에, "그 이후에 절(折)을 들인다."라고 했다.

---

11) 곡(斛)은 곡(觳)이라고도 기록한다. '곡'은 곡식의 양을 재는 기구이자, 그 수량을 표시하는 단위였다. 지역 및 각 시대마다 다소 차이를 보이는데, 고대에는 10두(斗)가 1곡이었다. 『의례』「빙례(聘禮)」편에는 "十斗曰斛."이라는 기록이 있다.

12) 두(斗)는 곡식 등의 양을 재는 기구이자, 그 수량을 표시하는 단위였다. 지역 및 각 시대마다 다소 차이를 보이는데, 고대에는 10승(升)이 1두였다.

그림 34-1 ■ 옹(甕)

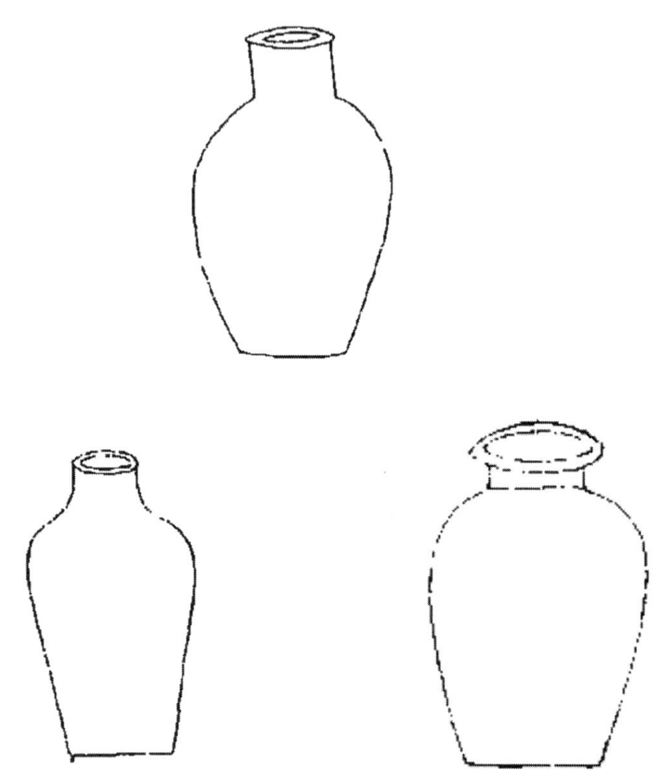

※ 출처: 상단-『삼례도집주(三禮圖集注)』 12권
하좌-『육경도(六經圖)』 6권 ; 하우-『삼재도회(三才圖會)』「기용(器用)」 2권

그림 34-2 ▣ 와무(瓦甒)

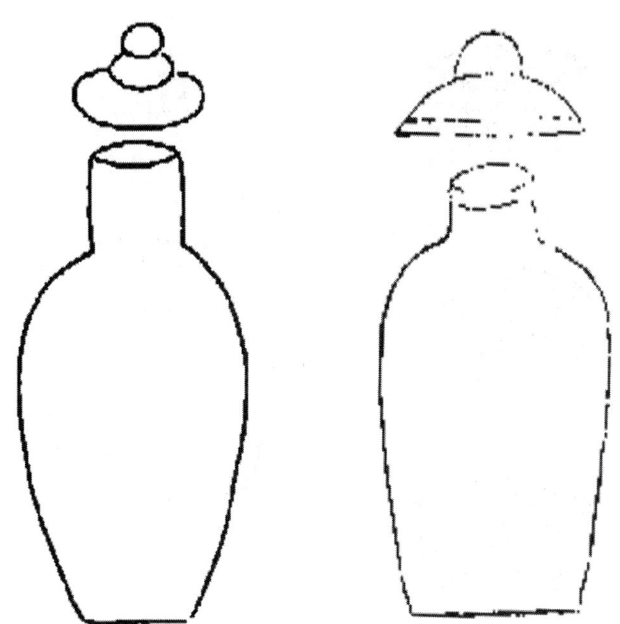

※ **출처:** 우-『삼재도회(三才圖會)』「기용(器用)」 2권
좌-『삼례도집주(三禮圖集注)』 12권

그림 34-3 ▣ 소(筲)

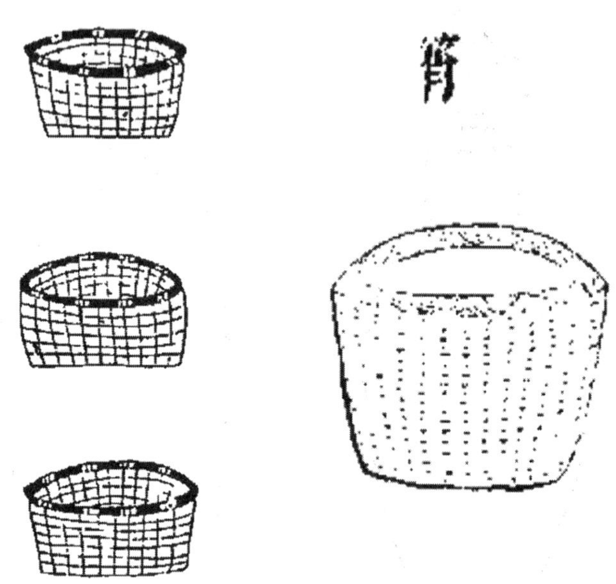

※ 출처: 좌-『삼례도집주(三禮圖集注)』 18권
우-『삼재도회(三才圖會)』「기용(器用)」 2권

그림 34-4 ▣ 항(桁)과 절(折)

折　　　　桁

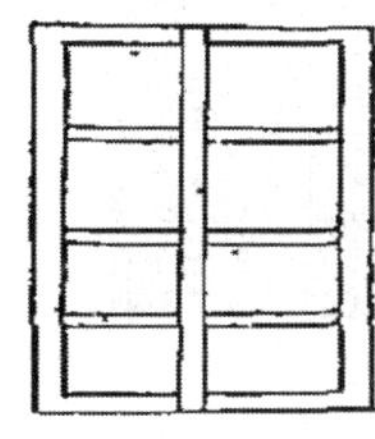

※ **출처:** 『삼례도집주(三禮圖集注)』 18권

그림 34-5 ■ 항목(杭木: =抗木) · 인(茵) · 항석(杭席: =抗席)

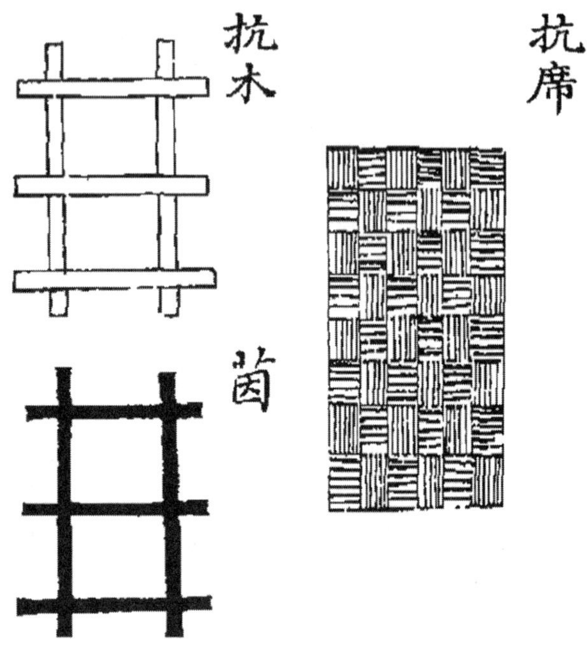

※ 출처: 『삼례도집주(三禮圖集注)』 18권

그림 34-6 ▣ 항목(杭木: =抗木) · 인(茵) · 항석(杭席: =抗席)

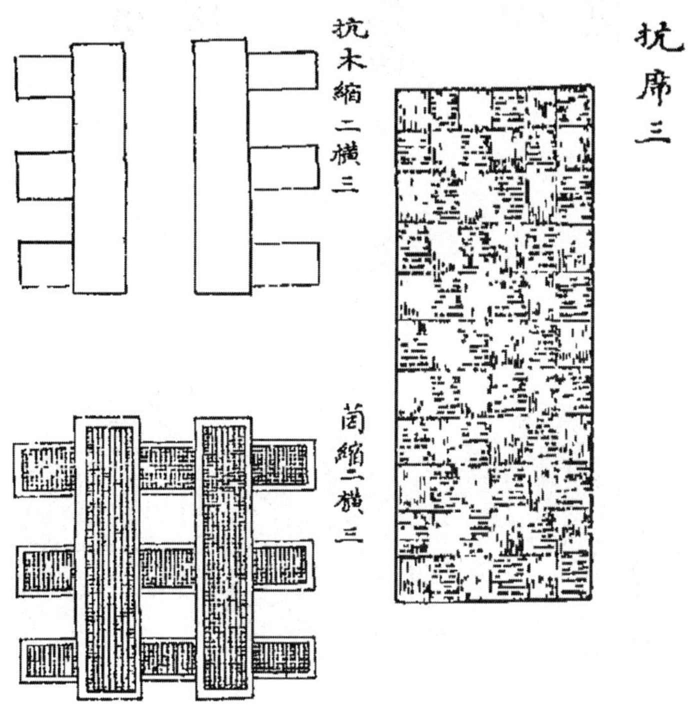

※ **출처:** 『삼례도(三禮圖)』 3권

그림 34-7 ■ 명기(明器)를 운반하는 모습

※ 출처: 『삼재도회(三才圖會)』「의제(儀制)」 7권

• 제 35 절 •

중(重)의 규정

【501c】

重旣虞而埋之.

직역 重은 旣히 虞하고 埋한다.

의역 중(重)은 우제(虞祭)를 끝내고 매장한다.

集說 重, 說見檀弓. 虞祭畢, 埋於祖廟門外之東.

번역 '중(重)'[1]에 대한 설명은 『예기』「단궁」편에 나온다.[2] 우제(虞祭)

---

1) 중(重)은 나무에 구멍을 뚫어서 만든 것으로, 신주(神主)를 만들기 전에, 구멍이 뚫린 나무를 세워서 이것을 신주 대신으로 삼아 제사를 지냈다. 『예기』「단궁하(檀弓下)」편에는 "重, 主道也."라는 기록이 있고, 이에 대한 정현의 주에서는 "始死未作主, 以重主其神也."라고 풀이했다.

2) 『예기』「단궁하(檀弓下)」【113c】에는 "重, 主道也. 殷主綴重焉, 周主重徹焉." 이라는 기록이 있고, 이에 대한 진호(陳澔)의 『집설(集說)』에서는 "禮註云: 士重木長三尺. 始死作重以依神, 雖非主而有主之道, 故曰主道也. 殷禮始殯時, 置重于殯廟之庭, 暨成虞主, 則綴此重而懸於新死者所殯之廟; 周人虞而作主, 則徹重而埋之也."라고 풀이했다. 즉 "『예기』에 대한 정현(鄭玄)의 주(注)에서는 사(士)의 경우 중(重)은 그 길이를 3척(尺)으로 만든다. 어떤 자가 이제 막 죽었을 때, 중(重)을 만들어서 신(神)이 의지하도록 하니, 비록 신주(神主)가 아니더라도, 신주와 같은 도리가 포함되어 있는 것이다. 그렇기 때문에 '주도(主道)'라고 부른 것이다. 은(殷)나라 때의 예법에서는 처음으로 빈소를 차릴 때, 빈소가 차려진 곳 마당에 중(重)을 설치하였고, 우주(虞主)[1]를 완성하게 되면, 이러한 중(重)을 묶어서, 이제 막 죽은 자에 대해 빈소를 마련한 묘(廟)에 매달아 두었고, 주(周)나라 때에는 우제(虞祭)를 지내고 신주(神主)를 만들게 되면, 중(重)을 치워서 매장을 했다."라는 뜻이다.

가 끝나면 조묘(祖廟)의 문밖 동쪽에 매장한다.

鄭注 就所倚處埋之.

번역 신령이 의지하고 있던 장소로 나아가 매장을 한다.

釋文 重, 直龍反. 埋, 亡皆反. 倚, 於倚反. 處, 昌慮反.

번역 '重'자는 '直(직)'자와 '龍(룡)'자의 반절음이다. '埋'자는 '亡(망)'자와 '皆(개)'자의 반절음이다. '倚'자는 '於(어)'자와 '倚(의)'자의 반절음이다. '處'자는 '昌(창)'자와 '慮(려)'자의 반절음이다.

孔疏 ●"重既虞而埋之". ○正義曰: 按既夕禮: "初喪朝禰廟, 重止于門外之西, 不入." 重不入者, 謂將嚮祖廟, 若過之然, 故不入. 明日自禰廟隨至祖廟庭, 厥明將出之時, "重出自道, 道左倚之". 鄭注云: "道左, 主人位." 此注"就所倚之處埋之", 謂於祖廟門外之東也.

번역 ●經文: "重既虞而埋之". ○『의례』「기석례(既夕禮)」편을 살펴보면, "초상에서는 부친의 묘[禰廟]에서 조사(朝事)[3]를 치르게 되면 중(重)은 문밖의 서쪽에 멈추고, 들이지 않는다."[4]라고 했다. 중(重)을 들이지 않는다는 말은 장차 조묘(祖廟)로 향하게 되어, 마치 그곳을 지나간 것처럼 하기 때문에 들이지 않는다. 다음날 아침에는 부친의 묘로부터 조묘의 마당으로 옮겨가게 되고, 다음날 아침 장차 영구가 떠나려고 할 때에 대해서는 "중(重)은 길을 통해 밖으로 나오고, 길의 좌측에 세워둔다."[5]라고 했다.

---

3) 조사(朝事)는 종묘(宗廟)에서 새벽에 지내는 제사를 가리킨다. 『예기』「제의(祭義)」편에는 "建設朝事, 燔燎羶薌."이라는 기록이 있고, 이에 대한 진호(陳澔)의 『집설(集說)』에서는 "朝事, 謂祭之日, 早朝而行之事也."라고 풀이했다.

4) 『의례』「기석례(既夕禮)」: 其二廟, 則饌于禰廟如小斂奠, 乃啓. 朝于禰廟, 重止于門外之西, 東面.

5) 『의례』기석례(既夕禮)」: 甸人抗重出自道, 道左倚之. 薦馬, 馬出自道.

또 정현의 주에서는 "길의 좌측은 주인의 위치가 된다."라고 했다. 그리고 이곳 주석에서는 "의지하고 있던 장소로 나아가 매장한다."라고 했으니, 조묘의 문밖 동쪽을 뜻한다.

集解 愚謂: 鄭知就所倚處埋之者, 士喪禮"重出自道"之後, 無再"入廟"之文, 故知埋重在祖廟門外也.

번역 내가 생각하기에, 정현이 의지하던 장소로 나아가 매장한다는 사실을 알았던 것은 『의례』「사상례(士喪禮)」편에서 "중(重)이 길을 통해 밖으로 나온다."라고 한 기록 이후에 재차 "묘(廟)로 들어간다."라는 기록이 없기 때문에, 중(重)을 매장하는 것이 조묘(祖廟)의 문밖이 된다는 사실을 알았던 것이다.

그림 35-1 ▣ 중(重)

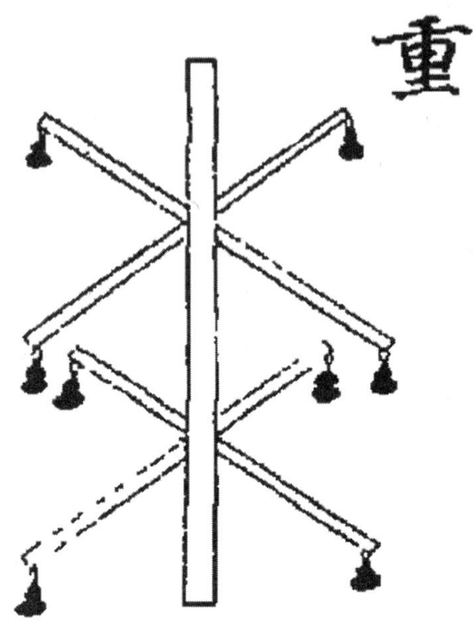

※ **출처:** 『삼례도집주(三禮圖集注)』 17권

• 제 36 절 •

부인들의 작위 결정

【501c】

凡婦人, 從其夫之爵位.

직역 凡히 婦人은 그 夫의 爵位를 從한다.

의역 무릇 부인들의 상사(喪事)를 치를 때, 그 수위는 남편의 작위에 따른다.

集說 治婦人喪事, 皆以夫爵位尊卑爲等降, 無異禮也.

번역 부인의 상사를 치를 때에는 모두 남편의 작위 서열에 따라 등급별로 낮추니, 별도의 예가 없다.

鄭注 婦人無專制, 生禮死事, 以夫爲尊卑.

번역 부인에게는 부인만을 위해 제정된 제도가 없으니, 살아있을 때 적용되는 예법과 죽었을 때 치르는 상사는 남편의 작위에 따라 수위를 정한다.

集解 愚謂: 觀此則謂婦人有受命之法者, 非矣.

번역 내가 생각하기에, 이 기록을 통해 살펴보면, 부인이 명(命)의 등급을 받는 법도가 있다고 하는 말은 잘못된 주장이다.

• 제 37 절 •

소렴(小斂) · 대렴(大斂) · 계빈(啓殯) 때 절하는 방법

【501c】

小斂大斂啓, 皆辯拜.

직역 小斂 · 大斂 · 啓에는 皆히 辯拜한다.

의역 소렴(小斂)과 대렴(大斂) 및 계빈(啓殯)을 할 때, 군주를 제외한 다른 빈객들이 찾아왔다면, 일이 끝날 때까지 기다린 뒤에, 밖으로 나와서 모든 빈객들에게 두루 절을 한다.

集說 禮, 當大斂小斂及啓攢之時, 君來弔, 則輟事而出拜之. 若他賓客至, 則不輟事, 待事畢乃卽堂下之位而徧拜之, 故特擧此三節言之. 若士於大夫, 當事而大夫至, 則亦出拜之也.

번역 예법에 따르면 대렴(大斂)과 소렴(小斂) 및 가매장했던 관을 열 때, 군주가 찾아와서 조문을 하게 된다면, 하던 일을 멈추고 밖으로 나와서 절을 한다. 만약 다른 빈객이 찾아온 경우라면, 하던 일을 멈추지 않고, 일이 끝날 때까지 기다린 뒤에야 당하(堂下)의 자리로 나아가서 두루 절을 한다. 그렇기 때문에 특별히 이 세 가지 절차를 제시하여 언급했다. 만약 사가 대부를 대하는 경우, 해당하는 절차를 시행하고 있는데 대부가 도착을 했다면, 이러한 경우에도 또한 밖으로 나와서 절을 한다.

大全 金華應氏曰: 小斂以襲其形, 大斂以韜於棺, 啓殯以載其柩, 皆喪事之變節, 而切於死者之身也. 生者之痛, 莫此爲甚, 亦於是拜死者弔生者, 故主人皆徧拜, 以謝之而致其哀也.

번역 금화응씨가 말하길, 소렴(小斂)은 시신의 몸을 가리는 것이며, 대렴(大斂)은 시신을 담고 있는 관을 감싸는 것이며, 계빈(啓殯)은 영구를 수레에 싣는 것이니, 이 모두는 상사 중에서도 전환점이 되는 절차이고, 죽은 자 본인에 대해서는 매우 중대한 일이다. 살아있는 자들이 병통으로 느낌에 있어서 이보다 심한 것이 없는데, 또한 이 시기에 죽은 자에게 절을 하고 살아있는 자에게 조문을 온 자가 있기 때문에, 주인은 모두에 대해서 두루 절을 하여, 감사를 표하고 애통한 마음을 지극히 나타낸다.

鄭注 嫌當事, 來者終不拜, 故明之也. 此旣事, 皆拜.

번역 해당하는 일을 시행하고 있을 때, 찾아온 자는 끝내 절을 하지 않는다는 오해를 할까봐 특별히 명시를 한 것이다. 이러한 일들이 끝나면 모두 절을 하게 된다.

釋文 辯音遍.

번역 '辯'자의 음은 '遍(편)'이다.

孔疏 ●"小斂"至"辯拜". ○正義曰: 禮: 凡當大斂·小斂及啓攢之時, 唯有君來, 則止事而出拜之. 若他賓客至, 則不止事. 事竟, 乃卽堂下之位, 悉徧拜, 故云"皆辯拜"也.

번역 ●經文: "小斂"~"辯拜". ○예법에 따르면, 무릇 대렴(大斂)·소렴(小斂) 및 가매장한 관을 열 때에는 오직 군주가 찾아온 경우에만 하던 일을 멈추고 밖으로 나와서 절을 한다. 만약 다른 빈객들이 찾아온 경우라면, 하던 일을 멈추지 않는다. 일을 끝내면 곧 당하(堂下)의 자리로 나아가서 모두에 대해 두루 절을 한다. 그렇기 때문에 "모두에게 두루 절을 한다."라고 했다.

孔疏 ◎注"嫌當"至"皆拜". ○正義曰: 嫌當三事終竟不拜, 故明事[1]竟卽拜也. 云"此旣事, 皆拜"者, 皆拜卽此云辯拜三事也. 然若士當事, 而大夫至, 則士亦爲大夫出也. 故雜記下云"當袒, 大夫至, 雖當踊, 絶踊而拜之. 反, 改成踊, 乃襲", 是也.

번역 ◎鄭注: "嫌當"~"皆拜". ○이러한 세 가지 사안을 시행할 때에는 끝내 절을 하지 않는다고 오해할 수 있기 때문에, 일이 끝나면 곧 절을 한다고 밝힌 것이다. 정현이 "이러한 일들이 끝나면 모두 절을 하게 된다."라고 했는데, 모두에게 절을 한다는 말은 곧 여기에서 "세 가지 사안에 대해서 두루 절을 한다."라고 한 말에 해당한다. 그러나 만약 사가 해당 절차를 시행하고 있는데 대부가 찾아온 경우라면, 사는 또한 대부를 위해서 밖으로 나온다. 그렇기 때문에 『예기』「잡기하(雜記下)」편에서는 "단(袒)[2]을 하고 있는데 대부가 찾아오면, 비록 용(踊)을 해야 하는 때라도 용(踊)하던 것을 멈추고 그에게 절을 한다. 그가 되돌아가면 다시 용(踊)을 하여 절차를 마친 뒤에야 습(襲)을 한다."[3]라고 했다.

1) '사(事)'자에 대하여. '사'자는 본래 없던 글자인데, 완원(阮元)의 『교감기(校勘記)』에서는 "혜동(惠棟)의 『교송본(校宋本)』에는 '경(竟)'자 앞에 '사'자가 기록되어 있으니, 이곳 판본에는 '사'자가 누락된 것이며, 『민본(閩本)』·『감본(監本)』·『모본(毛本)』에도 동일하게 누락되어 있다."라고 했다.

2) 단(袒)은 상중(喪中)에 남자들이 취하는 복장 방식이다. 상의 중 좌측 어깨 쪽을 드러내는 방법이다. 한편 일반적인 의례절차에서도 단(袒)의 복장 방식을 취하는 경우가 있다.

3) 『예기』「잡기하(雜記下)」【511c】: 當袒, 大夫至, 雖當踊, 絶踊而拜之. 反改成踊, 乃襲. 於士, 旣事成踊, 襲而后拜之, 不改成踊.

• 제 38 절 •

빈소에 휘장을 치지 않는 경우

【501d】

朝夕哭不帷, 無柩者不帷.

직역 朝夕으로 哭함에는 不**帷**하고, 柩가 無한 者는 不**帷**한다.

의역 아침저녁으로 곡을 할 때에는 영구를 가리는 휘장을 치지 않고, 장례를 치러서 영구가 없는 경우에는 당(堂)에 휘장을 치지 않는다.

集說 朝夕之間, 孝子欲見殯, 故哭則褰擧其帷, 哭畢仍垂下之. 無柩, 謂葬後也. 神主祔廟之後還在室, 無事於堂, 故不復施帷.

번역 아침과 저녁 사이에 자식이 빈소의 영구를 보고자 하기 때문에, 곡을 하게 되면 그 앞을 가리고 있는 휘장을 걷어 올리고, 곡이 끝나면 다시 휘장을 친다. 영구가 없다는 말은 장례를 치른 이후를 뜻한다. 신주를 묘(廟)에 합사한 이후에는 다시 실(室)로 되돌려 놓으므로, 당(堂)에서 진행할 일이 없다. 그렇기 때문에 다시 휘장을 치지 않는다.

鄭注 緣孝子心欲見殯·肂也. 既出, 則施其屋, 鬼神尙幽闇也. 謂既葬也. 棺柩已去, 鬼神在室, 堂無事焉, 遂去帷.

번역 자식이 빈소와 가매장한 장소에서 부모의 시신을 살펴보고자 하는 마음에 연유하기 때문이다. 일을 끝내고 밖으로 나가게 되면 걷었던 것을 다시 내리니, 귀신은 그윽하고 어두운 곳을 높이기 때문이다. 영구가 없다는 것은 장례를 이미 치렀다는 뜻이다. 영구가 이미 장지로 떠났고, 귀신은 실(室)에 머물러 있으니, 당(堂)에서 시행할 일이 없으므로, 결국 휘장을 걷어낸다.

釋文 帷, 位悲反, 下同. 肂, 以二反, 埋棺之坎. 扆, 字林戶臘反, 闔也, 纂文云: "古闔字." 玉篇羌據·公答二反, 皆云閉也. 去, 起呂反.

번역 '帷'자는 '位(위)'자와 '悲(비)'자의 반절음이며, 아래문장에 나오는 글자도 그 음이 이와 같다. '肂'자는 '以(이)'자와 '二(이)'자의 반절음이며, 관을 가매장하는 구덩이를 뜻한다. '扆'자에 대해서 『자림』[1]에서는 '戶(호)'자와 '臘(랍)'자의 반절음이라고 했고, 닫는다는 뜻이라고 했으며, 『찬문』에서는 "고대의 합(闔)자이다."라고 했고, 『옥편』[2]에서는 '羌(강)'자와 '據(거)'자의 반절음이며 또한 '公(공)'자와 '荅(답)'자의 반절음인데, 둘 모두 닫는다는 뜻이라고 했다. '去'자는 '起(기)'자와 '呂(려)'자의 반절음이다.

孔疏 ●"朝夕哭, 不帷". ○正義曰: 孝子心欲見殯, 故當朝夕進入廟門內哭位之時, 除去殯宮帷也. 哭竟, 則帷之.

번역 ●經文: "朝夕哭, 不帷". ○자식은 빈소에서 부모의 모습을 살펴보고자 하기 때문에, 아침저녁으로 묘문 안으로 들어가 곡(哭)을 하는 위치에 설 때에는 빈소의 휘장을 제거한다. 곡하는 일이 끝나면 다시 휘장을 친다.

孔疏 ◎注"旣出, 則施其扆". ○正義曰: 按士喪禮: "君使人弔, 徹帷." 鄭云: "徹帷, 扆之, 事畢, 則下之." 鄭此注會儀禮注也, 則扆是褰擧之名. 初哭,

---

1) 『자림(字林)』은 고대의 자서(字書)이다. 진(晉)나라 때 학자인 여침(呂忱)이 지었다. 원본은 일실되어 전해지지 않고, 다른 문헌들 속에 일부 기록들만 남아 있다.

2) 『옥편(玉篇)』은 남북조시대(南北朝時代) 때 양(梁)나라 고야왕(顧野王, A.D. 519~581)이 편찬한 자서(字書)이다. 이후 송(宋)나라 때 증보가 되어, 『대광익회옥편(大廣益會玉篇)』으로 간행되었다.

則褰擧, 事畢, 則施下之.

번역 ◎鄭注: "既出, 則施其扆". ○『의례』「사상례(士喪禮)」편을 살펴보면 "군주가 사람을 시켜 조문을 해오면, 휘장을 걷는다."[3]라고 했고, 정현의 주에서는 "휘장을 걷는다는 것은 휘장을 걷고, 해당하는 일이 끝나면 다시 내린다는 뜻이다."라고 했다. 이곳에 대한 정현의 주는 『의례』에 대한 주와 합치되니, '갑(扆)'자는 걷는다는 명칭이다. 최초 곡을 하게 되면 휘장을 걷고, 그 일이 끝나면 다시 내린다.

孔疏 ●"無柩者, 不帷". ○正義曰: 無柩, 謂葬後也. 神主祔廟還在室, 則在堂無事, 故不復用帷也.

번역 ●經文: "無柩者, 不帷". ○영구가 없다는 말은 장례를 치른 이후를 뜻한다. 신주를 묘(廟)에 합사한 뒤에는 다시 실(室)로 되돌려 놓으니, 당(堂)에서는 시행할 일이 없다. 그렇기 때문에 재차 휘장을 이용해서 가리지 않는다.

---

3) 『의례』「사상례(士喪禮)」: 君使人弔. 徹帷. 主人迎于寢門外, 見賓不哭, 先入門右, 北面.

• 제 39 절 •

장례를 치르려고 할 때 군주가 조문을 온 경우

【501d】

君若載而后弔之, 則主人東面而拜, 門右北面而踊, 出待反而后奠.

직역 君이 若히 載한 后에 弔하면, 主人은 東面하고 拜하며, 門의 右에서 北面하고 踊하며, 出하여 待하고 反한 后에 奠한다.

의역 군주가 찾아와서 신하의 상에 조문을 하는데, 만약 그 시점이 관을 이미 영구에 실어둔 때라고 한다면, 상주는 수레의 서쪽에서 동쪽을 바라보며 군주에게 절을 하고, 묘문(廟門) 안의 우측에서 북쪽을 바라보며 발을 구르고, 군주의 조문이 끝나면 문밖으로 나가 기다려서 군주를 전송하고, 다시 되돌아온 이후에는 전제사를 진설하여 그 사실을 아뢴다.

集說 此謂君來弔臣之喪, 而柩已朝廟畢, 載在柩車, 君旣弔, 位在車之東, 則主人在車西東面而拜. 門右, 祖廟門之西偏也. 自內出則右在西, 孝子旣拜君從位而立, 故於門內西偏北面而哭踊爲禮也. 踊畢先出門以待拜送, 不敢必君之久留也. 君命之反還喪所, 卽設奠以告死者, 使知君之來弔也. 一說, 此謂在廟載柩車之時. 奠, 謂反設祖奠.

번역 이것은 군주가 찾아와서 신하의 상에 조문을 하였는데, 그 시기가 관을 이미 옮겨 조묘(朝廟)를 마쳐서, 영구에 실어둔 상태이며, 군주가 조문을 끝내게 되면 그 위치는 수레의 동쪽이 되니, 상주는 수레의 서쪽에서 동쪽을 바라보며 절을 한다는 뜻이다. 문의 우측은 조묘(祖廟)의 문 서쪽을 뜻한다. 안으로부터 밖으로 나가게 되면 우측은 서쪽이 되는데, 자식이 이미 군주에게 절을 하여 그 자리에 따라 서 있었기 때문에, 문안의 서쪽에서 북쪽을 바라보고 곡(哭)과 용(踊)을 하여, 예법에 따르는 것이다. 용(踊)이 끝나면 먼저 문밖으로 나가서 대기하며 절을 하고 전송하니, 감히 군주를 오래도록 머물게 할 수 없기 때문이다. 군주가 명령을 하여 상을 치르는 장소로 되돌아가게 되면, 곧바로 전제사를 진설하여 죽은 자에게 그 사실을 아뢰니, 군주가 찾아와서 조문을 했다는 사실을 알게끔 하는 것이다. 일설에는 이 내용은 묘(廟) 안에서 관을 영구에 실어둔 때에 해당한다. '전(奠)'은 되돌아가 조전(祖奠)을 진설한다는 뜻이라고 했다.

鄭注 主人拜·踊於賓位, 不敢迫君也, 君卽位車東. 出待, 不必君留也. 君反之, 使奠.

번역 상주가 빈객의 자리에서 절을 하고 용(踊)을 하는 것이니, 감히 군주를 다급하게 만들지 못하기 때문으로, 군주는 수레의 동쪽에 있는 자리로 나아간다. 밖으로 나가서 기다리는 것은 군주를 머물게 해서는 안 되기 때문이다. 군주가 그를 되돌아가게 해서 전제사를 지내게끔 한 것이다.

孔疏 ●"君若"至"后奠". ○正義曰: 謂君來弔臣之葬, 臣喪朝廟, 柩已下堂, 載在柩車, 而君弔之, 故云"君若載而后弔之".

번역 ●經文: "君若"~"后奠". ○군주가 찾아와서 신하의 장례 때 조문을 한 것인데, 신하의 상에서 조묘(朝廟)를 하여 관이 이미 당하(堂下)에 있고 영구에 실린 상태인데, 군주가 조문을 한 경우이다. 그렇기 때문에 "군주가 만약 관이 영구에 실린 뒤에 조문을 했다."라고 말한 것이다.

孔疏 ●"則主人東面而拜"者, 君旣弔位於車東, 故主人在車西東面而拜.

번역 ●經文: "則主人東面而拜". ○군주는 이미 수레의 동쪽에 위치하여 조문을 하기 때문에, 상주는 수레의 서쪽에서 동쪽을 바라보고 절을 한다.

孔疏 ●"門右北面而踊"者, 門, 謂祖廟門也. 右, 西邊也. 若門外來, 則右在東. 若門內出, 右在西. 此據車出家, 故右在西. 孝子拜君竟, 從位立近門內西邊北面而哭踊, 爲禮也.

번역 ●經文: "門右北面而踊". ○'문(門)'은 조묘(祖廟)의 문을 뜻한다. '우(右)'자는 서쪽 가를 뜻한다. 만약 문밖에서 찾아온 경우라면 우측은 동쪽이 된다. 만약 문안에서 밖으로 나가게 된다면 우측은 서쪽이 된다. 이것은 수레가 집에서 밖으로 나아가는 것에 기준을 두었기 때문에, 우측을 서쪽으로 본 것이다. 자식이 군주에 대해 절하는 절차가 끝나면, 서 있던 자리로부터 문안의 가까운 장소에서 서쪽에 위치하여 북쪽을 바라보고 곡(哭)과 용(踊)을 하니, 예법을 준수하는 것이다.

孔疏 ●"出待"者, 孝子哭踊畢, 而先出門待君者, 君來則出門拜迎, 君去則出門拜送也. 今君入臨, 弔事竟, 便應去, 不敢必君之久留, 故孝子先出, 待君出.

번역 ●經文: "出待". ○자식이 곡(哭)하고 용(踊)하는 절차를 끝내고, 먼저 문밖으로 나가서 군주를 기다리는 것은 군주가 찾아오게 되면 문밖으로 나가서 절을 하며 맞이하고, 군주가 떠나게 되면 문밖으로 나가서 절을 하며 전송을 하기 때문이다. 현재 군주가 안으로 들어와서 조문에 임했는데, 조문하는 일이 끝나면 곧 떠나야 하므로, 감히 군주를 오래도록 머물게 해서는 안 된다. 그렇기 때문에 자식이 먼저 밖으로 나가서 군주가 나올 때까지 기다린다.

孔疏 ●"反而后奠"者, 反, 謂君來未去, 使人命孝子反還喪所也. "而后奠"者, 凡君來必設奠, 告柩知之也. 或云: 此謂在廟載柩車時也. 奠, 謂反設祖奠也.

번역 ●經文: "反而后奠". ○'반(反)'자는 군주가 찾아왔다가 아직 떠나지 않았는데, 사람을 시켜 자식에게 상을 치르는 장소로 되돌아가라고 명령한다는 뜻이다. 경문의 "而后奠"에 대하여. 무릇 군주가 찾아왔을 때에는 반드시 전제사를 진설하여, 영구에게 그 사실을 아뢰어 알게끔 해야 한다. 혹자는 이 내용은 묘(廟)에 영구를 싣고 있는 수레가 있을 때를 뜻한다. '전(奠)'자는 되돌아가서 조전(祖奠)을 진설한다는 뜻이라고 했다.

集解 愚謂: 此謂士之喪未啓之前, 君有故不得弔, 而至是始弔也. 曰"若"者, 明其爲非弔禮之常也. 檀弓, "君於大夫之喪, 將葬, 弔於宮, 將出, 命引之, 三步則止. 如是者三, 乃退." 彼謂大夫之喪, 君始死已來弔, 至葬又特弔, 故有引車之禮. 此乃君始來弔, 弔非因葬, 故不云"引車"也. 知非弔大夫之喪者, 喪大記云, "大夫士旣殯而君往", "大夫則奠可也, 士則出俟于門外, 命之反奠, 乃反奠." 此亦云, "出待, 反而後奠", 故知爲士禮. 柩旣在堂下, 則君卽位於阼階下西面, 故主人在柩西中庭東面而拜也. 門右, 門東也. 凡君弔, 主人受禮於阼階南中庭, 卽位於門右北面. 此以君在堂下柩東, 迫狹, 故變位受禮柩西之中庭, 其卽位於門右北面自如常法耳. 此非有事於柩, 左右不據柩言也. 奠, 或說以爲祖奠, 是也. 檀弓君弔於葬, "命引之", 乃退, 不云"命奠". 此必命之奠, 亦始弔之禮然也.

번역 내가 생각하기에, 이 내용은 사의 상에서 아직 계빈(啓殯)을 하기 이전에 군주가 어떤 연유로 인해 조문을 하지 못하고, 이 시기가 되어서야 비로소 조문을 한 경우이다. '약(若)'이라고 말한 것은 일반적인 조문의 예법이 아니라는 사실을 밝힌 것이다. 『예기』「단궁(檀弓)」편에서는 "군주는 대부의 상에 대해서, 장차 장례를 치르려고 하면, 빈소에 찾아가서 조문을 하고, 영구를 실은 수레가 행차를 하려고 하면, 명령을 내려서 수레를 끌고 가도록 하는데, 3보를 가게 되면, 수레는 곧 멈추게 된다. 이와 같은 과정을 세 번 반복하게 되면, 영구는 장지로 떠나가게 되니, 군주는 곧 물러가게 된다."[1]라고 했다. 「단궁」편의 내용은 대부의 상이 발생했을 때 군주가 죽

---

1) 『예기』「단궁하(檀弓下)」【108c】: 君於大夫, 將葬, 弔於宮, 及出, 命引之, 三步則止. 如是者三, 君退. 朝亦如之, 哀次亦如之.

은 자에 대해 이미 찾아와서 조문을 했고, 장례를 치르려고 할 때 재차 특별히 찾아가서 조문을 한 경우이다. 그렇기 때문에 수레를 끄는 예법이 포함된다. 이곳의 내용은 군주가 이제야 비로소 찾아와 조문을 한 것인데, 조문은 장례를 치르는 사안 때문에 하는 것이 아니다. 그렇기 때문에 "수레를 끈다."라고 말하지 않은 것이다. 그리고 이 내용이 대부의 상에 대해 조문하는 경우가 아님을 알 수 있는 이유는 『예기』「상대기(喪大記)」편에서는 "대부와 사에 대해서는 빈소를 차린 뒤에 군주가 찾아간다."[2]라고 했고, "대부의 경우라면 전제사를 지내도 괜찮지만, 사는 문밖으로 나가 기다린 뒤, 명령을 내려서 되돌아가 전제사를 지내라고 하면 곧 되돌아가 전제사를 지낸다."[3]라고 했다. 그런데 이곳에서도 또한 "밖으로 나가서 기다리고, 되돌아가라고 한 이후에야 전제사를 지낸다."라고 했다. 그렇기 때문에 이 내용이 사의 예법임을 알 수 있다. 영구가 이미 당하(堂下)에 머물러 있다면, 군주는 동쪽 계단 아래의 자리로 나아가서 서쪽을 바라보게 된다. 그렇기 때문에 주인은 영구의 서쪽에 있는 마당에서 동쪽을 바라보며 절을 한다. '문우(門右)'는 문의 동쪽을 뜻한다. 무릇 군주가 조문을 하게 되면 주인은 동쪽 계단의 남쪽인 마당에서 조문을 받고, 문의 우측에 있는 자리로 나아가서 북쪽을 바라보게 된다. 이것은 군주가 당하의 영구 동쪽에 있어서 그 장소가 너무 협소하기 때문에 위치를 바꿔서 영구 서쪽에 해당하는 마당에서 조문을 받는 것이니, 그가 문의 우측 자리로 나아가서 북쪽을 바라보는 것은 일상적인 예법에 따른 것일 뿐이다. 따라서 이것은 영구에 대해 특별한 일을 치르기 때문이 아니니, 좌측과 우측이라는 것은 영구를 기준으로 한 말이 아니다. '전(奠)'자에 대해서, 혹자는 조전(祖奠)이라고 설명했는데, 이 주장이 옳다. 「단궁」편에서 군주는 장례를 치를 때 조문을 하여,

---

2) 『예기』「상대기(喪大記)」【540c】: 大夫士旣殯而君往焉, 使人戒之. 主人具殷奠之禮, 俟于門外. 見馬首, 先入門右. 巫止于門外, 祝代之先. 君釋菜于門內, 祝先升自阼階, 負墉南面. 君卽位于阼, 小臣二人執戈立于前, 二人立于後. 擯者進, 主人拜稽顙. 君稱言, 視祝而踊, 主人踊.

3) 『예기』「상대기(喪大記)」【540d】: 大夫則奠可也, 士則出俟于門外, 命之反奠乃反奠. 卒奠, 主人先俟于門外. 君退, 主人送于門外, 拜稽顙.

"명령하여 수레를 끌도록 한다."라고 한 뒤에야 물러났는데, "전제사를 지내도록 명령한다."라고 하지 않았다. 그런데 이곳에서는 분명히 그에게 명령하여 전제사를 지내도록 했으니, 이 또한 처음 조문을 왔을 때의 예법에 따른 것이다.

• 제 40 절 •

자고(子羔)의 상에서 습(襲)을 했던 일화

【502a】

子羔之襲也, 繭衣裳與稅衣纁袡爲一, 素端一, 皮弁一, 爵弁一, 玄冕一. 曾子曰, "不襲婦服."

직역 子羔의 襲에, 繭衣裳과 稅衣纁袡이 一이 爲하고, 素端이 一하며, 皮弁이 一하고, 爵弁이 一하며, 玄冕이 一이라. 曾子가 曰, "婦服은 不襲이라."

의역 공자의 제자 자고(子羔)가 죽었을 때, 그에 대한 습(襲)을 했는데, 상의와 하의가 연결된 솜옷을 입히고 그 겉옷으로 단의(褖衣)에 진홍색의 가선을 댄 옷을 입혀서, 이것을 한 벌로 삼았고, 상하의를 모두 흰색으로 만든 소단(素端) 한 벌을 입혔으니, 이것이 두 번째로 껴입히는 옷이며, 포(布)로 된 상의와 흰색의 옷감으로 만든 하의로 된 피변복(皮弁服) 한 벌을 입혔으니, 이것이 세 번째로 껴입히는 옷이고, 현색의 상의와 진홍색의 하의로 된 작변복(爵弁服) 한 벌을 입혔으니, 이것이 네 번째로 껴입히는 옷이며, 현색의 상의와 진홍색의 하의에 보(黼) 무늬를 새기는 현면복(玄冕服) 한 벌을 입혔으니, 이것이 다섯 번째로 껴입히는 옷이었다. 증자는 그것을 살펴보고, 부인이 입는 진홍색의 가선을 댄 옷이 포함되어서, "남자에게는 부인의 옷을 습(襲)하지 않는다."라고 비판했다.

集說 子羔, 孔子弟子高柴也. 襲, 以衣斂尸也. 繭衣裳, 謂衣裳相連而綿爲之著也. 稅衣, 黑色. 纁, 絳色帛. 袡, 裳下緣也. 繭衣襲故用褖衣爲表, 合爲一稱, 故云繭衣裳與稅衣纁袡爲一. 素端一, 第二稱也. 賀氏云, "衣裳並用素爲之." 皮弁一, 第三稱也. 皮弁之服, 布衣而素裳. 爵弁一, 第四稱也. 其服玄衣而纁裳. 玄冕一, 第五稱也. 其服玄衣纁裳, 衣無文而裳刺黼, 大夫之上服也.

婦服, 指纁衻而言. 曾子非之, 以其不合於禮也.

번역 '자고(子羔)'는 공자의 제자인 고시(高柴)이다. '습(襲)'은 옷으로 시신을 감싼다는 뜻이다. '견의상(繭衣裳)'은 상의와 하의가 서로 연결되어 있는데, 솜을 그 속에 넣은 것을 뜻한다. '단의(稅衣)'는 흑색으로 된 옷이다. '훈(纁)'은 진홍색의 비단이다. '염(衻)'은 하의 밑단에 댄 가선이다. 솜옷으로 습(襲)을 했기 때문에 단의(褖衣)를 겉옷으로 삼고, 둘을 합쳐 1칭(稱)[1]으로 삼은 것이다. 그렇기 때문에 "상의와 하의가 연결된 솜옷과 단의에 진홍색으로 가선을 댄 옷을 한 벌로 삼다."라고 한 것이다. "소단(素端)이 한 벌이다."는 말은 두 번째로 껴입히는 옷을 뜻한다. 하씨는 "상의와 하의를 모두 흰색의 옷감으로 만들기 때문이다."라고 했다. "피변(皮弁)이 한 벌이다."는 말은 세 번째로 껴입히는 옷을 뜻한다. 피변복은 포(布)로 상의를 만들고 흰색의 옷감으로 하의를 만든다. "작변(爵弁)이 한 벌이다."는 말은 네 번째로 껴입히는 옷을 뜻한다. 그 복장은 현색의 상의에 진홍색의 하의가 된다. "현면(玄冕)이 한 벌이다."는 말은 다섯 번째로 껴입히는 옷을 뜻한다. 그 복장은 현색의 상의와 진홍색의 하의가 되는데, 상의에는 무늬가 없지만 하의에는 보(黼) 무늬를 새기며, 대부가 착용하는 상등의 복장이다. '부복(婦服)'은 진홍색으로 가선을 댄 것을 가리켜서 한 말이다. 증자가 비판을 했던 것은 그것이 예법에 맞지 않았기 때문이다.

大全 山陰陸氏曰: 據此男子裏衣皆連衣裳. 裘蓋亦如之, 然則婦人連衣裳, 放男子之內也. 公襲九稱, 爵弁三, 大夫五稱, 皮弁三, 則十三稱, 爵弁一, 皮弁二歟. 凡襲親身之服, 不與其餘爲序, 故子羔襲稅衣, 其素端以下, 自爲序, 素

---

1) 칭(稱)은 수량을 나타내는 양사(量詞)이다. 즉 짝을 지어 갖추는 일련의 의복을 헤아리는 단위이다. 예를 들어 포(袍)라는 옷에는 반드시 겉에 걸치는 옷이 있어야 하며, 홑옷으로 입어서는 안 되고, 상의에는 반드시 그에 맞는 하의가 있어야 하는데, 이처럼 포(袍)에 겉옷을 갖추고, 상의에 맞게 하의까지 갖추는 것을 1칭(稱)이라고 부른다. 『예기』「상대기(喪大記)」편에는 "袍必有表不禪, 衣必有裳, 謂之一稱."이라는 기록이 있다.

端亞皮弁, 皮弁亞爵弁, 爵弁亞玄冕. 公襲衮衣, 其玄端以下, 自爲序, 玄端亞朝服, 朝服亞素積, 素積亞爵弁, 爵弁亞玄冕, 玄冕亞褒衣.

번역 산음육씨가 말하길, 이 내용은 남자가 안에 입는 옷은 모두 상의와 하의가 연결되어 있다는 것에 근거한 기록이다. 갓옷도 아마 이처럼 만들었을 것이니, 그렇다면 부인이 입는 옷에 있어서 상의와 하의를 연결시킨 것은 남자가 안에 착용하던 옷에 따른 것이다. 제후에 대해 습(襲)을 하게 되면 9벌의 옷을 사용하는데, 작변복(爵弁服)이 3벌이고, 대부는 5벌의 옷을 사용하는데, 피변복(皮弁服)이 3벌이라면, 13벌을 사용할 경우에는 작변복이 1벌이고, 피변복이 2벌일 것이다. 무릇 시신의 몸을 직접 감싸는 의복은 나머지 복장들과 서열을 매기지 않는다. 그렇기 때문에 자고에 대해 습(襲)을 할 때 단의(稅衣)를 입혔던 것인데, 소단(素端)으로부터 그 이하의 복장은 그 자체로 서열이 정해지니, 소단은 피변복보다 다음이고, 피변복은 작변복보다 다음이며, 작변복은 현면복(玄冕服)보다 다음이 된다. 군주에 대해 습(襲)을 할 때 곤의(衮衣)를 입히니, 현단복(玄端服)으로부터 그 이하의 복장은 그 자체로 서열이 정해져서, 현단복은 조복(朝服)보다 다음이고, 조복은 소적(素積)보다 다음이며, 소적은 작변복보다 다음이고, 작변복은 현면복보다 다음이며, 현면복은 포의(褒衣)보다 다음이 된다.

鄭注 繭衣裳者, 若今大襺也. 纊爲繭, 縕爲袍, 表之以稅衣, 乃爲一稱爾. 稅衣, 若玄端而連衣裳者也. 大夫而以纁爲之緣, 非也. 唯婦人纁袡. 禮以冠名服, 此襲其服, 非襲其冠. 曾子譏"襲婦服"而已. 玄冕, 又大夫服, 未聞子羔曷爲襲之. 玄冕, 或爲[2]玄冠, 或爲玄端.

---

2) '위(爲)'자에 대하여. '위'자는 본래 중복 기록되어 있었는데, 완원(阮元)의 『교감기(校勘記)』에서는 "혜동(惠棟)의 『교송본(校宋本)』에는 '위'자를 중복 기록하지 않았고, 『악본(岳本)』·『가정본(嘉靖本)』 및 위씨(衛氏)의 『집설(集說)』에도 동일하게 기록하였고, 『고문(考文)』에서 인용하고 있는 『고본(古本)』과 『족리본(足利本)』에도 동일하게 기록하고 있다. 다라서 이곳 판본은 잘못하여 중복 기록한 것이며, 『민본(閩本)』·『감본(監本)』·『모본(毛本)』에서는 또한 '혹위위원관(或謂爲元冠)'이라고 기록하여 또한 잘못 기록하였다."라고

번역 '견의상(繭衣裳)'이라는 것은 마치 오늘날의 대촉(大襡)과 같은 옷이다. 솜을 넣은 것은 '견(繭)'이 되며, 헌 솜을 넣은 것은 '포(袍)'가 되는데, 그 겉에 단의(稅衣)를 입혀서, 이것을 1칭(稱)으로 삼았을 따름이다. '단의(稅衣)'는 현단복(玄端服)과 같지만 상의와 하의가 연결된 옷이다. 대부가 진홍색으로 가선을 대는 것은 잘못된 일이다. 오직 부인만이 진홍색으로 가선을 댄다. 예법에 있어서는 관(冠)의 명칭으로 그 복장을 부르니, 이 내용은 해당 의복을 습(襲)하는 것이지, 해당 의복의 관(冠)을 습(襲)하는 것이 아니다. 증자는 "부인의 의복을 습(襲)했다"고 기롱했을 따름이다. '현면(玄冕)'은 또한 대부의 복장인데, 자고에 대해 어떻게 이 복장을 이용해 습(襲)을 하게 되었는지에 대해서는 그 이유를 들어보지 못했다. '현면(玄冕)'을 다른 판본에서는 '현관(玄冠)'이나 '현단(玄端)'으로 기록했다.

釋文 繭, 古典反. 稅, 他喚反, 注同. 纁, 許云反. 袡, 字又作衻, 而占反. 裳, 下襬也, 王肅云: "婦人蔽膝也." 襡音燭. 絖, 字又作纊, 音曠. 縕, 于粉反. 袍, 薄勞反. 稱, 尺證反, 下放此. 緣, 悅絹反.

번역 '繭'자는 '古(고)'자와 '典(전)'자의 반절음이다. '稅'자는 '他(타)'자와 '喚(환)'자의 반절음이며, 정현의 주에 나오는 글자도 그 음이 이와 같다. '纁'자는 '許(허)'자와 '云(운)'자의 반절음이다. '袡'자는 그 글자를 또한 '衻'자로도 기록하니, 그 음은 '而(이)'자와 '占(점)'자의 반절음이다. '裳'자는 아래에 두르는 것인데, 왕숙은 "부인들이 차는 슬갑이다."라고 했다. '襡'자의 음은 '燭(촉)'이다. '絖'자는 그 글자를 또한 '纊'자로도 기록하는데, 그 음은 '曠(광)'이다. '縕'자는 '于(우)'자와 '粉(분)'자의 반절음이다. '袍'자는 '薄(박)'자와 '勞(로)'자의 반절음이다. '稱'자는 '尺(척)'자와 '證(증)'자의 반절음이며, 아래문장에 나오는 글자도 그 음이 이와 같다. '緣'자는 '悅(열)'자와 '絹(견)'자의 반절음이다.

했다.

孔疏 ●"子羔"至"婦服". ○正義曰: 此明大夫死者襲衣稱數也.

번역 ●經文: "子羔"~"婦服". ○이곳 문장은 대부가 죽었을 때 습(襲)을 하며 사용하는 옷과 몇 벌을 사용하는지를 나타내고 있다.

孔疏 ●"繭衣裳"者, 纊爲繭, 謂衣裳相連, 而綿纊著之也.

번역 ●經文: "繭衣裳". ○솜으로 만든 것을 '견(繭)'이라고 하니, 상의와 하의를 서로 연결시키고 솜을 채운 옷을 뜻한다.

孔疏 ●"與稅衣"者, 稅謂黑衣也. 若玄端而連衣裳也. 玄端多種, 今衣裳連是玄端, 玄端, 玄裳也.

번역 ●經文: "與稅衣". ○'단(稅)'자는 흑색의 옷을 뜻한다. 현단(玄端)과 비슷하지만, 상의와 하의가 연결되어 있다. 현단복에는 여러 종류가 있는데, 현재 상의와 하의를 연결시킨 옷을 현단이라고 했으니, '현단(玄端)'은 현상(玄裳)을 뜻한다.

孔疏 ●"纁袡爲一"者, 纁, 絳也. 袡, 裳下緣襈也. 以絳爲緣, 故云"稅衣纁袡"也. 繭衣既褻, 故用稅衣表之, 合爲一稱, 故云"繭衣裳與稅衣纁袡爲一"也.

번역 ●經文: "纁袡爲一". ○'훈(纁)'자는 진홍색을 뜻한다. '염(袡)'자는 하의 밑에 가선을 두른다는 뜻이다. 진홍색으로 가선을 두르기 때문에, "단의(稅衣)에 진홍색으로 가선을 둘렀다."라고 말한 것이다. 솜을 넣은 옷은 이미 속에 입는 옷이기 때문에, 단의를 이용해서 그 겉에 입히고, 둘을 합쳐 1벌로 여긴 것이다. 그렇기 때문에 "상하의가 연결된 솜옷과 진홍색의 가선을 두른 단의를 한 벌로 삼다."라고 말한 것이다.

孔疏 ●"素端一"者, 此第二稱也. 以服既不褻, 並無復別衣表之也. 盧云: "布上素下皮弁服." 賀瑒云: "以素爲衣裳也."

번역 ●經文: "素端一". ○두 번째로 껴입히는 옷을 뜻한다. 그 복장은 이미 몸에 직접 닿는 속옷이 아니므로, 재차 그 위에 덧입게 되는 옷을 껴입힐 필요가 없다. 노식은 "포(布)로 상의를 만들고 흰색의 옷감으로 하의를 만든 피변복(皮弁服)이다."라고 했다. 하창은 "흰색의 옷감으로 상의와 하의를 만든 것이다."라고 했다.

孔疏 ●"皮弁一"者, 第三稱也. 十五升白布爲衣, 積素爲裳也.

번역 ●經文: "皮弁一". ○세 번째로 껴입히는 옷을 뜻한다. 15승(升)의 백색 포(布)로 상의를 만들고, 흰색의 옷감에 주름을 잡아 하의를 만든 것이다.

孔疏 ●"爵弁一"者, 第四稱也. 玄衣, 纁裳也.

번역 ●經文: "爵弁一". ○네 번째로 껴입히는 옷을 뜻한다. 현색의 상의에 진홍색의 하의를 만든 것이다.

孔疏 ●"玄冕一"者, 第五稱也. 大夫之上服也.

번역 ●經文: "玄冕一". ○다섯 번째로 껴입히는 옷을 뜻한다. 대부가 착용하는 상등의 복장이다.

孔疏 ●"曾子曰: 不襲婦服"者, 曾子非之. 纁袡是婦人之服, 而子羔襲用之, 故曾子譏之. 依禮不合襲婦人之服.

번역 ●經文: "曾子曰: 不襲婦服". ○증자가 비판을 한 것이다. 진홍색으로 가선을 대는 것은 부인들이 착용하는 복장인데, 자고에 대해 습(襲)을 하며 이 옷을 사용했기 때문에, 증자가 기롱을 한 것이다. 예법에 따르면 부인들의 복장으로 습(襲)을 하는 것은 합치되지 않기 때문이다.

孔疏 ◎注"繭衣"至"襲之". ○正義曰: "禮以冠名服, 此襲其服, 非襲其冠"者, 鄭恐經云"皮弁"·"爵弁", 但云冠, 不云服, 恐襲其冠, 不襲其服, 故云"以冠名服, 此襲其服, 非襲其冠". 云"曾子譏襲婦服而已"者, 鄭意以曾子但譏婦服而已, 不譏其著玄冕之服, 是子羔合著玄冕. 子羔爲大夫, 無文, 故注云: "未聞子羔曷爲襲之."

번역 ◎鄭注: "繭衣"至"襲之". ○정현이 "예법에 있어서는 관(冠)의 명칭으로 그 복장을 부르니, 이 내용은 해당 의복을 습(襲)하는 것이지, 해당 의복의 관(冠)을 습(襲)하는 것이 아니다."라고 했는데, 정현은 아마도 경문에서 '피변(皮弁)'과 '작변(爵弁)'이라고 한 말이 단지 관(冠)만 말하고 복장을 언급하지 않았다고 오해하여, 관(冠)으로 습(襲)을 하고 복장으로 습(襲)을 하지 않는다고 잘못 해석할 것을 염려했기 때문에, "관(冠)의 명칭으로 그 복장을 부르니, 이 내용은 해당 의복을 습(襲)하는 것이지, 해당 의복의 관(冠)을 습(襲)하는 것이 아니다."라고 말한 것이다. 정현이 "증자는 부인의 의복을 습(襲)했다고 기롱했을 따름이다."라고 했는데, 정현의 의도는 증자가 단지 부인의 복장을 입힌 것에 대해 기롱을 했을 따름이라는 뜻이지, 현면(玄冕)의 복장을 입힌 것에 대해 기롱을 하지 않았다는 뜻이다. 이것은 자고에 대해서 마땅히 현면을 입혀야 한다는 사실을 나타낸다. 그런데 자고가 대부가 되었다는 기록이 없으므로, 정현의 주에서는 "자고에 대해 어떻게 이 복장을 습(襲)하게 되었는지에 대해서는 그 이유를 들어보지 못했다."라고 말한 것이다.

訓纂 說文: 纁, 淺絳也.

번역 『설문』에서 말하길, '훈(纁)'자는 옅은 진홍색이다.

訓纂 江氏永曰: 士喪禮"陳襲事", "褖衣", 注云, "黑衣裳, 赤緣之, 謂之褖. 褖之言緣也, 所以表袍者也." 然則稅衣當用赤緣. 赤深纁淺, 子羔之家誤以纁代赤, 而不知其近於婦人始嫁之衣, 故曾子譏其襲婦服.

번역 강영이 말하길, 『의례』「사상례(士喪禮)」편에서는 "습(襲)을 할 때 사용되는 의복을 진열한다."[3]라고 했고, '단의(褖衣)'[4]라고 했는데, 정현의 주에서는 "흑색으로 상의와 하의를 만들고 적색으로 가선을 두른 옷을 '단(褖)'이라고 부르니, '단(褖)'자는 가선을 두른다는 뜻으로, 안에 채운 솜을 덮기 위해서이다."라고 했다. 그렇다면 '세의(稅衣)'라는 것은 마땅히 적색의 가선을 사용한 옷이 된다. 적색은 진한 색이고 분홍색은 옅은 색인데, 자고의 집에서는 잘못하여 분홍색으로 적색을 대체했던 것이고, 이것이 부인이 처음 시집을 올 때 착용하는 복장과 가깝다는 사실을 알지 못했다. 그렇기 때문에 증자가 부인의 의복으로 습(襲)을 했다고 기롱한 것이다.

集解 愚謂: 此襲衣凡五稱: 繭衣裳者, 衣裳相連, 而著以綿纊者也. 繭衣裳乃褻衣, 必以禮服表之, 乃成一稱, 故喪大記曰, "袍必有表." 稅衣・纁袡, 所以表繭衣也. 稅衣色黑, 卽玄端也. 謂之稅衣者, 以其衣裳相連, 若婦人之稅衣也. 所以連衣裳者, 生時禮服內有中衣, 襲時內有袍繭, 外有皮弁服之屬, 而玄端服在其間, 故如中衣之制, 爲之衣裳相連, 以一服而兼二, 蓋士之襲禮然也. 纁, 絳色也. 袡, 猶緣也. 素端, 制若玄端, 而用素爲之, 蓋凶札祈禱致齊之服也. 周禮司服曰, "其齊服有玄端・素端". 此爲第二稱也. 皮弁爲第三稱, 爵弁爲第四稱, 玄冕爲第五稱. 案士喪禮襲衣三稱: 爵弁服・皮弁服・褖衣. 此襲衣五稱, 而又有玄冕, 則大夫之禮也. 子羔未嘗爲大夫, 玄冕其褒衣與. 襲衣不用偶數, 有褒衣則復加一衣以合奇數, 蓋禮然也. 不襲婦服者, 纁袡, 婦人嫁時之服也. 蓋大夫士中衣用纁緣, 子羔之襲, 其玄端服連衣裳爲之, 如中衣之制, 遂幷用中衣之緣, 與婦人嫁時之服相似, 故曾子譏之. 以此推之, 則用衣以表袍者, 雖連衣裳爲之, 而不當用緣也.

번역 내가 생각하기에, 이곳에서는 습(襲)을 할 때 사용하는 옷이 모두 5벌이라고 했다. '견의상(繭衣裳)'이라는 것은 상의와 하의가 서로 연결되

3) 『의례』「사상례(士喪禮)」: 陳襲事于房中, 西領, 南上, 不綪.

4) 『의례』「사상례(士喪禮)」: 爵弁服純衣, 皮弁服, 褖衣, 緇帶, 韎韐, 竹笏.

어 있고, 솜을 그 안에 채운 것이다. 솜을 채운 상의와 하의는 곧 안에 입는 옷이 되니, 반드시 예복을 걸쳐야만 1벌이 된다. 그렇기 때문에 『예기』「상대기(喪大記)」편에서는 "속에 입는 옷에는 반드시 겉옷이 있다."[5]라고 한 것이다. '세의(稅衣)'와 '훈염(纁袡)'이라는 것은 솜옷을 가리기 위한 옷이다. 세의(稅衣)는 검은색의 옷이니 곧 현단(玄端)에 해당한다. 이것을 '세의(稅衣)'라고 부른 것은 상의와 하의가 서로 연결되어, 마치 부인들이 착용하는 세의(稅衣)처럼 되어 있기 때문이다. 상의와 하의를 연결시킨 것은 생전에 입던 예복 안에는 중의(中衣)를 입게 되니, 습(襲)을 할 때에도 그 안에 솜을 넣은 내의를 포함시키고, 겉에는 피변복(皮弁服) 등의 복장을 입히게 되는데, 현단복(玄端服)은 그 사이에 입히게 된다. 그렇기 때문에 중의를 만드는 방법처럼 따르므로, 그 옷을 만들 때에는 상의와 하의를 서로 연결시키고, 이러한 하나의 복장으로 두 가지 기능을 겸하게 하니, 아마도 사의 습(襲)을 하는 예법에서는 이처럼 했기 때문일 것이다. '훈(纁)'자는 진홍색을 뜻한다. '염(袡)'자는 "가선을 댄다[緣]."는 뜻이다. '소단(素端)'은 그 제작방법이 현단과 같지만 흰색의 옷감을 사용하여 만드니, 아마도 흉사 및 기근이 들었을 때 기도를 하고 재계를 할 때에 착용하는 복장에 해당하기 때문일 것이다. 『주례』「사복(司服)」편에서는 "재계를 할 때의 복장으로는 현단과 소단이 있다."[6]라고 했다. 이것은 제 2벌의 옷이 된다. 피변(皮弁)은 제 3벌의 옷이 되고, 작변(爵弁)은 제 4벌의 옷이 되며, 현면(玄冕)은 제 5벌의 옷이 된다. 『의례』「사상례(士喪禮)」편을 살펴보면 습(襲)을 할 때 사용하는 의복은 3벌로, 작변복 · 피변복 · 단의(褖衣)이다. 이곳에서는 습(襲)을 할 때의 의복이 5벌이라고 했고 또 현면이 포함되므로, 이것은 대부의 예법이다. 자고는 일찍이 대부가 된 적이 없으니, 이곳에서 '현면(玄冕)'이라고 한 것은 아마도 특별히 하사를 받은 포의(褒衣)일 것이다. 습(襲)을 할 때의 옷은 짝수로 맞추지 않는데, 포의가 포함된다면 재차 1벌의 옷을 더하여 홀수로 맞춰야 하니, 아마도 예법에 따라 그처럼 했던 것이다.

---

5) 『예기』「상대기(喪大記)」【535d】: <u>袍必有表</u>, 不禪, 衣必有裳, 謂之一稱.
6) 『주례』「춘관(春官) · 사복(司服)」: 其齊服有玄端素端.

"부인의 복장으로 습(襲)하지 않는다."라고 했는데, 진홍색의 가선을 두르는 것은 부인이 시집을 올 때 착용하는 복장이다. 아마도 대부와 사는 중의에 진홍색의 가선을 대었으므로, 자고에 대해 습(襲)을 할 때에도, 그 복장에 있어서 현단복을 상의와 하의를 연결시켜 만들어서, 중의의 제도처럼 한 것인데, 결국 이 모두에 대해서 중의에 다는 가선의 방법을 사용하여, 부인들이 시집을 올 때 착용했던 복장과 유사하게 된 것이다. 그렇기 때문에 증자가 기롱을 한 것이다. 이 내용을 통해 추론해보면, 다른 옷을 이용하여 안에 입는 옷을 가리는 경우, 비록 상의와 하의를 연결해서 만들지만, 마땅히 가선을 둘러서는 안 된다.

그림 40-1 ▣ 자고(子羔)

※ 출처: 『성현상찬(聖賢像贊)』

그림 40-2 ■ 증자(曾子)

※ 출처: 『삼재도회(三才圖會)』「인물(人物)」 4권

• 제41절 •

사신의 초혼과 공관(公館) · 사관(私舘)

【502c】

爲君使而死, 公館復, 私舘不復. 公館者, 公宮與公所爲也. 私館者, 自卿大夫以下之家也.

직역 君을 爲하여 使한데 死하면, 公館이라면 復하고, 私舘이라면 不復한다. 公館이라는 者는 公宮과 公이 爲한 所이다. 私館이라는 者는 卿大夫로 自하여 下의 家이다.

의역 군주를 위해 사신으로 다른 나라에 갔는데, 그곳에서 죽게 되면, 그 장소가 공관(公館)일 경우에는 초혼을 하지만, 사관(私舘)일 경우에는 초혼을 하지 않는다. '공관(公館)'이라는 것은 찾아간 나라의 제후가 궁실에 마련한 숙소와 군주가 궁실 밖에 별도로 마련한 숙소이다. '사관(私館)'이라는 것은 경이나 대부로부터 그 이하의 계층이 소유한 집이다.

集說 說見曾子問.

번역 설명은 『예기』「증자문(曾子問)」편에 나온다.[1]

---

1) 『예기』「증자문(曾子問)」【244a~b】에는 "曾子問曰: 爲君使而卒於舍, 禮曰, 公館復, 私館不復, 凡所使之國, 有司所授舍, 則公館已, 何謂私館, 不復也. 孔子曰: 善乎, 問之也. 自卿大夫士之家曰私館, 公館與公所爲曰公館, 公館復, 此之謂也."라는 기록이 있고, 이에 대한 진호(陳澔)의 『집설(集說)』에서는 "復, 死而招魂復魄也. 公館, 公家所造之館也. 與, 及也. 公所爲, 謂公所命停客之處, 卽是卿大夫之館, 但有公命, 故謂之公館也. 一說公所爲, 謂君所作離宮別館也." 라고 풀이했다. 즉 "'복(復)'자는 어느 사람이 죽게 되면, 초혼(招魂)을 하여 혼백(魂魄)을 불러들이는 것이다. 공관(公館)은 공가(公家)에서 만든 숙소이

鄭注 公所爲, 君所作離宮別館也.

번역 '공소위(公所爲)'는 군주가 만든 궁실 이외의 건물에 별도로 마련된 숙소이다.

釋文 爲, 于僞反, 又如字. 使, 色吏反. 復音伏. 館, 本亦作觀, 音同.

번역 '爲'자는 '于(우)'자와 '僞(위)'자의 반절음이며, 또한 글자대로 읽기도 한다. '使'자는 '色(색)'자와 '吏(리)'자의 반절음이다. '復'자의 음은 '伏(복)'이다. '館'자는 판본에 따라서 또한 '觀'자로도 기록하는데, 그 음은 동일하다.

다. '여(與)'자는 '~과[及]'라는 뜻이다. '공소위(公所爲)'는 군주가 명령을 내려서, 빈객(賓客)을 머물게 한 장소를 뜻하니, 곧 경(卿)·대부(大夫)의 집인 사관(私館)에 해당하지만, 다만 군주의 명령이 있었기 때문에, 그곳을 '공관'이라고 부르는 것이다. 일설(一說)에는 '공소위'를 군주가 본래의 궁실(宮室) 이외에, 사냥 등으로 궁실을 떠났을 때 잠시 머물기 위해 만든 이궁(離宮)인 별장[別館]을 뜻한다고 하였다."라는 뜻이다.

• 제 42 절 •

용(踊)의 규정

【502c】

公七踊, 大夫五踊, 婦人居間; 士三踊, 婦人皆居間.

직역 公은 七踊하고, 大夫는 五踊하는데, 婦人은 間에 居하고; 士는 三踊하는데, 婦人은 皆히 間에 居한다.

의역 제후의 상에서 용(踊)을 하게 되면 7차례 하고, 대부의 상에서 용(踊)을 하게 되면 5차례 하는데, 부인이 용(踊)을 할 때에는 먼저 용(踊)을 하는 상주와 뒤에 용(踊)을 하는 빈객 중간에 한다. 또 사의 상에서 용(踊)을 하게 되면 3차례 하는데, 부인은 모두 상주와 빈객 중간에 용(踊)을 한다.

集說 國君五日而殯, 自死至大歛凡七次踊者. 始死, 一也. 明日襲, 二也. 襲之明日之朝, 三也. 又明日之朝, 四也. 其日旣小歛, 五也. 小歛明日之朝, 六也. 明日大歛時, 七也. 大夫三日而殯, 凡五次踊者. 始死, 一也. 明日襲之朝, 二也. 明日之朝, 及小歛, 四也. 小歛之明日大歛, 五也. 士二日而殯, 凡三次踊者. 始死, 一也. 小歛時, 二也. 大歛時, 三也. 凡踊, 男子先踊, 踊畢而婦人乃踊, 婦人踊畢, 賓乃踊, 是婦人居主人與賓之中間, 故云居間也. 然記者固云動尸舉柩, 哭踊無數, 而此乃有三五七之限者, 此以禮經之常節言, 彼以哀心之泛感言也. 又所謂無數者, 不以每踊三跳, 九跳爲三踊之限也.

번역 제후는 죽은 이후 5일째에 빈소를 마련하니, 죽었을 때로부터 대렴(大歛)을 할 때까지 모두 7차례 용(踊)을 한다. 이제 막 죽었을 때 하는 것이 첫 번째 용(踊)이다. 그 다음날 습(襲)을 하며 하는 것이 두 번째 용

(踊)이다. 습(襲)을 한 다음날 아침에 하는 것이 세 번째 용(踊)이다. 또 그 다음날 아침에 하는 것이 네 번째 용(踊)이다. 그날 소렴(小斂)을 마친 뒤에 하는 것이 다섯 번째 용(踊)이다. 소렴을 한 다음날 아침에 하는 것이 여섯 번째 용(踊)이다. 다음날 대렴을 할 때 하는 것이 일곱 번째 용(踊)이다. 대부는 죽은 이후 3일째에 빈소를 마련하니, 모두 5차례 용(踊)을 한다. 이제 막 죽었을 때 하는 것이 첫 번째 용(踊)이다. 다음날 습(襲)을 하는 아침에 하는 것이 두 번째 용(踊)이다. 그 다음날 아침과 소렴을 할 때 하는 것이 세 번째와 네 번째 용(踊)이다. 소렴을 한 다음날 대렴을 할 때 하는 것이 다섯 번째 용(踊)이다. 사는 죽은 이후 2일째에 빈소를 마련하니, 모두 3차례 용(踊)을 한다. 이제 막 죽었을 때 하는 것이 첫 번째 용(踊)이다. 소렴을 할 때 하는 것이 두 번째 용(踊)이다. 대렴을 할 때 하는 것이 세 번째 용(踊)이다. 무릇 용(踊)에 있어서 남자가 먼저 용(踊)을 하고, 용(踊)하는 것이 끝나면 부인이 곧 용(踊)을 하며, 부인이 용(踊)하는 것을 끝내면 빈객이 용(踊)을 하니, 이것은 부인이 하는 용(踊)이 주인과 빈객이 하는 용(踊) 중간에 있다는 것을 나타낸다. 그렇기 때문에 "사이에 있다."라고 말한 것이다. 그런데 『예기』「문상(問喪)」편에서는 진실로 "시신을 운반하고 영구를 움직일 때 하는 곡(哭)과 용(踊)에는 정해진 수치가 없다."[1]고 했는데, 이곳에서는 3·5·7 등의 제한이 있다고 했다. 그 이유는 이곳 내용은 『예경』에 기록된 항상된 규정을 기준으로 말한 것이며, 「문상」편은 범범히 느끼게 되는 애통한 마음에 기준을 두어 말했기 때문이다. 또 이른바 "정해진 수치가 없다."는 말은 매번 용(踊)을 할 때 세 차례 발을 구르게 되어, 아홉 차례 발을 구르는 것으로 세 차례 용(踊)을 하는 제한으로 삼지 않는다는 뜻이다.

大全 嚴陵方氏曰: 爲貴者踊則多, 爲賤者踊則少, 此輕重之別也.

번역 엄릉방씨가 말하길, 존귀한 자를 위해서 용(踊)을 할 때에는 횟수

1) 『예기』「문상(問喪)」【658a】: 三日而斂, 在牀曰尸, 在棺曰柩. 動尸擧柩, 哭踊無數. 惻怛之心, 痛疾之意, 悲哀志懣氣盛, 故袒而踊之, 所以動體安心下氣也.

가 많고, 미천한 자를 위해서 용(踊)을 할 때에는 횟수가 적으니, 이것은 경중에 따른 구별이다.

鄭注 公, 君也. 始死及小斂·大斂而踊, 君·大夫·士一也, 則皆三踊矣. 君五日而殯, 大夫三日而殯, 士二日而殯. 士小斂之朝不踊, 君·大夫大斂之朝乃不踊. 婦人居間者, 踊必拾, 主人踊, 婦人踊, 賓乃踊.

번역 '공(公)'은 제후를 뜻한다. 어떤 자가 이제 막 죽었을 때와 소렴(小斂) 및 대렴(大斂) 때 용(踊)을 하는데, 이것은 제후·대부·사가 모두 동일하니, 총 3차례 용(踊)을 하는 것이다. 다만 제후는 죽은 이후 5일째에 빈소를 마련하고, 대부는 3일째에 빈소를 마련하며, 사는 2일째에 빈소를 마련한다. 사의 경우 소렴을 하는 날 아침에는 용(踊)을 하지 않고, 제후와 대부는 대렴을 하는 날 아침에 용(踊)을 하지 않는다. '부인거간(婦人居間)'이라는 말은 용(踊)은 반드시 교대로 하게 되어 있으니, 주인이 먼저 용(踊)을 하고, 그 다음에 부인이 용(踊)을 하며, 이후에야 빈객이 용(踊)을 한다는 뜻이다.

釋文 拾, 其劫反, 下同.

번역 '拾'자는 '其(기)'자와 '劫(겁)'자의 반절음이며, 아래문장에 나오는 글자도 그 음이 이와 같다.

孔疏 ●"公七"至"居間". ○正義曰: 此一經明諸侯至士初死·在室·殯踊節及明貴賤踊數也. 公·諸侯去死日五日而殯, 則合死日六日也.

번역 ●經文: "公七"~"居間". ○이곳 경문은 제후로부터 사 계급에 이르기까지, 이제 막 죽었을 때, 시신이 실(室)에 있을 때, 빈소를 마련했을 때, 용(踊)을 하는 절차 및 신분의 등급에 따라 차이를 보이는 용(踊)의 횟수에 대해서 나타내고 있다. 공작과 제후는 죽은 날에서 5일이 지나면 빈소를 마련하니, 죽은 날까지 합치면 총 6일이 된다.

孔疏 ●"七踊"者, 始死一踊, 明日襲之時又一踊. 襲明日朝又明日小斂朝一踊, 爲四也. 其日晚小斂時又一踊, 是小斂日再踊, 就於前三日爲五也. 小斂明日朝又踊, 爲六也. 至明日大斂之朝不踊, 當大斂時乃踊, 凡爲七踊也.

번역 ●經文: "七踊". ○이제 막 죽었을 때 한 차례 용(踊)을 하고, 다음날 습(襲)을 할 때 또 한 차례 용(踊)을 한다. 습(襲)을 한 다음날 아침과 또 그 다음날 소렴(小斂)을 하는 아침에 한 차례 용(踊)을 하니, 총 4차례 용(踊)을 한 것이다. 그리고 그날 저녁 소렴을 할 때 재차 한 차례 용(踊)을 하니, 이것은 소렴을 하는 날 두 차례 용(踊)을 한다는 것을 뜻하며, 앞서 3일 동안 용(踊)을 한 것과 합하면 총 5차례 용(踊)을 한 것이다. 소렴을 한 다음날 아침에 재차 용(踊)을 하니, 총 6차례 용(踊)을 한 것이다. 다음날 대렴을 하는 날 아침에는 용(踊)을 하지 않고, 대렴을 할 때가 되어서야 용(踊)을 하니, 총 7차례 용(踊)을 한 것이다.

孔疏 ●"大夫五"者, 大夫三日殯, 合死日爲四日. 始死一, 明日襲朝一, 又明日小斂日再, 小斂明日大斂, 凡五也.

번역 ●經文: "大夫五". ○대부는 3일이 지난 뒤에 빈소를 마련하니, 죽은 날까지 합하면 총 4일이 된다. 이제 막 죽었을 때 한 차례 용(踊)을 하고, 다음날 습(襲)을 하는 아침에 한 차례 용(踊)을 하며, 또 그 다음날 소렴(小斂)을 하는 날에 두 차례 용(踊)을 하고, 소렴을 한 다음날 대렴(大斂)을 할 때 한 차례 용(踊)을 하니, 총 5차례 용(踊)을 한 것이다.

孔疏 ●"士三"者, 士二[2]日殯, 合死日數也. 始死一, 小斂朝不踊, 至小斂

---

2) '이(二)'자에 대하여. 『십삼경주소(十三經注疏)』 북경대 출판본에서는 "'이'자는 본래 '삼(三)'자로 기록되어 있었는데, 정현의 주 기록과 『예기훈찬(禮記訓纂)』의 기록에 따라 고쳤다."라고 했다.

時一, 又明日大斂一, 是凡三也.

번역 ●經文: "士三". ○사는 2일이 지난 뒤에 빈소를 마련하니, 죽은 날까지 합하여 셈한다. 이제 막 죽었을 때 한 차례 용(踊)을 하고, 소렴(小斂)을 하는 날 아침에는 용(踊)을 하지 않고, 소렴을 할 때 한 차례 용(踊)을 하며, 또 그 다음날 대렴(大斂)을 할 때 한 차례 용(踊)을 하니, 이것은 총 3차례 용(踊)을 한 것이다.

孔疏 ●"婦人皆居間"者, 謂婦人與丈夫更踊也. 男子先踊, 踊畢而婦人踊, 踊畢, 賓乃踊. 婦人居賓主之中間也. 又云"皆居間"者, 言皆於貴賤, 婦人悉居賓主間也. 然親始死及動尸·擧柩, 哭踊無數. 今云七·五·三者, 謂爲禮有節之踊. 每踊輒三者, 三爲九而謂爲一也.

번역 ●經文: "婦人皆居間". ○부인과 남자는 번갈아가며 용(踊)을 한다는 뜻이다. 남자가 먼저 용(踊)을 하는데, 용(踊)하는 것이 끝나면 부인이 용(踊)을 하고, 부인이 하는 용(踊)이 끝나면, 그제야 빈객이 용(踊)을 한다. 따라서 부인이 하는 용(踊)은 빈객과 주인 중간에 하게 된다. 또 "모두 그 사이에 있다."라고 했는데, 이것은 신분의 차이에 상관없이 부인들은 모두 빈객과 주인 중간에 용(踊)을 한다는 뜻이다. 그런데 부모가 이제 막 돌아가셨거나 시신을 운반하거나 영구를 움직이게 되면, 곡(哭)과 용(踊)을 함에 정해진 횟수가 없다. 그런데도 이곳에서는 7·5·3차례 한다고 언급을 한 것은 예법에 따라 절도를 맞추는 용(踊)을 뜻한다. 매번 용(踊)을 할 때에는 번번이 3차례 하게 되니, 용(踊)을 3차례 하게 되어 9차례 발을 구르게 되고, 이것을 1번이라고 부른다.

集解 愚謂: 諸侯五日而殯, 五日爲五踊, 加以小斂·大斂時又踊爲七. 大夫三日而殯, 三日爲三踊, 加以小斂·大斂時又踊爲五. 士亦三日而殯, 始死踊, 小斂·大斂之朝不踊, 至斂時皆踊爲三也. 以此差而上之, 則天子七日而殯, 當九踊也. 觀此踊數, 則君大夫殯日皆數死日明矣.

번역 내가 생각하기에, 제후는 5일째에 빈소를 마련하니, 5일 동안 5차례 용(踊)을 하는데, 소렴(小斂)과 대렴(大斂)을 치를 때에도 또한 용(踊)을 하여 총 7차례 용(踊)을 하게 된다. 대부는 3일째에 빈소를 마련하니, 3일 동안 3차례 용(踊)을 하는데, 소렴과 대렴 때 재차 용(踊)을 하는 것까지 포함하여 총 5차례 용(踊)을 하게 된다. 사 또한 3일째에 빈소를 마련지만, 이제 막 죽었을 때 용(踊)을 하고, 소렴과 대렴을 치르는 날 아침에는 용(踊)을 하지 않으며, 소렴과 대렴을 치를 때에는 모두 용(踊)을 하므로, 총 3차례 용(踊)을 하게 된다. 이러한 차등으로 거슬러 올라가면, 천자는 7일째에 빈소를 마련하니, 마땅히 9차례 용(踊)을 하게 된다. 여기에서 말하는 용(踊)의 횟수를 살펴보니, 군주와 대부는 빈소를 차리는 날에 있어서, 그 자가 죽었을 때의 날까지도 함께 셈하게 됨이 분명하다.

• 제43절 •

공작의 습(襲) 규정

【503a】

公襲卷衣一，玄端一，朝服一，素積一，纁裳一，爵弁二，玄冕一，褒衣一，朱綠帶，申加大帶於上.

직역 公의 襲에 卷衣가 一이고, 玄端이 一이며, 朝服이 一이고, 素積이 一이며, 纁裳이 一이고, 爵弁이 二이며, 玄冕이 一이고, 褒衣가 一인데, 朱綠의 帶하고, 上에 大帶를 申히 加한다.

의역 공작에 대해 습(襲)을 할 때에는 곤의(袞衣)가 한 벌이고, 현단(玄端)이 한 벌이며, 조복(朝服)이 한 벌이고, 소적(素積)이 한 벌이며, 훈상(纁裳)이 한 벌이고, 작변(爵弁)이 두 벌이며, 현면(玄冕)이 한 벌이고, 포의(褒衣)가 한 벌인데, 옷을 입힌 뒤에는 주색과 녹색으로 채색한 띠를 채우고, 그 위에 대대(大帶)를 거듭 채운다.

集說 卑者以卑服親身, 如子羔之襲, 是也. 公貴者, 故上服親身, 褒衣最外, 尊顯之也. 褒衣, 上公之服也. 玄端, 玄衣朱裳, 齊服也. 天子以爲燕服, 士以爲祭服, 大夫士以爲私朝之服. 朝服, 緇衣素裳, 公日視朝之服也. 素積, 皮弁之服, 諸侯視朝之服也. 纁裳, 冕服之裳也. 爵弁二者, 玄衣·纁裳二通也. 以其爲始命所受之服, 故特用二通, 示重本也. 玄冕, 見上章. 褒衣者, 君所加賜之衣, 最在上, 榮君賜也. 諸侯襲尸用小帶以爲結束, 此帶則素爲之而飾以朱綠之采也. 申, 重也. 已用革帶, 又重加大帶, 象生時所服大帶也. 此帶卽上章所云率帶, 諸侯大夫皆五采, 士二采者, 是也.

번역 미천한 자는 등급이 낮은 복장을 몸에 직접 입히는 옷으로 삼으니,

자고의 습(襲)이 이러한 경우이다. 공작은 존귀한 자이기 때문에 상등의 복장을 몸에 직접 입히는 옷으로 삼는데, 천자로부터 하사를 받은 포의(褒衣)를 가장 겉에 입히는 것은 존귀하게 높여서 드러내기 때문이다. '포의(褒衣)'는 상공(上公)이 입을 수 있는 복장이다. '현단(玄端)'은 현색의 상의와 주색의 하의로 된 옷이니, 재계를 할 때 착용하는 복장이다. 천자는 이 옷을 연복(燕服)[1]으로 삼고, 사는 제사 때의 복장으로 삼으며, 대부와 사는 또한 이것을 사조(私朝)[2]에서 착용하는 복장으로 삼는다. '조복(朝服)'은 치의(緇衣)와 흰색의 하의로 된 옷이니, 공작이 날마다 조정에 참관할 때 착용하는 복장이다. '소적(素積)'은 피변복(皮弁服)으로, 제후가 조정에 참관할 때 착용하는 복장이다. '훈상(纁裳)'은 면복(冕服)에 착용하는 하의를 뜻한다. "작변(爵弁)이 두 벌이다."라는 말은 현색의 상의와 진홍색의 하의가 모두 두 벌이라는 뜻이다. 이 복장은 처음 명(命)의 등급을 받을 때 착용했던 복장이기 때문에, 특별이 두 벌을 사용하여 근본을 중시하는 뜻을 나타낸다. '현면(玄冕)'에 대한 설명은 앞에 나온다. '포의(褒衣)'는 군주가 특별히 하사를 해준 옷이니, 가장 마지막에 입혀서, 군주의 하사를 영예롭게 나타낸다. 제후가 시신에 대해 습(襲)을 할 때에는 소대(小帶)를 사용해서 결속을 하는데, 이때의 띠는 흰색의 천으로 만들고, 주색과 녹색의 채색으로 장식을 한다. '신(申)'자는 거듭[重]이라는 뜻이다. 이미 혁대(革帶)를 사용했는데 재차 대대(大帶)를 사용했으니, 이것은 생전에 차게 되는 대대를 상징한다. 이러한 띠는 앞에서 "율대(率帶)의 경우, 제후와 대부는 모두 다섯 가지 채색을 넣어서 장식을 하고, 사는 두 가지 채색을 넣어서 장식을 한다."[3]라고 한 말에 해당한다.

---

1) 연복(燕服)은 평상시 한가하게 거처할 때 착용하는 복장을 뜻한다. 또한 연회를 할 때 착용하는 복장을 뜻하기도 한다.

2) 사조(私朝)는 가조(家朝)와 같은 말이다. 대부(大夫)가 자신의 가(家)에 갖추고 있는 조정으로, 이곳에서 업무를 집행한다. 국가의 공적인 업무를 처리하는 군주의 조정과 대비가 되므로, '사조'라고 부르는 것이다. 대부는 통치 단위가 가(家)이므로, 대부가 가지고 있는 조정을 '가조'라고 부르는 것이다.

3) 『예기』「잡기상」【501a】: 率帶, 諸侯大夫皆五采, 士二采.

大全 嚴陵方氏曰: 言公襲之如此, 則自卿大夫而下, 固有降殺矣.

번역 엄릉방씨가 말하길, 제후의 습(襲)이 이와 같다고 했다면, 경과 대부로부터 그 이하의 계층에 대해서는 진실로 등급에 따라 낮추는 점이 있다.

鄭注 朱綠帶者, 襲衣之帶, 飾之雜以朱綠, 異於生也. 此帶亦以素爲之. 申, 重也. 重於革帶也. 革帶以佩韍, 必言重於大帶者, 明雖有變, 必備此二帶也. 士襲三稱, 子羔襲五稱. 今公襲九稱, 則尊卑襲數不同矣. 諸侯七稱, 天子十二稱與.

번역 '주색과 녹색으로 장식한 대(帶)'는 옷을 습(襲)할 때 채우는 띠로, 주색과 녹색을 섞어서 장식을 하니, 생전에 사용하던 것과 차이를 두기 위해서이다. 이 대(帶) 또한 흰색의 옷감으로 만든다. '신(申)'자는 거듭[重]이라는 뜻이다. 혁대(革帶)에 거듭 채운다. 혁대에는 슬갑을 채우는데, 기어코 대대(大帶)에 거듭 채운다고 한 것은 비록 변화를 주지만 반드시 이 두 가지 허리띠를 갖춘다는 사실을 나타내기 위해서이다. 사에 대해 습(襲)을 할 때에는 3벌의 옷을 사용하는데, 자고에 대해서 습(襲)을 할 때에는 5벌의 옷을 사용했다. 현재 공작에 대해 습(襲)을 하며 9벌의 옷을 사용했으니, 신분에 따라 습(襲)을 하는 옷의 수에 차이가 있는 것이다. 따라서 제후는 7벌의 옷을 사용하고, 천자는 12벌의 옷을 사용했을 것이다.

釋文 卷音袞. 重, 直龍反, 又直用反. 韍音弗. 稱, 尺證反.

번역 '卷'자의 음은 '袞(곤)'이다. '重'자는 '直(직)'자와 '龍(룡)'자의 반절음이며, 또한 '直(직)'자와 '用(용)'자의 반절음도 된다. '韍'자의 음은 '弗(불)'이다. '稱'자는 '尺(척)'자와 '證(증)'자의 반절음이다.

孔疏 ●"公襲"至"於上". ○正義曰: 此一經明襲用衣稱卷冕之制. 公襲以上服最在內者, 公身貴, 故以上服親身, 欲尊顯. 加賜, 故褒衣最外, 而細服居中也. 子羔賤, 故卑服親身也.

번역 ●經文: "公襲"~"於上". ○이곳 경문은 습(襲)을 할 때 사용하는 옷의 가짓수와 곤의(衮衣) 및 면복(冕服)의 제도를 나타내고 있다. 공작에 대해서 습(襲)을 할 때에는 상등의 복장을 가장 안쪽에 입히는 옷으로 사용하는데, 공작 본인이 존귀한 자이기 때문에, 상등의 복장을 이용해서 몸에 직접 입히는 옷으로 삼으니, 존귀함을 드러내고자 하기 때문이다. 특별히 은혜를 입었기 때문에 포의(褒衣)를 가장 겉에 입히고, 나머지 복장들은 그 중간에 입힌다. 자고는 신분이 상대적으로 미천했기 때문에, 등급이 낮은 복장을 몸에 직접 입히는 옷으로 삼았다.

孔疏 ●"玄端一"者, 賀云: "燕居之服, 玄端朱裳也."

번역 ●經文: "玄端一". ○하창은 "한가롭게 머물고 있을 때 착용하는 복장으로, 현단(玄端)에 주색의 하의를 착용한다."라고 했다.

孔疏 ●"朝服一"者, 緇衣素裳, 公日視朝之服也.

번역 ●經文: "朝服一". ○치의(緇衣)에 흰색의 하의로 된 옷이니, 공작이 날마다 조정에 참여할 때 착용하는 복장이다.

孔疏 ●"素積一"者, 皮弁之服, 公視朔之服也.

번역 ●經文: "素積一". ○피변복(皮弁服)이니, 공작이 시삭(視朔)을 할 때의 복장이다.

孔疏 ●"纁裳一"者, 賀云: "冕服之裳也, 亦可鷩·毳, 任取中間一服也."

번역 ●經文: "纁裳一". ○하창은 "면복(冕服)에 착용하는 하의이니, 이 또한 별면(鷩冕)과 취면(毳冕)이 될 수 있으며, 그 가운데 하나의 복장을 취하게 된다."라고 했다.

孔疏 ●"爵弁二"者, 玄衣·纁裳二通也. 此是始命之服, 示之重本, 故二通也. 招魂, 君亦用爵弁服也. 玄冕之下, 又取一也.

번역 ●經文: "爵弁二". ○현색의 상의와 진홍색의 하의를 두 벌 마련한다는 뜻이다. 이것은 처음 명(命)의 등급을 받을 때 착용하는 복장이니, 근본을 중시한다는 뜻을 나타내기 때문에 두 벌을 입힌다. 초혼을 할 때, 군주에 대해서는 또한 작변복(爵弁服)을 사용한다. 현면(玄冕)으로부터 그 이하의 복장에서 또한 하나의 옷을 취해 사용하는 것이다.

孔疏 ●"褒衣一"者, 所加賜之衣, 最上, 華君賜也. 自卷衣至此, 合爵弁二通, 合九稱. 朱綠帶者, 諸侯襲尸, 除五采之大帶外, 又別有此帶, 以素爲之, 而朱綠飾之, 亦異於生時也.

번역 ●經文: "褒衣一". ○은혜를 입어서 하사를 받은 옷이며, 가장 겉에 입혀서, 군주의 하사를 영예롭게 한다. 곤의(袞衣)로부터 이 복장에 이르기까지, 또 작변(爵弁) 2벌을 합하게 되면 총 9벌이 된다. '주색과 녹색으로 장식한 대(帶)'는 제후의 시신에게 습(襲)을 할 때에는 다섯 가지 채색이 들어간 대대(大帶)를 제외하고도 별도로 이러한 대(帶)가 있었으니, 이것은 흰색의 옷감으로 만들게 되며, 주색과 녹색으로 장식을 하니, 이 또한 생전에 사용하던 것과 차이를 둔 것이다.

孔疏 ●"申加大帶於上"者, 申, 重也. 謂已用此朱綠小帶結束之, 今重加大帶於革帶之上者, 象生時大帶也. 用素爲之, 士則二采, 大夫·諸侯皆五采飾之, 故前云"率帶, 諸侯·大夫皆五采, 士二采", 鄭云: "此謂襲尸之大帶也." 鄭旣謂前爲襲尸之大帶, 此重言加大帶, 是用襲尸如一, 故知前所言卽此大帶也.

번역 ●經文: "申加大帶於上". ○'신(申)'자는 거듭[重]이라는 뜻이다.

이미 이러한 주색과 녹색으로 채색한 작은 띠를 이용해서 결속을 했는데, 현재 혁대(革帶) 위에 다시 대대(大帶)를 더한다는 뜻으로, 생전에 차던 대대(大帶)를 상징한다. 흰색의 옷감을 이용해서 만들게 되는데, 사의 경우는 두 가지 채색으로 장식하고, 대부와 제후는 모두 다섯 가지 채색으로 장식을 한다. 그렇기 때문에 앞에서는 "율대(率帶)의 경우, 제후와 대부는 모두 다섯 가지 채색을 넣어서 장식을 하고, 사는 두 가지 채색을 넣어서 장식을 한다."라고 말한 것이고, 정현은 "이것은 시신에게 습(襲)을 할 때 사용하는 큰 띠를 뜻한다."라고 한 것이다. 정현은 이미 앞의 기록에 대해 시신에 습(襲)을 하며 사용하는 대대(大帶)라고 했는데, 이곳에서는 대대(大帶)를 더한다고 거듭 말했으니, 이것은 곧 시신에게 습(襲)을 하며 사용하는 것이 동일하다는 사실을 나타낸다. 그렇기 때문에 앞에서 언급한 것이 바로 이러한 대대(大帶)에 해당함을 알 수 있다.

孔疏 ◎注"朱綠"至"稱與". ○正義曰: 云"朱綠帶者, 襲衣之帶, 飾之雜以朱綠, 異於生也"者, 此帶既非革帶, 又非大帶, 只是衣之小帶. 衣之小帶用素, 故云"亦以素爲之". 云"申, 重也"者, 釋詁文. 云"重於革帶也"者, 謂於革帶之上, 重加此大帶. 知非對小朱綠帶爲重者, 以朱綠小帶散在於衣, 非是總束其身. 若總束其身, 唯有革帶大帶, 故知對革帶爲重者. 云"必言重加大帶者, 明雖有變, 必備此二帶也"者, 解經文"申加"之字. 既無革帶, 又加大帶云"申"者, 何以革帶必見革帶與大帶者, 明雖有變, 必備此二帶. 云"士襲三稱以下"者, 鄭欲歷明天子·諸侯以下襲之數, 士喪禮襲三稱, 前文子羔襲五稱, 此文公襲九稱, 是尊卑襲數不同. 唯天子·諸侯無文, 故約之, 云"諸侯七稱, 天子十二稱與". 與者, 疑辭也.

번역 ◎鄭注: "朱綠"~"稱與". ○정현이 "'주색과 녹색으로 장식한 대(帶)'는 옷을 습(襲)할 때 채우는 띠로, 주색과 녹색을 섞어서 장식을 하니, 생전에 사용하던 것과 차이를 두기 위해서이다."라고 했는데, 여기에서 말한 대(帶)는 혁대(革帶)를 뜻하는 것이 아니며, 또한 대대(大帶)를 뜻하는 것도 아니니, 단지 옷에 착용하는 작은 띠일 따름이다. 옷에 차는 작은 띠는 흰색의 옷감을 이용해서 만든다. 그렇기 때문에 "또한 흰색의 옷감으로 만든다."라고 말한 것이다. 정현이 "'신(申)'자는 거듭[重]이라는 뜻이다."라고 했는데, 이것은 『이아』「석고(釋詁)」편의 문장이다.[4] 정현이 "혁대(革帶)에 거듭 채운다."라고 했는데, 이것은 혁대(革帶) 위에 거듭 이러한 대대(大帶)를 채운다는 뜻이다. 이것이 주색과 녹색으로 채색한 작은 띠에 대비해서 거듭 채운다는 뜻이 아님을 알 수 있는 이유는 주색과 녹색으로 채색한 작은 띠는 옷에 결속한 뒤 끝부분을 늘어트리니, 이것은 신체와 의복을 단단히 결속시켜주는 것이 아니다. 만약 신체에 의복을 결속시키는 것이라면, 오직 혁대(革帶)와 대대(大帶)만 할 수 있다. 그렇기 때문에 혁대(革帶)에 대비해서 거듭 채우는 것임을 알 수 있다. 정현이 "기어코 대대(大帶)에 거듭 채운다고 한 것은 비록 변화를 주지만, 반드시 이 두 가지 허리띠를 갖춘다는 사실을 나타내기 위해서이다."라고 했는데, 경문에 나온 "거듭 채운다."라고 한 말을 풀이한 것이다. 경문에는 이미 '혁대(革帶)'라는 기록이 없고, 또 대대를 채운다고 기록하며 '거듭[申]'이라고 했는데, 어찌 '혁대(革帶)'라고 기록해서, 분명하게 혁대와 대대를 드러내지 않았는가? 그것은 비록 변화를 주지만, 반드시 이 두 가지 띠를 갖추게 된다는 사실을 나타내기 위해서이다. 정현이 "사에 대해 습(襲)을 할 때에는 3벌의 옷을 사용한다."는 등의 말을 했는데, 정현은 차례대로 열거하여 천자 및 제후로부터 그 이하의 계층이 습(襲)을 할 때 사용하는 옷의 수를 나타내고자 한 것이니, 『의례』「사상례(士喪禮)」편에서는 습(襲)을 하며 3벌을 사용한다고 했고, 앞의 문장에서는 자고에게 습(襲)을 하며 5벌을 사용한다고 했으며, 이곳에서는 공작에게 습(襲)을 하며 9벌을 사용한다고 했다. 이것은 신분의 차이에 따라 습(襲)을 할 때 사용하는 옷의 수가 다르다는 사실을 나타낸다. 다만 천자와 제후에 대해서는 관련 기록이 없기 때문에 생략한 것이다. 정현이 "제후는 7벌의 옷을 사용하고, 천자는 12벌의 옷을 사용했을 것이다."라고 했는데, '여(與)'자는 의문시할 때 사용하는 말이다.

---

4) 『이아』「석고(釋詁)」: 從·申·神·加·弼·崇, 重也.

集解 愚謂: 公, 君也. 上文"公七踊", 下文"公·大夫·士一也", "公升", 皆通謂五等之君, 此不當獨爲異義. 卷衣一, 據上公言之, 若侯伯則鷩冕, 子男則毳冕也. 此襲有褒衣而九稱, 則公襲本七稱, 有褒衣, 故加二稱而爲九也. 然則襲之衣數, 士三稱, 大夫五, 諸侯七, 有褒衣者皆加焉, 天子蓋十二稱與. 喪大記大斂之衣, 君同以百稱, 則襲·斂所用之衣數, 五等之君亦同也. 朱綠帶者, 玉藻所謂"雜帶", 燕居之所用也. 兼用燕居之帶者, 以襲有玄端服也. 申, 重也. 申加大帶於上, 言重加大帶於雜帶之上, 順其衣之在內外也.

번역 내가 생각하기에, '공(公)'자는 군주를 뜻한다. 앞 문장에서 "공(公)에 대해서는 7차례 용(踊)을 한다."[5]라고 말하고, 뒤의 문장에서 "공(公)·대부·사가 동일하다."[6]라고 말하며, "공(公)이 당(堂)으로 올라간다."[7]라고 했는데, 이때의 모든 '공(公)'자는 다섯 등급의 제후를 통칭해서 한 말이니, 이곳 문장에서만 유독 '공작'이라고 해석하여 다른 뜻이 될 수 없다. "곤의(衮衣)가 한 벌이다."라고 한 말은 상공(上公)에 기준을 두고 한 말이니, 만약 후작이나 백작의 경우라면 별면(鷩冕)을 사용하고, 자작이나 남작의 경우라면 취면(毳冕)을 사용한다. 여기에서 말한 습(襲)에는 포의(褒衣)가 포함되고 9벌이라고 했으니, 제후의 습(襲)은 본래 7벌을 사용하는 것이지만, 포의가 포함되었기 때문에 2벌을 추가하여 총 9벌이 된 것이다. 그렇다면 습(襲)을 할 때 사용하는 옷의 가짓수는 사가 3벌이고, 대부가 5벌이며, 제후가 7벌이다. 다만 포의가 포함된 경우라면, 모두 2벌을 추가하게 되며, 천자는 아마도 12벌을 사용했을 것이다. 『예기』「상대기(喪大記)」편에서는 대렴(大斂)을 할 때 사용하는 옷에 있어서, 군주는 동일하게 100벌을 사용한다고 했으니,[8] 습(襲)과 염(斂)을 할 때 사용하는 옷의 가짓수에

---

5) 『예기』「잡기상」【502c】: 公七踊, 大夫五踊, 婦人居間; 士三踊, 婦人皆居間.

6) 『예기』「잡기상」【503b】: 小斂環絰, 公大夫士一也.

7) 『예기』「잡기상」【503c】: 公視大斂, 公升, 商祝鋪席乃斂.

8) 『예기』「상대기(喪大記)」【534d~535a】: 大斂, 布絞, 縮者三, 橫者五, 布紟, 二衾, 君大夫士一也. 君陳衣于庭, 百稱, 北領, 西上. 大夫陳衣于序東, 五十稱, 西領, 南上. 士陳衣于序東, 三十稱, 西領, 南上. 絞紟如朝服, 絞一幅爲三, 不辟, 紟五幅, 無紞.

있어서도, 다섯 등급의 제후가 또한 동일하게 따랐을 것이다. '주록대(朱綠帶)'라는 것은 『예기』「옥조(玉藻)」편에서 말한 '잡대(雜帶)'에 해당하는 것으로,[9] 한가롭게 거처할 때 착용하는 것이다. 한가롭게 거처할 때 착용하는 대(帶)까지 함께 사용하는 것은 습(襲)을 하는 옷 중에 현단복(玄端服)이 포함되기 때문이다. '신(申)'자는 거듭[重]이라는 뜻이다. "그 위에 대대(大帶)를 거듭 채운다."는 말은 잡대 위에 대대를 거듭 채운다는 뜻이니, 옷을 착용할 때 안에 입는 것과 밖에 입는 것의 순서에 따르기 때문이다.

集解 凡生人之衣, 最內爲明衣, 其外則冬有裘, 夏有葛, 春秋有袍·褶之屬, 又其外有中衣, 又其外乃有禮衣, 若玄端·皮弁·冕服之屬也. 襲衣衣之於身, 所用與生時悉同, 但四時皆用袍·褶而不用裘·葛耳. 士喪禮襲衣內有明衣裳, 外有褖衣·皮弁·爵弁三稱, 而褖衣連衣裳爲中衣之制, 則不復用中衣. 上文言"子羔之襲, 繭衣裳與褖衣纁袡爲一", 卽此制也. 公襲衮最在內, 不爲連衣裳之制, 則袍·褶之外, 衮衣之內, 又當有中衣矣. 蓋大夫以上之襲皆如此與.

번역 무릇 살아있는 사람이 착용하는 옷에 있어서 가장 안쪽에 입는 옷은 명의(明衣)[10]이며, 그 겉에는 겨울이라면 갓옷을 입고 여름이라면 갈옷을 입으며, 봄이나 가을이라면 포(袍)[11]와 습(褶)[12] 등을 입고, 또 그 겉에는 중의(中衣)를 착용하며, 또 그 겉에는 예복(禮服)이 있게 되니, 현단(玄端)·피변(皮弁)·면복(冕服) 등의 부류이다. 옷을 습(襲)하여 시신에게 옷을 입힐 때에는 사용되는 것이 생전에 입었던 것과 모두 동일하다. 다만 사계절에 상관없이 모두 포(袍)나 습(褶)을 사용하고 갖옷이나 갈옷은 사

---

9) 『예기』「옥조(玉藻)」【385b】: 大夫大帶四寸, 雜帶, 君朱綠, 大夫玄華, 士緇辟二寸, 再繚四寸.

10) 명의(明衣)는 가장 안쪽에 입는 내의를 뜻한다. 재계를 할 때 목욕을 한 이후에 명의를 착용하며, 시신에 대한 염습(殮襲)을 할 때에도 시신을 닦은 이후 명의를 입혔다.

11) 포(袍)는 오래된 솜을 넣어서 만든 옷을 뜻한다.

12) 습(褶)은 안감과 겉감이 있지만 솜 등을 덧대는 것이 없는 옷을 뜻한다.

용하지 않을 따름이다. 『의례』「사상례(士喪禮)」편에서도 옷을 습(襲)할 때 가장 안쪽에는 명의(明衣)에 해당하는 상의와 하의가 있고, 그 겉에는 단의(褖衣)·피변·작변(爵弁)의 3벌이 있다고 했는데, 단의의 경우 상의와 하의를 연결하여 중의(中衣)를 만드는 방법에 따라 제작하니, 재차 중의를 사용하지 않는 것이다. 앞 문장에서 "자고에 대해 습(襲)을 하며, 솜을 넣은 상의와 하의, 단의에 진홍색의 가선을 두른 것을 한 벌로 삼았다."라고 한 것이 바로 이러한 제도를 나타낸다. 제후에 대해 습(襲)을 할 때 곤의(袞衣)를 가장 안쪽에 입히게 되는데, 이것은 상의와 하의를 연결시켜서 만들지 않으니, 포(袍)나 습(褶)의 겉과 곤의의 안쪽에는 또한 마땅히 중의가 포함되어야 한다. 아마도 대부로부터 그 이상의 계급에 있어서 습(襲)을 할 때에는 모두 이와 같았을 것이다.

集解 愚謂: 士惟有大帶, 君大夫有大帶, 又有雜帶. 玉藻"天子素帶, 朱裏, 終辟", 而諸侯"素帶, 終辟", "大夫素帶, 辟垂", 及此篇所言"率帶, 君大夫五采, 士二采"者, 大帶也. 玉藻"雜帶, 君朱綠, 大夫玄華", 及此所言"朱綠帶"者, 雜帶也. 鄭氏解玉藻, 謂"君之大帶以朱綠爲飾", 至此篇言"率帶, 君大夫五采, 士二采", 則"君大帶飾以朱綠"之說已不可通, 則云"襲尸之大帶異於生", 至此節又言"朱綠帶", 則謂"襲衣別用此小帶異於生", 其說支離無據. 蓋率帶之帶, 卽生時之大帶, 朱綠帶卽生時之雜帶, 而襲尸皆用之, 初未嘗異於生也. 士喪禮襲有韎韐, 韎韐必繫於革帶, 則襲固當有革帶矣. 然此"朱綠帶", 言"申加大帶於上", 則所加者實朱綠帶, 而非革帶也. 且生時大帶·雜帶不一時並施, 而其所繫則同處, 故襲時加大帶於雜帶之上. 若革帶則生時與大帶並用, 而繫於大帶之下, 故韠繫於革帶, 而其下與紳相齊, 則襲時亦不得加大帶於革帶之上矣.

번역 내가 생각하기에, 사는 오직 대대(大帶)만 있고, 군주와 대부는 대대가 있으며 또 잡대(雜帶)가 있다. 『예기』「옥조(玉藻)」편에서는 "천자의 허리띠는 흰 비단으로 만드는데, 안쪽에는 적색의 비단으로 안감을 대고, 끝부분에는 가선을 두른다."[13]라고 했고, 제후에 대해서는 "허리띠를 흰 비단으로 만들지만, 적색의 비단으로 안감을 대지 않고, 끝부분에는 가선을 두른다."[14]라고 했으며, "대부의 허리띠는 흰 비단으로 만들게 되고, 양쪽 귀퉁이와 밑으로 늘어뜨리는 띠에 가선을 두른다."[15]라고 했고, 「잡기상」편에서는 "율대(率帶)의 경우, 제후와 대부는 모두 다섯 가지 채색을 넣어서 장식을 하고, 사는 두 가지 채색을 넣어서 장식을 한다."라고 했는데, 여기에서 말하는 대(帶)는 모두 대대(大帶)에 해당한다. 「옥조」편에서는 "잡대(雜帶)의 경우, 제후는 윗면은 주색으로 만들고, 밑면은 녹색으로 만들며, 대부는 외면은 현색으로 만들고 내면은 황색으로 만든다."[16]라고 했고, 이곳에서는 '주색과 녹색으로 장식한 대(帶)'라고 했는데, 여기에서 말하는 대(帶)는 모두 잡대(雜帶)에 해당한다. 정현은 「옥조」편의 내용을 해석하며, "군주의 대대(大帶)는 주색과 녹색으로 장식을 한다."라고 했는데, 「잡기상」편에서 "율대의 경우, 제후와 대부는 모두 다섯 가지 채색을 넣어서 장식을 하고, 사는 두 가지 채색을 넣어서 장식을 한다."라고 언급했으니, "군주의 대대(大帶)를 주색과 녹색으로 장식한다."라고 한 주장은 이미 통용되지 못하므로, 다시 "시신에게 습(襲)을 하며 착용하는 대대(大帶)로, 생전과 다르게 하기 위해서이다."라고 했고, 또 이곳 문단에 '주색과 녹색으로 장식한 대(帶)'라는 말이 나오자 "습(襲)을 하며 옷을 입힐 때에는 별도로 이러한 소대(小帶)를 사용하니, 생전과 다르게 하기 위해서이다."라고 설명했다. 그러나 이러한 주장은 지리멸렬한 해석이며, 근거도 없는 주장이다. 무릇 '율대(率帶)'라고 하는 대(帶)는 곧 생전에 사용하던 대대(大帶)에 해당하고, '주색과 녹색으로 장식한 대(帶)'는 곧 생전에 사용하던 잡대(雜帶)에 해당하는데, 시신에게 습(襲)을 할 때 이것들을 모두 사용하므로, 애초부터 생전에 사용하던 것과 차이를 둔 적이 없었다. 또 『의례』「사상례(士喪禮)」편에서는 습(襲)을 할 때 슬갑이 포함되는데,[17] 슬갑은 반드시 혁대

13) 『예기』「옥조(玉藻)」【384b】 : 天子素帶, 朱裏, 終辟.

14) 『예기』「옥조(玉藻)」【384c】 : 而素帶, 終辟.

15) 『예기』「옥조(玉藻)」【384c】 : 大夫素帶, 辟垂.

16) 『예기』「옥조(玉藻)」【385b】 : 大夫大帶四寸, 雜帶, 君朱綠, 大夫玄華, 士緇辟二寸, 再繚四寸.

17) 『의례』「사상례(士喪禮)」 : 爵弁服純衣, 皮弁服, 褖衣, 緇帶, 韎韐, 竹笏.

(革帶)에 결속하게 되어 있으니, 습(襲)을 할 때에는 진실로 혁대도 포함되는 것이다. 그런데 이곳에서는 '주색과 녹색으로 장식한 대(帶)'라고 했고, "그 위에 대대(大帶)를 거듭 채운다."라고 했으니, 대대를 덧대게 되는 대상은 주색과 녹색으로 장식한 대(帶)이지 혁대가 아니다. 또 생전에 사용하는 대대와 잡대는 동시에 모두 착용하는 것이 아니고, 그것을 걸게 되는 장소는 동일한 곳이다. 그렇기 때문에 습(襲)을 할 때 대대(大帶)는 잡대 위에 채우게 된다. 혁대의 경우라면 생전에는 대대와 함께 사용을 했는데, 그것은 대대 아래에 결속을 한다. 그렇기 때문에 슬갑을 혁대에 매달게 되고, 그 아래에는 또한 그 밑 부분은 허리띠의 늘어트리는 부분인 신(紳)과 가지런히 길이를 맞추니, 습(襲)을 할 때에는 또한 대대를 혁대 위에 채울 수 없는 것이다.

그림 43-1 ▣ 불(韍)

※ 출처: 『삼례도집주(三禮圖集注)』 8권

• 제44절 •

소렴(小斂)의 환질(環絰) 규정

【503b】

小斂環絰, 公大夫士一也.

직역 小斂의 環絰은 公·大夫·士가 一이라.

의역 소렴(小斂)을 치를 때 환질(環絰)을 두르는 것은 제후·대부·사가 모두 동일하다.

集說 疏曰: 環絰, 一股而纏也. 親始死, 孝子去冠, 至小斂不可無飾, 士素委貌, 大夫以上素弁, 而貴賤悉得加於環絰, 故云公大夫士一也.

번역 공영달의 소에서 말하길, '환질(環絰)'은 한 가닥의 끈을 엮어서 만들게 된다. 부모가 처음 돌아가셨을 때, 자식은 관(冠)을 제거하지만, 소렴(小斂)을 치르게 되면 장식이 없을 수 없으니, 사는 흰색의 위모(委貌)를 착용하고, 대부로부터 그 이상의 계급은 흰색의 변(弁)을 착용하는데, 신분의 차이에 상관없이 모두 그 위에 환질(環絰)을 두를 수 있다. 그렇기 때문에 "군주·대부·사가 동일하다."라고 했다.

鄭注 環絰者, 一股, 所謂纏絰也. 士素委貌, 大夫以上素爵弁, 而加此絰焉, 散帶.

번역 '환질(環絰)'은 한 가닥의 끈으로 엮은 것이니, 이른바 '전질(纏絰)'에 해당한다. 사는 흰색의 위모(委貌)를 착용하고, 대부로부터 그 이상의 계급은 흰색의 작변(爵弁)을 착용하는데, 이러한 질(絰)을 그 위에 더하고,

대(帶)는 끝을 흩트려 늘어트린다.

釋文 纏, 直連反.

번역 '纏'자는 '直(직)'자와 '連(련)'자의 반절음이다.

孔疏 ●"小斂"至"一也". ○正義曰: 環絰, 一股而纏也. 親始死, 孝子去冠, 至小斂不可無飾. 士素委貌, 大夫以上素弁, 而貴賤悉得加於環絰, 故云"公·大夫·士一也".

번역 ●經文: "小斂"~"一也". ○'환질(環絰)'은 한 가닥의 끈을 엮어서 만든다. 부모가 처음 돌아가셨을 때, 자식은 관(冠)을 제거하지만, 소렴(小斂)을 치르게 되면 장식이 없을 수 없으니, 사는 흰색의 위모(委貌)를 착용하고, 대부로부터 그 이상의 계급은 흰색의 변(弁)을 착용하는데, 신분의 차이에 상관없이 모두 그 위에 환질(環絰)을 두를 수 있다. 그렇기 때문에 "제후·대부·사가 동일하다."라고 했다.

孔疏 ◎注"環絰"至"散帶". ○正義曰: 知"以一股, 所謂纏絰"者, 若是兩股相交, 則謂之絞. 今云環絰, 是周迴纏繞之名, 故知是一股纏絰也. 又鄭注弁師云: "環絰者, 大如緦之麻絰, 纏而不糾." 今此所謂彼絰注也. 知"士素委貌"者, 武叔投冠括髮, 諸侯之大夫當天子之士也. 云"大夫以上, 素爵弁"者, 雜記云: "大夫與殯亦弁絰", 以大夫與他殯尚弁絰, 則天子弁絰明矣. 諸侯以上尊, 固宜弁絰.

번역 ◎鄭注: "環絰"~"散帶". ○정현이 "한 가닥의 끈으로 엮은 것이니, 이른바 '전질(纏絰)'에 해당한다."라고 했는데, 이러한 사실을 알 수 있었던 이유는 두 가닥의 끈을 서로 교차한다면 이것을 '교(絞)'라고 부른다. 그런데 현재 '환질(環絰)'이라고 했으니, 이것은 원형으로 둘러서 엮었다는 뜻이 된다. 그렇기 때문에 이것이 한 가닥의 끈을 엮어서 만든 '전질(纏絰)'임을 알 수 있다. 또 『주례』「변사(弁師)」편에 대한 정현의 주에서는 "'환질(環

絰)'이라는 것은 그 크기가 시마복(緦麻服)에 하는 마(麻)로 만든 질(絰)과 같은데, 엮기만 하고 두 가닥을 함께 꼬지 않는다."[1]라고 했다. 이곳에서 언급한 내용은 바로 『주례』 경문에 대한 주석을 뜻한다. 정현이 "사는 흰색의 위모(委貌)를 착용한다."라고 했는데, 이 사실을 알 수 있는 이유는 숙손무숙은 관(冠)을 내던진 다음에 머리카락을 틀어 올렸다고 했고,[2] 제후에게 소속된 대부의 등급은 천자에게 소속된 사의 등급에 해당하기 때문이다. 정현이 "대부로부터 그 이상의 계급은 흰색의 작변(爵弁)을 착용한다."라고 했는데, 「잡기」편에서는 "대부가 다른 대부의 빈소를 만드는 일에 참여하게 되면 또한 변질(弁絰)을 착용한다."[3]라고 했으니, 대부가 다른 대부의 상에서 빈소를 만드는 일에 참여할 때 여전히 변질을 착용한다고 했다면, 천자도 변질을 착용하는 것이 분명하다. 제후로부터 그 이상의 등급은 존귀한 존재이므로, 마땅히 변질을 착용해야 한다.

集解 環絰, 謂以絰環加於首也. 小斂環絰者, 小斂奉尸侇于堂畢, 乃降而東襲·絰焉. 士喪禮"苴絰, 大搹", "要絰小焉", "饌于東方", "卒斂", "主人卽位拜賓", "襲·絰于序東", 是也. 公·大夫·士一者, 蓋他服如衰·杖·屨之屬, 君·大夫·士變服之節有不盡同者, 而環絰則皆以小斂畢時也.

번역 '환질(環絰)'은 질(絰)을 둘러서 머리에 올린다는 뜻이다. 소렴(小斂)에 하는 환질은 소렴을 하며 시신을 받들어서 당(堂)으로 옮기는 일이 끝나면, 곧 내려가서 동쪽으로 가 습(襲)과 질(絰)을 찬다는 뜻이다. 『의례』「사상례(士喪禮)」편에서 "저질(苴絰)의 수질(首絰)을 찬다."라고 했고, "요질(要絰)은 그 크기를 5분의 1만큼 줄인다."라고 했으며, "동방(東方)에 진열해둔다."라고 했고,[4] "염(斂)을 끝낸다."[5]라고 했으며, "주인은 자리로

---

1) 이 문장은 『주례』「하관(夏官)·변사(弁師)」편의 "王之弁絰, 弁而加環絰."이라는 기록에 대한 정현의 주이다.

2) 『예기』「단궁상(檀弓上)」【92c】: 叔孫武叔之母死, 旣小斂, 擧者出, 尸出戶, 袒, 且投其冠, 括髮. 子游曰: "知禮."

3) 『예기』「잡기상」【498a】: 大夫之哭大夫弁絰. 大夫與殯亦弁絰.

나아가 빈객에게 절을 한다."라고 했으며, "서(序)의 동쪽에서 습(襲)과 질(絰)을 찬다."라고 한 말[6]이 이러한 사실을 나타낸다. "군주 · 대부 · 사가 동일하다."라고 한 말은 예를 들어 상복 · 지팡이 · 신발 등의 다른 복장에 있어서, 군주 · 대부 · 사는 복식을 바꾸는 절차에서 동일하지 않은 점이 있지만, 환질(環絰)의 경우에는 모두 소렴(小斂)을 끝냈을 때 차게 된다는 뜻이다.

集解 鄭氏謂"環絰爲一股之纏絰", 非也. 一股之絰, 舊說所謂"弔服之環絰"也. <環絰說見檀弓.> 經 · 記初無言小斂時主人加弔服之環絰者. 小斂環絰, 謂環加苴絰, 豈可以弔服之環絰混之?

번역 정현은 "'환질(環絰)'은 한 가닥의 끈을 엮어서 만든 전질(纏絰)이다."라고 했는데, 잘못된 주장이다. 한 가닥의 끈을 엮어서 만든 질(絰)은 옛 주석에서 말한 '조복(弔服)에 착용하는 환질'에 해당한다. <'환질(環絰)'에 대한 설명은 『예기』「단궁(檀弓)」편에 나온다.> 『의례』와 『예기』에서는 소렴(小斂)을 할 때 상주가 조복의 환질을 두른다고 말한 기록이 없다. 소렴에 하는 환질은 머리에 저질(苴絰)을 두르는 것인데, 어떻게 조복에 하는 환질로 이것을 설명할 수 있겠는가?

---

4) 『의례』「사상례(士喪禮)」: 苴絰, 大鬲, 下本在左, 要絰小焉. 散帶垂, 長三尺. 牡麻絰, 右本在上, 亦散帶垂. 皆饌于東方.

5) 『의례』「사상례(士喪禮)」: 卒斂, 徹帷.

6) 『의례』「사상례(士喪禮)」: 主人出于足, 降自西階. 衆主人東卽位. 婦人阼階上西面. 主人拜賓, 大夫特拜, 士旅之, 卽位, 踊, 襲·絰于序東, 復位.

• 제 45 절 •

군주가 신하의 대렴(大斂)에 참관할 때

【503c】

公視大斂, 公升, 商祝鋪席乃斂.

직역 公이 大斂에 視하여, 公이 升하면, 商祝은 席을 鋪하고 斂한다.

의역 군주가 신하의 상에 임하여 대렴(大斂) 때 참관해서, 당(堂) 위로 오르게 되면, 대렴의 일을 담당하고 있는 상축은 자리를 깔고 대렴의 절차를 시행한다.

集說 君臨臣喪而視其大斂. 商祝, 習知殷禮者, 專主斂事. 主人雖先已鋪席布絞紟等物, 聞君將至, 悉徹去之, 待君至升堂, 商祝乃始鋪席爲斂事, 蓋榮君之至而擧其禮也.

번역 군주가 신하의 상에 임하여, 대렴(大斂) 때 참관을 한 것이다. '상축(商祝)'[1]은 은나라 때의 예법을 익힌 자이며, 염(斂)에 대한 일을 주관한다. 상주가 비록 먼저 자리를 깔고 시신을 묶는 끈인 교(絞)나 홑이불인 금(紟) 등을 펼쳐두었더라도, 군주가 장차 도착하게 된다는 소식을 듣게 되면, 이 모두를 치워두고, 군주가 당(堂)에 오를 때까지 기다리며, 그런 뒤에 상축은 곧 처음으로 자리를 펴고 염(斂)의 일을 진행하니, 군주가 당도한 것을 영예롭게 여겨서 해당 의례를 거행하기 때문이다.

---

1) 상축(商祝)은 상(商)나라 즉 은(殷)나라 때의 예법을 익혀서, 제사를 돕는 자를 뜻한다. 『예기』「악기(樂記)」편에는 "商祝辨乎喪禮, 故後主人."이라는 기록이 있는데, 이에 대한 공영달(孔穎達)의 소(疏)에서는 "商祝, 謂習商禮而爲祝者."라고 풀이했다.

鄭注 喪大記曰: "大夫之喪, 將大斂, 旣鋪絞·紟·衾, 君至." 此君升[2]乃鋪席, 則君至爲之改, 始新之也.

번역 『예기』「상대기(喪大記)」편에서는 "대부의 상에서 장차 대렴(大斂)을 치르려고 하여, 이미 시신을 묶는 끈인 교(絞), 홑이불인 금(紟), 이불인 금(衾) 등을 깔아두었는데, 군주가 당도하였다."[3]라고 했다. 이곳에서는 군주가 당(堂)으로 오르게 되면 자리를 깐다고 했으니, 군주가 당도하여 그를 위해 자리를 고쳐서, 처음 자리를 깐 것처럼 새롭게 하는 것이다.

釋文 鋪, 普吳反, 一音升胡反, 又音敷. 紟, 其鴆反. 絞, 戶交反. 爲, 于僞反.

번역 '鋪'자는 '普(보)'자와 '吳(오)'자의 반절음이며, 다른 음은 '升(승)'자와 '胡(호)'자의 반절음이고, 또한 그 음은 '敷(부)'도 된다. '紟'자는 '其(기)'자와 '鴆(짐)'자의 반절음이다. '絞'자는 '戶(호)'자와 '交(교)'자의 반절음이다. '爲'자는 '于(우)'자와 '僞(위)'자의 반절음이다.

孔疏 ●"公視"至"乃斂". ○正義曰: 公, 君也. 明君臨臣喪大斂禮也.

번역 ●經文: "公視"~"乃斂". ○'공(公)'자는 군주를 뜻한다. 군주가 신하의 상 절차 중 대렴(大斂)에 임하는 예법을 나타내고 있다.

---

2) '군지차군승(君至此君升)'에 대하여. 이 다섯 글자는 본래 없던 글자인데, 완원(阮元)의 『교감기(校勘記)』에서는 "혜동(惠棟)의 『교송본(校宋本)』에는 '금금(紟衾)' 뒤에 '군지차군승'이라는 기록이 있고, 『악본(岳本)』·『송감본(宋監本)』·『가정본(嘉靖本)』, 위씨(衛氏)의 『집설(集說)』에도 동일하게 기록되어 있으며, 『고문(考文)』에서 인용하고 있는 『고본(古本)』 및 『족리본(足利本)』에도 동일하게 기록되어 있으니, 이곳 판본에는 이 다섯 글자가 누락된 것이며, 『민본(閩本)』·『감본(監本)』에도 동일하게 글자가 누락되었다."라고 했다.

3) 『예기』「상대기(喪大記)」【537b~c】: 大夫之喪, 將大斂, 旣鋪絞紟衾衣, 君至, 主人迎, 先入門右. 巫止于門外. 君釋菜, 祝先入, 升堂. 君卽位于序端. 卿大夫卽位于堂廉, 楹西, 北面, 東上. 主人房外南面. 主婦尸西東面. 遷尸. 卒斂, 宰告, 主人降, 北面于堂下, 君撫之, 主人拜稽顙. 君降, 升主人馮之, 命主婦馮之.

孔疏 ●"公升, 商祝鋪席, 乃斂"者, "公升", 謂君來升堂時. 商祝, 主斂事者也. 此臣喪, 大斂, 君來至之前, 主人旣已鋪席, 布絞·紟·衾, 聞君將來至, 則主人[4]徹去之. 此君至, 升堂, 而商祝更鋪席, 待君至乃斂也. 所以然者, 重榮君來, 爲新之也. 亦示若事由君也.

번역 ●經文: "公升, 商祝鋪席, 乃斂". ○경문의 "公升"에 대하여. 군주가 찾아와서 당(堂)에 올라가는 때를 뜻한다. '상축(商祝)'은 염(斂)에 대한 일을 담당하는 자이다. 이러한 신하의 상에서 대렴(大斂)을 지내게 되었는데, 그 시기가 군주가 아직 당도하기 이전이 되어, 주인이 이미 자리를 깔아두고, 교(絞)·금(紟)·금(衾)을 펼쳐둔 상태이다. 그런데 군주가 장차 당도하게 될 것이라는 소식을 듣게 되면, 주인은 그것들을 치운다. 그리고 군주가 당도하여 당(堂)으로 오르게 되면, 상축은 다시 자리를 깔고, 군주가 그곳에 도착할 때까지 기다린 뒤에 대렴을 한다. 이처럼 하는 이유는 군주가 찾아온 것을 중시여기고 영예로 여겨서, 새롭게 그 일을 시행하기 때문이다. 또한 이것을 통해서 그 일이 군주로부터 비롯된 것처럼 나타내고자 한 것이다.

集解 愚謂: 席最在下, 云"商祝鋪席", 則知絞·紟·衾·衣皆再布之矣, 爲君欲視其衣·衾之美惡也.

번역 내가 생각하기에, 자리는 가장 밑에 까는 것인데, "상축(商祝)이 자리를 깐다."라고 했으니, 교(絞)·금(紟)·금(衾)·의(衣)는 모두 재차 깔게 됨을 알 수 있고, 군주가 옷과 이불 등의 상태를 살피고자 하기 때문이다.

---

4) '인(人)'자에 대하여. '인'자 뒤에는 본래 '산(散)'자가 기록되어 있었는데, 완원(阮元)의 『교감기(校勘記)』에서는 "혜동(惠棟)의 『교송본(校宋本)』에는 '산'자가 없고, 위씨(衛氏)의 『집설(集說)』에도 동일하게 기록되어 있으니, 이곳 판본에는 잘못하여 이 글자가 기록된 것이며, 『민본(閩本)』·『감본(監本)』·『모본(毛本)』에도 동일하게 잘못 기록되어 있다."라고 했다.

그림 45-1 ▣ 우: 소렴(小斂)의 교(絞), 좌: 대렴(大斂)의 교(絞)

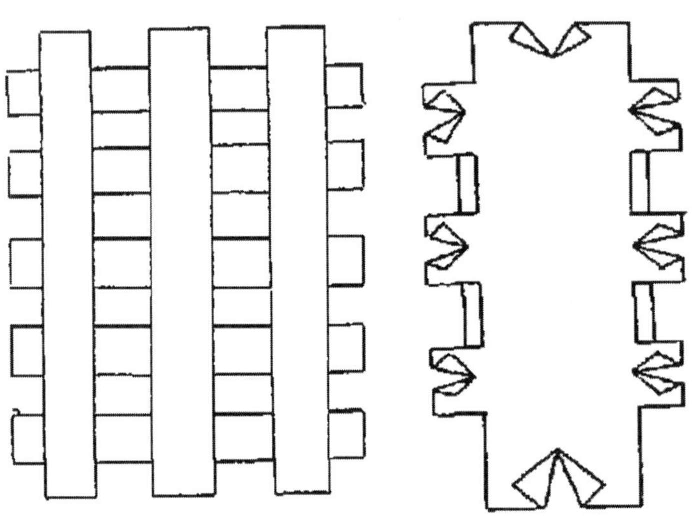

※ 출처: 『삼례도집주(三禮圖集注)』 17권

그림 45-2 ■ 금(紟)과 금(衾)

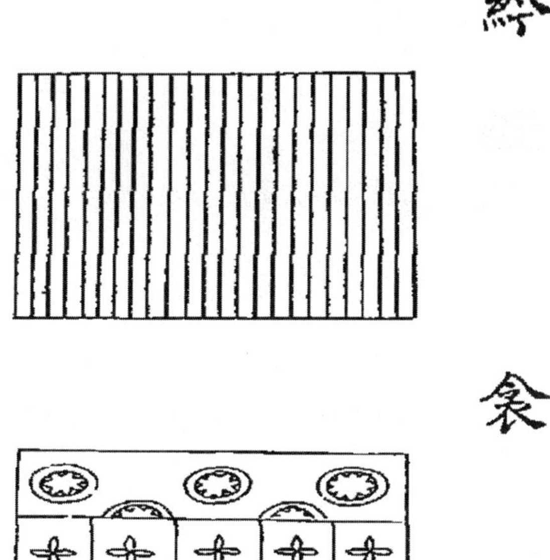

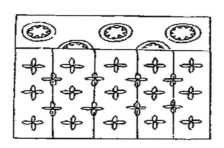

※ **출처:**『삼례도집주(三禮圖集注)』17권

• 제46절 •

증(贈)에 대한 노(魯)나라의 비례(非禮)

【503c】

魯人之贈也, 三玄二纁, 廣尺, 長終幅.

직역 魯人의 贈은 三玄과 二纁이며, 廣은 尺이고, 長은 終幅이다.

의역 현재 노(魯)나라 사람들이 증(贈)을 보낼 때에는 3단의 현색 비단과 2단의 분홍색 비단을 사용하는데, 그 너비는 1척(尺)이고 길이는 1폭(幅)으로, 예법에 맞지 않는다.

集說 贈, 以物送別死者於椁中也. 旣夕禮曰, "贈用制幣玄纁束", 一丈八尺爲制. 今魯人雖用玄與纁, 而短狹如此, 則非禮矣, 故記者譏之. 幅之度二尺二寸.

번역 '증(贈)'은 물건을 보내 외관(外棺) 안에 넣어 죽은 자를 전송하는 것이다. 『의례』「기석례(旣夕禮)」편에서는 "증(贈)으로 제폐(制幣)인 현색과 분홍색 1속(束)[1]을 사용한다."[2]라고 했는데, 1장(丈) 8척(尺)의 길이로 제단을 한 것이다. 현재 노(魯)나라 사람들은 비록 현색과 분홍색의 비단을 사용하지만, 그 길이와 폭이 이처럼 짧고 좁으니, 비례가 된다. 그렇기 때문에 『예기』를 기록한 자가 기롱을 한 것이다. 1폭(幅)의 치수는 2척 2촌(寸)

---

1) 속(束)은 견직물을 헤아리는 단위이다. 1'속'은 10단(端)을 뜻하는데, 1단의 길이는 1장(丈) 8척(尺)이 되며, 2단이 합쳐서 1권(卷)이 되므로, 10단은 총 5필이 된다. 『주례』「춘관(春官)·대종백(大宗伯)」편에는 "孤執皮帛."이라는 기록이 있고, 이에 대한 가공언(賈公彦)의 소(疏)에서는 "束者十端, 每端丈八尺, 皆兩端合卷, 總爲五匹, 故云束帛也."라고 풀이했다.

2) 『의례』「기석례(旣夕禮)」: 主人哭, 踊無筭, 襲, 贈用制幣玄纁束, 拜稽顙, 踊如初.

이다.

鄭注 言失之也. 士喪禮下篇曰: "贈用制幣, 玄纁束帛."

번역 실례를 범했다는 뜻이다. 『의례』「사상례(士喪禮)」 하편에서는 "증(贈)으로 제폐(制幣)를 사용하니, 현색과 분홍색을 속백(束帛)[3]으로 한다."라고 했다.

釋文 廣, 古曠反. 長, 直亮反. 幅, 方服反.

번역 '廣'자는 '古(고)'자와 '曠(광)'자의 반절음이다. '長'자는 '直(직)'자와 '亮(량)'자의 반절음이다. '幅'자는 '方(방)'자와 '服(복)'자의 반절음이다.

孔疏 ●"魯人"至"終幅". ○正義曰: 記魯失也. 贈, 謂以物送亡人於槨中也. 贈別用玄纁束帛, 三玄二纁, 故旣夕禮曰"贈用制幣, 玄纁束". 今魯人雖三玄二纁, 而用廣尺, 長終[4]幅, 不復丈八尺, 則失禮也.

번역 ●經文: "魯人"~"終幅". ○노(魯)나라에서 실례를 범했다고 기록한 것이다. '증(贈)'은 물건을 보내 죽은 자의 외관(外棺) 안에 넣어 전송을 하는 것이다. 증(贈)을 할 때에는 별도로 현색과 분홍색의 속백(束帛)을 사

3) 속백(束帛)은 한 묶음의 비단으로, 그 수량은 다섯 필(匹)이 된다. 빙문(聘問)을 하거나 증여를 할 때 가져가는 예물(禮物) 등으로 사용되었다. '속(束)'은 10단(端)을 뜻하는데, 1단의 길이는 1장(丈) 8척(尺)이 되며, 2단이 합쳐서 1권(卷)이 되므로, 10단은 총 5필이 된다. 『주례』「춘관(春官) · 대종백(大宗伯)」편에는 "孤執皮帛."이라는 기록이 있고, 이에 대한 가공언(賈公彦)의 소(疏)에서는 "束者十端, 每端丈八尺, 皆兩端合卷, 總爲五匹, 故云束帛也."라고 풀이했다.

4) '종(終)'자에 대하여. '종'자는 본래 없던 글자인데, 완원(阮元)의 『교감기(校勘記)』에서는 "혜동(惠棟)의 『교송본(校宋本)』에는 '장(長)'자 뒤에 '종'자가 기록되어 있고, 위씨(衛氏)의 『집설(集說)』에도 동일하게 기록되어 있으니, 이곳 판본에는 '종'자가 누락된 것이며, 『민본(閩本)』 · 『감본(監本)』 · 『모본(毛本)』에도 동일하게 누락되어 있다."라고 했다.

용하니, 3단의 현색 비단과 2단의 분홍색 비단이다. 그렇기 때문에 『의례』「기석례(旣夕禮)」편에서는 "증(贈)으로 제폐(制幣)인 현색과 분홍색 1속(束)을 사용한다."라고 한 것이다. 현재 노나라 사람들은 비록 3단의 현색 비단과 2단의 분홍색 비단을 사용하여, 그 폭을 1척(尺)으로 맞추지만, 길이는 1폭(幅)이 되어, 1장(丈) 8척의 길이를 맞추지 못하므로, 실례가 된다.

集解 愚謂: 內宰職註引天子巡守禮·聘禮註引朝貢禮, 皆云"制幣丈八尺, 純四咫." 賈疏引趙商問"純四咫"之義, 鄭氏謂"咫八寸, 四咫三尺二寸, 太廣, 四當爲'三', 三八二尺四寸." 幅, 廣也. 是制幣長丈八尺, 廣二尺四寸也. 今魯贈幣廣止一尺, 長僅終幅二尺四寸, 是長廣皆不如禮也.

번역 내가 생각하기에, 『주례』「내재(內宰)」편의 직무 기록에 대해서, 정현의 주에서는 천자가 실시하는 순수(巡守)[5]의 예법을 인용했고, 『의례』「빙례(聘禮)」편에 대한 주에서는 조공(朝貢)의 예법을 인용했는데, 둘 모두에 대해서 "제폐(制幣)는 길이가 1장(丈) 8척(尺)이며, 폭이 4지(咫)[6]이다."

---

5) 순수(巡守)는 '순수(巡狩)'라고도 부른다. 천자가 수도를 벗어나 제후의 나라를 시찰하는 것을 뜻한다. '순수'의 '순(巡)'자는 그곳으로 행차를 한다는 뜻이고, '수(守)'자는 제후가 지키는 영토를 뜻한다. 제후는 천자가 하사해준 영토를 대신 맡아서 수호하는 것이기 때문에, 천자가 그곳에 방문하여, 자신의 영토를 어떻게 관리하고 있는지를 시찰하게 된다. 『서』「우서(虞書)·순전(舜典)」편에는 "歲二月, 東巡守, 至于岱宗, 柴."라는 기록이 있고, 이에 대한 공안국(孔安國)의 전(傳)에서는 "諸侯爲天子守土, 故稱守. 巡, 行之."라고 풀이했으며, 『맹자』「양혜왕하(梁惠王下)」편에서는 "天子適諸侯曰巡狩. 巡狩者, 巡所守也."라고 기록하였다. 한편 『예기』「왕제(王制)」편에는 "天子, 五年, 一巡守."라는 기록이 있고, 『주례』「추관(秋官)·대행인(大行人)」편에는 "十有二歲王巡守殷國."이라는 기록이 있다. 즉 「왕제」편에서는 천자가 5년에 1번 순수를 시행하고, 「대행인」편에서는 12년에 1번 순수를 시행한다고 기록하고 있는데, 이러한 차이점에 대해서 정현은 「왕제」편의 주에서 "五年者, 虞夏之制也. 周則十二歲一巡守."라고 풀이했다. 즉 5년에 1번 순수를 하는 제도는 우(虞)와 하(夏)나라 때의 제도이며, 주(周)나라에서는 12년에 1번 순수를 했다.

6) 지(咫)는 길이의 단위이다. 주(周)나라 때에는 8촌(寸)의 길이를 1'지'라고 불렀다. 일반적으로 부인(婦人)들의 손 길이가 8촌이었는데, 이 길이를 '지'라

라고 했고, 가공언의 소에서는 조상이 '순사지(純四咫)'의 뜻을 질문하고, 정현이 "지(咫)는 8촌(寸)이니, 4지(咫)는 3척 2촌으로, 폭이 너무 넓으므로, 사(四)자는 마땅히 '삼(三)'자가 되어, 폭은 3곱하기 8인 2척 4촌이다."라고 대답한 말을 인용했다. '폭(幅)은 너비를 뜻한다. 이것은 제폐의 길이가 1장 8척이고, 폭이 2척 4촌임을 뜻한다. 현재 노나라에서 증(贈)에 사용한 제폐는 폭이 단지 1척에 그쳤고, 길이는 겨우 종폭(終幅)이 되어 2척 4촌이 되므로, 길이와 폭이 모두 예법에 맞지 않음을 뜻한다.

고 불렀다. 『국어(國語)』「노어하(魯語下)」편에는 "有隼集于陳侯之庭而死, 楛矢貫之, 石砮, 其長尺有咫."라는 기록이 있는데, 이에 대한 위소(韋昭)의 주에서는 "八寸曰咫."라고 풀이했다. 한편 『설문해자(說文解字)』「척부(尺部)」편에는 "咫, 中婦人手長八寸謂之咫, 周尺也."라는 기록이 있다.

• 제 47 절 •

제후가 이웃 제후에게 조문하는 예법

【503d】

弔者卽位於門西東面, 其介在其東南北面西上, 西於門. 主孤西面. 相者受命曰, "孤某使某請事." 客曰, "寡君使某, 如何不淑." 相者入告. 出曰, "孤某須矣." 弔者入, 主人升堂西面. 弔者升自西階, 東面致命曰, "寡君聞君之喪, 寡君使某, 如何不淑." 子拜稽顙, 弔者降反位.

직역 弔者는 門西에 卽하여 位하고 東面하며, 그 介는 그 東南에 在하여 北面하며 西가 上하니, 門에서 西라. 主孤는 西面하면. 相者가 命을 受하여 曰, "孤某는 某를 使하여 事를 請합니다." 客이 曰, "寡君은 某를 使하니, 如何히 不淑입니까." 相者가 入하여 告한다. 出하여 曰, "孤某가 須입니다." 弔者가 入하면, 主人은 堂에 升하여 西面한다. 弔者가 升하길 西階로 自하고, 東面하여 命을 致하며 曰, "寡君은 君의 喪을 聞하여, 寡君이 某를 使하니, 如何히 不淑입니까." 子는 拜하길 顙을 稽하고, 弔者는 降하여 位로 反한다.

의역 이웃 제후국에 상이 발생하여, 신하를 파견해 조문을 하는 경우, 조문으로 찾아온 사신은 찾아간 제후국의 대문 서쪽으로 나아가 위치하며 동쪽을 바라보고, 함께 따라온 부관들은 그의 동남쪽에 위치하여 북쪽을 바라보는데, 서열에 따라 서쪽 끝에서부터 위치하니, 문의 서쪽에 위치한다. 조문을 받는 제후국의 세자는 서쪽을 바라본다. 의례를 돕는 자가 세자의 명령을 받아서, "저희 상주이신 아무개께서 아무개인 저를 시켜서 찾아오신 연유에 대해서 청해 물으라고 하셨습니다."라고 한다. 그러면 조문객으로 찾아간 사신은 "저희 군주께서 아무개인 저를 시켜 조문을 보내셨으니, 어찌하여 이처럼 불행한 일이 발생했습니까."라고 말한다. 의례를 돕는 자가 안으로 들어가서 이 사실을 아뢴다. 그런 뒤 다시 밖으로 나와서

"저희 상주이신 아무개께서 기다리고 계십니다."라고 말한다. 그러면 조문객으로 온 사신은 안으로 들어가고, 상주인 세자는 당(堂)에 올라가서 서쪽을 바라본다. 이때 조문객으로 온 사신은 당에 오르며 서쪽 계단을 이용하고, 올라가서 동쪽을 바라보며 군주의 명령을 전달하니, "저희 군주께서 군주의 상에 대한 소식을 들으셔서, 저희 군주께서 아무개인 저를 사신으로 보내셔서 조문을 하니, 어찌하여 이처럼 불행한 일이 발생했습니까."라고 말한다. 그러면 세자는 절을 하며 이마를 땅에 닿도록 하고, 조문객으로 온 사신은 다시 밑으로 내려가 대문 밖에 마련된 자신의 자리로 돌아간다.

集說 此言列國遣使弔喪之禮. 弔者, 君所遣來之使也. 介, 副也. 門西, 主國大門之西也. 西上者, 介非一人, 其長者在西, 近正使也. 西於門, 不敢當門之中也. 主孤西面, 立於阼階之下也. 相者受命, 相禮者受主人之命也. 如何不淑, 慰問之辭, 言何爲而罹此凶禍也. 須, 待也. 凶禮不出迎, 故云須矣. 主人升堂, 由阼階而升也. 降反位, 降階而出復門外之位也. 曲禮云, "升降不由阼階", 謂平常無弔賓時耳.

번역 이 내용은 제후국에서 사신을 파견하여 상사(喪事)에 조문하는 예법을 뜻한다. '조자(弔者)'는 군주가 파견하여 찾아온 사신을 뜻한다. '개(介)'[1]는 부관[副]을 뜻한다. '문서(門西)'는 찾아간 제후국의 대문 서쪽을 뜻한다. '서상(西上)'이라는 말은 개(介)는 한 사람이 아니며, 그 중 수장에 해당하는 자[2]가 서쪽에 위치하여, 정식 사신과 가까이 위치한다는 뜻이다. "문의 서쪽에 위치한다."는 말은 감히 문의 중앙에 있을 수 없기 때문이다.

---

1) 개(介)는 부관을 뜻한다. 빈객(賓客)이 방문했을 때 주인(主人)과 빈객 사이에서 진행되는 절차들을 보좌했던 자들이다. 계급에 따라서 '개'를 두는 숫자에도 차이가 났다. 가령 상공(上公)은 7명의 '개'를 두었고, 후작이나 백작은 5명을 두었으며, 자작과 남작은 3명의 개를 두었다. 『예기』「빙의(聘義)」편에는 "上公七介, 侯伯五介, 子男三介."라는 기록이 있다.
2) 상개(上介)는 개(介) 중에서도 가장 직위가 높았던 자를 뜻한다. 빈객(賓客)이 방문했을 때, 빈객의 부관이 되어, 주인(主人)과의 사이에서 시행해야 할 일들을 도왔던 부관들을 '개'이라고 부른다.

"조문을 받는 나라의 고(孤)가 서쪽을 바라본다."는 말은 동쪽 계단 아래에 서 있다는 뜻이다. '상자수명(相者受命)'은 의례 절차를 돕는 자가 주인의 명령을 받았다는 뜻이다. '여하불숙(如何不淑)'은 위로하며 안부를 묻는 말이니, 어찌하여 이와 같은 불행을 당했느냐는 뜻이다. '수(須)'자는 "기다린다[待]."는 뜻이다. 흉례를 치를 때에는 대문 밖으로 나와서 맞이하지 않는다. 그렇기 때문에 기다린다고 했다. '주인승당(主人升堂)'은 동쪽 계단을 통해 올라간다는 뜻이다. '강반위(降反位)'는 계단으로 내려와서 밖으로 나가 다시 문밖의 자리로 돌아간다는 뜻이다. 『예기』「곡례(曲禮)」편에서는 "오르거나 내려갈 때에는 부친이 사용하던 동쪽 계단을 이용하지 않는다."[3] 라고 했는데, 평상시 조문하는 빈객이 없는 경우를 뜻할 따름이다.

集說 石梁王氏曰: 此一段頗詳, 可補諸侯喪禮之缺.

번역 석량왕씨가 말하길, 이곳 문단은 자못 상세하게 기술되어 있으니, 제후의 상례 절차 중 누락된 부분을 보충할 수 있다.

鄭注 賓立門外, 不當門. 立於阼階下. 受命, 受主人命以出也. 不言擯者, 喪無接賓也. 淑, 善也. 如何不善, 言君痛之甚, 使某弔. 稱其君名者, 君薨, 稱子某, 使人知適嗣也. 須矣, 不出迎也. 子, 孤子也. 降反位者, 出反門外位. 無"出"字, 脫.

번역 빈객은 문밖에 위치하니, 문에 있을 수 없기 때문이다. 상주가 서쪽을 바라보는 것은 동쪽 계단의 아래에 위치한다는 뜻이다. '수명(受命)'은 주인의 명령을 받아서 밖으로 나간다는 뜻이다. 빈(擯)[4]을 언급하지 않은 것은 상사(喪事)에서는 빈객을 대접하는 일이 없기 때문이다. '숙(淑)'자는

---

3) 『예기』「곡례상(曲禮上)」【35d】: 居喪之禮, 毁瘠不形, 視聽不衰. 升降, 不由阼階, 出入, 不當門隧.

4) 빈(擯)은 빈객(賓客)이 방문했을 때, 주인(主人)의 부관이 되어, 빈객과의 사이에서 시행해야 할 일들을 도왔던 부관들을 뜻한다.

“좋다[善].”는 뜻이다. “어찌하여 이처럼 좋지 않느냐.”는 말은 군주의 애통함이 극심하여, 아무개를 시켜서 조문을 보냈다는 뜻이다. ‘고모(孤某)’라고 했는데, 군주의 이름을 지칭하는 것으로, 제후가 죽었을 때 그 자식에 대해서는 ‘자식 아무개[子某]’라고 지칭하니, 사람들로 하여금 그가 적통을 계승하는 적자임을 알게끔 하기 위해서이다. “기다린다.”라고 한 말은 밖으로 나와서 맞이할 수 없기 때문이다. ‘자(子)’는 ‘고아가 된 자식[孤子]’을 뜻한다. ‘강반위(降反位)’는 밖으로 나와서 문밖의 자기 자리로 되돌아간다는 뜻이다. ‘출(出)’자가 기록되지 않은 것은 누락되었기 때문이다.

釋文 介音界, 後皆同. 相, 悉亮反, 下皆同. 適, 丁歷反.

번역 ‘介’자의 음은 ‘界(계)’이며, 뒤에 나오는 글자들은 모두 그 음이 이와 같다. ‘相’자는 ‘悉(실)’자와 ‘亮(량)’자의 반절음이며, 아래문장에 나오는 글자도 그 음이 모두 이와 같다. ‘適’자는 ‘丁(정)’자와 ‘歷(력)’자의 반절음이다.

孔疏 ●“弔者”至“反位”. ○正義曰: 自此以下終於篇末, 明諸侯相弔含賵賵之禮, 今各隨文解之. 從此至反位, 明弔禮.

번역 ●經文: “弔者”~“反位”. ○이곳 문단으로부터 이곳 편의 끝까지는 제후들이 서로에게 조문을 하거나 함(含)·증(贈)·봉(賵)을 하는 예법을 나타내고 있으니, 현재 각각의 문장에 따라서 풀이하겠다. 이곳 구문부터 ‘반위(反位)’까지는 조문의 예법을 나타내고 있다.

孔疏 ●“弔者卽位於門西”者, 謂主國大門之西.

번역 ●經文: “弔者卽位於門西”. ○조문을 받는 나라의 대문 서쪽을 뜻한다.

孔疏 ●“其介在其東南, 北面西上”者, 以其凶事, 異於吉, 故介在東南,北面西上, 以使在門西故也.

번역 ●經文: "其介在其東南, 北面西上". ○흉사이기 때문에 길사와는 다르게 한다. 그러므로 개(介)가 동남쪽에 위치하며, 북쪽을 바라보고 서열에 따라 서쪽 끝에서부터 위치하니, 사신이 문의 서쪽에 위치하기 때문이다.

孔疏 ●"相者受命"者, 相者, 相主人傳命者也, 不稱擯而言相者, 鄭云"喪無接賓", 故不言擯, 此對例耳. 若通而言之, 吉事亦云相, 故司儀云: "每門止一相." 又大宗伯云: "朝·覲·會·同, 則爲上相." 凶事亦稱擯, 故喪大記云: "君弔, 擯者進." 又按士喪禮"賓有襚, 擯者出請入告", 是也.

번역 ●經文: "相者受命". ○'상자(相者)'는 주인의 명령 전달하는 일을 돕는 자인데, '빈(擯)'이라고 부르지 않고 '상(相)'이라고 부르는 이유에 대해서, 정현은 "상사에는 빈객을 대접하는 일이 없기 때문이다."라고 했다. 그렇기 때문에 이곳에서는 '빈(擯)'이라고 부르지 않았으니, 이것은 상대적으로 기록하는 용례일 뿐이다. 만약 통괄적으로 말을 한다면, 길사에서도 주인의 부관을 또한 '상(相)'이라고 부른다. 그렇기 때문에 『주례』「사의(司儀)」편에서는 "매 문마다 한 명의 상(相)이 멈춘다."[5]라고 한 것이고, 또 『주례』「대종백(大宗伯)」편에서는 "조(朝)·근(覲)·회(會)·동(同)[6]을 하게 되면 상상(上相)을 맡는다."[7]라고 한 것이다. 흉사에서도 또한 주인의 부관을 '빈(擯)이라고 지칭한다. 그렇기 때문에 『예기』「상대기(喪大記)」편

---

5) 『주례』「추관(秋官)·사의(司儀)」: 及將幣, 交擯, 三辭, 車逆, 拜辱, 賓車進, 答拜, 三揖三讓, 每門止一相, 及廟, 唯上相入.

6) 회동(會同)은 제후들이 천자를 찾아뵙는 예법을 통칭하는 용어이다. 또한 각 계절마다 정기적으로 찾아뵙는 것을 회(會)라고 부르고, 제후들이 대규모로 찾아뵙는 것을 동(同)이라고 불러서, 구분을 짓기도 한다. 각종 회견 등을 가리키는 용어로도 사용된다. 『시』「소아(小雅)·거공(車攻)」편에는 "赤芾金舄, 會同有繹."이라는 기록이 있는데, 이에 대한 모전(毛傳)에서는 "時見曰會, 殷見曰同. 繹, 陳也."라고 풀이했다.

7) 『주례』「춘관(春官)·대종백(大宗伯)」: 朝覲會同, 則爲上相, 大喪亦如之, 王哭諸侯亦如之.

에서는 "군주가 조문을 하면 빈(擯)이 나아간다."[8]라고 말한 것이다. 또 『의례』「사상례(士喪禮)」편을 살펴보면, "빈객이 수의를 보내온 것이 있으면, 빈(擯)은 밖으로 나가서 청하고, 안으로 들어가서 아뢴다."[9]라고 했다.

孔疏 ●"出曰: 孤某須矣"者, 孤謂嗣子也. 某爲嗣子之名, 必稱嗣子名者, 欲使使者知適嗣之名, 故鄭引公羊傳云"君薨, 稱子某". 但公羊對殯之辭, 稱子某, 此對賓之辭, 故稱孤某. 云"須矣"者, 異於吉禮, 不出迎, 故云須矣.

번역 ●經文: "出曰: 孤某須矣". ○'고(孤)'는 군주의 지위를 계승할 자를 뜻한다. '아무개[某]'는 지위 계승자의 이름을 뜻하니, 사신으로 하여금 적통을 계승하는 자의 이름을 알게끔 하는 것이다. 그렇기 때문에 정현은 『공양전』의 내용을 인용해서, "제후가 죽었을 때, 그 자식에 대해서는 '자식 아무개[子某]'라고 지칭한다."[10]라고 말한 것이다. 다만 「공양전」의 내용은 빈소에서 상대에게 대답하는 말에 해당하기 때문에, '자식 아무개[子某]'라고 지칭한다고 했던 것이고, 이곳 내용은 빈객에게 대답하는 말에 해당하기 때문에, '고아 아무개[孤某]'라고 지칭한 것이다. "기다리십니다."라고 말한 것은 길례와 차이를 두기 위해서이니, 밖으로 나와서 맞이하지 않기 때문에 기다린다고 말한 것이다.

孔疏 ●"主人升堂, 西面"者, 謂從阼階升也. 知者, 以弔者升由西階故也. 又下文孤降自阼階拜之, 明升亦阼階也. 曲禮云"升降不由阼階"者, 或大夫·士也, 或平常無賓時也.

---

8) 『예기』「상대기(喪大記)」【540c】: 大夫士旣殯而君往焉, 使人戒之. 主人具殷奠之禮, 俟于門外. 見馬首, 先入門右. 巫止于門外, 祝代之先. 君釋菜于門內, 祝先升自阼階, 負墉南面. 君卽位于阼, 小臣二人執戈立于前, 二人立于後. 擯者進, 主人拜稽顙. 君稱言, 視祝而踊, 主人踊.

9) 『의례』「사상례(士喪禮)」: 有襚者, 則將命. 擯者出請, 入告. 主人待于位. 擯者出告須, 以賓入. 賓入中庭, 北面致命.

10) 『춘추공양전』「장공(莊公) 32년」: 冬, 十月, 乙未, 子般卒, 子卒云子卒, 此其稱子般卒何? 君存稱世子. 君薨稱子某. 旣葬稱子.

번역 ●經文: "主人升堂, 西面". ○동쪽 계단을 통해서 올라간다는 뜻이다. 이러한 사실을 알 수 있는 이유는 조문객은 당(堂)에 올라갈 때 서쪽 계단을 통해서 올라가기 때문이다. 또 아래문장에서 고(孤)가 내려갈 때 동쪽 계단을 통해 내려가서 절을 한다고 했으니, 이것은 또한 당에 올라갈 때에도 동쪽 계단을 이용한다는 사실을 나타낸다. 『예기』「곡례(曲禮)」편에서는 "오르거나 내려갈 때에는 부친이 사용하던 동쪽 계단을 이용하지 않는다."라고 했는데, 이것은 대부나 사의 예법이기 때문이거나 평상시 조문하는 빈객이 없는 때이기 때문이다.

孔疏 ●"子拜稽顙"者, 不云孤某而稱子者, 客旣有事於殯, 故稱子以對殯之辭也, 以下皆然. 若對賓之辭, 則稱孤某也.

번역 ●經文: "子拜稽顙". ○'고모(孤某)'라고 부르지 않고 '자(子)'라고 지칭한 것은 빈객이 이미 빈소를 차린 곳에서 해당하는 일을 시행했기 때문에, '자(子)'라고 지칭하여 빈소에서 상대에게 대답하는 말로 기록했으니, 그 이후에 있어서는 모두 이러하다. 만약 빈객에게 직접 대답하는 말이라고 한다면, '고모(孤某)'라고 지칭한다.

訓纂 江氏永曰: 魯弔宋大水, 曰"若之何不弔." 此"如何不淑", 言如何遭此不善也. 注未確.

번역 강영이 말하길, 송(宋)나라에 큰 홍수가 들자 노(魯)나라는 조문을 하며, "어찌 조문을 하지 않겠습니까."라고 했고,[11] 이곳에서는 "어찌하여 이처럼 불행한 일이 발생했습니까."라고 했으니, 이것은 어찌하여 이처럼 좋지 못한 일을 당했느냐는 뜻이다. 정현의 주에서 해석한 말은 분명하지 않다.

---

11) 『춘추좌씨전』「장공(莊公) 11년」: 秋, 宋大水. 公使弔焉, 曰, "天作淫雨, 害於粢盛, 若之何不弔?"

訓纂 釋詁: ▼((彡/立)+頁), 待也. ▼((彡/立)+頁)·須同.

번역 『이아』「석고(釋詁)」편에서는 "'▼((彡/立)+頁)'자는 '기다린다.'는 뜻이다."[12]라고 했는데, '▼((彡/立)+頁)'자와 '수(須)'자는 동일하다.

集解 愚謂: 弔者, 謂上客也. 凡門外之位, 以客禮者東面, 以臣禮者北面. 以燕禮賓東面·大射賓北面觀之, 可見弔者卽位于門西, 東面者, 客禮也. 介在其東南, 北面者, 下賓也. 西上者, 統於賓也. 西於門, 不敢當門也. 蓋凡諸侯聘·弔之使, 在主國門外之位皆如此. 鄭氏聘禮註謂"聘賓北嚮, 介西面", 故孔疏以此爲異於吉, 然鄭說實無所據也. 主孤西面, 在阼階下西面, 主人之位也. 如何不淑, 弔辭也. 孤某者, 諸侯在喪未葬自稱之辭也. 下文云"旣葬蒲席", 知此本據未葬之禮也. 若已葬, 但稱"孤"也. 孤某須矣, 肅賓之辭也. 升堂而弔者, 諸侯之禮然也. 兩君相弔, 則賓主皆升堂; 君弔其臣, 則弔者升堂, 主人受禮於中庭; 若大夫士相弔, 則賓主行禮於堂下也. 弔者降, 不言"子降"者, 子不降, 待後事也. 下含者·襚者·賵者皆言"出", 則此脫"出"字明矣.

번역 내가 생각하기에, '조자(弔者)'는 지위가 높은 빈객을 뜻한다. 무릇 문밖에 위치하는 자리에 있어서 상등의 빈객이 따르는 예법에서는 동쪽을 바라보는 것이고, 신하가 따르는 예법에서는 북쪽을 바라보는 것이다. 『의례』「연례(燕禮)」편에서 빈객이 동쪽을 바라본다고 한 것과 『의례』「대사례(大射禮)」편에서 빈객이 북쪽을 바라본다고 한 것으로 살펴보면, 조문객이 문의 서쪽에 나아가 자리를 잡고 동쪽을 바라본다고 한 것이 상등의 빈객이 따르는 예법임을 알 수 있다. "개(介)는 그의 동남쪽에 위치하여 북쪽을 바라본다."라고 했는데, 이들은 지위가 낮은 빈객을 뜻한다. "서열에 따라 서쪽 끝에서부터 선다."고 한 이유는 이들은 지위가 높은 빈객에게 통솔되는 자들이기 때문이다. "문의 서쪽에 위치한다."라고 한 이유는 감히 문에서 있을 수 없기 때문이다. 무릇 제후들이 빙문이나 조문을 하며 보내는

12) 『이아』「석고(釋詁)」: 㜪·竢·替·戾·底·止·徯, 待也.

사신은 찾아간 나라의 문밖에 위치하는 자리에 있을 때 모두 이처럼 한다. 정현은 『의례』「빙례(聘禮)」편에 대한 주에서 "빙문을 온 빈객은 북쪽을 바라보고 개(介)는 서쪽을 바라본다."라고 했다. 그렇기 때문에 공영달의 소에서는 이 내용이 길례와는 다르게 했기 때문이라고 여겼다. 그러나 정현의 주장은 실제로 근거가 없는 주장이다. "주고(主孤)가 서쪽을 바라본다."라고 한 말은 동쪽 계단 아래에서 서쪽을 바라본다는 뜻으로, 본래 주인이 위치하는 장소이다. '여하불숙(如何不淑)'은 조문을 하는 말이다. '고모(孤某)'는 제후가 상을 치르며 아직 장례를 치르지 않았을 때, 스스로 지칭하는 말에 해당한다. 아래문장에서 "이미 장례를 치르고 부들로 짠 자리를 깔았다."[13]라고 했으니, 이 내용은 본래 아직 장례를 치르지 않았을 때의 예법에 기준을 둔 것임을 알 수 있다. 만약 이미 장례를 치른 상태라면, 단지 '고(孤)'라고만 지칭한다. "고(孤) 아무개께서 기다리십니다."라고 한 말은 빈객을 정중하게 대하는 말이다. 당(堂)에 올라가서 조문을 하는 것은 제후의 예법에 따른 것이다. 두 제후국의 군주가 서로에 대해 조문을 하게 되면, 빈객과 주인이 모두 당에 올라가고, 군주가 그의 신하에게 조문을 하게 되면, 조문을 하는 자가 당에 올라가고, 주인은 마당에서 해당 예법을 받아들이게 된다. 만약 대부나 사가 서로에게 조문을 하게 되면 빈객과 주인은 당하(堂下)에서 해당 의례를 시행한다. 조문객이 당에서 내려왔을 때, "자식이 내려간다."라고 말하지 않은 것은 그 자식은 당에서 내려가지 않고 뒤에 치를 일들을 대기하는 것이다. 아래에서 함(含)·수(襚)·봉(賵)을 하는 자들에 대해서 모두 "나간다[出]."라고 언급을 했으니, 이곳 문장에 '출(出)'자가 누락된 것임이 분명하다.

---

13) 『예기』「잡기상」【504a~b】: 含者執璧將命曰, "寡君使某含." 相者入告, 出曰, "孤某須矣." 含者入, 升堂致命, 子拜稽顙. 含者坐委於殯東南, 有葦席, 既葬蒲席. 降, 出, 反位. 宰夫朝服卽喪屨, 升自西階, 西面坐取璧, 降自西階, 以東.

• 제48절 •

제후가 이웃 제후에게 함(含)을 하는 예법

【504a~b】

含者執璧將命曰, "寡君使某含." 相者入告, 出曰, "孤某須矣." 含者入, 升堂致命, 子拜稽顙. 含者坐委於殯東南, 有葦席, 旣葬蒲席. 降, 出, 反位. 宰夫朝服卽喪屨, 升自西階, 西面坐取璧, 降自西階, 以東.

직역 含者는 璧을 執하고 命을 將하여 曰, "寡君이 某를 使하여 含합니다." 相者가 入하여 告하고, 出하여 曰, "孤某가 須입니다." 含者가 入하여, 堂에 升하여 命을 致하면, 子는 拜하며 顙을 稽한다. 含者가 殯의 東南에 坐委함에, 葦席이 有이나, 旣히 葬이면 蒲席이라. 降하고, 出하여, 位로 反한다. 宰夫는 朝服하고 喪屨를 卽하며, 升하길 西階로 自하고, 西面하고 坐하여 璧을 取하며, 降하길 西階로 自하여, 東한다.

의역 이웃 제후국에 상이 발생하여, 신하를 파견해 함(含)을 하는 경우, 함옥을 가져간 자는 함옥을 들고 명령을 전달하며, "저희 군주께서는 아무개인 저를 사신으로 보내셔서 함옥을 바치게 했습니다."라고 한다. 의례를 돕는 자가 안으로 들어가서 그 사실을 아뢰고, 밖으로 나와서 "저희 상주이신 아무개께서 기다리고 계십니다."라고 말한다. 함옥을 가진 자가 안으로 들어가 당(堂)에 올라가서 자기 군주의 명령을 전달하면, 세자는 절을 하며 이마를 땅에 닿도록 한다. 함옥을 가진 자는 빈소의 동남쪽에서 무릎을 꿇고 함옥을 내려놓는데, 이때에는 갈대로 엮은 자리가 깔려 있고, 만약 장례를 치른 뒤라면 부들로 짠 자리가 깔려 있다. 함옥을 내려놓은 뒤 당하(堂下)로 내려가서 문밖으로 나가 자신의 자리로 되돌아간다. 재(宰)는 조복(朝服)을 착용하지만 상구(喪屨)를 신고, 당에 올라갈 때 서쪽 계단을 통해서 올라가며, 서쪽을 바라보고 무릎을 꿇고서 내려놓은 함옥을 들며, 당하로 내려갈 때 서쪽 계단을 통해서 내려가서, 동쪽으로 이동하여 안에 함옥을 보관한다.

集說 此言列國致含之禮. 含玉之形制如璧. 舊註云, 分寸大小未聞. 坐委, 跪而致之也. 未葬之前, 設葦席以承之, 旣葬, 則設蒲席承之. 鄰國有遠近, 故有葬後來致含者. 降出反位, 謂含者委璧訖, 降階而復門外之位也. 上文弔者爲正使, 此含者乃其介耳. 凡初遭喪, 則主人不親受, 使大夫受於殯宮. 此遭喪已久, 故嗣子親受之, 然後宰夫取而藏之也. 朝服, 吉服也. 執玉不麻, 故著朝服. 以在喪不可純變吉, 故仍其喪屨. 坐取璧, 亦跪而取之也. 以東, 藏於內也. 疏云, "宰, 謂上卿. 夫字衍."

번역 이 내용은 제후국끼리 서로에게 함(含)[1]을 하는 예법을 뜻한다. 함옥(含玉)[2]의 형태와 제작 방법은 벽(璧)[3]과 같다. 옛 주석에서는 치수와 크기에 대해서는 들어보지 못했다고 했다. '좌위(坐委)'는 무릎을 꿇고 물건을 전한다는 뜻이다. 아직 장례를 치르기 이전에는 위석(葦席)을 깔아두어서 받치게 하는데, 장례를 치른 뒤라면 포석(蒲席)을 깔아두어서 받치게 한다. 이웃 제후국들 사이에는 거리에 차이가 있었기 때문에 장례를 치른 뒤에 찾아와서 함옥을 바치는 경우가 있다. "내려와서 밖으로 나가 자리로 되돌아간다."는 말은 함옥을 바치는 자가 무릎을 꿇고 함옥을 바치는 일이 끝나면, 계단을 통해 내려와서 다시 문밖의 자리로 되돌아간다는 뜻이다. 앞 문장에서 말한 조문하는 자는 정식 사신을 뜻하므로, 이곳에서 함옥을 바치는 자는 곧 그의 부관이 될 따름이다. 무릇 최초 상을 당하게 되면,

---

1) 함(含)은 부의를 보낸다는 뜻이며, 또한 부의로 보내는 특정 물건을 가리키기도 하다. '함'은 시신과 함께 매장하게 될 주옥(珠玉)을 부의로 보내는 것이다. 『예기』「문왕세자(文王世子)」편에는 "族之相爲也, 宜弔不弔, 宜免不免, 有司罰之. 至于賵賻承含, 皆有正焉."이라는 기록이 있는데, 이에 대한 진호(陳澔)의 『집설(集說)』에서는 "含以珠玉."이라고 풀이했다.

2) 함옥(含玉)은 고대의 상례에서, 죽은 자의 입에 넣는 옥을 뜻한다. 『주례』「천관(天官)·대재(大宰)」편에는 "大喪, 贊贈玉·含玉."이라는 기록이 있고, 이에 대한 정현의 주에서는 "含玉, 死者口實. 天子以玉."이라고 풀이했다.

3) 벽(璧)은 옥(玉)으로 된 물건으로, 평평하며 원형으로 되어 있고, 중앙에 구멍이 뚫려 있어서, 끈을 달아서 허리에 찼다.

상주는 직접 함옥을 받지 않고, 대부를 시켜서 빈소에서 그것을 받게 한다. 이곳의 내용은 상을 당한 뒤 이미 오랜 시간이 지났기 때문에, 제후의 지위를 계승하는 적장자가 직접 그것을 받고, 그런 뒤에 재부(宰夫)가 그것을 가져가서 보관한다. '조복(朝服)'은 길한 때 착용하는 복장이다. 옥을 든 자는 마(麻)로 된 복장을 착용하지 않기 때문에[4] 조복을 착용하는 것이다. 상을 치르는 도중이므로 길한 복장으로 완전히 바꿀 수 없기 때문에, 곧 상을 치를 때 신는 신발을 착용한다. '좌취벽(坐取璧)' 또한 무릎을 꿇고서 물건을 가져간다는 뜻이다. "동쪽으로 간다[以東]."는 말은 안에 보관한다는 뜻이다. 공영달의 소에서는 "재(宰)는 상경(上卿)[5]이다. '부(夫)'자는 연문으로 기록된 글자이다."라고 했다.

鄭注 含玉爲璧制, 其分寸大小未聞. 言"降, 出反位", 則是介也. 春秋有旣葬歸含賵襚, 無譏焉, 皆受之於殯宮. 朝服, 告鄰國之禮也. 卽, 就也. 以東, 藏於內也.

번역 함옥(含玉)은 벽(璧)처럼 제작하는데, 그것의 치수와 크기에 대해서는 들어보지 못했다. "내려가서 밖으로 나가 자신의 자리로 되돌아간다."라고 했으니, 개(介)에 해당한다. 『춘추』에서는 장례를 치른 뒤에 함(含)·봉(賵)·수(襚)를 보내 온 사실[6]에 대해서 기롱을 한 적이 없으니, 이 모두는 빈소에서 받게 된다. 조복(朝服)을 착용한 것은 이웃 나라에게 어떤 사실을 알리는 예법에 해당한다. '즉(卽)'자는 "따르다[就]."는 뜻이다. "동쪽으로 간다[以東]."는 말은 안에 보관한다는 뜻이다.

釋文 含, 本又作唅, 說文作琀, 同胡暗反, 下同. 襚音遂.

---

4) 『예기』「잡기하(雜記下)」【517a】: 麻者不紳, 執玉不麻, 麻不加於采.

5) 상경(上卿)은 주(周)나라 제도에서, 경(卿) 중에서 가장 높은 자들을 뜻한다. 주나라 제도에서 천자 및 제후들은 모두 경을 두었으며, 상·중·하 세 등급으로 구분하였다.

6) 『춘추』「문공(文公) 5년」: 五年, 春, 王正月, 王使榮叔歸含且賵.

번역 '含'자는 판본에 따라서 또한 '唅'자로도 기록하고, 『설문』에서는 '琀'자로 기록했는데, 세 글자 모두 '胡(호)'자와 '暗(암)'자의 반절음이며, 아래문장에 나오는 글자도 그 음이 이와 같다. '襚'자의 음은 '遂(수)'이다.

孔疏 ●"含者"至"以東". ○正義曰: 此一經明含禮.

번역 ●經文: "含者"~"以東". ○이곳 경문은 함(含)의 예법을 나타내고 있다.

孔疏 ●"執璧"者, 含玉爲璧制. 鄭云: "分寸大小未聞." 含之所用, 已具檀弓疏.

번역 ●經文: "執璧". ○함옥(含玉)은 벽(璧)처럼 제작한다. 정현은 "치수와 크기에 대해서는 들어보지 못했다."라고 했는데, 함(含)의 용도에 대해서는 이미 『예기』「단궁(檀弓)」편의 소에서 설명을 했다.

孔疏 ●"含者坐委於殯東南, 有葦席. 既葬, 蒲席"者, 謂含者坐委所含之璧於殯之東南席上. 未葬之前, 有葦席承之. 既葬以後, 則以蒲席承之.

번역 ●經文: "含者坐委於殯東南, 有葦席. 既葬, 蒲席". ○함옥을 가지고 있는 자가 무릎을 꿇고서 시신에게 함(含)을 하는 옥을 빈소의 동남쪽 자리 위에 내려놓는다는 뜻이다. 아직 장례를 치르기 이전이라면 갈대로 짠 자리를 깔아서 그것을 받치게 한다. 이미 장례를 치른 이후라면 부들로 짠 자리를 깔아서 그것을 받치게 한다.

孔疏 ◎注"言降"至"殯宮". ○正義曰: "言降, 出反位, 則是介也"者, 以此經直云"降, 出反位", 不知何人反位. 前文云"弔者降, 反位", 則此謂含者降, 反位. 即弔者既爲上賓, 故下文云"上客臨", 注云: "上客, 弔者." 既爲上客, 明含者是介也. 云"春秋有既葬歸含賵襚, 無譏焉, 皆受之於殯宮"者, 按左傳隱元年"天王使宰咺來歸惠公仲子之賵", 歸惠公賵, 緩也. 公羊亦云: "其言來何? 不及事也." 是左氏·公羊皆譏其緩. 云"無譏"者, 取穀梁之義, 故文五年穀梁云"王使榮叔歸含且賵, 不言來, 不周事之用也". 明宰咺言來, 得周事也. 是宰咺歸賵, 穀梁不譏, 是旣葬歸含且賵, 無譏也. 穀梁所以不譏宰咺者, 釋廢疾云: "平王新有幽王之亂, 遷于成周, 欲崇禮於諸侯, 原情免之." 若無事而晩者, 去來以譏之, 榮叔是也. 文九年, 秦人來歸僖公成風之襚最晩, 不譏者, 釋廢疾云: "以其殽敗, 兵無休時, 君子原情." 不責晩也.

번역 ◎鄭注: "言降"~"殯宮". ○정현이 "내려가서 밖으로 나가 자신의 자리로 되돌아간다고 했으니, 개(介)에 해당한다."라고 했는데, 이곳 경문에서는 단지 "내려가서 밖으로 나가 자신의 자리로 되돌아간다."라고만 말했으므로, 어떤 사람이 자신의 자리로 되돌아가는지는 알 수 없다. 그런데 앞의 문장에서 "조문을 온 사신이 내려가서 자신의 자리로 되돌아간다."[7] 라고 했으니, 이곳의 내용은 함옥을 가진 자가 내려가서 자신의 자리로 되돌아간다는 뜻이 된다. 따라서 조문을 온 자는 이미 지위가 높은 빈객이 되기 때문에, 아래문장에서 "상객(上客)이 곡(哭)에 임한다."[8]라고 했고, 정현의 주에서는 "상객(上客)은 조문을 하는 자이다."라고 한 것이다. 이미 조문객은 지위가 높은 빈객이 되므로, 함옥을 가져온 자는 개(介)에 해당함을 나타낸다. 정현이 "『춘추』에서는 장례를 치른 뒤에 함(含)·봉(賵)·수

---

7) 『예기』「잡기상」【503d】: 弔者卽位於門西東面, 其介在其東南北面西上, 西於門. 主孤西面. 相者受命曰, "孤某使某請事." 客曰, "寡君使某, 如何不淑." 相者入告. 出曰, "孤某須矣." 弔者入, 主人升堂西面. 弔者升自西階, 東面致命曰, "寡君聞君之喪, 寡君使某, 如何不淑." 子拜稽顙, <u>弔者降反位</u>.

8) 『예기』「잡기상」【505d~506a】: <u>上客臨</u>曰, "寡君有宗廟之事, 不得承事, 使一介老某相執綍." 相者反命曰, "孤須矣." 臨者入門右, 介者皆從之, 立于其左東上. 宗人納賓, 升受命于君. 降曰, "孤敢辭吾子之辱. 請吾子之復位." 客對曰, "寡君命某毋敢視賓客, 敢辭." 宗人反命曰, "孤敢固辭吾子之辱. 請吾子之復位." 客對曰, "寡君命某毋敢視賓客, 敢固辭." 宗人反命曰, "孤敢固辭吾子之辱. 請吾子之復位." 客對曰, "寡君命使臣某毋敢視賓客, 是以敢固辭. 固辭不獲命, 敢不敬從." 客立于門西, 介立于門左東上. 孤降自阼階拜之, 升, 哭, 與客拾踊三. 客出, 送于門外拜稽顙.

(襚)를 보내 온 사실에 대해서 기롱을 한 적이 없으니, 이 모두는 빈소에서 받게 된다."라고 했는데, 『좌전』을 살펴보면 은공(隱公) 1년에서, "천자가 재훤(宰咺)을 시켜서 노나라로 보내 혜공(惠公)과 중자(仲子)의 봉(賵)을 보내왔다."[9]라고 했는데, 혜공의 봉(賵)을 보내온 것은 그 시기가 매우 늦은 것이다. 『공양전』에서는 또한 "내(來)라고 말한 것은 어째서인가? 그 사안에 미치지 못했기 때문이다."[10]라고 했으니, 이것은 『좌전』과 『공양전』에서 모두 늦은 일에 대해 기롱한 것이다. 그런데도 정현이 "기롱함이 없다."라고 한 말은 『곡량전』의 뜻에 따랐기 때문이니, 문공(文公) 5년에 대한 『곡량전』의 기록에서는 "천자가 영숙(榮叔)을 사신으로 보내서 함(含)과 봉(賵)을 보냈는데, 내(來)라고 말하지 않은 것은 그것이 일을 완성시키는 용도가 아니기 때문이다."라고 했다. 따라서 이 말은 제훤에 대해 내(來)라고 말한 것은 이것을 통해 일을 완성시킬 수 있음을 나타낸다. 그러므로 재훤이 봉(賵)을 보내왔다는 것에 대해 『곡량전』에서는 기롱을 하지 않았으니, 이것은 이미 장례를 치른 뒤에 함(含)과 봉(賵)을 보내 온 사실에 대해서 기롱을 한 적이 없음을 나타낸다. 『곡량전』에서 재훤에 대해 기롱을 하지 않은 이유에 대해, 『석폐질』에서는 "평왕은 새로이 유왕의 변란을 당하여, 성주(成周)로 천도를 하고, 제후에 대해 융성한 예법으로 대하고자 하여, 정감에 근원해서 받아들인 것이다."라고 했으니, 만약 특별한 일이 없는데도 늦은 것이라면 내(來)라고 말하여 기롱을 하게 되며, 영숙에 대한 일화가 여기에 해당한다. 문공 9년에 진(秦)나라가 사신을 보내서 희공(僖公)과 성풍(成風)의 수의를 보내왔는데,[11] 매우 늦은 시기에 해당하는데도 기롱을 하지 않았다. 그 이유에 대해 『석폐질』에서는 "효(殽)가 패배를 하여 병사들에게 휴식할 시간이 없었으니, 군자가 그 정감에 근원했기 때문이다."라고 했으니, 늦은 것에 대해 책망하지 않은 것이다.

---

9) 『춘추좌씨전』「은공(隱公) 1년」: 秋七月, 天王使宰咺來歸惠公·仲子之賵. 緩, 且子氏未薨, 故名.

10) 『춘추공양전』「은공(隱公) 1년」: 桓未君, 則諸侯曷爲來賵之? 隱爲桓立, 故以桓母之喪告于諸侯. 然則何言爾? 成公意也. 其言來何? 不及事也.

11) 『춘추』「문공(文公) 9년」: 秦人來歸僖公成風之襚.

孔疏 ●"宰夫朝服, 卽喪屨"者, 宰謂上卿也. 言"夫", 衍字. 朝服者, 吉服也. 必用吉服者, 以鄰國執玉而來. 執玉不麻, 故著朝服. 以仍在喪, 不可純吉, 故卽喪屨也. 此遭喪已久, 故嗣子親受禮, 宰著朝服. 若新始遭喪, 則主人不親受, 使大夫受於殯宮, 故聘禮云: "聘遭喪, 入竟則遂也." 鄭云: "遭喪, 主國君薨也." 聘禮又云: "不筵几." 鄭云: "致命不於廟, 就尸柩於殯宮." 聘禮又云: "遭喪, 將命于大夫, 主人長衣練冠以受."

번역 ●經文: "宰夫朝服, 卽喪屨". ○'재(宰)'는 상경(上卿)을 뜻한다. '부(夫)'라고 말한 것은 연문으로 들어간 글자이다. '조복(朝服)'은 길한 시기에 착용하는 복장이다. 기어코 길복(吉服)을 착용한 것은 이웃 나라에서 옥을 들고 찾아왔기 때문이다. 옥을 들 때에는 마(麻)로 된 복장을 착용하지 않기 때문에 조복을 착용한다. 그런데 그 시기는 상을 치르는 중이므로, 완전히 길한 때처럼 할 수 없다. 그렇기 때문에 상에 신는 신발을 착용한 것이다. 이 시기는 상을 당한 후 이미 오랜 시간이 지났으므로, 적장자가 직접 그 예법을 받아들여서, 재(宰)가 조복을 착용하는 것이다. 만약 이제 막 상을 당한 때라면 상주는 직접 받지 못하고, 대부를 시켜서 빈소에서 받게 한다. 그렇기 때문에 『의례』「빙례(聘禮)」편에서는 "상을 당한 곳으로 빙문을 할 때, 국경에 들어서게 되면 곧바로 들어간다."라고 한 것이고, 정현은 "상을 당했다는 것은 찾아간 나라의 군주가 죽었다는 뜻이다."라고 한 것이다. 또 「빙례」편에서는 "자리와 안석을 설치하지 않는다."라고 했는데, 정현은 "묘(廟)에서 명령을 전달하지 않고, 빈소에 안치된 시신을 실은 영구로 나아가기 때문이다."라고 했다.[12] 또 「빙례」편에서는 "상을 당했는데, 대부에게 명령을 전달하면, 상주는 장의(長衣)와 연관(練冠)을 착용하고 받는다."[13]라고 했다.

孔疏 ◎注"朝服, 告鄰國之禮". ○正義曰: 鄰國來弔, 不敢純凶待之, 而

---

12) 『의례』「빙례(聘禮)」: <u>聘遭喪, 入竟則遂也</u>. 不郊勞. <u>不筵几</u>. 不禮賓, 主人畢歸禮.
13) 『의례』「빙례(聘禮)」: 遭喪, 將命于大夫, 主人長衣·練冠以受.

著朝服, 是以吉待鄰國之禮. 所以必用吉服以待鄰國者, 以己國遭喪, 他國是吉, 不可以喪禮待於他國, 故以吉禮待之. 此弔者旣爲上客, 又賵者是上介, 則此含者·襚者當是副介·末介. 但含·襚於死者爲切, 故在先陳之.

번역 ◎鄭注: "朝服, 告鄰國之禮". ○이웃 나라에서 찾아와 조문을 했을 때에는 순전히 흉한 때의 예법으로 그를 대할 수 없으므로, 조복(朝服)을 착용하니, 이것은 길한 때의 복장으로 이웃 나라에 대해 대우하는 예법에 해당한다. 기어코 길복(吉服)을 착용하고 이웃 나라를 대하는 이유는 자기 나라에서 상을 당했더라도, 다른 나라는 길한 때이므로, 상례로써 다른 나라를 대할 수 없기 때문에, 길례에 따라 대하는 것이다. 여기에서 조문을 온 자는 이미 지위가 높은 빈객이고, 또 봉(賵)을 하는 자는 상개(上介)라고 했으니,[14] 이곳에 나오는 '함자(含者)'와 '수자(襚者)'는 마땅히 부개(副介)나 말개(末介)에 해당한다. 다만 함(含)과 수(襚)는 죽은 자에 대해서 긴요한 물건을 전달하는 것이기 때문에, 먼저 진술한 것이다.

訓纂 江氏永曰: 諸侯相弔而歸含·賵·襚, 邦交之禮也, 固非欲其周事之用也. 諸侯五日而殯, 此赴彼來, 近者亦數百里, 豈能及其含斂之日用其衣物哉? 故此經明言"旣葬蒲席", 見早晩皆可也.

번역 강영이 말하길, 제후들끼리 서로에게 조문을 하며 함(含)·봉(賵)·수(襚)를 보내는 것은 이웃 나라와 교류하는 예법이니, 진실로 일을 완수하기 위한 용도로 보내기 위해서가 아니다. 제후가 죽으면 5일째에 빈소를 마련하는데, 이곳에서 부고를 알려서 저곳에서 찾아오는 경우, 가까이 있는 자 또한 수백 리(里)가 떨어져 있는데, 어떻게 함(含)과 염(斂)을 하는 날짜에 맞춰 도달하여, 그들이 보내온 의복과 기물을 사용할 수 있겠는가? 그러므로 이곳 경문에서는 "이미 장례를 치렀다면 부들로 짠 자리를 깐다."라고

---

14) 『예기』「잡기상」【505a】: 上介賵, 執圭將命曰, "寡君使某賵." 相者入告, 反命曰, "孤須矣." 陳乘黃大路於中庭, 北輈, 執圭將命. 客使自下由路西, 子拜稽顙, 坐委於殯東南隅, 宰擧以東.

한 것이니, 일찍 도착하거나 늦게 도착한 경우에도 모두 괜찮다는 사실을 나타낸다.

集解 愚謂: 聘義"上公七介, 侯伯五介, 子男三介", 弔使亦然. 此上客弔, 上介賵, 又以次介二人爲含者·襚者, 據上公·侯·伯之禮也. 若子男三介, 則賵·含皆以上介與. 諸侯五日而殯, 鄰國弔·含之使, 鮮有以殯前至者, 其含與襚蓋亦但致其禮而已. 含玉皆碎之, 此致璧擬爲含用耳, 非謂卽用此璧以含也. 此璧蓋亦五寸以下, 致命之辭亦曰"寡君使某含". 凡奠于殯東南者, 在殯東而稍南, 凡含·襚之物南上, 以柩南首也. 有葦席者, 含襚之物不可委於地, 故設以受之. 旣葬蒲席者, 凡諸侯相於喪禮, 皆始死遣使來弔, 葬時又遣使會葬, 或國中有事故, 始死未得卽遣使, 故旣葬而弔使乃至也. 旣葬稍吉, 故用蒲席, 蒲席精於葦席也. 喪大記大斂, "大夫蒲席, 士葦席". 但言"旣葬蒲席", 而不別言他禮之異, 則葬後含·襚·賵, 其委襚衣·圭璧, 仍於殯之東南, 以柩本在此故也. 宰, 小宰也. 周禮小宰"喪荒, 受其含·襚·幣·玉之事." 朝服, 玄冠·緇衣·素裳也. 案聘禮, 遭喪則使大夫練冠·長衣受于廟. 此宰取璧乃朝服者, 彼代主國君受禮, 故練冠·長衣, 此主孤自服衰絰受弔, 故宰取璧朝服也. 宰取璧朝服, 則含者亦朝服與. 屨爲服末, 凡喪中因事而變服者, 惟其屨無變也.

번역 내가 생각하기에, 『예기』「빙의(聘義)」편에서는 "상공(上公)의 사신으로 가는 경(卿)은 7명의 개(介)를 두고, 후작과 백작의 사신으로 가는 경(卿)은 5명의 개(介)를 두며, 자작과 남작에게 속한 경(卿)은 3명의 개(介)를 둔다."[15]라고 했으니, 조문으로 파견되는 사신 행렬 또한 이와 같았을 것이다. 이곳에서는 지위가 높은 빈객이 조문을 하고, 상개(上介)가 봉(賵)을 한다고 했으며, 또 그 다음 등급의 개(介) 2명으로 하여금 함(含)과 수(襚)를 하는 자로 여겼으니, 이것은 상공·후작·백작의 예법에 기준을 둔 것이다. 만약 자작이나 남작의 사신 행렬처럼 개(介)가 3명인 경우라면,

---

15) 『예기』「빙의(聘義)」【715a】: 聘禮: <u>上公七介, 侯伯五介, 子男三介</u>, 所以明貴賤也.

봉(賵)과 함(含)은 모두 상개가 했을 것이다. 제후는 죽은 이후 5일째에 빈소를 마련하는데, 이웃 나라에서 조문을 하거나 함(含)을 하는 사신이 찾아올 경우, 빈소를 마련하기 이전에 도착하는 경우는 매우 드물다. 그럼에도 함(含)과 수(襚)를 하는 것은 아마도 단지 그 예법을 다하기 위해서일 뿐이다. 함옥(含玉)으로 사용하는 것들은 모두 잘게 쪼개지 않으니, 이곳에서 벽(璧)을 바친다고 한 것은 함(含)의 용도로 사용하는 것을 본뜨기 때문일 뿐이며, 실제로 이러한 벽(璧)을 사용하여 함(含)을 한다는 말이 아니다. 여기에서 말한 '벽(璧)'은 아마도 그 크기가 또한 5촌(寸) 이하일 것이며, 명령을 전하는 말에 있어서도 "저희 군주께서 아무개인 저를 시켜서 함(含)을 하도록 했습니다."라고 말할 것이다. 빈소의 동남쪽에 진설하는 것은 빈소의 동쪽에서 보다 남쪽과 가까운 곳에 하는 것으로, 무릇 함(含)과 수(襚)를 하는 물건들은 상등의 것부터 남쪽 끝에서부터 진열하니, 영구가 남쪽으로 머리를 두고 있기 때문이다. 갈대로 짠 자리가 있는 것은 함(含)과 수(襚)를 하는 물건들은 땅바닥에 내려둘 수가 없기 때문에, 이것을 깔아서 받들게 하는 것이다. "이미 장례를 치렀다면 부들로 짠 자리를 깐다."라고 했는데, 무릇 제후에게 있어 상례를 돕게 되면, 모든 경우 어떤 자가 이제 막 죽었을 때 사신을 보내 조문을 하게 되는데, 장례를 치를 때에도 또한 사신을 보내서 회장(會葬)[16]을 하도록 하기 때문이며, 그것이 아니라면 나라에 특별한 사정이 발생하여, 어떤 자가 이제 막 죽었을 때 곧바로 사신을 파견하지 못했기 때문에, 장례를 끝냈는데 조문으로 찾아온 사신이 그제야 당도한 것이다. 이미 장례를 치렀다면 조금 더 길한 시기로 접어든 것이다. 그렇기 때문에 부들로 짠 자리를 사용하는데, 부들로 짠 자리는 갈대로 짠 자리보다 정밀하기 때문이다. 『예기』「상대기(喪大記)」편에서는 대렴(大斂)에 대해, "대부는 부들로 짠 자리를 사용하고, 사는 갈대로 짠 자리를 사용한다."[17]라고 했다. 이곳에서는 단지 "이미 장례를 치렀다면

---

16) 회장(會葬)은 장례(葬禮)에 참가하는 것을 뜻한다. 『춘추좌씨전』「은공(隱公) 1년」편에는 "惠公之薨也, 有宋師, 大子少, 葬故有闕, 是以改葬. 衛侯來會葬, 不見公, 亦不書."라는 용례가 나온다.

17) 『예기』「상대기(喪大記)」【534c】: 小斂於戶內, 大斂於阼. 君以簟席, 大夫以蒲

부들로 짠 자리를 깐다."라고만 말하고, 별도로 차이를 보이는 다른 예법을 언급하지 않았으니, 장례를 치른 이후 함(含)·수(襚)·봉(賵)을 하며, 수의(襚衣)와 규벽(圭璧)을 바치게 되면, 곧 빈소의 동남쪽에서 하니, 영구가 본래 이곳에 있었기 때문이다. '재(宰)'는 소재(小宰)를 뜻한다. 『주례』「소재(小宰)」편에서는 "상사나 기근이 들었을 때, 함(含)·수(襚)·폐(幣)·옥(玉) 받는 일을 담당한다."[18]라고 했다. '조복(朝服)'은 현관(玄冠)을 착용하고, 치의(緇衣)와 흰색의 하의를 착용하는 것이다. 『의례』「빙례(聘禮)」편을 살펴보면, 상을 당했다면 대부로 하여금 연관(練冠)과 장의(長衣)를 착용하게 해서 묘(廟)에서 받도록 했다. 이곳에서 재(宰)는 벽(璧)을 가져가며 곧 조복을 착용한다고 했는데, 「빙례」편의 기록은 빙문을 받는 나라의 군주를 대신해서 해당 예법을 받아들이기 때문에 연관과 장의를 착용하는 것이며, 이곳 내용은 상주인 자식이 제 스스로 상복과 질(絰)을 차고 직접 조문을 받고 있기 때문에 재(宰)가 벽(璧)을 가져가며 조복을 착용한 것이다. 재(宰)가 벽(璧)을 가져가며 조복을 착용했다면, 함(含)을 하는 자 또한 조복을 착용했을 것이다. 신발은 복장 중에서도 말단에 해당하니, 무릇 상중에 어떤 사안으로 인해 복장을 바꿀 때에는 오직 신발에 있어서만큼은 변화가 없다.

集解 孔氏云, "此遭喪已久, 故嗣子親受禮. 若新遭喪, 則主人不親受, 故聘禮'遭喪, 入境則遂也', '將命于大夫, 主人練冠·長衣以受'". 此謬說也. 聘賓非爲喪事而來, 其所聘者乃薨君, 故使大夫受於殯宮. 若弔·含之賓, 本爲喪事而來, 未有爲喪主而不接弔賓者, 雖初喪, 豈有使大夫受之之禮乎?

번역 공영달은 "이 시기는 상을 당한 후 이미 오랜 시간이 지났으므로, 적장자가 직접 그 예법을 받아들이는 것이다. 만약 이제 막 상을 당한 때라면 상주는 직접 받지 못한다. 그렇기 때문에 『의례』「빙례(聘禮)」편에서는

席, 士以葦席.

18) 『주례』「천관(天官)·소재(小宰)」: 喪荒, 受其含襚幣玉之事.

'상을 당한 곳으로 빙문을 할 때, 국경에 들어서게 되면 곧바로 들어간다.' 라고 한 것이고, '대부에게 명령을 전달하면, 상주는 장의(長衣)와 연관(練冠)을 착용하고 받는다.'"라고 했다. 그러나 이것은 잘못된 주장이다. 빙문으로 찾아온 빈객은 상사를 위해 찾아온 자가 아닌데, 빙문을 받은 나라에 있어서 군주가 죽었기 때문에, 대부를 시켜서 빈소에서 받도록 한 것이다. 만약 조문이나 함(含)을 위해 찾아온 빈객이라면, 본래부터 상사를 위해서 찾아온 자이니, 상주를 대신해서 빈객의 조문을 받는 법도가 없는데, 비록 초상일 때라 하더라도, 어떻게 대부를 시켜서 대신 받도록 하는 예법이 있겠는가?

그림 48-1 ▣ 벽(璧)

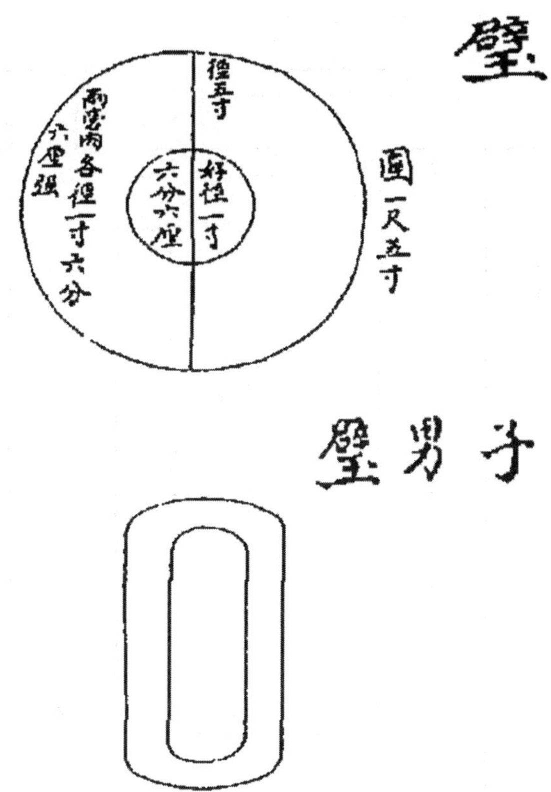

※ 출처: 『주례도설(周禮圖說)』 하권

그림 48-2 ▣ 노(魯)나라 세계도(世系圖)

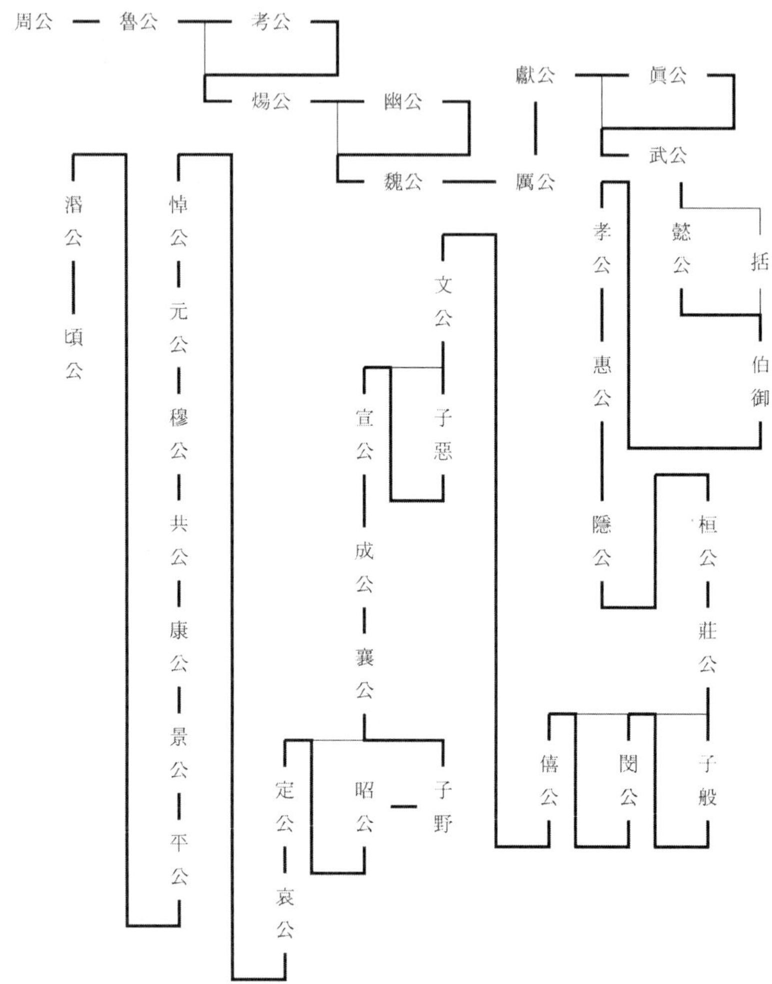

※ 출처: 『역사(繹史)』 1권 「역사세계도(繹史世系圖)」

그림 48-3 ▣ 주(周)나라 세계도(世系圖) Ⅱ

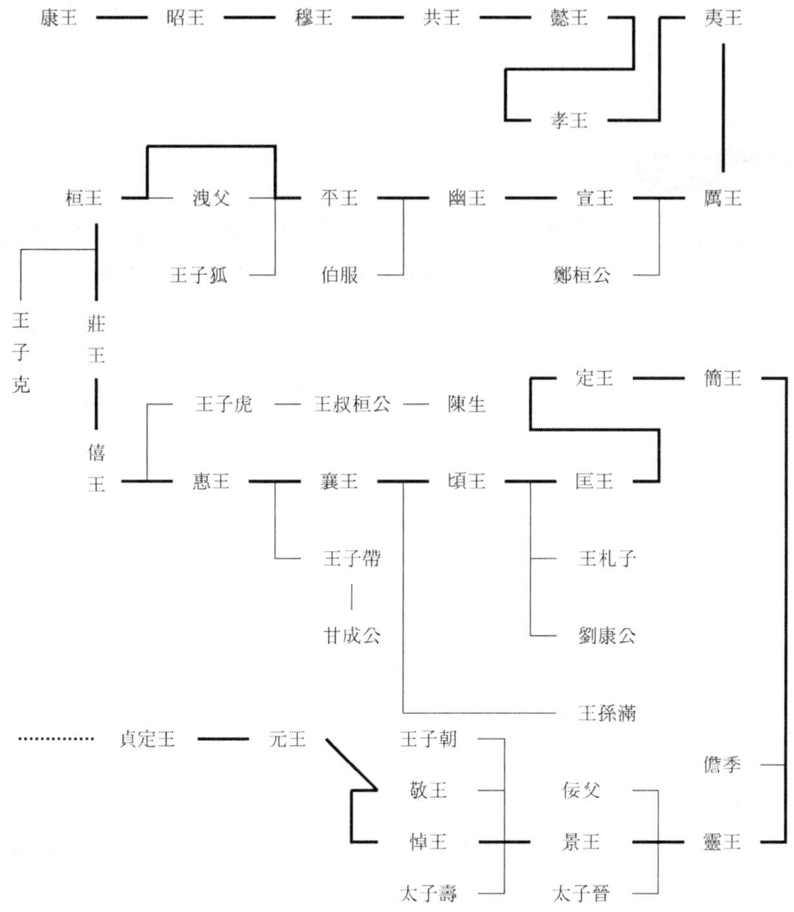

※ **출처:** 『역사(繹史)』 1권 「역사세계도(繹史世系圖)」

• 제49절 •

제후가 이웃 제후에게 수(襚)를 하는 예법

【504c~d】

襚者曰, "寡君使某襚." 相者入告, 出曰, "孤某須矣." 襚者執冕服, 左執領, 右執要, 入, 升堂致命, 曰 "寡君使某襚." 子拜稽顙, 委衣於殯東. 襚者降, 受爵弁服於門內霤將命, 子拜稽顙如初. 受皮弁服於中庭, 自西階受朝服, 自堂受玄端將命, 子拜稽顙皆如初. 襚者降, 出, 反位. 宰夫五人擧以東, 降自西階, 其擧亦西面.

직역 襚者는 曰, "寡君이 某를 使하여 襚합니다." 相者가 入하여 告하고, 出하여 曰, "孤某가 須입니다." 襚者가 冕服을 執하되, 左로 領을 執하고, 右로 要를 執하며, 入하여, 堂에 升하여 命을 致하며, 曰 "寡君이 某를 使하여 襚합니다." 子가 拜하며 顙을 稽하고, 殯東에 衣를 委한다. 襚者가 降하여, 門內의 霤에서 爵弁服을 受하고 命을 將하면, 子는 拜하며 顙을 稽하니 初와 如라. 中庭에서 皮弁服을 受하고, 西階로 自하여 朝服을 受하며, 堂으로 自하여 玄端을 受하고 命을 將하면, 子는 拜하며 顙을 稽하니 皆히 初와 如라. 襚者가 降하여, 出하여, 位로 反한다. 宰夫 五人이 擧하여 東하며, 降하길 西階로 自하니, 그 擧에도 亦히 西面한다.

의역 이웃 제후국에 상이 발생하여, 신하를 파견해 수의(襚衣)를 전달하는 경우, 수의를 전달하는 자는 "저희 군주께서 아무개인 저를 사신으로 보내셔서 수의를 바치게 했습니다."라고 한다. 의례를 돕는 자가 안으로 들어가서 그 사실을 아뢰고, 밖으로 나와서 "저희 상주이신 아무개께서 기다리고 계십니다."라고 말한다. 수의를 전달하는 자는 면복(冕服)을 들고 가는데, 좌측 손으로 옷깃을 잡고 우측 손으로 허리부분을 잡으며, 그것을 들고 안으로 들어가 당(堂)에 올라가서 명령을 전달하니, "저희 군주께서 아무개인 저로 하여금 수의를 바치게 했습니다."라고 한다. 그러면 세자는 절을 하며 이마가 땅에 닿도록 하고, 빈소의 동쪽에 의복을 진열해둔다. 수의를 전달하는 자가 내려가서 문안의 처마에서 작변복(爵弁服)을 받아가지고 와서 의복을 건네며 명령을 전달하면, 세자는 절을 하며 이마를 땅에 닿도록 하니 처음 의복을 받았을 때처럼 한다. 또 수의를 전달하는 자가 마당에서 피변복(皮弁服)을 받아가지고 와서 의복을 건네며 명령을 전달하고, 서쪽 계단으로부터 조복(朝服)을 받아가지고 와서 의복을 건네며 명령을 전달하며, 당(堂)으로부터 현단(玄端)을 받아가지고 와서 의복을 건네며 명령을 전달하면, 세자는 절을 하며 이마가 땅에 닿도록 하니, 이 모두에 대해서 의복을 처음 받았을 때처럼 한다. 그런 뒤 수의를 전달하는 자는 내려가서 밖으로 나가 자신의 자리로 되돌아간다. 재부(宰夫) 5명은 각각 한 벌의 의복을 들고 동쪽으로 가니, 서쪽 계단을 통해서 내려가며, 그 의복을 들 때에도 또한 수의를 전달하는 자처럼 서쪽을 바라보게 된다.

集說 此言列國致襚之禮. 衣服曰襚. 委於殯東, 卽委璧之席上也. 左執領, 則領向南. 此襚者旣致冕服訖, 復降而出, 取爵弁服以進, 至門之內霤而將命, 子拜如初者, 如受冕服之禮也. 受訖, 襚者又出取皮弁服及朝服及玄端服, 每服進受之禮皆如初, 但受之之所不同耳. 致五服皆畢, 襚者乃降出反位, 而宰夫五人, 各擧一服以東, 而其擧之也, 亦如襚者之西面焉.

번역 이것은 제후국들끼리 서로에게 수의를 보내는 예법을 뜻한다. 부의로 의복을 보내는 것을 '수(襚)'라고 부른다. "빈소의 동쪽에 내려둔다."는 말은 벽(璧)을 내려놓는 자리에 둔다는 뜻이다. "좌측 손으로 옷깃을 잡는다."라고 했다면 옷깃은 남쪽을 향하게 된다. 수의를 전달하는 자가 이미 면복(冕服)을 전달하고 그 일이 끝나면, 다시 내려와서 밖으로 나가며, 작변복(爵弁服)을 가지고 나아가서 문의 안쪽에 있는 처마에 이르러 명령을 전달하고, 자식은 절을 하며 처음 했을 때처럼 하니, 면복을 받았을 때의 예법처럼 하는 것이다. 전달하는 일이 끝나면, 수의를 전달하는 자는 재차 밖으로 나가서 피변복(皮弁服)·조복(朝服)·현단복(玄端服)을 가져와서 매 복장마다 나아가 전달하는 예법을 모두 처음에 했던 것처럼 하는데, 다만 그것을 받는 장소만 다를 뿐이다. 다섯 가지 복장을 전달하는 일이 모두 끝나면, 수의를 전달하는 자는 곧 내려가서 밖으로 나가 자신의 자리로 나아가고, 재부(宰夫) 5명은 각각 한 가지 복장을 들고서 동쪽으로 가는데, 그들이 복장을 들 때에도 또한 수의를 전달하는 자가 서쪽을 바라보았던 것처럼 한다.

大全 嚴陵方氏曰: 卽前所言諸侯相襚以後路與冕服者, 蓋是禮也.

번역 엄릉방씨가 말하길, 앞에서 "제후가 서로에게 물건을 보낼 때에는 후로(後路)와 다음 등급의 면복(冕服)을 사용한다."[1]라고 한 말은 아마도 이 예법을 뜻하는 것 같다.

鄭注 亦於席上所委璧之北, 順其上下. 授襚者以服者, 賈人. 亦西面者, 亦襚者委衣時.

번역 또한 벽(璧)을 내려둔 자리 위 북쪽에 두니, 상하의 순서에 따르기 때문이다. 수(襚)를 전달하는 자의 의복을 받는 자는 '가인(賈人)'이다. "또한 서쪽을 바라본다."는 말은 수의를 전달하는 자가 의복을 내려둘 때처럼 한다는 뜻이다.

釋文 要, 一遙反. 霤, 力救反. 賈音嫁.

번역 '要'자는 '一(일)'자와 '遙(요)'자의 반절음이다. '霤'자는 '力(력)'자와 '救(구)'자의 반절음이다. '賈'자의 음은 '嫁(가)'이다.

孔疏 ●"襚者"至"西面". ○正義曰: 此一節明襚禮. 按上文含者稱執璧, 下文賵者稱執圭, 則此襚者當稱執衣. 不云者, 文不備也. 以下文云"襚者執

---

1) 『예기』「잡기상」【499c】: 諸侯相襚以後路與冕服, 先路與褒衣不以襚.

冕服", 故於此略之.

번역 ●經文: "襚者"~"西面". ○이곳 문단은 수의를 전달하는 예법을 나타내고 있다. 앞의 문장에서 함(含)을 전달하는 자가 벽(璧)을 잡는다고 지칭했고,[2] 아래문장에서 봉(賵)을 전달하는 자가 규(圭)를 잡는다고 지칭한 것[3]을 살펴보면, 이곳에서 수의를 전달하는 자에 대해서 마땅히 옷을 잡는다고 지칭해야 한다. 그런데도 이처럼 언급하지 않은 것은 문장을 자세히 기록하지 않았기 때문이다. 아래문장에서 "수의를 전달하는 자가 면복(冕服)을 잡는다."라고 했기 때문에, 이곳에서는 문장을 생략해서 기록한 것이다.

孔疏 ◎注"亦於"至"上下". ○正義曰: 以璧委於席上, 今衣而委於席北, 故云"亦於席上所委璧之北". 以經文先含而後襚, 則含重而襚輕. 所委殯東西面, 南頭爲上, 故云"順其上下", 謂上者在前, 下者在後.

번역 ◎鄭注: "亦於"~"上下". ○벽(璧)은 자리 위에 놓아두었는데, 현재 의복을 놓아둘 때에도 자리의 북쪽에 놓아둔다. 그렇기 때문에 "또한 벽(璧)을 내려둔 자리 위 북쪽에 둔다."라고 말한 것이다. 경문에서는 먼저 함(含)에 대해 언급하고 이후에 수(襚)를 언급했으니, 함(含)이 상대적으로 중대하고 수(襚)가 상대적으로 덜 중대하기 때문이다. 놓아두는 장소는 빈소의 동쪽에서 서쪽을 바라보는 장소이니, 남쪽 끝단이 상등의 자리가 된다. 그렇기 때문에 "상하의 순서에 따르기 때문이다."라고 말한 것이니, 상등의 것은 앞에 있고 하등의 것은 뒤에 있다는 의미이다.

---

2) 『예기』「잡기상」【504a~b】: 含者執璧將命曰, "寡君使某含." 相者入告, 出曰, "孤某須矣." 含者入, 升堂致命, 子拜稽顙. 含者坐委於殯東南, 有葦席, 旣葬蒲席. 降, 出, 反位. 宰夫朝服卽喪屨, 升自西階, 西面坐取璧, 降自西階, 以東.

3) 『예기』「잡기상」【505a】: 上介賵, 執圭將命曰, "寡君使某賵." 相者入告, 反命曰, "孤須矣." 陳乘黃大路於中庭, 北輈, 執圭將命. 客使自下由路西, 子拜稽顙, 坐委於殯東南隅, 宰舉以東.

孔疏 ◎注"授襚者以服者, 賈人". ○正義曰: 按聘禮有賈人, 故知授襚者之服是賈人也.

번역 ◎鄭注: "授襚者以服者, 賈人". ○『의례』「빙례(聘禮)」편을 살펴보면 가인(賈人)이 나온다.[4] 그렇기 때문에 수의를 전달하는 자의 의복을 받는 사람이 가인임을 알 수 있다.

孔疏 ◎注"亦西"至"衣時". ○正義曰: 上云"委衣於殯東", 又云"受爵弁"·"受皮弁"·"玄端", 皆云"如初", 是皆在殯東西面而嚮殯. 今云擧者"亦西面", 是亦如襚者西面也. 其服重者, 使執而入, 爵弁受於內霤, 皮弁受於中庭, 朝服受於西階, 玄端受於堂. 旣受處不同, 則陳於璧北, 亦重者在南. 凡諸侯相襚, 衣數無文. 據此, 其服有五. 又先路褒衣不以襚, 以外無文.

번역 ◎鄭注: "亦西"~"衣時". ○앞에서 "빈소의 동쪽에 의복을 놓아둔다."라고 했고, 또 "작변(爵弁)을 받는다."라고 했으며, "피변(皮弁)을 받는다."라고 했고, "현단(玄端)을 받는다."라고 했는데, 이 모두에 대해서는 "처음처럼 한다."라고 했으니, 이 모두에 대해서는 빈소의 동쪽에서 서쪽을 바라보는 자리에서 시행하여 빈소를 향하는 것이다. 현재 그 옷을 드는 자에 대해서 "또한 서쪽을 바라본다."라고 했으니, 이것은 또한 수의를 전달하는 자가 서쪽을 바라본 것처럼 한다는 뜻이다. 의복 중에서도 중대한 것은 사신이 들고서 들어가는데, 작변복은 문안의 처마에서 받고, 피변복은 마당에서 받으며, 조복은 서쪽 계단에서 받고, 현단복은 당(堂)에서 받는다. 이미 옷을 받는 장소가 다르다면, 벽(璧)의 북쪽에 옷을 진열할 때에도 중대한 의복은 남쪽에 있게 된다. 무릇 제후들끼리 서로에게 수의를 보낼 때, 의복의 가짓수에 대한 기록이 없다. 그러나 이곳의 기록에 근거해보면, 그 의복에는 다섯 종류가 있다. 또 선로(先路)와 포의(褒衣)는 수의로 보내지 않는다고 했지만, 그 이외에는 관련 기록이 없다.

---

4) 『의례』「빙례(聘禮)」: 賈人西面坐, 啓櫝, 取圭垂繅, 不起而授宰.

集解 愚謂: 含·襚·賵之辭同, 獨於襚言之, 以見上下也. 襚衣東西委之, 南領西上, 孔氏謂"重者在南", 非也. 受服以次而近者, 欲於事敏也. 宰夫, 宰之屬也. 周禮"宰夫, 下大夫四人, 上士八人, 中士十有六人." 不言其服者, 不變服也.

번역 내가 생각하기에, '함(含)'·'수(襚)'·'봉(賵)'을 할 때 전하는 말은 동일한데, 유독 수(襚)에 있어서만 언급을 한 것은 이를 통해 앞뒤의 내용을 드러내기 위해서이다. 수의는 동서쪽에 놓아두며, 남쪽으로 옷깃이 가도록 하고 상등의 의복을 서쪽 끝에서부터 진열하니, 공영달이 "중대한 복장은 남쪽에 둔다."라고 한 말은 잘못된 주장이다. 의복을 받는 장소가 순차적으로 가까워지는 것은 그 사안을 신속히 치르고자 해서이다. '재부(宰夫)'는 재(宰)의 휘하에 있는 관리이다. 『주례』에서는 "재부는 하대부(下大夫) 4명이 담당하고, 그 휘하에 상사(上士) 8명, 중사(中士) 16명이 배속되어 있다."[5]라고 했다. 착용하는 복장에 대해서 언급하지 않은 것은 복장을 바꾸지 않기 때문이다.

---

5) 『주례』「천관총재(天官冢宰)」: 宰夫, 下大夫四人, 上士八人, 中士十有六人. 旅下士三十有二人, 府六人, 史十有二人, 胥十有二人, 徒百有二十人.

• 제 50 절 •

제후가 이웃 제후에게 봉(賵)을 하는 예법

【505a】

上介賵, 執圭將命曰, "寡君使某賵." 相者入告, 反命曰, "孤須矣[1]." 陳乘黃大路於中庭, 北輈, 執圭將命. 客使自下由路西, 子拜稽顙, 坐委於殯東南隅, 宰擧以東.

직역 上介가 **賵**하여, 圭를 執하고 命을 將하면 曰, "寡君이 某를 使하여 **賵**합니다." 相者가 入하여 告하고, 反하여 命하며 曰, "孤가 須입니다." 中庭에 乘黃과 大路를 陳하되, **輈**를 北하며, 圭를 執하고 命을 將한다. 客使가 下를 自하여 路의 西에 由하며, 子가 拜하며 **顙**을 稽하고, 殯東南隅에 坐委하고, 宰가 擧하여 東한다.

의역 이웃 제후국에 상이 발생하여, 신하를 파견해 봉(**賵**)을 하는 경우, 상개(上介)가 봉(**賵**)을 하니, 그는 규(圭)를 잡고 명령을 전달하며, "저희 군주께서 아무개인 저를 사신으로 보내셔서 봉(**賵**)을 하도록 했습니다."라고 한다. 의례를 돕는 자가 안으로 들어가서 그 사실을 아뢰고, 다시 밖으로 나와서 명령을 전달하며,

1) '고수의(孤須矣)'에 대하여. 『십삼경주소(十三經注疏)』 북경대 출판본에서는 '고모수의(孤某須矣)'로 기록되어 있으며, "『민본(閩本)』·『감본(監本)』·『모본(毛本)』에도 동일하게 기록되어 있고, 『석경(石經)』·『악본(岳本)』·『가정본(嘉靖本)』 및 위씨(衛氏)의 『집설(集說)』에도 동일하게 기록되어 있는데, 『방본(坊本)』에는 '모(某)'자가 없다. 『경전석문(經典釋文)』에서는 '고수의'라고 기록하여, '이곳 고문부터 이 편의 끝까지 모두 모(某)자를 기록하지 않았으니, 기록한 판본은 잘못된 기록이다.'라고 했다. 『석경고문제요(石經考文提要)』에서는 『송대자본(宋大字本)』·『송구경본(宋九經本)』·『남송건상본(南宋巾箱本)』·『여인중본(余仁仲本)』·『유숙강본(劉叔剛本)』에는 모두 '모'자가 기록되어 있다. 아래에서 '상객임(上客臨)'이라고 기록한 문단도 이와 같다."라고 했다.

"저희 상주께서 기다리고 계십니다."라고 말한다. 마당에 네 필의 황색 말과 수레를 진열하며, 수레의 끌채가 북쪽을 향하도록 하고, 봉(賵)을 전달하는 자는 규(圭)를 들고 명령을 전달한다. 봉(賵)을 전달하는 자의 하위 관리들은 말을 이끌고서 수레의 서쪽에 놓아두고, 세자는 절을 하며 이마가 땅에 닿도록 하며, 빈소의 동남쪽 모퉁이에 놓아두게 하고, 재(宰)가 그것들을 끌고서 동쪽으로 간다.

集說 此言列國致賵之禮. 車馬曰賵. 乘黃, 四黃馬也. 大路, 車也. 北輈, 車之輈轅北向也. 客使, 上介所役使之人也. 爲客所使, 故曰客使. 自, 率也. 下, 謂馬也. 由, 在也. 路, 卽大路也. 陳車北轅畢, 賵者執圭升堂致命, 而客之從者, 率馬設在車之西也, 車亦此從者設之. 子拜之後, 賵客卽跪而置其圭於殯東南隅之席上, 而宰擧之以東而藏於內也. 又按覲禮車在西, 統於賓也. 旣夕禮車以西爲上者, 爲死者而設於鬼神之位也. 此賵禮車馬, 爲助主人逆葬而設, 統於主人, 故車在東也.

번역 이 내용은 제후국들끼리 서로에게 봉(賵)을 보내는 예법을 뜻한다. 부의로 수레와 말을 보내는 것을 '봉(賵)'이라고 부른다. '승황(乘黃)'은 네 필의 황색 말을 뜻한다. '대로(大路)'는 수레를 뜻한다. '북주(北輈)'는 수레의 끌채가 북쪽을 향하도록 한다는 뜻이다. '객사(客使)'는 상개(上介)가 부리는 하위 관리들을 뜻한다. 빈객에게 부림을 당하기 때문에 '객사(客使)'라고 부른다. '자(自)'자는 "이끌다[率]."는 뜻이다. '하(下)'자는 말[馬]을 뜻한다. '유(由)'자는 "있다[在]."는 뜻이다. '노(路)'자는 대로(大路)를 뜻한다. 수레를 진열하며 끌채를 북쪽으로 두는 것이 끝나면 봉(賵)을 전달하는 자는 규(圭)를 들고 당(堂)에 올라가서 명령을 전달하고, 빈객을 따라온 자들은 말을 이끌고 수레의 서쪽에 두니, 수레 또한 이러한 빈객의 종자들이 진열한다. 세자가 절을 한 이후 봉(賵)을 전달하는 빈객은 곧 무릎을 꿇고서 빈소의 동남쪽 모퉁이 자리 위에 규(圭)를 놓아두고, 재(宰)는 그것을 들고 동쪽으로 가서 안쪽에 보관한다. 또 『의례』「근례(覲禮)」편을 살펴보면, 수레가 서쪽에 있으니 빈객에게 종속된다고 했다. 『의례』「기석례(旣夕禮)」편에서는 수레는 서쪽 방향을 상등의 자리로 여긴다고 했는데, 죽은 자를 위한 경우 귀신의 자리에 진열하게 된다. 이곳에서 봉(賵)의 예법을 시행하며 수레와 말을 전달하는 것은 상주가 장례를 전송하는 것을 돕기 위해 진열한 것이니, 주인에게 종속된다. 그렇기 때문에 수레를 동쪽에 두는 것이다.

集說 陸氏曰: 孤須矣, 從此盡篇末, 皆無某字, 有者非.

번역 육씨가 말하길, '고수의(孤須矣)'라고 했는데, 이곳 구문부터 편의 끝까지 모두 '모(某)'자를 기록하지 않았으니, '모(某)'자를 기록한 판본은 잘못된 기록이다.

大全 嚴陵方氏曰: 乘馬曰賵, 衣衾曰襚, 貝玉曰含, 錢財曰賻, 此言賵禮, 故陳乘黃大路於中庭.

번역 엄릉방씨가 말하길, 수레와 말을 보내는 것을 '봉(賵)'이라고 부르고, 옷이나 이불을 보내는 것을 '수(襚)'라고 부르며, 화폐나 옥을 보내는 것을 '함(含)'이라고 부르고, 금전이나 재물을 보내는 것을 '부(賻)'라고 부르는데, 이곳에서 말하는 것은 봉(賵)의 예법이기 때문에, 네 필의 황색 말과 대로(大路)를 마당에 진열하는 것이다.

鄭注 輈, 轅也. 自, 率也. 下, 謂馬也, 馬在路之下, 覲禮曰: "路下四亞之." 客給使者入, 設乘黃於大路之西, 客入則致命矣. 使, 或爲史.

번역 '주(輈)'자는 수레의 끌채이다. '자(自)'자는 "이끌다[率]."는 뜻이다. '하(下)'자는 말[馬]을 뜻하니, 말은 수레의 밑에 있기 때문으로, 『의례』「근례(覲禮)」편에서는 "수레에 말이 네 필이며, 보조하는 수레는 동쪽에 둔다."[2]라고 했다. 객(客)은 사신이 안으로 들어가는 일들을 도우니, 대로(大

2) 『의례』「근례(覲禮)」: 天子賜侯氏以車服. 迎于外門外, 再拜. 路先設西上, <u>路下四亞之</u>, 重賜無數, 在車南.

路)의 서쪽에 승황(乘黃)을 진열하는 것이며, 객(客)이 들어서게 되면 명령을 전달한다. '사(使)'자를 다른 판본에서는 '사(史)'자로도 기록한다.

釋文 賵, 方鳳反. 孤須矣, 從此盡篇末, 皆無某字, 有者非. 乘, 繩證反, 注同. 輈, 竹由反, 車轅也.

번역 '賵'자는 '方(방)'자와 '鳳(봉)'자의 반절음이다. '고수의(孤須矣)'라고 했는데, 이곳 고문부터 이 편의 끝까지 모두 '모(某)'자를 기록하지 않았으니, 기록한 판본은 잘못된 기록이다. '乘'자는 '繩(승)'자와 '證(증)'자의 반절음이며, 정현의 주에 나온 글자도 그 음이 이와 같다. '輈'자는 '竹(죽)'자와 '由(유)'자의 반절음이며, 수레의 끌채를 뜻한다.

孔疏 ●"上介"至"以東". ○正義曰: 此一節明賵禮.

번역 ●經文: "上介"~"以東". ○이곳 문단은 봉(賵)의 예법을 나타내고 있다.

孔疏 ●"陳乘黃大路於中庭, 北輈"者, 乘黃, 謂馬也. 大路, 謂車也. 陳四黃之馬於大路之西, 於殯宮中庭. 北輈者, 謂大路輈轅北嚮也.

번역 ●經文: "陳乘黃大路於中庭, 北輈". ○'승황(乘黃)'은 말을 뜻한다. '대로(大路)'는 수레를 뜻한다. 네 필의 황색 말을 대로의 서쪽에 진열하니, 빈소의 마당에서 한다. '북주(北輈)'는 대로의 끌채가 북쪽을 향하도록 한다는 뜻이다.

孔疏 ●"客使自下由路西"者, 客使, 謂使客之從者也. 爲客所使, 故曰客使也. 自, 率也. 下, 猶馬也. 由, 在也. 路卽大路也. 陳路北轅旣竟, 謂客執圭升堂致命, 而客之從者, 率馬設在車之西也. 馬云客使設之, 則大路亦使設之也.

번역 ●經文: "客使自下由路西". ○'객사(客使)'는 사신으로 찾아온 빈객을 따르는 무리이다. 빈객에게 부림을 당하기 때문에 '객사(客使)'라고 부른다. '자(自)'자는 "이끌다[率]."는 뜻이다. '하(下)'자는 말[馬]을 뜻한다. '유(由)'자는 "있다[在]."는 뜻이다. '노(路)'는 곧 대로(大路)이다. 수레를 진열하여 끌채를 북쪽으로 두는 일이 끝나면, 빈객이 규(圭)를 들고 당(堂)으로 올라가서 명령을 전달하고, 빈객을 따르는 무리들은 말을 이끌고 수레의 서쪽에 놓아둔다는 뜻이다. 말에 대해서 객사가 진열한다고 했다면, 대로 또한 객사가 진열하는 것이다.

孔疏 ◎注"輤輴"至"命矣". ○正義曰: "自, 率也"者, 按爾雅·釋詁文"率, 自也". 展轉相訓, 是自得爲率. 云"下, 謂馬也"者, 凡陳車馬, 馬在車下, 故云"下, 謂馬也". 引覲禮曰"路下四亞之"者, 證馬爲下也. 四亞之謂馬四匹, 亞次路車也. 云"客給使者入, 設乘黃於大路之西"者, 解經中"客使自下由路西"也. 但喪禮車馬以屬主人, 故路在東, 統於主人也. 若尋常吉禮, 車馬爲賓而設, 則路在馬西, 故覲禮"路下四亞之", 注云"亞之, 次車而東", 是車在西, 統於賓也. 按既夕禮車以西爲上者, 彼謂死人而設於鬼神之位. 凡賵, 隱元年公羊傳云: "賵者, 蓋以馬, 以乘馬·束帛. 車馬曰賵, 貨財曰賻, 衣被曰襚." 穀梁云: "乘馬曰賵, 衣衾曰襚, 貝玉曰含, 錢財曰賻." 按既夕禮云"賵馬兩, 無車"者, 士卑, 不合有車. 何休云: "周制, 謂士無車." 非也. 此禮記"陳乘黃大路", 則周制有車. 穀梁直云"乘馬曰賵", 無車者, 文不備也. 散而言之, 車馬亦曰襚, 故前文云"諸侯相襚以後路", 是也. 此無賻, 賻是加厚, 非常故也. 故宰夫注云"其間加恩厚, 則有賻焉". 雖有貨, 亦有馬, 故少儀云"賻馬不入廟門", 是也. 既夕有贈者, 贈施於死, 必及葬節. 此未必一當葬時. 賵, 既夕有"奠", 此無奠者, 以奠主於親者, 故既夕禮云"兄弟賵奠, 所知則賵而不奠". 此諸侯相於既疏, 故無奠. 按釋廢疾云: "天子於諸侯, 含之, 賵之; 諸侯於卿大夫, 如天子於諸侯; 諸侯於士, 如天子於諸侯臣, 襚之, 賵之; 天子於二王之後, 含爲先, 襚則次之, 賵爲後; 諸侯相於, 如天子於二王後." 鄭知天子於二王後含·襚·賵者, 爲約此雜記兩諸侯相敵, 明天子於二王後亦相敵也. 知諸侯亦然者, 約雜記文. 鄭知天子於諸侯含·賵者, 約文五年"榮叔歸含且賵", 三傳但譏兼禮, 不譏其數是也. 鄭知天子於諸侯臣襚之·賵之者, 約士喪禮諸侯於士有襚·有賵, 明天子於諸侯臣亦然. 鄭知諸侯於卿大夫, 如天子於諸侯者, 更無所尊, 明尊此卿大夫, 含之賵之也. 凡此, 於其妻亦如其夫. 知者, 約"宰咺來歸惠公仲子之賵", 又約魯夫人成風之喪, "王使榮叔歸含且賵"以外, 推此可知.

번역 ◎鄭注: "輤輲"~"命矣". ○정현이 "'자(自)'자는 '이끌다[率].'는 뜻이다."라고 했는데, 『이아』「석고(釋詁)」편의 문장을 살펴보면, "솔(率)자는 자(自)자의 뜻이다."[3]라고 했다. 되풀이하며 서로의 뜻이 생겨서, 자(自)자가 솔(率)자의 뜻이 된 것이다. 정현이 "'하(下)'자는 말[馬]을 뜻한다."라고 했는데, 무릇 수레와 말을 진열할 때, 말은 수레의 아래에 있기 때문에, "'하(下)'자는 말[馬]을 뜻한다."라고 한 것이다. 정현이 『의례』「근례(覲禮)」편을 인용하여, "수레에 말이 네 필이며, 보조하는 수레는 동쪽에 둔다."라고 했는데, 이것은 말[馬]이 하(下)가 됨을 증명한 것이다. '사아지(四亞之)'라고 했는데, '사(四)'는 말 네 필을 뜻하고, '아(亞)'는 보조하는 수레를 뜻한다. 정현이 "객(客)은 사신이 안으로 들어가는 일들을 도우니, 대로(大路)의 서쪽에 승황(乘黃)을 진열하는 것이다."라고 했는데, 경문에 나온 '객사자하유로서(客使自下由路西)'라는 말을 풀이한 것이다. 다만 상례에 사용하는 수레와 말은 주인에게 소속되기 때문에, 수레는 동쪽에 두어서 주인에게 종속됨을 나타낸다. 만약 일반적으로 시행하는 길례의 경우라면, 수레와 말은 빈객을 위해 진열하여 수레는 말의 서쪽에 있게 된다. 그렇기 때문에 「근례」편에서는 "수레에 말이 네 필이며, 보조하는 수레는 동쪽에 둔다."라고 말한 것이며, 정현의 주에서는 "아지(亞之)는 보조하는 수레를 동쪽에 둔다는 뜻이다."라고 한 것이니, 이것은 수레가 서쪽에 있어서 빈객에게 종속됨을 나타낸다. 『의례』「기석례(既夕禮)」편을 살펴보면, 수레는 서쪽에 있는 것을 상등으로 여기는데, 「기석례」편에 나오는 수레는 죽은 자를 위

3) 『이아』「석고(釋詁)」: 遹·遵·率·循·由·從, 自也. 遹·遵·率, 循也.

한 수레이므로 귀신의 자리에 진열한 것이다. 무릇 봉(賵)에 대해서 은공(隱公) 1년에 대한 『공양전』의 문장에서는 "'봉(賵)'이라는 것은 무릇 말을 전달하는 것인데, 수레에 채우는 말과 속백(束帛) 등을 보내는 것이다. 수레와 말을 전달하는 것을 '봉(賵)'이라고 부르며, 재화를 보내는 것을 '부(賻)'라고 부르고, 의복류를 보내는 것을 '수(襚)'라고 부른다."[4]고 했다. 『곡량전』에서는 "수레에 채우는 말을 보내는 것을 '봉(賵)'이라고 부르고, 의복과 이불을 보내는 것을 '수(襚)'라고 부르며, 화폐나 옥을 보내는 것을 '함(含)'이라고 부르고, 금전이나 재물을 보내는 것을 '부(賻)'라고 부른다."[5]고 했다. 「기석례」편을 살펴보면, "봉(賵)으로 보내는 말이 두 필이고 수레는 없다."라고 했는데, 사는 신분이 미천하므로 수레를 포함할 수 없다. 하휴[6]는 "주나라 때의 제도이니, 사에게는 수레가 없다는 뜻이다."라고 했는데, 잘못된 주장이다. 이곳 『예기』의 기록에서는 "승황과 대로를 진열한다."라고 했으니, 주나라 때의 제도에는 수레가 포함된다. 『곡량전』에서는 단지 "수레에 채우는 말을 보내는 것을 '봉(賵)'이라고 부른다."라고 하여, 수레에 대한 기록이 없는데, 이것은 문장을 간략히 기록했기 때문이다. 범범하게 말을 한다면 수레와 말을 보내는 것 또한 '수(襚)'라고 부른다. 그렇기 때문에 앞 문장에서 "제후가 서로에게 수(襚)를 하며 후로(後路)로써 한다."[7]라고 한 것이다. 이곳 기록에는 부(賻)에 대한 기록이 없는데, '부(賻)'는 추가적으로 후하게 보낸 경우이니, 일상적인 경우가 아니기 때문이다. 그래서 『주례』「재부(宰夫)」편에 대한 정현의 주에서는 "그 사이에 은정

---

4) 『춘추공양전』「은공(隱公) 1년」 : 喪事有賵, 賵者蓋以馬, 以乘馬束帛. 車馬曰賵, 貨財曰賻, 衣被曰襚.

5) 『춘추곡량전』「은공(隱公) 1년」 : 禮, 賵人之母則可, 賵人之妾則不可, 君子以其可辭受之, 其志不及事也, 賵者, 何也, 乘馬曰賵, 衣衾曰襚, 貝玉曰含, 錢財曰賻.

6) 하휴(何休, A.D.129~A.D.182) : 전한(前漢) 때의 금문경학자(今文經學者)이다. 자(字)는 소공(邵公)이다. 『춘추공양전해고(春秋公羊傳解詁)』를 지었으며, 『효경(孝經)』, 『논어(論語)』 등에 대해서도 주를 달았고, 『춘추한의(春秋漢議)』를 짓기도 하였다.

7) 『예기』「잡기상」【499c】 : 諸侯相襚以後路與冕服, 先路與褒衣不以襚.

을 후덕하게 베풀게 되면 부(賻)가 포함되다."[8]라고 한 것이다. 비록 재화가 있지만 이 경우에도 또한 말이 포함된다. 그렇기 때문에 『예기』「소의(少儀)」편에서는 "부(賻)로 보내온 말은 묘문(廟門) 안으로 들이지 않는다."[9]라고 한 것이다. 「기석례」편에는 증(贈)이라는 것이 있는데, 증(贈)은 죽은 자에게 베푸는 것이니, 반드시 장례를 치르는 시기까지 도달해야 한다. 이곳에서 말하는 것들은 반드시 장례를 치르는 시기까지 당도할 필요가 없다. '봉(賵)'에 대해서 「기석례」편에는 '전(奠)'자가 기록되어 있는데, 이곳에는 '전(奠)'자가 없다. 그 이유는 진열해두는 것은 친족을 위주로 하기 때문에, 「기석례」편에서는 "형제는 봉(賵)을 한 것을 진열하고, 알고 지내던 자는 봉(賵)은 하지만 진열하지 않는다."[10]라고 한 것이다. 이곳 내용은 제후가 이미 관계가 소원한 자를 돕는 것이기 때문에 진열함이 없다. 『석폐질』을 살펴보면, "천자는 제후에 대해서 함(含)을 하고 봉(賵)을 하며, 제후는 경과 대부에 대해서 천자가 제후를 대하는 것처럼 하고, 제후는 사에 대해서 천자가 제후의 신하를 대하는 것처럼 하니, 수(襚)를 하고 봉(賵)을 하며, 천자는 두 왕조의 후손에 대해서 함(含)을 우선으로 하며 수(襚)는 그 다음으로 하고, 봉(賵)은 마지막으로 하며, 제후가 서로를 위하는 경우에는 천자가 두 왕조의 후손에게 하는 것처럼 한다."라고 했다. 정현은 천자가 두 왕조의 후손에 대해서 함(含) · 수(襚) · 봉(賵)을 하는 것을 알았으므로, 이곳 「잡기」편의 기록이 양국 제후의 신분이 서로 대등하다는 사실을 요약하여, 천자가 두 왕조의 후손에 대해서도 또한 신분이 서로 대등할 때처럼 한다는 사실을 나타냈다. 제후가 또한 이처럼 한다는 사실을 알 수 있는 이유는 「잡기」편의 문장을 요약해보면 알 수 있다. 정현은 천자가 제후에 대해서 함(含)과 봉(賵)을 한다는 사실을 알았는데, 그 이유는 문공(文公)

---

8) 이 문장은 『주례』「천관(天官) · 재부(宰夫)」편의 "凡邦之弔事, 掌其戒令, 與其幣器財用凡所共者."라는 기록에 대한 정현의 주이다.

9) 『예기』「소의(少儀)」【432a~b】: 臣爲君喪, 納貨貝於君, 則曰: "納甸於有司". <u>賵馬入廟門</u>. 賻馬與其幣大白兵車, 不入廟門.

10) 『의례』「기석례(旣夕禮)」: <u>兄弟賵, 奠可也. 所知, 則賵而不奠</u>. 知死者贈, 知生者賻. 書賵於方, 若九, 若七, 若五.

5년에 "영숙이 함(含)과 봉(賵)을 보내왔다."[11]라고 했는데, 삼전에서는 단지 예법을 함께 사용한 것에 대해서만 기롱하고, 그 수에 대해서는 기롱하지 않았기 때문이다. 정현이 천자가 제후의 신하에 대해서 수(襚)를 하고 봉(賵)을 한다는 사실을 알 수 있었던 것은 『의례』「사상례(士喪禮)」편의 기록을 요약해보면, 제후는 사에 대해서 수(襚)를 하고 봉(賵)을 하니, 천자도 제후의 신하에 대해 또한 이처럼 함을 나타내기 때문이다. 정현이 제후가 경과 대부에 대해서 천자가 제후를 대하는 것처럼 한다는 사실을 알았던 이유는 다시금 존귀하게 높이는 것이 없으니, 이러한 경과 대부를 존귀하게 높여서 함(含)과 봉(賵)을 한다는 사실을 나타내기 때문이다. 무릇 이러한 것들은 그들의 처에 대해서도 또한 그 남편을 대할 때처럼 한다. 이러한 사실을 알 수 있는 이유는 "재훤이 와서 혜공(惠公)과 중자(仲子)의 봉(賵)을 보내왔다."[12]라고 한 말을 요약했기 때문이며, 또 노나라 부인 성풍(成風)의 상에서 "천자가 영숙을 시켜서 함(含)과 봉(賵)을 보내왔다."라고 한 이외의 기록을 요약해보면, 이러한 사실을 추론하여 알 수 있다.

集解 今按: 孤某當有"某"字, 陸本非是.

번역 현재 살펴보니 '고모(孤某)'라고 하여 마땅히 '모(某)'자가 있어야 하니, 육덕명의 판본이 잘못되었다.

集解 愚謂: 賵以上介賵者, 賵禮重於含·襚也. 賵在含·襚之後者, 賵物以助葬, 先含·次襚·次賵, 以喪事之先後爲次也. 執圭將命者, 小行人"合六幣, 圭以馬", 犬馬不上於堂, 故執圭以將命也. 乘黃, 四馬黃色也. 周人黃馬蕃鬣, 故馬之爲庭實者皆以黃, 康王之誥曰, "皆布乘黃·朱", 是也. 大路, 賵車也. 先路不以襚, 此曰"大路"者, 尊其名也. 士喪禮"公賵玄纁束, 馬兩." 又"賓賵者將命, 擯者出請, 入告. 出告須, 馬入設, 賓奉幣." 是士禮賓賵亦玄纁·兩馬

---

11) 『춘추』「문공(文公) 5년」: 五年, 春, 王正月, 王使榮叔歸含且賵.
12) 『춘추』「은공(隱公) 1년」: 秋, 七月, 天王使宰咺來歸惠公仲子之賵.

也. 此諸侯禮, 有乘黃·大路, 執圭將命, 然則大夫之禮蓋玄纁束·四馬與. 北輈者, 向內也. 凡喪自未祖以前, 陳車皆北向, 故此車亦然. 馬在路西者, 此時柩在堂上, 主孤在堂下, 堂上之物則統於柩而西上, 堂下之物則統於主人而東上也. 旣夕禮車以東爲上者, 爾時柩在堂下, 車直東榮, 統於柩也. 言"執圭將命", 於車馬之間者, 客使先設車竟, 乃率馬設於路西. 言"上介執圭將命", 與客使設馬之節相當也. 坐委於殯東南隅者, 圭尊於璧, 委於席上, 而在璧之南也. 宰不言其服者, 因前"朝服"可知也.

번역 내가 생각하기에, 봉(賵)을 하며 상개(上介)를 봉(賵)을 전달하는 자로 삼은 것은 봉(賵)의 예법이 함(含)이나 수(襚)의 예법보다 중대하기 때문이다. 그런데 봉(賵)에 대한 기록이 함(含)과 수(襚)의 뒤에 기록된 것은 봉(賵)을 할 때 전달하는 물건은 장례를 돕는 것인데, 먼저 함(含)을 기술하고 그 뒤에 수(襚)를 기술하며 또 그 뒤에 봉(賵)을 기술한 것은 상사(喪事)에 나타나는 선후의 순서에 따랐기 때문이다. "규(圭)를 들고 명령을 전달한다."고 했는데, 『주례』「소행인(小行人)」편에서는 "여섯 가지 폐물에 대해 동등하게 맞추니, 규(圭)는 말과 함께 전달한다."[13]라고 했지만, 개와 말은 당(堂)으로 가지고 올라갈 수 없기 때문에,[14] 그 대신 규(圭)를 들고 가서 명령을 전달하는 것이다. '승황(乘黃)'은 네 필의 황색 말을 뜻한다. 주나라 때에는 황색의 몸에 적색의 갈기가 있는 말을 숭상했기 때문에,[15] 마당에 놓아두는 말은 모두 황색의 것을 사용했으니, 『서』「강왕지고(康王之誥)」편에서 "모두 네 필의 황색 말에 갈기가 붉은 것을 진열한다."[16]라고 한 말이 이러한 사실을 나타낸다. '대로(大路)'는 봉(賵)으로 보내는 수레이다. 선로(先路)는 남에게 부의로 보내지 않는데, 이곳에서 '대로(大路)'라고

---

13) 『주례』「추관(秋官)·소행인(小行人)」: 合六幣, 圭以馬, 璋以皮, 璧以帛, 琮以錦, 琥以繡, 璜以黼. 此六物者, 以和諸侯之好故.

14) 『예기』「곡례상(曲禮上)」【44c】: 客車不入大門. 婦人不立乘. 犬馬不上於堂.

15) 『예기』「명당위(明堂位)」【402d】: 夏后氏駱馬黑鬣, 殷人白馬黑首, 周人黃馬蕃鬣.

16) 『서』「주서(周書)·강왕지고(康王之誥)」: 王出在應門之內. 太保率西方諸侯, 入應門左, 畢公率東方諸侯, 入應門右, 皆布乘黃朱.

말한 것은 그 명칭을 존귀하게 표현했기 때문이다. 『의례』「사상례(士喪禮)」편에서는 "군주가 봉(賵)을 할 때에는 현색과 분홍색의 비단 1속(束)과 말 두 필을 보낸다."[17]라고 했고, 또 "빈객 중 봉(賵)을 하는 자가 명령을 전달하면 부관이 밖으로 나와서 청하고 안으로 들어가서 아뢴다. 밖으로 나와서 기다린다는 사실을 아뢰면, 말을 가지고 들어가서 진열하고, 빈객은 폐물을 받들고 나아간다."[18]라고 했다. 이것은 사의 예법에서 빈객 중 봉(賵)을 하는 자가 현색과 분홍색의 비단을 사용하고 두 필의 말을 사용한다는 사실을 나타낸다. 이곳의 기록은 제후의 예법이며, 네 필의 황색 말과 대로(大路)가 포함되며, 규(圭)를 들고 명령을 전달한다. 그렇다고 한다면 대부의 예법에서는 아마도 현색과 분홍색의 비단 1속(束)과 네 필의 말을 사용했을 것이다. "끌채를 북쪽으로 둔다."는 말은 안쪽을 향하도록 한다는 뜻이다. 무릇 상사에서는 조묘(祖廟)로 영구를 옮기기 이전에 수레를 진열할 때에는 모두 북쪽을 향하도록 한다. 그렇기 때문에 이곳의 수레 또한 이처럼 진열하는 것이다. 말은 수레의 서쪽에 있는데, 이 시기에 영구가 당상(堂上)에 있고, 상주가 당하(堂下)에 있는데, 당상에 진열하는 물건들은 영구에게 종속되어 서열에 따라 서쪽 끝에서부터 진열하고, 당하에 진열하는 물건들은 상주에게 종속되어 서열에 따라 동쪽 끝에서부터 진열한다. 「기석례」편에서 수레를 둘 때 동쪽을 상등의 자리로 삼는데, 그 시기에 영구는 당하에 있어서, 수레도 동쪽 처마에 놓이게 되니, 영구에게 종속되기 때문이다. "규(圭)를 들고 명령을 전달한다."라고 한 말이 수레와 말에 대한 내용 중간에 있는 것은 객사(客使)가 먼저 수레를 진열하고 그 일이 끝나면 곧 말을 이끌고 와서 수레의 서쪽에 진열하기 때문이다. "상개(上介)가 규(圭)를 들고 명령을 전달한다."라고 한 말은 객사가 말을 진열하는 절차와 함께 진행된다. "빈소의 동남쪽 모퉁이에 무릎을 꿇고서 놓아둔다."라고 했

---

17) 『의례』「기석례(旣夕禮)」 : 公賵, 玄纁束, 馬兩. 擯者出請, 入告. 主人釋杖, 迎于廟門外, 不哭, 先入門右, 北面, 及衆主人袒. 馬入設. 賓奉幣由馬西, 當前輅, 北面致命. 主人哭, 拜稽顙, 成踊. 賓奠幣于棧左服, 出.

18) 『의례』「기석례(旣夕禮)」 : 賓賵者, 將命. 擯者出請, 入告, 出告須. 馬入設. 賓奉幣. 擯者先入, 賓從.

는데, 규(圭)는 벽(璧)보다 존귀한 물건이므로 자리에 놓아둘 때 벽(璧)의 남쪽에 둔다. 재(宰)에 대해서 그 복장을 언급하지 않은 것은 앞에서 '조복(朝服)'이라고 했으니, 이를 통해 조복을 착용한다는 사실을 알 수 있기 때문이다.

集解 愚謂: 孔氏所言含·襚·賵·賻奠, 禮數之差, 皆是也. 有喪相弔·含·襚·賵者, 邦交之常禮也. 其有甥舅昏姻之好者, 則又有賻焉. 至贈, 則會葬時之禮, 非行於弔時者也. 蓋古者諸侯弔·聘之所及者, 皆其同在方岳之下者也. 故左傳曰, "諸侯五月而葬, 同盟至". 先王之世, 非同方岳則無同盟之事也. 以春秋考之, 隱·桓·莊·閔之世, 所書者皆東諸侯之事也. 以晉之强大, 而自僖公以前, 其事無書於冊者, 蓋晉在幷, 魯在兗, 赴告·聘·弔之使原不相及, 蓋先王之舊制如此. 自覇者旣興, 邦交日繁, 於是赴告交馳於四國, 而其禮或亦不能備, 故有如秦於魯成風之喪僅有襚, 徐於邾宣公僅有含者, 蓋以舊制本不當相弔·襚, 故其禮止於如此而已足也. 至諸侯之於天子, 必當備含·襚·賵·賻之禮, 故春秋"武氏子來求賻", 蓋以禮之所有者責之也. 若天子於諸侯, 則如惠公仲子僅有賵, 成風有含·賵, 此或周衰不能備禮, 大約同姓·異姓·庶姓其恩禮當有厚薄, 但其詳不可考耳. 諸侯於其臣, 則士喪禮有襚有賵, 卿大夫宜更有含, 天子於其卿·大夫·士亦當如此. 鄭釋廢疾所推, 亦大略得之, 惟其言"天子於諸侯之臣, 當如諸侯之於士"者, 則非是. 蓋陪臣疏賤, 其喪固不敢上赴於天王, 而天王於諸侯之臣亦必不能一一而弔·襚之也.

번역 내가 생각하기에, 공영달이 말한 함(含)·수(襚)·봉(賵)·부전(賻奠)은 예법의 차등인데, 이 말은 모두 옳다. 상사에서 서로 조(弔)·함(含)·수(襚)·봉(賵)을 하는 것은 국가 간에 교류하는 일상적인 예법이다. 조카 및 외삼촌, 혼인 등으로 맺어진 친인척들이 우호를 베풀 경우라면, 또한 부(賻)가 있게 된다. 증(贈)을 하는 경우라면 회장(會葬)할 때의 예법이니, 조문할 때 시행하는 것이 아니다. 무릇 고대에 제후들이 조문을 하고 빙문을 하며 찾아가는 자들은 모두 동일한 방악(方岳)[19] 아래에 모여 사는 자들이었다. 그렇기 때문에 『좌전』에서는 "제후에 대해서는 5개월이 지난 뒤에 장례를 치르니 동맹국에서 찾아온다."[20]라고 했다. 선왕이 통치하던 시대에는 방악이 동일하지 않은 경우에는 동맹을 하는 일이 없었다. 『춘추』를 통해 고찰해보면, 은공(隱公)·환공(桓公)·장공(莊公)·민공(閔公) 때 기록한 일들은 모두 동악(東岳)에 포함된 제후와의 일들이었다. 진(晉)나라가 강대해졌지만 희공(僖公) 이전에는 관련 사안을 역사에 기록한 것이 없으니, 아마도 진나라는 병주(幷州)에 포함되고 노(魯)나라는 연주(兗州)에 포함되어, 부고를 알리거나 빙문 및 조문하는 사신이 본래부터 서로에게 찾아가지 않았던 것으로, 무릇 선왕이 만든 옛 제도가 이와 같은 것이다. 그러나 패자(霸者)가 흥성한 이후로 국가 간의 교류가 날로 빈번해져서, 이 시기에 부고를 알리고 사귀는 것이 사방의 모든 제후국에 미치게 되었고, 그 예법 또한 간혹 제대로 갖춰지지 않은 경우가 발생했다. 그렇기 때문에 진(秦)나라는 노나라 성풍(成風)의 상에 대해서 겨우 수(襚)를 하고, 서(徐)나라는 주(邾)나라 선공(宣公)에 대해서 겨우 함(含)만 하는 경우가 발생한 것이다. 무릇 이러한 것들은 옛 제도에 따르면 본래 서로 조문을 하거나 수(襚)를 해서는 안 된다. 그렇기 때문에 그 예법이 이러한 경우에만 한정되더라도 충분한 것이다. 그런데 제후는 천자에 대해서 반드시 함(含)·수(襚)·봉(賵)·부(賻)의 예법을 모두 갖춰야 한다. 그렇기 때문에 『춘추』에서는 "무씨의 아들이 찾아와서 부(賻)를 요구했다."[21]라고 한 것이니, 무릇 예법상 갖춰야 하는 것으로 책망한 것이다. 만약 천자가 제후를 대하는 경우라면 혜공(惠公)과 중자(仲子)에 대해서 겨우 봉(賵)만 하고, 성풍에 대

---

19) 방악(方岳)은 '방악(方嶽)' 또는 '사악(四嶽)'이라고도 부르며, 사방의 주요 산들을 뜻한다. 고대인들이 주요 산들로 오악(五嶽)을 두었는데, 그 중 중앙에 있는 숭산(嵩山)은 천자의 수도 부근에 있었으므로, '숭산'을 제외한 나머지 4개의 산을 '방악'이라고 부른 것이다. 동쪽 지역의 주요 산인 동악(東嶽)은 태산(泰山)이고, 남악(南嶽)은 형산(衡山: =霍山), 서악(西嶽)은 화산(華山), 북악(北嶽)은 항산(恒山)이 된다. 『춘추좌씨전』「소공(昭公) 4년」에 기록된 '사악(四嶽)'에 대해, 두예(杜預)의 주에서는 "東嶽岱, 西嶽華, 南嶽衡, 北嶽恒."이라고 풀이했다.

20) 『춘추좌씨전』「은공(隱公) 1년」: 天子七月而葬, 同軌畢至; 諸侯五月, 同盟至; 大夫三月, 同位至; 士踰月, 外姻至.

21) 『춘추좌씨전』「은공(隱公) 3년」: 武氏子來求賻, 王未葬也.

해서 겨우 함(含)과 봉(賵)을 하는 것처럼 하는데, 이것은 혹여 주나라의 도가 쇠약해져서 예법대로 갖출 수가 없었기 때문일 수도 있지만, 대체적으로 동성(同姓)·이성(異姓)·서성(庶姓)에 대해서 그 은정과 관련 예법에는 차이가 있어야 한다. 그러나 그 자세한 내용에 대해서는 고찰할 수 없을 따름이다. 제후가 그에게 소속된 신하를 대하는 경우라면 『의례』「사상례(士喪禮)」편에는 수(襚)와 봉(賵)이 있으므로, 경과 대부에 대해서는 마땅히 함(含)도 있어야 하며, 천자가 그에게 소속된 경·대부·사를 대할 때에도 또한 마땅히 이처럼 해야 한다. 정현의 『석폐질』에서 추론한 내용은 대체적으로 합당하지만, 오직 "천자가 제후에게 소속된 신하에게는 마땅히 제후가 사에게 대하는 것처럼 한다."라고 한 말은 잘못된 주장이다. 무릇 배신(陪臣)[22]은 관계가 소원하고 지위도 미천하니, 그의 상에 대해서는 진실로 천자에게 부고를 알릴 수 없고, 천자도 제후의 신하에게 반드시 일일이 조문과 수(襚)를 할 수 없다.

22) 배신(陪臣)에 대해 설명하자면, 고대에 천자(天子)는 제후(諸侯)들을 신하로 삼았고, 제후들은 대부(大夫)들을 신하로 삼았으며, 대부들은 가신(家臣)들을 신하로 삼았다. 그런데 대부의 입장에서 천자를 대할 때에는 제후보다 한 계급 위의 주군이 되므로, 대부는 천자에 대하여 자신을 '배신'이라고 칭했으며, 대부의 가신들이 제후를 대할 때에도 마찬가지로 '배신'이라고 칭했다. 『춘추좌씨전』「양공(襄公) 21년」편에는 "欒盈過於周, 周西鄙掠之. 辭於行人曰, '天子陪臣盈, 得罪於王之守臣, 將逃罪.'"라는 기록이 있고, 이에 대한 두예(杜預)의 주에서는 "諸侯之臣稱於天子曰陪臣."이라고 풀이했다.

그림 50-1 ▣ 오옥(五玉) : 황(璜) · 벽(璧) · 장(璋) · 규(圭) · 종(琮)

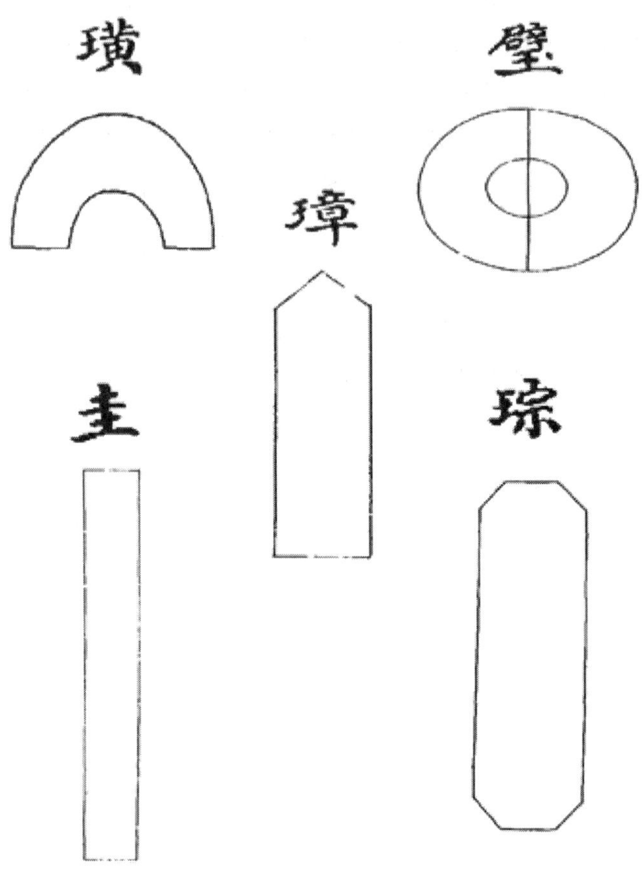

※ 출처:『주례도설(周禮圖說)』하권

그림 50-2 ▣ 각종 예물: 훈(纁)·현(玄)·황(黃), 고(羔)·안(鴈)·치(雉)

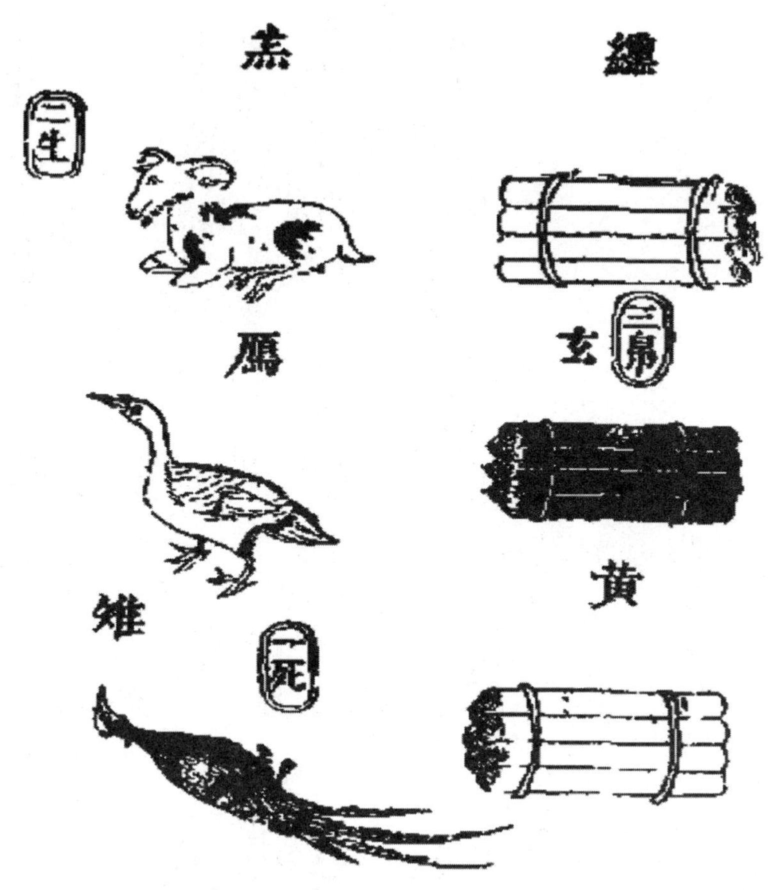

※ **출처:** 『삼재도회(三才圖會)』「문사(文史)」 2권

그림 50-3 ▣ 동악(東岳) : 태산(泰山)

※ 출처: 『삼재도회(三才圖會)』「지리(地理)」 8권

그림 50-4 ■ 구주(九州)와 오악(五岳)

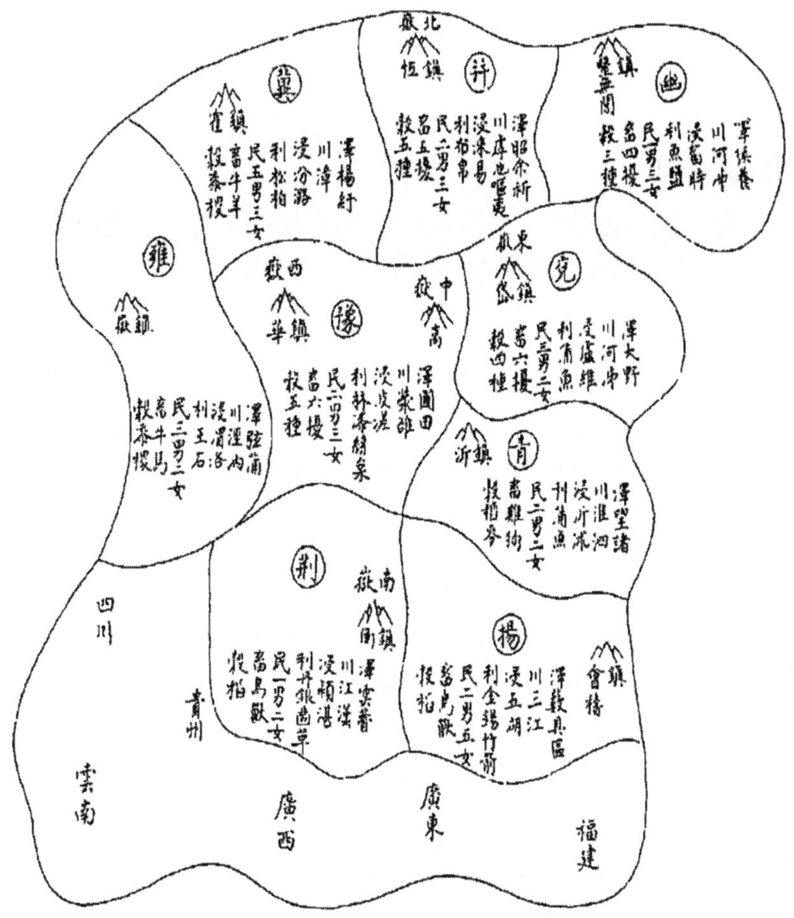

※ 출처: 『주례도설(周禮圖說)』 상권

• 제51절 •

상사에서 부의를 전하는 예법

【505b~c】

凡將命, 鄕殯將命, 子拜稽顙, 西面而坐委之. 宰擧璧與圭, 宰夫擧襚, 升自西階, 西面坐取之, 降自西階.

직역 凡히 命을 將함에는 殯을 鄕하여 命을 將하고, 子가 拜하며 顙을 稽하고, 西面하여 坐하여 委한다. 宰가 璧과 圭를 擧하고, 宰夫가 襚를 擧하니, 升하길 西階로 自하고, 西面하여 坐하여 取하며, 降하길 西階로 自한다.

의역 무릇 상사(喪事)에서 물건을 전하며 명령을 전달하게 되면, 물건을 가져온 빈객은 빈소를 향한 상태에서 명령을 전달하고, 상주는 절을 하며 머리를 땅에 대는데, 그 일이 끝나면 빈객은 서쪽을 바라보고서 무릎을 꿇고 물건을 내려놓는다. 빈객이 바친 물건에 있어서 재(宰)는 벽(璧)과 규(圭)를 들게 되고, 재부(宰夫)는 수의를 들게 되는데, 이들은 모두 서쪽 계단을 통해 올라와서 서쪽을 바라보고 무릎을 꿇고 물건을 들며, 내려갈 때에도 서쪽 계단을 통해서 내려간다.

集說 凡將命者, 總言上文弔含襚賵將命之禮也. 鄕殯者, 立於殯之西南, 而面東北以向殯也. 將命之時, 子拜稽顙畢, 客卽西向跪而委其所執之物. 其含璧與圭, 則宰擧之, 襚衣, 則宰夫擧之. 而其擧也, 皆自西階升, 而西面以跪而取之, 乃自西階以降也.

번역 '범장명(凡將命)'이라는 말은 앞에서 말한 조(弔) · 함(含) · 수(襚) · 봉(賵)을 하며 명령을 전달하는 예법을 총괄적으로 말한 것이다. '향빈(鄕殯)'은 빈소의 서남쪽에 서서 동북쪽을 바라보아 빈소를 향한다는 뜻이다.

명령을 전달할 때, 상주는 절을 하며 이마를 땅에 대는데, 그 일이 끝나면 빈객은 서쪽으로 나아가 무릎을 꿇고 가져온 물건을 내려놓는다. 함(含)을 하며 바친 벽(璧)이나 규(圭)는 재(宰)가 들고, 수의의 경우에는 재부(宰夫)가 든다. 그들이 물건을 들어 올릴 때에는 모두 서쪽 계단을 통해 올라가고, 서쪽을 바라보고서 무릎을 꿇고 그 물건을 들며, 곧 서쪽 계단을 통해서 내려간다.

大全 山陰陸氏曰: 此弔儀也. 始云寡君使某弔已, 而曰寡君使某含, 寡君使某襚, 寡君使某賵, 又曰寡君有宗廟之事, 不得承事, 使一介老某相執綍, 則弔臨含襚賵, 皆相將, 贈賻, 亦應爾, 而今不錄, 不與錄也. 故曰玩好曰贈, 貨財曰賻.

번역 산음육씨가 말하길, 이것은 조문하는 의례에 해당한다. 처음에는 "저희 군주께서 아무개 저를 사신으로 보내어 조문을 하도록 했습니다."[1] 라고 말했을 뿐인데, 또 "저희 군주께서 아무개인 저를 사신으로 보내어 함(含)을 하도록 했습니다."[2]라고 말하고, "저희 군주께서 아무개인 저를 사신으로 보내어 수(襚)를 하도록 했습니다."[3]라고 말하며, "저희 군주께서 아무개인 저를 사신으로 보내어 봉(賵)을 하도록 했습니다."[4]라고 말했

1) 『예기』「잡기상」【503d】: 弔者卽位於門西東面, 其介在其東南北面西上, 西於門. 主孤西面. 相者受命曰, "孤某使某請事." 客曰, "寡君使某, 如何不淑." 相者入告. 出曰, "孤某須矣." 弔者入, 主人升堂西面. 弔者升自西階, 東面致命曰, "寡君聞君之喪, 寡君使某, 如何不淑." 子拜稽顙, 弔者降反位.

2) 『예기』「잡기상」【504a~b】: 含者執璧將命曰, "寡君使某含." 相者入告, 出曰, "孤某須矣." 含者入, 升堂致命, 子拜稽顙. 含者坐委於殯東南, 有葦席, 旣葬蒲席. 降, 出, 反位. 宰夫朝服卽喪屨, 升自西階, 西面坐取璧, 降自西階, 以東.

3) 『예기』「잡기상」【504c~d】: 襚者曰, "寡君使某襚." 相者入告, 出曰, "孤某須矣." 襚者執冕服, 左執領, 右執要, 入, 升堂致命, 曰"寡君使某襚." 子拜稽顙, 委衣於殯東. 襚者降, 受爵弁服於門內霤將命, 子拜稽顙如初. 受皮弁服於中庭, 自西階受朝服, 自堂受玄端將命, 子拜稽顙皆如初. 襚者降, 出, 反位. 宰夫五人擧以東, 降自西階, 其擧亦西面.

4) 『예기』「잡기상」【505a】: 上介賵, 執圭將命曰, "寡君使某賵." 相者入告, 反命曰, "孤須矣." 陳乘黃大路於中庭, 北輈, 執圭將命. 客使自下由路西, 子拜稽顙,

다. 또 "저희 군주께서는 종묘의 일이 있어서 직접 그 일을 돕지 못하게 되셔서, 일개 노신은 아무개인 저를 사신으로 보내어 상엿줄을 잡도록 했습니다."[5]라고 말했으니, 조문·곡에 임함·수(襚)·봉(賵)에서는 모두 서로 돕게 되는 것으로, 증부(贈賻)를 할 때에도 또한 이처럼 해야 하는데, 현재 기록을 하지 않은 것은 물건의 수량과 조목을 기록하는데 기입하지 않기 때문이다. 옛 기록에서는 좋은 것을 보냈을 때에는 '증(贈)'이라고 부르고 재화를 보낸 것을 '부(賻)'라고 부른다고 했다.

鄭注 凡者, 說不見者也. 鄕殯將命, 則將命時立於殯之西南. 宰夫, 宰之佐也. 此言宰擧璧與圭, 則上"宰夫朝服"衍"夫"字.

번역 '범(凡)'자는 설명하지 않은 경우까지도 해설하기 위해 쓴 말이다. 빈소를 향한 상태에서 명령을 전달한다면, 명령을 전달할 때 빈소의 서남쪽에 서 있게 된다. '재부(宰夫)'는 재(宰)를 보좌하는 자이다. 이곳에서는 재(宰)가 벽(璧)과 규(圭)를 든다고 했으니, 앞에서 "재부(宰夫)가 조복(朝服)을 착용한다."[6]라고 했을 때의 기록에서 '부(夫)'자는 연문으로 들어간 글자이다.

釋文 鄕, 許亮反, 注同. 見, 賢遍反.

坐委於殯東南隅, 宰擧以東.

5) 『예기』「잡기상」【505d~506a】: 上客臨曰, "寡君有宗廟之事, 不得承事, 使一介老某相執綍." 相者反命曰, "孤須矣." 臨者入門右, 介者皆從之, 立于其左東上. 宗人納賓, 升受命于君. 降曰, "孤敢辭吾子之辱. 請吾子之復位." 客對曰, "寡君命某毋敢視賓客, 敢辭." 宗人反命曰, "孤敢固辭吾子之辱. 請吾子之復位." 客對曰, "寡君命某毋敢視賓客, 敢固辭." 宗人反命曰, "孤敢固辭吾子之辱. 請吾子之復位." 客對曰, "寡君命使臣某毋敢視賓客, 是以敢固辭. 固辭不獲命, 敢不敬從." 客立于門西, 介立于門左東上. 孤降自阼階拜之, 升, 哭, 與客拾踊三. 客出, 送于門外拜稽顙

6) 『예기』「잡기상」【504a~b】: 含者執璧將命曰, "寡君使某含." 相者入告, 出曰, "孤某須矣." 含者入, 升堂致命, 子拜稽顙. 含者坐委於殯東南, 有葦席, 旣葬蒲席. 降, 出, 反位. 宰夫朝服即喪屨, 升自西階, 西面坐取璧, 降自西階, 以東.

번역 '鄕'자는 '許(허)'자와 '亮(량)'자의 반절음이며, 정현의 주에 나오는 글자도 그 음이 이와 같다. '見'자는 '賢(현)'자와 '遍(편)'자의 반절음이다.

孔疏 ●"凡將"至"西階". ○正義曰: 此一經廣明從上以來弔·含·襚及賵, 文不見者, 於此總明之.

번역 ●經文: "凡將"~"西階". ○이곳 경문은 앞 문장에서 조(弔)·함(含)·수(襚)·봉(賵)에 대한 내용과 문자로 기록하지 않은 상황까지도 광범위하게 나타내고 있으니, 이곳에서 총괄적으로 그것들을 설명한 것이다.

孔疏 ●"凡將命, 鄕殯"者, 在殯之西南, 東北面鄕殯.

번역 ●經文: "凡將命, 鄕殯". ○빈소의 서남쪽에 위치하여, 동북쪽을 바라보면 빈소를 향하게 된다.

孔疏 ●"西面而坐委之"者, 謂將命旣畢·子拜稽顙之後, 將命者來就殯東西面而坐委之.

번역 ●經文: "西面而坐委之". ○명령을 전달하는 일이 끝나고, 상주가 절을 하며 이마를 땅에 대는 절차를 마친 이후에는 명령을 전달하는 자가 빈소의 동쪽으로 와서 서쪽을 바라보며 무릎을 꿇고 물건을 내려놓는다는 뜻이다.

孔疏 ●"宰擧璧與圭"者, 主人上卿坐, 擧含者之璧與賵者之圭.

번역 ●經文: "宰擧璧與圭". ○상주에게 소속된 상경(上卿)이 무릎을 꿇고 함(含)으로 보내온 벽(璧)과 봉(賵)을 할 때 사용하는 규(圭)를 든다.

孔疏 ●"宰夫擧襚"者, 謂宰之屬官擧此襚者之衣.

번역 ●經文: "宰夫擧襚". ○재(宰)에게 소속된 하위 관리가 수(襚)로 보내온 옷을 든다는 뜻이다.

孔疏 ●"升自西階, 西面坐取之"者, 謂宰與宰夫欲擧時升自西階, 不敢當主孤之位. 來鄉殯東席之東, 西向坐, 取之, 降自西階也.

번역 ●經文: "升自西階, 西面坐取之". ○재(宰)와 재부(宰夫)가 물건을 들려고 할 때 서쪽 계단을 통해서 당(堂)으로 올라간다는 뜻이니, 감히 상주의 자리에 해당하는 곳으로 갈 수 없기 때문이다. 그들은 빈소의 동쪽에 설치한 자리의 동쪽으로 나아가서 서쪽을 바라보며 무릎을 꿇고 그 물건들을 들어 올리며, 내려갈 때에도 서쪽 계단을 통해서 내려간다.

孔疏 ◎注"凡者"至"夫字". ○正義曰: 此一經將命, 言凡是總說上文, 前文所不見者, 則上"宰夫朝服"衍"夫"字者, 以此經旣云宰擧璧擧圭, 宰夫擧襚. 按上宰夫朝服取璧, 旣云取璧, 明是宰也, 非宰夫, 故知"夫"爲衍字.

번역 ◎鄭注: "凡者"~"夫字". ○이곳 경문에서는 명령을 전달한다고 했는데, '범(凡)'이라고 말한 것은 앞 문장에 나오는 기록과 앞 문장에 나타나지 않은 상황까지도 총괄적으로 설명하기 위해 기록한 것이니, 앞에서 "재부(宰夫)가 조복(朝服)을 착용한다."라고 했을 때의 '부(夫)'자는 연문으로 들어간 글자로, 이곳 경문에서 이미 "재(宰)가 벽(璧)과 규(圭)를 들고, 재부(宰夫)는 수(襚)를 든다."고 했기 때문이다. 앞 문장을 살펴보면, 재부가 조복을 착용하고 벽(璧)을 가져간다고 하여, 이미 "벽(璧)을 가져간다."고 했으니, 이것은 재(宰)가 하는 일을 나타내며, 재부(宰夫)가 하는 일이 아니다. 그렇기 때문에 '부(夫)'자가 연문으로 들어간 글자임을 알 수 있다.

集解 愚謂: 子拜稽顙, 西面而坐委之者, 言於子拜稽顙之時, 而西面委之, 亦若避子之拜然也. 宰, 小宰也. 周禮小宰"喪荒, 受其含·襚·幣·玉之事." 又宰夫"凡禮事, 贊小宰比官府之具." 襚衣輕, 故宰夫主之. 圭璧重, 故宰擧之.

凡臣之升降, 宜統於君, 此主孤自阼階, 宰與宰夫乃自西階者, 含·襚之物皆在西, 由便也.

번역 내가 생각하기에, "상주가 절을 하며 이마를 땅에 대고, 서쪽을 바라보고 무릎을 꿇고서 물건을 내려놓는다."라고 했는데, 이것은 상주가 절을 하며 이마를 땅에 댈 때, 빈객이 서쪽을 바라보고 무릎을 꿇고서 물건을 내려놓는다는 뜻이니, 이 또한 상주가 절을 하는 것에 대해 자신이 그 자리를 피하는 것처럼 행동하는 것이다. '재(宰)'는 소재(小宰)를 뜻한다. 『주례』「소재(小宰)」편에서는 "상사나 기근이 들었을 때, 함(含)·수(襚)·폐(幣)·옥(玉) 받는 일을 담당한다."[7]라고 했고, 또 『주례』「재부(小宰)」편에서는 "무릇 의례와 관련된 일에 있어서, 소재를 도와서 관부에 갖추고 있는 물건들의 상태를 살핀다."[8]라고 했다. 수의(襚衣)는 상대적으로 덜 중요하기 때문에 재부가 담당한다. 규(圭)와 벽(璧)은 상대적으로 중요하기 때문에 재가 든다. 무릇 신하가 당(堂)으로 오르고 내릴 때에는 마땅히 군주에게 종속되는데, 이곳에서는 상주가 동쪽 계단을 통해 올라가고 내려간다고 했으므로, 마땅히 동쪽 계단을 사용해야 하는데도, 재와 재부가 서쪽 계단을 이용하는 것은 함(含)과 수(襚)를 하며 내려놓은 물건들이 모두 서쪽에 있기 때문이니, 편리에 따른 것이다.

【505d】

賵者出, 反位于門外.

직역 賵者가 出하여, 門外로 反하여 位한다.

의역 봉(賵)을 전달하는 자가 의례 절차를 끝내고 밖으로 나가서, 문밖의 자리로 되돌아가 위치한다.

---

7) 『주례』「천관(天官)·소재(小宰)」: 喪荒, 受其含襚幣玉之事.

8) 『주례』「천관(天官)·재부(宰夫)」: 凡禮事, 贊小宰比官府之具.

集說 此句當屬於前章上介賵云云宰擧以東之下.

번역 이 구문은 마땅히 앞에서 "상개(上介)가 봉(賵)을 한다."고 말하며, "재(宰)가 그것을 들고 동쪽으로 간다."라고 한 문장[9] 뒤에 와야 한다.

鄭注 乃著言門外, 明禮畢將更有事.

번역 '문외(門外)'라고 말했으니, 이것은 관련 의례가 끝나서 장차 다른 일을 시행하게 됨을 나타낸다.

集說 愚謂: 鄭氏云"禮畢"者, 弔·含·襚·賵, 奉君命而行者, 其禮畢於此也.

번역 내가 생각하기에, 정현은 "예가 끝났다."고 했는데, 조(弔)·함(含)·수(襚)·봉(賵)은 군주의 명령을 받들어서 시행하는 의례이니, 그 예법이 이러한 절차에서 끝난다는 뜻이다.

---

9) 『예기』「잡기상」【505a】: 上介賵, 執圭將命曰, "寡君使某賵." 相者入告, 反命曰, "孤須矣." 陳乘黃大路於中庭, 北輈, 執圭將命. 客使自下由路西, 子拜稽顙, 坐委於殯東南隅, 宰擧以東.

• 제 52 절 •

이웃 제후의 상에서 사신이 곡(哭)에 임하는 예법

【505d~506a】

上客臨曰, "寡君有宗廟之事, 不得承事, 使一介老某相執綍." 相者反命曰, "孤須矣." 臨者入門右, 介者皆從之, 立于其左東上. 宗人納賓, 升受命于君. 降曰, "孤敢辭吾子之辱. 請吾子之復位." 客對曰, "寡君命某毋敢視賓客, 敢辭." 宗人反命曰, "孤敢固辭吾子之辱. 請吾子之復位." 客對曰, "寡君命某毋敢視賓客, 敢固辭." 宗人反命曰, "孤敢固辭吾子之辱. 請吾子之復位." 客對曰, "寡君命使臣某毋敢視賓客, 是以敢固辭. 固辭不獲命, 敢不敬從." 客立于門西, 介立于門左東上. 孤降自阼階拜之, 升, 哭, 與客拾踊三. 客出, 送于門外拜稽顙.

직역 上客이 臨하며 曰, "寡君은 宗廟의 事가 有하여, 事를 承함을 不得하여, 一介의 老인 某로 使하여 綍을 執함을 相합니다." 相者가 反하여 命하며 曰, "孤가 須입니다." 臨者는 門에 入하여 右하고, 介者는 皆히 從하여, 그 左에 立함에 東上이라. 宗人이 賓을 納하며, 升하여 君에게서 命을 受한다. 降하여 曰, "孤는 敢히 吾子의 辱을 辭합니다. 吾子가 位로 復함을 請합니다." 客이 對하여 曰, "寡君은 某에게 命하여 敢히 賓客에 視함을 毋라 하니, 敢히 辭합니다." 宗人이 反하여 命하며 曰, "孤는 敢히 吾子의 辱을 固辭합니다. 吾子가 位로 復함을 請합니다." 客이 對하여 曰, "寡君은 某에게 命하여 敢히 賓客에 視함을 毋라 하니, 敢히 固辭합니다." 宗人이 反하여 命하며 曰, "孤는 敢히 吾子의 辱을 固辭합니다. 吾子가 位로 復함을 請합니다." 客이 對하여 曰, "寡君은 使臣인 某에게 命하여 敢히 賓客에 視함을 毋라 하니, 是以로 敢히 固辭합니다. 固辭나 命을 不獲하니, 敢히 敬從을 不합니다." 客은 門의 西에 立하고, 介는 門의 左에 立함에 東上이라. 孤는 降하길 阼階로 自하여 拜하고, 升하여, 哭하며, 客과 與하여 拾히 踊하길 三이라. 客이 出

하면, 門外에서 送하며 拜하며 顙을 稽한다.

의역 상등의 빈객이 곡(哭)에 임하며 "저희 군주께서는 종묘(宗廟)의 일이 있으셔서 직접 그 일을 받들지 못하셔서, 일개 노신인 아무개인 저를 시켜서 상엿줄을 잡는 일을 돕도록 하셨습니다."라고 말한다. 그러면 의례를 돕는 자가 안으로 들어가서 그 사실을 아뢰고, 다시 밖으로 나와서 명령을 전달하며, "저희 상주께서 기다리고 계십니다."라고 말한다. 조문객은 문으로 들어가서 우측으로 가고, 조문객을 따라온 개(介)들은 모두 그를 따르게 되어, 그의 좌측에 서 있게 되는데, 서열에 따라 동쪽 끝에서부터 차례대로 정렬한다. 종인(宗人)은 빈객을 안으로 들이고자 하여, 먼저 당(堂)으로 올라가 군주에게 조문객을 안으로 들이라는 명령을 받는다. 그런 뒤 당하(堂下)로 내려와서 "저희 상주께서 감히 그대께서 욕되게 행동하심을 사양하고자 하십니다. 그대께 본래의 빈객 자리로 되돌아가기를 청합니다."라고 말한다. 조문객은 대답을 하며, "저희 군주께서는 아무개인 저에게 명령하시며 감히 빈객처럼 행동하지 말라고 하셨으니, 감히 상주의 청을 사양하고자 합니다."라고 말한다. 종인은 안으로 들어가서 그 사실을 아뢰고, 다시 밖으로 나와서 명령을 전달하며 "상주께서 감히 그대께서 욕되게 행동하심을 재차 사양하고자 하십니다. 그대께 본래의 빈객 자리로 되돌아가기를 청합니다."라고 말한다. 조문객은 대답을 하며, "저희 군주께서는 아무개인 저에게 명령하시며 감히 빈객처럼 행동하지 말라고 하셨으니, 감히 상주의 청을 재차 사양하고자 합니다."라고 말한다. 종인은 안으로 들어가서 그 사실을 아뢰고, 다시 밖으로 나와서 명령을 전달하며 "상주께서 감히 그대께서 욕되게 행동하심을 진실로 사양하고자 하십니다. 그대께 본래의 빈객 자리로 되돌아가기를 청합니다."라고 말한다. 조문객은 대답을 하며, "저희 군주께서는 사신 아무개인 저에게 명령하시며 감히 빈객처럼 행동하지 말라고 하셔서, 이러한 이유로 감히 거듭 사양을 하고자 합니다. 거듭 사양을 했음에도 그대 군주께서 명령을 거두지 않으시니, 감히 공경스럽게 따르지 않을 수 있겠습니까."라고 말한다. 조문객이 문의 서쪽에 서 있게 되면, 조문객을 따라온 개(介)들은 문의 좌측에 서 있으며 서열에 따라 동쪽 끝에서부터 차례대로 정렬한다. 상주가 동쪽 계단을 통해 내려와서 조문객에게 절을 하고, 다시 올라가서 곡을 한 뒤에 조문객과 번갈아가며 세 차례 용(踊)을 한다. 조문객이 밖으로 나가면, 상주는 문밖으로 나가서 그를 전송하며, 절을 하며 이마를 땅에 댄다.

集說 上客, 卽前章所云弔者, 蓋鄰國來弔之正使也. 弔含襚賵皆畢, 自行臨哭之禮, 若聘禮之有私覿然, 蓋私禮爾. 主人入門而右, 客入門而左, 禮也. 今此客入門之右, 是不敢以賓禮自居也. 宗人, 掌禮之官. 欲納此弔賓, 先受納賓之命於主國嗣君, 然後降而請于客, 使之復門左之賓位也. 宗人以客答之辭入告於君, 而反命於客, 如是者三, 客乃自稱使臣而從其命, 於是立於門西之賓位. 主君自阼階降而拜之, 主客俱升堂哭而更踊者三, 所謂成踊也. 客出, 送而拜之, 謝其勞辱也.

번역 '상객(上客)'은 앞 문장에서 말한 '조문하는 자[弔者]'[1]를 뜻하니, 무릇 이웃 나라에서 찾아와 조문을 온 정규 사신을 가리킨다. 조(弔)·함(含)·수(襚)·봉(賵)의 절차가 모두 끝나서, 사신 스스로 곡(哭)에 임하는 예법을 시행한 것으로, 빙례(聘禮)를 하며 개인적으로 찾아뵐 때처럼 하니, 무릇 개인적인 의례일 따름이다. 주인은 문으로 들어가며 우측으로 가고, 빈객은 문으로 들어가며 좌측으로 가는 것이 정식 예법이다. 현재 이곳에서 말한 빈객은 문으로 들어가며 우측으로 갔으니, 이것은 감히 빈객의 예법으로 스스로 처신하지 않았기 때문이다. '종인(宗人)'은 의례 진행을 담당하는 관리이다. 이러한 조문객을 안으로 들이고자 하여, 먼저 빈객을 들이라는 명령을 조문을 받는 나라의 상주에게서 받고, 그런 뒤에 내려가서 빈객에게 청하여, 그로 하여금 문의 좌측인 빈객의 자리로 돌아가도록 한 것이다. 종인이 빈객의 대답을 가지고 들어가서 군주에게 아뢰고, 다시 돌아와서 빈객에게 군주의 명령을 전달하는데, 이처럼 하길 세 차례 하면, 빈객은 스스로 '사신(使臣)'이라 지칭하고 그 명령에 따르니, 이 시기에 문의 서쪽에 있는 빈객의 자리에 서게 된다. 조문을 받는 나라의 군주는 동쪽 계단을 통해 내려가서 그에게 절을 하고, 상주와 빈객 모두 당(堂)에 올라가서 곡을 하며 번갈아 용(踊)을 하길 세 차례 하니, 이것을 '성용(成踊)'이

---

1) 『예기』「잡기상」【503d】: 弔者卽位於門西東面, 其介在其東南北面西上, 西於門. 主孤西面. 相者受命曰, "孤某使某請事." 客曰, "寡君使某, 如何不淑." 相者入告. 出曰, "孤某須矣." 弔者入, 主人升堂西面. 弔者升自西階, 東面致命曰, "寡君聞君之喪, 寡君使某, 如何不淑." 子拜稽顙, 弔者降反位.

라고 부른다. 빈객이 밖으로 나가면 전송을 하며 절을 하니, 그가 수고롭게 찾아온 노고에 대해서 감사를 표하는 것이다.

大全 山陰陸氏曰: 臨, 應親至, 故其辭如此. 據寡君使某弔·使某含·使某襚·使某賵不云不得承事. 其遣上客, 亦以此賵稱上介亞於此歟. 若陳乘黃大路於中庭, 益亦重禮也. 言執紼, 容外客臨有葬而至者也. 含不及斂, 不及事矣. 襚不及殯, 不及事矣. 賵不及葬, 不及事矣. 雖然, 猶愈乎否. 賓升受命於君, 變子稱君, 容外客臨有不及事, 旣葬與踰年而後至也. 公羊傳曰, 君薨稱子某, 旣葬稱子, 踰年稱公. 其曰孤降自阼階, 則子踰年可知. 孤不名, 亦以此. 曲禮曰, 居喪之禮, 升降不由阼階.

번역 산음육씨가 말하길, '임(臨)'을 할 때에는 마땅히 직접 찾아가야 한다. 그렇기 때문에 이처럼 말하게 된다. 앞에서 "저희 군주께서 아무개인 저를 사신으로 보내 조문을 하도록 했습니다."라고 말하고, "아무개인 저를 사신으로 보내 함(含)을 하도록 했습니다."라고 말하며, "아무개인 저를 사신으로 보내 수(襚)를 하도록 했습니다."라고 말하고, "아무개인 저를 사신으로 보내 봉(賵)을 하도록 했습니다."라고 말하며, "그 일을 받들지 못했습니다."라고 말하지 않은 것에 근거해보면 이러한 사실을 알 수 있다. 여기에서 상객(上客)을 파견한 것은 또한 봉(賵)을 하며 상개(上介)라 지칭하여 그 일에 버금가도록 했던 뜻일 것이다. 네 필의 황색 말과 수레를 마당에 진열하는 일은 더욱 중대한 예법에 해당하기 때문이다. "상엿줄을 잡는다."라고 한 말은 외지에서 찾아온 조문객이 곡(哭)에 임하는 시기가 장례를 치를 때 도착한 경우까지도 포함하기 위해서이다. 함(含)을 하는 자가 염(斂)을 하는 시기에 미치지 못한 것은 해당 사안을 치를 때까지 도착하지 못한 것이다. 수(襚)를 하는 자가 빈소를 마련하는 시기에 미치지 못한 것은 해당 사안을 치를 때까지 도착하지 못한 것이다. 봉(賵)을 하는 자가 장례를 치르는 시기에 미치지 못한 것은 해당 사안을 치를 때까지 도착하지 못한 것이다. 비록 그렇다고 하더라도 하지 않는 것보다는 낫다. 빈객이 당(堂)에 올라가고 군주에게 명령을 받는 일에 있어서, '자(子)'자의 칭호를 바꿔서 '군(君)'이라고 지칭한 것은 외지에서 찾아온 조문객이 임할 때, 해당 사안을 치를 때까지 도착하지 못한 경우를 포함하고자 한 것이니, 이미 장례를 치른 상태이거나 그 다음 해에 뒤늦게 도착한 경우이다. 『공양전』에서는 "제후가 죽게 되면 그 적장자는 '자식 아무개[子某]'라고 지칭하며, 장례를 치른 뒤에는 '자(子)'라고만 지칭하고, 그 해를 넘기게 되면 '공(公)'이라고 지칭한다."[2]라고 했다. 이곳 경문에서는 "고(孤)가 동쪽 계단을 통해서 내려간다."라고 했으니, 군주의 적장자에게 있어 군주가 죽은 후 그 해를 넘긴 상황임을 알 수 있다. 고(孤)에 대해서 이름을 지칭하지 않은 것 또한 이러한 이유 때문이다. 『예기』「곡례(曲禮)」편에서는 "상을 치르는 예법에서는 당(堂)에 오르거나 내려갈 때 부친이 사용하던 동쪽 계단을 이용하지 않는다."[3]라고 했다.

鄭注 上客, 弔者也. 臨, 視也, 言欲入視喪所不足而給助之, 謙也. 其實爲哭耳. 入門右, 不自同於賓客. 賓三辭而稱使臣, 爲恭也. 爲恭者, 將從其命. 拜客, 謝其厚意. 不迎而送, 喪無接賓之禮.

번역 '상객(上客)'은 조문하는 자를 뜻한다. '임(臨)'자는 "살펴본다[視]."는 뜻이니, 들어가서 상사를 치르는 일에 부족한 것들을 살펴서 돕고자 한다는 뜻으로, 겸사로 쓴 말이다. 실제로는 곡(哭)을 하기 위해 찾아온 것일 뿐이다. 문으로 들어가서 우측에 위치하는 것은 스스로 빈객과 동등하게 처신하지 않기 때문이다. 빈객이 세 차례 사양을 하며 '사신(使臣)'이라고 지칭하는 것은 공손하게 처신하기 위해서이다. 공손하게 처신하는 것은 장차 그 명령에 따르고자 하기 때문이다. 빈객에게 절을 하는 것은 그가 보여준 두터운 뜻에 감사를 표하기 위해서이다. 문밖으로 나가서 맞이하지 않지만, 전송할 때 문밖에서 하는 것은 상사(喪事)에는 빈객을 접대하는 예법

---

2) 『춘추공양전』「장공(莊公) 32년」: 冬, 十月, 乙未, 子般卒, 子卒云子卒, 此其稱子般卒何? 君存稱世子. 君薨稱子某. 旣葬稱子. 踰年稱公.

3) 『예기』「곡례상(曲禮上)」【35d】: 居喪之禮, 毁瘠不形, 視聽不衰. 升降, 不由阼階, 出入, 不當門隧.

이 없기 때문이다.

釋文 臨如字, 徐力鴆反, 注及下同. 介音界, 舊古賀反. 相, 息亮反. 紼音弗. 爲, 于僞反. "寡君命"絶句, 下放此. 毋音無, 下同. 使, 色吏反, 注同. 爲如字, 舊于僞反, 下同. 拾, 其劫反.

번역 '臨'자는 글자대로 읽고, 서음(徐音)은 '力(력)'자와 '鴆(짐)'자의 반절음이며, 정현의 주 및 아래문장에 나오는 글자도 그 음이 이와 같다. '介'자의 음은 '界(계)'이며, 구음(舊音)은 '古(고)'자와 '賀(하)'자의 반절음이다. '相'자는 '息(식)'자와 '亮(량)'자의 반절음이다. '紼'자의 음은 '弗(불)'이다. '爲'자는 '于(우)'자와 '僞(위)'자의 반절음이다. '寡君命'에서 구문을 끊고, 뒤의 기록에 있어서도 이처럼 한다. '毋'자의 음은 '無(무)'이며, 아래문장에 나오는 글자도 그 음이 이와 같다. '使'자는 '色(색)'자와 '吏(리)'자의 반절음이며, 정현의 주에 나오는 글자도 그 음이 이와 같다. '爲'자는 글자대로 읽으며, 구음은 '于(우)'자와 '僞(위)'자의 반절음이고, 아래문장에 나오는 글자도 그 음이 이와 같다. '拾'자는 '其(기)'자와 '劫(겁)'자의 반절음이다.

孔疏 ●"上客"至"稽顙". ○正義曰: 此一節明弔·含·襚·賵既畢, 上客行臨哭之禮.

번역 ●經文: "上客"~"稽顙". ○이곳 경문은 조(弔)·함(含)·수(襚)·봉(賵)을 하는 절차가 이미 끝나서, 상등의 빈객이 곡(哭)에 임하는 예법을 시행한다는 사실을 나타내고 있다.

孔疏 ●"使一介老某相執紼"者, 某者, 上客名也. 相, 助也. 謙言使一介老臣某助主人執其葬紼, 其實爲哭而來, 謙言助執紼耳. 一介者, 言己使來, 唯有一人爲介, 謙辭耳. 其實介數各下其君二等.

번역 ●經文: "使一介老某相執紼". ○'모(某)'는 상객의 이름을 뜻한다.

'상(相)'자는 "돕다[助]."는 뜻이다. "일개 노신 아무개인 저를 시켜서 상주가 장례의 상엿줄 잡는 일을 돕도록 했다."라고 겸손하게 말했는데, 실제로는 곡(哭)을 하기 위해 찾아온 것이니, "상엿줄 잡는 일을 돕는다."라고 겸손하게 말했을 뿐이다. '일개(一介)'라는 말은 자신이 사신으로 찾아왔는데, 오직 한 사람만을 '개(介)'로 삼았다는 뜻으로, 겸사로 쓴 말일 뿐이다. 실재로 대동하는 개(介)의 수는 각각 그들이 섬기는 군주가 의례에서 사용하는 개(介)의 수에서 두 등급을 낮추게 된다.

孔疏 ●"臨者入門右, 介者皆從之, 立于其左, 東上"者, 不敢自同賓, 故入門右從臣位.

번역 ●經文: "臨者入門右, 介者皆從之, 立于其左, 東上". ○감히 빈객과 스스로 동등하게 처신하지 못하기 때문에, 문으로 들어가서 우측에 위치하여, 신하의 자리에 따르는 것이다.

孔疏 ●"宗人納賓, 升, 受命于君"者, 謂主國宗人掌禮, 欲納此弔賓, 先受納賓之命於主國嗣君.

번역 ●經文: "宗人納賓, 升, 受命于君". ○조문을 받는 나라의 종인(宗人)은 의례의 진행을 담당하니, 찾아온 조문객을 안으로 들이고자 하여, 조문을 받는 나라의 상주에게서 빈객을 들이라는 명령을 받게 된다는 뜻이다.

孔疏 ●"降曰: 孤敢辭吾子之辱, 請吾子之復位"者, 此宗人受嗣君之命後, 下階請客之辭也. 復位者, 欲合在門西客位也.

번역 ●經文: "降曰: 孤敢辭吾子之辱, 請吾子之復位". ○종인(宗人)이 세자의 명령을 받은 이후, 계단을 통해 내려가서 빈객에게 청하는 말이다. '복위(復位)'는 그들 모두를 문의 서쪽인 빈객의 자리에 위치하도록 한다는 뜻이다.

孔疏 ●"宗人反命"者, 謂反此客之辭命於嗣君.

번역 ●經文: "宗人反命". ○조문객이 대답한 말을 세자에게 되돌아가서 아뢴다는 뜻이다.

孔疏 ●"曰: 孤敢固辭"者, 是宗人受嗣君之命以告客. 云"孤敢固辭", 前文云"孤某須矣", 此直云孤, 子云某者, 以親對客辭. 客是使臣, 故不復稱名也. 按左傳昭三十年云: "君之喪, 士弔, 大夫會葬." 文襄之霸, 君喪, 大夫弔, 卿會葬. 此上客者, 若於古禮, 士也; 若於文襄, 則大夫也. 云"一介老某"者, 則若曲禮云"七十使於四方, 稱老夫"之類. 前四禮, 客皆在門西, 此臨在門東者, 前者四禮皆是奉君命而行, 如聘禮聘之與享也. 此臨是私禮, 若聘禮私覿, 故在門東.

번역 ●經文: "曰: 孤敢固辭". ○종인(宗人)이 세자의 명령을 받아서 빈객에게 아뢰는 말이다. "고(孤)께서 감히 재차 사양하십니다."라고 말했는데, 앞에서는 "고(孤)인 아무개께서 기다리고 계십니다."라고 말했지만, 이곳에서는 단지 '고(孤)'라고 말했는데, 군주의 적장자에 대해서 '아무개[某]'라고 말한 것은 직접 빈객에게 대답하는 말이기 때문이다. 빈객은 '사신(使臣)'에 해당하기 때문에 재차 이름을 지칭하지 않는다. 『좌전』을 살펴보면 소공(昭公) 30년의 기록에 있어서, "군주의 상에서는 사가 조문을 하고 대부가 회장(會葬)을 한다."[4]라고 했다. 문공(文公)과 양공(襄公)이 패자(霸者)로 군림할 때, 군주의 상에 대해서는 대부가 조문을 했고 경이 회장을 했다.[5] 이곳에서는 상객(上客)이 조문을 했다고 했는데, 고대의 예법대로 한다면 사(士)가 조문을 한 것이고, 문공과 양공 때처럼 한다면 대부가 조문을 한 것이다. '일개의 노신 아무개[一介老某]'라고 했는데, 『예기』「곡례

---

4) 『춘추좌씨전』「소공(昭公) 30년」: 先王之制, 諸侯之喪, 士弔, 大夫送葬.

5) 『춘추좌씨전』「소공(昭公) 3년」: 將得已乎! 昔文·襄之霸也, 其務不煩諸侯, 今諸侯三歲而聘, 五歲而朝, 有事而會, 不協而盟. 君薨, 大夫弔, 卿共葬事; 夫人, 士弔, 大夫送葬.

(曲禮)」편에서는 "70세가 된 자가 사신으로 사방으로 가게 되면, 노부(老夫)라고 지칭한다."[6]고 했던 부류에 해당한다. 앞에서 말한 네 가지 예법에서는 빈객이 모두 문의 서쪽에 있다고 했는데, 이곳에서 곡(哭)에 임하는 조문객이 문의 동쪽에 있다고 한 것은 앞의 네 가지 의례는 모두 군주의 명령을 받들어서 시행하는 것이니, 『의례』「빙례(聘禮)」편에 나오는 빙문 및 물건을 바치는 절차와 같다. 이곳에서 '임(臨)'이라고 한 것은 개인적인 의례이니, 「빙례」편에 나오는 '개인적으로 찾아뵙는 예법[私覿]'과 같다. 그렇기 때문에 문의 동쪽에 위치하는 것이다.

孔疏 ◎注"不迎"至"之禮". ○正義曰: 上云"孤某須矣", 是不出迎. 所以不迎者, 以主人在喪, 身旣悲慼, 無暇接賓之禮. 主拜送者, 謝其勞辱來也.

번역 ◎鄭注: "不迎"~"之禮". ○앞에서는 "고(孤) 아무개께서 기다리고 계십니다."라고 했는데, 이것은 밖으로 나와서 맞이하지 않기 때문이다. 맞이하지 않는 이유는 상주가 상을 치르고 있을 때, 본인은 이미 비통하고 애통한 마음이 가득하여 빈객을 접대하는 예법을 시행할 겨를이 없기 때문이다. "상주가 절을 하며 전송한다."라고 했는데, 그가 수고롭게 이곳까지 찾아온 일에 대해서 감사를 표하기 때문이다.

集解 今按: "寡君命某毋敢視賓客"爲一句, 陸氏"命"字絶句, 非是.

번역 현재 살펴보니, '과군명모무감시빈객(寡君命某毋敢視賓客)'이라는 것은 하나의 구문이 되는데, 육덕명은 '명(命)'자에서 구문을 끊는다고 했으니, 잘못된 주장이다.

集解 愚謂: 臨, 入哭也. 弔所以慰主人, 臨則使者自致其哀. 上四事皆奉君命而行, 臨則使者之私禮也. 一介, 猶一個也. 老, 所謂"寡君之老", 則此客乃

---

6) 『예기』「곡례상(曲禮上)」【13b】: 自稱曰老夫, 於其國, 則稱名.

諸侯之卿也. 相執綍, 謂助執其喪事也. 門右, 門東也. 入門右者, 入闑東而右. 東上者, 統於主人也. 以非爲其君行禮, 故不敢以賓客自居, 所謂"私事自闑東"也. 按聘禮, "賓覿, 奉束錦, 總乘馬, 二人贊, 入門右, 北面奠幣, 再拜稽首. 擯者辭, 賓出. 擯者坐取幣, 出, 有司二人牽馬以從, 出門, 西面于東塾南. 擯者請受, 賓禮辭. 聽命, 牽馬右之, 入設. 賓奉幣入門左, 介皆入門左, 西上." 此弔者旣從主人之辭, 亦當如私覿之禮, 出門而復從闑西以入, 而立於門西. 此但客立于門西, 不言"出而復入"者, 文略也. 聘禮介立于賓右而西上, 此介立于賓左而東上者, 變於吉也. 於此言"孤降自阼階", 則自與客升之後, 未嘗降矣. 弔爲君行禮, 故客升堂致命, 主人亦升堂而拜之. 臨爲臣禮, 其位在門西, 故主人必降階而拜之也. 孤降自阼階, 則升亦自阼階矣. 居喪之禮, 升降不由阼階, 此以客由西階, 故主人避之而由阼階, 有爲爲之也. 升堂哭踊者, 亦諸侯之弔禮然也. 若未葬, 則哭踊之後, 主人當降卽阼階下位, 客當復門西之位而設朝奠, 卽奠然後客出. 此於"哭"·"踊"下卽言"客出"者, 文略也. 送于門外, 送於大門之外也. 凡喪禮不迎賓, 於其去則送之.

번역 내가 생각하기에, '임(臨)'자는 들어가서 곡(哭)을 한다는 뜻이다. 조문은 상주를 위로하기 위한 것이고, 임(臨)은 사신으로 찾아간 자가 스스로 자신의 애통한 마음을 다하는 방법이다. 앞에 나온 네 가지 사안들은 모두 군주의 명령을 받들고 시행하는 예법인데, 임(臨)은 사신으로 찾아간 자가 개인적으로 시행하는 예법이다. '일개(一介)'는 '한 명[一個]'이라는 말이다. '노(老)'는 이른바 '저희 군주의 노신[寡君之老]'이라고 할 때의 '노(老)'와 같으니, 여기에서 말하는 객(客)은 곧 제후에게 소속된 경(卿)의 신분이다. '상집발(相執綍)'은 상사의 일 치르는 것을 돕는다는 뜻이다. '문우(門右)'는 문의 동쪽을 뜻한다. '입문우(入門右)'라는 말은 얼(闑)[7]의 동쪽으로 들어가서 우측으로 간다는 뜻이다. "서열에 따라 동쪽 끝에서부터 선다."라는 말은 주인에게 통솔되는 자들이기 때문이다. 자신의 군주를 위해서 해당 의례를 시행하는 것이 아니기 때문에, 감히 빈객의 입장으로 스스

7) 얼(闑)은 문의 중앙에 세워둔 길이가 짧은 나무이다.

로 자처할 수 없는 것이니, "개인적인 사안이라면 얼(闑)의 동쪽을 통해서 들어간다."[8]는 뜻에 해당한다. 『의례』「빙례(聘禮)」편을 살펴보면, "빈객이 개인적으로 찾아뵙게 되면, 1속(束)의 비단을 받들고 네 필의 말에 달린 고삐를 몰아 쥐며, 두 사람이 돕고, 문으로 들어가서 우측에 서며, 북쪽을 향한 상태에서 가져간 폐물을 진열하고, 재배를 하며 머리를 조아린다. 의례 진행을 돕는 자가 사양을 하고, 빈객이 밖으로 나간다. 의례 진행을 돕는 자가 무릎을 꿇고서 내려둔 폐물을 들어 올리고, 밖으로 나오며, 유사(有司) 2명이 말을 이끌고 뒤따르며 문으로 나가고, 동숙(東塾)의 남쪽에서 서쪽을 바라본다. 의례 진행을 돕는 자는 받기를 청하며, 빈객은 예사(禮辭)[9]를 한다. 명령에 따르며, 말을 이끌고 오른쪽으로 가서, 안으로 들어가 진열한다. 빈객이 폐물을 받들고 문으로 들어가 좌측으로 가며, 개(介)는 모두 문으로 들어가 좌측에 있는데, 서열에 따라 서쪽 끝에서부터 정렬한다."[10]라고 했다. 여기에서 조문을 하는 자가 이미 주인이 한 말에 따른다고 한 것은 또한 마땅히 개인적으로 찾아뵐 때의 예법처럼 하기 때문이니, 문밖으로 나가서 다시 얼(闑)의 서쪽을 통해 들어와 문의 서쪽에 서 있는 것이다. 이곳에서는 단지 빈객이 문의 서쪽에 서 있다고만 말하고, "밖으로 나갔다가 다시 들어온다."라고 말하지 않은 것은 문장을 생략해서 기록했기 때문이다. 「빙례」편에서는 개(介)는 빈객의 우측에 서 있으면서, 서열에 따라 서쪽 끝에서부터 정렬한다고 했는데, 이곳에서 개(介)가 빈객의 좌측에 서 있으면서 동쪽 끝에서부터 정렬한다고 한 것은 길례(吉禮)에서 변화를 주었기 때문이다. 이곳에서는 "고(孤)가 동쪽 계단을 통해서 내려온다."라고 했으니, 본인과 빈객이 당(堂)으로 올라간 뒤에는 일찍이 당하(堂下)로 내

---

8) 『예기』「옥조(玉藻)」【393b】: 賓入不中門, 不履閾, 公事自闑西, <u>私事自闑東</u>.

9) 예사(禮辭)는 빈객과 주인은 예법에 따라 세 번 사양을 하게 되는데, 처음 사양하는 것을 '예사'라고 부르며, 두 번째 사양하는 것을 '고사(固辭)'라고 부르고, 세 번째 사양하는 것을 '종사(終辭)'라고 부른다.

10) 『의례』「빙례(聘禮)」: 賓覿, 奉束錦, 總乘馬, 二人贊. 入門右, 北面奠幣, 再拜稽首. 擯者辭. 賓出. 擯者坐取幣出. 有司二人牽馬以從, 出門, 西面, 于東塾南. 擯者請受. 賓禮辭, 聽命. 牽馬右之, 入設. 賓奉幣入門左. 介皆入門左, 西上.

려오지 않는 것이다. 조문은 군주를 대신해서 해당 의례를 시행하는 것이다. 그렇기 때문에 빈객이 당으로 올라가서 명령을 전달하는 것이고, 상주 또한 당에 올라가서 절을 한다. 임(臨)은 신하가 시행하는 예법이다. 그리고 그가 서 있는 자리는 문의 서쪽이 된다. 그렇기 때문에 상주는 반드시 계단을 통해 내려가서 그에게 절을 한다. 고(孤)가 동쪽 계단을 통해 내려온다고 했다면, 올라갈 때에도 또한 동쪽 계단을 통해 올라간다. 상례를 치를 때 당에 오르고 내림에는 동쪽 계단을 사용하지 않는다고 했는데, 이곳의 내용은 빈객이 서쪽 계단을 통해 오르고 내리기 때문에, 주인이 그 자리를 피하여 동쪽 계단을 이용하는 것이니, 이유가 있어서 이처럼 행동한 것이다. 당에 올라가서 곡(哭)과 용(踊)을 한다고 했는데, 이 또한 제후의 조문하는 예법에 따라 이처럼 하는 것이다. 만약 아직 장례를 치르지 않았다면, 곡(哭)과 용(踊)을 한 이후, 상주는 마땅히 당하로 내려와서 동쪽 계단 아래에 있는 자신의 자리로 나아가야 하며, 빈객은 마땅히 문의 서쪽에 있는 자신의 자리로 되돌아가서 조전(朝奠)을 진설하니, 전제사가 끝난 뒤에야 빈객이 밖으로 나가게 된다. 이곳에서 '곡(哭)'과 '용(踊)'을 한다고 한 말에 대해서, 곧바로 "빈객이 밖으로 나간다."라고 한 것은 문장을 생략해서 기록했기 때문이다. "문밖에서 전송한다."는 말은 대문 밖에서 전송한다는 뜻이다. 무릇 상례를 치를 때에는 빈객을 문밖에서 맞이하지 않지만, 그가 떠나게 되면 그를 전송하게 된다.

集解 愚謂: 此言"一介老", 則諸侯之卿也. 然會葬之使, 例尊於弔, 若諸侯相弔使卿, 則會葬亦必使卿. 然諸侯三卿, 若爲一國之喪而頻使二卿於外, 則勢有所不能. 然則此弔者蓋攝卿以行者與. 然自稱"一介老", 則其非士決矣. 而子大叔言"先王之制, 士弔, 卿會葬"者, 凡左傳中所言"先王之制", 不必皆可據. 且諸侯國有大小, 則其相弔之禮, 容有隆殺. 或弔於大國使大夫攝卿, 敵國使大夫, 小國則使士也. 但子大叔對晉人, 特擧其殺者言之耳.

번역 내가 생각하기에, 이곳에서는 '일개로(一介老)'라고 했으니, 이 자는 제후에게 소속된 경(卿)이다. 그러나 회장(會葬) 때 파견하는 사신은 그

등차가 조문을 시행하는 사신보다 신분이 높으니, 만약 제후가 서로에 대해 조문을 할 때 경을 파견했다면 회장을 할 때에도 또한 반드시 경을 사신으로 보내야 한다. 그러나 제후국에는 3명의 경이 있으므로, 만약 어떤 제후국의 상이 발생했다고 해서 빈번히 두 명의 경을 외국으로 파견하게 된다면, 여건상 불가능한 점이 있다. 그러므로 이곳에서 조문을 하는 자는 아마도 경을 대신해서 이러한 의례를 시행하는 자일 것이다. 그런데 스스로 '일개 노신[一介老]'이라고 지칭했다면, 이 자는 결코 사(士)의 신분이 아니다. 그런데도 자대숙은 "선왕의 제도에 있어서 사는 조문을 했고 경은 회장을 했다."라고 했는데, 무릇 『좌전』에서 말한 '선왕의 제도'는 반드시 이 모두를 증거로 삼을 필요는 없다. 또 제후국에는 크기에 차이가 있으니, 서로에게 조문을 하는 예법에도 높이고 낮추는 차이가 있다. 아마도 대국(大國)에 대해 조문을 할 때에는 대부를 사신으로 파견하여 경을 대신하도록 했을 것이고, 자기 나라와 대등한 상대 제후국에 대해서는 대부를 사신으로 파견했으며, 소국(小國)에 대해서는 사를 사신으로 파견했을 것이다. 다만 자대숙의 말은 진(晉)나라 사람에게 대답하는 것이기 때문에, 특별히 줄이는 예법을 근거로 말한 것일 뿐이다.

• 제53절 •

군주와 상이 겹쳤을 때 조문을 받는 규정

【506c】

其國有君喪, 不敢受弔.

직역 그 國에 君喪이 有하면, 弔를 受함을 不敢한다.

의역 자신의 나라에 군주의 상이 발생했고, 자신에게도 상이 발생한 상황이라면, 자신의 상에서는 감히 다른 나라에서 찾아온 빈객의 조문을 받지 않는다.

集說 言卿大夫以下有君喪, 而又有親喪, 則不敢受他國賓客之弔, 尊君故也.

번역 경과 대부로부터 그 이하의 계층에 있어서 군주의 상이 발생하고 또 자신의 집에 상이 발생한 상황이라면, 자신의 상에서 감히 다른 나라에서 찾아온 빈객의 조문을 받지 않으니, 군주를 존귀하게 높이기 때문이다.

大全 山陰陸氏曰: 言諸侯有天子之喪, 雖有親喪, 不敢受弔. 諸侯如此, 則其臣有諸侯之喪, 蓋亦如此. 設若衛靈公弔季康子, 而象子有君之喪, 應辭.

번역 산음육씨가 말하길, 제후에게 천자의 상이 발생하면, 비록 자신에게 상이 발생했더라도 감히 조문을 받지 않는다고 했다. 제후도 이처럼 하니, 제후의 신하에게 제후의 상이 발생했다면 아마도 또한 이처럼 해야 하는 것이다. 가령 위(衛)나라 영공(靈公)이 계강자를 조문한 경우, 계강자에게 군주의 상이 있다면, 마땅히 사양을 해야 한다.

鄭注 辟其痛傷己之親如君.

번역 조문객이 자신의 부모에 대해 애통해하고 상심하는 것을 군주에 대한 경우처럼 하는 것을 피하기 위해서이다.

釋文 辟音避, 下"辟之"同.

번역 '辟'자의 음은 '避(피)'이며, 아래문장에 나오는 '辟之'에서의 '辟'자도 그 음이 이와 같다.

孔疏 ●"其國"至"受弔". ○正義曰: 此謂國有君喪, 而臣又有親喪, 則不敢受他國賓來弔也. 以義斷恩, 哀痛主於君, 不私於親也.

번역 ●經文: "其國"~"受弔". ○이 내용은 그 나라에 군주의 상이 발생했는데, 신하에게도 부모의 상이 발생했다면, 감히 다른 나라에서 찾아온 빈객의 조문을 받지 않는다는 뜻이다. 의(義)에 따라 은정을 재단하니, 애통함은 군주를 위주로 하여, 감히 자신의 부모에 대해 사사롭게 할 수 없는 것이다.

集解 愚謂: 國有君喪, 其臣皆服斬, 無弔人之法, 故疏惟以"他國來弔"者言之.

번역 내가 생각하기에, 나라에 군주의 상이 발생한다면, 그 나라의 신하들은 모두 참최복(斬衰服)을 착용하니, 다른 사람을 조문하는 예법 자체가 없다. 그렇기 때문에 공영달의 소에서는 오직 "다른 나라에서 찾아와 조문한다."라는 경우로만 설명한 것이다.

• 제 54 절 •

군주의 대렴(大斂) 절차

【506c】

外宗房中南面, 小臣鋪席, 商祝鋪絞紟衾, 士盥於盤北, 擧遷尸於斂上. 卒斂宰告, 子馮之踊, 夫人東面坐馮之興踊.

직역 外宗은 房中에서 南面하며, 小臣은 席을 鋪하고, 商祝은 絞·紟·衾을 鋪하며, 士는 盤北에서 盥하고, 斂上에 尸를 擧하여 遷한다. 斂을 卒하면 宰는 告하고, 子는 馮하여 踊하며, 夫人은 東面하고 坐하며 馮하여 興하여 踊한다.

의역 외종(外宗)[1]은 방안에서 남쪽을 바라보며, 소신은 자리를 깔고, 상축은 시신을 묶는 끈인 교(絞), 홑이불인 금(紟), 이불인 금(衾) 등을 펼치며, 사는 대야의 북쪽에서 손을 씻고, 염(斂)을 하는 곳 위로 시신을 들어서 옮긴다. 염(斂)하는 일이 끝나서 재(宰)가 그 사실을 아뢰면, 자식은 시신에 매달리고 용(踊)을 하며, 부인은 동쪽을 바라보고 앉아 있다가 시신에 매달리고 일어나서 용(踊)을 한다.

集說 此時喪大記君大斂章文, 重出在此, 說見本章.

번역 이 문장에 나타난 상황은 『예기』「상대기(喪大記)」편에서 군주에 대해 대렴(大斂)을 하는 문장에 해당하는데, 이곳에 중복해서 나타난 것이니, 「상대기」편에 해당 설명이 나온다.

鄭注 此喪大記脫字, 重著於是.

번역 이 내용은 『예기』「상대기(喪大記)」편의 문장이 누락되어, 이곳에

1) 외종(外宗)은 고모 및 자매 등의 딸자식을 뜻한다.

중복 기록된 것이다.

釋文 盥音管. 斂, 力劒反, 下同. 馮, 皮冰反, 本或作憑, 下同. 脫音奪. 重, 直用反.

번역 '盥'자의 음은 '管(관)'이다. '斂'자는 '力(력)'자와 '劒(검)'자의 반절음이며, 아래문장에 나오는 글자도 그 음이 이와 같다. '馮'자는 '皮(피)'자와 '冰(빙)'자의 반절음이며, 판본에 따라서는 또한 '憑'자로도 기록하는데, 아래문장에 나오는 글자도 그 음이 이와 같다. '脫'자의 음은 '奪(탈)'이다. '重'자는 '直(직)'자와 '用(용)'자의 반절음이다.

孔疏 ●"外宗"至"興踊". ○正義曰: 此一經是喪大記君喪之節, 於此重記之. 但大記云"夫人東面亦如之", 此云"夫人東面坐馮, 興踊", 惟此四字別, 義皆同也.

번역 ●經文: "外宗"~"興踊". ○이곳 경문은 『예기』「상대기(喪大記)」편에서 군주의 상을 치르는 절차에 해당하니, 이곳에 중복 기록된 것이다. 다만 「상대기」편에서는 "부인이 동쪽을 바라보며 또한 이처럼 한다."[2]라고 했고, 이곳에서는 "부인이 동쪽을 바라보며 앉아 있다가 시신에 매달리고 일어나서 용(踊)을 한다."고 하여, '좌빙흥용(坐馮興踊)'이라는 네 글자가 차이를 보이지만, 그 의미는 모두 동일하다.

集解 愚謂: 此與喪大記小異, 蓋上有脫文與.

번역 내가 생각하기에, 이 문장은 『예기』「상대기(喪大記)」편의 기록과 조금 차이를 보이니, 아마도 이 앞에는 누락된 문장이 있을 것이다.

---

2) 『예기』「상대기(喪大記)」【537a~b】: 君將大斂, 子弁絰即位于序端. 卿大夫即位于堂廉, 楹西, 北面, 東上. 父兄堂下北面. 夫人命婦尸西東面. 外宗房中南面. 小臣鋪席, 商祝鋪絞紟衾衣, 士盥于盤上. 士擧遷尸于斂上. 卒斂, 宰告, 子馮之踊, 夫人東面亦如之.

• 제 55 절 •

사와 천자의 상에 나타나는 세 가지 공통점

【506d】

士喪有與天子同者三: 其終夜燎, 及乘人, 專道而行.

직역 士喪에는 天子와 同者가 三이 有하니, 그 終夜에 燎하고, 人을 乘하며, 道를 專하여 行함이다.

의역 사의 상에는 천자의 상과 동일한 점이 세 가지 있다. 첫 번째는 영구를 옮기는 날 밤부터 아침까지 불을 피우는 것이며, 두 번째는 사람들로 하여금 영구를 끄는 줄을 잡도록 하는 것이고, 세 번째는 영구를 움직일 때 그 길을 전적으로 사용하며 이동하는 것이다.

集說 終夜燎, 謂遷柩之夜, 須光明達旦也. 乘人, 使人執引也. 專道, 柩行於路, 人皆避之也.

번역 '종야료(終夜燎)'는 영구를 옮기는 날 밤에 불을 피워 빛을 내도록 해서 아침까지 태우는 것이다. '승인(乘人)'은 사람들로 하여금 영구를 끄는 줄을 잡도록 하는 것이다. '전도(專道)'는 도로에서 영구를 이동시킴에 사람들이 모두 그 자리를 피해준다는 뜻이다.

鄭注 乘人, 謂使人執引也. 專道, 人辟之.

번역 '승인(乘人)'은 사람들로 하여금 영구를 끄는 줄을 잡도록 하는 것이다. '전도(專道)'는 사람들이 피해준다는 뜻이다.

釋文 燎, 力召反, 又力弔反. 乘, 繩證反, 注同. 引, 以刃反, 一音餘刃反.

번역 '燎'자는 '力(력)'자와 '召(소)'자의 반절음이며, 또한 '力(력)'자와 '弔(조)'자의 반절음도 된다. '乘'자는 '繩(승)'자와 '證(증)'자의 반절음이고, 정현의 주에 나오는 글자도 그 음이 이와 같다. '引'자는 '以(이)'자와 '刃(인)'자의 반절음이며, 다른 음은 '餘(여)'자와 '刃(인)'자의 반절음이다.

孔疏 ●"士喪"至"而行". ○正義曰: 言士喪與天子三事同也, 其終夜燎, 一也. 及乘人, 二也. 專道而行, 三也. 終夜燎, 謂柩遷之夜須光明, 故竟夜燎也. 乘人, 謂人引車, 不用馬也. 旣夕禮云: "屬引." 鄭引[1]: "古者人引柩, 專道行, 謂喪在路不辟人也." 三事爲重, 故云"與天子同"也.

번역 ●經文: "士喪"~"而行". ○사의 상은 천자의 상과 세 가지 사안에서 동일하다는 뜻이니, 밤새도록 불을 피우는 것이 첫 번째이고, 사람들로 하여금 영구를 끄는 줄을 잡도록 하는 것이 두 번째이며, 길을 전적으로 사용하며 영구를 이동시키는 것이 세 번째이다. '종야료(終夜燎)'는 영구를 옮기는 날 밤에는 불을 피워야 하기 때문에, 밤새도록 불 피우는 것을 뜻한다. '승인(乘人)'은 사람들이 영구를 끌게 되어, 말을 사용하지 않는다는 뜻이다. 『의례』「기석례(旣夕禮)」편에서는 "인(引)을 단다."[2]라고 했고, 정현의 주에서는 "고대에는 사람들이 영구를 끌었으며, 길을 전적으로 사용해서 움직였으니, 상거가 도로에 있게 되면 사람들을 피해가며 움직이지 않는다는 뜻이다."라고 했다. 세 가지 사안은 중대한 절차에 해당한다. 그렇기 때문에 "천자와 동일하다."라고 말한 것이다.

---

1) '인(引)'자에 대하여. 『십삼경주소(十三經注疏)』 북경대 출판본에서는 "'인'자를 『민본(閩本)』·『감본(監本)』·『모본(毛本)』에서는 동일하게 기록하고 있는데, 포당(浦鏜)은 '인'자를 '주(注)'자로 교정했다. 살펴보니, 『예기훈찬(禮記訓纂)』에도 '주'자로 기록되어 있다."라고 했다.

2) 『의례』「기석례(旣夕禮)」: 有司請祖期. 曰, "日側." 主人入, 袒. 乃載. 踊無筭. 卒束, 襲. 降奠當前束. 商祝飾柩, 一池, 紐前經後緇, 齊三采, 無貝. 設披, 屬引.

集解 愚謂: 終夜燎, 孔疏專以啓後言之, 然未殯之前設燎亦終夜也. 故士喪禮小斂之後, "宵爲燎于中庭, 厥明滅燎", 是也. 蓋始死, 柩未藏, 旣啓, 柩已露, 須備非常, 而治殯·斂, 爲葬具, 爲事嚴急, 亦非窮日夜之力不可, 故必終夜設燎也. 柩車駕馬, 或有傾覆奔軼之患, 故必以人輓之也. 專道而行者, 道路, 男子由右, 婦人由左, 車由中央, 今此柩車專一道而行也. 柩車執紼者, 天子千人, 諸侯五百人, 大夫三百人. 以差次言, 士當用百人, 人旣衆多, 非專道不可行也. 此三者, 皆無尊卑之異, 故雖士得與天子同也.

번역 내가 생각하기에, "밤새도록 불을 피운다."라는 말에 대해서, 공영달의 소에서는 전적으로 계빈(啓殯)을 한 이후로 말을 했다. 그러나 아직 빈소를 마련하기 이전에도 불을 피우며 또한 밤새도록 지피게 한다. 그렇기 때문에 『의례』「사상례(士喪禮)」편에서는 소렴(小斂)을 한 이후에 대해서, "밤이 되면 마당에 횃불을 피우고, 그 다음날 날이 밝으면 횃불을 끈다."[3] 라고 한 것이다. 무릇 어떤 자가 이제 막 죽었고, 영구에 대해 아직 장례를 치르지 않았는데, 계빈을 하게 되면 영구는 이미 밖으로 도출되므로, 비상시를 대비해야 한다. 또 빈소를 마련하고 염(斂)을 하며, 장례를 치르기 위해 기구를 갖추는 것은 그 사안이 매우 급박한 것이니, 또한 낮과 밤 동안 힘써서 갖추지 않으면 제대로 할 수 없다. 그렇기 때문에 반드시 밤새도록 횃불을 설치하는 것이다. 영구를 실은 수레에 말을 매게 되면 간혹 기울거나 전복되고 또 놀라서 날뛰며 앞질러 갈 수 있는 위험이 있다. 그렇기 때문에 반드시 사람들이 끌게 된다. 도로를 전적으로 사용하며 이동한다고 했는데, 본래 도로의 예법에 따르면 남자는 우측으로 가고 여자는 좌측으로 가며 수레는 중앙으로 가지만, 현재는 영구를 실은 수레가 하나의 도로를 전적으로 사용하며 움직이는 것이다. 영구를 실은 수레에 대해서는 불(紼)을 잡게 되는데, 천자의 경우에는 1,000명이 동원되고 제후의 경우에는 500명이 동원되며 대부의 경우에는 300명이 동원된다. 이러한 차등으로 말을 해보면, 사는 마땅히 100명을 사용해야 하는데, 그 인원이 이미 매우 많아

3) 『의례』「사상례(士喪禮)」: 宵爲燎于中庭. 厥明滅燎. 陳衣于房, 南領, 西上, 綪.

서 도로를 전적으로 사용하지 않고서는 이동할 수 없다. 이러한 세 가지는 모두 신분에 따른 차등이 없다. 그렇기 때문에 사 계급이라 하더라도 천자와 동일하게 따를 수 있다.

雜記上 人名 및 用語 辭典

ㄱ

◎ **가공언(賈公彦, ?~?)** : 당(唐)나라 때의 유학자이다. 정현(鄭玄)을 존숭하였다. 예학(禮學)에 조예가 깊었다. 『주례소(周禮疏)』, 『의례소(儀禮疏)』 등의 저서를 남겼으며, 이 저서들은 『십삼경주소(十三經注疏)』에 포함되었다.

◎ **가정본(嘉靖本)** : 『가정본(嘉靖本)』에는 간행한 자의 정보가 기록되어 있지 않다. 『십삼경주소(十三經注疏)』의 판본이다. 20권으로 구성되어 있으며, 각 권의 뒤편에는 경문(經文)과 그에 따른 주(注)를 간략히 기록하고 있다. 단옥재(段玉裁)는 이 판본이 가정(嘉靖) 연간에 송본(宋本)을 모방하여 간행된 것이라고 여겼다.

◎ **가종인(家宗人)** : '가종인'은 가(家)에서 시행되는 제사 등을 담당하는 관리이다. 『주례』의 체제에 따르면 상사(喪事) 2명이 담당을 했고, 그 휘하에는 중사(中士) 4명이 배속되어 있었으며, 실무를 맡아보는 자로는 부(府) 2명, 사(史) 4명, 서(胥) 4명, 도(徒) 40명이 배속되어 있었다.

◎ **간색(間色)** : '간색'은 정색(正色)과 대비되는 말이다. 순일하지 못한 색깔을 지칭한다. '정색'은 청색(靑色) · 적색(赤色) · 황색(黃色) · 백색(白色) · 흑색(黑色) 등이 해당한다. 예를 들어 청색의 색깔이 순일한 경우에는 '정색'이라고 부르고, 순일하지 못한 청색 등에 대해서는 '간색'이라고 부른다.

◎ 간협(干祫) : '간협'은 해당 묘(廟)가 없는 상태에서 지내는 협(祫)제사를 뜻한다. 협제사는 본래 선조의 신주(神主)들을 태묘(太廟)에 모두 모셔두고서 지내는 제사이다. '간협'은 이러한 협제사에서 파생된 특별한 용례에 해당한다. '간협'의 '간(干)'자는 "비다[空]." 또는 "뜻을 묻는다."라는 뜻으로 풀이되기도 한다. 공(空)자의 뜻으로 풀이하는 경우에는 본래 협제사를 지내는 태묘(太廟)가 없기 때문에, 태묘가 없다는 뜻에서 '간협'이라는 명칭이 붙었다는 주장이다. 이때에는 태묘가 없는 대신 제단을 쌓아서 지냈다고 한다. 한편 "뜻을 묻는다."는 뜻으로 풀이하면, 본래 협제사는 제후 이상의 신분만 지내는 제사인데, 대부(大夫) 등이 협제사를 지내게 되면, 자신보다 상위 계층의 예법을 빌려서 사용하는 것이므로, 그가 속한 군주에게 그 의사를 묻고서 지내게 된다. 그렇기 때문에 '간협'이라는 명칭이 붙었다는 주장이다. 『예기』「대전(大傳)」편에는 大夫士有大事, 省於其君, 干祫及其高祖."라는 기록이 있고, 이에 대한 정현의 주에서는 "干, 猶空也. 空祫, 謂無廟祫祭之於壇墠."이라고 풀이했으며, 손희단(孫希旦)의 『집해(集解)』에서는 "干者, 自下而進取乎上之意, 祫本諸侯以上之禮, 而大夫士用之, 故曰干祫."이라고 풀이했다.

◎ 감본(監本) : 『감본(監本)』은 명(明)나라 국자감(國子監)에서 간행한 『십삼경주소(十三經注疏)』의 판본이다.

◎ 강복(降服) : '강복'은 상(喪)의 수위를 본래의 등급보다 한 등급 낮추는 일에 해당한다. 예를 들어 자식은 부모에 대해 삼년상을 치러야 하지만, 다른 집의 양자로 간 경우라면 자신의 친부모에 대해 삼년상을 치르지 않고, 한 등급 낮춰서 1년만 치르게 된다. 이것은 상(喪)의 기간에만 해당하는 것이 아니라, 상복(喪服) 및 상(喪)을 치르며 부수적으로 갖추게 되는 기물(器物)들에도 적용된다.

◎ 강영(江永, A.D.1681~A.D.1762) : 청(淸)나라 때의 경학자이다. 자(字)는 신수(愼修)이다. 『십삼경주소(十三經注疏)』에 대한 연구를 했으며, 특히 삼례(三禮)에 대해 해박했다.

◎ 개(介) : '개'는 부관을 뜻한다. 빈객(賓客)이 방문했을 때 주인(主人)과 빈객 사이에서 진행되는 절차들을 보좌했던 자들이다. 계급에 따라서 '개'를 두는 숫자에도 차이가 났다. 가령 상공(上公)은 7명의 '개'를 두었고, 후작이나 백작은 5명을 두었으며, 자작과 남작은 3명의 개를 두

었다. 『예기』「빙의(聘義)」편에는 “上公七介, 侯伯五介, 子男三介.”라는 기록이 있다.

◎ **개성석경(開成石經)** : 『개성석경(開成石經)』은 당(唐)나라 만들어진 석경(石經)을 뜻한다. 돌에 경문(經文)을 새겼기 때문에, ‘석경’이라고 부른다. 당나라 때 만들어진 ‘석경’은 대화(大和) 7년(A.D.833)에 만들기 시작하여, 개성(開成) 2년(A.D.837)에 완성되었기 때문에, ‘개성석경’이라고도 부르는 것이다.

◎ **견거(遣車)** : ‘견거’는 장례(葬禮)를 치를 때 사용되는 수레이다. 장례 때에는 장지(葬地)에서 제사를 지내기 위해 희생물을 가져가게 된다. ‘견거’는 바로 희생물의 몸체를 싣고 가는 수레를 뜻한다.

◎ **견전(遣奠)** : ‘견전’은 장차 장례(葬禮)를 치르고자 할 때, 지내게 되는 전제사[奠祭]를 뜻한다.

◎ **계빈(啓殯)** : ‘계빈’은 장례(葬禮) 절차 중 하나이다. 장례를 치르기 위하여, 빈소에 임시로 가매장했던 영구를 꺼내는 절차를 뜻한다.

◎ **고(孤)** : ‘고’는 고대의 작위이다. 천자에게 소속된 ‘고’는 삼공(三公) 밑의 서열에 해당하며, 육경(六卿)보다 높았다. 고대에는 소사(少師) · 소부(少傅) · 소보(少保)를 삼고(三孤)라고 불렀다.

◎ **고문(庫門)** : ‘고문’에 대해서는 크게 두 가지 해설이 있다. 첫 번째는 치문(雉門)에 대한 해설처럼, 제후의 궁(宮)에 있는 문으로, 천자의 궁에 있는 고문(皐門)에 해당한다고 보는 의견이다. 이것은 치문과 마찬가지로 『예기』「명당위(明堂位)」편의 “大廟, 天子明堂. 庫門, 天子皐門. 雉門, 天子應門.”이라는 기록에 근거한 해설이다. 손희단(孫希旦)의 『집해(集解)』에서는 이 문장 및 『시(詩)』, 『서(書)』, 『예(禮)』, 『춘추(春秋)』에 나타난 기록들을 근거로, 천자 및 제후는 실제로 3개의 문(門)만 설치했다고 풀이한다. 그러나 정현은 이 문장에 대해서, “言廟及門如天子之制也. 天子五門, 皐庫雉應路. 魯有庫雉路, 則諸侯三門與.”라고 풀이하였다. 즉 종묘(宗廟) 및 문(門)에 대한 제도에서, 천자와 제후 사이에는 차등이 있다. 따라서 천자는 5개의 문을 궁에 설치하는데, 그 문들은 고문(皐門), 고문(庫門), 치문(雉門), 응문(應門), 노문(路門)이다. 제후의 경우에는 천자보다 적은 3개의 문을 궁에 설치하는데, 그 문들은 고문(庫門), 치문(雉門), 노문(路門)이다. 두 번째 설명은 천자의 궁에 설치된 문들 중에서, 치문(雉門) 밖에 설치하는 문으로 해석

하는 의견이다. 즉 이때의 고문(庫門)은 치문과 고문(皐門) 사이에 설치하는 문이 된다. 『예기』「교특생(郊特牲)」편에는 "獻命庫門之內, 戒百官也."라는 기록이 있는데, 이에 대한 정현의 주에서는 "庫門, 在雉門之外. 入庫門則至廟門外矣."라고 풀이하고 있다.

◎ **고문송판(考文宋板)** : 『고문송판(考文宋板)』은 일본 학자 산정정(山井鼎) 등이 출간한 『칠경맹자고문보유(七經孟子考文補遺)』에 수록된 『예기정의(禮記正義)』를 뜻한다. 산정정은 『예기정의』를 수록할 때, 송(宋)나라 때의 판본을 저본으로 삼았다.

◎ **곡(斛)** : '곡'은 곡(㲄)이라고도 기록한다. '곡'은 곡식의 양을 재는 기구이자, 그 수량을 표시하는 단위였다. 지역 및 각 시대마다 다소 차이를 보이는데, 고대에는 10두(斗)가 1곡이었다. 『의례』「빙례(聘禮)」편에는 "十斗曰斛."이라는 기록이 있다.

◎ **곡(㲄)** : =곡(斛)

◎ **공관(公館)** : '공관'은 군주가 빈객(賓客)들을 머물게 하기 위해 만든 숙소이다. 군주의 신하들이 가지고 있는 건물은 사관(私館)에 해당하는데, 빈객이 사관에 머물 때, 군주가 명령을 내리게 되면, 그 장소는 '공관'이 되어, 빈객이 필요로 하는 것들을 지급하게 된다. 또한 '공관'은 궁중에 있는 건물을 가리키기도 하며, 궁실의 건물과 떨어져 있는 별도의 건물을 뜻하기도 한다.

◎ **공시선생(公是先生)** : =유창(劉敞)

◎ **공씨(孔氏)** : =공영달(孔穎達)

◎ **공영달(孔穎達, A.D.574~A.D.648)** : =공씨(孔氏). 당대(唐代)의 경학자이다. 자(字)는 중달(仲達)이고, 시호(謚號)는 헌공(憲公)이다. 『오경정의(五經正義)』를 찬정(撰定)하는데 중심적인 역할을 했다.

◎ **공유사(公有司)** : '공유사'는 사(士)가 맡았던 직책으로, 군주에게 특명을 받은 유사(有司)이다. '유사'는 실무 담당자를 뜻한다.

◎ **공최(功衰)** : '공최'는 상복(喪服)의 한 종류이다. 참최복(斬衰服)과 자최복(齊衰服)을 입고 치르는 상(喪)에서, 소상(小祥)을 지낸 이후에 착용하는 상복이다. 상복 재질의 거친 정도가 대공복(大功服)과 같기 때문에, '공최'라고 부르게 되었다.

◎ **교감기(校勘記)** : 『교감기(校勘記)』는 완원(阮元)이 학자들을 모아서 편차했던 『십삼경주소교감기(十三經註疏校勘記)』를 뜻한다.

◎ **교기(校記)** : 『교기(校記)』는 손이양(孫詒讓)이 지은 『십삼경주소교기(十三經注疏校記)』를 뜻한다.

◎ **국의(鞠衣)** : '국의'는 황색으로 만든 옷이다. 본래 '천자의 부인[王后]'이 입던 '여섯 가지 의복[六服]' 중 하나를 가리키나, 구빈(九嬪) 및 세부(世婦)나 어처(御妻)들 또한 이 옷을 입었고, 경(卿)의 부인에게는 가장 격식을 갖춘 예복(禮服)이 된다. 그 색깔은 누런색을 내는데, 뽕나무 잎이 처음 소생할 때의 색깔과 같다. 『주례』「천관(天官)·내사복(內司服)」편에는 "掌王后之六服. 褘衣, 揄狄, 闕狄, 鞠衣, 展衣, 緣衣."라는 기록이 있으며, 이에 대한 정현의 주에서는 "鄭司農云, 鞠衣, 黃衣也. 鞠衣, 黃桑服也. 色如鞠塵, 象桑葉始生."이라고 풀이하였다.

◎ **군씨(君氏)** : '군씨'는 제후의 측실을 존칭하여 부르는 말이다. 『춘추좌씨전』「은공(隱公) 3년」에는 "夏, 君氏卒. 聲子也."라는 기록이 있는데, 이에 대한 양백준(楊伯峻)의 주에서는 "國君曰君, 君夫人曰小君, '君氏'者, 猶言'小君氏', '氏'亦猶'母氏''舅氏'之義例."라고 풀이했다. 즉 제후는 '군(君)'이라고 부르며, 군주의 부인은 '소군(小君)'이라고 부르는데, '군씨'라는 말은 '소군씨(小君氏)'라고 부르는 말과 같으니, 이때의 '씨(氏)'는 모씨(母氏)나 구씨(舅氏)라고 하여 씨(氏)를 붙여 부르는 경우와 같다. 참고적으로 『좌전』에 나오는 성자(聲子)는 은공(隱公)의 모친이며, 혜공(惠公)의 측실이다.

◎ **궐(闕)** : '궐'은 담장을 헐어낸 장소를 뜻한다. 상례(喪禮)를 치를 때 밖에서 영구가 영구가 빈소로 들어오게 되면, 빈소의 문 서쪽 담장을 헐어서 그곳을 통해 들어오니, 헐어낸 장소에 공간이 생기므로 그곳을 '궐(闕)'이라고 부른다.

◎ **금로(金路)** : '금로'는 금로(金輅)라고도 부른다. 천자가 사용하는 다섯 가지 수레 중 하나이다. 금(金)으로 수레를 치장했기 때문에, '금로'라고 부르게 되었다. 대기(大旂)라는 깃발을 세웠고, 빈객(賓客)을 접대하거나, 동성(同姓)인 자를 분봉할 때 사용하였다. 『주례』「춘관(春官)·건거(巾車)」편에는 "金路, 鉤樊纓九就, 鉤, 樊纓九就, 建大旂, 以賓, 同姓以封."라는 기록이 있고, 이에 대한 정현의 주에서는 "金路, 以金飾諸末."이라고 풀이했다.

◎ **금로(金輅)** : =금로(金路)

◎ **금화응씨(金華應氏, ?~?)** : =응용(應鏞)·응씨(應氏)·응자화(應子和). 이

름은 용(鏞)이다. 자(字)는 자화(子和)이다. 『예기찬의(禮記纂義)』를 지었다.

◎ 기(旂) : '기'는 본래 제후가 세우는 깃발을 뜻한다. 제후는 그 깃발에 두 마리의 용(龍)이 한 쌍을 이루고 있는 교룡(交龍)을 수놓는다. 이때 '머리를 하늘로 하고 있는 1마리 용[升龍]'은 승천하여 천자에게 조회를 하는 모습을 형상화한 것이고, '머리를 땅으로 하고 있는 다른 1마리 용[降龍]'은 천자의 명령을 받아서 복종하는 것을 형상화한 것이다. 천자의 깃발에는 해[日]·달[月]·별[星辰] 등을 수놓았는데, 제후는 천자와 동일하게 할 수 없기 때문에, 대신 승용(升龍)과 강용(降龍)을 수놓았던 것이다. 『주례』「춘관(春官)·사상(司常)」편에 기록된 '기'에 대해서, 정현의 주에서는 "諸侯畫交龍, 一象其升朝, 一象其下復也."라고 풀이했고, 가공언(賈公彦)의 소(疏)에서는 "至於天子旌旗有日月星辰, 故諸侯旌旗無日月星, 故龍有升降也. 象升朝天子, 象下復還國也."라고 풀이했다. 한편 깃발 자체를 뜻하는 용어로 사용되기도 했다.

◎ 기년복(期年服) : '기년복'은 1년 동안 상복(喪服)을 입는다는 뜻이다. 또는 그 기간 동안 입게 되는 상복을 뜻하기도 하는데, 일반적으로 자최복(齊衰服)을 가리키는 용어로 사용된다. '기년복'이라고 할 때의 '기년(期年)'은 1년을 뜻하는데, '자최복'은 일반적으로 1년 동안 입게 되는 상복이 되기 때문이다.

◎ 길관(吉冠) : '길관'은 길복(吉服)을 착용할 때 쓰는 관(冠)이다. '길복'은 제례(祭禮)나 의례(儀禮)를 시행할 때 착용하는 제복(祭服)과 예복(禮服)을 가리킨다. 신분의 등급 및 제사의 종류의 따라서 '길복'이 변화되는데, '길관' 또한 각 길복에 따라 변화된다. 한편 일상적으로 쓰는 '관' 또한 '길관'이라고 부른다. 길흉(吉凶)에 의해 각 시기를 구분하게 되면, 상사(喪事)나 재앙 등을 당했을 때에는 흉(凶)에 해당하고, 그 나머지 시기는 길(吉)한 시기에 해당하기 때문이다.

◎ 길복(吉服) : '길복'에는 두 가지 뜻이 있다. 첫 번째는 제사 때 입는 복장인 제복(祭服)을 뜻한다. 제사(祭祀)는 길례(吉禮)에 해당하므로, 그 때 착용하는 복장을 '길복'이라고 부르는 것이다. 두 번째는 예의를 갖출 때 입는 예복(禮服)을 범칭하는 말이다.

◎ 길제(吉祭) : '길제'는 상례(喪禮)의 단계를 뜻한다. 우제(虞祭)를 지낸 뒤, 졸곡(卒哭)을 하며 제사를 지내게 되는데, 이 단계부터 지내는 제

사를 '길제'라고 부른다. 상(喪)은 흉사(凶事)에 해당하는데, 그 이전까지는 슬픔에서 벗어나기 힘들기 때문에 흉제(凶祭) 또는 상제(喪祭)라고 부르며, 이 단계부터는 평상시처럼 길(吉)한 때로 접어들기 때문에 '길제'라고 부른다. 『예기』「단궁하(檀弓下)」편에는 "是月也, 以虞易奠, 卒哭曰成事. 是日也, 以吉祭易喪祭."라는 기록이 있다.

ㄴ

◎ **남송석경(南宋石經)** : 『남송석경(南宋石經)』은 송(宋)나라 고종(高宗) 때 돌에 새긴 『십삼경주소(十三經注疏)』의 판본이다. 그러나 『예기(禮記)』에 대해서는 「중용(中庸)」 1편만을 기록하고 있다.

◎ **내명부(內命婦)** : '내명부'는 천자의 비(妃), 빈(嬪), 세부(世婦), 여어(女御) 등을 지칭하는 말이다. 『예기』「상대기(喪大記)」편에는 "夫人坐于西方, 內命婦姑姊妹子姓, 立于西方."이라는 용례가 있고, 『주례』「천관(天官)·내재(內宰)」편에는 "佐后使治外內命婦."라는 기록이 있는데, 이에 대한 정현의 주에는 "內命婦, 謂九嬪, 世婦, 女御."라고 풀이하였다.

◎ **노식(盧植**, A.D.159?~A.D.192) : =노씨(盧氏). 후한(後漢) 때의 유학자이다. 자(字)는 자간(子幹)이다. 어려서 마융(馬融)을 스승으로 섬겼다. 영제(靈帝)의 건녕(建寧) 연간(A.D.168~A.D.172)에 박사(博士)가 되었다. 채옹(蔡邕) 등과 함께 동관(東觀)에서 오경(五經)을 교정했다. 후에 동탁(董卓)이 소제(少帝)를 폐위시키자, 은거하며 『상서장구(尙書章句)』, 『삼례해고(三禮解詁)』를 저술했지만, 남아 있지 않다.

◎ **노씨(盧氏)** : =노식(盧植)

ㄷ

◎ **단(袒)** : '단'은 상중(喪中)에 남자들이 취하는 복장 방식이다. 상의 중 좌측 어깨 쪽을 드러내는 방법이다. 한편 일반적인 의례절차에서도 단(袒)의 복장 방식을 취하는 경우가 있다.

◎ **단면(袒免)** : '단면'은 상의의 한쪽을 벗어 좌측 어깨를 드러내고, 관(冠)을 벗고 머리끈으로 머리를 묶는다는 뜻이다. 먼 친척이 죽었을 때, 해당하는 상복(喪服)이 없다면, 이처럼 '단면'을 해서 애도하는 마

음을 표현하게 된다.

◎ **단의(褖衣)** : ‘단의’는 흑색의 천으로 상의와 하의를 만들고, 붉은색으로 가장자리에 단을 댄 옷이다. 『의례』「사상례(士喪禮)」편에는 ‘단의’가 기록되어 있는데, 이에 대한 정현의 주에서는 “黑衣裳赤緣謂之褖.”이라고 풀이했다.

◎ **담제(禫祭)** : ‘담제’는 상복(喪服)을 벗을 때 지내는 제사이다.

◎ **대공복(大功服)** : ‘대공복’은 상복(喪服) 중 하나로, 오복(五服)에 속한다. 조밀한 삼베를 사용해서 만들지만, 소공복(小功服)에 비해서는 삼베의 재질이 거칠기 때문에, ‘대공복’이라고 부른다. 이 복장을 입게 되는 기간은 상황에 따라 차이가 생기지만, 일반적으로 9개월이다. 당형제(堂兄弟) 및 미혼인 당자매(堂姊妹), 또는 혼인을 한 자매(姊妹) 등을 위해서 입는다.

◎ **대국(大國)** : ‘대국’은 제후국(諸侯國)의 등급 중 하나이다. 제후국을 등급에 따라 구분하면, 대국(大國), 차국(次國), 소국(小國)으로 구분된다. 영토의 크기, 보유할 수 있는 군대의 수, 휘하에 둘 수 있는 신하의 수가 각 등급에 따라 달라진다.

◎ **대렴(大斂)** : ‘대렴’은 상례(喪禮) 절차 중 하나이다. 소렴(小斂)을 끝낸 뒤에, 시신을 관에 안치하는 절차이다.

◎ **대상(大喪)** : ‘대상’은 천자(天子) · 왕후(王后) · 세자(世子) 등의 상(喪)을 가리킨다. 이들은 가장 존귀한 자들에 해당하기 때문에, 그들에 대한 상(喪) 또한 ‘대(大)’자를 붙여서, ‘대상’이라고 부르는 것이다. 『주례』「천관(天官) · 재부(宰夫)」편에는 “大喪小喪, 掌小官之戒令, 帥執事而治之.”라는 기록이 있는데, 이에 대한 정현의 주에서는 “大喪, 王 · 后 · 世子之喪也.”라고 풀이했다. 한편 ‘대상’은 부모의 상(喪)을 가리키기도 한다. 부모는 자식의 입장에서 가장 중대한 대상에 해당하기 때문에, 부모의 상(喪)을 ‘대상’이라고 부르는 것이다. 『춘추공양전』「선공(宣公) 1년」편에는 “古者臣有大喪, 則君三年不呼其門.”이라는 용례가 있다.

◎ **대상(大祥)** : ‘대상’은 부모의 상(喪) 및 삼년상 등을 치를 때 그 대상이 죽은 후 만 2년 만에 탈상을 하며 지내는 제사이다.

◎ **대종(大宗)** : ‘대종’은 소종(小宗)과 상대되는 말이다. 소종과 ‘대종’은 고대 종법제(宗法制)에 따른 구분이다. 적장자(嫡長子)의 한 계통만이

'대종'이 되고, 나머지 아들들은 소종이 된다. 예를 들어 천자의 적장자는 '대종'이 되고, 나머지 아들들은 소종이 된다. 만약 소종인 천자의 나머지 아들들이 제후가 되었다면, 본인의 나라에서는 '대종'이 되지만, 천자에 대해서는 역시 소종이 된다. 제후가 된 자의 적장자는 본인의 나라에서 '대종'이 되고, 나머지 아들들은 소종이 된다.

◎ **대종백(大宗伯)** : =종백(宗伯)

◎ **대진(戴震, A.D.1724~A.D.1778)** : =동원대씨(東原戴氏). 청(淸)나라 때의 학자이다. 자(字)는 동원(東原)이다. 훈고학에 조예가 깊었다. 저서로는 『이아문자고(爾雅文字考)』, 『맹자자의소증(孟子字意疏證)』, 『원선(原善)』 등이 있다.

◎ **대침(大寢)** : '대침'은 노침(路寢)을 뜻한다. 천자나 제후가 정무(政務)를 처리하던 곳이다. 『주례』「하관(夏官) · 태복(太僕)」편에는 "建路鼓于大寢之門外, 而掌其政."이라는 기록이 있고, 이에 대한 정현의 주에서는 "大寢, 路寢也."라고 풀이했다.

◎ **도종(徒從)** : '도종'은 고대에 상복(喪服)을 착용했던 방식 중 하나이다. '도(徒)'자는 "공허하다[空]."는 뜻이다. 상대방과 친속 관계가 아닌데도, 공허하게 그 자를 따라서 상대방에 대한 상복을 착용하는 것이다.

◎ **도종인(都宗人)** : '도종인'은 도(都)에서 시행되는 제사 등을 담당하는 관리이다. 『주례』의 체제에 따르면 상사(喪事) 2명이 담당을 했고, 그 휘하에는 중사(中士) 4명이 배속되어 있었으며, 실무를 맡아보는 자로는 부(府) 2명, 사(史) 4명, 서(胥) 4명, 도(徒) 40명이 배속되어 있었다.

◎ **동원대씨(東原戴氏)** : =대진(戴震)

◎ **두(斗)** : '두'는 곡식 등의 양을 재는 기구이자, 그 수량을 표시하는 단위였다. 지역 및 각 시대마다 다소 차이를 보이는데, 고대에는 10승(升)이 1두였다.

◎ **두예(杜預, A.D.222~A.D.284)** : =두원개(杜元凱). 서진(西晉) 때의 유학자이다. 경조(京兆) 두릉(杜陵) 출신이다. 자(字)는 원개(元凱)이다. 『춘추경전집해(春秋經典集解)』를 저술하였는데, 이 책은 현존하는 『춘추(春秋)』의 주석서 중 가장 오래된 것이며, 『십삼경주소(十三經注疏)』의 『춘추좌씨전정의(春秋左氏傳正義)』에도 채택되어 수록되었다.

◎ **두원개(杜元凱)** : =두예(杜預)

◎ **마씨(馬氏)** : =마희맹(馬晞孟)

◎ **마언순(馬彦醇)** : =마희맹(馬晞孟)

◎ **마희맹(馬晞孟, ?~?)** : =마씨(馬氏)·마언순(馬彦醇). 자(字)는 언순(彦醇)이다. 『예기해(禮記解)』를 찬술했다.

◎ **면복(冕服)** : '면복'은 대부(大夫) 이상의 계층이 착용하는 예관(禮冠)과 복식을 뜻한다. 무릇 길례(吉禮)를 시행할 때에는 모두 면류관[冕]을 착용하는데, 복장의 경우에는 시행하는 사안에 따라서 달라진다.

◎ **명기(明器)** : '명기'는 명기(冥器)라고도 부른다. 장례(葬禮) 때 시신과 함께 매장하는 순장품을 뜻한다.

◎ **명기(冥器)** : =명기(明器)

◎ **명의(明衣)** : '명의'는 가장 안쪽에 입는 내의를 뜻한다. 재계를 할 때 목욕을 한 이후에 명의를 착용하며, 시신에 대한 염습(殮襲)을 할 때에도 시신을 닦은 이후 명의를 입혔다.

◎ **모본(毛本)** : 『모본(毛本)』은 명(明)나라 말기 급고각(汲古閣)에서 간행된 『십삼경주소(十三經注疏)』의 판본이다. 급고각은 모진(毛晋)이 지은 장서각이었으므로, 이러한 명칭이 생겼다.

◎ **목거(木車)** : '목거'는 고대에 제왕이 상례(喪禮)나 장례(葬禮)를 치를 때 사용하던 수레이다. 옻칠이나 장식을 가미하지 않은 것이다. 『후한서(後漢書)』「광무제기하(光武帝記下)」편에는 "古者帝王之葬, 皆陶人瓦器·木車茅馬, 使後世之人不知其處."라는 기록이 나온다.

◎ **목록(目錄)** : 『목록(目錄)』은 정현이 찬술했다고 전해지는 『삼례목록(三禮目錄)』을 가리킨다. 『십삼경주소(十三經注疏)』에서 인용되고 있지만, 이 책은 『수서(隋書)』가 편찬될 당시에 이미 일실되어 존재하지 않았다. 『수서』「경적지(經籍志)」편에는 "三禮目錄一卷, 鄭玄撰, 梁有陶弘景注一卷, 亡."이라는 기록이 있다.

◎ **민본(閩本)** : 『민본(閩本)』은 명(明)나라 가정(嘉靖) 연간 때 이원양(李元陽)이 간행한 『십삼경주소(十三經注疏)』 판본이다. 한편 『칠경맹자고문보유(七經孟子考文補遺)』에서는 이 판본을 『가정본(嘉靖本)』으로 지칭하고 있다.

ㅂ

◎ **반곡(反哭)** : '반곡'은 장례(葬禮) 절차 중 하나이다. 장지(葬地)에 시신을 안치한 이후, 상주(喪主)는 신주(神主)를 받들고 되돌아와서 곡(哭)을 하는데, 이것을 '반곡'이라고 부른다.

◎ **방각(方慤)** : =엄릉방씨(嚴陵方氏)

◎ **방백(方伯)** : '방백'은 본래 구백(九伯)을 뜻한다. '구백'은 구주(九州)의 백(伯)을 뜻하는 것으로, 각 주(州)마다 제후들을 통솔하는 9명의 수장을 뜻한다. 이들을 '방백'이라고 부르는 이유는 '방(方)'자는 일정 지역을 뜻하는 용어로, '방백'은 곧 일정 지역의 수장을 뜻하는 용어가 된다. 따라서 '구백'을 '방백'이라고도 부르는 것이다. 한편 '방백'은 이백(二伯)과 같은 뜻으로도 사용된다.

◎ **방성부(方性夫)** : =엄릉방씨(嚴陵方氏)

◎ **방씨(方氏)** : =엄릉방씨(嚴陵方氏)

◎ **방악(方岳)** : '방악'은 '방악(方嶽)' 또는 '사악(四嶽)'이라고도 부르며, 사방의 주요 산들을 뜻한다. 고대인들이 주요 산들로 오악(五嶽)을 두었는데, 그 중 중앙에 있는 숭산(嵩山)은 천자의 수도 부근에 있었으므로, '숭산'을 제외한 나머지 4개의 산을 '방악'이라고 부른 것이다. 동쪽 지역의 주요 산인 동악(東嶽)은 태산(泰山)이고, 남악(南嶽)은 형산(衡山: =霍山), 서악(西嶽)은 화산(華山), 북악(北嶽)은 항산(恒山)이 된다. 『춘추좌씨전』「소공(昭公) 4년」에 기록된 '사악(四嶽)'에 대해, 두예(杜預)의 주에서는 "東嶽岱, 西嶽華, 南嶽衡, 北嶽恒."이라고 풀이했다.

◎ **배신(陪臣)** : '배신'에 대해 설명하자면, 고대에 천자(天子)는 제후(諸侯)들을 신하로 삼았고, 제후들은 대부(大夫)들을 신하로 삼았으며, 대부들은 가신(家臣)들을 신하로 삼았다. 그런데 대부의 입장에서 천자를 대할 때에는 제후보다 한 계급 위의 주군이 되므로, 대부는 천자에 대하여 자신을 '배신'이라고 칭했으며, 대부의 가신들이 제후를 대할 때에도 마찬가지로 '배신'이라고 칭했다. 『춘추좌씨전』「양공(襄公) 21년」편에는 "欒盈過於周, 周西鄙掠之. 辭於行人曰, '天子陪臣盈, 得罪於王之守臣, 將逃罪.'"라는 기록이 있고, 이에 대한 두예(杜預)의 주에서는 "諸侯之臣稱於天子曰陪臣."이라고 풀이했다.

◎ **벽(璧)** : '벽'은 옥(玉)으로 된 물건으로, 평평하며 원형으로 되어 있고,

중앙에 구멍이 뚫려 있어서, 끈을 달아서 허리에 찼다.

◎ **변질(弁絰)** : '변질'은 흰 색으로 된 작변(爵弁)에 환질(環絰)을 두른 것이다.

◎ **별갑(鼈甲)** : '별갑'은 영구를 싣고 있는 수레의 덮개를 뜻한다.

◎ **별록(別錄)** : 『별록(別錄)』은 후한(後漢) 때 유향(劉向)이 찬(撰)했다고 전해지는 책이다. 현재는 일실되어 존재하지 않으며, 『한서(漢書)』「예문지(藝文志)」편을 통해서 대략적인 내용만을 추측해볼 수 있다.

◎ **복건(服虔, ?~?)** : 후한대(後漢代)의 유학자이다. 자(字)는 자신(子愼)이다. 초명은 중(重)이었으며, 기(祇)라고도 불렀다. 후에 이름을 건(虔)으로 고쳤다. 『춘추좌씨전(春秋左氏傳)』에 주석을 남겼지만, 산일되어 전해지지 않는다. 현재는 『좌전가복주집술(左傳賈服注輯述)』로 일집본이 편찬되었다.

◎ **복변(服弁)** : '복변'은 상관(喪冠)을 뜻한다. '상관'은 상복(喪服)을 착용할 때 쓰는 관(冠)이다. 상복은 수위에 따라 일반적으로 오복(五服)으로 나뉘게 되는데, '상관' 또한 각 상복의 종류에 따라 달라진다.

◎ **봉(賵)** : '봉'은 부의를 보낸다는 뜻이며, 또한 부의로 보내는 특정 물건을 가리키기도 하다. '봉'은 상사(喪事)에 사용될 수레나 말을 부의로 보내는 것이다. 『예기』「문왕세자(文王世子)」편에는 "族之相爲也, 宜弔不弔, 宜免不免, 有司罰之. 至于賵賻承含, 皆有正焉."이라는 기록이 있는데, 이에 대한 진호(陳澔)의 『집설(集說)』에서는 "賵以車馬."라고 풀이했다.

◎ **부(賻)** : '부'는 부의를 보낸다는 뜻이며, 또한 부의로 보내는 특정 물건을 가리키기도 한다. '부'는 상사를 진행하는데 필요한 재화를 보내는 것이다. 『춘추공양전』「은공(隱公) 1년」에는 "賵者, 蓋以馬, 以乘馬·束帛. 車馬曰賵, 貨財曰賻, 衣被曰襚."라는 기록이 있다.

◎ **부인(夫人)** : '부인'은 제후의 부인을 뜻한다. 『예기』「곡례하(曲禮下)」편에는 "公侯有夫人, 有世婦, 有妻, 有妾."이라는 기록이 있다. 즉 공작과 후작은 정부인인 부인(夫人)을 두고, 그 외에 세부(世婦), 처(妻), 첩(妾)을 둔다. 또한 『논어』「계씨(季氏)」편에는 "邦君之妻, 君稱之曰夫人. 夫人自稱曰小童."이라는 기록이 있다. 즉 군주의 처를 군주가 직접 부를 때에는 부인(夫人)이라고 부르며, 부인(夫人)이 자신을 지칭할 때에는 소동(小童)이라고 부른다. 참고적으로 천자의 부인은 후(后)라

고 부르고, 대부(大夫)의 부인은 유인(孺人)이라고 부르며, 사(士)의 부인은 부인(婦人)이라고 부르고, 서인(庶人)의 부인은 처(妻)라고 부른다. 그러나 이러한 구분은 일률적으로 적용되는 것은 아니다.

◎ **부제(祔祭)** : '부제'는 '부(祔)'라고도 한다. 새로이 죽은 자가 있으면, 선조(先祖)에게 '부제'를 올리면서, 신주(神主)를 합사(合祀)하는 것을 말한다. 『주례』「춘관(春官) · 대축(大祝)」편에는 "付練祥, 掌國事."라는 기록이 있고, 이에 대한 정현의 주에서는 "付當爲祔. 祭於先王以祔後死者."라고 풀이하였다.

◎ **분상(奔喪)** : '분상'은 타지에 있다가 상(喪)에 대한 소식을 듣고, 급히 되돌아오는 예법(禮法)을 말한다. 『예기』「분상(奔喪)」편에 대해, 공영달(孔穎達)은 "案鄭目錄云, 名曰奔喪者, 以其居他國, 聞喪奔歸之禮."라고 풀이했다.

◎ **빈(擯)** : '빈'은 빈객(賓客)이 방문했을 때, 주인(主人)의 부관이 되어, 빈객과의 사이에서 시행해야 할 일들을 도왔던 부관들을 뜻한다.

◎ **빈시(賓尸)** : '빈시'는 두 가지 뜻이 있다. 첫 번째는 제사를 지낸 다음 날 다시 지내는 제사를 뜻한다. 두 번째는 제사를 지낸 다음 날 시행하는 일종의 잔치이다. 제사 때 시동의 역할을 했던 자의 노고를 위로하기 위해 시행한다.

ㅅ

◎ **사도(司徒)** : '사도'는 본래 주(周)나라 때의 관리로, 국가의 토지 및 백성들에 대한 교화(敎化)를 담당했다. 전설상으로는 소호(少昊) 시대 때부터 설치되었다고 전해진다. 주나라의 육경(六卿) 중 하나였으며, 전한(前漢) 애제(哀帝) 원수(元壽) 2년(B.C. 1)에는 승상(丞相)의 관직명을 고쳐서, 대사도(大司徒)라고 불렀고, 대사마(大司馬), 대사공(大司空)과 함께 삼공(三公)의 반열에 있었다. 후한(後漢) 때에는 다시 '사도'로 명칭을 고쳤고, 그 이후로는 이 명칭을 계속 사용하다가 명(明)나라 때 폐지되었다. 명나라 이후로는 호부상서(戶部尙書)를 '대사도'라고 불렀다.

◎ **사조(私朝)** : '사조'는 가조(家朝)와 같은 말이다. 대부(大夫)가 자신의 가(家)에 갖추고 있는 조정으로, 이곳에서 업무를 집행한다. 국가의 공

적인 업무를 처리하는 군주의 조정과 대비가 되므로, '사조'라고 부르는 것이다. 대부는 통치 단위가 가(家)이므로, 대부가 가지고 있는 조정을 '가조'라고 부르는 것이다.

◎ **산음육씨(山陰陸氏, A.D.1042~A.D.1102)** : =육농사(陸農師)·육전(陸佃). 북송(北宋) 때의 유학자이다. 자(字)는 농사(農師)이며, 호(號)는 도산(陶山)이다. 어려서 집안이 매우 가난했다고 전해지며, 왕안석(王安石)에게 수학하였으나 왕안석의 신법에 대해서는 반대하였다. 저서로는 『비아(埤雅)』, 『춘추후전(春秋後傳)』, 『도산집(陶山集)』 등이 있다.

◎ **삼공(三公)** : '삼공'은 중앙정부의 가장 높은 관직자 3명을 합쳐서 부르는 말이다. '삼공'에 속한 관직명에 대해서는 각 시대별로 차이가 있다. 『사기(史記)』「은본기(殷本紀)」편에는 "以西伯昌, 九侯, 鄂侯, 爲三公."이라는 기록이 있다. 즉 은나라 때에는 서백(西伯)인 창(昌), 구후(九侯), 악후(鄂侯)들을 '삼공'으로 삼았다. 또한 주(周)나라 때에는 태사(太師), 태부(太傅), 태보(太保)를 '삼공'으로 삼았다. 『서』「주서(周書)·주관(周官)」편에는 "立太師·太傅·太保, 茲惟三公, 論道經邦, 燮理陰陽."이라는 기록이 있다. 한편 『한서(漢書)』「백관공경표서(百官公卿表序)」에 따르면 사마(司馬), 사도(司徒), 사공(司空)을 '삼공'으로 삼았다는 기록이 있다.

◎ **삼대(三代)** : '삼대'는 하(夏), 은(殷), 주(周)의 세 왕조를 말한다. 『논어』「위령공(衛靈公)」편에는 "斯民也, 三代 之所以直道而行也."라는 기록이 있고, 이에 대한 형병(邢昺)의 소(疏)에서는 "三代, 夏殷周也."로 풀이했다.

◎ **삼례도(三禮圖)** : 『삼례도(三禮圖)』는 삼례(三禮)에 나타나는 각종 명물(名物) 등에 대한 도해(圖解)를 한 책이다. 『수서(隋書)』「경적지(經籍志)」를 비롯하여, 각종 사서(史書)에는 각 시대마다 편찬된 『삼례도』에 대한 기록이 나오지만, 현재는 전해지지 않는다. 현재 남아있는 『삼례도』는 송대(宋代) 섭숭의(聶崇義)의 『삼례도』 20권과 명대(明代) 유적(劉績)의 『삼례도』 4권이다.

◎ **삼주(三酒)** : '삼주'는 상황에 따라 사용되는 세 가지 술을 뜻한다. 세 가지 술은 사주(事酒), 석주(昔酒), 청주(淸酒)를 가리킨다. 『주례』「천관(天官)·주정(酒正)」편에는 "辨三酒之物, 一曰事酒, 二曰昔酒, 三曰淸酒."라는 기록이 있다. 각 술들에 설명은 주석마다 약간의 차이를

보인다. 위의 기록에 대해서 정현의 주에서는 "鄭司農云, '事酒, 有事而飮也, 昔酒, 無事而飮也, 淸酒, 祭祀之酒.' 玄謂事酒, 酌有事者之酒, 其酒則今之醳酒也. 昔酒, 今之酋久白酒, 所謂舊醳者也. 淸酒, 今中山冬釀接夏而成."이라고 풀이했다. 즉 정사농(鄭司農)의 주장에 따르면, '사주'는 어떤 사안이 있어서 마시게 되는 술을 뜻하고, '석주'는 특별한 일이 없을 때 마시는 술을 뜻하며, '청주'는 제사를 지낼 때 쓰는 술을 뜻한다. 한편 정현의 주장에 따르면, '사주'는 일을 맡아본 자에게 따라주는 술을 뜻하는데, 그 술은 정현 시대의 역주(醳酒)에 해당하고, '석주'는 오래 숙성시킨 술로 백주(白酒)와 같은 것이며, '청주'는 중산(中山) 지역에서 겨울에 술을 담가서 여름쯤 다 익은 술을 뜻한다. 그리고 위의 기록에 대해서 손이양(孫詒讓)의 『정의(正義)』에서는 "三酒之中, 事酒較濁, 亦隨時釀之, 酋繹卽孰. 昔酒較淸, 則冬釀春孰. 淸酒尤淸, 則冬釀夏孰."이라고 풀이했다. 즉 손이양의 주장에 따르면, '사주'는 비교적 탁한 술이며, 또한 수시로 빚은 술을 말하는데, 술독을 열어두어서 곧바로 숙성시키는 술을 뜻한다. '석주'는 비교적 맑은 술이며, 겨울에 빚어서 봄쯤에 다 익는 술을 뜻한다. '청주'는 더욱 맑은 술이며, 겨울에 빚어서 여름쯤에 익는 술을 뜻한다.

◎ 상개(上介) : '상개'는 개(介) 중에서도 가장 직위가 높았던 자를 뜻한다. 빈객(賓客)이 방문했을 때, 빈객의 부관이 되어, 주인(主人)과의 사이에서 시행해야 할 일들을 도왔던 부관들을 '개'이라고 부른다.

◎ 상경(上卿) : '상경'은 주(周)나라 제도에서, 경(卿) 중에서 가장 높은 자들을 뜻한다. 주나라 제도에서 천자 및 제후들은 모두 경을 두었으며, 상·중·하 세 등급으로 구분하였다.

◎ 상공(上公) : '상공'은 주(周)나라 제도에 있었던 관직 등급이다. 본래 신하의 관직 등급은 8명(命)까지이다. 주나라 때에는 태사(太師), 태부(太傅), 태보(太保)와 같은 삼공(三公)들이 8명의 등급에 해당했다. 그런데 여기에 1명을 더하게 되면 9명이 되어, 특별직인 '상공'이 된다. 『주례』「춘관(春官)·전명(典命)」편에는 "上公九命爲伯, 其國家宮室車旗衣服禮儀, 皆以九爲節."이라는 기록이 있고, 이에 대한 정현의 주에서는 "上公, 謂王之三公有德者, 加命爲二伯. 二王之後亦爲上公."이라고 풀이하였다. 즉 '상공'은 삼공 중에서도 유덕(有德)한 자에게 1명을 더해주어, 제후들을 통솔하는 '두 명의 백(伯)[二伯]'으로 삼았다.

◎ **상로(象路)** : '상로'는 상로(象輅)라고도 부른다. 천자가 사용하는 다섯 가지 수레 중 하나이다. 상아로 수레를 치장했기 때문에, '상로'라고 부르게 되었다. 대적(大赤)이라는 깃발을 세웠으며, 조회를 보거나, 이성(異姓)인 자를 분봉할 때 사용하였다. 『주례』「춘관(春官)·건거(巾車)」편에는 "象路, 朱樊纓, 七就, 建大赤, 以朝, 異姓以封."이라는 기록이 있고, 이에 대한 정현의 주에서는 "象路, 以象飾諸末."이라고 풀이했다.

◎ **상로(象輅)** : =상로(象路)

◎ **상전(喪奠)** : '상전'은 상례(喪禮)를 시행하는 도중 아직 장례(葬禮)를 치르지 않은 상태에서, 음식물들을 진설하며 지내는 전(奠)제사를 뜻한다.

◎ **상제(喪祭)** : '상제'는 장례(葬禮)를 치른 이후에 지내는 제사들을 지칭하는 말이다.

◎ **상축(商祝)** : '상축'은 상(商)나라 즉 은(殷)나라 때의 예법을 익혀서, 제사를 돕는 자를 뜻한다. 『예기』「악기(樂記)」편에는 "商祝辨乎喪禮, 故後主人."이라는 기록이 있는데, 이에 대한 공영달(孔穎達)의 소(疏)에서는 "商祝, 謂習商禮而爲祝者."라고 풀이했다.

◎ **서현(徐鉉, A.D.917~A.D.992)** : 오대십국(五代十國) 때 남당(南唐)의 학자이다. 자(字)는 정신(鼎臣)이고, 호(號)는 기성(騎省)이다. 『설문해자(說文解字)』를 교정하였다. 저서로는 『기성집(騎省集)』·『서문공집(徐文公集)』 등이 있다.

◎ **석경(石經)** : 『석경(石經)』은 당(唐)나라 개성(開成) 2년(A.D.714)에 돌에 새긴 『십삼경주소(十三經注疏)』의 판본이다. 당나라 국자학(國子學)의 비석에 새겨졌다는 판본이 바로 이것을 가리킨다.

◎ **석량왕씨(石梁王氏, ?~?)** : 자세한 이력이 남아 있지 않다.

◎ **석명(釋名)** : 『석명(釋名)』은 후한(後漢) 때의 학자인 유희(劉熙)가 지은 서적이다. 오래된 훈고학 서적의 하나로 꼽힌다.

◎ **석최(錫衰)** : '석최'는 가는 베로 만든 옷으로, 일종의 상복(喪服)에 해당한다. 천자의 경우, 삼공(三公)이나 육경(六卿)의 상(喪)에 착용했던 복장이다.

◎ **설문(說文)** : =설문해자(說文解字)

◎ **설문해자(說文解字)** : 『설문해자(說文解字)』는 후한(後漢) 때의 학자인

허신(許愼)이 찬(撰)했다고 전해지는 자서(字書)이다. 『설문(說文)』이라고도 칭해진다. A.D.100년경에 완성되었다고 전해진다. 글자의 형태, 뜻, 음운(音韻)을 수록하고 있다.

◎ **성복(成服)** : '성복'은 상례(喪禮)에서 대렴(大斂) 이후, 죽은 자와의 관계에 따라, 각각 규정에 맞는 상복(喪服)을 갖춰 입는다는 뜻이다.

◎ **성증론(聖證論)** : 『성증론(聖證論)』은 후한(後漢) 때 학자인 왕숙(王肅)의 저작으로, 정현의 학설을 반박하는 내용으로 구성되어 있다. 저서는 이미 산일되어 없어졌으나, 남아 있던 일부 기록들은 수합되어 『옥함산방집일서(玉函山房輯佚書)』에 수록되어 있으며, 청(淸)나라 때 학자인 피석서(皮錫瑞)는 『성증론보평(聖證論補評)』을 저술하였다.

◎ **소공복(小功服)** : '소공복'은 상복(喪服) 중 하나로, 오복(五服)에 속한다. 조밀한 삼베를 사용해서 만들며, 대공복(大功服)에 비해서 삼베의 재질이 조밀하기 때문에, '소공복'이라고 부른다. 이 복장을 입게 되는 기간은 상황에 따라 차이가 생기지만, 일반적으로 5개월이 된다. 백숙(伯叔)의 조부모나 당백숙(堂伯叔)의 조부모, 혼인하지 않은 당(堂)의 자매(姊妹), 형제(兄弟)의 처 등을 위해서 입는다.

◎ **소관(素冠)** : '소관'은 상사(喪事)나 흉사(凶事)의 일을 접했을 때 쓰게 되는 흰색 관(冠)이다.

◎ **소군(小君)** : '소군'은 주대(周代)에 제후의 부인을 지칭하던 용어이다. 『춘추』「희공(僖公) 2년」편에는 "夏五月辛巳, 葬我小君哀姜."이라는 용례가 있다.

◎ **소렴(小斂)** : '소렴'은 상례(喪禮) 절차 중 하나이다. 죽은 자의 시신을 목욕시키고, 의복을 착용시키며, 그 위에 이불 등으로 감싸는 절차를 뜻한다.

◎ **소뢰(少牢)** : '소뢰'는 제사에서 양(羊)과 돼지[豕] 두 가지 희생물을 사용하는 것을 뜻한다. 『춘추좌씨전』「양공(襄公) 22년」편에는 "祭以特羊, 殷以少牢."라는 기록이 있는데, 이에 대한 두예(杜預)의 주에서는 "四時祀以一羊, 三年盛祭以羊豕. 殷, 盛也."라고 풀이하였다.

◎ **소묘(小廟)** : '소묘'는 태묘(太廟)와 상대되는 말이다. 제왕의 고조(高祖)로부터 그 이하의 조상들에 대한 묘(廟)를 뜻한다.

◎ **소비(素紕)** : '소비'는 관(冠)의 양쪽 측면 과 테두리 밑의 경계지점에 흰색의 명주로 가선을 댄 것을 뜻한다.

◎ 소상(小祥) : '소상'은 본래 부모 및 군주의 상(喪)에서, 부모가 죽은 지 만 1년 만에 지내는 제사이다. 이 제사가 끝나면, 자식은 3년상을 지낼 때의 복장과 생활방식을 조금씩 덜어내게 된다. 또한 '소상'은 친족 및 타인의 상에서 1년이 지났을 때를 가리키기도 한다.

◎ 소종백(小宗伯) : '소종백'은 대종백(大宗伯)을 보좌하는 관리이다. 『주례』의 체제에 따르면 중대부(中大夫) 2명이 담당을 했다. 수행하는 일은 대체로 대종백과 동일하며, 대종백을 보좌하여 세부적인 절차들을 수행한다.

◎ 소침(小寢) : '소침'은 '연침(燕寢)'을 뜻한다. '연침'은 천자 및 제후들이 휴식을 취하던 장소를 가리킨다. 천자에게는 6개의 침(寢)이 있었는데, 앞쪽에 있는 1개의 침은 정전(正寢)으로 노침(路寢)이라고 부르며, 뒤쪽에 있는 다섯 개의 침을 통칭하여 '연침'이라고 부른다.

◎ 손장명(孫鏘鳴, A.D.1817~A.D.1901) : 청(淸)나라 때의 학자이다. 자(字)는 소보(紹甫)이고, 호(號)는 거전(蕖田) · 지암(止庵)이다. 손희단(孫希旦)의 『예기집해(禮記集解)』를 편찬하였다.

◎ 소최(疏衰) : '소최'는 자최복(齊衰服)이다.

◎ 소침(小寢) : '소침'은 '연침(燕寢)'을 뜻한다. '연침'은 천자 및 제후들이 휴식을 취하던 장소를 가리킨다. 천자에게는 6개의 침(寢)이 있었는데, 앞쪽에 있는 1개의 침은 정전(正寢)으로 노침(路寢)이라고 부르며, 뒤쪽에 있는 다섯 개의 침을 통칭하여 '연침'이라고 부른다.

◎ 속(束) : '속'은 견직물을 헤아리는 단위이다. 1'속'은 10단(端)을 뜻하는데, 1단의 길이는 1장(丈) 8척(尺)이 되며, 2단이 합쳐서 1권(卷)이 되므로, 10단은 총 5필이 된다. 『주례』「춘관(春官) · 대종백(大宗伯)」편에는 "孤執皮帛."이라는 기록이 있고, 이에 대한 가공언(賈公彦)의 소(疏)에서는 "束者十端, 每端丈八尺, 皆兩端合卷, 總爲五匹, 故云束帛也."라고 풀이했다.

◎ 속백(束帛) : '속백'은 한 묶음의 비단으로, 그 수량은 다섯 필(匹)이 된다. 빙문(聘問)을 하거나 증여를 할 때 가져가는 예물(禮物) 등으로 사용되었다. '속(束)'은 10단(端)을 뜻하는데, 1단의 길이는 1장(丈) 8척(尺)이 되며, 2단이 합쳐서 1권(卷)이 되므로, 10단은 총 5필이 된다. 『주례』「춘관(春官) · 대종백(大宗伯)」편에는 "孤執皮帛."이라는 기록이 있고, 이에 대한 가공언(賈公彦)의 소(疏)에서는 "束者十端, 每端丈八尺,

皆兩端合卷, 總爲五匹, 故云束帛也."라고 풀이했다.

◎ **수(襚)** : '수'는 부의를 보낸다는 뜻이며, 또한 부의로 보내는 특정 물건을 가리키기도 한다. '수'는 시신과 함께 매장하게 될 의복이나 이불 등을 부의로 보내는 것이다. 『의례』「사상례(士喪禮)」편에는 "君使人襚, 徹帷, 主人如初, 襚者左執領, 右執要, 入升致命."이라는 기록이 있는데, 이에 대한 정현의 주에서는 "襚之言遺也, 衣被曰襚."라고 풀이했다.

◎ **순수(巡守)** : '순수'는 '순수(巡狩)'라고도 부른다. 천자가 수도를 벗어나 제후의 나라를 시찰하는 것을 뜻한다. '순수'의 '순(巡)'자는 그곳으로 행차를 한다는 뜻이고, '수(守)'자는 제후가 지키는 영토를 뜻한다. 제후는 천자가 하사해준 영토를 대신 맡아서 수호하는 것이기 때문에, 천자가 그곳에 방문하여, 자신의 영토를 어떻게 관리하고 있는지를 시찰하게 된다. 『서』「우서(虞書)·순전(舜典)」편에는 "歲二月, 東巡守, 至于岱宗, 柴."라는 기록이 있고, 이에 대한 공안국(孔安國)의 전(傳)에서는 "諸侯爲天子守土, 故稱守. 巡, 行之."라고 풀이했으며, 『맹자』「양혜왕하(梁惠王下)」편에서는 "天子適諸侯曰巡狩. 巡狩者, 巡所守也."라고 기록하였다. 한편 『예기』「왕제(王制)」편에는 "天子, 五年, 一巡守."라는 기록이 있고, 『주례』「추관(秋官)·대행인(大行人)」편에는 "十有二歲王巡守殷國."이라는 기록이 있다. 즉 「왕제」편에서는 천자가 5년에 1번 순수를 시행하고, 「대행인」편에서는 12년에 1번 순수를 시행한다고 기록하고 있는데, 이러한 차이점에 대해서 정현은 「왕제」편의 주에서 "五年者, 虞夏之制也. 周則十二歲一巡守."라고 풀이했다. 즉 5년에 1번 순수를 하는 제도는 우(虞)와 하(夏)나라 때의 제도이며, 주(周)나라에서는 12년에 1번 순수를 했다.

◎ **습(襲)** : '습'은 시신에 옷을 입히는 의식 절차이다. 한편 시신에 입히는 옷 자체도 '습'이라고 불렀다.

◎ **습(襲)** : '습'은 고대에 의례를 시행할 때 하는 복장 방식 중 하나이다. 겉옷으로 안에 입고 있던 옷들을 완전히 가리는 방식이다. 한편 '습'은 비교적 성대한 의식 때 시행하는 복장 방식으로도 사용되어, 안에 있고 있는 옷을 드러내지 않음으로써, 공경의 뜻을 표하기도 했다.

◎ **습(褶)** : '습'은 안감과 겉감이 있지만 솜 등을 덧대는 것이 없는 옷을 뜻한다.

◎ **승(升)** : '승'은 옷감과 관련된 단위이다. 고대에는 포(布) 80가닥[縷]을

1승(升)으로 여겼다. 『의례』「상복(喪服)」편에서는 "冠六升, 外畢."이라는 기록이 있는데, 이에 대한 정현의 주에서는 "布八十縷爲升."이라고 풀이했다.

◎ **시마복(緦麻服)** : '시마복'은 상복(喪服) 중 하나로, 오복(五服)에 속한다. 가장 조밀한 삼베를 사용해서 만든다. 이 복장을 입게 되는 기간은 상황에 따라서 차이가 있지만, 일반적으로 3개월이 된다. 친족의 백숙부모(伯叔父母)나 친족의 형제(兄弟)들 및 혼인하지 않은 친족의 자매(姊妹) 등을 위해서 입는다.

◎ **시삭(視朔)** : '시삭'은 천자 및 제후가 매월 초하루에, 종묘(宗廟)에 고하여 해당 월의 달력을 받고, 그곳에서 해당 월에 시행해야 할 정무를 처리하였던 것을 뜻한다. 『춘추좌씨전』「희공(僖公) 5년」편에는 "公既視朔, 遂登觀臺以望, 而書, 禮也."라는 기록이 있고, 이에 대한 공영달(孔穎達)의 소(疏)에서는 "視朔者, 公既告廟受朔, 卽聽視此朔之政, 是其親告朔也."라고 풀이했다.

◎ **시최(緦衰)** : '시최'는 석최(錫衰)와 비슷한 재질로 만든 옷으로, 일종의 상복(喪服)에 해당한다. 천자의 경우, 제후의 상(喪)에 착용했던 복장이다.

◎ **신거(蜃車)** : '신거'는 관(棺)을 싣는 상거(喪車)를 뜻한다. 관을 싣는 수레에는 유(柳)를 싣고, 네 바퀴가 지면과 가까이 닿은 상태에서 이동하게 되는데, 그 모습이 이무기[蜃]와 닮았기 때문에, 이 수레를 '신거'라고 부르는 것이다. 『주례』「지관(地官)·수사(遂師)」편에는 "大喪, 使帥其屬以幄帟先, 道野役及窆, 抱磨, 共丘籠及蜃車之役."이라는 기록이 있는데, 이에 대한 정현의 주에서는 "蜃車, 柩路也, 柩路載柳, 四輪迫地而行, 有似於蜃, 因取名焉."이라고 풀이했다.

◎ **실로(室老)** : '실로'는 가신(家臣) 중의 우두머리를 뜻한다.

◎ **심의(深衣)** : '심의'는 일반적으로 상의와 하의가 서로 연결된 옷을 뜻한다. 제후, 대부(大夫), 사(士)들이 평상시 집안에 거처할 때 착용하던 복장이기도 하며, 서인(庶人)에게는 길복(吉服)에 해당하기도 한다. 순색에 채색을 가미하기도 했다.

◎ **십이율(十二律)** : '십이율'은 여섯 개의 양률(陽律)과 여섯 개의 음률(陰律)을 합하여 부르는 말이다. 양성(陽聲: =陽律)은 황종(黃鐘), 대주(大簇), 고선(姑洗), 유빈(蕤賓), 이칙(夷則), 무역(無射)이며, 이것을 육률

(六律)이라고도 부른다. 음성(陰聲: =陰律)은 대려(大呂), 응종(應鍾), 남려(南呂), 함종(函鍾), 소려(小呂), 협종(夾鍾)이며, 이것을 육동(六同)이라고도 부른다. '십이율'은 12개의 높낮이가 다른 표준음으로, 서양음악의 악조(樂調)에 해당한다. 고대에는 12개의 길이가 다른 죽관(竹管)으로 음의 높낮이를 보정했다. 관(管)의 높이에는 각각 일정한 길이가 있었다. 긴 관은 저음의 소리를 냈고, 짧은 관은 고음의 소리를 냈다. 관 중에는 대나무가 아닌 동으로 제작한 것도 있다. 그리고 '육동'은 또한 육려(六呂), 율려(律呂), 육간(六閒), 육종(六鍾)이라고도 부른다.

◎ 악거(惡車) : '악거'는 악거(堊車)를 뜻한다. 상중(喪中)에 있는 자가 타게 되는 백색으로 된 수레이다. '악(堊)'자는 흰색으로 칠한다는 뜻이다.

◎ 악본(岳本) : 『악본(岳本)』은 송(頌)나라 악가(岳珂)가 간행한 『십삼경주소(十三經注疏)』의 판본이다.

◎ 악실(堊室) : '악실'은 상중(喪中)에 임시로 거처하던 가옥으로, 네 벽면에 흰색의 회칠을 하였다.

◎ 어인(圉人) : '어인'은 말 사육을 담당했던 관리이다. 『주례』「하관(夏官)·어인(圉人)」편에는 "掌養馬芻牧之事, 以役圉師."라는 기록이 있다.

◎ 얼(闑) : '얼'은 문의 중앙에 세워둔 길이가 짧은 나무이다.

◎ 엄릉방씨(嚴陵方氏, ?~?) : =방각(方慤)·방씨(方氏)·방성부(方性夫). 송대(宋代)의 유학자이다. 이름은 각(慤)이다. 자(字)는 성부(性夫)이다. 『예기집해(禮記集解)』를 지었고, 『예기집설대전(禮記集說大全)』에는 그의 주장이 많이 인용되고 있다.

◎ 여군(女君) : '여군'은 본부인을 뜻하는 용어이다. 주로 첩 등이 정처를 지칭할 때 쓰는 용어이다.

◎ 여릉호씨(廬陵胡氏) : =호전(胡銓)

◎ 역기(役器) : '역기'는 군대에서 사용하는 기물을 뜻한다. 부장하는 '역기'는 갑옷, 투구, 방패, 화살집 등이다. 『의례』「기석례(既夕禮)」편에는 "役器, 甲·冑·干·笮."이라고 했고, 이에 대한 정현의 주에서는 "此皆師役之器."라고 풀이했다.

◎ **연관(練冠)** : '연관'은 상(喪) 중에 착용하는 관(冠)이다. 부모의 상 중에서 1주기에 지내는 제사 때 착용을 하였다.

◎ **연복(燕服)** : '연복'은 평상시 한가하게 거처할 때 착용하는 복장을 뜻한다. 또한 연회를 할 때 착용하는 복장을 뜻하기도 한다.

◎ **연상(練祥)** : '연상'은 소상(小祥)과 대상(大祥)을 뜻한다. '연상'에서의 '연(練)'자는 연제(練祭)를 뜻하며, '연제'는 곧 '소상'을 가리킨다. '연상'에서의 '상(祥)'자는 '대상'을 뜻한다. 소상은 죽은 지 13개월만에 지내는 제사이며, 대상은 25개월만에 지내는 제사이고, 대상을 지내게 되면 상복과 지팡이를 제거하게 된다. 『주례』「춘관(春官)·대축(大祝)」편에는 "言甸人讀禱, 付練祥, 掌國事."라는 기록이 있고, 이에 대해 가공언(賈公彦)의 소(疏)에서는 "練, 謂十三月小祥, 練祭. 祥, 謂二十五月大祥, 除衰杖."이라고 풀이했다.

◎ **연제(練祭)** : '연제'는 소상(小祥)과 같은 뜻이다.

◎ **염(斂)** : '염'은 시신에 옷을 입혀서 관에 안치하는 것을 뜻한다.

◎ **염강(厭降)** : '염강'은 상례(喪禮)에 있어서, 돌아가신 모친을 위해 자식은 본래 삼년상(三年喪)을 치러야 하지만, 부친이 생존해 계신 경우라면, 수위를 낮춰서 기년상(期年喪)으로 치르는데, 이처럼 낮춰서 치르는 것을 '염강'이라고 부른다.

◎ **예사(禮辭)** : '예사'는 빈객과 주인은 예법에 따라 세 번 사양을 하게 되는데, 처음 사양하는 것을 '예사'라고 부르며, 두 번째 사양하는 것을 '고사(固辭)'라고 부르고, 세 번째 사양하는 것을 '종사(終辭)'라고 부른다.

◎ **오경이의(五經異義)** : 『오경이의(五經異義)』는 후한(後漢) 때의 학자인 허신(許愼)이 지은 책이다. 유실되었는데, 송대(宋代) 때 학자들이 다시 모아서 엮었다. 오경(五經)에 관한 고금(古今)의 유설(遺說)과 이의(異義)를 싣고, 그에 대한 시비(是非)를 판별한 내용들이다.

◎ **오면(五冕)** : '오면'은 고대의 제왕이 제사를 지낼 때 착용하는 다섯 종류의 관(冠)을 뜻하니, 구면(裘冕)·곤면(袞冕)·별면(鷩冕)·취면(毳冕)·치면(絺冕)을 가리킨다. 본래 면복(冕服)에는 여섯 종류가 있지만, 대구(大裘)의 경우, 그 때 착용하는 면(冕)에는 류(旒)가 달려 있지 않기 때문에, '오면'에는 포함시키지 않는다. 『주례』「하관(下官)·변사(弁師)」편에는 "掌王之五冕, 皆玄冕朱裏延紐."라는 기록이 있고, 이에

대한 정현의 주에서는 "冕服有六, 而言五冕者, 大裘之冕蓋無旒, 不聯數也."라고 풀이했다.

◎ 오계공(敖繼公, ?~?) : 원(元)나라 때의 학자이다. 자(字)는 군선(君善)·군수(君壽)이다. 이름이 계옹(繼翁)이었다고 하기도 한다. 저서로는 『의례집설(儀禮集說)』 등이 있다.

◎ 오복(五服) : '오복'은 죽은 자와 친하고 소원한 관계에 따라 입게 되는 다섯 가지 상복(喪服)을 뜻한다. 참최복(斬衰服), 자최복(齊衰服), 대공복(大功服), 소공복(小功服), 시마복(緦麻服)을 가리킨다. 『예기』「학기(學記)」편에는 "師無當於五服, 五服弗得不親."이라는 기록이 있는데, 이에 대한 공영달(孔穎達)의 소(疏)에서는 "五服, 斬衰也, 齊衰也, 大功也, 小功也, 緦麻也."라고 풀이했다. 또한 '오복'에 있어서는 죽은 자와 가까운 관계일수록 중대한 상복을 입고, 복상(服喪) 기간도 늘어난다. 위의 '오복' 중 참최복이 가장 중대한 상복에 속하며, 그 다음은 자최복이고, 대공복, 소공복, 시마복 순으로 내려간다.

◎ 오유청(吳幼淸) : =오징(吳澄)

◎ 오제(五齊) : '오제'는 술의 맑고 탁한 정도에 따라서 다섯 가지 등급으로 분류한 술을 뜻한다. 또한 술을 범칭하는 용어로도 사용된다. 다섯 가지 술은 범제(泛齊), 례제(醴齊), 앙제(盎齊), 제제(緹齊), 침제(沈齊)를 가리킨다. 『주례』「천관(天官)·주정(酒正)」편에는 "辨五齊之名, 一曰泛齊, 二曰醴齊, 三曰盎齊, 四曰緹齊, 五曰沈齊."라는 기록이 있다. 각 술들에 대해 설명하자면, 위의 기록에 대한 정현의 주에서는 "泛者, 成而滓浮泛泛然, 如今宜成醪矣. 醴猶體也, 成而汁滓相將, 如今恬酒矣. 盎猶翁也, 成而翁翁然, 蔥白色, 如今酇白矣. 緹者, 成而紅赤, 如今下酒矣. 沈者, 成而滓沈, 如今造淸矣. 自醴以上尤濁, 縮酌者. 盎以下差淸. 其象類則然, 古之法式未可盡聞. 杜子春讀齊皆爲粢. 又禮器曰, '緹酒之用, 玄酒之尙.' 玄謂齊者, 每有祭祀, 以度量節作之."라고 풀이했다. 즉 '범제'는 술이 익고 나서 앙금이 둥둥 떠 있는 것으로 정현 시대의 의성료(宜成醪)와 같은 술이고, '례주'는 술이 익고 나서 앙금을 한 차례 걸러낸 것으로 염주(恬酒)와 같은 것이며, '앙제'는 술이 익고 나서 새파란 빛깔을 보이는 것으로 찬백(酇白)과 같은 술이고, '제제'는 술이 익고 나서 붉은 빛깔을 보이는 것으로 하주(下酒)와 같은 술이며, '침제'는 술이 익고 나서 앙금이 모두 가라앉아 있는 것으로 조청(造淸)과

같은 술이다. '범주'는 가장 탁한 술이며, '례주'는 그 다음으로 탁한 술이고, '앙제'부터는 뒤로 갈수록 맑은 술에 해당한다.

◎ 오징(吳澄, A.D.1249~A.D.1333) : =임천오씨(臨川吳氏)·오유청(吳幼淸). 송원대(宋元代)의 유학자이다. 이름은 징(澄)이다. 자(字)는 유청(幼淸)이다. 저서로 『예기해(禮記解)』가 있다.

◎ 옥로(玉路) : '옥로'는 '옥로(玉輅)'라고도 부른다. 천자가 사용하는 다섯 가지 수레 중 하나이다. 옥(玉)으로 수레를 치장했기 때문에, '옥로'라고 부르게 되었다. 대상(大常)이라는 깃발을 세웠고, 깃발에는 12개의 치술을 달았으며, 주로 제사 때 사용하였다. 『주례』「춘관(春官)·건거(巾車)」편에는 "王之五路, 一曰玉路, 錫, 樊纓, 十有再就, 建大常, 十有二斿, 以祀."라는 기록이 있고, 이에 대한 정현의 주에서는 "玉路, 以玉飾諸末."이라고 풀이했다.

◎ 옥로(玉輅) : =옥로(玉路)

◎ 옥편(玉篇) : 『옥편(玉篇)』은 남북조시대(南北朝時代) 때 양(梁)나라 고야왕(顧野王, A.D.519~581)이 편찬한 자서(字書)이다. 이후 송(宋)나라 때 증보가 되어, 『대광익회옥편(大廣益會玉篇)』으로 간행되었다.

◎ 옹희(饔餼) : '옹희'는 빈객(賓客)과 상견례(相見禮)를 하고 나서 성대하게 음식을 마련해 접대하는 것을 뜻한다. 『주례』「추관(秋官)·사의(司儀)」편에는 "致飧如致積之禮."라는 기록이 있는데, 이에 대한 정현의 주에서는 "小禮曰飧, 大禮曰饔餼."라고 풀이하였다. 즉 '옹희'와 '손'은 모두 빈객 등을 접대하는 예법들인데, '옹희'는 성대한 예법에 해당하여, '손'보다도 융숭하게 대접하는 것이다.

◎ 왕숙(王肅, A.D.195~A.D.256) : =왕자옹(王子雍). 위진남북조(魏晉南北朝) 때의 위(魏)나라 경학자이다. 자(字)는 자옹(子雍)이다. 출신지는 동해(東海)이다. 부친 왕랑(王朗)으로부터 금문학(今文學)을 공부했으나, 고문학(古文學)의 고증적인 해석을 따랐다. 『상서(尙書)』, 『시경(詩經)』, 『좌전(左傳)』, 『논어(論語)』 및 삼례(三禮)에 대한 주석을 남겼다.

◎ 왕후(王后) : '왕후'는 천자의 본부인을 뜻한다. 후대에는 황후(皇后)라고 부르기도 하였다. 고대에는 천자(天子)를 왕(王)이라고 불렀기 때문에, 천자의 부인을 '왕후'라고 부른 것이다.

◎ 외종(外宗) : '외종'은 고모 및 자매 등의 딸자식을 뜻한다.

◎ 용기(用器) : '용기'는 일상적으로 사용하는 기물을 뜻한다. 부장하는 '용기'는 활과 화살, 쟁기, 한 쌍의 돈(敦), 한 쌍의 우(杅), 대야와 물을 따르는 기구 등이다. 『의례』「기석례(旣夕禮)」편에는 "用器, 弓矢·耒耜·兩敦·兩杅·槃·匜. 匜實于槃中, 南流."라는 기록이 있고, 이에 대한 정현의 주에서는 "此皆常用之器也."라고 풀이했다.

◎ 우제(虞祭) : '우제'는 장례(葬禮)를 치르고 난 뒤에 지내는 제사를 뜻한다.

◎ 우희(虞喜, A.D.281~A.D.356) : 동진(東晋) 때의 학자이다. 자(字)는 중녕(仲寧)이다. 관직에 나아가지 않고 학문에만 전념하였다. 어려서부터 박학(博學)으로 명성이 높았다. 저서로는 『광림(廣林)』·『논어우씨찬주(論語虞氏贊注)』·『모시략(毛詩略)』·『주관박난(周官駁難)』·『찬정현주(贊鄭玄注)』·『통의(通疑)』·『후림신서(后林新書)』 등이 있다.

◎ 웅씨(熊氏) : =웅안생(熊安生)

◎ 웅안생(熊安生, ?~A.D.578) : =웅씨(熊氏). 북조(北朝) 때의 경학자이다. 자(字)는 식지(植之)이다. 『주례(周禮)』, 『예기(禮記)』, 『효경(孝經)』 등 많은 전적에 의소(義疏)를 남겼지만, 모두 산일되어 남아 있지 않다. 현재 마국한(馬國翰)의 『옥함산방집일서(玉函山房輯佚書)』에 『예기웅씨의소(禮記熊氏義疏)』 4권이 남아 있다.

◎ 유사(有司) : '유사'는 관리를 뜻하는 용어이다. '사(司)'자는 담당한다는 뜻이다. 관리들은 각자 담당하고 있는 업무가 있었으므로, 관리를 '유사'라고 불렀던 것이다. 일반적으로 하위관료들을 지칭하여, 실무자를 뜻하는 용어로 많이 사용된다. 그러나 때로는 고위관료까지도 지칭하는 용어로 사용되기도 한다.

◎ 유맹야(劉孟冶) : =유씨(劉氏)

◎ 유씨(劉氏, ?~?) : =유맹야(劉孟冶). 자세한 이력이 남아 있지 않다.

◎ 유씨(庾氏) : =유울(庾蔚)

◎ 유울(庾蔚, ?~?) : =유씨(庾氏). 남조(南朝) 때 송(宋)나라 학자이다. 저서로는 『예기약해(禮記略解)』, 『예론초(禮論鈔)』, 『상복(喪服)』, 『상복세요(喪服世要)』, 『상복요기주(喪服要記注)』 등을 남겼다.

◎ 유원보(劉原父) : =유창(劉敞)

◎ 유창(劉敞, A.D.1019~A.D.1068) : =공시선생(公是先生)·유원보(劉原父)·청강유씨(淸江劉氏). 북송(北宋) 때의 경학자이다. 자(字)는 원보(原父)이다. 유학뿐만 아니라 불교와 도교에 대해서도 연구하였고, 천문

(天文), 지리(地理) 등의 방면에도 조예가 깊었다.

◎ **육경(六卿)** : '육경'은 여섯 명의 경(卿)을 가리키는데, 주로 여섯 명의 주요 관직자들을 뜻한다. 각 시대마다 해당하는 관직명과 담당하는 영역에는 차이가 있었다. 『서』「하서(夏書)·감서(甘誓)」편에는 "大戰于甘, 乃召六卿."이라는 기록이 있고, 이에 대한 공안국(孔安國)의 전(傳)에서는 "天子六軍, 其將皆命卿."이라고 풀이했다. 즉 천자는 6개의 군(軍)을 소유하고 있는데, 각 군의 장수를 '경(卿)'으로 임명하였기 때문에, 이들 육군(六軍)의 수장을 '육경'이라고 부른다는 뜻이다. 이 기록에 따르면 하(夏)나라 때에는 육군의 장수를 '육경'으로 불렀다는 결론이 도출된다. 한편 『주례(周禮)』의 체제에 따르면, 주(周)나라에서는 여섯 개의 관부를 설치하였고, 이들 관부의 수장을 '경'으로 임명하였다. 따라서 천관(天官)의 총재(冢宰), 지관(地官)의 사도(司徒), 춘관(春官)의 종백(宗伯), 하관(夏官)의 사마(司馬), 추관(秋官)의 사구(司寇), 동관(冬官)의 사공(司空)이 '육경'에 해당한다. 『한서(漢書)·백관공경표상(百官公卿表上)』편에는 "夏殷亡聞焉, 周官則備矣. 天官冢宰, 地官司徒, 春官宗伯, 夏官司馬, 秋官司寇, 冬官司空, 是爲六卿, 各有徒屬職分, 用於百事."라는 기록이 있다.

◎ **육농사(陸農師)** : =산음육씨(山陰陸氏)

◎ **육덕명(陸德明, A.D.550~A.D.630)** : =육원랑(陸元朗). 당대(唐代)의 경학자이다. 이름은 원랑(元朗)이고, 자(字)는 덕명(德明)이다. 훈고학에 뛰어났으며, 『경전석문(經典釋文)』 등을 남겼다.

◎ **육원랑(陸元朗)** : =육덕명(陸德明)

◎ **육전(陸佃)** : =산음육씨(山陰陸氏)

◎ **은제(殷祭)** : '은제'는 성대한 제사를 뜻한다. 3년마다 지내는 협(祫)제사와 5년마다 지내는 체(禘)제사 등을 '은제'라고 부른다. 『예기』「증자문(曾子問)」편에는 "孔子曰, 有君喪服於身, 不敢私服, 又何除焉. 於是乎有過時, 而弗除也. 君之喪服除, 而后殷祭, 禮也."라는 용례가 있다.

◎ **읍재(邑宰)** : '읍재'는 읍(邑)을 다스리는 수장을 뜻하니, 후대의 현령(縣令)에 해당한다. '재(宰)'자는 총괄하는 자를 가리키므로, '읍재'라고 부른다.

◎ **응씨(應氏)** : =금화응씨(金華應氏)

◎ **응용(應鏞)** : =금화응씨(金華應氏)

◎ 응자화(應子和) : =금화응씨(金華應氏)

◎ 의려(倚廬) : '의려'는 상중(喪中)에 머물게 되는 임시 거처지이다. '의려'는 '의(倚)', '려(廬)', '堊室(악실)', '사려(舍廬)' 등으로 부르기도 한다.

◎ 의복(義服) : '의복'은 본래 친속관계가 성립되지 않아서, 상복(喪服)을 착용해야만 하는 관계가 아닌데도, 도리에 따라 상복을 착용하는 것을 말한다.

◎ 의최(疑衰) : '의최'는 길복(吉服)에 가까운 복장으로, 일종의 상복(喪服)에 해당한다. 천자의 경우, 대부(大夫)나 사(士)의 상(喪)에 착용했던 복장이다.

◎ 이거(貳車) : '이거'는 해당 주인이 타는 수레를 뒤따르는 수레이다. '부거(副車)'라고 부른다. 조회나 제사 등에 사용하는 부거를 '이거'라고 부르며, 전쟁과 사냥 등에 사용하는 부거를 '좌거(佐車)'라고 부른다. 『예기』「소의(少儀)」편에는 "乘貳車則式, 佐車則否."라는 기록이 있고, 이에 대한 정현의 주에서는 "貳車·佐車, 皆副車也. 朝祀之副曰貳, 戎獵之副曰佐."라고 풀이했다.

◎ 인기(人器) : '인기'는 명기(明器)와 대비되는 말로, 제기(祭器)를 뜻한다. 명기는 귀신들이 사용하는 것이므로, 실제로 사용할 수 없는 것들이다. 반면 '인기'는 실제로 사용할 수 있는 것들이다. 『예기』「단궁상(檀弓上)」편에는 "夫明器, 鬼器也. 祭器, 人器也."라는 기록이 있다.

◎ 임천오씨(臨川吳氏) : =오징(吳澄)

ㅈ

◎ 자림(字林) : 『자림(字林)』은 고대의 자서(字書)이다. 진(晉)나라 때 학자인 여침(呂忱)이 지었다. 원본은 일실되어 전해지지 않고, 다른 문헌들 속에 일부 기록들만 남아 있다.

◎ 자최복(齊衰服) : '자최복'은 상복(喪服) 중 하나로, 오복(五服)에 속한다. 거친 삼베를 사용해서 만들며, 자른 부위를 꿰매어 가지런하게 정리하기 때문에, '자최복'이라고 부른다. 이 복장을 입게 되는 기간에도 여러 종류가 있는데, 3년 동안 입는 경우는 죽은 계모(繼母)나 자모(慈母)를 위한 경우이고, 1년 동안 입는 경우는 손자가 죽은 조부모를 위해 입는 경우와 남편이 죽은 아내를 입는 경우 등이다. 그리고 1년 동

안 '자최복'을 입는 경우, 그 기간을 자최기(齊衰期)라고도 부른다. 또 5개월 동안 입는 경우는 죽은 증조부나 증조모를 위한 경우이며, 3개월 동안 입는 경우는 죽은 고조부나 고조모를 위한 경우 등이다.

◎ 장상(長殤) : '장상'은 16~19세 사이에 요절한 자를 뜻한다. 『의례』「상복(喪服)」편에 "年十九至十六爲長殤."이라는 기록이 있다.

◎ 장의(長衣) : '장의'는 고대의 귀족들이 상중에 착용하는 순백색의 포로된 옷이다. 『의례』「빙례(聘禮)」편에는 "遭喪將命於大夫, 主人長衣練冠以受."라는 기록이 있는데, 이에 대한 정현의 주에서는 "長衣, 純素布衣也."라고 풀이했다.

◎ 적사(適士) : '적사'는 상사(上士)를 가리킨다. 사(士)라는 계급은 3단계로 세분되는데, 상사, 중사(中士), 하사(下士)가 그것이다. 『예기』「제법(祭法)」편의 경문에는 "適士二廟, 一壇, 曰考廟, 曰王考廟, 享嘗乃止."라는 기록이 있다. 이에 대한 정현의 주에서는 "適士, 上士也."라고 풀이했다.

◎ 전(旃) : '전'은 전(旜)이라고도 기록하는데, 본래 고(孤)나 경(卿) 등이 사용하는 깃발을 뜻한다. 순색의 비단을 이용하여 만든 깃발이며, 별다른 장식을 사용하지 않고, 굽어 있는 깃대를 사용하게 된다. 『주례』「춘관(春官)·사상(司常)」편에는 "掌九旗之物名, 各有屬以待國事. 日月爲常, 交龍爲旂, 通帛爲旜, 雜帛爲物, 熊虎爲旗, 鳥隼爲旟, 龜蛇爲旐, 全羽爲旞, 析羽爲旌."이라는 기록이 있다.

◎ 전(旜) : =전(旃)

◎ 전제(奠祭) : '전제'는 죽은 자 및 귀신들에게 음식을 헌상하는 제사이다. 상례(喪禮)를 치를 때, 빈소를 차리고 나면, 매일 아침과 저녁에 음식을 바치며 제사를 지내게 되는데, '전제'는 주로 이러한 제사를 뜻한다.

◎ 정강성(鄭康成) : =정현(鄭玄)

◎ 정복(正服) : '정복'은 본래의 상례(喪禮) 규정에 따른 정식 복장을 뜻한다. 친족 관계에서는 각 등급에 따른 상례 절차가 규정되어 있으므로, '정복'이라는 것은 규정에 따른 상복(喪服)을 착용하는 것뿐만 아니라, 상(喪)을 치르는 기간과 각종 부수적 기물(器物)들에 대해서도 규정대로 따르는 것을 뜻한다.

◎ 정사농(鄭司農) : =정중(鄭衆)

◎ 정씨(鄭氏) : =정현(鄭玄)

◎ **정의(正義)** : 『정의(正義)』는 『예기정의(禮記正義)』 또는 『예기주소(禮記注疏)』를 뜻한다. 당(唐)나라 때에는 태종(太宗)이 공영달(孔穎達) 등을 시켜서 『오경정의(五經正義)』를 편찬하였는데, 이때 『예기정의』에는 정현(鄭玄)의 주(注)와 공영달의 소(疏)가 수록되었다. 송대(宋代)에는 『오경정의』와 다른 경전(經典)에 대한 주석서를 포함한 『십삼경주소(十三經注疏)』가 편찬되어, 『예기주소』라는 명칭이 되었다.

◎ **정중(鄭衆, ?~A.D.83)** : =정사농(鄭司農). 후한(後漢) 때의 경학자이다. 자(字)는 중사(仲師)이다. 부친은 정흥(鄭興)이다. 부친에게 『춘추좌씨전(春秋左氏傳)』의 학문을 전수받았다. 또한 그는 대사농(大司農) 등의 관직을 역임하였기 때문에, '정사농'이라고도 불렀다. 한편 정흥과 그의 학문은 정현(鄭玄)에게 많은 영향을 주었기 때문에, 후대에서는 정현을 후정(後鄭)이라고 불렀고, 정흥과 그를 선정(先鄭)이라고도 불렀다. 저서로는 『춘추조례(春秋條例)』, 『주례해고(周禮解詁)』 등을 지었다고 하지만, 현재는 전해지지 않았다.

◎ **정침(正寢)** : '정침'은 노침(路寢)과 같은 말이다. 또한 정전(正殿)이라고도 불렀다. 군주가 정무를 처리하던 장소이다. 천자에게는 6개의 침(寢)이 있었는데, 가장 앞쪽에 있는 1개의 침이 바로 정침(正寢)이 되고, 나머지는 5개의 침은 연침(燕寢)이 된다.

◎ **정현(鄭玄, A.D.127~A.D.200)** : =정강성(鄭康成)·정씨(鄭氏). 한대(漢代)의 유학자이다. 자(字)는 강성(康成)이다. 『주역(周易)』, 『상서(尙書)』, 『모시(毛詩)』, 『주례(周禮)』, 『의례(儀禮)』, 『예기(禮記)』, 『논어(論語)』, 『효경(孝經)』 등에 주석을 하였다.

◎ **제폐(制幣)** : '제폐'는 고대의 제사 때 바치게 되는 비단을 뜻한다. 제물로 사용되는 비단에는 일정한 규격이 있었기 때문에 '제(制)'자를 붙여서 부른 것이다. 『의례』「기석례(旣夕禮)」편에는 "贈用制幣玄纁束."이라는 기록이 있는데, 이에 대한 정현의 주에서는 "丈八尺曰制."라고 풀이했다. 즉 1장(丈) 8척(尺)의 길이로 재단한 비단을 '제(制)'라고 부른다.

◎ **조(旐)** : '조'는 거북이와 뱀의 무늬를 그린 깃발이다. 『주례』「춘관(春官)·사상(司常)」편에는 "鳥隼爲旟, 龜蛇爲旐."라는 기록이 있다.

◎ **조근(朝覲)** : '조근'은 군주가 신하를 만나보는 예법(禮法)을 뜻한다. 군주가 신하를 만나보는 예법에는 조(朝), 근(覲), 종(宗), 우(遇), 회(會),

동(同) 등이 있었는데, 이것을 총칭하여 '조근'으로 부르기도 한다. 한편 '조근'은 신하가 군주를 찾아뵙는 예법을 뜻하기도 한다. 고대에는 제후가 천자를 찾아뵐 때, 각 계절별로 그 명칭을 다르게 불렀다. 봄에 찾아뵙는 것을 조(朝)라고 부르며, 여름에 찾아뵙는 것을 종(宗)이라고 부르고, 가을에 찾아뵙는 것을 근(覲)이라고 부르며, 겨울에 찾아뵙는 것을 우(遇)라고 부른다. '조근'은 이러한 예법들을 총칭하는 말이다.

◎ **조량주(趙良澍, ?~?)** : 청(淸)나라 때의 학자이다. 저서로는 『독예기(讀禮記)』가 있다.

◎ **조묘(朝廟)** : '조묘'는 종묘(宗廟)에 전제(奠祭)를 지낸다는 뜻이다. 또 『춘추』「문공(文公) 6년」 경문(經文)에는 "閏月不告月, 猶朝于廟."라는 기록이 있고, 이에 대한 두예(杜預)의 주에서는 "諸侯每月必告朔聽政, 因朝宗廟."라고 풀이했다. 즉 제후들은 매월 반드시 고삭(告朔)을 하며 정사(政事)를 돌보게 되는데, 이것에 연유하여 종묘에서 전제사를 지낸다. 또한 '조묘'는 상례(喪禮)를 치르며 영구를 조묘로 이동시켜서, 장차 장지로 떠나게 됨을 아뢰는 의식이기도 하다.

◎ **조복(朝服)** : '조복'은 군주와 신하가 조회를 열 때 착용하는 복장을 뜻한다. 중요한 의식을 치를 때 착용하는 예복(禮服)을 가리키기도 한다.

◎ **조사(朝事)** : '조사'는 종묘(宗廟)에서 새벽에 지내는 제사를 가리킨다. 『예기』「제의(祭義)」편에는 "建設朝事, 燔燎羶薌."이라는 기록이 있고, 이에 대한 진호(陳澔)의 『집설(集說)』에서는 "朝事, 謂祭之日, 早朝而行之事也."라고 풀이했다.

◎ **조전(祖奠)** : '조전'은 발인 하루 전에 올리는 전제(奠祭)를 가리킨다.

◎ **족장(族長)** : '족장'은 주나라 때의 관리 중 하나로, 족인(族人)들의 친소(親疎) 관계에 따른 일을 담당하는 유사(有司)이다.

◎ **졸곡(卒哭)** : '졸곡'은 우제(虞祭)를 지낸 뒤에 지내는 제사이다. 이 제사를 지내게 되면, 수시로 곡(哭)하던 것을 멈추고, 아침과 저녁때에만 한 번씩 곡을 하게 된다. 그렇기 때문에 '졸곡'이라고 부르게 된 것이다.

◎ **종백(宗伯)** : '종백'은 대종백(大宗伯)이라고도 부른다. 주(周)나라 때에는 육경(六卿) 중 하나에 해당하는 고위 관직이었다. 『주례』의 체제 속에서는 춘관(春官)의 수장이 된다. 종묘(宗廟)에 대한 제사 등 주로 예제(禮制)와 관련된 일을 담당하였다. 후대의 관직체계에서는 예부(禮部)에 해당하기 때문에, 예부상서(禮部尙書)를 또한 '대종백' 혹은

'종백'이라고도 부른다. 『서』「주서(周書) · 주관(周官)」편에는 "宗伯掌邦禮, 治神人, 和上下."라는 기록이 있다. 또 『주례』「춘관(春官) · 종백(宗伯)」편에는 "乃立春官宗伯, 使帥其屬而掌邦禮, 以佐王和邦國."이라는 기록이 있는데, 이에 대한 정현의 주에서는 "宗伯, 主禮之官."이라고 풀이했다. 한(漢)나라 때에는 태재(太宰)라는 이름으로 관직명을 고치기도 했다. 한편 진(秦)나라 때에는 종실(宗室)의 일들을 담당하는 종정(宗正)이라는 관리가 있었는데, 한나라 때에는 이 관직명을 '종백'으로 고치기도 했다.

◎ **종복(從服)** : '종복'은 고대에 상복(喪服)을 착용했던 여섯 가지 방식 중 하나이다. '종복'은 남을 따라서 상복을 착용한다는 뜻으로, '종복'에도 속종(屬從) · 도종(徒從) · 종유복이무복(從有服而無服) · 종무복이유복(從無服而有服) · 종중이경(從重而輕) · 종경이중(從輕而重)이라는 경우가 있다. '속종'은 친속 관계에 따라 상복을 착용하는 경우이다. '도종'은 공허하게 남을 따라서 친속 관계가 없는 자에 대해 상복을 착용하는 경우이다. '종유복이무복'은 상복을 착용해야 하는 자를 따라서 상복을 착용해야 하지만 실제로 상복을 착용하지 않는 경우이다. '종무복이유복'은 상복을 착용하지 않아야 하는 자를 따라서 상복을 착용하지 않지만 실제로 상복을 착용하는 경우이다. '종중이경'은 수위가 높은 상복을 입는 자를 따라서 상복을 착용하지만, 수위가 낮은 상복을 착용하는 경우이다. '종경이중'은 수위가 낮은 상복을 입는 자를 따라서 상복을 착용하지만, 수위가 높은 상복을 착용하는 경우이다.

◎ **종인(宗人)** : '종인'은 고대 관직명이다. 소종백(小宗伯)으로 여기기도 하며, 일반적으로 제사 및 종묘(宗廟)에서 시행되는 예법을 담당하는 자로 여기기도 한다. 『서』「주서(周書) · 고명(顧命)」편에는 "上宗曰饗, 太保受同, 降, 盥以異同, 秉璋以酢, 授宗人同, 拜, 王荅拜."라는 기록이 있고, 이에 대한 공안국(孔安國)의 전문(傳文)에서는 "宗人, 小宗伯."이라고 풀이했다. 또한 『의례』「사관례(士冠禮)」편에는 "徹筵席, 宗人告事畢, 主人戒賓, 賓禮辭許."라는 기록이 있고, 이에 대한 정현의 주에서는 "宗人, 有司主禮者."라고 풀이했다.

◎ **중(重)** : '중'은 나무에 구멍을 뚫어서 만든 것으로, 신주(神主)를 만들기 전에, 구멍이 뚫린 나무를 세워서 이것을 신주 대신으로 삼아 제사를 지냈다. 『예기』「단궁하(檀弓下)」편에는 "重, 主道也."라는 기록이

있고, 이에 대한 정현의 주에서는 "始死未作主, 以重主其神也."라고 풀이했다.

◎ 중문(中門) : '중문'은 내(內)와 외(外) 사이에 있는 문을 뜻한다. 궁(宮)에 있어서는 혼문(閽門)을 뜻하기도 한다. 또 천자(天子)의 궁성(宮城)에는 다섯 개의 문이 있었다고 전해지는데, 가장 밖에 있는 문부터 순차적으로 나열해보면, 고문(皐門), 치문(雉門), 고문(庫門), 응문(應門), 노문(路門)이다. 이러한 다섯 개의 문들 중 노문(路門)은 가장 안쪽에 있으므로, 내문(內門)로 여기고, 고문(皐門)은 가장 밖에 있으므로, 외문(外門)으로 여긴다. 따라서 나머지 치문(雉門), 고문(庫門), 응문(應門)은 내외(內外)의 사이에 있으므로, 이 세 개의 문을 '중문'으로 여기기도 한다. 『주례』「천관(天官)·혼인(閽人)」편에는 "掌守王宮之中門之禁."이라는 기록이 있는데, 이에 대한 손이양(孫詒讓)의 『정의(正義)』에서는 "此中門實不專屬雉門. 當兼庫·雉·應三門言之. 蓋五門以路門爲內門, 皐門爲外門, 餘三門處內外之間, 故通謂之中門."이라고 풀이했다. 한편 정중앙에 있는 문을 '중문'이라고도 부른다.

◎ 중상(中殤) : '중상'은 12~15세 사이에 요절한 자를 뜻한다. 『의례』「상복(喪服)」편에 "十五至十二爲中殤."이라는 기록이 있다.

◎ 중의(中衣) : '중의'는 조복(朝服)이나 제복(祭服) 등의 예복(禮服) 안에 착용하는 옷이다. '중의' 안에는 속옷 등을 착용하고, '중의' 겉에는 예복 등을 착용하므로, 중간이라는 뜻에서 '중의'라고 부르는 것이다. 『예기』「교특생(郊特牲)」편에는 "繡黼丹朱中衣."라는 기록이 있고, 이에 대한 공영달(孔穎達)의 소(疏)에서는 "中衣, 謂以素爲冕服之裏衣."라고 풀이하였다.

◎ 지(咫) : '지'는 길이의 단위이다. 주(周)나라 때에는 8촌(寸)의 길이를 1'지'라고 불렀다. 일반적으로 부인(婦人)들의 손 길이가 8촌이었는데, 이 길이를 '지'라고 불렀다. 『국어(國語)』「노어하(魯語下)」편에는 "有隼集于陳侯之庭而死, 楛矢貫之, 石砮, 其長尺有咫."라는 기록이 있는데, 이에 대한 위소(韋昭)의 주에서는 "八寸曰咫."라고 풀이했다. 한편 『설문해자(說文解字)』「척부(尺部)」편에는 "咫, 中婦人手長八寸謂之咫, 周尺也."라는 기록이 있다.

◎ 질제(姪娣) : '질제'는 고대에 제후 등의 귀족 여자가 출가를 할 때, 여조카나 여동생을 함께 데려와서 남편의 첩으로 삼는데, 그들을 '질제'라고

부르며, 또 첩 중에서도 지위가 높아서 '잉첩(媵妾)'이라고도 부른다.

ㅊ

◎ **참최복(斬衰服)** : '참최복'은 상복(喪服) 중 하나로, 오복(五服)에 속한다. 상복 중에서도 가장 수위가 높은 상복이다. 거친 삼베를 사용해서 만들며, 자른 부위를 꿰매지 않기 때문에 참최(斬衰)라고 부른다. 이 복장을 입게 되는 기간은 일반적으로 3년에 해당하며, 죽은 부모를 위해 입거나, 처 또는 첩이 죽은 남편을 위해 입는다.

◎ **청강유씨(淸江劉氏)** : =유창(劉敞)

◎ **최씨(崔氏)** : =최영은(崔靈恩)

◎ **최영은(崔靈恩, ?~?)** : =최씨(崔氏). 남북조(南北朝) 때의 학자이다. 오경(五經)에 능통하였고, 다른 경전에도 두루 해박하였다고 전해진다. 『모시(毛詩)』, 『주례(周禮)』 등에 주석을 달았고, 『삼례의종(三禮義宗)』, 『좌씨경전의(左氏經傳義)』 등을 지었다.

◎ **추최(麤衰)** : '추최'는 상복(喪服) 중에서 가장 수위가 높은 상복을 뜻한다. 가장 거친 마(麻)로 제단을 하여 만든다.

◎ **친영(親迎)** : '친영'은 혼례(婚禮)에서 시행하는 여섯 가지 예식(禮式) 중 하나이다. 사위될 자가 여자 집에 가서 혼례를 치르고, 자신의 집으로 데려오는 예식을 뜻한다.

◎ **칭(稱)** : '칭'은 수량을 나타내는 양사(量詞)이다. 즉 짝을 지어 갖추는 일련의 의복을 헤아리는 단위이다. 예를 들어 포(袍)라는 옷에는 반드시 겉에 걸치는 옷이 있어야 하며, 홑옷으로 입어서는 안 되고, 상의에는 반드시 그에 맞는 하의가 있어야 하는데, 이처럼 포(袍)에 겉옷을 갖추고, 상의에 맞게 하의까지 갖추는 것을 1칭(稱)이라고 부른다. 『예기』「상대기(喪大記)」편에는 "袍必有表不禪, 衣必有裳, 謂之一稱."이라는 기록이 있다.

ㅌ

◎ **태뢰(太牢)** : '태뢰'는 제사에서 소[牛], 양(羊), 돼지[豕] 3가지 희생물을 갖춘 것을 뜻한다. 『장자』「지악(至樂)」편에는 "具太牢以爲膳."이라는

기록이 있는데, 이에 대한 성현영(成玄英)의 소(疏)에서는 “太牢, 牛羊豕也.”라고 풀이하였다.

◎ **태상(太常)** : ‘태상’은 대상(大常)이라고도 부른다. 천자가 세우는 깃발 중 해와 달이 수 놓아진 것을 뜻한다. 『주례』「춘관(春官) · 사상(司常)」편에 기록된 ‘태상’에 대해서, 정현의 주에서는 “王畫日月, 象天明也.”라고 풀이했다. 즉 천자의 깃발에는 해[日], 달[月]을 수 놓아서, 하늘의 밝음을 형상화하는 것이다. 또 정현의 주에 대해서, 가공언(賈公彦)의 소(疏)에서는 “聖人與日月齊其明, 故旌旗畫日月象之. 按桓二年, 臧哀伯云 三辰旂旗, 昭其明也. 三辰, 日月星, 則此太常之畫日月者也. 此直言日月, 不言星者, 此擧日月, 其實兼有星也.”라고 풀이했다. 즉 성인(聖人)과 일월(日月)은 그 밝기가 같기 때문에, 천자의 깃발에는 ‘일월’을 수 놓아서, 하늘의 밝음을 형상화하는 것이다. 그리고 『춘추좌씨전』「환공(桓公) 2년」편에는 “臧哀伯諫曰, …… 三辰旂旗, 昭其明也.”라는 기록이 있다. 즉 군주의 깃발에 삼신(三辰)을 수 놓는 이유는 군주의 밝은 덕을 나타내는 것이라는 뜻이다. 여기에서 말하는 ‘삼신’은 곧 해[日], 달[月], 별[星]을 뜻하는데, 이것은 곧 『주례』에서 말하는 ‘태상’과 같은 것이다. 다만 『주례』에서는 해와 달에 대해서만 언급하고, 별에 대해서는 언급하지 않았는데, 그 이유는 해와 달 속에 실제로는 별까지도 포함되어 있기 때문이다.

◎ **특생(特牲)** : ‘특생’은 한 종류의 가축을 희생물로 사용한다는 뜻이다. ‘특(特)’자는 동일 종류의 희생물을 한 마리 사용한다는 뜻이며, 특히 소를 사용할 때 사용하는 용어이기도 하다. 『춘추좌씨전』「양공(襄公) 9년」편에는 “祈以幣更, 賓以特牲.”이라는 기록이 있고, 이에 대한 양백준(楊伯峻)의 주에서는 “款待貴賓, 只用一種牲畜. 一牲曰特.”이라고 풀이했다. 그런데 어떠한 가축을 사용했는가에 대해서는 주석들마다 차이가 있다. 『국어(國語)』「초어하(楚語下)」편에는 “大夫擧以特牲, 祀以少牢.”라는 기록이 있고, 이에 대한 위소(韋昭)의 주에서는 “特牲, 豕也.”라고 풀이했다. 또한 『예기』「교특생(郊特牲)」편에 대한 육덕명(陸德明)의 제해(題解)에서는 “郊者, 祭天之名, 用一牛, 故曰特牲.”이라고 풀이했다. 즉 ‘특생’으로 사용되는 가축은 ‘시(豕: 돼지)’도 될 수 있으며, 소도 될 수 있다.

ㅍ

◎ **포(袍)** : '포'는 오래된 솜을 넣어서 만든 옷을 뜻한다.

◎ **포의(褒衣)** : '포의'는 또한 처음 명령을 받아 제후가 되었을 때 하사받은 옷과 조근(朝覲) 등을 할 때 하사받은 옷 등을 뜻한다.

ㅎ

◎ **하상(下殤)** : '하상'은 8~11세 사이에 요절한 자를 뜻한다. 『의례』「상복(喪服)」편에 "十一至八歲爲下殤."이라는 기록이 있다.

◎ **하실(下室)** : '하실'은 건물에 대한 명칭으로, 내실(內室) 또는 내당(內堂)을 뜻한다. 『의례』「기석례(既夕禮)」편에는 "朔月, 若薦新, 則不饋于下室."이라는 기록이 있고, 이에 대한 정현의 주에서는 "下室, 如今之內堂."이라고 풀이했다.

◎ **하창(賀瑒, A.D.452~A.D.510)** : 남조(南朝) 때의 학자이다. 남조의 제(齊)나라와 양(梁)나라에서 각각 활동하였다. 자(字)는 덕연(德璉)이다. 『예기신의소(禮記新義疏)』 등을 찬술하였다.

◎ **하휴(何休, A.D.129~A.D.182)** : 전한(前漢) 때의 금문경학자(今文經學者)이다. 자(字)는 소공(邵公)이다. 『춘추공양전해고(春秋公羊傳解詁)』를 지었으며, 『효경(孝經)』, 『논어(論語)』 등에 대해서도 주를 달았고, 『춘추한의(春秋漢議)』를 짓기도 하였다.

◎ **함(含)** : '함'은 부의를 보낸다는 뜻이며, 또한 부의로 보내는 특정 물건을 가리키기도 하다. '함'은 시신과 함께 매장하게 될 주옥(珠玉)을 부의로 보내는 것이다. 『예기』「문왕세자(文王世子)」편에는 "族之相爲也, 宜弔不弔, 宜免不免, 有司罰之. 至于賵賻承含, 皆有正焉."이라는 기록이 있는데, 이에 대한 진호(陳澔)의 『집설(集說)』에서는 "含以珠玉."이라고 풀이했다.

◎ **함옥(含玉)** : '함옥'은 고대의 상례에서, 죽은 자의 입에 넣는 옥을 뜻한다. 『주례』「천관(天官) · 대재(大宰)」편에는 "大喪, 贊贈玉 · 含玉."이라는 기록이 있고, 이에 대한 정현의 주에서는 "含玉, 死者口實. 天子以玉."이라고 풀이했다.

◎ **허숙중(許叔重)** : =허신(許愼)

◎ 허신(許愼, A.D.30~A.D.124) : =허숙중(許叔重). 후한(後漢) 때의 학자이다. 자(字)는 숙중(叔重)이다. 『설문해자(說文解字)』의 저자로 널리 알려져 있으며, 다른 저서로는 『오경이의(五經異義)』가 있으나 산일되었다. 『오경이의』는 송대(宋代) 때 다시 편찬되었으나 진위를 따지기 힘들다.

◎ 현관(玄冠) : '현관'은 흑색으로 된 관(冠)이다. 고대에는 조복(朝服)을 입을 때 착용을 하였다. 『의례』「사관례(士冠禮)」편에는 "主人玄冠朝服, 緇帶素韠."이라는 기록이 있다.

◎ 현단(玄端) : '현단'은 고대의 예복(禮服) 중 하나이다. 흑색으로 만든 옷이다. 주로 제사 때 사용했으며, 천자 및 제후로부터 대부(大夫)와 사(士) 계급에 이르기까지 모두 이 복장을 착용할 수 있었다. '현단'은 상의와 하의 및 관(冠)까지 포함하는 용어이다. 한편 손이양(孫詒讓)의 주장에 따르면, '현단'은 의복에만 해당하는 용어이며, 관(冠)은 포함하지 않는다고 주장한다. 그리고 천자로부터 사 계급에 이르기까지 이 복장을 제복(齊服)으로 사용했다고 설명한다. 『주례』「춘관(春官)·사복(司服)」편에는 "其齊服有玄端素端."이라는 기록이 있는데, 손이양의 『정의(正義)』에서는 "玄端素端是服名, 非冠名, 蓋自天子下達至於士通用爲齊服, 而冠則尊卑所用互異."라고 풀이하였다. 그리고 '현단'은 천자가 평소 거처할 때 착용했던 복장을 가리키기도 한다. 『예기』「옥조(玉藻)」편에는 "卒食, 玄端而居."라는 기록이 있고, 이에 대한 정현의 주에서는 "天子服玄端燕居也."라고 풀이하였다.

◎ 현면(玄冕) : '현면'은 현의(玄衣)와 면류관을 뜻한다. 본래 천자 및 제후의 제사복장으로, 비교적 중요성이 덜한 제사 때 입는다. '현의' 중 상의에는 무늬가 들어가지 않고, 하의에만 불(黻)을 수놓는다. 『주례』「춘관(春官)·사복(司服)」편에는 "祭群小祀則玄冕."이라는 기록이 있고, 이에 대한 정현의 주에서는 "玄者, 衣無文, 裳刺黻而已, 是以謂玄焉."이라고 풀이했다.

◎ 현무(玄武) : '현무'는 검은색으로 만든 관(冠)의 테두리를 뜻하다.

◎ 협제(祫祭) : '협제'는 협(祫)이라고도 부른다. 신주(神主)들을 태조(太祖)의 묘(廟)에 모두 모셔놓고 지내는 제사이다. 『춘추공양전』「문공(文公) 2년」에 "八月, 丁卯, 大事于大廟, 躋僖公, 大事者何. 大祫也. 大祫者何. 合祭也, 其合祭奈何. 毁廟之主, 陳于大祖."라는 기록이 있다.

◎ **호관(縞冠)** : '호관'은 백색의 명주로 만든 관(冠)이다. 상제(祥祭)나 흉사(凶事) 때 착용했다.

◎ **호방형(胡邦衡)** : =호전(胡銓)

◎ **호전(胡銓, A.D.1102~A.D.1180)** : =여릉호씨(廬陵胡氏)·호방형(胡邦衡). 남송(南宋) 때의 정치가이자 문학가이다. 자(字)는 방형(邦衡)이고, 호(號)는 담암(澹庵)이다. 충신으로 명성이 높았다.

◎ **황간(皇侃, A.D.488~A.D.545)** : =황씨(皇氏). 남조(南朝) 때 양(梁)나라의 경학자이다. 『주례(周禮)』, 『의례(儀禮)』, 『예기(禮記)』 등에 해박하여, 『상복문구의소(喪服文句義疏)』, 『예기의소(禮記義疏)』, 『예기강소(禮記講疏)』 등을 지었지만, 현재는 전해지지 않는다. 그 일부가 마국한(馬國翰)의 『옥함산방집일서(玉函山房輯佚書)』에 수록되어 있다.

◎ **황씨(皇氏)** : =황간(皇侃)

◎ **회동(會同)** : '회동'은 제후들이 천자를 찾아뵙는 예법을 통칭하는 용어이다. 또한 각 계절마다 정기적으로 찾아뵙는 것을 회(會)라고 부르고, 제후들이 대규모로 찾아뵙는 것을 동(同)이라고 불러서, 구분을 짓기도 한다. 각종 회견 등을 가리키는 용어로도 사용된다. 『시』「소아(小雅)·거공(車攻)」편에는 "赤芾金舃, 會同有繹."이라는 기록이 있는데, 이에 대한 모전(毛傳)에서는 "時見曰會, 殷見曰同. 繹, 陳也."라고 풀이했다.

◎ **회장(會葬)** : '회장'은 장례(葬禮)에 참가하는 것을 뜻한다. 『춘추좌씨전』「은공(隱公) 1년」편에는 "惠公之薨也, 有宋師, 大子少, 葬故有闕, 是以改葬. 衛侯來會葬, 不見公, 亦不書."라는 용례가 나온다.

◎ **흉복(凶服)** : '흉복'은 상복(喪服)과 같은 말이다. 상(喪)을 당한 것은 흉사(凶事)에 해당하므로, 상을 치르며 입는 복장을 '흉복'이라고도 부르는 것이다. 『논어』「향당(鄕黨)」편에는 "凶服者式之."라는 기록이 있고, 이에 대한 하안(何晏)의 『집해(集解)』에서는 공안국(孔安國)의 주장을 인용하여, "凶服, 送死之衣物."이라고 풀이했다.

◎ **흉사(凶事)** : '흉사'는 불길한 일을 가리킨다. 재난이나 재해를 뜻하기도 하며, 전쟁을 뜻하기도 한다. 한편 상사(喪事)의 일들을 가리키기도 한다.

번역 참고문헌

- 『禮記』, 서울 : 保景文化社, 초판 1984 (5판 1995) / 저본으로 삼은 책이다.
- 『禮記』, 서울 : 保景文化社, 초판 1984 (5판 1995) / 저본으로 삼은 책이다.
- 『禮記正義』 1~4(전4권, 『十三經注疏 整理本』 12~15), 北京 : 北京大學出版社, 초판 2000 / 저본으로 삼은 책이다.
- 朱彬 撰, 『禮記訓纂』 上·下(전2권), 北京 : 中華書局, 초판 1996 (2쇄 1998) / 저본으로 삼은 책이다.
- 孫希旦 撰, 『禮記集解』 上·中·下(전3권), 北京 : 中華書局, 초판 1989 (4쇄 2007) / 저본으로 삼은 책이다.
- 服部宇之吉 評點, 『禮記』, 東京 : 富山房, 초판 1913 (증보판 1984) / 鄭玄 注 번역에 대해 참고했던 서적이다.
- 竹內照夫 著, 『禮記』 上·中·下(전3권), 東京 : 明治書院, 초판 1975 (3판 1979) / 經文에 대한 이해에 참고했던 서적이다.
- 市原亨吉 외 2명 著, 『禮記』 上·中·下(전3권), 東京 : 集英社, 초판 1976 (3쇄 1982) / 經文에 대한 이해에 참고했던 서적이다.
- 陳澔 注, 『禮記集說』, 北京 : 中國書店, 초판 1994 / 『集說』에 대한 번역에 참고했던 서적이다.
- 王文錦 譯解, 『禮記譯解』 上·下(전2권), 北京 : 中華書局, 초판 2001 (4쇄 2007) / 經文 및 주석 번역에 참고했던 서적이다.
- 錢玄·錢興奇 編著, 『三禮辭典』, 南京 : 江蘇古籍出版社, 초판 1998 / 용어 및 器物 등에 대해 참고했던 서적이다.
- 張撝之 外 主編, 『中國歷代人名大辭典』 上·下권(전2권), 上海 : 上海古籍出版社, 초판 1999 / 인명에 대해 참고했던 서적이다.
- 呂宗力 主編, 『中國歷代官制大辭典』, 北京 : 北京出版社, 초판 1994 (2쇄 1995) / 관직명에 대해 참고했던 서적이다.
- 中國歷史大辭典編纂委員會 編纂, 『中國歷史大辭典』 上·下(전2권), 上海 : 上海辭書出版社, 초판 2000 / 용어 및 인명에 대해 참고했던

서적이다.

- 羅竹風 主編, 『漢語大詞典』 1~12(전12권), 上海 : 漢語大詞典出版社, 초판 1988 (4쇄 1995) / 용어에 대해 참고했던 서적이다.
- 王思義 編集, 『三才圖會』 上 · 中 · 下(전3권), 上海 : 上海古籍出版社, 초판 1988 (4쇄 2005) / 器物 등에 대해 참고했던 서적이다.
- 聶崇義 撰, 『三禮圖集注』 (四庫全書 129책) / 器物 등에 대해 참고했던 서적이다.
- 劉績 撰, 『三禮圖』 (四庫全書 129책) / 器物 등에 대해 참고했던 서적이다.

역자 **정병섭(鄭秉燮)**

- 1979년 출생
- 2002년 성균관대학교 유교철학과 졸업
- 2004년 성균관대학교 대학원 유학과 석사
- 2013년 성균관대학교 대학원 유학과 철학박사
- 역서『譯註 禮記集說大全 - 王制, 附 鄭玄注』(학고방, 2009)
『譯註 禮記集說大全 - 月令, 附 鄭玄注』(학고방, 2010)
『譯註 禮記集說大全 - 曾子問, 附 正義·訓纂·集解』(학고방, 2011)
『譯註 禮記集說大全 - 文王世子, 附 正義·訓纂·集解』(학고방, 2012)
『譯註 禮記集說大全 - 曲禮上, 附 正義·訓纂·集解』1~2(전2권, 학고방, 2012)
『譯註 禮記集說大全 - 曲禮下, 附 正義·訓纂·集解』(학고방, 2012)
『譯註 禮記集說大全 - 禮運, 附 正義·訓纂·集解』(학고방, 2012)
『譯註 禮記集說大全 - 禮器, 附 正義·訓纂·集解』(학고방, 2012)
『譯註 禮記集說大全 - 檀弓上, 附 正義·訓纂·集解』1~2(전2권, 학고방, 2013)
『譯註 禮記集說大全 - 檀弓下, 附 正義·訓纂·集解』1~2(전2권, 학고방, 2013)
『譯註 禮記集說大全 - 郊特牲, 附 正義·訓纂·集解』1~2(전2권, 학고방, 2013)
『譯註 禮記集說大全 - 內則, 附 正義·訓纂·集解』(학고방, 2013)
『譯註 禮記集說大全 - 玉藻, 附 正義·訓纂·集解』1~2(전2권, 학고방, 2013)
『譯註 禮記集說大全 - 明堂位, 附 正義·訓纂·集解』(학고방, 2013)
『譯註 禮記集說大全 - 喪服小記, 附 正義·訓纂·集解』(학고방, 2014)
『譯註 禮記集說大全 - 大傳, 附 正義·訓纂·集解』(학고방, 2014)
『譯註 禮記集說大全 - 少儀, 附 正義·訓纂·集解』(학고방, 2014)
『譯註 禮記集說大全 - 學記, 附 正義·訓纂·集解』(학고방, 2014)
『譯註 禮記集說大全 - 樂記, 附 正義·訓纂·集解』1~2(전2권, 학고방, 2014)
(공역)『효경주소』(문사철, 2011)

예기집설대전 목록

譯註

禮記集說大全 雜記 上

編 陳澔(元)

附 正義·訓纂·集解

초판 인쇄 2014년 12월 15일
초판 발행 2014년 12월 30일

역 자 | 정병섭
펴낸이 | 하운근
펴낸곳 | 學古房

주 소 | 서울시 은평구 대조동 213-5 우편번호 122-843
전 화 | (02)353-9907 편집부(02)353-9908
팩 스 | (02)386-8308
홈페이지 | http://hakgobang.co.kr/
전자우편 | hakgobang@naver.com, hakgobang@chol.com
등록번호 | 제311-1994-000001호

ISBN 978-89-6071-461-8 94150
978-89-6071-267-6 (세트)

값 : 38,000원

이 도서의 국립중앙도서관 출판시도서목록(CIP)은 서지정보유통지원시스템 홈페이지(http://seoji.nl.go.kr)와 국가자료공동목록시스템(http://www.nl.go.kr/kolisnet)에서 이용하실 수 있습니다. (CIP제어번호: CIP2014037368)